现代统计学丛书

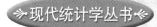

统计学基础

透过数据看世界 （原书第3版）

Essential Statistics

Exploring the World Through Data

(Third Edition)

罗伯特·古尔德（Robert Gould）

[美] 丽贝卡·王（Rebecca Wong） 著

科琳·莱恩（Colleen Ryan）

田金方 译

机械工业出版社

CHINA MACHINE PRESS

本书是一本以数据分析为基础的面向统计学、数据科学等专业的统计学著作。本书立足基本概念，通过图表、举例说明、前后对照等方式，透彻讲述统计学基本概念；为了降低阅读门槛，几乎不涉及高等数学推导。每章开篇通过一个案例提出问题，然后结合案例讲述本章的知识点，最终运用本章的知识解决所提出的问题。主要内容包括：数据导论、图形可视化变异、中心和变异的数值汇总统计量、回归分析、概率、随机事件概率模型、调查抽样与推断、总体比例的假设检验、推断总体均值以及分类变量研究与科研文献阅读。

图书在版编目（CIP）数据

统计学基础：透过数据看世界：原书第 3 版 /（美）罗伯特·古尔德（Robert Gould），（美）丽贝卡·王（Rebecca Wong），（美）科琳·莱恩（Colleen Ryan）著；田金方译 . —北京：机械工业出版社，2023.6

（现代统计学丛书）

书名原文：Essential Statistics: Exploring the World Through Data, Third Edition

ISBN 978-7-111-73206-8

I. ①统… II. ①罗… ②丽… ③科… ④田… III. ①统计学 – 教材 IV. ① C8

中国国家版本馆 CIP 数据核字（2023）第 090116 号

机械工业出版社（北京市百万庄大街 22 号　邮政编码 100037）

策划编辑：刘 慧　　　　　责任编辑：刘 慧
责任校对：李小宝　贾立萍　责任印制：常天培
北京铭成印刷有限公司印刷
2023 年 9 月第 1 版第 1 次印刷
186mm×240mm · 44.5 印张 · 965 千字
标准书号：ISBN 978-7-111-73206-8
定价：199.00 元

电话服务　　　　　　　网络服务
客服电话：010-88361066　机 工 官 网：www.cmpbook.com
　　　　　010-88379833　机 工 官 博：weibo.com/cmp1952
　　　　　010-68326294　金 书 网：www.golden-book.com
封底无防伪标均为盗版　机工教育服务网：www.cmpedu.com

前　　言

关于本书

我们坚信，分析数据可以揭示数据的内涵和意义，而分析能力是我们步入职场和社会生活必备的重要技能。这不是一本关于"统计"的书，而是一本关于如何理解世界的书。具体而言，就是通过统计推断和数据分析帮助我们更清楚地认识世界，进而改善世界。

自第 1 版以来，我们见证了数据科学的兴起，并惊叹于数据在改善我们的健康、预测天气、联系失散多年的朋友、管理我们的家庭，以及有效安排我们的生活等方方面面发挥的作用。与此同时，我们也担心数据泄露，担心因个人隐私泄露而威胁到我们的社会结构，担心操纵舆情的那些企图。

本书不拘泥于教条式灌输他人的统计发现，虽然本书的确讲授这些内容；我们需要读者学会批判性地评估论点，尤其是基于数据的论点。但更重要的是，我们希望启迪读者分析数据并得出有用的结论。这是一本关于"做"的书。我们对只教读者记住公式或要求他们机械照搬不感兴趣。读者必须学会对数据进行批判性思考，将自己的发现传达给他人，并审慎地评价他人的论点。

第 3 版新增内容

作为教育工作者和作者，我们深受美国《统计教育评估和教学指南》理念的启迪（the Guidelines for Assessment and Instruction in Statistics Education，GAISE）（http://amstat.org/asa/education/Guidelines-for-Assessment-and-Instruction-in-Statistics-Education-Reports.aspx），该指南建议我们：

- 教授统计思维，包括将统计作为调查过程进行介绍，并为读者提供参与多元思维的场景；
- 关注概念理解；
- 将真实数据与情境和目的相结合；
- 激发主动学习；
- 借助技术手段探索概念和分析数据；
- 利用教学评价来提高和评估读者的学习能力。

这些建议指导了本书的前两个版本。但是，数据科学的兴起让我们重新思考如何让读者使用数据，因此，第 3 版添加了一些新的特色内容，期待有助于培养读者处理复杂数据的能力。

更准确地说，你会发现：

- 强调我们所说的数据周期，这是一种指导读者完成统计调查过程的策略。数据周期包括四个阶段：提出问题、考察数据、分析数据和解释数据。新增的环形周期图说明数据周期特别重要。
- 更加强调把提出问题作为数据周期中重要的第一步。以前的版本强调了其他三个步骤，但我们认为读者需要实际设计问题，这会有助于他们解释数据。提出问题就是进行数学和统计建模，这一版将花更多的时间讲授这项重要的技能。
- 每章都包含"数据项目"一节。数据项目是自主实践活动，向读者传授重要的"数据迁移"，帮助他们浏览现实世界中经常出现的庞大而复杂的数据集。
- 添加了"数据迁移"图标。一些示例是从较大的数据集中提取的部分数据。数据迁移图标将读者引向这些数据集，并说明这是提取数据。感谢 Tim Erickson 创造了"数据迁移"（data move）这个术语。
- 第 5 章介绍了更平滑、更精细的模拟方法。
- 更新了技术提示以匹配当前的硬件和软件。
- 数以百计的新练习。
- 每章中的新例子和对旧例子的更新。
- 新的和更新的数据集，包括更多的大数据。

方法

本书是基于概念的，而不是基于方法的。我们讲授有用的统计方法，但我们强调应用方法对于理解概念而言是次要的。

在现实世界中，计算机为统计学家完成了大部分繁重的工作。因此，我们采用了一种方法而不必囿于烦琐的程序，而是留出更多时间去介绍如何更深入地理解概念。因此，我们认为公式是用来帮助理解这些概念的，而不是学习的重点。

我们认为读者需要学习：

- 如何确定适用的统计软件；
- 如何操作软件执行这些程序；
- 如何解释输出结果。

我们知道读者可能只会使用一种统计软件。但我们认为比较几个不同软件的输出结果对读者很有用，因此在一些例子中，我们会介绍两个及以上软件的输出结果。

内容

本书的前三分之二是概念驱动的，涵盖了探索性数据分析和推断统计——每个统计学的读者都应该学习的基本概念。本书的后三分之一建立在这些强大的概念基础之上，并且更加基于方法，其中介绍了几种流行的统计方法，更全面地探讨了前几章介绍的方法，例如回归和数据收集。

主题排序以分析数据的过程为指导。首先，读者需要探索和描述数据，利用图形和汇总统计洞察数据。然后，他们需要对更广阔的世界进行概括（推断）。

第 1～4 章：探索性数据分析。 前四章涵盖数据收集和汇总。第 1 章介绍了数据收集这一重要主题，并将观察性研究与对照实验进行了对比。本章还介绍如何处理原始数据，以便将数据上传到统计软件。第 2 章和第 3 章讨论基于样本的单变量图形和汇总统计。我们的目的不仅仅是得到一个图形或一个数字，而是要解释这些图形和数字传递了什么信息。第 4 章介绍了简单线性回归，并将其视作提供了两个数值型变量之间关系图和相关关系统计量的统计方法。

我们认为，在本书的开头引入回归内容有助于读者理解统计学在现实世界中的适用性。在完成涵盖数据收集和汇总统计几章的学习后，读者已经获得了描述两变量关系和生成非正式假设所需的技能和技巧。两变量关系为学习和应用提供了丰富的背景，并将虚构的问题（因为在现实世界中极少用到单变量分析）转移到日常生活中经常出现的真实问题。

第 5～8 章：推断。 这几章讲授统计推断的基本概念。主要思想是我们的数据反映了现实世界，但并不完美；尽管我们的估计是不确定的，但在适当的条件下，可以量化我们的不确定性。这几章的主要内容是验证这些假设条件是否存在并解释如果不满足它们会怎样。

第 9 章和第 10 章：方法。 在这里，我们回到前面几章涵盖的重要概念，并将它们应用于比较均值和分析分类变量。最后一部分帮助读者学会分析研究论文中的发现。

学习安排

本书首选的学习顺序已反映在目录中，但也有一些变通方式。

一学期的学习内容。 前八章提供了一个完整的一学期统计入门课程。如果时间允许，也请讲授 9.1 节和 9.2 节，以便读者可以利用新的参数巩固对置信区间和假设检验的理解。

比例优先。 先教均值还是先教比例，统计学家对此可谓莫衷一是。由于各种原因，我们站在比例优先这一边。在流行的新闻中更容易找到比例（尤其是在选举期间），因此比例更容易与我们的日常生活关联起来。此外，数学和统计理论更简单，因为比例推断不需要为总体标准差提供单独的估计，推断是基于正态分布的，不需要进一步的近似分布（即 t 分布）。因此，我们可以通过较少的技术转移快速找到问题的核心。

这里的基本问题是如何量化参数估计所涉及的不确定性，以及如何量化提出假设时做出错误决策的概率。我们以比例为情境详细介绍了这些想法。然后，读者就可以更轻松地理解这些相同的概念是怎样被应用于新的均值情境的（以及可能需要估计的其他任何参数）。

均值优先。很多人认为如果只介绍一个参数的话，那这个参数应该是均值，这在本书第6、7和9章依次进行了介绍。依此路径，读者可学习抽样调查和推断术语（总体与样本、参数与统计量），然后掌握均值推断，其中包括假设检验。

为了缩减有关比例的内容，你可以选择第6章、7.1节（详细讨论统计推断的语言和框架），然后是第9章。第7章和第8章建立统计推断的概念的过程比第9章慢，但在本质上，第9章是以均值为情境阐述了相同的思想。

如果你在第7章和第8章之前学习第9章，我们建议你花在第9章上的时间大约是前几章的两倍，因为本章探讨了很多具有挑战性的思想。如果你已经完成了第7章和第8章的学习，那么就可以快速掌握第9章的知识了。

特色

为了帮助读者学习本书并促进其在课堂中使用，我们在本书中加入了许多特色内容。

加入技术

现代统计离不开计算机。不管课堂上利用软件工具的程度如何，我们坚持忠实于数据分析的要求，从而努力使本书适用于任何课堂。我们知道学生有时在做作业时无法使用计算机，所以很多练习提供了软件的输出结果，并要求学生解释和批判性地评估这些输出结果。

使用统计软件很重要，因为它可以使读者能够处理真实数据，而真实数据集通常庞大而繁杂。本书的特色内容如下：

- **技术提示**（TechTip）概述了使用 TI-84（包括 TI-84 + C）图形计算器、Excel、Minitab 和 StatCrunch 执行计算的步骤。我们不希望读者因为不知道如何运行书中展示的分析结果而陷入困境，所以每当引入新的方法或程序时，图标 Tech 会将学生引至章末的**技术提示**部分。每套技术提示至少包含一个小例子，读者不仅可以学习使用软件，还能练习数据分析并加深对书中讨论的思想的理解。TI-84 的大部分操作步骤适用于所有 TI-84 型计算器，但有些仅适用于 TI-84 + C 计算器。在整本书中，TI 计算器的屏幕截图标有 "TI-84"，但实际上来自 TI-84 Plus C Silver 版本。

- 讲解和练习中使用的数据集均可从网站 http://www.pearsonhighered.com/mathstatsresources/ 下载。

指导学生

- 每章以一个提要开头。初学者往往只见树木不见森林，因此我们使用一个提要来概述本章内容。

- 每一章都从一个真实的**案例分析**开始。在章节的最后，我们将展示该章中介绍的方法如何帮助读者解决案例分析中提出的问题。

- 以下列图标为引导说明，提醒学生关注细节，以提高学习和阅读理解能力。

  注意 提供关于常见错误或误解的警告。

  回顾 提醒学生参考先前的某个主题内容。

  贴士 阐明或扩展概念。

  重点 突出基本概念，引起学生的特别关注。理解这些概念对课程进度至关重要。

  摘要 分解章节中介绍的核心统计概念，快速总结每个概念或方法步骤，并指出何时以及如何使用。

  数据迁移 该图标将读者引向更完整的源数据。

- 大量已解答的例子为读者生活中遇到的现实问题提供了模型解决方案。每个例子都与章末练习有关，以便读者可以练习解决类似问题并测试他们的理解程度。在练习中，图标 TRY 说明哪些问题与本章的例子相关联，并给出了这些示例的编号。

- **本章回顾**提供了主要的新术语列表、学生学习目标、所讨论的概念和方法汇总，以及本章中提到的数据、文章和图形的来源。

主动学习

- 每章都以一个**数据项目**结束。这些活动是为读者单独或成对学习而设计的。 数据分析需要练习，而这些越来越复杂的部分旨在引导学生借助基本的"数据迁移"来获得对复杂数据的认知。

- 所有练习都位于章末。其中，**各节编号下的练习**首先是一些基本的问题，帮助读者强化回顾并考查基础知识掌握情况，继之是更复杂、开放式的中级练习，最后的**本章回顾练习**全面复习整章内容。

    这些练习侧重于实践，要求读者验证条件、绘制适用的图形、找到数值并以书面形式解释他们的发现。所有练习都是配对的，以便读者可以先核对他们做的奇数号练习，然后再解答相应的偶数号练习。本书附录中给出了所有奇数号练习的答案。

    用星号（*）标识具有挑战性的练习，这些都是开放式问题，有时要求进行完整的统计分析。

- 大多数章节都包含精选练习，用符号 g 标记，并在**练习指导**部分提供了解题帮助。如果读者在做作业时需要支持，可以求助练习指导，了解习题解答的详细步骤。

致谢

感谢许许多多为使此书更精彩而倾注了大量心血和精力的人们。感谢负责出版的 Chere Bemelmans 和内容制作者 Tamela Ambush。非常感谢 John Norbutas 对编写技术提示所提供的建议和帮助。感谢主编 Deirdre Lynch 与我们签约并一直支持我们，感谢 Alicia Wilson 为市场开发所做的努力。

衷心感谢以下本版审稿人[⊖]的建议和贡献：

Beth Burns, *Bowling Green State University*
Rod Elmore, *Mid Michigan Community College*
Carl Fetteroll, *Western New England University*
Elizabeth Flynn, *College of the Canyons*
David French, T*idewater Community College*
Terry Fuller, *California State University, Northridge*
Kimberly Gardner, *Kennesaw State University*
Ryan Girard, *Kauai Community College*
Carrie Grant, *Flagler College*

Deborah Hanus, *Brookhaven College*
Kristin Harvey, *The University of Texas at Austin*
Abbas Jaffary, *Moraine Valley Community College*
Tony Jenkins, *Northwestern Michigan College*
Jonathan Kalk, *Kauai Community College*
Joseph Kudrle, *University of Vermont*
Matt Lathrop, *Heartland Community College*
Raymond E. Lee, *The University of North Carolina at Pembroke*
Karen McNeal, *Moraine Valley Community College*

Tejal Naik, *West Valley College*
Hadley Pridgen, *Gulf Coast State College*
John M. Russell, *Old Dominion University*
Amy Salvati, *Adirondack Community College*
Marcia Siderow, *California State University, Northridge*
Kenneth Strazzeri, *George Mason University*
Amy Vu, *West Valley College*
Rebecca Walker, *Guttman Community College*

我们还要衷心感谢前几版审稿人、课堂测试人员和核心参与者[⊖]的建议和贡献：

Arun Agarwal, *Grambling State University*
Anne Albert, *University of Findlay*
Michael Allen, *Glendale Community College*
Eugene Allevato, *Woodbury University*
Dr. Jerry Allison, *Trident Technical College*
Polly Amstutz, *University of Nebraska*
Patricia Anderson, *Southern Adventist University*
MaryAnne Anthony-Smith, *Santa Ana College*
David C. Ashley, *Florida State College at Jacksonville*
Diana Asmus, *Greenville Technical College*
Kathy Autrey, *Northwestern State University of Louisiana*
Wayne Barber, *Chemeketa Community College*
Roxane Barrows, *Hocking College*
Jennifer Beineke, *Western New England College*
Diane Benner, *Harrisburg Area Community College*
Norma Biscula, *University of Maine, Augusta*
K.B. Boomer, *Bucknell University*

Mario Borha, *Loyola University of Chicago*
David Bosworth, *Hutchinson Community College*
Diana Boyette, *Seminole Community College*
Elizabeth Paulus Brown, *Waukesha County Technical College*
Leslie Buck, *Suffolk Community College*
R.B. Campbell, *University of Northern Iowa*
Stephanie Campbell, *Mineral Area College*
Ann Cannon, *Cornell College*
Rao Chaganty, *Old Dominion University*
Carolyn Chapel, *Western Technical College*
Christine Cole, *Moorpark College*
Linda Brant Collins, *University of Chicago*
James A. Condor, *Manatee Community College*
Carolyn Cuff, *Westminster College*
Phyllis Curtiss, *Grand Valley State University*
Monica Dabos, *University of California, Santa Barbara*
Greg Davis, *University of Wisconsin, Green Bay*
Bob Denton, *Orange Coast College*
Julie DePree, *University of New Mexico–Valencia*
Jill DeWitt, *Baker Community College of Muskegon*

Paul Drelles, *West Shore Community College*
Keith Driscoll, *Clayton State University*
Rob Eby, *Blinn College*
Nancy Eschen, *Florida Community College at Jacksonville*
Karen Estes, *St. Petersburg College*
Mariah Evans, *University of Nevada, Reno*
Harshini Fernando, *Purdue University North Central*
Stephanie Fitchett, *University of Northern Colorado*
Elaine B. Fitt, *Bucks County Community College*
Michael Flesch, *Metropolitan Community College*
Melinda Fox, *Ivy Tech Community College, Fairbanks*
Joshua Francis, *Defiance College*
Michael Frankel, *Kennesaw State University*
Heather Gamber, *Lone Star College*
Debbie Garrison, *Valencia Community College, East Campus*
Kim Gilbert, *University of Georgia*
Stephen Gold, *Cypress College*
Nick Gomersall, *Luther College*
Mary Elizabeth Gore, *Community College of Baltimore County–Essex*

⊖⊖　以"人名，学校名"的形式罗列。

Ken Grace, *Anoka Ramsey Community College*

Larry Green, *Lake Tahoe Community College*

Jeffrey Grell, *Baltimore City Community College*

Albert Groccia, *Valencia Community College, Osceola Campus*

David Gurney, *Southeastern Louisiana University*

Chris Hakenkamp, *University of Maryland, College Park*

Melodie Hallet, *San Diego State University*

Donnie Hallstone, *Green River Community College*

Cecil Hallum, *Sam Houston State University*

Josephine Hamer, *Western Connecticut State University*

Mark Harbison, *Sacramento City College*

Beverly J. Hartter, *Oklahoma Wesleyan University*

Laura Heath, *Palm Beach State College*

Greg Henderson, *Hillsborough Community College*

Susan Herring, *Sonoma State University*

Carla Hill, *Marist College*

Michael Huber, *Muhlenberg College*

Kelly Jackson, *Camden County College*

Bridgette Jacob, *Onondaga Community College*

Robert Jernigan, *American University*

Chun Jin, *Central Connecticut State University*

Jim Johnston, *Concord University*

Maryann Justinger, Ed.D., *Erie Community College*

Joseph Karnowski, *Norwalk Community College*

Susitha Karunaratne, *Purdue University North Central*

Mohammed Kazemi, *University of North Carolina–Charlotte*

Robert Keller, *Loras College*

Omar Keshk, *Ohio State University*

Raja Khoury, *Collin County Community College*

Brianna Killian, *Daytona State College*

Yoon G. Kim, *Humboldt State University*

Greg Knofczynski, *Armstrong Atlantic University*

Jeffrey Kollath, *Oregon State University*

Erica Kwiatkowski-Egizio, *Joliet Junior College*

Sister Jean A. Lanahan, OP, *Molloy College*

Katie Larkin, *Lake Tahoe Community College*

Michael LaValle, *Rochester Community College*

Deann Leoni, *Edmonds Community College*

Lenore Lerer, *Bergen Community College*

Quan Li, *Texas A&M University*

Doug Mace, *Kirtland Community College*

Walter H. Mackey, *Owens Community College*

Keith McCoy, *Wilbur Wright College*

Elaine McDonald-Newman, *Sonoma State University*

William McGregor, *Rockland Community College*

Bill Meisel, *Florida State College at Jacksonville*

Bruno Mendes, *University of California, Santa Cruz*

Wendy Miao, *El Camino College*

Robert Mignone, *College of Charleston*

Ashod Minasian, *El Camino College*

Megan Mocko, *University of Florida*

Sumona Mondal, *Clarkson University*

Kathy Mowers, *Owensboro Community and Technical College*

Mary Moyinhan, *Cape Cod Community College*

Junalyn Navarra-Madsen, *Texas Woman's University*

Azarnia Nazanin, *Santa Fe College*

Stacey O. Nicholls, *Anne Arundel Community College*

Helen Noble, *San Diego State University*

Lyn Noble, *Florida State College at Jacksonville*

Keith Oberlander, *Pasadena City College*

Pamela Omer, *Western New England College*

Ralph Padgett Jr., *University of California – Riverside*

Nabendu Pal, *University of Louisiana at Lafayette*

Irene Palacios, *Grossmont College*

Ron Palcic, *Johnson County Community College*

Adam Pennell, *Greensboro College*

Patrick Perry, *Hawaii Pacific University*

Joseph Pick, *Palm Beach State College*

Philip Pickering, *Genesee Community College*

Victor I. Piercey, *Ferris State University*

Robin Powell, *Greenville Technical College*

Nicholas Pritchard, *Coastal Carolina University*

Linda Quinn, *Cleveland State University*

William Radulovich, *Florida State College at Jacksonville*

Mumunur Rashid, *Indiana University of Pennsylvania*

Fred J. Rispoli, *Dowling College*

Danielle Rivard, *Post University*

Nancy Rivers, *Wake Technical Community College*

Corlis Robe, *East Tennessee State University*

Thomas Roe, *South Dakota State University*

Alex Rolon, *North Hampton Community College*

Dan Rowe, *Heartland Community College*

Ali Saadat, *University of California – Riverside*

Kelly Sakkinen, *Lake Land College*

Carol Saltsgaver, *University of Illinois–Springfield*

Radha Sankaran, *Passaic County Community College*

Delray Schultz, *Millersville University*

Jenny Shook, *Pennsylvania State University*

Danya Smithers, *Northeast State Technical Community College*

Larry Southard, *Florida Gulf Coast University*

Dianna J. Spence, *North Georgia College & State University*

René Sporer, *Diablo Valley College*

Jeganathan Sriskandarajah, *Madison Area Technical College–Traux*

David Stewart, *Community College of Baltimore County–Cantonsville*

Linda Strauss, *Penn State University*

John Stroyls, *Georgia Southwestern State University*

Joseph Sukta, *Moraine Valley Community College*

Sharon I, Sullivan, *Catawba College*

Lori Thomas, *Midland College*

Malissa Trent, *Northeast State Technical Community College*

Ruth Trygstad, *Salt Lake Community College*

Gail Tudor, *Husson University*

Manuel T. Uy, *College of Alameda*

Lewis Van Brackle, *Kennesaw State University*

Mahbobeh Vezvaei, *Kent State University*

Joseph Villalobos, *El Camino College*

Barbara Wainwright, *Sailsbury University*

Henry Wakhungu, *Indiana University*

Jerimi Ann Walker, *Moraine Valley Community College*

Dottie Walton, *Cuyahoga Community College*

Jen-ting Wang, *SUNY, Oneonta*

Jane West, *Trident Technical College*

Michelle White, *Terra Community College*

Bonnie-Lou Wicklund, *Mount Wachusett Community College*

Sandra Williams, *Front Range Community College*

Rebecca Wong, *West Valley College*

Alan Worley, *South Plains College*

Jane-Marie Wright, *Suffolk Community College*

Haishen Yao, *CUNY, Queensborough Community College*

Lynda Zenati, *Robert Morris Community College*

Yan Zheng-Araujo, *Springfield Community Technical College*

Cathleen Zucco-Teveloff, *Rider University*

Mark A. Zuiker, *Minnesota State University, Mankato*

目　　录

前言

第1章　数据导论 ················· 1
1.1　什么是数据 ················· 2
1.2　数据分类与存储 ············· 5
1.2.1　变量类型 ·············· 6
1.2.2　分类数据的数字编码 ····· 7
1.2.3　数据存储 ·············· 8
1.3　数据调查 ·················· 10
1.4　分类数据的组织 ············· 14
1.5　数据收集与因果关系识别 ····· 18
1.5.1　逸事 ·················· 19
1.5.2　观察性研究 ············· 20
1.5.3　对照实验 ·············· 22
1.5.4　样本量 ················ 22
1.5.5　随机分配 ·············· 22
1.5.6　盲法 ·················· 23
1.5.7　安慰剂 ················ 24
1.5.8　结论推广 ·············· 25
1.5.9　新闻中的统计 ··········· 26
数据项目：下载和上传数据 ········· 28
本章回顾 ······················ 30
练习 ·························· 32
练习指导 ······················ 46

第2章　图形可视化变异 ··········· 48
2.1　数值数据变异的可视化 ······· 49
2.1.1　点图 ·················· 51
2.1.2　直方图 ················ 51
2.1.3　茎叶图 ················ 54
2.2　数值分布重要特征汇总 ······· 55

2.2.1　形状 ·················· 56
2.2.2　中心 ·················· 60
2.2.3　变异性 ················ 62
2.2.4　分布的描述 ············· 64
2.3　分类变量变异的可视化 ······· 64
2.3.1　条形图 ················ 65
2.3.2　饼图 ·················· 67
2.4　分类分布的汇总 ············· 68
2.4.1　众数 ·················· 68
2.4.2　变异性 ················ 69
2.4.3　分类变量分布的描述 ····· 70
2.5　解释图表 ·················· 72
2.5.1　误导性图表 ············· 72
2.5.2　统计图形的未来 ········· 73
数据项目：提出问题 ············· 75
本章回顾 ······················ 76
练习 ·························· 78
练习指导 ······················ 96
技术提示 ······················ 97

第3章　中心和变异的数值汇总统计量 ··· 103
3.1　对称分布的汇总统计量 ······· 104
3.1.1　均值：中心的平衡点度量 ··· 104
3.1.2　标准差：变异性的度量 ····· 109
3.2　经验法则与 z 分数：异常现象的度量 ··· 114
3.2.1　经验法则 ·············· 114
3.2.2　z 分数：与均值距离的度量 ··· 117
3.3　偏态分布的汇总统计量 ······· 119
3.3.1　中位数：中心的另一种度量 ··· 120
3.3.2　四分位距：变异性的度量 ······· 122

3.3.3 全距：变异性的另一种度量 ········ 126
3.4 度量中心的方法比较 ············· 126
3.4.1 分布图的形状 ············· 126
3.4.2 异常值的影响 ············· 128
3.4.3 多峰分布的中心与离散程度 ··· 129
3.4.4 不同分布的比较 ··········· 130
3.5 箱线图 ····················· 131
3.5.1 潜在异常值分析 ··········· 134
3.5.2 水平箱线图与竖直箱线图 ··· 135
3.5.3 基于箱线图比较分布 ······· 135
3.5.4 使用箱线图的注意事项 ····· 136
3.5.5 五数概括法 ··············· 136
数据项目：统计调查周期 ··········· 139
本章回顾 ······················· 140
练习 ··························· 142
练习指导 ······················· 165
技术提示 ······················· 166

第 4 章 回归分析：探究变量的相关性 ··· 172
4.1 变异性的可视化：散点图 ········· 173
4.1.1 趋势 ··················· 173
4.1.2 强度 ··················· 175
4.1.3 形状 ··················· 175
4.1.4 变量相关性 ··············· 176
4.1.5 关于回归的统计问题 ······· 177
4.2 相关性的强度度量 ············· 178
4.2.1 相关系可视化 ············· 178
4.2.2 相关系数：基于情境 ······· 180
4.2.3 相关性与因果关系 ········· 181
4.2.4 相关系数的计算 ··········· 182
4.2.5 相关系数的意义 ··········· 184
4.3 对线性趋势建模 ··············· 187
4.3.1 回归线 ··················· 187
4.3.2 解释回归线 ··············· 192
4.4 线性模型的评估 ··············· 199
4.4.1 建模误区 ··············· 199

4.4.2 决定系数 r^2：拟合优度的度量 ······ 203
数据项目：数据迁移 ··············· 206
本章回顾 ······················· 209
练习 ··························· 210
练习指导 ······················· 237
技术提示 ······················· 238

第 5 章 概率：用模型解释随机性 ······ 243
5.1 什么是随机性 ··············· 244
5.2 理论概率的计算 ··············· 248
5.2.1 理论概率的性质 ··········· 248
5.2.2 等可能结果的理论概率 ····· 249
5.2.3 积事件与和事件 ··········· 252
5.2.4 和事件 ··················· 253
5.2.5 互斥事件 ··············· 255
5.3 分类变量的相关性 ············· 257
5.3.1 条件概率 ··············· 258
5.3.2 独立事件与相关事件 ······· 261
5.3.3 判断事件是否独立 ········· 263
5.3.4 独立事件序列与相关事件序列 ··· 264
5.4 经验概率与模拟概率的计算 ······ 269
5.4.1 模拟的设计 ··············· 270
5.4.2 模拟的步骤 ··············· 271
5.4.3 大数定律 ··············· 272
5.4.4 大数定律的内涵 ··········· 275
数据项目：构造数据子集 ··········· 276
本章回顾 ······················· 277
练习 ··························· 279
练习指导 ······················· 302
技术提示 ······················· 303

第 6 章 随机事件概率模型：正态模型
与二项模型 ······· 306
6.1 随机实验模型：概率分布 ········· 307
6.1.1 离散概率分布：表格或图表 ······ 308
6.1.2 离散概率分布：公式 ········· 309

6.1.3 连续概率：概率密度曲线下方的
面积 ································ 311
6.1.4 计算连续值结果的概率 ········ 311
6.2 正态模型 ································ 312
6.2.1 正态分布可视化 ·············· 313
6.2.2 计算正态概率 ················ 315
6.2.3 用软件计算概率 ·············· 316
6.2.4 不用统计软件：用经验法则 ······ 318
6.2.5 不用统计软件：标准正态 ······ 320
6.2.6 根据正态分布的分位数计算
度量值 ······················ 323
6.2.7 正态模型的适用性 ············ 326
6.3 二项模型 ································ 326
6.3.1 二项分布可视化 ·············· 329
6.3.2 计算二项概率 ················ 330
6.3.3 计算（稍微）复杂的概率 ······ 332
6.3.4 二项分布的形状：中心与离散
程度 ························ 335
6.3.5 抽样调查：二项模型的应用 ······ 337
数据项目：生成随机数 ················ 339
本章回顾 ······························ 341
练习 ·································· 343
练习指导 ······························ 363
技术提示 ······························ 364

第 7 章 调查抽样与推断 ·············· 371
7.1 通过调查了解世界 ·················· 372
7.1.1 调查术语 ···················· 372
7.1.2 调查偏差 ···················· 375
7.1.3 简单随机抽样 ················ 377
7.2 度量调查质量 ······················ 380
7.2.1 模拟与估计量 ················ 381
7.2.2 偏差与标准误差的计算 ········ 387
7.2.3 现实生活：我们只有一次机会 ······ 388
7.3 样本比例的中心极限定理 ············ 389

7.3.1 中心极限定理的适用条件 ······ 389
7.3.2 中心极限定理适用条件的检验 ······ 391
7.3.3 中心极限定理的应用 ············ 391
7.4 估计总体比例的置信区间 ············ 395
7.4.1 设置置信水平 ················ 396
7.4.2 设置误差范围 ················ 397
7.4.3 现实检验：在 p 未知的情况下计算
置信区间 ···················· 399
7.4.4 解释置信区间 ················ 400
7.4.5 研究筹备：计算所需的样本量 ······ 403
7.5 基于置信水平比较总体比例 ·········· 404
7.5.1 有什么区别 ·················· 404
7.5.2 两个总体比例的置信区间 ······ 406
7.5.3 检查适用条件 ················ 407
7.5.4 解释两个比例之差的置信区间 ······ 409
7.5.5 随机分配与随机抽样 ·········· 410
数据项目：编码类别 ·················· 412
本章回顾 ······························ 414
练习 ·································· 416
练习指导 ······························ 434
技术提示 ······························ 436

第 8 章 总体比例的假设检验 ·············· 440
8.1 假设检验的基本要素 ················ 441
8.1.1 核心要素：一对假设 ············ 442
8.1.2 另一个要素：犯错 ············ 445
8.1.3 增加一个要素：检验统计量 ······ 446
8.1.4 最后一个必不可少的要素：意想
不到的结果 ·················· 448
8.1.5 假设检验与数据周期：提出问题 ······ 450
8.2 假设检验的四步法 ·················· 450
8.2.1 步骤详解 ···················· 451
8.2.2 四步法 ······················ 455
8.3 假设检验：详细说明 ················ 459
8.3.1 检验统计量的值：极端情况 ······ 459

8.3.2 z统计量抽样分布：条件不满足的
解决方案 ················ 461
8.3.3 平衡两类错误 ··············· 461
8.3.4 统计显著性与实际意义 ········· 463
8.3.5 不要改变假设 ··············· 463
8.3.6 假设检验的逻辑 ············· 464
8.3.7 置信区间与假设检验 ········· 465
8.4 比较两个总体的比例 ············· 467
8.4.1 更改要素：假设 ············· 467
8.4.2 更改要素：检验统计量 ········· 468
8.4.3 更改要素：检查条件 ········· 470
数据项目：日期数据 ··············· 475
本章回顾 ························ 477
练习 ···························· 480
练习指导 ························ 499
技术提示 ························ 501

第9章 推断总体均值 ··············· 505
9.1 随机样本的样本均值 ············· 506
9.1.1 样本均值的准度与精度 ········· 506
9.1.2 模拟的结果 ··············· 509
9.2 样本均值的中心极限定理 ········· 510
9.2.1 样本均值分布的可视化 ········· 512
9.2.2 中心极限定理的应用 ········· 514
9.2.3 分布的类型 ··············· 514
9.2.4 t分布 ···················· 516
9.3 总体均值的置信区间估计 ········· 518
9.4 均值假设检验 ················· 528
9.5 两个总体均值的比较 ············· 534
9.5.1 利用置信区间估计均值之差
（独立样本） ··············· 536
9.5.2 两个均值之差的置信区间 ········ 537
9.5.3 两个均值的假设检验 ··········· 540
9.5.4 两个均值的置信区间：相关样本 ··· 545

9.5.5 两个均值的假设检验：相关样本 ··· 547
9.6 均值分析方法总览 ··············· 550
9.6.1 不接受原假设 ··············· 550
9.6.2 置信区间和假设检验 ··········· 551
9.6.3 选择假设检验还是置信区间 ······ 552
数据项目：堆栈数据 ··············· 554
本章回顾 ························ 555
练习 ···························· 558
练习指导 ························ 579
技术提示 ························ 581

第10章 分类变量研究与科研文献
阅读 ··················· 589
10.1 分类变量的假设检验：基本要素 ······ 590
10.1.1 数据 ···················· 591
10.1.2 理论频数 ················· 592
10.1.3 卡方统计量 ··············· 595
10.1.4 计算卡方统计量的p值 ········· 597
10.2 分类变量之间的相关性：卡方检验 ··· 599
10.2.1 独立性检验与同质性检验 ······· 601
10.2.2 随机抽样与随机分配 ········· 604
10.2.3 比例检验 ················· 605
10.3 阅读学术文献 ················· 608
10.3.1 阅读摘要 ················· 610
10.3.2 注意事项 ················· 613
数据项目：小处着眼 ··············· 617
本章回顾 ························ 618
练习 ···························· 622
练习指导 ························ 638
技术提示 ························ 640

附录 ···························· 645
附录 A 表 ······················ 645
附录 B 奇数号练习答案 ············· 654

第1章 数据导论

提要

统计学是数据科学，因此我们必须学习和掌握数据的类型以及收集数据的方法。数据的收集方法十分重要，它决定了我们可以得到哪些类型的结论，正如在后面章节中你将了解到的，它还决定了我们能够进行什么类型的分析。通过整理分析所收集的数据，我们往往可以发现一些生活中并不是十分明显的统计规律。

本书将利用数据分析，帮助大家更好地认识和理解周围的世界。如果我们掌握了数据的筛选方法，能够发现潜在的统计规律，清晰地阐述结论，并且了解结果是否具有普适性，将有利于我们做出更好的决策，提供更有说服力的论据。数据无处不在，有效利用和分析数据是至关重要的工作，以至于著名的经济学家曾宣称统计是近十年来最重要的职业之一（McKinsley Quarterly，2009）。

利用统计数据做出决策并说服他人采取和实施行动并不是什么新鲜事，一些统计学家将目前的统计学应用追溯到了19世纪中叶。一个著名的案例发生在1854年，当时英国人在残酷的克里米亚战争中与俄国人作战，一家英国报纸在报道中批评了军队的医疗设施服务。于是，年轻但人脉资源广泛的护士弗洛伦斯·南丁格尔被派遣去调研，并希望她在了解现状的基础上采取适当的措施改善目前所存在的问题。

南丁格尔详细地记录了死亡人数、死亡原因以及死亡时间和日期，通过图表的方式整理了这些数据，并从中发现了非常重要的统计规律：很大一部分死亡是由传染病引起的，而改善卫生条件可以减少死亡人数。之后的六个月内，南丁格尔将死亡率降低了一半，最终她说服了议会和军事当局彻底改善当前的医疗服务。因此，南丁格尔被认为是现代医院管理的开创者。

当下，我们同样需要回答类似的关键问题。使用手机会引起脑瘤吗？适量饮酒有利于身体健康吗？哪种饮食方式对减肥最有效？百分之几的公众关心工作安全？**统计学**（statistics）是一门通过收集和分析观测数据来了解我们自身、周围环境以及宇宙世界的科学或艺术，它有助于回答上述问题。

数据是统计的基础，本章将介绍数据的基本类型以及收集、存储和组织数据的方法。此外，本章还将介绍数据周期，它会指导我们如何以高效的方式与数据进行交互，这些思想和技术可为之后章节的学习奠定基础。

这个习惯危险吗?

喝咖啡的习惯会致癌吗?加州的一家法院提出了加州人早上喝咖啡时是否应该为其附上健康警告。1986 年,加州人投票通过了《安全饮用水和有毒物质实施法案》,该法案要求含有害化学物质的产品必须贴上有害物质标签。咖啡中含有一种名为丙烯酰胺的化学物质,用官方术语来说,它是"加州已知的致癌物质"。2010 年,一名律师起诉咖啡行业,要求咖啡公司在其产品上标注有害物质或从产品中去除该化学物质。截至本书出版之日,诉讼仍在继续。然而让这位律师的工作更复杂的是,最近却有研究表明喝咖啡可能有益于我们的身体健康,甚至可能降低患癌症的风险。

咖啡会致癌吗?它可以预防癌症吗?为什么会出现矛盾的观点?在本章中,我们将探讨诸如此类的问题,并思考做出因果关系结论所需的论据,例如喝咖啡会致癌这种因果关系。

1.1 什么是数据

统计学研究基于两个主要的概念:变异和数据。**变异**(variation)是这些概念中更为基本的,为了阐明这个想法,下面请你在纸上画一个圆,再画一个看起来一样的圆,然后再画一个。回头来看这三个圆都是一样的吗?我们打赌不是。例如,它们的大小可能略有不同,或者形状可能有所不同,这就体现了变异。那么如何减少这种变异呢?可以拿一枚硬币,试着画三次硬币的轮廓,还会出现变异吗?也许依然存在,但可能需要用放大镜来观察,例如铅笔线条粗细所导致的细微变异。

数据(data)是你自己或其他人(或其他事物)所记录的观察结果。图 1.1 记录了尝试绘制三个看起来相同的圆的过程。但是,要分析这样的图像数据并不容易,我们往往尝试对它们进行全面的量化,也就是把它们转化为数字。那么如何衡量这三个圆是否相同?可以比较圆的直径或周长,或者通过某种方式测量这些圆与正圆的差距。不管选择哪种方法,这些测量值都可以被视为数据。

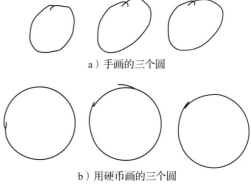

a) 手画的三个圆

b) 用硬币画的三个圆

图 1.1 很显然手画的圆比用硬币画的圆具有更大的变异性

然而,数据不仅仅是数字。著名的统计学家 David Moore 将数据定义为"处于某种背景下的数字",即数据不仅包括我们所记录的数字,还包括这些数字背后的故事。例如,

10.00, 9.88, 9.81, 9.81, 9.75, 9.69, 9.5, 9.44, 9.31

它们虽然只是数字,但这些数字代表了"2004 年北卡罗来纳州出生的体重排名前 10 的婴儿

体重（lb，1lb=0.454kg）"。现在这些数字有了背景后被提升为数据，这样数据比数字有趣多了吧？

为了帮助研究人员了解导致孕妇早产和婴儿低体重的原因，北卡罗来纳州收集了这些数据。如果医生了解了孕妇早产的原因，就能够及时采取措施加以预防，比如通过帮助孕妇改变她们的行为习惯，或者通过医疗手段加以干预，再或者将两者结合来改善。

> **KEY POINT　重点**
>
> 　数据是具有"某种背景的数字"。

4

在我们的经济、文化和日常生活中，数据起着至关重要的作用。本书大部分内容更关心的是为我们的"专业"目的而收集的数据，例如回答科学问题或是做出商业决策。但实际上，数据无处不在。例如，Google 会保存你每次的搜索，并将其与单击链接上的数据结合起来，改善显示信息的方式（当然，还可以确定哪些广告会出现在搜索结果中）。

本书包含了各种来源的数据。例如，借助便携式小型传感器可以获取"个人运动数据"。它记录了我们的日常生活数据，对这些数据进行分析可用来改善身体的健康状况，提高跑步的速度，或者作为现代个人数据可视化记录的纪念品。你和你的朋友也许会使用智能手表来跟踪跑步情况，本书的一位作者就携带 FitBit 记录了他的日常活动。在这个实验中，他发现他讲课的日子通常比不讲课的日子多走 2 500 步。

说到 Twitter，你知道"twitterverse"中的每条推文都会被保存并且可以访问吗？和许多其他网站一样，Twitter 也提供了 API 用于访问数据。API 代表着应用程序接口，它基本上是一种局域网语言，允许程序员与网站进行通信，以访问网站公开的数据。例如，统计分析软件 StatCrunch 利用 Twitter 提供的 API，在选择键入关键字或显示当前的趋势标签时创建"单词墙"，参见图 1.2 和图 1.3。

图 1.2　2017 年 8 月某天的趋势标签，你能猜到这是星期几吗

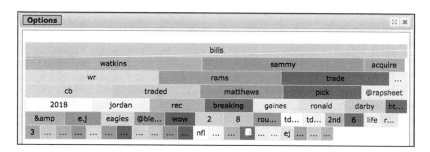

图 1.3　StatCrunch 生成的"单词墙"，显示了包含 Bills 单词的推文中最常见的单词

另一种在互联网上存储数据的常见方法是使用 HTML 表。HTML（超文本标记语言）作为一种软件语言，能够告诉浏览器如何显示网页。HTML 会告诉浏览器哪些词是“标题”，哪些是段落，哪些应该显示在表格中。例如，在阅读维基百科上一篇关于咖啡的文章时，作者看到了按国家或地区分类的咖啡产量表格。这些数据存储在 HTML 文件中，该表相对较小，因此很容易将其输入统计分析软件中。但是其他表非常大，必须使用软件包来“抓取”数据（见图 1.4）。

5

Production [edit]

Top ten green coffee producers in 2014

Rank	Country	Teragrams[81]
1	Brazil	2.8
2	Vietnam	1.4
3	Colombia	0.7
4	Indonesia	0.6
5	Ethiopia	0.4
6	India	0.3
7	Honduras	0.3
8	Guatemala	0.2
9	Peru	0.2
10	Uganda	0.2
	World	8.8

StatCrunchThis Output

URL:

https://en.wikipedia.org/wiki/Coffee

Table 2

StatCrunch Applets Edit Data Stat Graph Help

Row	Rank	Country	Teragrams[8	var4	var5	var6	var7	var8
1	1	Brazil	2.8					
2	2	Vietnam	1.4					
3	3	Colombia	0.7					
4	4	Indonesia	0.6					
5	5	Ethiopia	0.4					
6	6	India	0.3					
7	7	Honduras	0.3					
8	8	Guatemala	0.2					
9	9	Peru	0.2					
10	10	Uganda	0.2					
11		World	8.8					
12								
13								
14								

图 1.4　来自 en.wikipedia.org/wiki/Coffee 的咖啡生产 HTML 表格（2017 年 8 月 11 日查看，左图）和 StatCrunch“抓取”的同一表格（右图）

有时政府可以提供某些数据，网站 data.gov 上有超过 197 000 个数据集。佛罗里达州的迈阿密市是美国众多提供各种主题数据的城市之一。图 1.5 显示了某数据集的前几行，该数据集提供了迈阿密市大约 28 000 名员工的工资情况。

Title	Department	Annual Salai	Gross Pay La	Gross Year T	Gross Year T
W&S SEWER	WATER AND	42044.6	3411.87	45630.98	44282.92
AIRPORT OP	AVIATION	50068.72	2086.67	36306	35244.41
ASST W&S S	WATER AND	96744.96	3764.42	60230.72	58444.64
BUS OPERAT	TRANSPORT	46332	2183.58	38911.15	37764.66
CORRECTIO	CORRECTIO	102386.44	4079.85	65808.99	63897.41
LANDSCAPE	PARKS, REC	43264	1707.46	29852.11	28977.41
TREATMENT	WATER AND	66755.52	4175.56	60779.63	58977.12
CORRECTIO	CORRECTIO	77477.92	3023.38	49120.06	47671.78
ENVIRONME	REGULATOR	63657.36	2486.82	39789.12	38613.92
BUS OPERAT	TRANSPORT	50616.8	2701.54	43895.25	42599.25
SR SYSTEMS	INFORMATIC	113020.96	4410.42	70266.72	68180.16
ADMINISTRA	PARKS, REC	83850.26	3563.23	50379.58	48889.04
BUS MAINT	TRANSPORT	49576.8	2501.1	46157.56	44803.71
POLICE OFF	POLICE	85223.06	5221.32	82099.06	79708.32
SEAPORT EN	SEAPORT	63283.74	2979.46	60668.57	58903.53
POLICE REC	POLICE	49352.42	1941.63	33237.68	32284.86

图 1.5　佛罗里达州迈阿密市提供的部分员工薪资数据集

　　开源数据网站提供的数据能够以各种格式存储，例如 CSV、CSV for Excel、JSON、XML 和其他格式，大多数应用程序的数据分析包可以解析 CSV，即"逗号分隔值"形式存储的数据。（例如，Excel、Minitab 和 StatCrunch 都可以导入 CSV 文件。）

　　本书提供了案例和练习所需的数据，可以将它们上传到几个常用的统计分析软件（Excel、Minitab、StatCrunch 和 TI-84 graphing calculator）中进行分析，无须自己抓取和下载。但是，本书的某些项目可能会带你进入未知的领域，所以你应该知道数据存在不同的存储格式。

　　下一节中将介绍不同的数据存储结构，在特定情况下某些数据结构是十分有用的。

什么是数据分析

　　本书将带你学习数据科学。最重要的是学习如何进行数据分析。这意味着什么？这意味着你在审视某类数据时要进行数据分析，并理解它们告诉了我们关于现实世界的什么信息。为此，必须首先了解数据的类型以及存储和汇总数据的方法。本书将重点介绍数据汇总的过程，事实上，可以说整本书都是关于数据的整理和汇总，或者是创建数据的可视化效果，再或是将数据提炼成能够掌握其本质的数字。

> **KEY POINT 重点**
>
> 数据分析包括创建数据汇总信息，并解释通过这些信息了解的有关现实世界的内容。

1.2　数据分类与存储

　　认识数据的第一步是了解不同类型的数据。数据是处于某种环境下的数字，但这只是其中的一部分，数据也会被记录为观测值。在度假胜地内布拉斯加州拍摄的巨石阵照片是数据（见图 1.6），来自地球观测卫星系统的紫外线图像也是数据（见图 1.7），它们只是非数字数据的两个例子。统计工作者正努力地帮助大家分析例如图像和声音文件这种复杂的数据，他们通常采用的方法是将数据重新编码为数字。比如说，照片可以在扫描仪中数字化，从而转化为非常大的数字集，并进行分析。数码相机可以提供有关拍摄照片质量的信息，这样来看，相机不仅在收集数据，还在分析数据。

　　数据集通常包含了人或事物的特征（例如性别和体重），这些特征被称为**变量**（variable）。统计学中的变量并不是代数课中所学习的"未知数"，变量值因人而异，具有可变性，因此特征变量称为可变变量。

　　在处理数据时，往往将它们分组为一个集合，称为**数据**（data）或**样本**（sample）。样本一词很重要，因为它暗示我们所看到的数据只是大范围中的一部分。其中，更大的范围被称为**总体**（population）。总体被视为万物的数据集，它包含与我们正在研究的变量有关的所有人或事物完整信息的数据集。一般而言，总体确实是人们想要了解的，但由于收集总体数据的过程较为困难和复杂，所以往往通过研究样本数据来了解总体情况，很多时候仅了解和描述样本就足够了。例如，你可能只是想了解班级学生情况而收集了班级的学生数据，并不是因为想利用这些信息来了解学校中所有学生的情况。有时，样本数据集可能很大，甚至实际上是总体，反映北卡罗来纳州出生的数据就是这样的一个例子。

图 1.6　内布拉斯加州巨石阵图

图 1.7　NASA 地球观测任务中的卫星记录了紫外线反射，并将数据传回地球以构建星球图像。地球观察者 (http://eos .gsfc.nasa.gov/)

KEY POINT 重点

　　统计中的变量不同于代数中的变量。在统计中，变量记录人或事物的特征。

1.2.1　变量类型

　　变量具有很多不同类型，但其中两种基本类型非常重要。这些基本类型可以分为几个小类，后面我们将进行讨论。

　　数值变量（numerical variable）描述了研究对象的数量，这些值为数字，比如婴儿的体重即为数值变量。

　　分类变量（categorical variable）描述了研究对象的特征，这些值为类别，比如婴儿的性别，类别值为"男"和"女"；婴儿的眼睛颜色也是分类变量，类别可能是棕色、蓝色、黑色等。分类变量通常是可以识别的，因为它们的值通常是字、词或短语。（我们之所以说"通常"，是因为有时会使用数字来表示字、词或短语。）

贴士

定量和定性数据

　　一些统计学家使用"定量"一词来指代数值变量（即"数量"），而使用"定性"一词来指代分类变量（即"特征"），它们都是常用术语，需要认真地了解和认识它们。

例1 碰撞测试结果

表 1.1 的数据摘自碰撞假人的测试研究，在该研究中汽车以 35mile/h（1mile=1.61km）的速度撞入墙壁。该数据集是数据库的一小部分样本，其中，每一行代表某个汽车的观察到的特征，"头部受伤"变量反映了乘客头部受伤的危险系数，数值越高，风险越大。

表 1.1　汽车碰撞测试结果

品牌	车型	车门	车重	头部受伤
Acura	Integra	2	2 350	599
Chevrolet	Camaro	2	3 070	733
Chevrolet	S-10 Blazer 4X4	2	3 518	834
Ford	Escort	2	2 280	551
Ford	Taurus	4	2 390	480
Hyundai	Excel	4	2 200	757
Mazda	626	4	2 590	846
Volkswagen	Passat	4	2 990	1 182
Toyota	Tercel	4	2 120	1 138

问题：请说明每个变量是数值变量还是分类变量。

解答："品牌"和"车型"是分类变量，因为它们的值是描述性名称。很显然，"车门"指的是门的数量，"车重"指的是汽车重量，单位为 lb，因此，车门和车重这两个变量是数值变量，因为它们的值是定量的。变量"头部受伤"的单位不清楚，它使用的是研究人员开发的某种方法来测量颅脑损伤程度。

试做：练习 1.3。

✈ 贴士

分类变量"车门"

有些人可能将"车门"视为类别变量，因为几乎所有汽车都具有两个门或四个门，并且对于许多人而言，门的数量也代表着汽车的某种类型（小型或大型），这并没有什么错。

1.2.2　分类数据的数字编码

有时，分类变量会"伪装"为数值型的，在北卡罗来纳州数据集中的"吸烟"变量（见表 1.2）是具有数值（0 和 1）的变量，但实际上这些数字只是表明母亲是否吸烟。当母亲被问到"你抽烟吗？"，如果回答为"是"，则研究人员用 1 编码；如果回答为"否"，则用 0 编码。这些特定的数字代表的是类别，而不是数量，因此"吸烟"是分类变量。

表 1.2　编码分类变量的新生儿数据

体重	女性	吸烟
7.69	1	0
0.88	0	1
6.00	1	0
7.19	1	0
8.06	1	0
7.94	1	0

编码是用来帮助人类和计算机理解变量的值代表什么。例如，"吸烟"栏表示此人是否

吸烟，但对计算机来说，"是"只是一串符号。如果我们按照惯例，1 表示"是"，0 表示"不是"，那么人们就会理解 1 表示吸烟者，计算机也可以轻松地将这些值相加来确定某些信息，例如样本中有多少吸烟者。

将分类变量编码的方法非常普遍且实用。如果分类变量只有两类，例如性别和吸烟，那么就可以用 0 和 1 进行编码。为帮助大家了解"1"的含义，我们使用其任一分类来重命名变量名称。那么，"1"表示该人属于此类，"0"表示该人属于其他类。例如，我们将变量名称重命名为"女性"，而不是将变量命名为"性别"，然后如果婴儿是男孩，则编码为"0"；如果是女孩，则编码为"1"。

有时，我们不需要了解任何信息，计算机就可以帮助完成编码。因此，即使计算机显示的是单词"女性"和"男性"，它也可能已经使用 0 和 1 对数据进行了编码（反之亦然）。

❗ 注意

不要只是寻找数字！

仅通过查看数据表来判断变量是否为分类变量是不严谨的，还必须考虑变量代表什么，有时研究人员会用数值对分类变量进行编码。

✖ 贴士

数值分类

虽然我们希望用数字描述数值变量，但它们有时也会被编码为类别。例如，兄弟姐妹的数量可能被编码为"无""一个""两个""三个"，等等。尽管使用了词语，但由于它在计数，所以实际上是数值变量。

1.2.3 数据存储

数据在被记录和存储时，其格式是非常重要的。计算机程序需要特定的格式，并且遵循一致的约定，以保证使用者在数月甚至数年后重新访问时，还能够记得数据集的特征。数据通常以类似于电子表格的格式存储，其中每行代表研究对象（或个人），每列代表一个变量。在表 1.3 中，一行代表一部电影，列标题是变量名：名称（Title），等级（Rating），时长（Runtime），影评人评分（Critics Rating）。["等级"指的是美国电影协会划分的等级，用于指示电影的目标受众。"影评人评分"是电影在烂番茄网站（Rotten Tomatoes）上的得分，评分越高，电影越好。] 有时这种格式也称为**堆栈数**

表 1.3 被评为 G 或 PG 的电影数据（节选）

名称	等级	时长	影评人评分
Cars 2	G	106	39
Alvin and the Chipmunks: Chipwrecked	G	87	12
Monsters University	G	104	78
Alice Through the Looking Glass	PG	113	30
Chasing Mavericks	PG	116	31
Despicable Me 2	PG	98	73
Cloudy with a Chance of Meatballs 2	PG	95	70
Hotel Transylvania	PG	91	45

据（stacked data）格式。

收集数据时，堆栈格式往往是记录和存储数据的最佳方法。一方面，它可以轻松记录每个主题的不同变量。另一方面，大多数软件会假定使用该格式进行分析。（TI-84 和 Excel 除外。）

诸如 TI 计算器之类的某些技术需要或至少容纳以另一种格式存储的数据，即**非堆栈数据**（unstacked data）。在某些书籍和媒体出版物中，非堆栈数据表也很常见。这种格式每一列代表来自不同组的变量，例如，一列可以表示以分钟为单位的分级为 G 的电影时长，另一列可以表示等级为 PG 的电影时长。因此，这个数据集是一个分为不同组的单个变量（时长），分组由分类变量（在本例中为等级）决定。表 1.4 显示了表 1.3 中变量"时长"的例子，图 1.8 是以 TI-84 输入格式显示的同一数据表。

非堆栈格式最大的缺点是一次只能存储两个变量：目标变量（例如时长）和观测值所在组别的分类变量（例如等级）。但是，在大多数情况下，我们会对每个观测对象记录很多变量。例如，以堆栈格式对电影的名称、等级、时长和影评人评分数据进行记录，就能够显示尽可能多的变量。

表 1.4　按评级分组（非堆栈）的电影时长

（单位：min）

G 级	PG 级
112	113
90	116
95	95
	98
	91

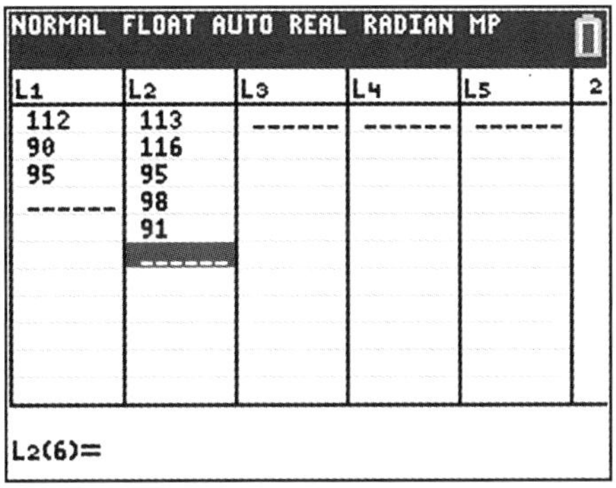

图 1.8　TI-84 数据输入屏幕（非堆栈数据）

例 2　个人资料收集

Safaa 用戴在手腕上的传感器记录了她几天的睡眠时长，同时记录了是在周末还是工作日的晚上。周末的时长为（单位：h）：8.1, 8.3。工作日的时长为：7.9, 6.5, 8.2, 7.0, 7.3。

问题：以堆栈格式和非堆栈格式记录这些数据。

解答：在堆栈格式中，每一行代表一个观测单位，而每一列则代表该观测单位的特征。对于 Safaa 来说，观测单位是一个晚上的睡眠，她测量了两个特征：时长和是不是周末。以堆栈格式的数据如下所示：

时长	周末
8.1	是
8.3	是
7.9	否
6.5	否
8.2	否
7.0	否
7.3	否

（请注意，你可能对"周末"变量进行了不同的编码。例如，你可能在每行中输入"周末"或"工作日"，而不是输入"是"或"否"。）

在非堆栈格式中，数值观测值出现在不同的列中，具体取决于分类变量的值：

周末	工作日
8.1	7.9
8.3	6.5
	8.2
	7.0
	7.3

请参考试做：练习 1.11。技术提示来了解如何用软件输入此类数据。

！注意

看看数据集！

不同的人使用不同的格式存储数据，意味着任何数据调查的第一步都是查看数据集。多数情况下，堆栈数据是更有用的格式，因为它允许同时使用多个变量。

1.3　数据调查

通过前面的数据示例，大家可以掌握数据的基本类型和数据的记录、存储形式，下面将介绍我们与数据交互的方法。为了便于读者学习，图 1.9 展示了数据周期。

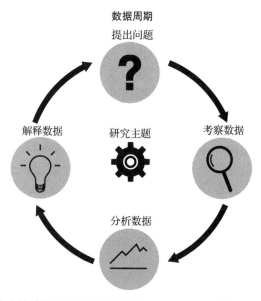

图 1.9　数据周期，分为统计调查的四个阶段（由 Alyssa Brode 为 UCLA 的动员项目而设计）

数据周期代表统计调查周期，包含了数据分析时所要经历的各个阶段。在现实生活中，大家可能并不一定按照这里列出的阶段顺序分析数据，而是各个阶段之间交替进行，但遵循此顺序相对来说更有利于数据的分析。

目前，我们主要是展示如何使用数据周期，随着大家对统计学知识的掌握，本书将加深对每个阶段含义的理解。如果你现在还不了解下面的详细信息，不要担心，在后续章节中我们将给出详细的介绍。

该周期主要围绕一个研究主题，它可能非常广泛且严肃：例如，"什么因素会影响跑步者的速度？"或"税收对经济有何影响？"或许旨在回答一些尖锐的问题："人类活动是否会导致全球变暖？"或"手机会致癌吗？"第一步，是要将这个大话题分解为较小的问题。

提出问题。这里的窍门是提出一些好问题，随着阅读的深入你可以提升自身的水平。好的问题是可以用数据回答的问题，而更好的问题除了能解决研究主题外，还能够加深研究者对问题的理解。在本书中，我们经常会要求大家考虑一个数据集并提出需要回答的问题。

例如，表 1.5 是从包含 2017 年洛杉矶马拉松比赛所有 19 212 名选手的数据集中随机选择的数据，大多数变量是以秒为单位的时间，例如，从比赛开始到运动员越过终点线的时间（Net.Time）。变量 15k.Split 给出了这位运动员跑完前 15km 所用的时间，这时你可能对什么因素会导致运动员跑得更快或更慢有所想法，这也就是我们的研究主题：一场快速的洛杉矶马拉松比赛涉及了什么因素？

表 1.5　2017 年洛杉矶马拉松比赛中随机选出的三名运动员数据

Bib.Number	Age	Place	Gender.Place	5k.Split	15k.Split	Clock.Time	Net.Time	Hometown	Gender
8 752	36	3 718	2 874	1 607	4 825	15 695	15 539	Pasadena, CA	M
11 478	31	14 785	5 585	1 881	6 814	23 487	22 816	Victorville, CA	F
3 372	47	2 246	1 839	1 530	4 763	14 368	14 330	Danville, CA	M

 数据迁移：这些数据是从提供全国各地马拉松比赛结果的网页上抓取的，利用统计编程软件 R 语言编写的"脚本"，将该网站上 HTML 文件的许多页面转换为易于分析的文件。

文件：lamarathon.csv。

根据数据集所提供的变量，写下想了解的有关马拉松的两个问题，将注意力集中在可以用这些变量回答的问题上（假设可以看到完整的数据集）。

也许你提出的问题与变量本身有关，例如 Bib.Number 是什么意思？ Clock.Time 和 Net.Time 有什么区别？一个比较自然的问题是"谁赢了？"，但是由于我们没有运动员的姓名信息，因此无法回答。所以，你可能会问"最快的时间是多久？"你可能还想知道男人和女人的速度差异有多大，再或者老年人的跑步速度是否比年轻人慢？

尽管只有后两个解决了研究主题，但这些都是比较重要的问题示例。在第 2 章中，本书将对统计调查问题进行介绍，它是一种特殊类型的问题，在统计调查中发挥了重要作用。

考察数据。在此阶段需要考察哪些数据可用来回答问题，许多统计调查都在这一阶段开始：提供数据，并提出有用的问题帮助了解数据的含义，上述洛杉矶马拉松比赛的数据就是这种情况。

考察数据是否有助于回答所提出的问题时，首先要了解数据的背景，观察到了什么人和什么事？测量了哪些变量，以及如何测量的？度量单位是什么？谁收集的数据？他们是如何收集数据的？他们为什么收集数据？他们何时收集的数据？他们在哪里收集的数据？

有时，由于我们手头没有信息而无法回答以上问题，这就可能成为数据不受信任的原因。如果是自己收集数据，一定要记录好这些信息，以便将来的分析人员可以理解和利用你的数据。

本例中的数据来源于网站 http://www.lamarathon.com/race-week-end/ results（出于教学目的，对数据进行了一些修改）。数据来自每位参赛选手，这是这些大型赛事的典型特征。我们用的数据并没有提供有关如何收集的信息，但可以合理假设数据来自报名表和比赛官方。

- 观察到什么人或什么事？ 2017 年洛杉矶马拉松的所有参赛者。

- 测量了哪些变量，如何测量的？ 为了理解这里的变量含义，我们可能需要进行一些研究。例如，通过谷歌搜索可以了解到，在马拉松之类的大型跑步活动中，参赛者通常需要在比赛开始后片刻才能到达实际的起跑线。因此，计时时间（Clock Time，即比赛开始并且跑步者越过终点线的时间）通常比净用时（Net Time，即跑步者从起跑线到达终点的时间）长。Bib Number 是参赛者的 ID 号。时间单位是秒。

- 谁收集的数据？ 数据是官方结果，可以假设是由比赛官方收集的。

- 他们何时何地收集的数据？ 跑步时间是比赛当天（2017 年 3 月 19 日）在起跑线和终点线收集的。

分析数据。这是本书的重点主题。在第 2 章中可以了解到，数据分析的第一步是将数据可视化，有时可视化结果足以回答所感兴趣的问题。考虑这样一个问题，"男性和女性的速度有何差异？"这是比较棘手的问题，因为男女的跑步时长差异很大，有的女性跑得比男性快，有的男性跑得比女性快。为了帮助回答这个问题，可以将这个问题细化为"在这场比赛中男女之间典型的速度差异是什么？"在第 2 章中可以看到，如图 1.10 所示的可视化结果是回答类似问题的第一步。图 1.10 展示了男性和女性"净用时"变量的分布（在第 2 章中可以了解如何解读此类可视化内容）。图中添加了一条竖线以指示女性（左图）和男性（右图）的平均时间位置。第 3 章将会介绍何时以及为什么使用均值。从图中可以看出，女性的平均跑步时长略超过 20 000s（略大于 5.5h），而男性则少于 20 000s。

解释数据。最后一步是解释分析结果，解释是一个奇特的词，意为"回答你的问题"。本案例的问题是："在这场比赛中，男女之间典型的速度差异是什么？"在第 3 章中将可以学习到平均值是一种测量"典型"概念的方法，从图 1.10 中我们可以大致判断出平均值相差约 2 000s（实际上通过图片做出这样的判断是比较困难的，但是很快会学到一些有助于判断此类距离的工具）。因此，我们对上述问题的回答是：通常男性在这方面比女性快 2 000s。

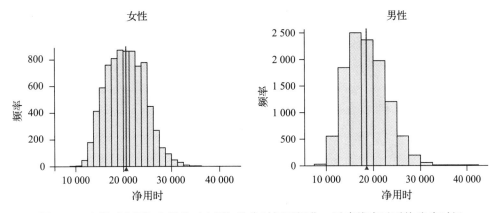

图 1.10　女性（左图）和男性（右图）跑步时间可视化，垂直线表示平均跑步时间

例 3 和例 4 将为你提供有关数据周期 "提出问题" 部分的练习。

例 3　电影

由统计学家 James Molyneux 编译的数据文件 movieratings.csv 包含近 5 000 部电影的数据，并提供了以下变量：

Title, year , runtime, mpaa_rating, studio, color, director, language, country, aspect_ratio, n_post_face, n_critics, n_audience, reviews_num, audience_rating, critics_rating, budget, gross, imdbi_id

数据周期开始于提出问题，你可能并不是很确切地了解这些变量的含义或数据的测量方式，但是可以用你所知道的电影常识予以判断。

问题：为了回答 "影评人对电影的评价是否往往低于观众对电影的评价？" 这个问题，你会考虑哪些变量？

13

解答：我们看到 "观众评价"（*audience_rating*）和 "影评人评价"（*critics_rating*）两个变量，这会帮助我们确定影评人对电影的评价是否与 "普通" 人群不同。

试做：练习 1.15。

 数据迁移：James Molyneux 合并了多个来源的数据编成此数据集，能够为研究者带来更深层次的理解。

文件：movieratings.csv。

例 4　电影分级

数据文件 movieratings.csv 中提供的变量包括以下内容：

Title, year, runtime, mpaa_rating, studio, color, director, language, country, aspect_ratio, n_post_face, n_critics, n_audience, reviews_num, audience_rating, critics_rating, budget, gross, imdb_id

通常数据表会提供一个"数据说明"，以对变量的具体含义加以解释。下面是简单的数据说明：runtime 表示电影时长；color 表示电影是彩色的还是黑白的；mpaa_rating 表示美国电影协会关于电影对观众年龄限制的分类——G，PG，PG-13 等；audience_rating 和 critics_rating 是烂番茄网站上影评人的平均评分。

问题： movieratings.csv 中的数据无法回答以下哪个问题？

a. 影评人对 R 评级电影的评价是否高于 G 评级电影？

b. 喜剧短于戏剧吗？

c. 与较长的电影相比，观众更喜欢较短的电影吗？

d. 预算较高的电影会获得更高的观众收视率吗？

解答： 问题（b）无法用这些数据来回答，因为它需要了解电影的类型（喜剧、戏剧、纪录片等），然而我们没有提供此信息的变量。

试做： 练习 1.19。

数据周期并不意味着一成不变的规则，如果我们严格遵循该规则，它会帮助我们对数据有更好的理解和分析。如果将其视为指导性原则，那么它可能会在我们遇到困难时提供一些引导。例如，如果你刚刚进行了分析并且在思考"我完成了吗？"，看一下数据周期。分析完成后需要再进行解释，因此，除非你做了解释，否则你还没有完成！

1.4   分类数据的组织

在获取了数据集之后，我们需要以有助于查看的方式来组织和展示数据，这项任务并不容易，我们将在全书中进行讨论，本节将在分类变量的背景下首次介绍该主题。

对于分类变量，通常关心的是样本中特定类别出现的频率。然后，我们通常想要比较在某组中一个类别出现的频率与另一类别（自由主义者/保守主义者，男人/女人）出现的频率，这就需要了解如何计算百分比和其他比率。

概括两个潜在相关的分类变量的常用方法是使用双向表。**双向表**（two-way table）显示某类别的每种组合发生了多少次。例如，表 1.6 是来自"青少年行为风险调查"的双向表，该表显示性别以及受访者在乘车或开车时

表 1.6   该双向表显示了调查的 15 位青少年佩戴安全带的计数

	男性	女性
不总是	2	3
总是	3	7

是否始终（或几乎始终）系安全带。参与"青少年行为风险调查"的有 10 000 多名受访者，但是我们从这个很大的数据集中进行了较小的抽样研究。

通过表格可以了解到，在所调查的 15 位青少年中，不是一直系好安全带的男生有两位，女生有三位。这些计数也称为频率，**频率**（frequency）是数据集中观测值出现的次数。

在一些书籍和出版物中讨论到双向表像是调查员收集的原始数据一样。但是，双向表

并不是由"原始"数据组成，而是数据集的汇总。例如，产生表 1.6 的数据集显示在表 1.7 中。

通过总结这张表，可以简单地算出有多少男性（"男性"为 1）并不总是系安全带（"不总是"为 1）。然后，可以计算始终系安全带的男性数量（"男性"为 1，"不总是"为 0），不总是系安全带的女性数量（"男性"为 0，"不总是"为 1），最后，可以计算总是系安全带的女性数量（"男性"为 0，"不总是"为 0）。

表 1.7　该数据集等效于表 1.6 中所示的汇总数据，黑体字突出显示了那些不总是系安全带的人（冒险者）

男性	不总是	男性	不总是
1	1	0	0
1	1	0	0
1	0	0	0
1	0	0	0
1	0	0	0
0	1	0	0
0	1	0	0
0	1		

例 5 说明了在双向表中汇总数据可以使组别的比较变得容易。

例 5　系安全带者的百分比

"2011 年青少年行为风险调查"是一项全国性研究，旨在调查美国年轻人潜在的危险行为。本例再次利用双向表进行了汇总，表内所有人年龄都在 14 ～ 17 岁之间。询问参与者是否在开车或乘车时系安全带，回答"总是"或"几乎总是"的人被放在"总是"组中，回答"有时"或"很少"的人被放到"不总是"组中。

	男性	女性
不总是	2	3
总是	3	7

问题：

a. 这个样本中有多少男性？有多少女性？有多少人不总是系安全带？有多少人总是系安全带？

b. 样本中男性占比多少？女性占百分之几？多大的年龄不总是系安全带？始终系安全带的百分比是多少？

c. 样本中的男性是否比样本中的女性更有可能不系安全带？

解答：

a. 我们可以通过第一列加和计算男性人数：2+3=5。第二列加和得到女性人数：3+7=10。

通过第一行加和，我们得出不总是系安全带的人数：2+3=5，共有 5 人并不总是系安全带。再对第二行加和，就会得出始终系安全带的人数：3+7=10。

b. 这个问题要求我们将（a）部分中得到的数字转换为百分比。为此，我们将数字除以 15，因为样本中共有 15 人，进一步将得到的比例乘以 100%，从而得到百分比的数据。

男性的比例是 5/15=0.333。该百分比为 0.333 × 100%=33.3%。女性比例一定为 100%-33.3%=66.7%（10/15 × 100%=66.7%）。

不总是系安全带的比例为 5/15=0.333，或 33.3%。始终系安全带的比例为 100%－33.3%=66.7%。

c. 你可能会想通过将不总是系安全带的男性人数（2人）与不总是系安全带的女性人数（3人）进行比较来回答这个问题。但是，直接进行这样的简单比较是不公平的，因为样本中的女性多于男性。相反，我们应该查看每组中不总是系安全带的人所占的百分比。这个问题应改写如下：

不总是系安全带的男性比例是否比不总是系安全带的女性比例高？

因为 2/5 的男性不总是系安全带，所以不总是系安全带的男性比例为（2/5）×100%=40%。

因为 3/10 的女性不总是系安全带，所以不总是系安全带的女性比例为（3/10）×100%=30%。

实际上，在本样本中女性从事这种危险行为的可能性低于男性。据估计，在所有美国青年中约 28% 的男性并不总是系好安全带，而女性为 23%。

试做： 练习 1.21。

例 5 中的计算使频率变为百分比。有时我们想求另一个结果，如果你知道一个组中的总人数并获得了满足一定条件的百分比信息，则可以算出组中有多少人达到该条件。

⚠️ 注意

双向表汇总了分类变量

人们希望像表 1.6 那样查看双向表，并认为正在看的是数值变量，因为看到了数字。但是变量的值实际上是类别（性别以及对象是否始终系安全带），所看到的数字其实是数据的汇总。

例 6 系安全带者的数量

统计课上有 300 名学生，他们被问到在坐车或开车时是否总是系上安全带。

问题：

a. 假设 30% 的学生不总是系安全带。那么共有多少学生不总是系安全带？

b. 假设在另一堂课中，有 20% 的学生并不总是系安全带，这些学生有 43 名。那么班上共有多少学生？

解答：

a. 我们需要计算 300 的 30% 是多少，使用百分比时，先将百分比转换为其等效的十进制数：

$$300 \times 30\% = 300 \times 0.30 = 90$$

因此，有 90 名学生并不总是系好安全带。

b. 问题告诉我们，某个未知数（称为 y）的 20% 等于 43。

$$0.20 \times y = 43$$

将两边同时除以 0.20 得到

$$y = 215$$

全班共有 215 名学生，其中 43 名并不总是系安全带。

试做：练习 1.29。

有时可能会遇到缺少关键信息的数据汇总，当表格显示事物计数时要特别注意。假设我们想知道哪个城市最容易遭受盗窃等罪行的威胁，表 1.8 列出了联邦调查局报告的 2009 年几个主要城市的盗窃案数量，其中仅显示出盗窃数量前 10 的城市。

表 1.8　美国报告的盗窃案最多的十大城市

州名	城市	盗窃案数量
Texas	Houston	19 858
California	Los Angeles	16 160
Nevada	Las Vegas	14 876
New York	New York City	14 100
Illinois	Chicago	13 152
Arizona	Phoenix	12 798
Texas	San Antonio	11 633
Texas	Dallas	11 121
Indiana	Indianapolis	11 085
Tennessee	Memphis	10 272

就入室盗窃而言，得克萨斯州（Texas）的休斯顿（Houston）看上去是最危险的城市，而田纳西州（Tennessee）的孟菲斯（Memphis）则是相对安全的城市（在前十名中）。但是此表缺少一个关键信息：居住在城市中的人数。一个拥有 100 万人的城市，其盗窃案可能要比拥有 40 000 人的城市多。

我们如何控制人口差异呢？表 1.9 包含表 1.8 中缺少的信息——人口。

表 1.9　包括人口数量在内的相同城市

州名	城市	人口	盗窃案数量
Texas	Houston	2 275 221	19 858
California	Los Angeles	3 962 726	16 160
Nevada	Las Vegas	1 562 134	14 876
New York	New York City	8 550 861	14 100
Illinois	Chicago	2 728 695	13 152
Arizona	Phoenix	1 559 744	12 798
Texas	San Antonio	1 463 586	11 633
Texas	Dallas	1 301 977	11 121
Indiana	Indianapolis	863 675	11 085
Tennessee	Memphis	657 936	10 272

有了这些额外的信息，可以根据城市的大小确定哪个城市的风险最大。例如，休斯顿有百分之几的居民报告了盗窃案？根据表可知有 2 275 221 名居民和 19 858 起入室盗窃案。因此，四舍五入后，被盗的百分比为（19 858/2 275 221）× 100% = 0.87%。

有时，像这样比较小的百分比，如果报告的是"每 1 000 个"甚至"每 10 000 个"，而不是百分比的话，可能更容易帮助理解数字的含义，我们称这样的数字为**比率**（rate）。如果要获得每 1 000 位居民的入室盗窃率，不是将（19 858 / 2 275 221）与 100 相乘，而是乘以 1 000:（19 858/2 275 221）× 1 000 = 每 1 000 人有 8.7 起盗窃案。表 1.10 显示了每 1 000 位居民中报告盗窃案的数量（四舍五入到百分位以便于阅读）。

表 1.10 入室盗窃数量前十城市的每 1 000 位居民中报告盗窃案的数量

州名	城市	人口	入室盗窃案数量	每 1 000 位居民中报告入室盗窃案的数量
Texas	Houston	2 275 221	19 858	8.73
California	Los Angeles	3 962 726	16 160	4.08
Nevada	Las Vegas	1 562 134	14 876	9.52
New York	New York City	8 550 861	14 100	1.65
Illinois	Chicago	2 728 695	13 152	4.82
Arizona	Phoenix	1 559 744	12 798	8.21
Texas	San Antonio	1 463 586	11 633	7.95
Texas	Dallas	1 301 977	11 121	8.54
Indiana	Indianapolis	863 675	11 085	12.83
Tennessee	Memphis	657 936	10 272	15.61

现在我们可以看到孟菲斯的入室盗窃率最高，而纽约市（New York City）最低！

例 7 汽车盗窃率比较

哪种汽车最容易被盗？公路损失数据研究所报告说，福特 F-250 皮卡车是被盗最多的汽车。据报告，每投保 1 000 人中有 7 辆 F-250 被盗。相比之下，吉普指南者车型的失窃最少，每 1 000 名投保人中只有 0.5 辆吉普指南者车被盗（公路安全保险协会，2013）。

问题：为什么公路损失数据研究所报告盗窃率而不是每种车型的汽车被盗的数量？

解答：我们需要考虑以下事实：有些汽车比其他汽车更受欢迎。假设吉普指南者比福特 F-250 多得多。在那种情况下，我们可能会看到更多的吉普车被盗，仅仅是因为有更多的吉普车可以偷。通过查看盗窃率，我们可以针对道路上特定类型的汽车总数进行调整。

试做：练习 1.31。

KEY POINT 重点

为了比较各个组，必须保证各组是相似的。当数据由计数组成时，通常百分比或比率更适合进行比较，因为它们考虑了组别规模之间可能存在的差异。

1.5 数据收集与因果关系识别

通常，在科学研究、工商管理和日常生活中，最重要的问题是关于**因果**（causality）关系的问题，它们经常以"假设"问题的形式表述。如果我吃这种药，我会好起来吗？如果更改了我的 Facebook 个人资料，我会获得更多点击吗？

有关因果关系的问题经常出现在新闻中。《洛杉矶时报》报道说，许多人认为一种叫作花生奶的饮料可以治愈牙龈疾病，并缓解头变秃。BBC 新闻（2010）报道说："幸福可以预防心脏病。"如今这样的情形无处不在，那我们如何知道是否应该相信这些观点呢？

收集数据的方法决定了我们能够得到什么类型的结论。只有一种数据收集方法适合得出因果关系的结论，但是正如你所看到的，这仍然不能阻止人们做出上述类似的结论。在本节中，我们将讨论通常用于收集数据以回答因果关系问题的三种方法：逸事、观察性研究和对照实验。

大多数关于因果关系的问题可以通过两个变量来理解：**处理变量**（treatment variable）和**结果变量**（outcome variable）。结果变量有时也称为**响应变量**（response variable），因为它会对处理方法的变化做出响应。我们本质上是在问处理变量是否导致结果变量的变化。例如，处理变量可能会记录一个人是否喝花生奶，而结果变量可能会记录该人的牙龈疾病是否得到改善；或者处理变量可以记录一个人是否幸福，而结果变量可以记录该人在十年内是否患有心脏病。

接受处理（或具有处理特征）的人被称为**实验组**（treatment group），而那些没有接受处理（或不具有某特征）的属于**对照组**（comparison group），也称为**控制组**（control group）。

1.5.1 逸事

花生牛奶是加州旧金山企业家 Jack Chang 发明的一种饮料。他喝了几个月的花生奶后，发现不再脱发，牙龈疾病也消失了。根据《洛杉矶时报》（Glionna，2006）所报道的，另一位经常喝花生牛奶的人说，花生奶使他的癌症得以缓解。其他人报告说，喝花生牛奶降低了感冒的严重程度，帮助他们入睡，并帮助他们醒来。

这件事太令人兴奋了！花生牛奶很可能是我们所有人都应该喝的东西。但是，花生奶真的可以解决各种各样的问题吗？从表面上看，似乎有证据表明花生奶已经治愈了人们的疾病。《洛杉矶时报》报道了声称花生奶有疗效的人的名字，但事实上，这根本不足以证明该饮料是有益的、有害的还是根本没有任何影响。

逸事（anecdote）本质上是一个讲述自己或他人（或朋友或亲戚）所经历的故事。事例是刑事司法中的一种重要证据，因为目击者的证词可以在刑事调查中发挥举足轻重的作用。但是，要回答有关具有很大变异性或多样性的人群的问题，逸事本质上毫无价值。

趣闻逸事对于得出因果关系的结论没有帮助的主要原因是，我们研究的最有趣的事情有太多的多样性，一份报告无法捕捉这种多样性的经历。例如，你曾经是否因为朋友的推荐而买了东西，却发现它在几周后分崩离析？如果东西很贵，例如汽车，你可能会因为推荐这样的劣质产品而对你的朋友感到生气。但是你又如何得知谁的经历更为典型呢，你的还是你朋友的？也许这类车型实际上本身是非常可靠的，只不过你所得的却不是。

当有人声称某种产品带来某种改变时，要问的一个非常重要的问题是"与什么相比？"这里说喝花生牛奶会让人更健康，要问的问题是"与什么相比更健康？"，与不喝花生牛奶的人相比？与因特殊疾病而服药的人相比？要回答这些问题，我们需要检查其他不喝花生奶的人群的健康状况。

逸事没有给我们一个比较小组。我们可能知道有人相信花生奶会让他们感觉好些，但我们不知道喝牛奶的人的经历与不喝花生奶的人相比如何。

> **KEY POINT 重点**
>
> 当有人宣称某种因果关系时，要问"与什么相比"。

不相信逸事证据的另一个原因是一种心理现象，称为安慰剂效应。人们通常对处理的想法反应而不是对处理本身反应。**安慰剂**（placebo）是一种无害药（或假手术），患者认为这实际上是一种有效的治疗方法。通常服用药丸的病人会感觉好些，即使药丸实际上没有任何作用。实际上，发表在《英国医学杂志》（Britt, 2008）上的对美国医生的一项调查发现，多达一半的医师开了糖丸（安慰剂）来治疗慢性疼痛。这种心理上的愿望实现（我们感觉更好，因为我们认为应该感觉更好）被称为**安慰剂效应**（placebo effect）。

1.5.2 观察性研究

观察性研究（observational study）的识别标志是，研究对象可以通过自己的行动或不参与研究的其他人的决定而进入实验组或对照组。例如，如果我们想要研究吸烟对健康的影响（正如许多研究人员所做过的那样），那么我们的实验组将由吸烟的人组成，而对照组将由那些不吸烟的人组成。

观察性研究将实验组中的结果变量与对照组中的结果变量进行比较。因此，如果喝花生牛奶（实验）的人群治愈了牙龈疾病的人数比不喝花生牛奶（对照）的人群治愈的人数更多，那么我们可以认为喝花生牛奶可以改善牙龈疾病；也就是说，两个变量之间存在**关联**（association）。如果与不幸福的人群相比，幸福的人群中患心脏病的人更少，我们可以认为幸福与改善心脏健康有关。

请注意，我们不能得到花生牛奶可以改善牙龈疾病的结论。为了得出这个结论，实验组和对照组在各个方面都必须非常相似，只不过其中一组接受实验处理而另一组没有。例如，如果我们知道喝花生牛奶的人群和不喝花生牛奶的人群在各个方面都是相似的，即两个组的总体健康状况相同，年龄大致相同，性别、种族与教育水平的组成结构相同等等，依此类推，在一年之后，如果喝花生牛奶的小组成员身体更健康，那么我们可以很有信心地得出结论，认为花生牛奶能够改善身体健康状况。

不幸的是，在观察性研究中，拥有非常相似的群体这一目标十分难以实现。一个群体中的有些特征几乎总是不同于另一个群体。这意味着，由于这种不是人为处理的不同特征，各组可能会得出不同的结果。可以解释两组结果为何不同的变量或因素被称为**混淆变量**（confounding variable）或**混淆因素**（confounding factor）。

例如，有关吸烟有害的早期观察性研究发现，吸烟者比非吸烟者患肺癌的比例更高。但是，一些科学家认为遗传学是一个令人困惑的变量（Fisher, 1959）。他们坚持认为，吸烟者与不吸烟者在基因上有所不同，这种遗传差异使某些人更容易吸烟，更容易患肺癌。

多年来，这是一个令人信服的论点。它不仅提出了群体（遗传学）之间的具体区别，而且还解释了这种差异是如何产生的（遗传学使某些人吸烟更多，可能是因为烟草更符合他们的口味，或者因为他们具有容易上瘾的性格）。该论点还解释了为什么这种差异可能会影响结果（相同的遗传因素导致肺癌）。因此，持怀疑态度的人说，遗传——而不是吸烟——可能是导致肺癌的原因。

后来的研究表明，怀疑论者的遗传学想法是错误的。一些研究比较了一对同卵双胞胎，双胞胎中的一位吸烟，而另一位没有吸烟。他们具有相同的基因组成，吸烟双胞胎患癌症的比例仍高于非吸烟双胞胎。由于实验组和对照组的遗传学相同，因此遗传学无法解释为什么两组的癌症发生率不同。当我们比较迫使一个变量相同的组时，我们说我们正在控制该变量。在双生子研究中，研究人员通过比较具有相同遗传组成的人从而控制遗传学（Kaprio & Koskenvuo，1989）。

观察研究的缺点是我们永远无法知道是否存在混淆变量。我们可以很努力地寻找它，但是仅仅找到一个混淆变量这一事实并不意味着它就不存在。因此，我们永远无法从观察性研究中得出因果关系的结论。

> **KEY POINT　重点**
>
> 　由于潜在混淆变量，我们永远无法从观察性研究中得出因果关系的结论，一项观察性研究只能表明处理变量和结果变量之间存在关联。

例8　贫困会降低智商吗？

"研究表明，慢性贫困会降低我们的智商"是在线杂志《每日金融》一篇文章的标题。这篇文章（Nisen，2013）报道了发表在《科学》（Mani et al.，2013）期刊上的一项研究，该研究从多个角度考察了贫困对解决问题技能的影响。在研究过程中，研究人员观察了印度农村收获前后的甘蔗种植者。收获前，甘蔗种植者通常只有很少的钱，而且往往很贫穷。研究人员在收获前和收获后对他们进行了智商测试，发现在收获后，当他们有更多的钱时，测试的得分更高。

问题： 仅凭这些证据，我们能得出结论认为贫困会降低人们的智商吗？如果能，请说明原因。如果不能，则提出一个可能存在的混淆因素。

解答： 不能。这是一项观察性研究，由于研究人员无法控制参与者进入或退出实验组（贫困）的情况，营养可能是一个混淆的变量。收割前，如果没有很多钱，农民可能会吃得不好，这可能会降低他们的智商得分。

（实际上，研究人员考虑到了营养可能是一个混淆变量。他们认为，在收获前后，农民的营养是相对恒定的，因此将其排除了。但是，其他的混淆变量可能仍然存在。）

试做： 练习1.7。

1.5.3 对照实验

为了解答因果关系问题，我们需要创建实验组和对照组。实验组接受实验处理，而对照组不接受实验处理。其他各方面，两个组保持相同。如你所见，由于混淆变量的存在，观察性研究无法用于解答因果关系问题。在**对照实验**（controlled experiment）中，研究人员通过将研究对象分配到对照组或实验组来进行控制。如果正确地进行了控制，则除了是否接受实验处理之外，实验组和对照组在所有其他相关方面几乎一致。

将对照实验设计得当并落实到位，我们最终才能解决因果关系问题。然而，对照实验往往难以落实（这就是为什么通常我们转而选择观察性研究的原因之一）。让我们看看一个设计得当的对照实验所具备的特征：

设计得当的对照实验具有四个关键特征：

- 样本量必须很大，从而我们有机会观察到研究对象（人、动物或者物体）的全部差异性。
- 必须采用随机分配的方式将研究对象分配至实验组和对照组。
- 理想情况下，应采用"双盲"模式。详见本章的 1.5.6 节。
- 如果可行的话，应使用安慰剂。

为了确保实验组和对照组尽可能相似，这些特征都是必不可少的。

为了理解这些关键的设计要点，请想象你有一个朋友为了减肥而开始了一项新的锻炼计划。他希望通过多锻炼，燃烧更多的热量，从而减轻体重。但是他注意到了一件奇怪的事情：锻炼得越多，他就会越饿，吃得也就越多。如果他吃得更多了，他还能减肥吗？这是一个复杂的问题，因为不同的人对锻炼和饮食的反应不同。我们怎么知道锻炼是否真的能减肥呢？（2012 年 Rosenkilde 等进行了与此问题相关的研究。）为了考虑如何回答这个问题，假设你选取了一组略微超重的年轻男性参与你的研究，并要求他们中的一部分人在研究期间不要锻炼，从而形成对照组。而对于实验组的人，则要求他们每天适度锻炼约 30 分钟。

1.5.4 样本量

为了回答锻炼是否能够减肥这个问题，设计得当的对照实验应该包含大量的样本。由于人们对运动水平变化的反应各不相同，所以锻炼的效果也因人而异。因此，为了观察到所有的差异性，这项研究需要大量的受试者。到底需要多少受试者？这是一个很难回答的问题，但是一般来讲，受试者越多越好。如果一项研究的样本量很小，那么你应该对这项研究持批判的态度。

1.5.5 随机分配

下一步是将受试者分配到实验组和对照组，使两组在各方面尽可能相似。正如我们在讨论观察性研究时所看到的，让受试者自行选择分组是行不通的，因为喜欢锻炼的人可能在一些重要的方面（比如锻炼的动机）有所差异，这将对实验结果产生影响。

相反，一个好的控制实验应该通过**随机分配**（random assignment）的方式分配参与者。抛硬币就是一种随机的方法。正面代表参与者进入实验组，反面代表进入对照组（或者采取其他类似的方式，只要我们自始至终贯彻即可）。在实践中，我们可能会通过计算机或者是计算器上的随机数生成器来实现随机化，但奉行的理念总是一致的：随机分配，而非人为确定。

如果实验组和对照组都有足够的受试者，随机分配将使它们达到"平衡"：两组的体重变化、新陈代谢和每日热量摄入量的组合以及大多数变量的组合都是相似的。需要注意的是，我们所说的"相似"并不意味着完全相同。例如，我们并不期望，在实验组和对照组中锻炼爱好者所占的比例完全相同。除了在极少数情况下，随机的变化导致组员的混合略有差异，但差异应该很小。

如果一个对照实验没有使用随机分配，该研究的结果很有可能是无效的。我们将非随机分配导致的结果称为**偏差**（bias）。当研究结果在某一特定的方向上受到影响时，我们就称该研究出现了偏差。例如，当研究人员把体重最重的人归入锻炼组时，结果就会产生偏差。我们很难、甚至不可能预测偏差带来的影响。但重要的是，偏差产生了一个混淆变量，使我们难以确定研究对象是否真的影响了观测结果。

KEY POINT **重点**

随机分配（通过随机化程序分配受试者）有助于使各组达到平衡以最大程度减小偏差，同时使各组具有可比性。

1.5.6　盲法

当前，我们招募了大批男性，并随机分配其中的一半进行锻炼，另一半则保持久坐不动的生活方式。原则上，实验组和对照组将非常相似，但是仍然存在两个潜在的差异。

首先，我们可能知道受试者的分组情况。这意味着，当我们与一个受试者互动时，可能会有意识或无意识地对他进行区别对待，这取决于他属于哪个组。例如，如果我们坚信锻炼有助于减肥，我们可能会专门给锻炼组的人以鼓励或营养建议，而并不会以同样的方式对待对照组的人。如果我们区别对待不同的受试者，研究就会出现偏差。

为了防止发生这种情况，研究人员不应该知道受试者的组别，即采用**盲法**（blind）。这就需要一个独立的团体（不常与受试者见面且不参与确定研究结果的人）负责分配任务。负责测试受试者减肥结果的研究人员直到研究结束才知道他们测试的组别，从而确保其测试结果免于偏见的影响。

其次，我们必须考虑受试者本身。如果受试者知道自己在实验组中，他们的表现可能会与不清楚自己的组别时有所差异，也许他们会更加努力地减肥；而如果他们相信额外的锻炼可以让他们想吃什么就吃什么，他们或许会吃得更多。

为了防止上述情况发生，参与者也不应该知道自己属于实验组还是对照组。在某些情况下，研究人员可以不必将研究意图告知受试者。例如，受试者可能并不知道该实验的研究目的是考察久坐不动的生活方式对体重的影响，还是锻炼对体重的影响。（但是，出于道德约束，研究人员往往不允许欺骗受试者。）

当研究人员和受试者都不知道受试者属于实验组还是对照组时，我们就称这项研究为**双盲**（double-blind）实验。双盲模式有助于防止研究出现偏差。如果一组受试者因为知道自己受到了区别对待或者因为研究人员根据自己的预期对其进行了区别对待或评价，而表现出与另一组不同的行为，结果就会出现偏差。

📌 贴士

真正的平衡

2012 年，丹麦进行了一项与此相似的研究。研究人员发现，每天锻炼 30 分钟的年轻超重男性比每天锻炼 60 分钟的人减掉的脂肪更多。两组锻炼者减掉的脂肪都比完全不锻炼的人多。结论表明，对超重的人来说，高强度锻炼会导致食欲增加，因此适度的锻炼最有利于减肥。（Rosenkilde et al.，2012）

1.5.7　安慰剂

实验组和对照组还有另一个不同之处。通常，人们不仅会对接受的治疗有所反应，"正在接受治疗"这个念头本身也会使人们做出反应。这意味着，接受了药片、疫苗或其他形式治疗的患者通常会感觉好一些，即使这些治疗实际上毫无作用。有趣的是，这种安慰剂效应也可以从另一个方向起作用：如果患者被告知某种药物可能会产生副作用（例如皮疹），那么即使他们服用的"药物"只是一片糖，有些患者也会出现副作用。

使对照组得到与实验组相似的关注，以便两组中的受试者都感觉自己受到了研究人员的同等对待，这对于消除安慰剂效应至关重要。在我们的研究中，尽管对照组和实验组的行为差异很大，但是对照组可能每周会接受有关生活方式变化方面的咨询，或者和实验组一样频繁地进行称重和测量。举例来说，如果我们在研究花生牛奶是否能改善脱发这一问题，我们会要求对照组服用安慰剂饮料，这样就可以消除安慰剂效应，从而实现实验组与对照组的有效比较。

KEY POINT 重点

下列特征是实验研究的"黄金标准"：

大样本　大样本可以使我们的研究涵盖总体的全部差异，并捕捉到微小的差异。

控制性和随机化　将受试者随机分配到实验组或对照组有助于降低偏差。

双盲　受试者和研究人员都不知道受试者的分组情况。

安慰剂（如果适用的话）　一些受试者可能比其他人更期望得到有效治疗，而安慰剂则可以控制由此产生的组间差异。

例 9 益智游戏

像任天堂的"大脑时代"这样的益智类电子游戏可以提高人的基本智力技能，比如记忆力。一项发表在《自然》杂志上的研究对此类游戏是否真的能够提高智力进行了调查（Owen et al.，2010）。

首先，研究人员把登录某网站的 11 430 人随机分配到三个组中。第一组需要完成六项强调"推理、计划和解决问题"的游戏训练。第二组完成的游戏侧重于训练更广泛的认知技能。第三组是对照组，该组成员不需要玩游戏，但需要回答一些"晦涩难懂"的问题。六周后，研究人员采用几种不同的方式对受试者进行了思考能力的比较。结果如何呢？对照组和实验组表现得一样好。

24

问题：这项研究符合设计得当的对照实验应具备的哪些特征？缺少哪些特征？

解答：样本量：样本量非常大，包含 11 430 人。三个小组各有约 3 800 人。

随机化：据作者介绍，实验采用随机分配的方式将受试者分配到各组中。

双盲法：根据实验描述，我们判断这项研究没有采用双盲法。在分析结果时，研究人员可能（实际上确实有可能）不知道受试者被分配到了哪个组。但受试者是否意识到了三个不同组别的存在以及它们之间的差异，对此我们并不确定。

安慰剂：对照组中的成员并没有参与游戏，他们只是回答了一些问题。这是一种安慰剂，因为受试者很可能认为他正在参与一个益智游戏。

试做：练习 1.49。

1.5.8 结论推广

在观察性研究和对照实验中，研究人员通常都想知道他们基于一部分人或物体的发现是否可以推广到更大范围。（研究人员通常都想知道他们基于样本的发现是否可以推广到总体。）

例 9 中的研究人员得出结论，他们认为益智游戏对提升智力并没有效果。但是，会不会可能只是因为这些益智游戏仅对参与实验的这部分人没有效果？如果研究人员对其他国家的人进行了测试，结果可能会有所不同。

除非研究对象能代表更大的群体，否则我们通常无法将结论推广到更广泛的人群中。随机收集研究对象个体，是获取有代表性的样本的唯一方法。我们将在第 7 章中讨论如何随机收集样本，以及为何我们可以将研究结果推广到样本以外的人或物体。

随机收集样本在民意测验和调查中非常普遍（我们也将在第 7 章中学习这部分内容），但是在其他类型的研究中不太常见。例如，大多数医学研究并不是针对随机选择的人群进行的，所以即使治疗和疗效之间呈现出因果关系，也无法断定这种关系是否适用于更广泛的（或不同的）人群。鉴于此，医学研究人员通常会尽力在不同的人群中复现他们的成果。

! **注意**

随机

在本节中，随机性的概念有两种不同的含义。其一，随机分配用于对照实验。为了达到组与组之间的平衡，受试者被随机分配到实验组和对照组。这确保了各组之间的可比性，组与组之间的唯一区别在于它们是否接受实验处理。其二，**随机选择**（random selection）是指研究人员通过随机方法从较大的群体中选择对象。如果我们希望将研究结果推广到更大的群体，则必须采用随机选择。

1.5.9 新闻中的统计

当我们从报纸或博客上看到一项基于统计分析的研究时，我们应该问自己几个问题，以评估其结论的可信度：

1. 这是一项观察性研究还是一项对照实验？

如果这是一项观察性研究，我们不能论断是实验处理导致了观测结果的产生。

2. 如果这是一项对照实验，它是否有一个大样本？是否采用了随机方法来分配参与者到实验组？这项研究是双盲实验吗？使用安慰剂了吗？

关于这些特征的重要性，请参阅本章的相关章节。

3. 这篇论文是否发表在同行评审的期刊上？该期刊的声誉如何？

"同行评议"是指至少由两名熟悉该领域的匿名研究人员对期刊上发表的每篇论文进行严格的评估。最好的期刊对刊载研究的质量非常严谨，并通过多次检查来确保研究达到最高水准。（但是请记住，这并不意味着研究是完美的。如果你经常阅读医学期刊，你会看到很多争论不休的研究结果。）相比之下，其他期刊有时会出现草率的研究结果，对此你应该谨慎看待。

4. 这项研究是否对人们进行了足够长时间的跟踪？

有些治疗需要很长时间才能见效，有些疾病需要很长时间才能显现出来。例如，许多精打细算的人喜欢反复用塑料瓶接自来水喝，而有些人则担心反复使用同一个塑料瓶可能会致癌。如果这是真的，那么一个人可能需要很长时间才会因为每天用同一个塑料瓶喝水而患上癌症。因此，想要确定反复使用同一个塑料瓶饮水是否会致癌，研究人员应该对人们进行长时间的观察。

通常，我们很难从报纸的文章中得到这些问题的答案。幸运的是，互联网可以帮助我们轻松查找到原始论文，当然我们也可以通过大学图书馆或当地公共图书馆浏览许多热门期刊。

即使对照实验设计得很好，研究仍然可能出错。医学研究难以按计划实施的一个常见原因是，人们并不能始终遵从医嘱。因此，被随机分配到实验组的人实际上可能并未接受治疗。或者，被随机分配到 Atkins diet 的人可能会转向 Weight Watchers，因为他们不喜欢 Atkins diet 中的食物。一篇好的科研论文应该陈述研究中遇到的困难，并客观地阐释这些困难对研究结论造成的影响。

例 10　不吃早餐会让人发胖吗？

《纽约时报》报道了一项针对美国 5 万名成年人的饮食习惯的研究（Rabin，2017），该研究历时七年。参加者均为基督复临安息日会的成员。根据该报道，吃早餐的人比不吃早餐的人更有可能在七年后减轻体重。

问题： 这最有可能是一项观察性研究还是一项对照实验？为什么？这是否意味着不吃早餐就会发胖？

解答： 这很可能是一项观察性研究。实验变量是一个人是否吃早餐。尽管可以要求人们在短时间内吃或不吃早餐，但在参与者如此众多的情况下，这项要求很难持续七年。因此，研究人员很可能只是观察到了参与者自愿养成的习惯。（实际上，这项研究就是这样进行的。）

因为这是一项观察性研究，所以我们不能得出实验变量（不吃早餐）影响结果变量（体重增加）的结论。经常不吃早餐的人可能还有其他导致他们发胖的生活方式特征。他们也可能承受了相当大的时间压力，而这种压力会使他们在一天中的其他时间吃得过多，这是一个潜在的混淆变量。

试做： 练习 1.53。

26

例 11　克罗恩病

克罗恩病是一种肠道疾病，会导致痉挛、腹痛、发烧和疲劳。《新英格兰医学杂志》（Columbel et al.，2010）报道的一项研究测试了该疾病的两种治疗方式：注射英夫利昔单抗（infliximab, Inflix）和口服硫唑嘌呤（Azath）。参与者被随机分成三组，各组都接受了注射，并服用了药片（有些是安慰剂，但仍然以药片和注射的形式进行）。一组只接受 Inflix 注射（并服用安慰剂药片）；一组只服用 Azath 药片（并接受安慰剂注射）；另一组既接受注射，也服用药片。如果 26 周后病情得到缓解，则被认定为具备好的治疗效果。下表汇总了这项研究得到的数据。

	联合	只注射 Inflix	只注射 Azath
缓解	96	75	51
未缓解	73	94	119

问题：

a. 比较三种治疗方式对病情的缓解率。对于该样本而言，哪种治疗方式最有效，哪种治疗的效果最差？

b. 我们能否得出联合治疗效果更好的结论？为什么？

解答：

a. 联合治疗的缓解率为 96/169，即 56.8%。

单独使用 Inflix 的缓解率为 75/169，即 44.4%。

单独使用 Azath 的缓解率为 51/170，即 30%。

该样本中，联合治疗最有效，单独使用 Azath 效果最差。

b. 是的，我们可以得出结论，认为联合治疗比单独用药效果更好。这项对照实验使用了安慰剂，采用了随机分配，样本量也非常大。虽然没有使用盲法，但至少由于安慰剂的作用，患者们并不知道他们正在接受何种治疗。

试做：练习 1.55。

27

案例分析回顾

这个习惯危险吗？

喝咖啡会致癌吗？这个问题很难回答。咖啡确实含有丙烯酰胺，但是我们很难知道它的含量是否大到足以对人体造成伤害。一些植物性食品在加热或烹饪时会产生丙烯酰胺（不仅是咖啡，还有炸薯条和薯片）。在大鼠和小白鼠身上进行的对照实验证实，通过饮水摄入丙烯酰胺会增加它们患癌症的风险。但是，对人类进行对照实验是不可能的，也是不合乎伦理的。据美国癌症协会称，有研究将食用高丙烯酰胺食物的人与不食用此类食物的人进行区分，进而探究两类人的癌症发病率是否具有显著差异。一些研究没有发现食用高丙烯酰胺食物带来的高致癌风险，而另一些研究则得出了好坏参半的结果。2016 年，世界卫生组织（WHO）下属的国际癌症研究机构将咖啡的风险级别从"可能对人类致癌"下调为"就其对人类的致癌作用而言，无法归类"。更直白地说，目前的证据不支持咖啡致癌的结论。

这并不意味着科学家已经证明了喝咖啡是安全的。随着时间的流逝，由于排除了潜在的混淆变量，我们无疑会对喝咖啡带来的致癌风险问题有更多的了解。

来源：

https://www.cancer.org/cancer/cancer-causes/acrylamide.html。

https://www.iarc.fr/en/media-centre/iarcnews/2016/DebunkMyth.php。

28

数据项目：下载和上传数据

1. 概述

在开启数据探索之旅伊始，你将学习如何存储数据，如何将一些文件下载到计算机上，以及如何将这些文件上传到统计软件中。

数据：从开放的数据库中选择。

2. 目标

确定数据文件的格式和结构，并使用元数据将感兴趣的数据集上传到统计软件中。

3. 你的城市，你的数据

在全球，许多国家的政府都在参与"开放数据"计划。开放数据是通常由纳税人出资收集的数据，用于为政策和决策提供信息。由于收集数据的费用由纳税人承担，因此，"开放数据"的支持者认为公众应该有权查看和使用这些数据。

想要查看当地政府是否有开放数据，请在互联网上搜索"开放数据"一词以及你所在的城市、县或附近城市的名称。大多数大中型城市和许多较小的城镇都参与了"开放数据"计划，尽管某些城市拥有的数据多于其他城市。

大多数拥有开放数据的城市都会有很多不同的数据集。但并不是所有数据集都会引起你的兴趣，也不是所有数据集都包含有用的数据。坦白地说，有些数据集中根本没有数据。

以探索者的思维方式来完成这个项目吧。数据网站的结构和质量千差万别，有些城市（比如加利福尼亚州的圣莫尼卡）的网站就非常好用，有些则比较难用。有些网站声称他们可以提供数据，但他们真正提供的是分析数据的工具，并且不允许你下载或查看。其他一些网站会提供数据的照片或截图，但不会提供任何可供分析的内容。所以，保持勇敢和开放的心态，并准备好遇到一些棘手的问题吧！

项目：在确定某个开放数据的政府之后，你就可以找自己感兴趣的数据集或主题了。例如，你可能对消防部门的响应时间、犯罪、政府雇员的薪水或餐厅的健康等级感兴趣。一些城市按主题对数据进行编组，例如金融和公共安全等。为了找到一个感兴趣的数据集，你可能需要多费点功夫。

你的目标是下载一个可以运用统计软件来处理的数据文件。为此，需要找到这个数据文件的"导出"或"下载"选项。在有些情况下，可能无须这样做，只需点击一个链接就可以完成。

需要注意三件事：数据的格式、数据的结构以及元数据的存在。

格式是指文件的类型和打开文件所需的软件。例如，以 .txt 结尾的文件（文本文件）通常可以用许多类型的软件打开，而以 .docx 结尾的文件只能由 Microsoft Word 打开。StatCrunch 支持以 .xlsx 和 .xls（Excel 电子表格）、.ods（Open Office 电子表格）或 .csv、.txt 和 .tsc（文本文件）结尾的文件。

数据文件通常使用分隔符来确定一个条目在何处结束而另一个条目在何处开始。例如，如果一个数据文件包含以下内容：

1345

你不知道它是数字 1345，还是数字 1，3，4，5，或者是数字 13 和数字 45，或者其他数字。分隔符能够表示一个数值的结束与下一个数值的开始。以逗号分隔的文件（通常以扩展名 .csv 结尾）使用逗号来执行下列操作：

1，34，5

表示数字 1、数字 34 和数字 5。以制表符分隔的文件（以 .tsv 或 .txt 结尾）使用制表符

表示这三个数字:

1 34 5

元数据是帮助你理解数据的文件。有时它被称为"密码本"或"数据字典"。它能够回答谁使用数据、使用哪些数据、在何时使用数据、在何处使用数据、为什么使用数据以及如何使用数据的问题。但最重要的是,它能够告诉你变量名的含义和数值的含义。如果幸运的话,它还会告诉你数据的类型(例如,数字或是字符)。

注意:在找到一个有用的数据文件之前,可能需要查阅大量的数据文件。

作业:下载一个数据集,撰写一份报告,回答下列问题。

1. 你下载数据的网址是什么?

2. 对于所需要的数据,该网站提供了哪些文件类型?你下载的数据属于哪一种类型?

3. 数据集中有多少个变量?有多少个观测值?

4. 数据集中的每一行代表什么?换句话说,观测的基本单位是什么?

5. 这些数据为什么会被收集?收集这些数据的目的是什么?这些数据是如何收集的?

6. 以兆字节(或千兆字节)计算,你下载的数据文件有多大?(数据网站可能不会提供这些信息;可能需要使用计算机的操作系统来确定这一点。)

7. 你为什么对这个数据集感兴趣?举例说明你想从这些数据中学到什么。

8. 试着将数据上传到 StatCrunch,说说发生了什么。结果是否像你所期望的那样?出错了吗?请描述结果。

本章回顾

关键术语(页码为边注页码)

统计学,2

变异,3

数据,3

变量,6

数据,6

样本,6

总体,6

数值变量,7

分类变量,7

堆栈数据,8

非堆栈数据,8

双向表,14

频率,14

比率,17

因果,18

处理变量,18

结果变量(响应变量),18

实验组,18

对照组(控制组),18

逸事,18

安慰剂,19

安慰剂效应,19

观察性研究,19

关联,19

混淆变量(混淆因素),20

对照实验,21

随机分配，22

偏差，22

盲法，22

双盲，23

随机选择，24

学习目标

学习本章内容并完成课后练习题后，你应该学会：

- 能够区分数值变量和分类变量，并掌握分类变量的编码方法；
- 能够查找和使用比率（包括百分比），了解在什么情况下比率能够比计数更有效地描述和比较不同的组别，并解释使用比率的原因；
- 能够分辨在什么情况下可以从一项研究中推断出因果关系，什么情况下不可以；
- 能够解释混淆变量是如何干扰因果关系推断的，并根据具体情况指出可能存在的混淆变量；
- 能够区分观察性研究和对照实验。

小结

统计学是收集和分析观测值（即数据）并将发现的统计规律与他人进行交流的科学（和艺术）。通常，我们倾向于通过样本来了解总体。

统计调查通常需要经历四个阶段（即一个数据周期）：提出问题、考察数据的可得性、分析数据、解释数据分析结果从而解答问题。

许多研究都聚焦于因果关系问题：如果改变一个变量，另一个变量是否随之改变？逸事无法帮助我们回答此类问题。观察性研究可以用来确定实验变量和结果变量之间是否存在关联，但是由于可能存在混淆变量，我们通常无法通过观察性研究推断因果关系。而一个设计得当的对照实验则可以帮助我们得出有关因果关系的结论。

一个设计得当的对照实验应该具备以下特征：

大样本量

将受试者随机分配至实验组和对照组

采用双盲法

使用安慰剂

参考文献

BBC News. 2010. Happiness wards off heart disease, study suggests. February 18, 2010. http://news.bbc.co.uk/2/hi/health/8520549.stm.

Britt, C. 2008. U.S. doctors prescribe drugs for placebo effects, survey shows. *British Medical Journal*. October 23, 2008. Bloomberg.com.

Colombel, S., et al. 2010. Infliximab, azathioprine, or combination therapy for Crohn's disease. *New England Journal of Medicine*, vol. 362 (April 15): 1383–1395.

Fisher, R. 1959. *Smoking: The cancer controversy.* Edinburgh, UK: Oliver and Boyd.

Glionna, J. 2006. Word of mouth spreading about peanut milk. *Los Angeles Times*, May 17.

Insurance Institute for Highway Safety. 2013. http://www.iihs.org/news/

Kahleova, H., Lloren, J. I., Maschak, A., Hill, M., Fraser, G. 2017. Meal frequency and timing are associated with changes in body index in Adventist Health Study 2. *Journal of Nutrition* doi: 10.3945/jn.116.244749.

Kaprio, J., and M. Koskenvuo. 1989. Twins, smoking and mortality: A 12-year prospective study of smoking-discordant twin pairs. *Social Science and Medicine*, vol. 29, no. 9: 1083–1089.

Mani, A., et al. 2013. Poverty impedes cognitive function. *Science*, vol. 341 (August 30): 976–980.

McKinsley Quarterly. 2009. Hal Varian on how the Web challenges managers. Business Technology Office, January.

Nisen, M. 2013. Chronic poverty can lower your IQ, study shows. *Daily Finance*, August 31. http://www.dailyfinance.com/

Owen, A., et al. 2010. Letter: Putting brain training to the test. *Nature*, April 20, 2010. doi:10.1038/nature09042.

Rabin, R. C. 2017. The case for a breakfast feast. *The New York Times*, August 21.

Rosenkilde, M., et al. 2012. Body fat loss and compensatory mechanisms in response to different doses of aerobic exercise — a randomized controlled trial in overweight sedentary males. *American Journal of Physiology: Regulatory, Integrative and Comparative Physiology*, vol. 303 (September): R571–R579.

练习

1.2 节

表 1A 中的数据来源于作者的一个统计学课程班。表中的第一行给出了变量名称，其他每一行各代表班里的一名学生。

表 1A

女性	通勤距离 / mile	头发颜色	戒指尺寸	身高 / in	父母辈女性亲戚	已修学分	居住状况
0	0	棕	9.5	71	5	35	住宿
0	0	黑	8	66	0	20	住宿
1	0	棕	7.5	63	3	0	住宿
0	14	棕	10	65	2	30	通勤
1	17	棕	6	70	1	15	通勤
1	0	金	5.5	60	0	12	住宿
0	0	黑	12	76	4	42	住宿
1	0	棕	5	70	7	18	住宿
1	21	棕	8	64	2	16	通勤
0	13	棕	7.5	63	4	40	通勤
1	0	棕	8.5	61.5	3	44	住宿

1.1 变量

表 1A 共包含多少个变量?

1.2 人数

表 1A 共包含多少个学生的观测值?

TRY **1.3**（例 1）下列变量属于数值变量还是分类变量? 请解释原因。

　　a. 居住状况

　　b. 通勤距离

　　c. 父母辈女性亲戚

1.4 下列变量属于数值变量还是分类变量? 请解释原因。

　　a. 戒指尺寸

　　b. 头发颜色

　　c. 身高

1.5 我们还可以记录哪些关于学生信息的数值变量。请举例说明。

1.6 我们还可以记录哪些关于学生信息的分类变量。请举例说明。

1.7 编码

　　表 1A 中，变量“女性”取 1 和 0 分别代表什么含义? 通常，分类变量相加是没有意义的，甚至是不可行的。变量“女性”相加有意义吗? 如果有意义，那么变量“女性”的总和代表什么?

1.8 编码

　　假设你决定用“住宿”作为列标签对变量“居住状况”进行编码，那么这一列一共会有多少个 1 和多少个 0?

1.9 编码

　　表 1A 中，“女性”是分类变量，而它的取值却是数字，请解释原因。通常，分类变量相加是没有意义的，甚至是不可行的。变量“男性”相加的做法有意义吗? 如果有意义，那么变量“男性”的总和代表什么?

1.10 编码

　　我们将累计不足 30 个学分的学生称为新生。

　　a. 创建一个名为“新生”的分类变量，将表 1A 中的学生分为新生（小于 30 个单元）和非新生。按照与表 1A 中相同的顺序，在新的一列填写该变量的编码值。

　　b. 原始变量（所修学分）是数值变量还是分类变量?

　　c. 新编码的变量（新生）属于数值变量还是分类变量?

TRY **1.11** Facebook 帖子（例 2）

　　一名学生分享了来自 StatCrunch Friend Data Application 的数据。下表包含他朋友的性别和发帖量数据。（来源: StatCrunch, Facebook Friend Data, 2014 年 2 月 13 日发布。）

男性	发帖量
1	1 916
1	183
1	836
0	9 802
1	95
1	512
0	153
0	1 221

　　a. 该数据集的格式是堆栈还是非堆栈?

　　b. 解释编码的含义。1 和 0 分别代表什么?

　　c. 根据题目 a，如果你的答案是“堆栈”，请将数据拆分为“男性”和“女性”两列。如果你的答案是“非堆栈”，请将数据堆栈为一列，并为堆栈变量取一个恰当的名称。

32

1.12 结婚年龄

一名学生对已婚男女学生的结婚年龄进行了调查。

男	女
29	24
23	24
30	32
32	35
25	23

a. 该数据集的格式是堆栈还是非堆栈?

b. 根据 a，如果你的答案是"堆栈"，请将数据拆分成两列。如果你的答案是"非堆栈"，请将数据堆栈为一列，为堆栈变量取一个恰当的名称并进行编码。

c. 变量"性别"和变量"年龄"，哪一个是数值变量? 哪一个是分类变量?

1.13 零食

Emmanuel 是洛杉矶一所高中的学生，他用一周的时间跟踪记录了所吃零食含的热量（单位：cal，1cal=4.19J），并根据口味的不同将这些零食分为"甜零食"和"咸零食"。

甜零食：90，310，500，500，600，90

咸零食：150，600，500，550

a. 按照堆栈格式组织编写以上数据，并进行编码。

b. 按照非堆栈格式组织编写以上数据。

1.14 电影

如果一家电影院可以在影院座位上为顾客提供晚餐，那么你愿意花多少钱去这个电影院看一场电影? 一组学生被问及这一问题时，做出了如下回答。男生的回答是（单位：美元）：10，15，15，25 和 12。女生的回答是（单位：美元）：8，30，15，15。

a. 按照堆栈格式组织编写以上数据，并进行编码。

b. 按照非堆栈格式组织编写以上数据。

1.3 节

根据表 1A 中的数据，对练习 1.15 ~ 1.18 进行作答。

1.15 调查数据（例 3）

假如想知道学生的住宿情况是否与累计学习的时长有关，可以利用表 1A 中的数据解决这一问题吗? 如果可以，你将用到哪些变量?

1.16 调查数据

假如想知道男性更高还是女性更高，你可以利用表 1A 中的数据解决这一问题吗? 如果可以，将用到哪些变量?

1.17 调查数据

假如想知道住宿情况是否与每周学习的时长有关，可以用表 1A 中的数据解决这一问题吗? 如果可以，将用到哪些变量?

1.18 调查数据

假如想知道戒指的尺寸是否与身高有关，你可以利用表 1A 中的数据解决这一问题吗? 如果可以，将用到哪些变量?

1.19 调查数据（例 4）

StatCrunch 发布了一个全球鲨鱼袭击事件的数据集，该数据集记录了历史上鲨鱼袭击人类的全部数据，包括了 1800 年以前的袭击数据。数据集中的变量包括袭击时间、日期、地点、受害者被攻击时从事的活动、受害者遭受的伤害类型、伤害是否致命以及鲨鱼的种类。利用该数据集无法回答以下哪个问题？（来源：www.sharkattackfile.net。）

a. 大多数鲨鱼袭击事件发生在几月？

b. 鲨鱼袭击事件更有可能发生在温暖还是寒冷的季节？

c. 哪种类型鲨鱼的袭击更有可能导致受害者死亡？

d. 哪个国家每年发生的鲨鱼袭击事件最多？

1.20 调查数据

假设某个冲浪者想知道在一天中的哪个时间进行冲浪时被鲨鱼袭击的可能性较低，他可以使用全球鲨鱼袭击事件数据集中的哪些变量来回答这个问题？

1.4 节

TRY **1.21 手指（例5）**

研究人员对男性和女性的手进行了一项调查，其目的是比较无名指与食指的长度。"是"表示无名指较长，"否"表示无名指较短或与食指一样长。一个理论认为，由于男性体内的睾酮素含量更高，男性的无名指很可能比女性的无名指更长，而研究人员并没有将这一理论告知参与这项调查的学生。

	男	女
是	33	32
否	7	13

a. 有百分之多少的男性回答"是"？

b. 有百分之多少的女性回答"是"？

c. 在回答"是"的人中，有百分之多少是男性？

d. 如果有 250 名男性，他们中的大部分人与本样本中的男性具有相同的回答率，那么在这 250 名男性中有多少人会回答"是"？

1.22 手指偏差

研究人员对男性和女性的手进行了一项调查，以研究无名指是否比食指长。"是"表示无名指较长，"否"表示无名指较短或与食指一样长。参与这项调查的学生被告知了这样一个理论，即由于体内的睾酮素含量更高，男性的无名指很可能比女性的无名指更长。

	男	女
是	23	13
否	4	14

a. 有百分之多少的男性回答"否"？

b. 有百分之多少的女性回答"否"？

c. 在回答"否"的人中，有百分之多少是男性？

d. 如果有 600 名男性，他们中的大部分人与本样本中的男性具有相同的回答率，那么在这 600 名男性中有多少人会回答"否"？

1.23 计算和使用百分比

a. 一门统计学课程由 15 名男生和 23 名女生组成。这个班的男生占班级总人数的百分比是多少？

b. 另一个班级有 234 名学生，其中 64.1% 是男生。这个班的男生人数是多少？

c. 另一个班级有 20 名女生，占总人数的 40%。这个班的学生总数是多少？

1.24 计算和使用百分比

a. 一家医院雇用了 346 名护士，其中 35% 为男性。这家医院的男护士人数是多少？

b. 一家工程公司有 178 名工程师，其中 112 名是男性。这家公司的女工程师占工程师总数的百分比是多少？

c. 一家大型律师事务所中有 169 名男性律师，占律师总数的 65%。这家事务所的律师总数是多少？

1.25 女性

请写出表 1A 中女性的人数、比例和百分比。

1.26 棕色头发的人

请写出表 1A 中棕色头发人数、比例和百分比。

g 1.27 数据双向表

根据表 1A，制作一个关于"性别"和"居住状况"的双向表。将标签"男性"和"女性"置于顶部，将标签"住宿"和"通勤"置于左侧，然后对数据进行汇总。参见本章的练习指导。

a. 补全每个单元格中的数据。

b. 计算并填写行和、列和以及总数。总数是指总人数，请填写在表格的右下角。

c. 女生中有百分之多少住在宿舍？

d. 住在宿舍的学生中有百分之多少是女生？

e. 有百分之多少的学生住在宿舍？

f. 如果女生的分布大致保持不变，假设有 70 名女生，你认为她们中有多少人住在宿舍？

1.28 数据双向表

根据表 1A，制作一个关于"性别"和"头发颜色"的双向表。将标签"男性"和"女性"置于顶部，将标签"棕""黑""金"和"红"置于左侧，然后对数据进行汇总。

a. 补全每个单元格中的数据。

b. 计算并填写行和、列和以及总数。

c. 女生中有百分之多少拥有棕色头发？

d. 棕色头发的人中，有百分之多少是女生？

e. 有百分之多少的人拥有棕色的头发？

f. 如果女生中棕色头发的分布大致保持不变，假设有 60 名女生，你认为她们中有多少人的头发是棕色的？

TRY 1.29 职业需求量增长（例 6）

2017 World Almanac 和 *Book of Facts* 报道称，在美国，个人护理助手是需求量增长最快的职业。到 2024 年，个人护理助手在美国的需求量预计将达到 160 328 名，比 2014 年增长约 26%。据此，在 2014 年，美国对于个人护理助手的需求量是多少？

1.30 巧克力销售额

2017 World Almanac 和 *Book of Facts* 报道称，2016 年，M&Ms 的销售额约为 348 万美元，占巧克力糖果总销售额的 12.95%。巧克力糖果的总销售额是多少？

TRY 1.31 监禁率（例 7）

下表列出了 2014 至 2015 年度美国各州的入狱人数和人口总数。（来源：*2017 World Almanac* 和 *Book of Facts*。）

州名	入狱人数	人口总数
California	136 088	39 144 818
New York	52 518	19 795 791
Illinois	48 278	12 859 995
Louisiana	38 030	4 670 724
Mississippi	18 793	2 992 333

计算各州每千名居民中的入狱人数，并按从最高入狱率（第 1）到最低

入狱率（第6）的顺序，对各州进行排序，然后将其与各州按入狱人数的排序进行比较。在上表中，哪个州的监狱人数最多？哪个州的入狱率最高？解释这两个问题的答案不相同的原因。

g1.32 人口密度

下表列出了2018年美国5个城市的人口数和面积（单位：km²）。请参见本章的习题指导。（来源：www.citymayors.com。）

城市	人口	面积 / km²
Miami	4 919 000	2 891
Detroit	3 903 000	3 267
Atlanta	3 500 000	5 083
Seattle	2 712 000	1 768
Baltimore	2 076 000	1 768

a. 用各城市的人口数除以各自的面积，计算各城市的人口密度（单位：人 / km²），并进行排序。其中，人口密度最大的城市排第1。

b. 如果你想住在这5个城市中人口密度最低的城市，你会选择哪个城市？

c. 如果你想住在这5个城市中人口密度最高的城市，你会选择哪个城市？

1.33 健康保险

下表列出了美国人口总数（以十万计）和不享受医疗保险的人口数（以十万计）。请计算各年不享受医疗保险的人口百分比，并描述变化趋势。（来源：2017 World Almanac 和 Book of Facts。）

年份	未享受医疗保险	总人口
1990	34 719	249 778
2000	36 586	279 282
2015	29 758	316 574

1.34 有线电视订阅

下表给出了美国有线电视订阅户数（以百万计）和拥有电视的户数（以百万计）。请计算各年拥有电视的家庭中，有线电视订阅户所占的百分比，并解释说明变化趋势。（来源：2017 World Almanac 和 Book of Facts。）

年份	订户数	拥有电视户数
2012	103.6	114.7
2013	103.3	114.1
2014	103.7	115.7
2015	100.2	116.5
2016	97.8	116.4

1.35 老年人比例

下表给出了未来数十年美国人口数以及65岁以上人口数的预测。请计算65岁以上人口百分比，并解释说明变化趋势。人口数以百万计。（来源：2017 World Almanac 和 Book of Facts。）

年份	人口	老年人口
2020	334	54.8
2030	358	70.0
2040	380	81.2
2050	400	88.5

1.36 结婚和离婚

下表中，不同年份的离婚率、结婚率是基于每千人中的离婚、结婚人数算得的。请计算离婚率占结婚率的百分比，并解释说明变化趋势。（来源：https://www.cdc.gov/nchs。）

年份	结婚	离婚
2000	8.2	4.0
2005	7.6	3.6
2010	6.8	3.6
2014	6.9	3.2

1.37 选课率

一门统计学课程分为上午8点和上午10点两个时间开设。上午8点的课有25名女生，上午10点的课有15名女生。一名学生认为，女生比男生更喜欢在上午8点上统计学课程。为了反驳他的观点，我们还需要哪些补充信息？

1.38 行人死亡

美国国家公路交通安全管理局报告称，2015年，旧金山的行人死亡人数为24人，洛杉矶的行人死亡人数为209人。我们能断定旧金山的行人比洛杉矶的行人更安全吗？为什么？如果你的回答是否定的，那么为了判断哪个地方的行人更安全，我们还需要哪些数据？（来源：https://cdan.nhtsa.gov。）

1.5 节

请分别指出练习1.39至1.44的研究是观察性研究还是对照实验。

1.39 高血压患者需要在饮食日记中记录他们一周食用的所有食物。研究人员对饮食日记中的数据进行了趋势分析。

1.40 将一种新药物和安慰剂随机分配给多发性硬化症患者，并在六个月后对他们进行协调性测试。

1.41 一位研究人员对音乐对记忆力的影响很感兴趣。她将学生们随机分成三组：一组听轻音乐，一组听吵闹的音乐，一组不听音乐。在播放（或不播放）适当的音乐后，她对所有的学生进行了一次记忆测试。

1.42 研究人员将阿尔茨海默氏病患者随机分为两组。一组接受新药物治疗，另一组接受安慰剂治疗。六个月后，对两组患者进行一项记忆力测试，以了解这种新药对于阿尔茨海默病的治疗效果是否比安慰剂更好。

1.43 研究人员将一群男孩随机分为两组。一组观看暴力卡通片一小时，另一组观看无暴力卡通片一小时。随后，观察这些男孩在接下来的两个小时内做出了多少暴力行为，并比较两组的结果。

1.44 当地一所公立学校鼓励但不要求学生穿校服。这所学校的校长将穿校服的学生的平均绩点（GPA）与不穿校服的学生的GPA进行比较，以判断穿校服的学生是否倾向于拥有更高的GPA。

1.45 维生素C和癌症

博客 *NHS Choices*（2014年2月10日）指出，"越来越多的逸事证据表明，如果高浓度维生素C被直接注入静脉（静脉注射），它可能仍是一种有效的抗癌药物"。请解释"越来越多的逸事证据"在这句话中表达的含义。逸事证据与科学证据有何不同？如果有的话，我们能从逸事证据中得出什么样的结论？

1.46 芦荟汁

我们可以在网上找到许多关于喝芦荟汁有助于治疗消化系统病症的疗效评价。从这些评价中，我们可以得出芦荟汁能够治疗消化系统病症的结论吗？为什么？

TRY 1.47 辅导对数学成绩的影响（例8）

一些老师想要了解课后辅导对提高学生数学成绩的效果，因此他们为那些有需要的学生安排了免费的课后辅导，并比较了接受课后辅导的小组和没有接受课后辅导的小组的期末考试成绩。假设接受课后辅导的小组倾向于在考试中获得更高的分数。这是否能够说明课后辅导是有效的？如果不是，请解释原因，并提出一个混淆变量。

1.48 治疗抑郁症

一名医生坚信抗抑郁药比"谈话疗法"对抑郁症的治疗效果更好。为了测试疗效，他对一半的抑郁症患者采取抗抑郁药治疗，对另一半患者进行谈话治疗。六个月后，对患者进行1～5分的评估，5分表示症状得到最大改善。

a. 这位医生担心，如果不使用抗抑郁药治疗病情最重的抑郁症患者，那么他们的病情会变得更糟。因此，他决定让病情最重的抑郁症患者接受抗抑郁药治疗。请解释为什么这种做法会影响他确定最有效的治疗方式。

b. 为了改善这项研究，你会给这位医生提出哪些建议？

c. 这位医生问你，是否可以让他知道每个病人接受的治疗方式，并在研究结束时亲自评估他们的病情改善程度。请解释为什么这种做法会影响他确定最有效的治疗方式。

d. 你对 c 题中的计划有什么改进建议？

TRY 1.49 运动与语言学习（例9）

2017年，一项研究为了探究体育运动对第二语言学习的影响，将40名受试者随机分配到以下两组：在实验组中，受试者在学习第二语言词汇的同时进行体育活动；在对照组中，受试者在静态环境中学习词汇。研究人员发现，相较于在静态环境中学习第二语言词汇，在进行体育活动的同时学习第二语言的效果更好。（来源：Liu et al., " It takes biking to learn: Physical activity improves learning a second language," *PLoS One*, May 18, 2017, https://doi.org/10.1371/journal. pone.0177624）

a. 就一项设计得当的对照实验而言，这项研究具备哪些特征？不具备哪些特征？

b. 如果这项研究顺利实施，我们是否可以得出结论：在进行第二语言词汇学习的同时兼顾体育活动将带来更好的学习效果？请解释原因。

1.50 幼儿肺炎疫苗

Griffin 等人的一项研究比较了1997至1999年引入肺炎疫苗（PCV7）前和2007至2009年引入肺炎疫苗后的肺炎发病率。阅读摘要节选，并回答以下问题：（来源：Griffin et al., " U.S. hospitalizations for pneumonia after a decade of pneumococcal vaccination," *New England Journal of Medicine*, vol. 369 [July 11, 2013]: 155–163）

我们利用全国住院病人样本数据库估算了肺炎住院率……使用1997至1999年（引入 PCV7 之前）和2007至2009年（引入 PCV7 之后）的平均年住院率来估算年住院率的下降情况。

2岁以下儿童的年住院率，每10万人减少551.1。……与根据引入PCV7之前的年住院率计算的预期住院人数相比，减少了47 000人。

其他年龄段的结果也与之类似。这是否表明 PCV7 的引入降低了肺炎发生率？请对此做出解释。

1.51 鱼油能降低患哮喘的风险吗？

《新英格兰医学杂志》报道了一项关于孕妇食用鱼油以及其子女患哮喘病的研究。阅读摘要节选，并回答以下问题：（来源：Bisgaard et al.,"Fish oil-derived fatty acids in pregnancy and wheeze and asthma in offspring," *New England Journal of Medicine*, vol. 375 [December 2016]: 2530–2539, doi: 10.1056/NEJMoa1503734）

方法：我们将 736 名妊娠 24 周的孕妇随机分配至两个组，一组每天服用鱼油，另一组每天服用安慰剂（橄榄油）。在孩子出生后 3 年内的随访中，研究人员和参与者都不知道分组情况；之后的 2 年随访期间，只有研究人员不知道分组情况。

结果：该研究共包含 695 名儿童，其中 95.5% 的儿童完成了为期 3 年的双盲随访。实验组患持续性喘息或哮喘的风险为 16.9%，而对照组为 23.7%，相对减少了 30.7%。

a. 这是一项对照实验还是观察性研究？请解释原因。

b. 假设研究进展顺利，我们是否可以得出孕妇食用鱼油降低了子女的哮喘病患病率的结论？

1.52 血糖负荷与痤疮之间有关系吗？

一篇发表在《营养与饮食学会杂志》上的文章报道了一项针对中度至重度痤疮患者的饮食研究。阅读摘要节选，并回答以下问题。（来源：Burris et al., "Differences in dietary glycemic load and hormones in New York City adults with no or moderate/severe acne," *Journal of the Academy of Nutrition and Dietetics*, vol. 117 [September 2017]: 1375–1383）

方法：本研究包含 64 名参与者（无痤疮，n = 32；中度 / 重度痤疮，n = 32）。参与者完成了为期 5 天的食物记录，进行了抽血，并完成了一份调查问卷。该问卷用以评估食物加重痤疮的看法和痤疮患者的生活质量。

结果：与无痤疮的参与者相比，患有中度 / 重度痤疮的参与者消耗的碳水化合物总量更高。与无痤疮的参与者相比，患有中度 / 重度痤疮的参与者胰岛素含量更高。尽管两组之间没有差异，但是 61% 的参与者报告称痤疮受到食物的影响。

a. 这是一项对照实验还是观察性研究？请解释原因。

b. 如果研究进展顺利，我们是否可以得出结论，认为碳水化合物摄入量越高的人痤疮越严重？请解释原因。

TRY 1.53 牛奶和软骨（例 10）

软骨是一种光滑的橡胶状填充物，可以保护身体关节处的长骨。Lu 等人在《关节炎护理与研究》（*Arthritis Care & Research*）上发表的一项研究发现，每天喝一杯牛奶的女性比不喝牛奶的女性的软骨厚 32%，会更健康。研究人员通过问卷调查获得了牛奶摄入量的信息，并通过 X 光对软骨进行了测量。在这篇文章中，研究人员总结："我们的研究表明，频繁摄入牛奶可能与女性 OA（骨关节炎）患病率减少有关。"（来源：Lu et al.,"Milk consumption and progression of medial tibiofemoral knee osteoarthritis: Data from the osteoarthritis initiative," *Arthritis Care & Research*, vol. 66 [June 2014]: 802–809, https://doi.org/10.10002/acr.22297）

这项研究是否表明喝牛奶会促进软骨的生长？为什么？

1.54 自闭症和 MMR 疫苗

Wakefield 等人在英国医学期刊《柳叶刀》(*Lancet*) 上发表的一篇文章指出，自闭症是由麻疹、腮腺炎和风疹（MMR）疫苗引起的。这种疫苗通常在儿童身上接种两次，一次在 1 岁左右，一次在 4 岁左右。这篇文章的研究对象为 12 名自闭症儿童，他们都在患自闭症前不久接种了 MMR 疫苗。后来，《柳叶刀》以研究设计无法支撑研究结论为由，撤下了该文。

我们能从这项研究中得出 MMR 疫苗会导致自闭症的结论吗？正如上文所述，《柳叶刀》列出了研究中可能存在的缺陷，认为研究结论（MMR 导致自闭症）不合理。请解释原因。（来源：A. J. Wakefield et al., "Ileal lymphoid-nodular hyperplasia, non-specific colitis, and pervasive developmental disorder in children," *Lancet*, vol. 351 [February 1998]: 637–641。）

TRY **1.55** 饮食和抑郁症（例 11）

《BMC 医学》(*BMC Medicine*) 期刊上的一篇文章报道了一项研究，该研究旨在探索饮食对抑郁症的影响。患有中度至重度抑郁症的受试者被随机分为两组：饮食干预组和社会支持对照组。饮食干预组的 33 名受试者接受了咨询和支持，他们需要坚持以地中海饮食为主的"改良饮食（ModiMedDiet）"。社会支持组的 34 名受试者参与了一项"交友"协议，该协议安排训练有素的人员与受试者进行对话和活动。12 周后，饮食干预组有 11 人的抑郁症状得到缓解，而对照组只有 3 人的症状得到缓解。

	饮食干预组	社会支持对照组
缓解	11	3
未缓解	22	31

a. 计算并比较两个组中症状缓解的样本所占的百分比。

b. 这是一项对照实验还是观察性研究？请解释原因。

c. 我们能得出饮食可以缓解抑郁症的结论吗？为什么？

1.56 共谋者对遵从意识的影响

研究人员进行了一项研究，观察受试者是否会忽视"电梯可能会卡在两层楼之间，请走楼梯"的标志。这项研究是在一座三层大学宿舍的一楼进行的。走楼梯的人被视为遵从指示，坐电梯的人则被视为不遵从指示。该研究设计包含三种方案，其中两种方案与共谋者有关。共谋者是指与实验者秘密合作的人。在第一种方案下，没有共谋者。在第二种方案下，有一个遵从指示的共谋者（走楼梯）。在第三种方案下，有一个不遵从指示的共谋者（坐电梯）。受试者倾向于模仿共谋者。关于这项研究，你还需要知道哪些信息才能确定共谋者的存在是否会改变受试者的遵从意识？（来源：Wogalter et al. [1987], reported in

Shaffer and Merrens, *Research Stories in Introductory Psychology* [Boston: Allyn and Bacon, 2001])

1.57 每天吃沙拉能避免中风吗？

《哈佛心脏通讯》(*The Harvard Heart Letter*) 报道了一项研究，该研究对 1226 名老年女性在 15 年间的饮食进行了调查。研究发现，女性吃的蔬菜越多，死于心血管疾病的风险就越低。从这项研究中，我们能得出多吃蔬菜可以预防心血管疾病的结论吗？为什么？

1.58 喝含糖饮料会导致痴呆吗？

《阿尔茨海默病与痴呆》(*Alzheimer's and Dementia*) 2017 年 9 月报道了一项研究，该研究发现饮用含糖饮料与脑容量降低之间存在关联。该研究是一项观察性研究还是随机实验？我们能得出喝含糖饮料导致脑容量降低的结论吗？为什么？

本章回顾练习

1.59 二手烟和儿童

根据一项基于理论的、由社区卫生工作者提供的、对家庭吸烟者的干预措施，研究人员想要评估其是否能够减少中国家庭儿童对二手烟的接触与吸食。该研究的受试者是一些吸烟的父母或看护员，他们的孩子或看护对象是 5 岁及以下的儿童。研究人员将受试者随机分配至干预组与比较组。在干预组中，社区卫生工作者向受试者传递一些关于吸烟卫生与吸食二手烟危害的信息。而在对照组中，受试者不会接收到关于二手烟的任何额外信息。在为期 6 个月的随访中，

研究人员对这些家庭是否在家中实施了限制吸烟的措施进行了评估。结果如下表所示。(来源：Abdullah et al., " Secondhand smoke exposure reduction intervention in Chinese households of young children: A randomized controlled trial, " *Academic Pediatrics*, vol. 15 [November-December 2015]: 588–598, https://doi.org/10.1016/j. acap.2015. 06.008。)

	干预组	对照组
限制吸烟	61	37
未限制吸烟	37	45
合计	98	82

a. 干预组中，有百分之多少在家中采取了限制吸烟的措施？

b. 对照组中，有百分之多少在家中采取了限制吸烟的措施？

c. 根据以上数据，你是否认为该干预措施有效地加强了家庭对吸烟的限制？

1.60 咖啡摄入量

《科学日报》(*Science Daily*) 2017 年 8 月 27 日报道称，高咖啡摄入量与低死亡风险相关。这一发现基于一项包含近 2 万名参与者的观察性研究。研究人员发现，每天至少喝 4 杯咖啡的参与者比从不或几乎不喝咖啡的参与者的死亡率低 64%。这是否意味着一个人可以通过增加咖啡的摄入量来降低死亡概率？

1.61 超速罚单

研究人员对有驾照的大学生进行了采访，询问他们是否曾经收到过超速罚单（是或否）。下表给出了采访的结果以及受访者的性别。

性别	罚单	性别	罚单
男	是	女	是
男	是	女	是
男	是	女	否
男	是	女	否
男	是	女	否
男	是	女	否
男	否	女	否
男	否	女	否
男	否	女	否
男	否	女	否
女	是	女	否
女	是	女	否
女	是		

a. 上表中包含哪两个变量？它们是分类变量还是数值变量？

b. 根据上表中的结果，制作一个双向表，将变量"男"和变量"女"的标签置于顶部，将变量"是"和变量"否"的标签置于左侧。

c. 比较男生和女生中收到过超速罚单的百分比。

1.62 100 mile/h

研究人员对有驾照的大学生进行了采访，询问他们驾车的车速是否曾经达到过 100 mile/h。下表给出了采访的结果以及受访者的性别。

性别	100+ /(mile/h)	性别	100+ /(mile/h)
男	是	女	是
男	是	女	是
男	是	女	否
男	是	女	否
男	是	女	否
男	是	女	否
男	否	女	否
男	否	女	否
男	否	女	否

（续）

性别	100+ /(mile/h)	性别	100+ /(mile/h)
女	是	女	否
女	是	女	否
女	是	女	否

a. 上表中包含哪两个变量？它们是分类变量还是数值变量？

b. 根据上表中的结果，制作一个双向表，将变量"男"和变量"女"的标签在顶部，将变量"是"和变量"否"的标签在左侧。

c. 比较男生和女生中曾经驾车车速达到每小时 100mile 或以上的百分比。

*1.63 写作：维生素 D

假设你想研究患有骨质疏松症的妇女服用维生素 D 补充剂是否能够降低其骨折的可能性，并且有 200 名患有骨质疏松症的妇女可以参与研究。基于此，请设计并描述一个对照实验，描述的内容应包括一个对照实验应有的全部特征。此外，还需说明如何确定研究结果。

*1.64 写作：中风

患有中风的人通常会服用阿司匹林或香豆素等"血液稀释剂"，以防止再次中风。设计一个对照实验，以确定阿司匹林还是香豆素在预防再次中风方面具有更好的效果。假设有 300 个曾患有一次中风的人可以参与研究。请描述实验设计，描述的内容应包括一个得当的对照实验的全部特征，以及如何确定研究结果。

1.65 瑜伽和高危青少年

正念瑜伽能够对高危青少年饮酒现象产生有益的影响吗？请阅读《儿

童与家庭研究》（*Journal of Child and Family Studies*）期刊发表的研究摘要，并回答以下问题。（来源：Fishbein et al.," Behavioral and psychophysiological effects of a yoga intervention on high-risk adolescents: A randomized control trial," *Journal of Child and Family Studies*, vol. 25 [February 2016]: 518–529, https://doi.org/10.1007/s10826-015-0231-6）

 摘要

我们为一所高辍学率学校的青少年学生设计了 20 课时的正念瑜伽干预措施，并将 69 名参与者随机分配至对照组和干预组。在瑜伽课程开始前和结束之后，分别收集调查数据。后续测试显示，与对照组学生相比，干预组的学生呈现出减少饮酒的趋势。

a. 请指出该研究的处理变量与响应变量。

b. 这是一项对照实验还是观察性研究？

c. 根据这项研究，你能得出瑜伽能够减少饮酒的结论吗？为什么？

1.66 神经反馈和多动症

一些研究表明，神经反馈可能是一种治疗多动症的有效方法。阅读《柳叶刀精神病学》（*The Lancet Psychiatry*）上发表的研究摘录，并回答以下问题。(来源：Schönenberg et al.," Neurofeedback, sham neurofeedback, and cognitive-behavioral group therapy in adults with attention-deficit hyperactivity disorder: A triple-blind, randomised, controlled trial," *The Lancet Psychiatry*, vol. 4 [September 2017]: 673–684.）

方法：我们对 18 至 60 岁患有多动症的成年人进行了同期三盲随机对照实验。参与者被随机分为三组：神经反馈组，在 15 周内接受 30 次真正的神经反馈；假神经反馈组，在 15 周内接受 15 次假神经反馈，随后接受 15 次真正的神经反馈；元认知治疗组在 12 周内接受 12 次神经反馈。症状得分是实验的主要结果，该得分根据 Conners 成人多动症评分量表，在治疗前、治疗中（8 周后）、治疗后（16 周后）和 6 个月后分别进行评定。

结果：在治疗前至随访 6 个月结束之间，所有实验组自报告的多动症症状均显著减轻，且与实验条件无关。各组之间的结果均无显著差异。

a. 请指出该研究的处理变量与响应变量。

b. 这是一项对照实验还是观察性研究？

c. 根据这项研究，你是否认为神经反馈可能是一种治疗多动症的有效方法？为什么？

1.67 虚拟现实和跌倒风险

研究人员进行了一项研究，以评估为期 5 周的虚拟现实（VR）训练能否降低成年人跌倒的风险。34 名老年人接受了 15 次 VR 训练，训练内容包括在跑步机上进行 VR 模拟行走。在 VR 训练项目结束时，参与者表现出了更好的机动能力和步态速度。在研究的摘要中，作者做出了如下结论："作为一种有效且实用的临床工具，VR 跑步机训练似乎可以提高老年人的行动能力并降低跌倒的风险。"这些结果是否表明 VR 训练可以改善老年人的活动能力和步态速度？该研究缺少对照实验和观察性研究的哪些基本组成部分？（来源：Shema et al., "Improved mobility and reduced fall risk in older adults after five weeks of virtual reality training," *Journal of Alternative Medical Research*, vol. 9, issue 2: 171–175。）

1.68 耳部感染

一项研究用抗生素对 6 至 23 个月大的内耳感染婴儿进行了治疗。研究人员将这些婴儿随机分配为两组，一组接受为期 10 天的长期抗生素治疗，另一组仅接受 5 天的短期抗生素治疗，随后 5 天服用安慰剂。共有 229 个婴儿接受短期治疗，其中的 77 人出现"临床失败"；而在接受长期治疗的 238 个婴儿中，仅有 39 人表现出临床失败。（来源：Hoberman et al., "Shortened antimicrobial treatment for acute otitis media in young children," *New England Journal of Medicine*, vol. 375 [December 2016]: 2446–2456。）

a. 比较各组的临床失败百分比，并说明哪一组的效果更好。

b. 制作一个双向表，将"10 天"和"5 天"标签置于表的顶部，将"失败"和"成功"标签置于表的左侧。填写表中空缺的 4 个数字。

c. 这是一项观察性研究还是对照实验？为什么？

d. 你能得出抗生素治疗导致了结果的差异这一结论吗？为什么？

1.69 光照的影响

Baturin 和他的同事们进行了一项研究，观察光照对雌性小鼠的影响。他们将 100 只小鼠随机分为两组，一组中的 50 只小鼠接受 12 小时光照和 12 小时黑暗处理（LD），另一组中的 50 只小鼠接受 24 小时的光照处理（LL）。研究人员自小鼠两个月大开始，对它们进行为期两年的观察。LD 组的 4 只小鼠和 LL 组的 14 只小鼠出现了肿瘤。下表是实验数据的汇总。（来源：Baturin et al., "The effect of light regimen and melatonin on the development of spontaneous mammary tumors in mice," *Neuroendocrinology Letters*, vol. 22 [December 2001]: 441–447。）

	LD	LL
有肿瘤	4	14
未见肿瘤	46	36

a. 计算各组（LD 组和 LL 组）小鼠出现肿瘤的百分比，进行比较并做出解释。

b. 这是一项对照实验还是观察性研究？为什么？

c. 我们能否得出结论，认为每天 24 小时光照会导致小鼠肿瘤增多？为什么？

TRY 1.70 监狱之旅

近期，一些媒体节目（比如 Dr.Phil）和一个名为 Beyond Scared Straight 的节目提出了将罪犯送至"监狱之旅"节目的想法。我们可以借机回顾以前的一项随机实验。1983 年，Roy Lewis 在加州进行了一项研究。研究人员将男性罪犯（年龄在 14 至 18 岁之间）随机分配为两组，一组参与"监狱之旅"，另一组不接受任何处理。分配到"监狱之旅"组的男性去了一个监狱，他们每天听着囚犯们谈论着自己在监狱中的糟糕经历。随后，对两组中的罪犯进行 12 个月的观察，看他们是否会再次被捕。下表给出了实验结果。（来源：Lewis, "Scared straight—California style: Evaluation of the San Quentin Squires program," *Criminal Justice and Behavior*, vol. 10 [June 1983]: 209–226。）

	监狱之旅组	未接受任何处理组
再次被捕	43	37
未再次被捕	10	18

a. 计算两个组的再次被捕率，指出哪一组更高。

b. 这项研究的目的是希望证明"监狱之旅"会降低逮捕率。研究结果能证明这一点吗？请解释原因。

练习指导

g1.27 数据双向表

根据表 1A，制作一个关于性别和住宿情况的双向表。将标签"男性"和"女性"置于顶部，将标签"住宿"和"通勤"置于左侧，然后对数据进行汇总。以下给出了 a、b 两题的解题指导。

a. 根据本指导中的第 1 步和第 2 步，将各单元格补充完整。

b. 根据本指导中的第 3 步，计算总数。

女性	性别	居住状况	核实
0	男性	住宿	√
0	男性	住宿	√
1	女性	住宿	√

（续）

女性	性别	居住状况	核实
0	男性	通勤	√
1	女性	通勤	
1	女性	住宿	
0	男性	住宿	
1	女性	住宿	
1	女性	通勤	
0	男性	通勤	
1	女性	住宿	

指导

第 1 步　请参阅上表。首先，我们必须将"女性"列"解码"为性别。令 0 = 男性，1 = 女性。对于双向表中的每个单元，为每个同时具有该单元的两个特征的人做一个记号。标记后，划掉表中的这一行或在这一行旁边打一个对号，这样就可以知道哪些行已经计数了。上表给出了前四个计数标记。（到目前为止，我们已经计算出有两名住在宿舍的男性，一名住在宿舍的女性和一名通勤的男性。）

	男性	女性
住宿	‖	∣
通勤	∣	

第 2 步　完成计数后，请检查是否总共有 11 个标记，数据表的每一行对应 1 个标记。然后将计数标记改写为数字。请注意，下表已经给出了一个数字，你可以检查自己的结果，并确保与之相同。

	男性	女性
住宿		4
通勤		

第 3 步　总计：将男性总数填入

"男性"列底部的单元格中，并将女性总数填入"女性"列底部的单元格中。将住宿舍的学生总数填入宿舍行的最右边单元格中，将通勤的学生总数填入通勤行的最右侧单元格中。请注意，男性和女性的总数应为 11，住宿舍和通勤的总数应为 11。请注意，下表已经给出了两个总数，你可以检查自己的结果，并确保与之相同。

	男性	女性	合计
住宿		4	7
通勤			
合计	5		

请继续回答其他问题。

g 1.32 人口密度

下表列出了 2018 年美国 5 个城市的人口数和面积（单位：km^2）。（来源：www.citymayors.com。）

城市	人口	面积 / km^2
Miami	4 919 000	2 891
Detroit	3 903 000	3 267
Atlanta	3 500 000	5 083
Seattle	2 712 000	1 768
Baltimore	2 076 000	1 768

a. 用各城市的人口数除以各自的面积，计算各城市的人口密度（单位：人 / km^2），并进行排序。其中，人口密度最大的城市排名第 1。

b. 如果你想住在这 5 个城市中人口密度最低的城市，你会选择哪个城市？

c. 如果你想住在这 5 个城市中人口密度最高的城市，你会选择哪个城市？

第 1 步 用人口数（人）除以面积（km^2），求出每个城市的人口密度。人口密度的单位是每平方千米人口数。例如，要计算亚特兰大的人口密度，需要将答案四舍五入为整数。亚特兰大的人口密度是每平方千米人口数。下表已经给出了两座城市的人口密度计算结果。

城市	人口	面积 / km^2	人口密度
Miami	4 919 000	2 891	
Detroit	3 903 000	3 267	
Atlanta	3 500 000	5 083	689
Seattle	2 712 000	1 768	
Baltimore	2 076 000	1 768	1 174

第 2 步 在计算出这五座城市的人口密度之后，对它们进行排序，人口密度最大的城市排名第 1，人口密度最小的城市排名第五。

第 3 步 请注意，人口密度的排名与人口数的排名并不相同。例如，尽管底特律的人口数比西雅图的人口数大，但它的人口密度却比西雅图小。为什么城市的人口密度排名与人口数排名不同？

第2章　图形可视化变异

提要

我们收集到的数据都存在着一定程度的变异。样本分布是描绘数据变异的重要工具，对其可视化是统计分析的第一步。关注样本分布的三个特征：形状、中心以及变异性或离散程度，可以使我们更全面地了解数值变量。考察样本分布图形，可以帮助我们更深刻地理解数据的产生过程。

统计学的一个重要思想是，尽管单个事件难以预测，但大量的事件通常表现出可预测的规律。寻找统计规律是科学研究与工商管理领域的关键主题，而数据关键特征的识别和可视化是其重要的第一步。

利用图表来寻找规律、确定重要的趋势或特征并不是新鲜事。最早的统计图表之一可以追溯到1786年，当时一位名叫威廉·普莱费尔（William Playfair）的苏格兰工程师发表了一篇论文，研究小麦价格和工资之间是否存在关系。为了解答这一问题，普莱费尔开创性地绘制了一个图表（如图2.1所示）。这个图表成为统计学最常用的两种工具（条形图和直方图）的原型。

统计图表在组织数据、寻找规律和趋势以及交流研究发现等方面发挥着强大的作用。尽管自普莱费尔以来，我们使用的图表发生了一些变化，但图表仍然是数据分析的重要工具。统计分析的第一步往往是绘制图表，从而能够对照数据检验我们的直觉判断。如果我们的直觉是错误的，很有可能是因为世界运行的方式与我们想象的不同。因此，通过绘制并审视数据图表（如本章的案例分析所示），我们将深入了解世界运行的方式。

在第1章中，我们探讨了一些用于收集数据的方法。在本章中，我们将介绍一些用于分析数据的基本图表。在随后的第3章中，我们将更为具体的讲述数据关键特征的确定与比较。

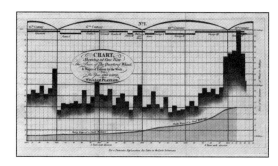

图2.1　普莱费尔的图表探究了工资和小麦价格之间可能存在的关系（来源：Playfair 1786。）

案例分析

大学的生师比

四年制私立大学比四年制公立大学更好吗？这一问题的答案取决于你对于"更好"的理解。许多人认为，教学质量的一个衡量标准是生师比（即学生人数除以教师人数）。当然，还有很多其他衡量教学质量的标准。我们认为，低生师比大学的班级规模较小，学生在小班教学中可以得到额外的关注。

表 2.1 中的数据来源于一些授予四年制学位的学校。数据取自 2013—2014 学年的 83 所私立大学和 44 所公立大学。为简单起见，每个比率都四舍五入为最接近的整数。例如，表中的第一所私立大学的生师比是 10，这意味着大约每 10 名学生对应 1 名教师。你认为公立大学和私立大学有什么不同之处？有什么相似之处？

如果不对数据进行组织，我们几乎无法比较公立大学和私立大学。在本章，你将接触到几种组织数据的图示法，借此我们也可以对这两类大学进行比较。本章最后的图表汇总将启示我们如何正确地比较这两类大学。

42

表 2.1　私立大学与公立大学的生师比（来源：http://nces.ed.gov/ipeds/。）

私立大学									公立大学				
10	9	16	17	10	12	12	20	11	16	23	19	18	20
10	10	14	19	12	9	11	22	15	11	14	21	20	15
5	23	11	20	16	14	6	10	10	19	19	19	20	15
17	14	12	10	11	13	17	22	10	20	18	26	14	19
12	12	11	12	11	12	15	9		18	25	15	23	
12	14	32	11	13	17	20	17		22	19	26	16	
13	9	11	12	8	18	9	12		23	17	19	12	
12	13	11	13	12	12	14	13		22	18	15	14	
11	17	15	14	14	10	15	18		16	19	19	17	
11	15	12	6	12	7	15	12		25	13	25	18	

2.1　数值数据变异的可视化

关于统计调查中的变量，我们通常会问"典型值是什么？常见的值是什么？不常见的值是什么？极端值是什么？"等问题。更多时候，当我们基于一个变量来比较不同的组时，我们会问"哪个组更大？哪个组的变异性更大？"分布是帮助我们回答这类问题的重要工具。**样本分布**（distribution of a sample）只是组织数据的一种方法。我们可以将样本分布看作一个列表，其中记录了观测值和观测值出现的频率。**频率**（frequency）是数据集中观测值出现次数的另一种表述。

> KEY POINT **重点**
>
> 样本分布是数据分析的核心组织概念之一。分布通过记录样本中的所有观测值以及每个观测值出现的次数来组织数据。

分布是非常重要的，因为它记录了很多便于我们比较组间差异、检查数据错误、了解现实世界的信息。样本分布有助于我们审视数据的变化，同时，我们也可以从数据的变化中更多地了解这个世界。

每个统计问题的答案都是从可视化开始的。通过绘制适当的图表，我们可以发现那些原本可能会被忽略的规律。例如，下面是来自全国大学体育协会（NCAA）的原始数据，可供在线查阅。这组数据显示了 2016—2017 赛季 NCAA 第三赛区女足球员的进球数。（第三赛区的学校不允许向运动员提供奖学金。）首先，我们只展示大一新生的数据。

11, 14, 16, 13, 13, 10, 13, 11, 16, 21, 13, 19, 10, 10, 14, 13, 10, 13,

15, 10, 15, 13, 11, 19, 11, 11, 16, 10, 12, 11, 14, 11, 10, 14, 10, 19, 12

这些数据只是一些观测值，而分布则可以记录观测值和频率。该样本的分布情况见表 2.2。

我们可能会问一些统计问题，例如，一个球员通常能进多少球？ 19 是一个很大的进球数吗？尽管不是不可能，但是我们很难仅仅借助一个表格就能够回答这些问题，因为通过表格很难看出规律。借助一幅图，我们更容易比较不同组的进球数。例如，在一个赛季中，男性通常比女性进球数更多还是更少？

我们使用两步法审视一个分布：

1. 观测值。

2. 汇总数据。

在本节中，我们将解释如何实现分布的可视化。在下一节中，我们将探讨汇总数据所需要的数据特征。

分布可视化的所有方法都基于相同的思想：做一些记号以表明每个值在数据集中出现的次数。通过这种方式，我们将得到样本的分布图，进而一眼就可以观察到观测值的大小及其频率。

点图和直方图是数值变量分布可视化的两种非常有用的方法。点图更简单；直方图更常用，用处可能也更大。

表 2.2　2016—2017 年度 NCAA 第三赛区大一女足球员进球数分布

数值	频率	数值	频率	数值	频率
10	8	14	4	18	0
11	7	15	2	19	3
12	2	16	3	20	0
13	7	17	0	21	1

数据迁移：这些数据是从一个更完整的数据集中提取出来的，原始数据集包含了男足球员、女足球员以及 NCAA 三个赛区的所有数据。

数据：ncaasoccer.csv。

2.1.1 点图

在绘制**点图**（dotplot）时，只需在数轴上观测值取值的上方画一个点。我们可以通过观察这些点堆起来的高度来判断频率。图 2.2 是大一女足球员进球数的点图。

通过这张简单的图，我们可以获取比表 2.2 中更多的信息。从图中我们可以看出，2016—2017 年度赛季，大多数女足球员只进了 20 个或更少的球，但有一位女足球员进了更多球。我们还可以发现，至少对于这群足球运动员来说，每个赛季进 19 个或更多的球是不常见的。

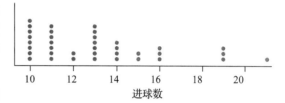

图 2.2　2016—2017 年度 NCAA 第三赛区大一女足球员的进球数。每个点代表一个女足球员。请注意，横坐标从 10 开始

 贴士

绘制点图

用笔和纸很容易绘制点图，但是不要太在意观测值记录的准确性。绘制点图的目的是帮助我们看到分布的总体形状，而不是记录每个观测值的细节。

 摘要

点图

点图是什么？一种汇总数据的图示法。

点图的用途是什么？用于展示数值变量的分布情况。

点图如何汇总数据？每一个观测值用数轴上的一个点表示。

如何利用点图？观察样本数据变化的规律。

2.1.2 直方图

在点图中，数据集中的每个观测值对应一个点，而**直方图**（histogram）通过将观测值分组到称为直方的间隔中，进而生成更平滑的图形。通过把数轴分成等组距的直方，然后计算每个直方内观测值的数量，进而形成各个组。为了表示直方，直方图显示为竖条，每个竖条的高度与直方内观测值的数量成比例。

44

例如，对于图 2.2 所示点图中的进球数，我们可以创建一系列从 10 到 12、从 12 到 14、从 14 到 16 的直方，并依此类推。在这个赛季中，有 15 位女足球员进了 10 到 12 个球，所以第一个直方的高度为 15。（计算图 2.2 中 10 个和 11 个进球对应的点。）第二个直方包含 9 个观测值，因此高度为 9。完整的直方图如图 2.3 所示，其中，6 名女足球员进了 14 到 16 个球，3 名女足球员的进球数在 16 到 18 个之间，依此类推。

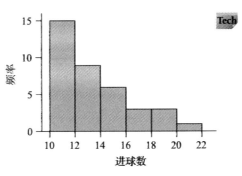

图 2.3　2016—2017 年度赛季 NCAA 第三赛区大一女足球员进球数的直方图。例如，第一个直方显示，有 15 名女足球员在这个赛季中进了 10 到 12 个球

绘制直方图需要注意很多细节。例如，对于一个观测值正好落在两个直方边界上的情况，我们需要制定一个处置规则。12 个进球应归属于哪个直方？一个常见的规则是将落在边界上的观测值归属于右边的直方，但是我们也可以决定将它们归属于左边的直方。重要的是我们要始终贯彻一致的规则。本书的直方图采用右手规则，将边界观测值归属于右边的直方。

图 2.4 是相同数据的另外两个直方图。尽管这两个图展示的是相同的数据，但它们彼此并不相同，也不同于图 2.3。为什么？

组距的变化会改变直方图的形状。图 2.3 是组距为 2 个进球的直方图。相比之下，图 2.4a 的直方要小得多，而图 2.4b 的直方更宽。注意，当我们绘制的直方很窄时，我们将得到一个尖的直方图。当我们绘制的直方更宽时，直方图变得不那么尖。宽的直方会隐藏更多的细节。如果绘制的直方非常宽，那么所有的细节都会被隐藏，你只会看到一个大矩形！

我们应该绘制多大组距的直方？直方较窄会展示过多的细节（如图 2.4a 所示）；直方较宽则无法展示足够的内容（如图 2.4b 所示）。大多数计算机软件会自动做出优良的选择。绘制图 2.3 的软件 StatCrunch 自动将组距设为了 2 个进球。不过，如果可以的话，你应该尝试不同的组距，看看不同的直方图是否改变了你对样本分布的印象。幸运的是，大多数统计软件很容易就可以改变组距。

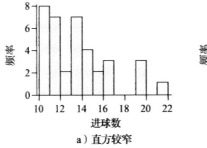

a）直方较窄

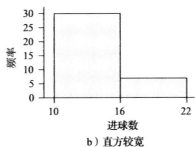

b）直方较宽

图 2.4　单赛季进球数的其他两个直方图，展示了与图 2.3 中相同的数据

相对频率直方图

对直方图进行一些改动（当然，统计学家喜欢变化），将纵轴的单位从频率改为相对频率。**相对频率**（relative frequency）只是一个比例。这里不是说第一个直方里有 15 个观测值，而是说第一个直方里的观测值占比是 15/37 = 0.405。我们除以 37 是因为在数据集中总共有 37 个观测值。图 2.5 与第一个显示进球数分布的直方图（见图 2.3）相同，但是，图 2.5 的纵轴是相对频率，图 2.3 的纵轴是频率。

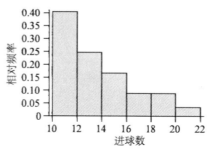

使用相对频率不会改变图形的形状，只是向我们传达了不同的信息。相对频率直方图不再是回答"有多少球员进了 10 到 23 个球"（15 名球员），而是回答"进了 10 到 12 个球的球员所占的比例是多少"（0.405）。

图 2.5　2016—2017 年度赛季 NCAA 第三赛区大一女足球员进球数的相对频率直方图

 摘要

直方图

直方图是什么？一种汇总数值数据的图示法。

直方图的用途是什么的？用于展示数值变量的分布情况。

直方图如何汇总数据？观测值被分组到直方内，用竖条表示每个直方内有多少观测值（或观测值所占的比例）。

如何利用直方图？通过平滑细节，直方图可以帮助我们发现更重要的规律。请注意，绘制的直方太宽会隐藏细节，直方太窄会展示过多细节。纵轴可以记录频率、相对频率或百分比。

例 1　法学院律师考试通过率的可视化

为了成为一名律师，必须通过所在州的律师考试。因此，当选择一所法学院时，如果该法学院的毕业生通过律师考试的比例很高，那么选择这样一所法学院是合乎情理的。互联网法律研究小组（The Internet Legal Research Group）网站提供了 2013 年美国 196 所法学院的律师考试通过率。

问题：对一所法学院来说，80% 的通过率高不高？

解答：这是一个主观的问题。对于未来的学生来说，80% 的通过率可能足够高了。但从另一个角度看待这个问题时，我们需要思考是否有很多学校的通过率超过 80%，80% 是不是一个典型的通过率或者是否很少有学校的通过率能达到 80%。想要回答诸如此类的问题，通常需要考虑样本的分布，因此我们的第一步就是绘制一个恰当的分布图。

点图和直方图都展示了样本分布。图 2.6a 是一个点图。分析一个包含 196 个观测值的

46

点图有些困难（但并非不可能），过多的细节令我们难以回答这样的问题。借助直方图回答这一问题更容易，如图 2.6b 所示。在这个直方图中，每个竖条的组距为 10，y 轴给出了通过率在给定范围内的频率。

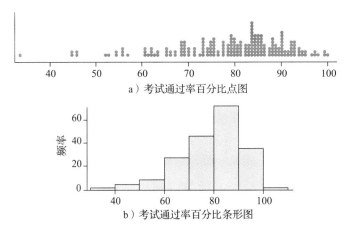

a）考试通过率百分比点图

b）考试通过率百分比条形图

图 2.6 a）196 所法学院的律师考试通过率的点图。每个点代表一个法学院，点的位置表示该学院的通过率。b）该条形图展示了与 a）相同的数据，并平滑了细节

我们可以观察到，大约有 75 所法学院的通过率在 80% 到 90% 之间。另外约 35 所的通过率超过 90%。加起来，有 110 所（75+35）的通过率高于 80%，即 110/196 = 0.561，约占 56%。这告诉我们 80% 的通过率并非那么不寻常，大多数法学院在这方面表现得很好或更好，还有很大一部分（47%）表现得较差。

试做：练习 2.5。

2.1.3 茎叶图

茎叶图，又称为枝叶图，在不具备技术条件且数据集不大的情况下，它可以帮助我们实现数值变量的可视化。如果希望直观地看到数据的真实值，那么茎叶图也非常有用。

绘制**茎叶图**（stemplot），要把每个观测值分成"茎"和"叶"。**叶**（Leaf）是观测值的最后一个数字。**茎**（Stem）包含了叶子前面的所有数字。对于数字 60，6 是茎，0 是叶。对于数字 632，63 是茎，2 是叶。对于数字 65.4，65 是茎，4 是叶。

茎叶图可以帮助我们理解诸如饮酒行为等数据。在许多学院和大学里，饮酒是一个大问题。出于这个原因，我们采访了一组自称饮酒的大学生，询问他们在过去七天里喝了多少酒。他们的回答是：

1, 1, 1, 1, 1, 2, 2, 2, 3, 3, 3, 3, 3, 4, 5, 5, 5, 6, 6, 6, 8, 10, 10, 15, 17, 20, 25, 30, 30, 40

对于一位数，假设前面有一个 0。1 杯饮料的观测值变成 01，2 杯饮料的观测值变成 02，依此类推。每个观测值只有两位数：前一个数字是茎，后一个数字是叶子。图 2.7 是记

录这些数据的茎叶图。

如果将茎叶图逆时针旋转 90 度，它看起来与直方图没有太大的区别。与直方图不同，茎叶图显示的是数据的真实值。通过直方图，我们只知道观测值落在某个区间内。

茎叶图通常将叶子按从低到高的顺序组织，这使得我们更容易定位某个特定值，如图 2.7 所示。尽管这不是我们必须要做的，但这一特点的确使茎叶图更易于使用。

从茎叶图中我们可以看到，大多数学生在一周内都会适量饮酒，但也有一些人会喝很多。每周 40 杯酒相当于每天 6 杯，按照一些医生的定义，这已属于酗酒问题了。

图 2.8 是一些考试成绩的茎叶图。注意 4 和 5 的空茎，这表明没有成绩位于 40 和 59 之间。大多数学生的成绩在 60 到 100 之间，但有一个学生的成绩相对于班上其他学生来说非常低。

茎	叶
0	111112223333345556668
1	0057
2	05
3	00
4	0

图 2.7　大学生饮酒量的茎叶图。右侧的每一个数字（叶）代表一个学生。茎和叶合在一起表示每个学生的饮酒量

茎	叶
3	8
4	
5	
6	0257
7	00145559
8	0023
9	0025568
10	00

图 2.8　考试成绩的茎叶图。有两名学生的成绩是 100，没有成绩位于 40 和 59 之间

 摘要

茎叶图

茎叶图是什么？一种汇总数值数据的图示法。

茎叶图的用途什么？用于展示数值变量的分布情况。

茎叶图如何汇总数据？数字被分为叶子（最后一个数字）和茎（前面的数字）。茎写在一个竖栏里，相关的叶子"附在"茎上。

如何利用茎叶图？就像直方图一样。在不具备技术条件且数据集不大的情况下，它通常非常有用。

2.2　数值分布重要特征汇总

在考察一个分布时，我们应注重描述分布的形状、分布的**典型值**（typical value）或中**心**（center）和分布的**变异性**（variability）或**离散程度**（spread）。"典型"的概念是主观的，但位于分布中心的值往往接近大多数人对"典型值"的概念，而变异性反映在分布的离散

程度上。

> **KEY POINT 重点**
>
> 在考察数值数据的分布时，请注意分布的形状、中心和离散程度。

图 2.9 比较了两组分布。你已经看过直方图 2.9a 了。这是第三赛区大一女足球员在 2017 年的进球数直方图。直方图 2.9b 展示了同年第三赛区大一男足球员的进球数。我们应如何比较这两个分布？

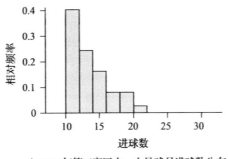
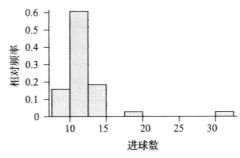

a）2017 年第三赛区大一女足球员进球数分布   b）大一男足球员进球数分布

图 2.9 2017 年第三赛区大一球员进数直方图

1. 形状。这些分布有什么有趣或不寻常的特征吗？它们的形状差别很大吗？（如果答案是肯定的话，这可能表明了男足球员与女足球员踢球的差异。）

2. 中心。两个分布的典型值各是多少？男、女足球员单赛季进球数的典型值是否不同？

3. 离散程度。分布的离散程度表示每场比赛进球数的差异。我们应如何比较差异的大小？如果一组的进球数差异小，这表明该组成员的足球技术水平都差不多。如果一组的进球数差异大，则可能意味着该组成员的足球技术水平参差不齐。

对于一个分布，让我们逐一考虑以上三方面特征。

> 🐟 **贴士**
>
> **模糊表示**
>
> 目前，我们有意地将形状、中心和离散程度这三个概念模糊化。事实上，我们可以用一些更精确的方法量化中心与离散程度。然而，考察一个分布并以通俗的方式评估它的形状、中心和离散程度，是数据分析的首要任务。

2.2.1 形状

考察一个分布的形状时，你应该关注三个基本特征：

1. 该分布是对称的还是偏态的？

2. 该分布有多少个峰？一个？两个？一个也没有还是有很多？

3. 该分布存在异常大或异常小的值吗?

对称还是偏态

对于一个对称分布, 其分布图的左半部分几乎是右半部分的镜像。图 2.10 展示了两种可能的理想化分布。图 2.10a 是一个**对称分布**(symmetric distribution)。[统计学家通常将这种特殊形状的分布称为**钟形分布**(bell-shaped distribution)。钟形分布在统计学中扮演着重要的角色, 这一点在本书中将得到体现。]

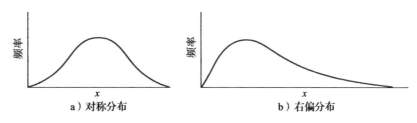

a) 对称分布　　　　　　b) 右偏分布

图 2.10　两种可能的理想化分布

49

图 2.10b 是一个单峰偏态的非对称分布。注意, 它有一个向右延伸的"尾巴"(指向较大的值)。尾部向右, 我们称其为**右偏分布**(right-skewed distribution)。这是一个变量分布的典型形状, 在这样的分布中, 大多数值相对较小, 但也有一些非常大的值。如果尾部向左, 则为**左偏分布**(left-skewed distribution), 其中大多数值相对较大, 但也有少数非常小的值。

图 2.11 是 123 名女大学生身高的直方图。如何描述该分布的形状? 这是对称分布在现实中的一个很好的例子。注意, 它不是完全对称的, 在现实中永远不存在"完美的"对称。

假设我们采访了一些人, 问他们一周看电视的时长通常是多少小时, 我们得到的数据会是钟形分布的吗? 可能不是。这个数据集的最小值可能是 0, 而大多数人看电视的时长可能会聚集在一个相同的值附近。此外, 其他一些人可能比大多数人看电视的时间更长。图 2.12 是基于该数据集的直方图。我们在图上绘

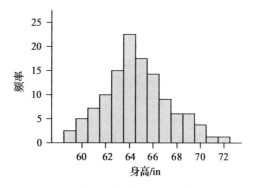

图 2.11　女生身高的直方图(来源: Brian Joiner in Tufte 1983, 141。)

制了一个箭头, 强调该分布的尾部是向右延伸的。可以看出, 这是一个右偏分布。

图 2.13 展示了考试成绩的左偏分布, 这样的成绩分布可能正是你所期望的。大多数人的成绩很高, 少数人的成绩很低, 进而形成了尾部向左的分布图。对于一次非常难的考试而言, 大多数人的成绩很低, 只有少数人的成绩很高, 那么这次考试的成绩分布将是右偏的。

另一种常见的情况是, 人们的收入分布是有偏的。一大群人的收入通常呈右偏分布。

一个人每年的收入不可能低于 0 美元，大多数人的收入是适中的，而收入是没有上限的。在大样本中，总有人的收入非常高。

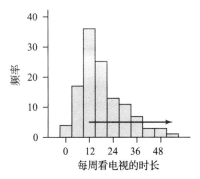

图 2.12 每周看电视的时长呈右偏分布（来源：Minitab 软件。）

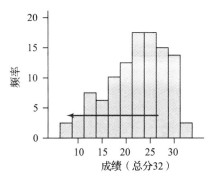

图 2.13 考试成绩呈左偏分布

例 2 表明，即使不收集数据，你通常也可以对分布的形状做出有根据的猜测。

例 2 坐过山车的耐力

一档早间广播节目正在举办一场比赛，获胜的参赛者将赢得一辆汽车。比赛安排约 40 名参赛者乘坐过山车，在过山车上坚持时间最长的人获胜。假设我们为参赛者的乘车时长绘制了一个直方图（以小时甚至以天为单位）。

问题： 根据我们的预期，该直方图的形状是怎样的？为什么？

解答： 大多数人可能很快就会退出比赛，而少数人会坚持很长一段时间。最后两位选手可能会继续坚持很长一段时间。因此，我们预期该分布是右偏的。

试做： 练习 2.9。

有多少个峰？

如果我们把男性和女性的身高都包含在样本中，你认为该分布的形状会是怎样的？女性的身高分布和男性的身高分布通常都是对称的，都只有一个峰。但由于我们知道男性往往比女性高，因此我们预期同时包含男性和女性身高的直方图有两个峰。

根据统计术语，有一个峰的分布称为**单峰分布**（unimodal distribution），有两个峰的分布称为**双峰分布**（bimodal distribution）。图 2.14a 展示了一个双峰分布。**多峰分布**（multimodal distribution）有两个以上的峰。峰不需要具有相同的高度（事实上，它们很少具有相同的高度）。图 2.14b 可能是我们更常见的双峰分布。

这些简图都是理想化的。现实中，你不会接触到这样平滑的分布。一个直方图是否接近对称分布，以及它有一个峰、两个峰、没有峰，还是有很多峰，都需要你自己决定。多峰分布有时意味着一个数据集涵盖了几个差异很大的群体（例如，涵盖了男性和女性的身高）。当遇到多峰分布时，你可能需要查看原始数据，看看是否可以分开各组单独考察。至少，当看到多于一个峰的分布时，你应该思考，"这些数据可能来自不同群体吗？"

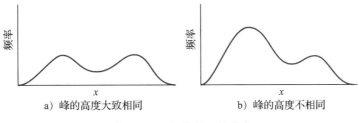

a）峰的高度大致相同   b）峰的高度不相同

图 2.14　理想化的双峰分布

例 3　合并两场马拉松的完赛时长

我们收集了两场马拉松比赛的完赛时长。一场是 2012 年奥运会马拉松比赛，只有少数精英选手参加。另一场是俄勒冈州波特兰市的马拉松比赛，有很多业余选手参加。

问题：你认为该样本分布的形状是怎样的？

解答：我们认为该样本呈双峰分布。精英选手的完赛时长通常更短，所以我们认为在左侧有一个峰代表奥运会选手，而右侧有一个峰代表另外一场比赛的选手。图 2.15 是该数据集的直方图。

一个峰的中心约为 150 min（2.5 h），另一个峰的中心约为 225 min（3.8 h）。

试做：练习 2.11。

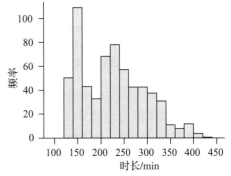

图 2.15　两场马拉松完赛时长的直方图

观察一个直方图时，我们对其形状的理解会受到直方组距的影响。图 2.15 展示了一个双峰分布，部分原因是合理的直方组距使我们恰当地观察到了分布的细节。如果把直方的组距设置得过大，我们能得到的细节就会变少，因而可能就看不到双峰分布了。图 2.16 显示了将会发生的情况。经验丰富的数据分析师通常从计算机设置的组距开始，进而略微增减组距，观察调整后的直方图。这样做能够帮助他们判断直方图是否存在有趣的形状。

会出现极端值吗

在绘制直方图或点图时，有时会看到非常大或非常小的观测值。当发生这种情况时，你应该记录这些观测值，并采取必要的措施（尽管通常将它们记录下

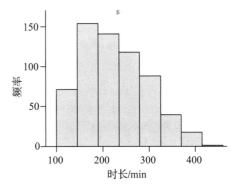

图 2.16　另一个与图 2.15 所示完赛时长分布相同的直方图。图中的直方更宽，省略了一些细节。尽管该分布本应有两个峰，但它看起来不再是双峰分布了

来就可以了)。在数据录入时出错，叫能会导致极值的出现。例如，我们让一个班的学生记录他们的体重(单位：磅)。图 2.17 是体重分布图。体重写成 1 200 的学生显然是笔误，他原本可能打算写的是 120。

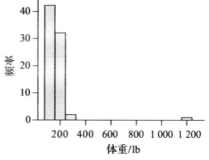

我们将这样的极值称为**异常值**(outlier)。"异常值"一词没有准确的定义。有时你可能认为一个观测值是异常值，但其他人可能不这么认为，这是正常的。但是，如果一个观测值和直方图的大部分观测值之间没有差异，那么很可能该观测值不应该被视为异常值。异常值是指不符合其他数据分布规律的观测值，因此，如果绝大部分观测值是极大或极小的，那么将它们都标记为异常值的做法可能是不正确的。毕竟，如果很多观测值都不符合某一规律，也许说明你还没有发现正确的规律！

图 2.17　存在极端值的体重直方图

> **KEY POINT 重点**
>
> 异常值是指过大或过小而不符合分布规律的观测值。"异常值"一词没有准确的定义。数据录入时出错会导致异常值的出现，但真正的异常值有时是十分有趣的。

有时异常值是由错误造成的，有时则不是。重要的是，当它们出现时，我们要记录下来。如果可以的话，还要做进一步的调查。你将在第 3 章看到，异常值的存在会影响我们确定分布中心和离散程度的。

2.2.2　中心

《纽约时报》的一篇文章称，"在美国，典当品通常价值 150 美元左右"。显然，典当品的价值因物品而异，所以我们如何用一个单一数字来描述典当品的价值呢？不妨考虑一下这个问题："100 米冲刺需要多长时间？"取决于选手和比赛，这个问题有很多可能的答案。所以我们可能会回答："看情况。我见过一些田径运动员的用时少于 11 s，有些则更快。"但如果被追问更多细节，你可能会回答"典型的时长是 10.5 s 左右"。

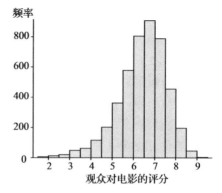

在比较不同群体时，我们尤为需要"典型"值。大学男足球员是否比女足球员每个赛季的进球更多？两组球员的进球数是不同的。为了回答这个问题，我们需要知道每一组典型的进球数。

例如，我们从一个电影评分网站获取了海量的电影评分。评分从 0 到 10，10 是最高分。图 2.18 是英语电影评分分布的直方图。典型的评分是多少？该分布的中心大约是 6.5 分，所以我们可以说典型的评分

图 2.18　英语电影评分分布。0 分的电影最差，10 分的电影最好

（大约）是 6.5 分。

你可能暂时并不认为该分布的中心正好是 6.5 分，但是我们想让你理解的是，如果有人问"人们给英语电影的评分是多少？"，看完直方图之后，你应当回答一个位于该分布中心的值。例如，你可能不会回答 2 或 9 这些极端值。

如果分布是双峰或多峰的，那么为数据集寻找一个"典型"值可能没有意义。如果数据集涵盖了两个差异很大的群体，那么为每个群体寻找单独的典型值可能更有意义。在图 2.15 中，典型的完赛时长是多少？由于有两组不同的选手，因此典型值不唯一。精英组和业余组有各自的典型值，且互不相同。然而，探讨图 2.13 中学生成绩的典型值是有意义的，因为该分布只有一个峰且只涵盖了一组学生。

⚠ 注意

多峰分布的中心

我们应谨慎确定多峰或双峰分布的典型值。这些分布有时表明一个数据集涵盖了几个差异很大的组。如果可能的话，我们最好分别确定每个组的典型值。

例 4　法学院律师考试通过率的典型值

观察美国法学院律师考试通过率的分布（为了方便起见，这里再次用到了图 2.6b）。

问题：法学院律师考试通过率的典型值是多少？

解答：我们再次用到了图 2.6b。分布的中心是在 80% 到 90% 之间，所以我们可以说律师考试通过率的典型值在 80% 到 90% 之间。

试做：练习 2.13。

为什么不使用众数

我们称最常出现的观测值为众数。一般来讲，寻找数值数据的众数，特别是从直方图中确定众数，是不明智的。（你很快就会明白，众数有助于我们分析分类数据而非数值数据。）我们不应该使用众数的原因有两个。

第一个原因是直方图会模糊众数的位置，因此我们对众数位置的判断取决于直方的组距。影评人的英语电影评分直方图显示，最"受欢迎"的值位于 80 到 90 之间，这意味着该值比其他任何值出现的次数都要多。但是，如果我们绘制组距较小的直方（如图 2.19 所示），那么现在最常出现的值在 92 左右。

避免使用众数的第二个原因是，在一个数据集中可能会出现许多不同的数值。这至少会引致两个问题。一是同一数据集中可以有许多不同的众数，二是数据集发生的微小变化，可以引发众数的巨大变化。

理解这一点，请看图 2.20 所示的影评人评分的点图。该图告诉我们，最常出现的值，即众数，是 93。但它出现的次数只比 86 多一次。如果一个影评人改变了主意，比如说，将 93 改成 94，那么就会出现 93 和 86 两个众数。如果两个影评人改变了注意，众数将会从 93

变为 86。在分析数值数据时，众数对"典型"值的度量是非常不稳定的。

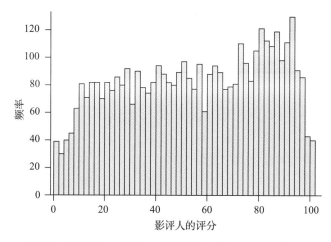

图 2.19　当直方的组距为 2 分时，众数的位置从 80 至 90 变为从 92 至 94

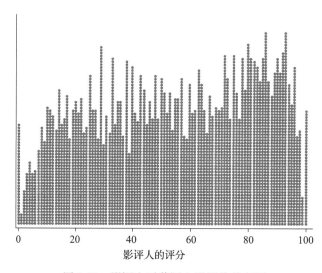

图 2.20　影评人对英语电影评分的点图

55 2.2.3　变异性

　　数据的变化量是我们考察一个分布时要关注的第三个重要特征。如果一个数值变量的所有值都相同，那么它的直方图（或点图）将会呈细长的形状。另一方面，如果数据的变化量很大，则直方图会呈分散状，这体现了更大的变异性。

　　下面给出一个非常简单的例子。图 2.21a 展示了一个身高非常相似的四口之家。注意，这个家庭身高的直方图（见图 2.21b）非常细，其实它就是一个条形！

　　图 2.22a 展示了一个身高差异很大的家庭。这个家庭身高的直方图（见图 2.22b）更分散。

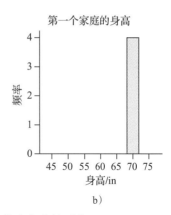

第一个家庭的身高

a)   b)

图 2.21   第一个家庭的身高差异不大

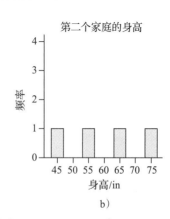

第二个家庭的身高

a)   b)

图 2.22   第二个家庭的身高差异很大

例5   大学学费

非营利性的四年制私立大学通常比公立大学学费高，这已经不是什么秘密了。但是在这两类学校中，学费的分布也不尽相同。图 2.23 展示了 2014 年公立和私立学校的学费。

问题：在这两类学校中，如何比较学费的变异性？

56

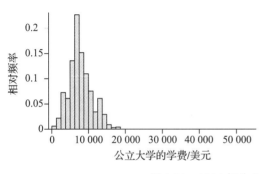

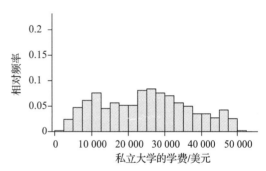

图 2.23   2014 年公立学校和私立学校的学费

解答： 私立学校之间的学费差异要比公立学校大得多。私立学校学费的最大差异约为 50 000 美元，而四年制公立学校学费的最大差异约为 20 000 美元。

试做： 练习 2.15。

 数据迁移： 完整的数据集可以在综合高等教育数据系统（Integrated Post-secondary Education Data System，IPEDS）中找到，该系统的网址为 nces .ed.gov/ ipeds。我们从中获取了一些感兴趣的变量，并赋予它们更具描述性的名称。

数据： fouryearsample.csv。

2.2.4 分布的描述

当需要描述一个分布或比较两个分布时，应该描述分布的中心（典型值是多少？）、离散程度（有多大变异性？）和形状。双峰分布的中心可能不易于描述，但峰的大致位置应该确定。还应该描述其他不寻常的分布特征，比如极端值。

例 6 身体穿孔

大学生身体穿孔现象有多普遍？一个学生通常有多少穿孔？一位统计学教授要求一个班的学生（匿名）报告他们身上穿孔的数量。

问题： 请描述该班学生身体穿孔数量的分布情况。

解答： 第一步是绘制并观察一个恰当的样本分布图。图 2.24 是这些数据的直方图。为了总结该分布，我们需要描述它的形状、中心、离散程度并讨论其他不寻常的分布特征。

考虑到许多人会有 0、1 或 2 个穿孔，而少数人可能会有更多，正如我们预期的这样，穿孔数量的分布是右偏的。典型的穿孔数量（分布的中心）大约是 1 个，尽管大多数学生没有穿孔。穿孔数量的范围从 0 个到大约 10 个。这种分布的一个有趣的特征是，它似乎是多峰的。三个峰分别位于 0、2 和 6，它们都是偶数。这是合乎情理的，因为穿孔通常是成对的。但是为什么在 4 处没有峰呢？（作者也不知道。）如果样本只包含男性，你认为分布的形状会是怎样的？如果只包含女性呢？

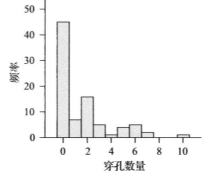

图 2.24 统计学课的学生身体穿孔数量

试做： 练习 2.17。

2.3 分类变量变异的可视化

在进行数据可视化时，分类变量与数字变量的处理方式差不多。我们通过展示变量的值（类别）和每个值出现的次数来实现分类变量分布的可视化。

为了说明这一点，以加州大学洛杉矶分校（UCLA）的统计系为例。加州大学洛杉矶分校每年都开设暑期统计学入门课程，并想要了解哪些学生对这门课感兴趣。特别是，如果能够了解暑期课程的学生主要来自大一（渴望完成通识教育要求）还是毕业年级（尽可能推迟上课时间），该统计系则可以更好地规划课程安排。

表 2.3 展示了 2013 年加州大学洛杉矶分校开设的一门暑期入门课程的学生样本数据。"未知年级"的学生可能没有上过大学（成年人出于职业原因选修这门课，高中生选修这门课是为了抢先学习）。

"年级"是一个分类变量。表 2.4 汇总了这个变量的分布情况，并展示了样本中所有的值以及每个值出现的频率。注意，我们为大一学生添加了一行。

通常用于显示分类数据样本分布的两种图形是条形图和饼图。乍一看，条形图非常类似于直方图，但它们有几个重要的区别，后续将介绍这部分内容。

表 2.3　统计学课的学生年级

学生 ID	年级	学生 ID	年级
1	大四	11	大二
2	大三	12	大三
3	未知	13	大三
4	未知	14	大二
5	大四	15	未知
6	研究生	16	大四
7	大四	17	未知
8	大四	18	未知
9	未知	19	大二
10	未知	20	大三

表 2.4　统计学课的学生年级汇总

年级	频率
未知	7
大一	0
大二	3
大三	4
大四	5
研究生	1
合计	20

58

2.3.1　条形图

条形图（bar chart）中的每一个条形表示每一个观察到的类别。条形的高度与该类别的频率成比例。图 2.25 是 UCLA 上统计学课学生所属年级的条形图。纵轴表示频率。我们看到样本中有一名研究生和四名大三学生。纵轴还可以表示相对频率（见图 2.25b）。条形图的形状保持不变，只是纵轴上的数字变了。

注意，该样本中没有大一学生。我们认为，可能由于这是一个暑期课程，刚进入大学的学生不太可能在进入大学之前的暑假上课，而完成了一年大学课程的学生通常也不再是大一学生了（假设他们修够了学分）。

条形图和直方图

条形图和直方图看起来非常相似，但它们有一些非常重要的区别。

在条形图中，条形的排列顺序有时并不重要。通常，分类变量的类别没有自然顺序。如果确实存在自然顺序，那么你可能会按照这个顺序排列各类别。例如，在图 2.26a 中，我们将这些类别按相当自然的顺序进行了排序，从"未知"年级到"研究生"。在图 2.26b 中，我们将它们按频率从最大到最小进行了排序。这两种排序方式都是可以接受的。

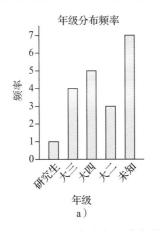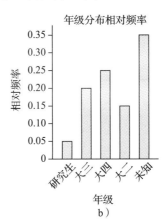

图 2.25　a）条形图展示了每个年级参与统计学入门课程的学生人数。频率最大的"年级"
由 7 个"未知"年级的学生组成。数据集中没有大一学生，因而也没有显示。
b）条形图以相对频率的形式展示了与 a）相同的信息。"未知"年级的学生约占样
本的 0.35（35%）

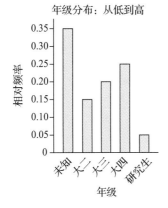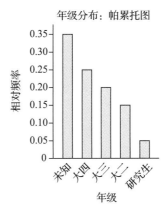

a）自然顺序的条形图　　　　b）相同数据的帕累托图，频率最大的
　　　　　　　　　　　　　　　类别置于最左侧，其他类别按自左
　　　　　　　　　　　　　　　至右频率递减排列

图 2.26　条形的排列顺序

　　图 2.26b 用途很大，因为它更清楚地显示了"未知"年级是频率最大的类别。这一结果
表明，暑期课程的校外需求可能很大。按频率由大到小排列的条形图称为**帕累托图**（Pareto
chart）。这些图表是由意大利经济学家和社会学家维弗雷多·帕累托（Vilfredo Pareto，
1848—1943）发明的。在组织汇总分类数据方面，帕累托图通常能够展示极为丰富的信息。
　　条形图和直方图的另一个区别是，在条形图中，条形的宽窄并不重要。条形的宽度没
有任何意义。

最后一个重要的区别是，条形图的各个条形之间存在间隔。这表明，各类别之间不存在观测值。在直方图中，间隔表示在间隔所代表的区间内没有观测值。

 摘要

条形图

条形图是什么？一种汇总分类数据的图示法。

条形图的用途是什么？用于展示分类变量的分布情况。

条形图如何汇总数据？每个类别都用一个条形表示。条形的高度与该类别在数据集中出现的次数成比例。

如何利用条形图？观察分类数据的变化规律。类别既可以按照频率由大到小的顺序排列，也可以按照其他有意义的顺序排列。

2.3.2　饼图

饼图是另一种普遍用于展示数据相对频率的图表。如你所见，**饼图**（pie chart）看起来就像一个饼。饼图分为几个楔形块，每一块代表变量的一个类别。每一块的面积与所对应类别的相对频率成比例。图 2.27 中最大的一块属于"未知"年级，约占整个饼的 35%。

有些软件会在饼图的每一块上标注所占的百分比。然而，这并不总是必要的，因为饼图的主要目的是帮助我们比较类别之间的相对频率。例如，图 2.27 向我们展示了"未知"年级占据了整个数据集相当大的一部分。此外，如果有很多类别，对每一块都进行标记会变得很烦琐，饼图也会变得杂乱。

饼图虽然很常见（你以前一定见过），但在统计学或科学研究中并不常用。其中一个原因是，人眼很难判断饼图的每一个楔形块占据了多大面积。因此，在图 2.27 中，"大二"块看起来只比"大三"块稍微小一点。但从条形图（见图 2.26）中我们可以看出，实际上它们有很大差异。饼图很难用于比较变量在两组之间的分布（例如比较男性和女性）。另外，如果有许多不同的类别，我们也很难为饼图加上易于阅读的标签。

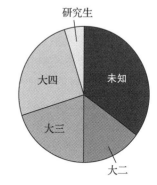

图 2.27　上统计学课程的分类变量"年级"分布饼图

 摘要

饼图

饼图是什么？一种汇总分类数据的图示法。

饼图的用途是什么？用于展示每个类别观测值的占比。

> 饼图如何汇总数据？每个类别都用饼图中的楔形块表示。楔形块的面积与各类别的相对频率成比例。
>
> 如何利用饼图？分析哪些类别的频率最大，哪些类别的频率最小。有时，用频率标记每个楔形块对我们有所帮助。

2.4 分类分布的汇总

形状、中心和离散程度，这些我们用来总结数值分布的概念有时对分类分布并没有意义，因为我们通常可以按自己喜欢的方式对类别进行排序。中心和形状会因类别的不同排序而不同。然而，我们仍然可以讨论样本中的典型值和变异性。

2.4.1 众数

在描述一个分类变量的分布时，我们应注意哪个类别最常出现。这个值，也就是条形图中最高的条形对应的值，有时被认为是典型值。这样的值同时有两个或多个也是正常的。这仅仅意味着样本中没有太多的变异性。

最常出现的类别被称为**众数**（mode）。"众数"这个词在这里的意思类似于我们将其用于数值变量时的意思。然而，分类变量和数值变量之间的一个很大的区别是，只有当两个类别在最常见的结果上接近时，我们才称分类变量呈双峰分布。（这两个条形不需要有完全相同的高度，但高度应该非常接近。）类似地，如果两个以上的类别对应的条形大致相同且最高，则分类变量的分布是多峰的。对于一个多峰分布的数值变量，峰的高度不需要相同。

关于众数的一个例子，让我们来看看皮尤研究中心（Pew Research Center）的相关研究（www.pewsocialtrends.org，2008 年 4 月 9 日）。研究人员 2008 年采访了 2413 名美国人，询问他们认为自己属于哪个经济阶层：下层阶层、中产阶层还是上层阶层。图 2.28 给出了结果。

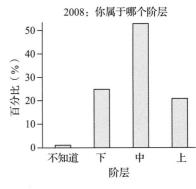

图 2.28　2008 年受访者经济阶层的百分比

61

例 7　阶层问题

2012 年，皮尤研究中心对 2508 名美国人进行了调查，询问他们认为自己属于哪个经济阶层。图 2.29 所示的条形图展示了受访者答复的分布。

问题：典型的答复是什么？你认为 2012 年的答复和 2008 年的答复有什么不同？

解答：典型的答复仍然是中产阶层。然而，在 2012 年，只有不到 50% 的人认为自己属于中产阶层。这一比例低于 2008 年。此外，自 2008 年以来，自认为属于下层阶层的人占比有所上升，而自认为属于上层阶层的人占比有所下降。

试做： 练习 2.37。

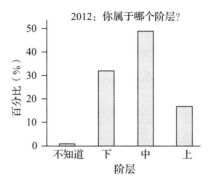

图 2.29 2012 年受访者经济阶层的百分比

如我们所见，众数是中产阶层，超过一半的人（实际上是 53%）认为自己属于中产阶层。其余的人几乎平分为下层阶层（25%）和上层阶层（21%）。

2.4.2 变异性

当我们考察分类分布的变异性时，"多样性"这个词对我们有所帮助。如果分布有很大的多样性（很多观测值分布在很多不同的类别中），那么它的变异性就很高。在高变异性分布的条形图中，有时会有几个不同的众数或与众数差不多的类别。如果所有的观测值都在一个类别中，那么分布的变异性就很低。分析一个条形图时，如果某个类别显然是唯一的众数，那么这个类别的观测值就比其他类别要多得多，而这个分布的变异性很低。

例如，图 2.30 展示了洛杉矶城市学校系统（Los Angeles City School System）中两所学校的族裔构成条形图。哪所学校族裔的变异性更大？

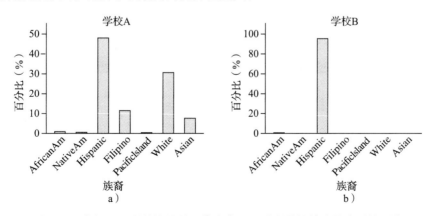

图 2.30 洛杉矶两所学校的学生族裔占比。哪所学校族裔的变异性更大

62 　　学校 A（见图 2.30a）的多样性要大得多，因为它的观测值分布超过四个类别，而学校 B 的观测值只有两个类别。在学校 A，众数显然是西班牙裔（Hispanic），而第二名的白人裔（White）也紧随其后。

　　学校 B（见图 2.30b）几乎只有一个族裔，其他族裔的人数非常少。学校 B 的众数非常明显，这意味着学校 B 的变异性比学校 A 低。

　　用图表比较分类变量的变异性并不容易。但如图 2.30 所示，有时我们可以比较一些明确的事实。

例 8　萎缩的中产阶层？

　　想想皮尤基金会提出的问题：“你认为自己属于哪个经济阶层，下层、中层还是上层？”假设我们提问另一群人这个问题。绘制一个条形图的简图，以展示（a）变异性最小与（b）变异性最大两种情况。提示：（a）部分可能有多个答案，但（b）部分只有一个答案。受访者可能会做出四种答复：不知道、下层阶层、中产阶层、上层阶层。

　　解答：如果每个人都给出相同的答复，那么该分布的变异性就会最小。答复是什么并不重要，但我们假设它是“中产阶层”。在这种情况下，只有中产阶层一个条形，如图 2.31a 所示，该条形包含了全部的受访者。

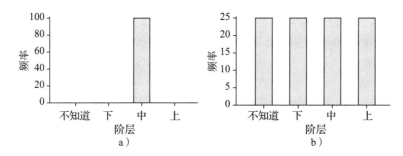

图 2.31　a）变异性最小的条形图，每个人都认为自己属于中产阶层。b）变异性最大的条形图

　　如果每个人的答复都尽可能不同，那么该分布的变异性最大。如图 2.31b 所示，在这种情况下，每个类别包含的受访者具有相同的比例。所以这四个条形的高度都是 25%。

　　试做：练习 2.39。

2.4.3　分类变量分布的描述

　　描述分类数据的分布时，应该描述众数（或多个众数）并说明变异性。例 9 能够帮助你理解我们的观点。

> **KEY POINT　重点**
>
> 　　用图示法汇总分类数据时，应该描述众数或多个众数，并说明变异性（多样性）。

例 9 死亡原因

据一些专家称，目前在美国出生的婴儿中约有 51.5% 是男婴。但在 100 岁至 104 岁的人群中，女性是男性的四倍（根据 2000 年美国人口普查局数据）。怎么会这样呢？一种可能的原因是男孩出生的比例随着时间的推移而发生了变化。图 2.32 中的两个条形图给出了另一种可能的原因。这些条形图展示了在一年内每 10 万名 15 岁至 24 岁的男性和女性中的死亡人数。

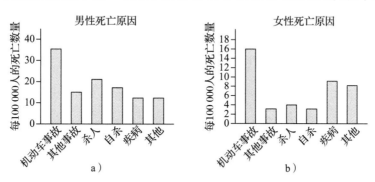

图 2.32 一年内每 10 万名 15 岁至 24 岁男性和女性的死亡人数

问题：比较图 2.32 中的两个分布。注意，两个图中的类别排列顺序相同。

解答：首先，我们可以从 y 轴刻度值的不同中看出两个条形图的尺度不一。这种做法通常出于大多数计算机软件之手，并且是合理的。相同的刻度值可能会导致其中一个条形图的条形太小，以至于我们不能轻易地观察出各个类别之间的差异。

虽然两组的众数都是机动车事故，但在所有其他死因方面，男性的死亡率一直很高，而在其他事故、杀人和自杀这几个类别中，女性的死亡率相对较低。换句话说，女性的死亡原因比男性的变异性要小。此外值得注意的是，各个类别的男性死亡率都较高。例如，一年内每 10 万名女性中约有 16 人死于车祸，而一年内每 10 万名男性中约有 35 人死于车祸。

试做：练习 2.43。

我们也可以通过绘制图表来比较分类变量的这两个分布。将条形图并排放置，对比较分类变量的两个分布有所帮助，正如图 2.33 所示。这张图表能够帮助我们更加容易地比较不同原因的死亡率。很明显，男性的死亡率更高。

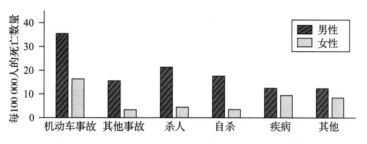

图 2.33 男性死亡率和女性死亡率的并排条形图

2.5 解释图表

数据调查的第一步是绘制一个恰当的图表。众多数据分析都是从变量分布的可视化开始的，这要求我们能够区分数值变量与分类变量。在解释这些图表时，你应该注意中心、离散程度和形状。通常，我们会碰到其他人绘制的图表，在解释这些图表时需要格外谨慎。在本节中，我们将向你警示一些在解释图表时可能出现的陷阱，并展示一些不常见的数据可视化方法。

2.5.1 误导性图表

一个设计良好的统计图表可以帮助我们发现规律和趋势，并可以将这些规律清晰地传达给他人。然而，我们的眼睛可能会欺骗我们。有意操纵的人会利用这一点，并通过图表来误导他人。

在绘制条形图时，最常见而有效的技巧是改变纵轴的刻度，使得纵轴的原点并不从 0 开始。图 2.34 展示了美国联邦调查局（www.fbi.gov）报道的年暴力犯罪数量。该图似乎表明了自 2007 年以来犯罪数量的急剧下降。

然而，注意纵轴的原点是 1 200 000（即 120 万）。因为纵轴以 120 万为原点，而不是以 0 为原点，这些条形都比原点为 0 时要短。2010 年犯罪数量的下降似乎特别明显，一部分原因是 2010 年条形的高度比 2009 年条形高度的一半还要低。如果我们能够正确地绘制条形图的高度，这个条形图会变成什么样子？图 2.34b 使用了相同的数据，并且将纵轴的原点设置为 0。我们仍然可以清晰地看出犯罪数量的下降，但下降的幅度似乎没有那么大了，对吗？为什么？

原因是当原点被正确地设置为 0 时，正如图 2.34b 所示，犯罪数量下降的百分比显然没有那么大了。例如，2010 年的犯罪数量明显低于 2009 年，但并不是像图 2.34a 显示的减少了一半。

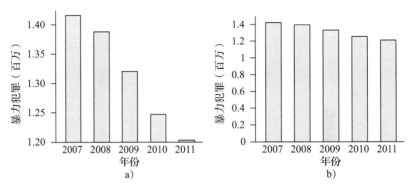

图 2.34　a）该条形图展示了自 2007 年以来暴力犯罪数量的急剧下降。纵轴的原点从 1 200 000 开始，而不是从 0 开始。b）该条形图展示的数据与 a 相同，但纵轴从原点 0 开始

有许多误导性图表都利用了上述图表中类似的主题，产生误导性的原因是由于我们的眼睛倾向于比较对象的相对大小。许多的报纸和杂志喜欢使用图片来表示数据，例如，图 2.35 中的图片试图说明过去几年的房屋销售数量，每所房屋的大小代表该年的房屋销售数量。然而，由于图片通常不符合实际数字的比例，这样就可能会引起很大的误导。

在图 2.35 中，房屋的高度确实与销售数量成正比，但我们的视线对面积产生了反应。最小房屋确实是最大房屋高的 69%（因为 4.9 是 7.1 的 69%），但是最小房屋的面积仅为最大房屋的 48%，我们倾向于对面积而不是高度做出反应从而夸大了这种差异。

a）　　　　　　　b）　　　　　　c）　　　　　d）

图 2.35　误导性图表：a）代表 2005 年售出的 710 万套住房；b）代表 2006 年售出的 650 万套住房；c）代表 2007 年售出的 580 万套住房；d）代表 2008 年售出的 490 万套住房（来源：L.A.Times，2008 年 4 月 30 日。）

2.5.2　统计图形的未来

互联网允许显示各种各样的数据图形，这使我们超越了简单的分布可视化。许多统计学家、计算机科学家和设计师都在尝试可视化数据的新方法。最令人兴奋的是交互式显示器的兴起。例如，国情咨文可视化（http://stateoftheunion. onetwothree.net）使得比较国情咨文的内容成为可能。每位美国总统都会在年初向国会发表国情咨文。这种交互式图形使得用户能够比较不同演讲词中的单词，然后深入了解有关特定单词或演讲的详细信息。

例如，图 2.36 是基于唐纳德·特朗普总统于 2017 年 2 月 28 日发表的国情咨文。最大的单词代表演讲中出现频率最高的单词，位于左侧的单词通常是较早出现的单词，位于右侧的单词通常是较晚出现的单词。因此，我们看到特朗普总统一

图 2.36　特朗普总统 2017 年的国情咨文演讲，被可视化为"词云"。该数组向我们展示了最常用的单词，包括这些单词在演讲中出现的位置、出现的频率以及与其他国情咨文的内容相比它们的差异程度等（由 Brad Borevitz 提供，http://onetwothree.net，经许可使用。）

开始就谈到了具体问题，例如工作（job）、移民（immigration）和恐怖主义（terrorism）。演讲结束时，他谈到了一些更笼统的话题，正如梦想（dream）和加入（joining）等词所暗示的。美国人（American 或 Americans）和美国（America）出现在中间，表明它们贯穿于整个演讲过程中。单词的垂直位置表示该单词与其他地方的国情咨文相比有多么不寻常。与其他所有国情咨文相比，出现在最上面的单词（例如 Ryan 和 Obamacare），是本次演讲的特有词汇。靠近底部的单词，例如毒品（drug）、创造（create）和爱（love），是所有国情咨文中出现相对频繁的词。

图 2.36 包含了大量信息。在图的底部有一长串横向的浅灰色的点，它们代表着阅读和理解演讲所需的年级水平。不同的点代表不同的演讲，并将它们从第一个（乔治·华盛顿）到最近的（唐纳德·特朗普）进行了排序。在右下角附近，我们可以看到要理解该演讲所需的年级水平为 9.0，这远低于 100 年前的水平，但与最近的演讲比较相差不大。白色的"条"代表国情咨文的字数，此次演讲总共包含 5012 个单词，这在过去几年中是相当典型的。最高的峰值为 1981 年吉米·卡特总统的演讲，有 33 613 个单词，等级为 15.3！

案例分析回顾

大学的生师比

如何比较公立大学与私立大学的生师比？有关数据在本章的开头已给出，原始数据列表很难发现其中的统计规律，因此难以对各组进行比较。由于学生与教师的比是一个数值变量，我们可以将这些分布以两个直方图形式显示，以便比较公立学校和私立学校的差异。

在图 2.37 中，左侧直方图中显示了私立学校的生师比分布，右侧直方图中显示了公立学校的生师比分布，分布的差异显示了不同类型大学之间的差异。私立学校的生师比例通常为每名教师对应约 13 名学生，而公立学校则接近 20 名。尽管私立学校分组有一个异常值，但两组的离散程度相似。私立学校的异常值使其分布更加右偏，而公立学校的分布更为对称。

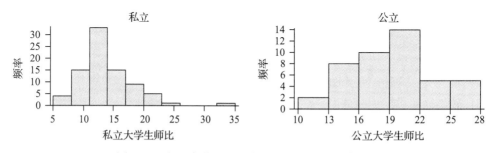

图 2.37　私立大学和公立大学样本生师比的直方图

此外，许多生师比小的学校是高度专业化的。生师比为 5 的私立学校是天主教神学院，仅招募 130 名左右的神父。在图 2.37 中公立大学生师比最小的是纽约市立大学的亨特学院。这是纽约市中规模相当大（超过 16 000 名学生）的大学，尽管人数众多，但每个班的学生人数很少。

数据项目：提出问题

1. 概述

在第 1 章中，你发现了一个感兴趣的数据集，现在是时候进行探索了。第一步是提出正确的问题。

数据：在第 1 章项目中选择的数据。

2. 目标

了解一个好的统计问题的组成部分，为你选择的数据集写出三个很好的统计问题。

3. 好奇者

在探索数据集时，会出现许多问题，这些问题的范围从普通到深刻。例如，该缩写是什么意思？变量 X34 代表了什么？该数据集如何告诉我那些我希望了解的？

该项目将帮助你表达一个特定类型的问题，称为统计调查问题或 SIQ。SIQ 是可以通过探索数据集中的一个或多个变量来回答的问题。刚入门时，我们将专注于一个变量的问题。

项目：首先回想自己为什么选择某个数据集（这是你在第 1 章中回答的问题之一）。如果觉得数据有趣，很可能是因为你有一些希望通过数据回答的问题。那这些问题是什么呢？（一个好的表述问题的方式是从"我想知道……"开始）。提出一个好的统计调查问题并不容易，但是考虑以下三类问题可能会有所帮助：总结性问题，比较性问题和关系问题。为了说明这一点，假设我们正在思考洛杉矶消防车响应时间的数据集。

总结性问题是关于一个变量或一组变量。例如，"最慢的响应时间是多少"，"典型的响应时间是多少"。

比较性问题是关于不同组别的比较。例如，"周末的响应时间是否比工作日慢"，"富裕社区的响应时间是否比贫困社区更快"。

关系问题是询问两个或多个变量之间的关联。"响应时间是否会随着一天时间变化而变化"，这是询问响应时间变量与一天中的时间之间的关系。

尝试为每种数据问题写一个例子。

并非所有 SIQ 都是一样的。与其他问题相比，有些问题是更有用的，有些是无法回答的。下面是对问题进行评分的一种方法：

1. 数据集中是否存在变量能回答你的问题？

如果我的问题是："响应时间是否会随一天中的小时变化"，那么很明显，我感兴趣的变量是响应时间和一天中的小时。但是这些变量是否存在？这是一个灰色区域：也许我有一个时间变量，它的值类似于 03:02:22。我的问题是关于一天中的小时，而我没有一个仅包含小时（"03"）的变量。在这种情况下，即使变量不存在，信息也在那里，因此在评分时可获取部分分数。

如果所有变量都存在，请给自己打 1 分。

如果至少一个变量具有你需要的信息，但没有你需要的形式，则给自己 0.5 分。

2. 感兴趣的对象清楚吗？

考虑以下两个问题："2001 年至 2017 年间洛杉矶消防车的典型响应时间是多少"和"消防车的典型响应是什么"。第一个问题表明了数据来源：2001 年至 2017 年的洛杉矶，而后一个问题没有告诉我们有关研究对象的任何信息。请注意，我们并不要求研究对象是完全正确的，只需要弄清楚你认为的对象应该是什么。例如，你可能会问"美国所有的消防车在工作日的响应速度是否比周末更快"，你可能没有数据来回答这个问题，但如果这是你关注的对象，那么请务必以上述方式陈述你的问题，以便以后决定回答该问题所需的数据集。

如果感兴趣的对象清楚，则得 1 分。

3. 这个问题需要考虑整个数据组还是仅一个观测值？

从数据集中选择一个观测值可以给出答案吗？例如"最快的响应时间是多少"。好一点的问题是"最快的响应时间与最慢的响应时间有何不同"。这需要查看两个值，或者"典型的响应时间是多少"，这需要考虑所有观察结果。

如果你的问题可以通过一个观测值得到回答，则得分为 0。否则，得 1 分。

4. 通过手头的数据可以回答你的问题吗？

例如，我可能会问"洛杉矶的响应时间是否比圣地亚哥快"，虽然我有一个响应时间变量，但没有圣地亚哥的任何数据。

如果你拥有所需的所有数据，则得分为 1；如果只有一些数据，则得分为 0.5；如果没有任何数据，则得分为 0。

5. 最后，你对问题的答案感兴趣吗？

这是非常主观的，但是如果你认为有趣，请给自己 1 分，否则请给 0 分。如果介于两者之间，则给自己 0.5 分。例如，我可以问"平均响应时间的两倍是多少"。但为什么提出这个问题？有什么理由吗？如果没有，则得 0 分。

作业：

1. 针对所写的三个问题，分别进行质量打分并讨论得分的原因，之后重新修改问题来提高分数。

2. 现在来看一下实际变量。是否有可能使用数据集中的一个或多个实际变量，分别创建一个总结性问题、比较性问题和关系问题？如果不能，请解释原因。

本章回顾

关键术语（页码为边注页码）

样本分布，42

频率，42

点图，43

直方图，44

相对频率，45

茎叶图，46

叶，46

茎，46

典型值（中心），47

变异性（离散程度），47

对称分布，48

钟形分布，48

右偏分布，49

左偏分布，49

单峰分布，50

双峰分布，50

多峰分布，50

异常值，52

条形图，57

帕累托图，59

饼图，59

众数（分类变量中），60

学习目标

学习本章内容并完成课后练习后，你应该学会：

- 能够理解样本数据的分布显示了变量的值以及这些值的频率（或相对频率）；
- 能够知道如何制作数值变量和分类变量的分布图，并结合实际对分布图进行解释；
- 能够粗略地比较样本分布的中心和离散程度；
- 能够对数值变量和分类变量提出统计问题。

小结

回答统计调查问题的第一步应该是绘制数据集中相关变量的分布图。在"思考数据"的步骤中，应该确定变量是数值变量还是分类变量，以便选择适当的图形表示形式。有时分布图是唯一需要分析的，因为可以从图中回答问题。通过定位分布的中心可以至少近似地回答有关典型值的问题，也可以通过识别分布形状和离散程度来回答有关变异性的问题。

如果变量是数值变量，可以绘制点图、直方图或茎叶图。注意形状（是偏态还是对称？是单峰还是多峰？）、中心（典型的结果是什么？）和离散程度（具有多少变异性？）。还应该寻找异常特征，例如异常值。

请注意，这些术语中有许多是故意含糊不清的。你可能会认为某个特定的观察结果是异常值，但另一个人可能不同意。没关系，因为其目的不是确定这些点是否是异常值，而是表明是否需要进一步的调查。例如，异常值可能是由于输入数据时，有人手误引起的。

如果看到一个双峰或多峰分布，要问自己有没有可能是数据包含了两个或更多的组，被并到单个图中。

如果变量是分类变量，则可以绘制条形图、帕累托图（类别从频率最高到频率最低的条形图）或饼图，并且要注意众数和变异性。

参考文献

Minitab 15 Statistical Software. 2007. [Computer software]. State College, PA: Minitab, Inc. http://www.minitab.com

National Center for Educational Statistics. http://www.nces.ed.gov/ipeds/

Playfair, W. 1786. *Commercial and political atlas: Representing, by copper-plate charts, the progress of the commerce, revenues, expenditure, and debts of England, during the whole of the eighteenth century*. London: Corry. Reprinted in H. Wainer and I. Spence (eds.), *The commercial and political atlas and statistical breviary*, New York: Cambridge University Press, 2005. http://www.math.yorku.ca/SCS/Gallery/milestone/refs.html#Playfair:1786

Tufte, E. 1983. *The visual display of quantitative information* (1st ed.). Cheshire, CT: Graphics Press. Pg. 141. Photo by Brian Joiner.

U.S. Census Bureau. 2000. http://ceic.mt.gov/C2000/SF12000/Pyramid/pptab00.htm

练习

2.1 节和 2.2 节

2.1 脉率

点图展示了针对 125 人的静息脉率［来自 NHANES，国家健康与营养检查调查（National Health and Nutrition Examination Survey）］。

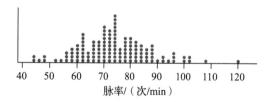

脉率/（次/min）

许多资料说静息脉率不应超过 100。

a. 在 125 人中有多少人的静息脉率超过 100？

b. 百分之多少的人的静息脉率超过 100？

2.2 葡萄糖

点图显示了来自 132 人（来自 NHANES）的葡萄糖读数，一些医生建议葡萄糖读数不能超过 120 mg/dl。

a. 这些人中有多少人的葡萄糖读数高于 120 mg/dl？

b. 这些人中葡萄糖读数高于 120 mg/dl 的占百分之多少？

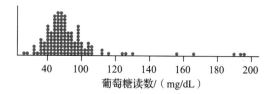

葡萄糖读数/（mg/dL）

2.3 脉率

直方图展示了 125 人的脉率。请将竖轴转换为相对频率，并给出被替换后竖轴上的每个值的大小。（来源：NHANES）

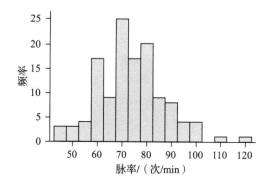

脉率/（次/min）

2.4 快餐中的热量

直方图展示了快餐食品样本的所含热量。（来源：StatCrunch 调查。）

a. 直方图中每组的组距是多少？

b. 该图被描述为单峰还是双峰更合适？

c. 热量低于 300 cal 的快餐食品大约占百分之几？

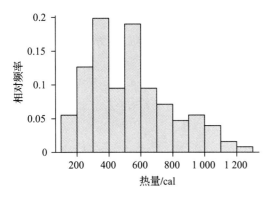

TRY 2.5 脉率（例1）

　　以下直方图和点图展示了所记录的91名大学生样本的静息脉率（每分钟心跳次数）。根据这些图表，你认为每分钟90次搏动的静息脉率是否为异常高？请说明原因。（来源：Minitab数据库。）

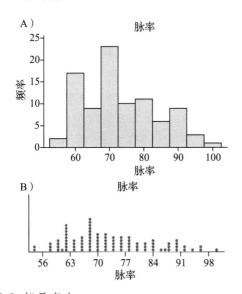

2.6 邮局客户

　　以下直方图和点图展示了邮局分支机构所记录的一段时间内每天服务的客户数量。根据这些图表，该分支机构一天能为250个客户提供服务是正常的吗？请说明原因？（来源：

Minitab数据库。）

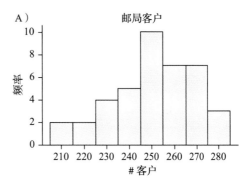

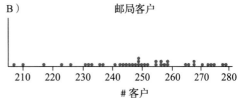

2.7 谷物

　　以下点图显示了两个制造商的谷物样品中所含热量："G"为通用磨坊（General Mills），"K"为家乐氏（Kellogg's）。（来源：StatCrunch。）

71

a. 试简单比较两图的中心和离散程度。

b. 根据此样本，哪个制造商的谷物的所含热量变异性更大？

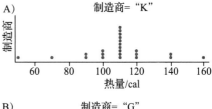

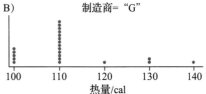

2.8 硬币的重量

　　以下点图为美国和其他国家（包括

墨西哥、巴西、加拿大和欧洲的一些国家）的硬币重量（单位：g）。（来源：http://www.eeps.com/zoo/cages/Coins.txt。）

a. 请围绕形状、中心和离散程度简单比较美国和其他国家的硬币重量分布。

b. 哪一组硬币通常更重一些？

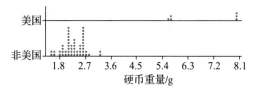

TRY **2.9** 睡眠（例 2）

　　一位讲师询问某个班级的 120 名学生前一天晚上睡了几个小时。你认为此分布将是什么形状？请说明原因。

2.10 停车罚单

　　某大城市的一组 80 名驾驶员被要求提供上个月他们收到的停车罚单数量。你认为此分布将具有什么形状？请说明原因。

TRY **2.11** 臂展（例 3）

　　根据古罗马建筑师 Vitruvius 的说法，一个人的臂展［指尖与指尖之间的距离（双臂伸开）］大约等于他或她的身高。例如，身高 5 in（1in=0.3048m）的人的臂展通常为 5 in。那么，解释一下为什么男女人数大致相等的一组人的臂展分布可能是双峰的。

2.12 学费

　　美国所有大学的州内年度学费的分布是双峰的。造成双峰分布的原因之一可能是什么？

TRY **2.13** 脉率（例 4）

　　从练习 2.3 的直方图中可以看出，此样本中的典型脉率大约是多少？

2.14 快餐中的热量

　　根据练习 2.4 中显示的直方图，此样本中快餐食品的典型热量数是多少？

TRY **2.15** BMI（例 5）

　　直方图显示了 NHANES 调查的 90 位女性和 89 位男性的体重指数（BMI）。重点围绕两组的分布形状、中心和变异性，比较男女的 BMI 分布。

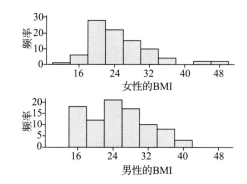

2.16 甘油三酯

　　甘油三酯是在血液中发现的一种脂肪，以下直方图显示了 87 位男性和 99 位女性的甘油三酯水平。

a. 比较男性和女性的甘油三酯水平的分布。（重点围绕形状、中心和离散程度。）

b. 甘油三酯水平低于 150 为良好，高于 500 的可能存在健康问题。比较一下，哪一组甘油三酯水平更高？请说明原因。（来源：NHANES。）

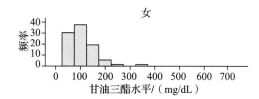

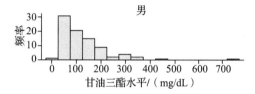

72

没有兄弟姐妹的百分比是多少？

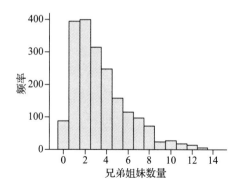

TRY 2.17 教育（例6）

2012 年，几乎每年进行一次的全国性社会调查（GSS）报告了 2018 名群众接受正规教育的年限，以下直方图显示了该调查数据的分布。

a. 描述和解释正规教育年限的分布，需包括所有异常的特征。

b. 假设受过 16 年教育的人可获得本科学历，请估计此样本中有多少人具有本科学历或更高学位。

c. 该样本包括 2018 名调查对象，此样本中有多少百分比的人拥有学士学位或更高学位？与 Wikipedia 所估计的 27% 拥有学士学位相比，结果如何？

2.19 每月汽车费用

直方图显示了驾驶两种品牌的汽车（Ford 和 BMW）每月的费用。通常哪个品牌每月的费用较高？哪个品牌费用的变异性更大？（来源：Edmonds.com。）

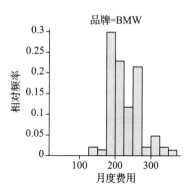

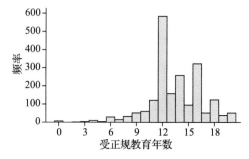

2.18 兄弟姐妹

直方图显示了 2012 年综合社会调查中调查的 2 000 名成年人的兄弟姐妹（兄弟和姐妹）数量的分布。

a. 描述分布的形状。

b. 兄弟姐妹的典型人数大约是多少？

c. 大约有多少人没有兄弟姐妹？

d. 在接受调查的 2 000 名成年人中，

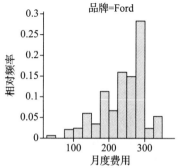

2.20 汽车 MPG

直方图显示了两种型号的汽车

（Acura 和 BMW）每加仑（1gal=3.785L）汽油所行驶的英里数（mpg）。比较分布直方图，哪个品牌的 mpg 更高？哪个品牌的 mpg 变异性更大？（来源：Edmonds.com。）

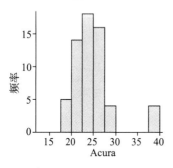

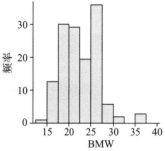

2.21 匹配直方图

　　分别将三个直方图与下述三种情况进行正确匹配。

1. 城市中代表性房屋的评估价值。
2. 房屋中的卧室数。
3. 房子的高度（按层数计），指某一地区的房子最高可达三层，但不能超过三层。

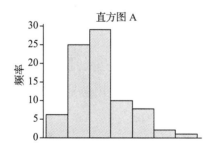

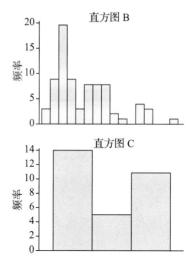

2.22 匹配

　　将每个直方图与以下数据描述正确匹配。

1. 一个人在一天内消耗的咖啡数。
2. 大学生驾驶汽车所达到的最大速度。
3. 一个大学生上周吃早餐的次数。

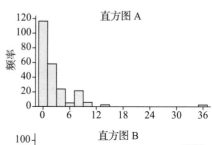

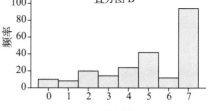

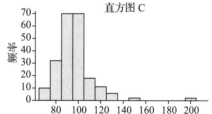

2.23 匹配

将每个直方图与以下数据描述正确匹配。

1. 在加州大学洛杉矶分校的统计学课堂上，大约有相同数量的男女学生身高数据。
2. 同一班级中前一天晚上的睡眠小时数。
3. 美国一所大型大学的学生驾驶事故的数量。

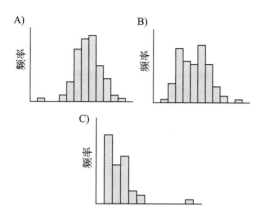

2.24 匹配

将每个直方图与以下数据描述正确匹配。

1. 接受私立大学录取的 1000 名学生的 SAT 定量得分。
2. 500 多名成年人的体重，其中大约一半是男性，一半是女性。
3. 社区大学统计课中所有 39 名学生的年龄，课程由全日制学生组成，并在早上上课。

A)

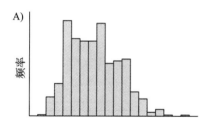

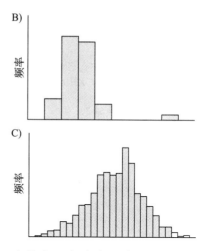

g2.25 比较奥运会冰球运动员和足球运动员的体重

以下两个表格显示了最近奥运会冰球运动员和足球运动员的体重（单位：磅）。制作适当的图表，并利用图表简单比较运动员的体重分布。结合图表，提出一个可以用图表回答的统计问题。参见本章的练习指导。（来源：teamusa.usahockey.com 和 ussoccer.com。）

奥运会冰球运动员体重		奥运会足球运动员体重	
212	180	150	185
215	181	175	190
196	202	145	190
200	183	200	160
213	189	155	170
219	219	140	180
207	190	185	145
198	190	155	175
221	205	165	150
212	196	185	175
	200	165	185
	205	195	

2.26 旧金山公寓租金

下表显示了旧金山一室公寓和一

间卧室公寓的月租金。编写一个适合这些数据的统计问题，并结合适当的图表简要比较这两种类型住房单元的租金分布。（来源：Zillow。）

一室公寓

3 280	2 960	3 039
2 435	3 716	3 200
3 327	2 984	3 395
2 910	2 500	2 750
2 800	2 995	2 635
3 005	3 030	3 635
2 674	3 395	2 795
3 250	2 650	3 315
3 610	2 050	2 095
2 935	3 114	2 500

一间卧室公寓

3 280	3 654	3 680
3 312	3 290	3 575
3 405	3 154	3 210
2 905	3 490	4 095
3 085	3 503	3 035
3 945	4 174	2 850
3 435	3 226	1 850
3 265	3 830	3 400
3 227	3 774	3 399
3 350	3 560	3 295

2.27 教科书价格

该表显示了社区大学书店中50份大学教科书的价格，四舍五入到最接近的美元价格。制作适当的数据分布图，提出一个统计问题，并描述分布。

76	19	83	45	88	70	62	84	85	87
86	37	88	45	75	83	126	56	30	33
26	88	30	30	25	89	32	48	66	47
115	36	30	60	36	140	47	82	138	50
126	66	45	107	112	12	97	96	78	60

2.28 SAT 成绩

下表显示了某大学录取的一年级学生的50个定量SAT分数的随机样本。制作适当的数据分布图，提出一个统计问题，并描述分布。

649	570	734	653	652	538	674	705	729	737
672	583	729	677	618	662	692	692	672	624
669	529	609	526	665	724	557	647	719	593
624	611	490	556	630	602	573	575	665	620
629	593	665	635	700	665	677	653	796	601

2.29 动物寿命

根据 infoplease.com 网站提供的数据，练习 2.30 的表格显示了某些哺乳动物的平均寿命（单位：年）。画出并描述这些哺乳动物平均寿命的分布。这些动物典型的寿命是多少？确定三个离群值并给出其寿命。另外，人类的平均寿命约为75岁，如果要在此图中包括人类，那么数据点应该在哪里？

2.30 动物妊娠期

随附的表格还显示了某些动物的妊娠期（天）。妊娠期指的是怀孕的时间。绘制妊娠期图并描述其分布。如果有离群值，请说明是哪种动物并给出它的妊娠期。人类的妊娠期约为266天，如果要在此图中包括人类，那么数据点应该在哪里？

动物名称	妊娠期 / 天	寿命 / 岁
Baboon	187	12
Bear, grizzly	225	25
Beaver	105	5
Bison	285	15
Camel	406	12
Cat, domestic	63	12

动物名称	妊娠期 / 天	寿命 / 岁
		（续）
Chimp	230	20
Cow	284	15
Deer	201	8
Dog, domestic	61	12
Elephant, African	660	35
Elephant, Asian	645	40
Elk	250	16
Fox, red	52	7
Giraffe	457	10
Goat	151	8
Gorilla	258	20
Hippo	238	41
Horse	330	20
Leopard	98	12
Lion	100	15
Monkey, rhesus	166	15
Moose	240	12
Pig, domestic	112	10
Puma	90	12
Rhino, black	450	15
Sea Lion	350	12
Sheep	154	12
Squirrel, gray	44	10
Tiger	105	16
Wolf, maned	63	5
Zebra, Grant's	365	15

2.31 税率

StatCrunch 的一项调查询问人们，他们认为美国的最高所得税税率应该是多少。请将共和党和民主党的回答分别绘制成点图。如果可能的话，使用相同的水平轴，在同一图上画出。通过评论每个图的形状、中心和离散程度对两组进行比较。相关数据在 StatCrunch 的网站上。(来源：StatCrunch Survey：Responses to Taxes in the U.S；所有者：scsurvey。)

2.32 宠物

StatCrunch 的一项调查询问人们喜欢猫还是狗，以及他们养了多少只宠物。(那些同时喜欢猫和狗的人以及喜欢另一种宠物的人不包括在这些数据中。)请绘制两个点图来展示人们拥有的宠物数量的分布：一个用于喜欢狗的人，一个用于喜欢猫的人。如果可能的话，使用相同的水平轴，在同一图上画出，然后比较它们的分布。(来源：StatCrunch：Pet Ownership Survey Responses；所有者：chitt71。)

猫	狗	
15	6	2
5	1	1
1	1	1
1	2	1
5	2	1
3	1	1
1	2	7
2	1	1
3	1	1
6	2	1
1	1	1
1	3	1
1	4	1
4	1	2
0	4	1
1	3	2
3	4	0
0	2	2
2	1	4
	2	2
	1	3
	1	1
	3	3
	1	2
	1	2
	2	1
	7	
	4	

2.33 法学院学费

以下是 2013 年美国 30 所顶级法学院一年的学费数据（单位：千美元）。绘制一个学费的直方图，提出相关统计问题并描述其分布。如果有离群值，请给出学校的名字。（来源：http://gradschools.usnews.rankingsandreviews.com，可通过 StatCrunch 访问。）

Yale University	53.6
Harvard University	50.9
Stanford University	50.8
University of Chicago	50.7
Columbia University	55.5
University of Pennsylvania	53.1
New York University	51.1
Duke University	50.8
Cornell University	55.2
Georgetown University	48.8
Vanderbilt University	46.8
Washington University	47.5
University of Boston	44.2
University of Southern California	50.6
George Washington University	47.5
University of Notre Dame	46.0
Boston College	43.2
Washington and Lee University	43.5
Emory University	46.4
Fordham University	49.5
Brigham Young University	21.9
Tulane University	45.2
American University	45.1
Wake Forest University	39.9
College of William and Mary	37.8
Loyola Marymount University	44.2
Baylor University	46.4
University of Miami	42.9
Syracuse University	45.7
Northeastern University	43.0

2.34 短信

最近，有 115 位 StatCrunch 用户被问及他们一天发送了多少条短信。请绘制直方图展示发送的短信数量的分布，提出统计问题并描述分布。下表仅展示了部分样本数据，完整的数据集参见 StatCrunch 网站。（来源：StatCrunch Survey: Responses to How Often Do You Text? 所有者：Webster West。）

发短信条数	
1	50
1	6
0	5
5	300
5	30

2.35 啤酒中的热量

在本题提供的网站上可以找到 101 种不同啤酒每 12 oz（1oz=28.35g）所含热量的数据。请绘制直方图来展示所含热量的分布，提出一个统计问题，并描述该分布。下表显示了前几项数据。（来源：beer100.com，可通过 StatCrunch 访问。所有者：Webster West。）

品牌	厂家	酒精（%）	cal /12 oz
Anchor Porter	Anchor	5.60	209
Anchor Steam	Anchor	4.90	153
Anheuser Busch Natural Light	Anheuser Busch	4.20	95
Anheuser Busch Natural Ice	Anheuser Busch	5.90	157
Aspen Edge	Adolph Coors	4.10	94
Blatz Beer	Pabst	4.80	153

2.36 啤酒中的酒精含量

本题涉及的网站提供了 101 种不同啤酒中酒精百分比的数据。请绘制数据的直方图，提出统计问题，并描述该分布。（来源：beer100.com，可通过 StatCrunch 访问；所有者：Webster West。）

2.3 节和 2.4 节

TRY 2.37 在被告知不要更改多项选择题答案时更改答案（例 7）

　　一位作者想确定更改答案对多项选择题测验的影响，她研究了另一位教授的测验。该教授在考试前告诉他的学生，如果他们对自己写的答案有疑问，最好不要更改初始答案。作者检查了所有试卷并寻找擦除痕迹，存在擦除痕迹的表明初始答案已被更改。在测试中，每个问题只有一个正确答案。请问数据是否能够支持上述学生不应更改初始答案的观点？

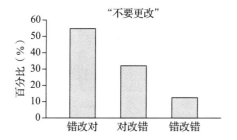

2.38 可预防的死亡

　　世界卫生组织（WHO）的资料显示，世界上主要有五种原因导致可预防性死亡，如下图所示。

a. 估计高血压可导致多少可预防性死亡。

b. 估计吸烟可导致多少可预防性死亡。

c. 该图是否支持某些人声称的理论，即可预防的最大死亡率来自于超重和肥胖？

d. 由于条形从左到右依次降低，这是

一个具有特殊名称的条形图，它叫什么名字？

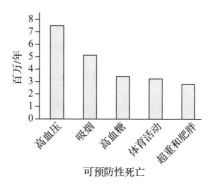

TRY 2.39 冰淇淋偏好（例 8）

　　假设有人问一群学龄儿童："以下三种冰淇淋口味最喜欢的是哪一种：香草、巧克力还是草莓？"用一个条形图来描述他们的反应，使其具有最小的变异性。此外还要描述一个具有最大变异性的条形图。

2.40 社区学院申请人

　　申请加州社区学院的人在申请时需要注明以下教育目标之一：转读四年制大学、获得 AA 学位、CTE 证书、工作再培训或个人进修。在一组 500 份申请中，描述一个具有最小变异性的条形图。此外还要描述一个具有最大变异性的条形图。

2.41 枪支可用性

　　皮尤研究中心于 2017 年进行了一项调查，询问枪支持有者在家中有多大比例可以轻易拿到上膛的枪支。男性枪支持有者的调查结果显示在条形图和饼图中。

a. 哪个阶段的回答所占的百分比最高？

b. 根据图表估算"所有时间"和"从不"两类回答所占百分比的差异。

条形图和饼图哪个更容易估计?

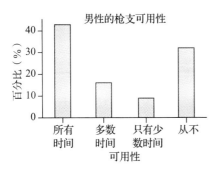

入门级教育水平

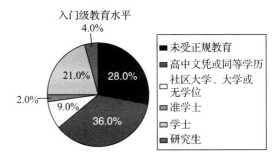

- 未受正规教育
- 高中文凭或同等学历
- 社区大学、大学或无学位
- 准学士
- 学士
- 研究生

2.42 入门级教育水平要求

美国劳工统计局(Bureau of Labor Statistics)跟踪调查了需要不同教育水平的工作的百分比数据,以下条形图和饼图显示了 2016 年工作要求的入门级教育水平数据。

a. 大约百分之多少的工作需要大学文凭(大专、本科或研究生)?

b. 用图表来估计需要高中文凭的工作和不需要正规教育的工作之间的比例差异。条形图和饼图哪个更容易估算?

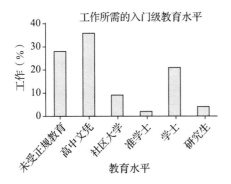

TRY 2.43 成年人肥胖(例 9)

条形图显示了三个年龄段的美国成年人的肥胖率数据。(来源:*2017 World Almanac and Book of Facts*。)

a. 哪个年龄组的肥胖率最高?

b. 评述男性和女性肥胖率的相同点和不同点。

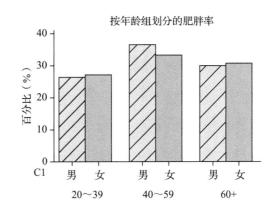

2.44 成年人健康状况

条形图显示了符合联邦有氧健身(AF)和肌肉强度(MS)标准的美国成年人的百分比。(来源:*2017 World Almanac and Book of Facts*。)

a. 评述这四个地区健身特征的相同点和不同点。

b. 评述美国成年人有氧健身和肌肉强化健身之间的相同点和不同点。

按地区划分的符合AF和MS标准的百分比

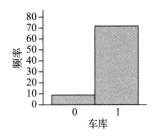

2.45 互联网浏览器

下表列出了 2016 年最受欢迎的互联网浏览器控制的市场份额。绘制或以其他方式创建一个适当的分布图，并对其重要特征进行评述。（来源：*2017 World Almanac and Book of Facts*。）

浏览器	市场占比
Chrome	58%
Firefox	14%
Explorer	10%
Safari	10%
其他	8%

2.46 商业电台

下表列出了四类最流行的美国商业电台的数量。绘制或以其他方式创建一个适当的分布图，并对其重要特征进行评述。（来源：*2017 World Almanac and Book of Facts*。）

类别	电台数量
Country	2 126
News Talk	1 353
Spanish	877
Classic Hits	871

2.5 节

2.47 车库

以下图表显示了一个大社区的住宅是否拥有车库的数据分布（1 表示住宅有车库，0 表示没有车库）。这是条形图还是直方图？应当如何改进此图？

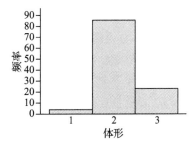

2.48 体形

一位学生收集了关于体形的自我感觉数据，其中 1 代表"体重不足"，2 代表"体重大约适中"，3 代表"超重"，如下图所示。什么类型的图是展示这些数据的更好选择？为什么？

2.49 睡眠时长

饼图统计了 118 名大学生"昨晚"的睡眠时长。选择什么类型的图能更好地展示这些数据？并说明为什么这个饼图很难解释。

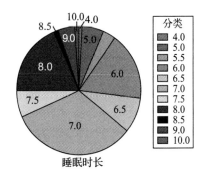

注：左面的饼图从标注的"4.0""5.0"开始，依顺时针与右图的分类对应。

2.50 年龄和性别

下图显示了四年制大学心理学专业的女性（标注为 1）和男性（标注为 0）的年龄。

a. 这是直方图还是条形图？你是如何判断的？

b. 哪种类型的图更合适？

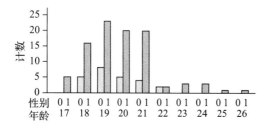

2.51 音乐家调查：StatCrunch 图

79

下图是一个带有附加信息的特殊直方图，它是使用 StatCrunch 制作的。那些从小学习音乐的人被问及他们在青少年时期每天练习多少小时，以及他们成年后是否仍在演奏。要想理解这个图，请看第三个条形（跨度为 1.0 到 1.5）：它显示在青少年时期有 7 人（条形图的深色部分）每天练习 1.0～1.5 h，但成年时没有继续演奏；还有 2 人（条形图的浅色部分）每天练习 1.0～1.5 h，且成年后仍然继续演奏。请对图中显示的内容进行评述。此数据集还可以使用哪些其他类型的图形？

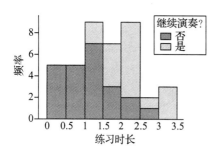

2.52 手机使用

下图显示了某些男性和女性在典型的一天中用手机通话的时长。每个人都被要求从四个时段中选择一个最符合他/她花在打电话上的时长（例如，"0～4 h" 或 "12 h 以上"）。

*a. 确定两个变量，说明它们是分类变量还是数值变量，并加以解释。

b. 该图是条形图还是直方图？对这些数据而言，哪个图是更好的选择？

c. 如果你有每个人的实际通话时长，而不仅仅是一个时段，应该使用什么类型的图形来显示实际通话时长的分布？

d. 比较两种分布模式并说明你的发现：男性和女性使用手机有何不同之处？

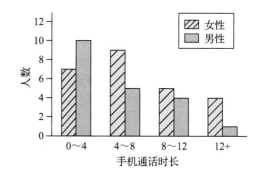

本章回顾练习

2.53 睡眠

下表显示了大学生一晚睡眠时长的前几项数据。数据被堆栈和编码，其中 0 代表男生，1 代表女生。如果你有完整的数据集，请说明什么类型的图表能够比较男生和女生一晚的睡眠时长分布？写一个可以用完整数据回答的统计问题。

性别	睡眠时长
1	6
0	5
0	6
1	5.5
1	7

2.54 专业

下表为部分大学生所修专业的前几项数据。数据被堆栈和编码，其中0代表女生，1代表男生。如果你有完整的数据集，请说明用什么样的图表来比较男女学生所修的专业分布？写一个可以用完整数据回答的统计问题。

性别	专业
0	Psychology
1	Business
0	Business
0	Economics
1	Psychology

2.55 激素替代疗法

Prempro 药物（许多女性在绝经后服用的两种女性激素的组合）的使用被称为激素替代疗法（HRT）。2002年7月，一篇医学文章报道了一项研究的结果，该研究旨在确定 Prempro 对多种疾病的影响。（来源：Writing Group for the Women's Health Initiative Investigators, " Risks and Benefits of Estrogen Plus Progestin in Healthy Postmenopausal Women," *JAMA*, vol. 388 [2002]: 321-33。）

这项研究是安慰剂对照、随机以及双盲实验，通过这样的研究可以对因果关系做出说明。该图显示了研究中疾病发生率的比较情况。

a. 对接受 HRT 治疗的人而言，哪些疾病的发病率更高？哪些疾病的发病率更低？

b. 为什么我们要比较每 10 000 名女性（每年）的发病率，而不是仅仅报告观测到的患病的女性人数？

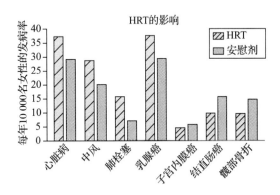

2.56 电子音乐

条形图显示了《时代》杂志（2012年5月28日）中报道的信息。对于每个国家或地区，通过互联网销售音乐作品的百分比和能够上网人数的百分比都能够被展示出来。

a. 哪两个国家或地区的互联网访问比例最高？

b. 哪个国家或地区的互联网音乐作品销售比例最高？

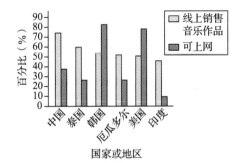

2.57 还是激素替代疗法

下面的条形图显示了接受激素替

代疗法和安慰剂疗法的乳腺癌发病率的比较。解释为什么这个图是具有误导性的，并指出可以采取什么措施减少图的误导性。

乳腺癌发病率条形图

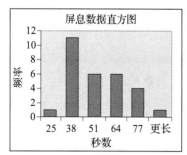

2.58 屏住呼吸

以秒为单位记录一组学生尽可能地屏住呼吸的时长。正如从茎叶图中所看到的，时长从低的 25 s 到高的 90 s。假设需要的是数据的直方图（而不是条形图），则建议对以下 Excel 生成的直方图进行改进。

2	588
3	00035678
4	0033557
5	3357
6	005559
7	
8	
9	0

屏息数据直方图

*2.59 全球温度

直方图显示了以 °F 为单位（$1°F = -17.22°C$）的两个 26 年范围内每年的全球平均温度。上图是 1880—1905 年的，下图是 1980—2005 年的。比较两个时期的直方图，并解释它们显示的内容。估计中心点之间的差异，也就是说，1980—2005 年的典型全球温度与 1880—1905 年的典型全球温度有多少不同？（来源：Goddard Institute for Space Studies, NASA, 2009。）

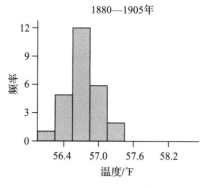

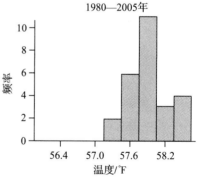

*2.60 法学院毕业后就业

互联网法律研究小组将获得认可的法学院按顺序从最好的（哈佛）第 1 名排到第 181 名。当决定去一所法学院时，你可能会对毕业后能否找到需要法学学位的工作感兴趣。我们将 181 所法学院分为两类，一类是排名较高的学校，另一类是排名较低的学校。直方图显示了毕业后 9 个月获得需要法律学位工作的毕业生百分比的分布，请比较两个直方图。

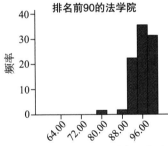

毕业后9个月的就业百分比（%）

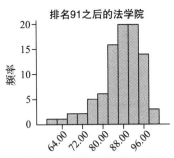

毕业后9个月的就业百分比（%）

2.61 关于核能的意见

2010 年和 2016 年，人们被问及是否支持核能，以下条形图显示了按政治派别排序的调查数据。

a. 从 2010 年到 2016 年，人们对核能的看法有何变化？（来源：Gallup.com。）

b. 在此期间，哪个政党对核能的看法变化最大？

c. 如何以不同方式组织条形图，以便更容易地比较政党内部的观点变化？

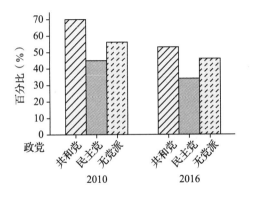

2.62 干细胞研究

人们被问及他们是否认为干细胞研究在道德上是可以接受的。下图显示了两项调查的结果，一项于 2002 年完成，一项于 2017 年完成。关于干细胞研究观点的变化，这张图告诉了我们什么？请说明。（来源：Gallup.com。）

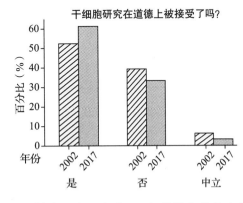

2.63 创建一个至少有 10 个观测值并且右偏的点图。

2.64 创建一个至少有 10 个观测值并且无偏的点图。

2.65 交通摄像头

大学生 Jeannette Mujica、Ricardo Ceja Zarate 和 Jessica Cerda 在加州的 Oxnard 进行了一项调查，调查有无交通摄像头的交叉路口通过黄灯的车辆数量，这些摄像头用于自动罚款闯红灯的驾驶员，且摄像头对驾驶员来说显而易见。在整个研究期间（下午的通勤），交通流量保持不变。该数据记录了每个红绿灯周期在黄灯期间穿越交叉路口的汽车数量。下表摘录了小部分数据，完整数据请参见本书的网站。你觉得有摄像头的路口与没有摄像头的路口是否存在差异？如果存在，请使用适当的图形汇总，并对二者的分布进行比较说明。

# 车辆	摄像头
1	Cam 有
2	Cam 有
1	No Cam 无
3	No Cam 无

2.66 理想体重

下表显示了 39 名学生（26 名女性和 13 名男性）所报告的理想体重（是在大多数情况下，并不是当前的体重）。

女性					
110	115	123	130	105	110
130	125	120	115	120	120
120	110	120	150	110	130
120	118	120	135	130	135
90	110				

男性					
160	130	120	175	190	190
135	170	165	170	185	155
160					

a. 请说明如果将男性和女性都包括在样本中，为什么理想体重的分布很可能是双峰的。

b. 请制作将男性和女性的理想体重放在一起的直方图。使用软件提供的默认直方图，报告组距并描述分布。

c. 改变分组的数量，然后绘制第二个直方图，报告组距并描述此直方图。对两个直方图进行比较。

2.67 MPH

下图显示了开车的男女大学生所报告的曾经最高驾驶速度的分布。比较形状、中心和离散程度，包括异常值。

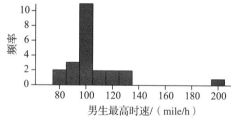

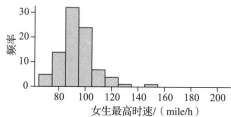

2.68 鞋码

该图显示了男性和女性的鞋子尺码。请比较形状、中心和离散程度，并说明是否存在异常值。

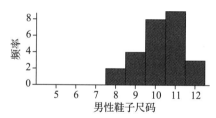

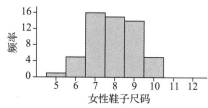

2.69 CEO 薪水

预测 25 位首席执行官（CEO）的薪水分布形状，典型值约为每年 5 000 万，但异常值约为 2 亿。

2.70 香烟

某位医生要求所有患者报告他们一天大概的吸烟数量，预测每天吸烟数量分布的形状。

2.71 当被告知改多项选择题答案时

一位作者想要确定在多项选择题测试中改答案的效果。她建议她的学生，如果他们有改答案的想法，他们应该用新的选择取代之前的选择。通过找出考试中擦除痕迹，她能够计算出从错到对、从对到错、从错到错的更改答案的数量，结果显示在以下条形图中。

a. 数据是否支持她的观点，即用修改后的选择代替初始选择会更好？

b. 将此条形图与练习 2.37 中的条形图进行比较，改变答案通常会得到更高或者更低的成绩吗？

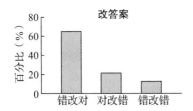

2.72 急诊

该图显示了按性别和年龄分列的急诊就诊率。请注意，我们关注的是该年龄段和性别中每 100 人的比率。（来源：美国国家安全委员会，2004 年。）

a. 为什么美国国家安全委员会给我们的是比率而不是就诊次数？

b. 哪个年龄段的男性因受伤比女性更容易去急诊室？哪个年龄段的男性和女性相似？哪个年龄段的女性急诊率最高？

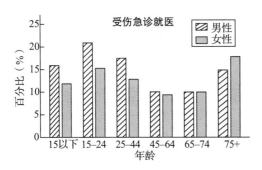

2.73 社交媒体的使用

皮尤研究中心记录了美国人使用社交媒体的各种方式。条形图显示了成年人社交媒体用户中三个社交媒体网站的使用频率。

a. 社交媒体用户最常使用哪个网站？请说明。

b. 社交媒体用户最不经常使用哪个网站？请说明。

c. 哪个网站使用的变异性最低？请说明。

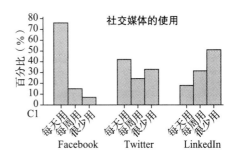

2.74 社交媒体的使用

皮尤研究中心收集了 2018 年按性别划分的美国社交媒体使用情况数据。以下条形图显示了使用这些社交媒体平台的互联网用户的百分比。

a. 在这三个社交媒体网站中，男性最常使用哪个网站？女性呢？

b. 评论男女在使用这三个社交媒体网站的频率上的异同。

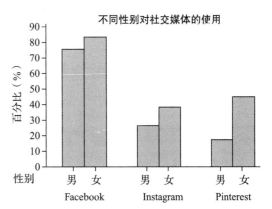

2.75 图的选择

对于每种情况，请描述可以用来回答以下统计问题的统计图的类型。

a. 我们有许多按性别划分的80岁以上老人的收缩压数据。

统计问题是："这些人中，血压超过130毫米汞柱的占多少百分比？"

b. 我们有每个在线购买了当地橄榄球比赛门票的人的人口统计数据。

统计问题是："哪个地区的女性参与率最低？"

2.76 图的选择

对于每种情况，请描述可以用来回答以下统计问题的统计图类型：

a. 我们有许多按性别划分的80岁以上老人的收缩压数据。

统计问题是："这些男人的收缩压是否往往比女人高？"

b. 我们有在线购买了当地橄榄球比赛门票的人口统计数据。

统计问题是："哪个地区购买的票数最多？"

奥运会冰球 运动员体重		奥运会足球 运动员体重	
212	180	150	185
215	181	175	190
196	202	145	190
200	183	200	160
213	189	155	170
219	219	140	180
207	190	185	145
198	190	155	175
221	205	165	150
212	196	185	175
	200	165	185
	205	195	

第1步 创建图

由于数据是数值型的，因此可以使用同一个轴比较点图或直方图的数据。如图所示，使用相同的水平轴"堆栈"图形通常很有帮助，其中一个图形位于另一个图形上方。

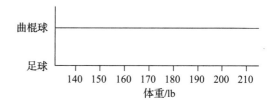

第2步 检查形状

奥运会冰球运动员的数据形状如何？奥运会足球运动员的数据形状如何？

第3步 检查中心

哪一组的体重更大，曲棍球运动员还是足球运动员？

第4步 检查变异度

哪一组的数据离散程度更大？

第5步 检查异常值

数据中是否有体重异常重或异常轻的运动员？

练习指导

g2.25 比较奥运会冰球运动员和足球运动员的体重

下表显示了最近奥运会冰球运动员和足球运动员的体重（单位：lb）。制作适当的图表，并根据图表来简单比较运动员的体重分布。提出一个可以用图表（包括适当的图形）回答的统计问题。（来源：teamusa.usahockey.com,ussoccer.com。）

第 6 步　总结

最后，用简单的语句比较两组的形状、中心和离散程度，包括离群值（如果存在的话）。

技术提示

软件操作指导

例　使用以下年龄绘制直方图：

7，11，10，10，16，13，19，22，42
列

数据集通常放在列中，而不是行中。这些列可以称为变量、列表或类似名称。图 2a 显示了一列数据。

L1	L2	L3	L4	L5	1
7					
11					
10					
10					
16					
13					
19					
22					
42					

L1(10)=

图 2a　TI-84 数据截屏

TI-84

重置计算器（清除记录）

如果关闭 TI-84，它不会重置计算器。所有先前的数据和选择仍然保留。如果遇到问题想重新开始，可以重置计算器。

1. 按 **2nd Mem**（带 + 号）。
2. 按 **7** 代表 **Reset**。
3. 按 **1** 代表 **All RAM**。
4. 按 **2** 代表 **Reset**。

如果成功完成，将显示 **RAM cleared**。

在列表中输入数据

1. 按 **STAT** 并选 **EDIT**（当突出显示 **EDIT**

时按 **ENTER**）。

2. 如果发现 **L1**（或要使用的任何列表）中已经有数据，则可以使用以下三个选项：

<span></span>

a. 使用箭头键突出显示 **L1** 标签，然后按 **CLEAR**，然后按 **ENTER**，以清除整个列表。不要按 **DELETE**，因为那样将不再有 **L1**。如果删除 **L1**，则可以重新 **Reset** 计算器将其复原。

b. 通过突出显示顶部数据条目来删除单个条目，然后按几次 **DELETE**，直到所有数据都被删除（数字将向上滚动）。

c. 覆盖现有数据。注意，确保 **DELETE** 所有未覆盖的单元中的数据。

3. 将示例中的数字键入 **L1**（List1）。输入每个数字后，你可以按 **ENTER** 或使用 **▼**（小键盘上的向下箭头）。在继续下一步操作之前，请复核输入信息。

直方图

1. 按 **2nd**、**STATPLOT**（位于小键盘的左上角）。

2. 如果除第一个图外有更多的图的是 **On**，按 **4**（为 **PlotsOff**）并按 **ENTER** 将其全部关闭。

3. 按 **2nd**、**STATPLOT** 和 **1**（代表 **Plot 1**）。

4. 当 **On** 闪烁时，按 **ENTER** 打开 **Plot1**。参见图 2b。

图 2b　TI-84

5. 使用小键盘上的箭头转到直方图图标（在图 2b 中突出显示），然后按 **ENTER** 键将其选中。使用向下箭头转到 Xlist，然后按 **2nd** 和 **1** 代表选的是 **L1**。图 2b 中所示的设置将显示列表 1（L1）中数据的直方图。

6. 按 **ZOOM** 和 **9**(ZoomStat) 创建图形。

7. 要查看图 2c 中所示的数字，请按 **TRACE**（在小键盘的第一行），然后使用小键盘上的四个箭头进行移动以查看其他数字。

图 2c 显示了示例中数字的直方图。

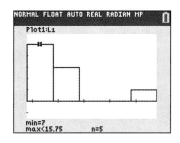

图 2c　TI-84 条形图

TI-84 无法绘制茎叶图、点图或条形图。

从计算机下载数值数据到 TI-84

在将计算机与 TI-84 配合使用之前，必须（在计算机上）安装数据传输所需的软件和计算器驱动程序，只需要执行一次。如果已这样做并准备下载数据，请转到步骤 3。

可从网站 https://education.ti.com 下载用于计算机与计算器通信的 Texas Instruments 软件。有两个版本可供考虑，除新的 TI-84 plus CE 外，较旧的 TI Connect™ 软件可与所有 TI-83 和 TI-84 系列计算器一起使用，较新的 TI Connect™ CE 软件可与所有具有 USB 端口的 TI-83 和 TI-84 系列计算器一起使用。

这两个版本都是免费的，并且都可以安装在同一台计算机上。

1. 下载并运行 TI Connect™ 和 / 或 TI Connect™ CE 的安装程序。在 https://education. ti.com 网站选择 **Downloads**，然后选 **All Software**，**OS** 和 **Apps**。通过 **Technology** 选计算模型，通过 **View** 选 **Connectivity Software**。 点击查找，选择并下载适用于你的计算器和计算机的软件的安装文件。另请下载并保存 PDF 指南，以备将来参考。在计算机上，导航到"下载"文件夹并运行安装程序，按照页面上的说明进行操作。

2. 在计算机上安装计算器驱动程序。首次将计算器连接到计算机（使用 USB 数据线）时，将自动安装必要的驱动程序。

这样就完成了计算机的安装。

3. 将计算器连接到计算机，然后启动 TI Connect™ 或 TI Connect™ CE。在 Windows 10 计算机上，新的开始快捷方式将显示在 **Start Menu** 中的 **Recently Added Apps** 下面。

现在，准备输入要下载到 TI-84 计算器的数据。

以下两个应用程序的过程不同：对于 TI Connect™ CE，执行步骤 4；对于 TI Connect™，转到步骤 5 至步骤 9。

4. 使用更新的 TI Connect™ CE 下载数据。参阅图 2d。**Actions>Import Data(.csv) to**。导航到包含数据文件的文件夹，选择（单击）文件，然后单击" **Open**"。单击 **CONTINUE**，在下一个页面，从 **NAME ON CALCULATOR** 选择 **L1**，选择你的

计算器，然后单击 SEND。在计算器上，按 **STAT>EDIT** 以验证下载。

注意，由于 TI-84 计算器只能处理数值型数据，因此 .csv（逗号分隔值）文件必须仅具有数值型数据，并且没有列标签。否则，你可能会收到报错声明，或者更糟糕的是数据的条目为零。

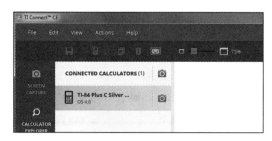

图 2d　TI 数据编辑器 TI Connect™ CE 对话框

5. 使用旧版 TI Connect™ 输入数据。

点击 TI 数据编辑器。 这里有两个选项：步骤 6a，导入文件；或步骤 6b，复制并粘贴。

6a. 导入文件。

TI Connect™ 应用将从 .csv（逗号分隔值）和 .txt 文件导入数据。参见图 2e。选择 **File>Import**。导航到包含数据文件的文件夹，单击该文件，然后单击 **Open**。数据现在将以列表形式显示在 TI Connect™ 页面。参阅步骤 4 中的警告说明。

6b. 复制并粘贴。

在计算机上，打开包含数据的文件（使用 Excel，记事本等）。将数值型数据列 **Copy** 到剪贴板。参阅步骤 4 中的警告说明。

参见图 2e。在数据编辑器页面，单击位于工具栏最左侧的一张空白纸的图标，这将在数据编辑器页面为数据插入新的空白列。（以供将来参考，再次单击该图标将插入另一个空白列。）

单击新插入的列中的第一个单元格，它将变成蓝色，表明它是活动的。现在从剪贴板 **Paste**（数值列）。

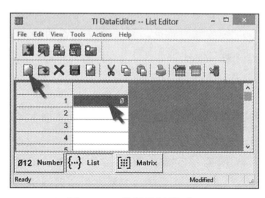

图 2e　TI 数据编辑器页面

7. 为输入的数据选择一个名称。

在数据编辑器页面，当数据列为活动状态时，选择 **File** 和 **Properties**。下一屏 Variable Properties，选择一个 Variable Name，如 L_1。

8. 将 TI-84 连接到计算机并将其打开。

9. 使用 TI Connect™ 将数据下载到 TI-84。

在数据编辑器页面，例如图 2e，单击 **Actions**，然后单击 **Send All Lists**。如出现警示语，单击 **Replace** 覆盖旧数据。在计算器上按 **STAT>EDIT** 以验证下载。

Minitab

输入数据

打开 Minitab，将看到一个用于输入数据的空白电子表格。将示例中的数据输入 **C1** 第 1 列。确保第一个数字放在第 1 行，而不是在标签区域的第 1 行上方。请务必只输入数字。（如果需要列的标签，请在数字上方的标签区域中键入标签）。或者也可以从计算机剪贴板中粘贴数据；也可以选择 Open>File 打 开 .xls、.xlsx、.txt、.dat 或 .csv 格式的数据文件。在继续下一步操作之前，请复核所有条目。

所有 Minitab 图表

绘制完图形后，双击想要更改的内容，例如标签。

直方图

1. 点击 Graph>Histogram。

2. 保持默认选项 Simple，然后单击 OK。

3. 双击 C1（或列的名称），单击 OK。（在大框中获取 C1 的另一种方法是单击 C1 并单击 Select）

4. 获得直方图后，如果想要不同的组距，双击 x 轴，并查找 Binning。

图 2f 显示了年龄的 Minitab 直方图。

茎叶图

点击 Graph>Stem-and-Leaf。

点图

点击 Graph>Dotplot。

条形图

点击 Graph>Bar Chart。

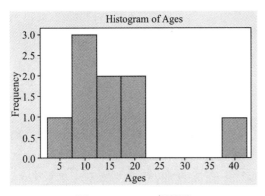

图 2f Minitab 条形图

Excel

打开 Excel 并选择（单击）**空白工作簿**

时，你将看到用于输入数据的空白电子表格。首次输入数据之前，请单击"Data"选项卡（页面顶部，中间），之后应该在右下侧看到 Data Analysis。如果没有看到，则需要加载 Data Analysis 工具库（遵循说明）。现在，单击 Add-Ins 选项卡，应该在左下侧看到 XLSTAT 图标▶。如果没有看到，则应该安装 XLSTAT（遵循说明）。你要用这两个加载项来执行这里描述的所有统计操作。

数据分析工具包

1. 点击 File>Options>Add-Ins。

2. 在 Manage 中，选择 Excel Add-Ins，然后单击 Go。

3. 在 Add-ins available 中，选中 Analysis Toolpak，然后单击 OK。

XLSTAT

1. 关闭 Excel。

2. 从 www.myPearsonstore.com 下载 XLSTAT。

3. 安装 XLSTAT。

4. 打开 Excel，单击 Add-Ins-tab，单击 XLSTAT 图标▶。Data Analysis 只需要安装一次工具包。每次打开 Excel 时，Data Analysis 选项卡应该随时可用。但是，对于 XLSTAT，每次打开 Excel 时可能都需要执行步骤 4（如果希望运行 XLSTAT 例程）。

输入数据

参见图 2g。将示例中的数据输入到列 A 中，在 A1 单元格中输入 Ages。在继续下一步操作之前，请复核输入信息。

直方图

1. 单击 XLSTAT，>Visualizing data >Histograms。

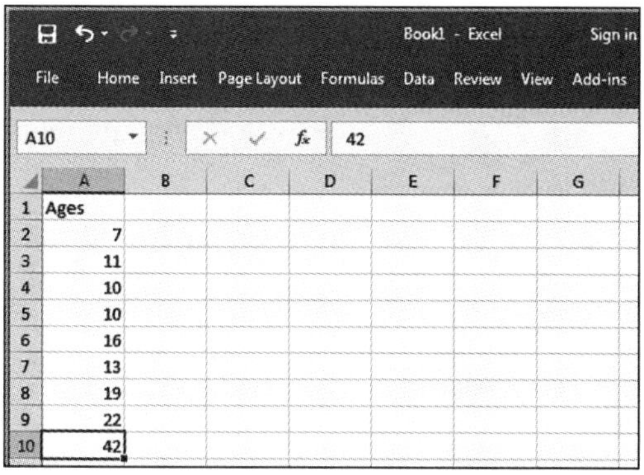

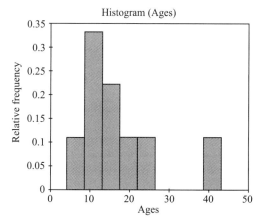

图 2g　Excel 数据显示

2. 当 **Data** 下的框被激活时，将光标拖到包含数据的列上，包括标签 **Ages**。

3. 选择 **Continuous**、**Sheet**，并检查 **Sample labels**。单击 **OK**、**Continue**，然后单击 **OK**。

图 2h 展示了直方图。

Histogram (Ages)

图 2h　XLSTAT 直方图

点图和茎叶图

1. 点击 **XLSTAT**，**> Describing data > Descriptive statistics**。

2. 当 **Quantitative Data** 下的框被激活后，将光标拖到包含数据的列上，包括标签 **Ages**。选择 **Sheet**，并检查 **Sample labels**。

点图

1. 单击 **Options, Charts, Charts(1)**，然后选择 **Scattergrams**，**Options** 和 **Horizontal**。

2. 单击 **OK** 和 **Continue**。

茎叶图

1. 单击 **Options, Charts, Charts(1)**，然后选择 **Stem-and-leaf plots**。

2. 单击 **OK** 和 **Continue**。

条形图

在以表格形式（包括标签）键入数据汇总之后，将光标拖到表格上以将其选中，单击 **Insert**，**Column**（在 **Charts** 组中），然后选择 **2-D Column** 下的第一个选项或 **2-D Bar** 下的第一个选项。

StatCrunch

寻求帮助：登录后，单击 **Help** 或 **Resources**，然后在 YouTube 上观看 StatCrunch 视频教程。

输入数据

1. 单击 **Open StatCrunch**，将看到一个电子表格，如图 2i 所示。

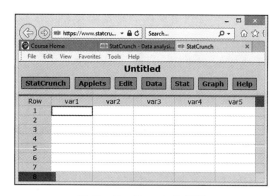

图 2i　StatCrunch 数据表

2. 将示例中的数据输入到标记为 var1 的列中。

3. 如果要在列上添加标签，请单击变量标签（例如 var1），然后单击 Backspace 以删除旧标签并键入新标签。在继续下一步操作之前，请复核输入信息。

粘贴数据

1. 如果要从计算机剪贴板粘贴数据，请在第 1 行的空白单元格中单击，然后按键盘上的 Ctrl + V。

2. 如果剪贴板数据包含标签，请改为单击 var1 单元，然后按键盘上的 Ctrl + V。

加载数据

要从现有数据文件加载，请按 Data > Load > From file > on my computer > Browse，然后导航到包含该文件的文件夹并选择文件。

直方图

1. 单击**图形 > 直方图**。

2. 在 Select columns 下，单击想要绘制直方图的变量。

3. 单击"Compute！"。

4. 要编辑图形，请单击左下角的汉堡图标。

5. 要将图形复制并粘贴到文档中以进行提交，请单击 Options 和 Copy，然后将其粘贴到文档中。

图 2j 显示了各个年龄段的 StatCrunch 直方图。

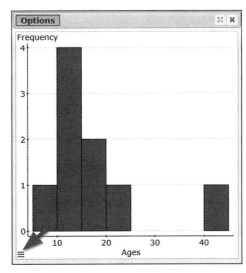

图 2j StatCrunch 直方图

茎叶图

单击 Graph > Stem and Leaf。

点图

单击 Graph > Dotplot。

条形图

单击 Graph > Bar Plot > with data。

89

第3章　中心和变异的数值汇总统计量

提要

数据的分布看似复杂，但其特征往往易于归纳。通常，我们只需度量数据的典型值与变异性，就可以达到归纳数据特征、比较组间差异的目的。典型值与变异性的度量方法有很多，我们应根据数据的分布形状做出最为恰当的选择。

用谷歌搜索"average American"这个短语，我们会发现很多有趣的现象。例如，美国人一般生活在离麦当劳不到 3 mile（1 mile=1.61km）的地方，每天洗澡 10.4min，喜欢吃丝滑的花生酱而非粗粒花生酱。美国女性的平均身高为 64in（1in=0.0254m），平均体重为 140lb（1lb=0.4536kg）。而美国女性时装模特的平均身高要高得多，平均 71in，而她们的体重更轻，平均 117lb。

暂不考虑这些数据的精准性，它们归纳了美国人的典型特征，从而加深了我们对美国人的了解，并帮助我们比较了一个群体（美国女性）和另一个群体（女性时装模特）。但是，这样的归纳似乎不太妥当。由于人与人之间存在巨大的差异性，我们

很难仅用一个数字来概括人们的特征。例如，体重、从家到麦当劳的距离、洗澡时间的长短等特征都是因人而异的。在描述"典型的"美国人时，难道我们不应该也顾及美国人之间存在的差异吗？正如本章的案例分析将要做的那样，如何在考虑个体差异的基础上比较不同群体？

在第 2 章中，我们通过观察数据的分布图，初步而直观地熟悉了典型值（中心）与变异性（离散程度）的概念。本章我们将学习典型值与变异性的度量方法，从而能够更加精确地描述数据特征。无论数据集呈现对称分布还是偏态分布，这些贯穿全书的度量方法都是帮助我们比较与解释数据特征的重要工具。

案例分析

生活在充满风险的世界里

感知风险在人们的决策中起着重要作用。例如，如果你认为乘坐飞机的风险很大，你可能更倾向于长途驱车前往目的地。在加州大学洛杉矶分校，一些心理学家组成的团队以风险认知为研究方向，通过一项简单的评分报告机制测试不同人群之间的感知风险差异。研究人员组织 500 多名受试者，对不同事项的风险程度进行评分。评分范围从 0（无风险）到 100（最大可能风险），评分事项包括"使用家用电器"和"每 6 个月接受一次 X 光诊断"等。研究人员意在探究人们的感知风险是否存在性别差异（Carlstrom et al., 2000）。

图 3.1a 为使用家用电器感知风险直方图，图 3.1b 为每 6 个月接受一次 X 光诊断感知风险直方图。（女性受访者对应的图在上，男性受访者对应的图在下。）你认为男性和女性的感知风险有什么差异？我们应如何量化这些差异？本章你将学习解决上述问题的方法。在本章的结尾，我们将利用所学方法对男性和女性的感知风险进行比较。

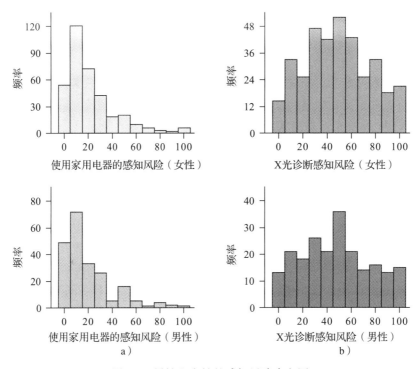

a）　　　　　　　　　　　　　　b）

图 3.1　男性和女性的感知风险直方图

3.1 对称分布的汇总统计量

正如你在第 2 章中学到的那样，统计问题通常涉及样本分布的中心和离散程度。通过本章的学习，你将更深入地理解二者的概念，并掌握其度量方法。事实证明，数据可视化是恰当选择度量方法的必要前提。

本章引入了中心的两种概念：平衡点（或质心）和中点。在本节，我们将介绍对称分布的平衡点概念。随后的 3.3 节将介绍偏态分布的中点概念。基于中心的不同概念，我们将得到不同的度量方法，这也将会进一步影响我们对离散程度的度量。

3.1.1 均值：中心的平衡点度量

均值是中心最常用的度量。数据集的**均值**（mean）是指算术均值。我们将均值视为数据分布的平衡点，对称分布的均值与我们所说的"典型值"概念基本吻合。

均值的可视化

学生的成长背景和生活经历各不相同。一些教师通过收集学生的数据，以了解不同班级的学生之间是否可能存在很大的差异。例如，如果一门课分别在早晨和晚上开设，两个开课时段的学生构成可能也会不同。伊利诺伊州皮奥里亚初级学院（Peoria Junior College）的一名教师收集了两个班级的数据，其中包括学生的 ACT 成绩。（ACT 是标准化的美国大学入学考试。）图 3.2 展示了某班学生统计学 ACT 成绩分布。

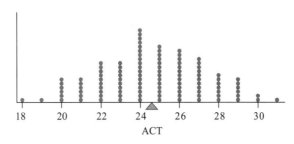

图 3.2　某班学生统计学 ACT 成绩分布。我们用一个支点（三角形）表示均值。如果把所有的点都放在跷跷板上，均值就是能够使其平衡的点（来源：StatCrunch Statistical_Data_499。）

该数据集几乎呈对称分布，因此其平衡点大致位于正中间。经计算，该班学生 ACT 成绩的均值为 24.6。后面的内容将介绍均值的计算方法。因此，与其关心均值的计算过程，我们不如暂时把注意力聚焦于 24.6 的意义上：假如将这个分布置于一个跷跷板上，24.6 就是能够使其达到平衡的那个点。

如图 3.2 所示，当数据几乎呈对称分布时，平衡点大致位于中心。然而，当数据分布不对称时，如图 3.3 所示，平衡点偏离中心，因而均值并不是我们直觉判断的中心。

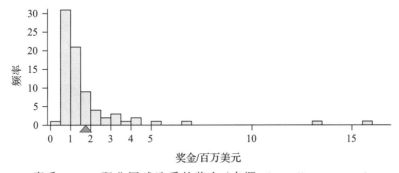

图 3.3　2018 赛季 Top100 职业网球选手的奖金（来源：https:// www.usatoday.com/sports/ tennis/ players/。）

图 3.3 展示了 2018 赛季 Top100 职业网球选手的奖金分布，这一分布非常不对称。（Rafael Nadal 以几乎 1600 万美元的奖金摘得桂冠。排名最低的是 Guillermo Garcia-Lopez，奖金约 50 万美元。注意，100 名选手中只有 78 人公布了自己的奖金。）你认为该分布的中心在什么位置？由于分布右偏，平衡点对应的数额非常大，均值是 180 万美元。然而，在

考虑到约有 75% 的选手未能获得这一数额的奖金，你可能就不认为 180 万美元是一位"典型的"选手赚取的奖金了。换句话说，在这种情况下，均值无法代表"典型的"奖金。

🔄 回顾

对于一个对称分布来说，其分布图的左、右两部分互为镜像。

例 1　数学成绩

图 3.4 展示了 46 个国家和地区的数学成绩分布情况，该成绩由美国国家教育进步评估组织（National Assessment of Education Progress）评定，旨在衡量各国和地区八年级学生在数学方面的成就。

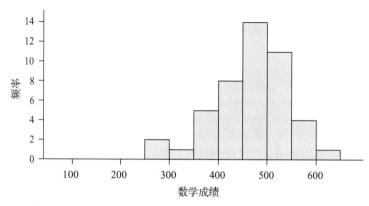

图 3.4　46 个国家和地区的数学成绩分布。该成绩用以衡量各国和地区八年级学生数学成绩的平均水平（来源："International Math Scores" 2007。）

问题： 根据上面的直方图，你认为各国和地区数学成绩的均值大约是多少？

解答： 如果将这个直方图置于跷跷板上，均值是能够使其达到平衡的点。该数据集大致呈对称分布，因此平衡点应该位于 400 分到 500 分之间。

结论： 各国和地区数学成绩的均值约为 450 分。美国的分数是 504 分，成绩最高的 3 个国家和地区是新加坡（最高分 605 分）、韩国和中国香港。由此我们可以判断，这 46 个国家和地区的数学成绩典型值在 400 分到 500 分之间。

试做： 练习 3.3。

均值的实际意义

如前所述，均值可用于度量变量的典型值。不同国家和地区的数学成绩各不相同，那么各国和地区数学成绩的典型值是多少？我们在描述样本均值时，不仅应介绍数值大小，还应结合具体语境，以便其他人能够理解均值的实际意义，例如这样表达：这些国家和地区数学成绩的典型值在 400 分到 500 分之间。

我们可以利用典型值比较不同的数据集。例如，上文中的这名皮奥里亚初级学院教师收集了另一个班级的 ACT 成绩，其均值也是 24.6。由此可以看出，至少就 ACT 平均成绩而言，这两个班是相当的。然而，其中一个班的平均年龄为 26.9 岁，略低于另一个班的 27.2 岁。

KEY POINT 重点

一组数据的均值位于数据分布的"平衡点"处。均值是变量"典型"值的一种度量。

小型数据集均值的计算

解决统计学问题通常需要用到样本均值，它用符号 $\bar{x}$ 表示。计算均值，也就是求一组数据的（算术）**平均值**（average），我们需要将全部观测值相加，然后除以观测值的个数。式（3.1）是均值或平均数的计算方法。

$$均值 = \bar{x} = \frac{\sum x}{n} \tag{3.1}$$

符号 $\sum$ 是大写的希腊字母 sigma，表示求和。$\sum$ 后面的 x 表示单个观测值。因此，$\sum x$ 表示全部观测值的加总。字母 n 表示观测值的个数。因此，这个公式表示，均值等于全部观测值的加总除以观测值的个数。

式（3.1）中的均值也称为**样本均值**（sample mean），以明确它表示的是一组数据（或样本）的均值。

95

例 2　Gas Buddy 网站

据 GasBuddy.com（一个邀请人们填报各地油价的网站），2018 年冬季的某天，美国得克萨斯州奥斯汀市中心附近 12 个加油站每加仑普通汽油的价格如下：

2.19 美元，2.19 美元，2.39 美元，2.19 美元，2.24 美元，2.39 美元，2.27 美元，2.29 美元，2.17 美元，2.29 美元，2.30 美元，2.29 美元

据点图（未在此展示）显示，这些数据大致呈对称分布。

问题：计算每加仑普通汽油的均价，并说明其表示的意义（即解释均值的含义）。

解答：这 12 个数字的和等于 27.20 美元。我们用 27.20 美元除以观测值的个数 12，得到 2.266 美元，四舍五入等于 2.27 美元。

$$\bar{x} = \frac{2.19 + 2.19 + 2.39 + 2.19 + 2.24 + 2.39 + 2.27 + 2.29 + 2.17 + 2.29 + 2.30 + 2.29}{12}$$

$$= \frac{27.20}{12} = 2.27$$

结论：在这一天，得克萨斯州奥斯汀市的这些加油站每加仑汽油的典型价格是 2.27 美元。

试做：练习 3.7a。

大型数据集均值的计算

你可以很轻松地将小型数据集输入计算器中，并根据式（3.1）计算均值。但对于大型数据集而言，我们最好借助计算机或统计计算器。事实上，本书中的大多数计算都是这样完成的。因此，下面通常只展示计算机或计算器上显示的结果，并在随后的技术提示部分具体讲解计算步骤。

例如，图 3.5 中的直方图展示了美国环境保护署（Environment Protection Agency，EPA）
报告的 2017 年美国 371 个城市空气中颗粒物（雾霾）浓度的分布。（单位：μg/m³）吸入颗粒物会影响心肺功能，所以人们希望城市空气中颗粒物的浓度越小越好。（据美国环境保护署称，空气颗粒物浓度的安全线是 15μg/m³。）观察直方图，你会发现该数据集近似服从对称分布，因此其均值大致位于中间（约为 8μg/m³）。在获取了给定的 371 个数值后，可以借助式（3.1）计算它们的均值。但是，如果我们利用计算机或软件的预编程序，计算过程将更加简便。例 3 对此进行了演示。

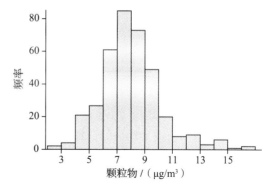

图 3.5　2017 年美国 371 个城市的空气颗粒物浓度。该数据集近似服从对称分布，因此平衡点大致位于中间，约为 8μg/m³

例 3　平均雾霾浓度

我们将数据上传到 StatCrunch、Minitab、TI-84 和 Excel 计算器四种不同的统计软件中，分别计算 371 个城市的平均颗粒物浓度。

问题：在图 3.6 所示的各输出结果中，找出平均颗粒物浓度的值并解释其含义。

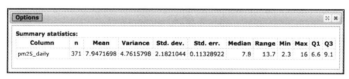

Column	n	Mean	Variance	Std. dev.	Std. err.	Median	Range	Min	Max	Q1	Q3
pm25_daily	371	7.9471698	4.7615798	2.1821044	0.11328922	7.8	13.7	2.3	16	6.6	9.1

a）StatCrunch 的输出结果

Descriptive Statistics: PM2pt5DailyMean

Statistics

Variable	N	N*	Mean	SE Mean	StDev	Minimum	Q1	Median	Q3	Maximum	IQR
PM2pt5DailyMean	371	141	7.9472	0.1133	2.1821	2.3000	6.6000	7.8000	9.1000	16.0000	2.5000

b）Minitab 的输出结果

NORMAL FLOAT AUTO REAL RADIAN MP
```
1-Var Stats
x̄=7.947169811
Σx=2948.4
Σx²=25193.22
Sx=2.182104444
σx=2.179161618
n=371
minX=2.3
↓Q₁=6.6
```

NORMAL FLOAT AUTO REAL RADIAN MP
```
1-Var Stats
↑Sx=2.182104444
σx=2.179161618
n=371
minX=2.3
Q₁=6.6
Med=7.8
Q₃=9.1
maxX=16
```

c）TI-84 计算器的输出结果

PM2pt5DailyMean	
Mean	7.94717
Standard Error	0.11329
Median	7.8
Mode	7.2
Standard Deviation	2.1821
Sample Variance	4.76158
Kurtosis	1.65638
Skewness	0.78283
Range	13.7
Minimum	2.3
Maximum	16
Sum	2948.4
Count	371

d）Excel 的输出结果

图　3.6

解答： 从图 3.5 中我们发现，该分布近似对称，因此均值是中心的一个可靠度量。对于如此庞大的数据集而言，使用计算机计算均值是非常便利的。在 Minitab 和许多其他统计软件中，输入一条命令就可以生成大量的统计数据，你只需从中找出自己需要的数据即可。

结论： 软件的输出结果是 7.9μg/m³。对此我们的解释是，这些城市的典型颗粒物浓度为 7.9μg/m³。StatCrunch、Minitab 和 Excel 的输出结果清晰地注明了每个统计量的名称，因此我们不难从中找到均值。在 TI 的输出结果中，均值记为 $\bar{x}$。

试做： 练习 3.11。

 数据迁移： 这些数据是从美国环境保护署网站下载的。你可以从 airquality.csv 文件中提取我们分析的变量，该文件包含了许多不同的空气质量指标。

数据： 可在 airquality.csv 文件中找到更多数据。

> **KEY POINT 重点**
>
> 在学习本章内容的过程中，你应侧重于应用和解释统计数据，而不是仅仅关注计算公式。即便你没有掌握公式，计算器或计算机也几乎总能生成正确的计算结果。但是，你需要向计算器下达计算统计量的指令，并确保计算是有意义的。同时，你还需要学会解释计算结果中包含的统计信息。

> **摘要**
>
> **样本均值**
>
> 样本均值是什么？样本分布的一个数值特征。
>
> 样本均值的用途是什么？度量样本分布的中心。
>
> 样本均值如何度量分布的中心？均值表示数据分布的"平衡点"，即算术平均数。
>
> 如何利用样本均值？当一组数据近似服从对称分布时，均值表示这组数据的典型值。

97

3.1.2 标准差：变异性的度量

空气中颗粒物的平均浓度为 7.9μg/m³，这一数据并不能说明全部问题。尽管 371 个城市的平均颗粒物浓度处于安全水平（低于 15μg/m³），但这并不意味着每一个城市——比如你的城市——都处于安全状态。大多数城市的颗粒物浓度都接近 7.9 吗？还是普遍远离 7.9？数据集中的观测值是存在差异的，这种变异性通过数据分布的离散程度得到了初步的度量。度量数据的变异性和中心，有助于我们判断大多数观测值是否接近或远离典型值。

标准差的可视化

图 3.7 中的直方图记录了美国两个地区最近一年的日高温（℉）。图 3.7a 所示的直方图记录了在犹他州普罗沃市收集的数据，这座城市远离海洋，海拔 4500ft（1ft=0.3018m）。

图 3.7b 所示的直方图记录了在加州旧金山市收集的数据，旧金山位于太平洋海岸，夏季非常阴冷。（据说，马克·吐温曾说过："我经历过最冷的冬天是旧金山的一个夏天。"）

这两座城市的气温分布很相似，它们都近似服从对称分布。从直方图中可以看出，两座城市的平均气温大致相同。旧金山的平均日高温约为 65 ℉，而普罗沃的平均日高温约为 67 ℉。但是，请注意二者离散程度的差异！

海洋能够调节沿海城市的气温，使得高温不那么高，低温也不太低。这表明，沿海城市温度分布的离散程度应该更小。我们应如何对离散程度进行度量？从直方图中我们可以粗略获取哪些信息？

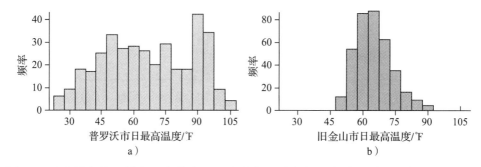

图 3.7　两座城市的日最高温度分布。两座城市的平均气温大致相同，而普罗沃市的气温变化幅度要比旧金山大得多（来源：Provo Temperatures 2007；San Francisco Temperatures 2007）

注意，旧金山市大多数时候的气温都在平均气温 65 ℉ 上下浮动，很少比 65 ℉ 高 10 ℉ 或低 10 ℉。（换句话说，旧金山市的气温很少低于 55 ℉ 或高于 75 ℉。）然而，普罗沃市的气温很多时候比平均气温高或低 10 ℉ 以上。

标准差（standard deviation）度量了典型观测值与均值之间的偏离程度。旧金山市气温分布的标准差较小，因为更多观测值接近均值。相反，普罗沃市气温分布的标准差较大，因为更多观测值远离均值。

下面的内容将告诉你，在大多数分布中，大部分观测值都位于均值的一倍标准差范围内。

KEY POINT　重点

　　我们认为，标准差表示的是观测值与均值之间的典型距离。

例 4　根据直方图比较标准差

图 3.8 所示的三个分布直方图中，观测值的个数都相同，且均值都约为 3.5。

问题：哪个分布的标准差最大，为什么？

解答：这三个分布都有相同的最小值和最大值。但是，图 3.8a 所示分布的标准差最大。为什么？标准差度量的是观测值与均值的离散程度。注意，在图 3.8a 的直方图中，离均值最远的观测数（1和6）最多。位于图3.8c中间位置的直方很高，这意味着大量的观测值位于中心附近，接近均值，因此图3.8c所示分布的标准差最小。

结论：图3.8a的标准差最大，图3.8c的标准差最小。

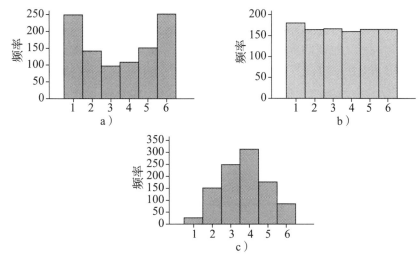

图3.8　三个直方图的均值相同，但标准差不同

试做：练习3.15。

标准差的应用

标准差的概念比均值更为抽象、更难理解。幸运的是，有一条简明的经验法则能够帮助我们理解这一概念，即在对称的单峰分布中，大多数观测值（三分之二）与均值的距离在一倍标准差之内。

旧金山市高温（见图3.7）的标准差约为8 ℉，均值为65 ℉。由此我们可知，在大多数时候，旧金山市的高温在平均高温65 ℉上下浮动不超过8 ℉，即通常不低于65 ℉ - 8 ℉ = 57 ℉，也不高于65 ℉ + 8 ℉ = 73 ℉。普罗沃市高温的标准差为21 ℉，比旧金山市大得多。对于典型的一天，普罗沃市的高温在平均高温上下21 ℉的范围内浮动。普罗沃市气温的变异性更大。

例5　雾霾浓度的标准差

图3.5中371个城市平均颗粒物浓度为7.9μg/m³，标准差为2.2μg/m³。

问题：分别计算高于均值一倍标准差和低于均值一倍标准差的颗粒物浓度。考虑到美国环境保护署认定15μg/m³是颗粒物浓度的安全线，据此，我们应对样本中大多数城市的空气质量做出怎样的判断？

解答：一个典型城市的颗粒物浓度是7.9μg/m³，由于分布是单峰且（大致）对称的，大多数城市的浓度介于平均浓度上下一倍标准差（2.2μg/m³）以内。换句话说，大多数城市的

颗粒物浓度介于以下两个值之间

$$7.9\mu g/m^3 - 2.2\mu g/m^3 = 5.7\mu g/m^3$$
$$7.9\mu g/m^3 + 2.2\mu g/m^3 = 10.1\mu g/m^3$$

结论：由于 10.1（高于均值一倍标准差）小于 15，因此大多数城市的颗粒物浓度都位于安全线以下。［颗粒物浓度最高的三个城市是加州的汉福德－科科伦市（Hanford-Corcoran，California）、加州的维萨拉－波特维尔市（Visalia-Porterville，California）和夏威夷州的希洛市（Hilo, Hawaii）。颗粒物浓度最低的三个城市是加州的克里拉克市（Clearlake, California）、北达科他州的迪金森市（Dickinson，North Dakota）以及北达科他州的威利斯顿市（Williston，North Dakota）。］

你将在后面的内容中看到，我们其实可以判断还有更多城市的颗粒物浓度也位于安全线以下。接下来将向你介绍另外一条经验法则。根据这条经验法则，我们认为大约有 95% 的城市，其颗粒物浓度在距平均浓度两倍标准差的范围之内。

100

试做：练习 3.17。

计算标准差

标准差的计算公式比均值的计算公式稍微复杂一些，其计算过程自然也更费功夫。除了非常小的数据集以外，几乎所有数据集的标准差计算都需要我们通过计算器或计算机来完成。如同用 $\bar{x}$ 表示样本均值，我们用字母 s 表示样本标准差。

$$标准差 = s = \sqrt{\frac{\sum(x-\bar{x})^2}{n-1}} \tag{3.2}$$

把这个公式想象成一组指令。按指令要求，我们首先需要计算每个观测值到均值的距离。距离 $(x-\bar{x})$ 既可能为正也可能为负，我们称其为**偏差**（deviation）。对偏差取平方后得到的值都是正数，进而我们求其平均数。（如果除以 n，而不是 $n-1$，结果将是平均数。）最后，我们求其平方根得到标准差。标准差的单位与原始数据的单位相同，而不是平方的单位。

例 6　一加仑汽油

我们在 GasBuddy.com 网站上收集了得克萨斯州奥斯汀市 12 个加油站在 2018 年 1 月某天的单位加仑汽油价格（单位：美元）。

2.19，2.19，2.39，2.19，2.24，2.39，2.27，2.29，2.17，2.29，2.30，2.29

问题：计算汽油价格的标准差并解释其统计意义。

解答：我们展示两种计算方法。第一种方法是应用式（3.2）手动计算。第二种方法是利用统计计算器。第一步是计算均值。例 2 中，我们应用式（3.1）计算出的均值是 2.27 美元，因而将其代入式（3.2）的 $\bar{x}$ 中。

表 3.1 展示了前两个步骤。首先计算偏差（第 2 列），然后取偏差的平方（第 3 列）。以表格的形式排列有利于比较各观测值之间的差异。

表　3.1

x	$x-\bar{x}$	$(x-\bar{x})^2$	x	$x-\bar{x}$	$(x-\bar{x})^2$	x	$x-\bar{x}$	$(x-\bar{x})^2$
2.19	−0.08	0.006 4	2.24	−0.03	0.000 9	2.17	−0.10	0.010 0
2.19	−0.08	0.006 4	2.39	0.12	0.014 4	2.29	0.02	0.000 4
2.39	0.12	0.014 4	2.27	0.00	0.000 0	2.30	0.03	0.000 9
2.19	−0.08	0.006 4	2.29	0.02	0.000 4	2.29	0.02	0.000 4

偏差的平方和（第 3 列中的值不进行四舍五入，对其求和）约为 0.061，将其除以 11（因为 $n-1=12-1=11$ ）得到 0.005 545 455。最后一步是取平方根，结果为标准差：

$$s=\sqrt{0.005\ 545\ 455}=0.074\ 467\ 81$$

重述计算过程：$s=\sqrt{\dfrac{\sum(x-\bar{x})^2}{n-1}}=\sqrt{\dfrac{0.061}{12-1}}=\sqrt{\dfrac{0.061}{11}}=\sqrt{0.005\ 545\ 455}=0.074\ 467\ 81$，约 7 美分。

为了更好地说明计算过程，本例对中间结果进行了四舍五入。如果我们不四舍五入，那么最终的运算结果将更加准确。因此，使用统计计算器或统计软件可以更加便捷而准确地计算标准差。图 3.9 中的标准差为 Sx = 0.074 386 378 7，四舍五入约为 0.07 美元（或者你也可以说 7 美分）。注意，图 3.9 中计算器的输出结果与我们手动计算得到的值并不完全相等。在一定程度上，这是因为我们在手动计算中使用的是均值的近似值。

结论：标准差是 7 美分，即 0.07 美元。因此，在大多数加油站，每加仑汽油的价格在 2.27 美元上下 7 美分范围以内浮动。

试做：练习 3.19 b。

```
NORMAL FLOAT AUTO REAL RADIAN MP
        1-Var Stats
x̄=2.266666667
Σx=27.2
Σx²=61.7142
Sx=.0743863787
σx=.0712195354
n=12
minX=2.17
↓Q₁=2.19
```

图 3.9　TI 计算器输出的标准差用"Sx"表示

建议使用统计软件而不是我们给出的计算公式。一个原因是，在分析一组数据时，我们通常需要用到不同的统计量和统计方法。数据分析往往从绘制分布图开始，接着分别计算出一个度量中心的量和一个度量离散程度的量。假如每次计算新的统计量都必须再次输入数据，这样的过程是没有意义的。而使用统计软件，我们只需输入一次数据，然后就可以利用软件提供的功能实现运算了。

 摘要

样本标准差

样本标准差是什么？样本分布的一个数值特征。

样本标准差的用途是什么？度量样本分布的离散程度。

样本标准差如何度量分布的离散程度？通过度量观测值与均值之间的典型距离。

> 如何利用样本标准差？当一组数据近似服从对称分布时，标准差可以度量样本的变异性。

方差，标准差的近亲

离散程度的另一种度量方法——一种与标准差密切相关的方法——是方差。**方差**（variance）就是标准差的平方，用符号 s^2 表示。

$$方差 = s^2 = \frac{\sum(x - \bar{x})^2}{n-1} \tag{3.3}$$

例 5 中，城市空气颗粒物浓度的标准差是 2.2μg/m³。因此，方差是 2.2 × 2.2=4.84（μg/m³）²。普罗沃市日高温的标准差是 21 ℉，因此方差是 21 × 21=441（℉）²。

大多数统计软件倾向于给出标准差的值。一个原因是方差的单位是标准差单位的平方（在上一段结尾处，方差的单位是℉的平方），这意味着当我们采用方差时，离散程度的度量（方差）单位和中心的度量（均值）单位不相同，而标准差和均值的单位却是相同的。

3.2 经验法则与 z 分数：异常现象的度量

[102]   标准差和均值能够帮助我们比较不同样本或比较不同样本的观测值。

3.2.1 经验法则

经验法则是一种粗略的估计，有助于我们理解标准差对变异性的度量。依据经验法则，如果样本分布是单峰且对称的，那么

- 大约 68% 的观测值（约三分之二）在距离均值一倍标准差的范围内。
- 大约 95% 的观测值在距离均值二倍标准差的范围内。
- 几乎全部观测值都在距离均值三倍标准差的范围内。

大约 68% 的观测值在距离均值一倍标准差范围内，这意味着如果我们计算均值减去一倍标准差的结果，同时计算均值加上一倍标准差的结果，那么落于二者之间的观测值占观测值总数的 68% 左右。

图 3.10 沿用例 3 中美国 371 个城市的颗粒物数据，对经验法则进行了阐释。假设我们没有获得实际数据，只知道数据分布是单峰且对称的，颗粒物浓度的均值为 7.9μg/m³，标准差为 2.2μg/m³。经验法则预测，对于 68% 的城市而言，其颗粒物浓度在 5.7μg/m³（7.9−2.2=5.7）和 10.1μg/m³（7.9+2.2=10.1）之间。

经验法则预测，大约 95% 的观测值在距离均值二倍标准差范围内，这意味着对于大约 95% 的城市而言，它们的颗粒物浓度在 3.5μg/m³ 和 12.3μg/m³ 之间，即 $7.9 - (2 \times 2.2) = 3.5$ 和 $7.9 + (2 \times 2.2) = 12.3$。最后，根据经验法则，几乎所有城市的颗粒物浓度都在 1.3μg/m³ 到 14.5μg/m³ 之间。如图 3.10 所示。

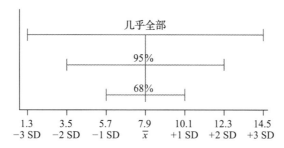

图 3.10 经验法则预测了距离均值一倍标准差范围内（68%）、距离均值二倍标准差范围内（95%）和距离均值三倍标准差范围内（几乎全部）的观测值个数

KEY POINT 重点

　　在一个比较大的数据集中，如果分布是单峰且近似对称的，那么大约 68% 的观测值落在均值的一倍标准差范围内，大约 95% 的观测值落在均值的二倍标准差范围内，几乎全部观测值都落在均值的三倍标准差范围内。经验法则的适用范围很广，尽管并不是所有的单峰对称分布都相同，实际结果可能与这些预测值有所不同。

例 7　经验法则与实际雾霾浓度的比较

　　我们已知 371 个美国城市的颗粒物（PM）浓度大致服从单峰对称分布，因此根据经验法则，约 68% 的城市颗粒物浓度在 $5.7\mu g/m^3$ 到 $10.1\mu g/m^3$ 之间，约 95% 的城市颗粒物浓度在 $3.5\mu g/m^3$ 到 $12.3\mu g/m^3$ 之间，几乎所有城市的颗粒物浓度都在 $1.3\mu g/m^3$ 到 $14.5\mu g/m^3$ 之间。

　　问题：图 3.11 是这 371 个城市 PM 浓度分布的直方图。图中标注了均值所在的位置，以及距离均值一倍标准差范围的边界图 3.11a、距离均值二倍标准差范围的边界图 3.11b 与三倍标准差范围的边界图 3.11c。借助图 3.11，比较各区间内的实际数值与经验法则预测的数值。

　　解答：在图 3.11a 中，通过将两个边界之间各直方的高度相加，我们发现实际上有 61+85+73+49=268 个城市位于两个边界之间。（只需要近似的值，因此无须计算得非常精确。）根据经验法则，68% 的城市，即 0.68×371＝252 个城市，落在两个边界之间。可见，经验法则的预测相当准确，尽管预测值略低于实际值。

　　由图 3.11b 可知，在均值的二倍标准差范围内，约有 21+27+61+85+73+49+20+8=344 个城市。根据经验法则，95% 的城市，即 0.95×371＝352 个城市，落在两个边界之间。这再一次说明，经验法则的预测比较准确。

　　最后，我们可以从图 3.11c 中清晰地看到，除了少数城市（3 个左右），所有城市都在均值的三倍标准差范围内。我们以表格的形式汇总上述结果。

103

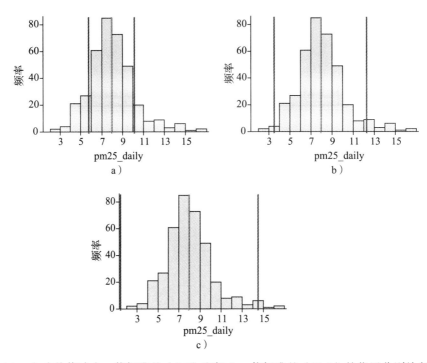

图 3.11　a）在均值减去一倍标准差（5.7）和加上一倍标准差（10.1）的位置分别绘制边界
　　　　线。三幅图中间的线都表示均值（7.9）。b）经验法则预测，约 95% 的观测值落在
　　　　两个边界（3.5μg/m³ 和 12.3μg/m³）之间。c）经验法则预测，几乎全部的观测值都
　　　　落在这两个边界（1.3μg/m³ 和 14.5μg/m³）之间

结论：

区间	经验法则预测值	实际值
均值的一倍标准差内	252	268
均值的二倍标准差内	352	344
均值的三倍标准差内	几乎全部	全部除了 3 个

试做：练习 3.29。

例 8　旧金山市的气温

我们已经看到，旧金山市的平均日高温是 65 ℉，标准差是 8 ℉。

问题：请利用经验法则判断，旧金山市日高温低于 49 ℉ 是否是一件不寻常的事情？

解答：为了回答这个问题，我们需要计算出一年中有多少天的高温低于 49 ℉。根据
经验法则，一年有大约 95% 的日高温在均值的两倍标准差范围内，也就是说，在 65 ℉
上、下 2×8＝16 ℉ 内。因此，对于一年中的绝大部分时间，日高温将在 65－16＝49 ℉ 和
65＋16＝81 ℉ 之间。日高温低于 49 ℉ 或高于 81 ℉ 的情况很少见，这样的日子在一年中只

占（大约）5%。根据经验法则，假设日高温数据近似服从对称分布，大约2.5%（一半）的日高温低于49°F，而另外2.5%（另一半）的日高温高于81°F。因此我们可以判断，一年中有2.5%（大约9天或10天）的日高温度低于49°F。

结论： 旧金山市日高温低于49°F是极不寻常的。根据经验法则，旧金山市一年中只有大约2.5%（9到10天）的日高温低于49°F。当然，经验法则只是作为一种参考，我们可以将经验法则预测的低温频率与实际数据进行比较。

你所理解的"不寻常"可能与我们的想法不同。我们的核心观点是，"不寻常"意味着罕见，在选择二倍标准差时，我们把出现频率低于2.5%的温度定义为罕见温度，即"不寻常"。当然，你也可以根据自己的理解制定"不寻常"的标准。

试做： 练习3.31。

3.2.2 *z* 分数：与均值距离的度量

"这件事有多不寻常？"也许是统计学家最喜欢问的问题。这个问题的答案很复杂，取决于度量单位。如果我们以英寸来度量一个人的身高，那么84是一个很大的值，但如果我们以磅来度量他的体重，这个值就很小了。除非我们知道度量单位和度量对象，否则我们无法判断一个值的大小。

解决这个问题的一种方法是将单位转换为标准单位。**标准单位**（standard unit）度量的是样本相对量，而不是绝对量。*z* 分数就是一种基于标准单位的度量方法。

z 分数的可视化

具体而言，标准单位度量的是观测值与均值相差多少个标准差。换句话说，它度量的是距离，以标准差为度量单位，而不是以英尺或英里为单位。*z* 分数等于1.0意味着该观测值比均值大1个标准差。*z* 分数等于 −1.4 意味着该观测值比均值小1.4个标准差。

图3.12展示了247名成年男性的身高（in）。平均高度是70in，标准差是3in（四舍五入后）。点图下面的标尺以标准差为度量单位，记录了每个观测值与均值之间的距离。身高70in（均值）记为0，因为其与均值相差零个标准差。身高76in记为2，因为它比均值大两个标准差。身高67in记为−1，因为它比均值小一个标准差。

在我们的样本中，身高73in的 *z* 分数是1.0个标准单位。身高67in的 *z* 值是 −1.0 个标准单位。

z 分数的应用

z 分数适用于比较不同单位、不同情形下的观测值。例如，一些学生可能会根据任课教

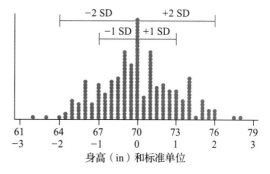

图3.12 247名男性身高的点图，以 *z* 分数和身高（in）为度量单位

授给分的高低来选择上哪一节数学课。因此，如果一名学生在给分低的考试中得了 65 分，另一名学生在给分高的考试中得了 75 分，我们应如何比较两人的成绩？如果将成绩转换成标准单位，我们就能判断他们各自的成绩比平均成绩高（或低）多少，进而比较两人的成绩。

例 9　考试成绩

学生 Maria 在一门统计学课程的第一次考试中得了 80 分，在第二次考试中得了 85 分。全班两次考试成绩的均值分别为 70 和 80，标准差分别为 10 和 5。

问题： 与全班相比，Maria 在哪次考试中的成绩更好？

解答： 在第一次考试中，Maria 比全班平均成绩高了 10 分，因为 80−70 是 10。由于标准差等于 10，所以比均值高一个标准差。也就是说，她第一次考试的 z 分数是 1.0。

在第二次考试中，她比全班平均成绩高出 5 分，因为 85−80 等于 5。因为标准差等于 5，所以比均值高一个标准差。也就是说，她的 z 分数还是 1.0。

结论： 第二次考试稍微简单一些；平均而言，学生得分更高，而且分数的变异性更小。但是 Maria 在两次考试中的成绩都比平均分高一个标准差，所以和全班相比，她在两次考试中的成绩一样好。

试做： 练习 3.35。

计算 z 分数

正如前几个例子所示，我们很容易将整数转换为 z 分数。更一般地，要将一个观测值转换为 z 分数，首先要减去均值，然后除以标准差。式（3.4）展示了计算步骤，我们用文字和符号表示：

$$z = \frac{观测值 - 均值}{标准差} \tag{3.4a}$$

$$z = \frac{x - \bar{x}}{s} \tag{3.4b}$$

我们将此应用于图 3.12 所示的数据。身高 75in 的 z 分数是多少？请记住，平均身高是 70in，标准差是 3in。根据式（3.4），我们应先减去平均身高。

$$75 - 70 = 5$$

然后除以标准差：5/3=1.67（四舍五入到两位小数）

$$z = \frac{x - \bar{x}}{s} = \frac{75 - 70}{3} = 1.67$$

因此，z 分数是 1.67。也就是说，他比平均身高高 1.67 个标准差。

例 10　每日气温

旧金山市的平均日高温是 65 ℉，标准差是 8 ℉。有一天，日高温是 49 ℉。

问题：这个气温的 z 分数是多少？根据经验法则，该气温是否异常？

解答：$z = \dfrac{x - \bar{x}}{s} = \dfrac{49 - 65}{8} = \dfrac{-16}{8} = -2.00$

结论：这一天的气温异常低。由经验法则可知，95% 的 z 分数都在 −2 到 2 个标准单位之间，因此这一天异常寒冷。

试做：练习 3.37。

 摘要

z 分数

z 分数是什么？标准化的观测值。

z 分数的用途是什么？将度量单位转换成标准单位。

z 分数如何进行单位转换？通过度量观测值与样本均值相差多少个标准差。

如何利用 z 分数？比较不同数据集中的观测值，比如两次考试的成绩，或者比较不同单位的观测值，比如 in 和 lb。

3.3 偏态分布的汇总统计量

107

如前所述，平衡点无法测度偏态分布的"典型"值。中心的另一个概念，即样本分布的中点，适用于偏态分布。图 3.3 中的例子显示，网球选手的平均奖金比大多数选手获得的奖金高得多。图 3.13 显示了另一个右偏分布的例子。这是根据美国政府 2016 年的一项调查得出的 42 000 多名纽约州居民的收入分布情况。三角形标记了平均收入是 50 334 美元。然而，均值似乎与我们认为的典型值并不接近。均值过高，不具代表性。事实上，大多数（69%）居民的收入低于均值。

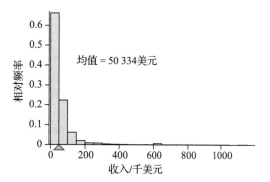

图 3.13　纽约州居民的年收入分布是右偏的。因此，年收入的均值比我们认为的典型收入要高一些。三角形标记了均值的位置

 数据迁移：这些数据取自 factfinder.census. gov，该网站提供了 284 个变量的数据。

　　数据：censusincome.csv 文件提供了 6 个州 284 个变量中 6 个变量的数据。

在偏态分布中，均值往往难以度量"典型"值。因此为了度量偏态分布的中心和离散程度，我们在均值和标准差之外找到了其他的方法。

3.3.1 中位数：中心的另一种度量

中位数是另一种度量典型测量值的方法。样本的**中位数**（median）就是将样本数据从小到大排序处于中间位置的数据。中位数将分布从中间分为两部分，约 50% 的观测值小于中位数，约 50% 大于中位数。

中位数的可视化

本书的一位作者在杂货店采购三明治食材时，想要比较火腿肉和火鸡肉哪个更健康。图 3.14 展示了 10 种火腿的脂肪含量，竖线表示火腿脂肪含量的中位数为 23.5%。请注意，其中的 5 个观测值大于中位数，5 个小于中位数，中位数正好把样本分布分成了两半。例 12 对比了火鸡肉与火腿肉脂肪含量的中位数。

图 3.15 再次表明，观测值越多越难找到中位数，想找到 42 000 多名纽约州居民的收入中位数要更麻烦一点。深色竖线所示的中位数将直方图的总面积分为两半。中位数是 3 万美元，有 50% 的观测值小于中位数，另外 50% 大于这个中位数。

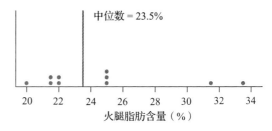

图 3.14 火腿脂肪含量占比的点图，中位数为 23.5%。一半的观测值小于 23.5%，另一半大于 23.5%

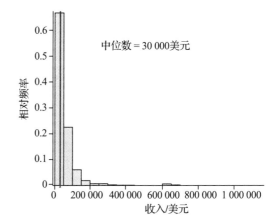

图 3.15 纽约州居民的收入分布，中位数用竖线表示。约 50% 的观测值高于中位数，约 50% 低于它。收入为 0 美元的居民未被统计

KEY POINT 重点

中位数将样本分布一分为二。中位数是"典型"值的一种度量。

中位数的应用

应用中位数的目的与应用均值的目的相同，都是度量数据的典型值。典型值有助于比较几个不同的数据集。例如，纽约州居民的收入中位数是 3 万美元。如何比较纽约州的典型收入与佛罗里达州的典型收入？佛罗里达州（很多纽约人退休之后的去处）44 000 名居民的收入中位数为 27 000 美元，仅略低于纽约州（见图 3.16）。

根据中位数我们可以判断，纽约州的典型居民收入比佛罗里达州更高。纽约居民收入中位数是 3 万美元，有过半的纽约居民收入超过佛罗里达州居民平均收入中位数 27 000 美元。

在新闻报道中，偏态分布与中位数常被提及。例如，你可能听到过关于"中等住房成本"和"中等收入"的报道。

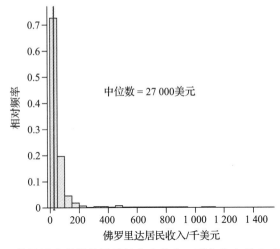

图 3.16   佛罗里达州部分居民的收入分布，平均收入是 27 000 美元

109

计算中位数

中位数的计算步骤如下：

1. 将数据从小到大进行排序。

2. 如果数据集中包含奇数个观测值，则中位数为观测值的中间数。

3. 如果数据集中包含偶数个观测值，中位数就是中间两个观测值的均值。

例 11   12 家加油站

2018 年 1 月，得克萨斯州奥斯汀市 12 家加油站的每加仑普通汽油价格如下（见例 6）：

2.19 美元，2.19 美元，2.39 美元，2.19 美元，2.24 美元，2.39 美元，2.27 美元，2.29 美元，2.17 美元，2.29 美元，2.30 美元，2.29 美元

问题：计算每加仑汽油价格的中位数并解释其含义。

解答：首先，我们将数据从小到大进行排序。

2.17，2.19，2.19，2.19，2.24，2.27，2.29，2.29，2.29，2.30，2.39，2.39

因为数据集包含偶数个观测值（12），中位数是中间两个观测值（第 6 个和第 7 个）的均值，即 2.27 和 2.29 的均值。

2.17，2.19，2.19，2.19，2.24，2.27，2.29，2.29，2.29，2.30，2.39，2.39

中位数

结论：中位数是 2.28 美元，这是这 12 家加油站每加仑汽油的典型价格。

试做：练习 3.43。

例 12 展示了如何在奇数个观测值的样本中计算中位数。

例 12   火鸡

由图 3.14 可知，杂货店出售的各品牌火腿的脂肪含量的中位数为 23.5%。如何比较火

腿与火鸡脂肪含量的中位数？以下是各种品牌火鸡的脂肪含量（%）：

14，10，20，20，40，20，10，10，20，50，10

问题：计算火鸡脂肪含量的中位数并解释其含义。

解答：将数据从小到大进行排序。因为有 11 个观测值，中位数等于中间的观测值 20%。

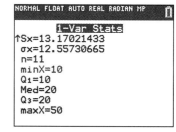

10，10，10，10，14，20，20，20，20，40，50
              中位数

结论：火鸡脂肪含量的中位数是 20%。因此，火鸡脂肪含量通常为 20%，比脂肪含量 23.5% 的典型火腿（稍微）少一些。图 3.17 的 TI-84 输出验证了我们的计算结果。

图 3.17　火鸡脂肪含量的
TI-84 输出结果

试做：练习 3.45。

摘要

样本中位数

样本中位数是什么？样本分布特征的一种数值度量。

样本中位数的用途是什么？度量分布的中心。

样本中位数如何度量分布的中心？大于中位数与小于中位数的观测值个数差不多。

如何利用样本中位数？当数据集服从偏态分布时，中位数度量数据集的典型值。

3.3.2　四分位距：变异性的度量

标准差度量的是观测值相对于均值的离散程度，因而均值与标准差同时使用才有意义。当数据集服从偏态分布时，我们通常使用中位数度量它的中心，用四分位距度量它的离散程度。**四分位距**（interquartile range，IQR）能够说明中间 50% 数据的大致占比。

四分位距的可视化

为了计算 IQR，我们将观测值大致分成数量相同的四部分，中间两部分所占的距离就是四分位距。

图 3.18 中的点图显示了学习统计学入门课程的学生体重分布。竖线把分布分割成四部分，这样每一部分都有大约 25% 的观测值。IQR 是第一条竖线（约 121lb）与第三条竖线（约 160lb）之间的距离，即 39lb（160−121=39）。

图 3.19 是同一批学生按性别划分的体重分布。大约 25% 的观测值位于最左侧竖线以左，大约 25% 在最右侧竖线以右。这意味着大约有一半的观测值位于这两条竖线之间。它们之间的距离就是 IQR。男生的 IQR 大约有 38lb，比女生的 IQR（约 20lb）大得多，女生体重的变异性较小。

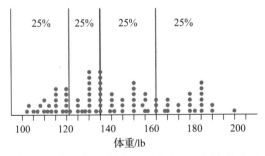

图 3.18　学生体重的分布（单位：lb）被分成四个部分，每个部分都有大约 25% 的观测值。IQR 是第一和第三条竖线之间的距离（121lb 到 160lb）

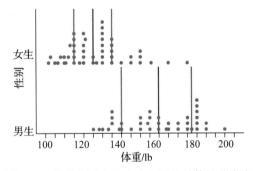

图 3.19　按性别（女生在上）划分的体重分布点图。男生的四分位距比女生大

IQR 只关注中间 50% 的数据。我们可以改变其范围之外的值而不影响 IQR。图 3.20 展示了男生的体重，我们将其中一个男生的体重更改为非常小的值。IQR 仍然与图 3.19 相同。

四分位距的应用

在图 3.15 的数据集中，纽约州居民收入的 IQR 是 47 000 美元，如图 3.21 所示。这告诉我们，对于中间 50% 的居民而言，其收入差异高达 47 000 美元。相比之下，佛罗里达州的 IQR 为 37 000 美元。佛罗里达州的居民收入差异较小，人与人更相似（至少在收入方面）。

对纽约州的居民来说，47 000 美元的 IQR 似乎是一个相当大的差距。然而，考虑到整个纽约州的居民收入分布（见图 3.21）既包括接近 0

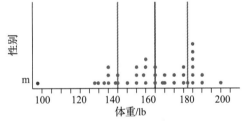

图 3.20　男生体重分布中存在一个低于 100 的异常值（最左侧）。改变一个非常大（或非常小）的值不会改变四分位距

美元的收入，也有高达 100 万美元的收入，因此 47 000 美元的 IQR 看起来就非常小了。原因是很多人（数据集的一半）的收入都在这个相当小的区间内。

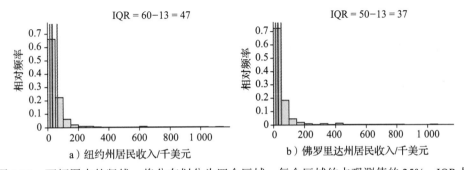

图 3.21　两幅图中的竖线，将分布划分为四个区域，每个区域约占观测值的 25%。IQR 是外侧两条竖线之间的距离，对于纽约州居民收入来说，这个距离比较宽。中间的竖线表示收入的中位数

🗴 贴士

软件和四分位数

在不同的软件中，Q1 和 Q3 的值并不总是一致的，因此 IQR 值可能不同。原因是 Q1、Q3 的计算方法存在合理的差异。因此，如果计算机上的软件给出的值与计算器上的不同，不必对此感到惊讶。

四分位距的计算

计算四分位距涉及两个步骤。第一步，必须决定在哪里"分割"分布。这些点称为四分位数，因为它们将分布分割成四等份（1/4）。约有四分之一，或 25% 的观测值小于或等于**第一四分位数**（first quartile，Q1）。约有 50% 的观测值小于或等于**第二四分位数**（second quartile，Q2），实际上，Q2 是中位数的另一个名称。大约有 75% 的观测值小于或等于**第三四分位数**（third quartile，Q3）。第二步是最简单的：找到四分位距，只需找到 Q3 和 Q1 之间的区间，也就是 Q3−Q1。

为了找到四分位数：

- 首先求中位数，也就是第二四分位数 Q2。中位数将数据分成上、下两个区域。
- 第一四分位数（Q1）是数据排序后下半部分的中位数。（如果你的数据集包含奇数个观测值，请不要把中位数包括在下半部分。）
- 第三四分位数（Q3）是数据排序后上半部分的中位数。（同样，如果你的数据集包含奇数个观测值，也不要把中位数包含在上半部分。）

$$四分位距 = Q3−Q1 \qquad (3.5)$$

例 13　孩子的身高

有 8 个孩子的身高（单位：in）如下：

48.0，48.0，53.0，53.5，54.0，60.0，62.0，71.0

如图 3.22 所示。

a）按身高排序的8个孩子

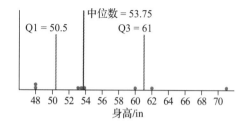

b）孩子身高的点图

图 3.22　中位数和四分位数用竖线表示。值得注意的是，四个区域的每个区域中都有两个点，也就是 25% 的数据

问题： 计算孩子身高分布的四分位距。

解答： 如前所述，我们首先说明如何进行手动计算，然后展示软件输出。

首先是 Q2（中位数），注意，数据是从小到大顺序排列的，中位数以下有四个观测值，中位数以上有四个观测值。

Duncan	Charlie	Grant	Aidan	Sophia	Seamus	Cathy	Drew
48	48	53	53.5	54	60	62	71

Q2
53.75

要找到 Q1，请观察中位数以下的数并计算它们的中位数，如下所示。

Duncan	Charlie	Grant	Aidan
48	48	53	53.5

Q1
50.50

要找到 Q3，请观察中位数以上的数并计算它们的中位数。

Sophia	Seamus	Cathy	Drew
54	60	62	71

Q3
61.00

将这些值合在一起如下：

Duncan	Charlie	Grant	Aidan	Sophia	Seamus	Cathy	Drew
48	48	53	53.5	54	60	62	71
		Q1	Q2		Q3		
		50.50	53.75		61.00		

以下是计算这些值的过程：

$$Q1 = \frac{48 + 53}{2} = \frac{101}{2} = 50.50 \qquad （介于 Charlie 和 Grant 中间）$$

$$Q2 = \frac{53.5 + 54}{2} = \frac{107.5}{2} = 53.75 \qquad （在 Aidan 和 Sophia 中间）$$

$$Q3 = \frac{60 + 62}{2} = \frac{122}{2} = 61.00 \qquad （在 Seamus 和 Cathy 中间）$$

最后一步将 Q3 和 Q1 相减：

$IQR = Q3 - Q1 = 61.00 - 50.50 = 10.50$。

图 3.22b 给出了 Q1、Q2 和 Q3 的位置。请注意，各有 25% 的数据（两个观测值）位于竖线分成的四个区域中。

图 3.23 是 TI-84 的输出结果。TI-84 没有直接给出 IQR，你必须自己计算 Q3-Q1。IQR 等于 61-50.5=10.5，与我们手

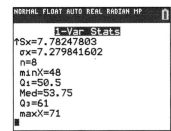

图 3.23　8 个孩子身高的 TI-84 输出结果

动计算的 IQR 相同。

结论：这 8 个孩子身高的四分位距是 10.5in。

试做：练习 3.43 b。

---

114 ### 3.3.3 全距：变异性的另一种度量

变异性的另一种度量方法与 IQR 相似，但简单得多。**全距**（range）是整个数据集跨越的距离。它的计算非常简单：全距等于最大值减去最小值。

$$全距 = 最大值 - 最小值 \tag{3.6}$$

8 个孩子（例 13）身高的全距是 71.0−48.0=23.0。

全距计算的简便性使其可以成为最快的度量数据集变异性的方法。然而，由于它只依赖于两个观测值——最大值和最小值——它对数据中的任何特性都非常敏感。例如，如果有人在输入数据时把 71in 写成了 710in，那么我们将得到错误的全距。而 IQR 的计算依赖于很多观测值，因而是变异性更可靠的一种度量。

 摘要

四分位距

四分位距是什么？样本分布特征的一个数值度量。

四分位距的用途是什么？度量样本分布的离散程度。

四分位距如何度量数据的离散程度？它计算了中间 50% 的排序数据所占距离。

如何利用四分位距？当数据集服从偏态分布时，四分位距能够度量数据的变异性。

3.4 度量中心的方法比较

我们应该使用均值（以及标准差）还是中位数（以及 IQR）？在一个数据周期中，位于"提出问题"和"分析数据"之间的阶段是"考察数据"。在此阶段，我们通过检查数据（通常以数据可视化的方式）以确定最恰当的分析方法。通常，我们可以通过观察分布的形状来决定使用均值还是中位数。

3.4.1 分布图的形状

我们的决策可以从分布图开始。分布的形状将决定哪些度量方法最能反映分布的典型值和可变性。

 数据迁移：应用程序 iTunes 使用一种名为"XML"（可扩展标记语言）的格式将所有

数据存储在数据库中。当你使用 iTunes 时，可通过在 iTunes 菜单中选择 File > library > Export library 来查看自己的库。一些统计软件允许读取这种格式数据，尽管这通常需要一些编程。

文件：Itunessample。

例14　MP3 歌曲时长

本书的一位作者在他的 mp3 播放器上创建了一个歌曲数据集，并想要描述歌曲时长的分布。

问题：他应该用什么方法来度量数据集的中心和离散程度：均值（250.2s）与标准差（152.0s）或中位数（226s）与四分位距（117s）？参见图 3.24 的直方图，对恰当的方法做出解释。

115

解答：在查看直方图之前，你应该考虑一下可能的分布形状。任何歌曲都不会短于 0s。大多数歌曲大约是 4min（240s），有些稍长，有些稍短。然而，有一些歌曲非常长，尤其是古典歌曲，因此我们认为歌曲时长的分布是右偏的。这表明，中位数和 IQR 是最恰当的度量方法。

图 3.24 证实，正如我们预测的那样，分布是右偏的，因此中位数和四分位距的确是最好的度量方法。

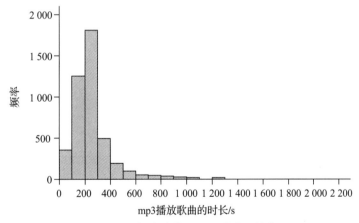

图 3.24　mp3 播放歌曲时长的分布（单位：s）

结论：歌曲时长的中位数是 226s，四分位距是 117s。换句话说，在他的 mp3 播放器上，歌曲的典型时长大约是 4min，但存在相当大的变异性，中间 50% 的时长相差约 2min。

试做：练习 3.55。

有时，你没有获取数据，所以无法画出分布图。如果是这样，那么你必须推导出一个合理的分布形状，并在此基础上选择集中趋势的度量方法。

如果分布是右偏的，就像 mp3 歌曲时长的分布一样，那么均值通常大于中位数。你可以在图 3.24 中发现，右偏意味着平衡点必须在中位数的右边。同样的推理，我们可以看到，在左偏分布中，均值通常小于中位数。在对称分布中，均值和中位数大致相等。

KEY POINT 重点

　　在对称分布中，均值和中位数大致相等。在右偏分布中，均值往往大于中位数，而在左偏分布中，均值往往小于中位数。

3.4.2　异常值的影响

　　即使一个分布基本上是对称的，一个或多个异常值的存在也会对均值产生很大的影响。通常，当有异常值存在时，中位数是更具代表性的中心度量。

[116]

🔄 **回顾**

异常值

回顾第 2 章的内容，异常值是相对于大部分数据而言的一个极小值或极大值。

　　例 13 中，8 个孩子的平均身高为 56.2in。想象一下，我们把最高的孩子（71in）换成篮球运动员沙奎尔·奥尼尔（Shaquille O'Neal），他的身高是 85in。我们修改过的数据集变成了：

48，48，53，53.5，54，60，62，85

　　为了保持数据的平衡，均值将会变大。这个新数据集的均值是 57.9in——增大 1in 多。然而，新数据集的中位数是相同的：53.75in，如图 3.25 所示。

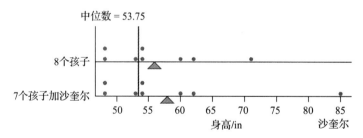

图 3.25　将最高的孩子换为沙奎尔·奥尼尔。请注意，均值（用三角形表示）变了，但中位数（竖线）保持不变

　　当存在异常值时，中位数是中心的一个良好度量。运用专业术语，我们认为中位数**对异常值有抵抗力**（resistant to outlier），它不受异常值大小的影响，即使异常值被更极端的值取代，中位数也不会改变。

KEY POINT 重点

　　中位数对异常值有抵抗力，它不受异常值大小的影响。因此，如果数据中包含异常值，并且想减少它的影响，那么你可以用中位数度量中心。

例 15 快餐

一家（非常小的）快餐店有五名员工。每位员工的年收入约为 16 000 美元。此外，快餐店的老板每年能赚 10 万美元。

问题：求均值和中位数。如何表示这个行业的典型收入——均值还是中位数？

解答：图 3.26 展示了数据的点图。平均收入是 3 万美元，中位数是 1.6 万美元。几乎所有员工的工资都低于平均水平！

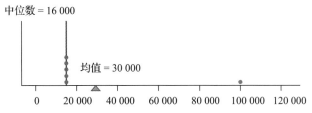

图 3.26　一家快餐店五名员工和老板的工资。三角形表示平均工资

结论：如果在均值和中位数之间进行选择，我们认为中位数更能反映典型的收入水平。为什么均值和中位数如此不同？因为老板 10 万美元的薪水是一个异常值。

试做：练习 3.57。

117

3.4.3　多峰分布的中心与离散程度

如果分布是双峰或者多峰的，我们应该怎么做？不幸的是，这个问题的答案很复杂。

我们在第 2 章中了解到，数据集呈多峰分布有时是因为合并了不同的组。例如，身高数据集同时包含了男性身高和女性身高。这个分布很可能是双峰的，因为它将身高明显存在差异的两组人合在了一起。在这种情况以及很多其他情况下，我们应将组分开，分别对每个组进行汇总度量。如果我们知道哪些是男性的观测值，哪些是女性的观测值，就可以把数据分组分别计算男性和女性的平均身高。

例如，图 3.27 展示了女子马拉松运动员完赛时间的直方图，其最显著的特征是双峰分布。在遇到这种情况时，我们自然要问："这个数据集是否包含两组不同的马拉松运动员？"

⚠️ 注意

不要采用计算机给出的峰

避免使用计算机来计算峰。对于有许多数值观测的数据集，许多软件程序给出了无意义的峰值。例如，对于图 3.27 所示的数据，大多数软件会报告五种不同峰的位置，没有一种峰对应图上的高点。

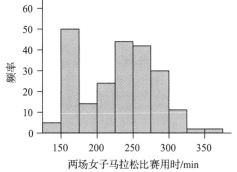

图 3.27　业余运动员和奥运会运动员参加的两场马拉松比赛用时。注意这两个峰。该数据集只包含了女性运动员

⟳ 回顾

双峰性

回顾第 2 章的内容，峰是由单个数值变量的图（比如直方图）中的直方堆表示的。双峰分布有两个主要的峰。

事实证明，答案是"是的"。表 3.2 显示了数据集的前几行，从中我们可以看出，比赛用时来自两个不同项目的运动员。其中一项是 2012 年奥运会，世界上最好的马拉松选手都参加了奥运会。另一项赛事是 2013 年在俄勒冈州波特兰市举行的业余马拉松。（数据可以在文件 marathontimes.csv 中找到。）

表 3.2　女子马拉松运动员比赛用时

用时 / min	项目
185.1	奥运会
202.2	奥运会
214.5	业余
215.7	业余

图 3.28 分别展示了这两个马拉松比赛的数据。我们现在可以分别度量奥运会和业余赛事比赛用时的中心和离散程度。但有时你可能也会发现，在双峰分布的情况下，不将组与组分开，而是合并起来度量整个双峰分布的中心，这样的做法反而更好。当然，我们也不能保证任何情况下你都应该怎么做。"合并两个组有意义吗？"你不妨这样思考。

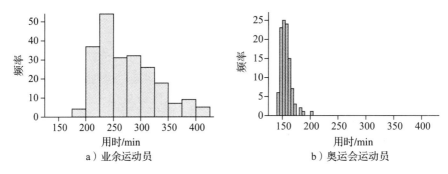

a）业余运动员　　　　　　　　　b）奥运会运动员

图 3.28　女子马拉松运动员的比赛用时

3.4.4　不同分布的比较

有时，你希望比较两组，但一组是对称分布，另一组是偏态分布。均值和中位数，你应该用哪一种方法进行比较？

当比较两个分布时，应该总是对两个分布使用相同的中心和离散程度度量。否则，比较无效。

⚠ **注意**

平均

一个人碰到一个统计学家，他一只脚站在一锅沸水里，一只脚冻在一块冰块里。"那不是很痛苦吗？"男人问。"也许是这样，"统计学家说，"但平均来说感觉刚刚好。"注意不要在没有提供"典型"度量的情况下使用平均！

例 16 重新审视马拉松比赛用时

在图 3.27 中，我们将所有马拉松运动员的比赛用时汇成一组。但实际上，我们的数据集有一个变量，它告诉我们哪个时间属于奥运选手，哪个时间属于业余选手，所以我们可以把数据分成几组。

图 3.28 显示了相同的数据，但图是分组绘制的。

问题：一般来说，哪一组的比赛用时最短？

解答：奥运会运动员的比赛用时分布是右偏的，因而中位数是最佳度量。业余运动员的分布更对称，中位数可以用于比较业余运动员的典型比赛用时和奥运会运动员的比赛用时时长。奥运会女运动员的平均时长为 154.8min，业余女运动员的平均时长为 266.3min。图 3.29 给出了各组中位数的位置。

结论：典型的奥运会女运动员跑完马拉松的速度要快得多：业余运动员跑完马拉松的平均时间为 266.3min，而奥运会运动员跑完马拉松的平均时间为 154.8min。

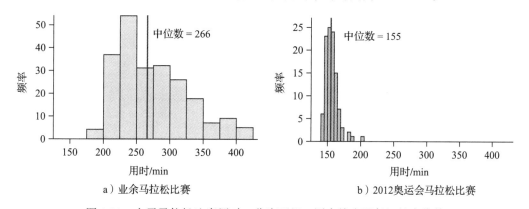

a) 业余马拉松比赛 b) 2012奥运会马拉松比赛

图 3.29 女子马拉松比赛用时，分为两组。图中给出了每组的中位数

试做：练习 3.59。

> **KEY POINT 重点**
>
> 在比较组时，如果任何一组是严重偏态的或有异常值，通常最好比较所有组的中位数和四分位距。

3.5 箱线图

箱线图是可视化分布的图形工具，特别是在比较两组或更多组数据时尤为高效。箱线图中的分布被分成了四份。箱子的左边缘位于第一四分位数（Q1），右边缘位于第三四分位数（Q3）。因此，排序后的观测值的中间 50% 就在箱子内。

箱内的竖线表示中位数的位置。被称为须的水平线，从箱子的两端延伸到最小值和最大值，或者接近最小值和最大值。（下面很快就会解释。）因此，箱线图的整个长度涵盖了组距的大部分或全部。

图 3.30 比较了得克萨斯州奥斯汀加油站油价（例 6 和例 11）的点图（用竖线标记的四分位数）和箱线图。

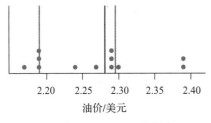
a）表示Q1、Q2和Q3的点图

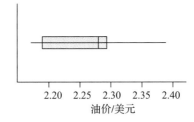
b）得克萨斯州奥斯汀加油站普通无铅汽油价格的箱线图

图 3.30   同一数据的两种视图

与很多用于可视化数据的图形不同，箱线图更容易手工绘制，前提是你已经找到了四分位数。不过，大多数时候可以使用软件或图形计算器来绘制箱线图。大多数软件都会生成箱线图的变体，以帮助识别异常值。

有些极端的观测值是潜在异常值。潜在异常值与我们在第 2 章中讨论的异常值不同，因为有时在箱线图中看起来很极端的值在直方图或点图中并没有那么极端。它们被称为潜在异常值，因为在决定观测值是否太极端而无法符合分布模式之前，应该参考分布的直方图或点图。（记住，一个观测值是不是一个异常值取决于你的主观判断。）

潜在异常值是由这条规则确定的：它们是小于第一四分位数（水平方框的左边缘）或大于第三四分位数（右边缘）超过 1.5 个四分位距的观测值。

为了让我们看到这些潜在异常值，须被从每个盒子的边缘画到最极端的观测值，该值并不是潜在异常值。这意味着，画须之前，我们必须识别任何潜在异常值。

KEY POINT 重点

箱线图中的须延伸到最极端的值，并不是潜在异常值。潜在异常值是距离箱子边缘超过 1.5 IQR 的点。

图 3.31 是旧金山气温的箱线图（见例 8 和例 10）。从箱线图中，我们可以看到

$$IQR = 70 - 59 = 11$$
$$1.5 \times IQR = 1.5 \times 11 = 16.5$$
$$右极限 = 70 + 16.5 = 86.5$$

$$左极限 = 59 - 16.5 = 42.5$$

任何低于 42.5 或高于 86.5 的点都是潜在异常值。

须延伸到最极端的值，而不是潜在异常值。在箱子的左侧，小于 42.5 的观测值将是潜在异常值。然而，并没有那么小的观测结果。最小的是 49，所以须延伸到 49。

右边，数据集中的几个值大于 86.5。须延伸到小于（或等于）86.5 的最高温度，较大的值如图 3.31 所示。这代表旧金山异常温暖的日子。图 3.32 显示了一个用 TI-84 制作的箱线图。

[120]

Tech

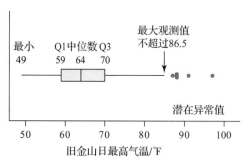

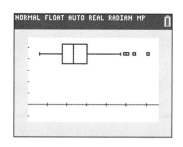

图 3.31　旧金山日最高气温箱线图　　　图 3.32　TI-84 输出的旧金山气温箱线图

例 17　摩天大楼

图 3.33 显示了世界上 960 座建筑物的楼层数的分布情况，一般我们认为楼层数越多，建筑物越高。已知数据集的第一四分位数为 50 层，中位数为 55 层，第三四分位数为 64 层。最高的建筑物是迪拜的哈利法塔，有 162 层。

问题：请画出箱线图，并说明你是如何确定在哪里画须的，数据集中有没有异常值？异常值主要是非常矮的建筑物还是非常高的建筑物？

解答：箱子的左边缘在第一四分位数 50 层处，右边缘在第三四分位数 64 层处，然后在箱子内中位数 55 层所在位置画一条线。

箱子左侧的潜在异常值是指小于 Q1 超过 $1.5 \times$ IQR 的数值。其中 IQR=Q3-Q1=64-50=14，因此，$1.5 \times$ IQR=1.5×14=21。这意味着左侧的潜在异常值要么是比 50 小于 21 即 50-21=29 或者更小的数值。由于该数据集中没有 29 层的建筑物，因此我们将须延伸到次矮的位置——30 层处，这使得楼层数为 27 的建筑物成为潜在异常值。

在右侧，潜在异常值是指比第三四分位数大 21 以上的数值，因此任何楼层数超过

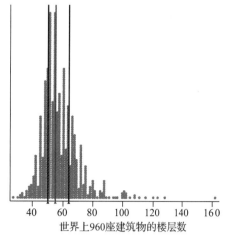

图 3.33　世界上 960 座建筑物的楼层数。竖线（从左到右）依次表示第一四分位数、中位数和第三四分位数

64+21=85 的建筑物都是潜在异常值，所以我们应该把右边的须延伸到 85 层楼层数。由于存在 85 层的建筑，所以这根须延伸到了 85 层的位置。所有有更多楼层的建筑，我们都用圆点或星号来表示，以说明它们是潜在异常值。

 数据迁移：这些数据是通过 StatCrunchThis 访问 phorio.com 获得的。

数据：tall_buildings.csv。

[121]

结论：根据图 3.34，我们可以看到有相当多的潜在异常值在楼层数较多的一侧，只有一个在楼层数较少的一侧。

试做：练习 3.71。

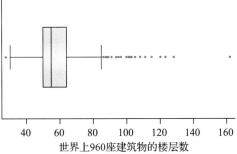

世界上960座建筑物的楼层数

图 3.34　世界上 960 座建筑物的楼层数分布的箱线图

3.5.1　潜在异常值分析

应该如何处理潜在异常值？第一步一般是调查。潜在异常值可能根本不是异常值，它可能会讲述一个有趣的故事，也可能是数据输入错误导致的。

图 3.35a 是 42 个国家的国家教育进步评估国际数学分数（2007 年国际数学分数）的箱线图。有一个国家（事实证明是南非）被标记为潜在异常值。然而，根据图 3.35b，如果我们检查该直方图，我们会看到这个异常值实际上并没有那么极端。所以大多数人不会认为南非是这个分布的异常值，因为它并没有从直方图的大部分分布中分离出来。

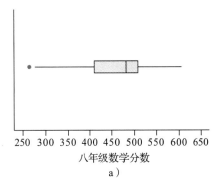

八年级数学分数

a）

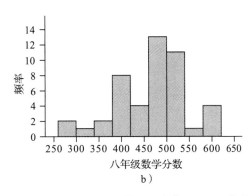

八年级数学分数

b）

图 3.35　a）八年级学生的国际数学分数分布，箱线图显示了一个潜在异常值 b）国际数学分数分布的直方图，虽然南非的 264 的分数可能是最低的，但并不比大部分数据低多少

图 3.36 为根据 2010 款福特、丰田和通用轿车的燃油经济性（在城市驾驶中）绘制的箱线图和直方图，单位为 mile/gal。图中出现了两个潜在异常值，这两个值与直方图显示的大

部分分布相距充分远，因此许多人认为它们是真正的异常值，这些异常值就是混合动力车福特和丰田普锐斯。由于这些混合动力车同时使用电力和汽油，因此它们的燃油经济性要好得多。

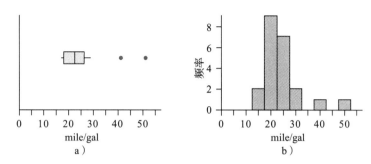

图 3.36 三家汽车制造商的燃油经济性分布情况。a）箱线图标识了两个潜在异常值。b）直方图证实这些潜在异常值确实比大部分数据更极端（来源：www.gm.com 和 www.fordvehicles.com。）

3.5.2 水平箱线图与竖直箱线图

箱线图可以不是水平的，许多软件（例如 Minitab）提供了制作竖直箱线图的选项（参考图 3.37a）。因此，选择哪个方向并不重要，可以两个都试一试，观察哪种更具有可读性。

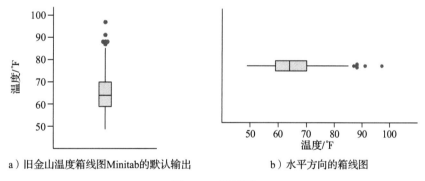

a）旧金山温度箱线图Minitab的默认输出　　　　b）水平方向的箱线图

图 3.37　箱线图

3.5.3 基于箱线图比较分布

箱线图通常是比较两个或更多分布的一种非常有效的方法。比如，与旧金山的温度相比，普罗沃的温度怎么样？图 3.38 显示了旧金山和普罗沃日最高温度的箱线图。乍一看，我们可以看出这两个分布的不同之处以及相似之处——这两个城市的典型温度相似（中位数温度大致相同）且这两种分布都相当对称（因为中位数在箱子的中心，并且箱线图本身也相当对称）。然而，普罗沃的日气温变化量要比旧金山大得多，我们可以很容易地看到这一点，因为普罗沃日最高温度的箱线图中的箱子更宽。

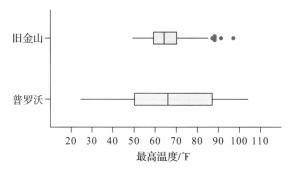

图 3.38　普罗沃和旧金山的日最高气温箱线图突出了这两个城市温度变化的差异

还要注意的是，虽然这两个城市的温度都曾达到 100 ℉ 左右，这样的温度在旧金山是不寻常的——它们被标记为潜在异常值——但落在普罗沃日最高气温箱线图的第三四分位数以外的位置。

3.5.4　使用箱线图的注意事项

箱线图最好用于单峰分布，因为它会隐藏双峰性（或多峰性）。例如，图 3.39a 为女子马拉松业余跑步者与奥运选手的女子马拉松比赛用时直方图，这种分布明显是双峰分布。然而，图 3.39b 的箱线图并没有向我们展示出双峰性，因此，箱线图可能会给人一种双峰分布实际上是单峰分布的误导。

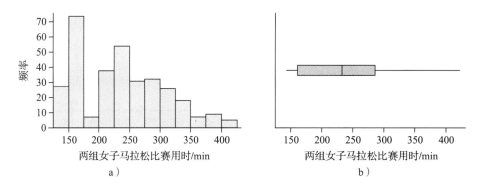

图 3.39　a）奥运会选手和业余跑步者两组女子马拉松运动员的比赛用时（单位：min）直方图。该图为双峰图，因为奥运会选手往往跑得更快，因此，一个峰的中心在 160min 左右，另一个峰的中心在 240min 左右。b）箱线图隐藏了这一有趣的特征

箱线图不适于非常小的数据集，因为至少需要五个数字才能生成一个箱线图，所以如果数据集的观测值少于五个，就不能生成箱线图。

3.5.5　五数概括法

箱线图并不像直方图那样是一个分布的直观反映，相反，箱线图帮助我们可视化各

种统计量的位置。因此，箱线图是数值概括的可视化形式，名为**五数概括法**（five-number summary）。所需的五个数字为：最小值、第一四分位数、中位数、第三四分位数和最大值。

例如，根据图 3.31，对于旧金山的日最高气温，所需的五个数字为

$$49，59，64，70，97$$

请注意，箱线图不仅仅显示这五个数字，有时也会显示潜在异常值。

 摘要

箱线图

箱线图是什么？一种图形化的数值汇总。

箱线图的用途是什么？提供数值数据分布数值汇总统计量的可视化。

怎么画箱线图？箱子从第一四分位数延伸到第三四分位数，一条直线表示中位数，须延伸到不是潜在异常值的最大值和最小值，并且潜在异常值用特殊标记表示。

如何利用箱线图？用于比较不同组的数据分布。

数值汇总和数据周期

　　本章提供的数值汇总统计量是数据周期分析阶段的最重要方法之一（数据周期见图 3.40）。均值和中位数能帮助我们回答诸如"哪个年龄段的人跑马拉松最快"以及"哪个治疗组的恢复时间最快"的统计问题，标准差和四分位距（IQR）可以帮我们度量数据的变异性，从而帮助我们回答关于一致性和精确性的统计问题。

　　本章还有助于激发对考察数据阶段的需求。我们需要仔细考察可用的数据，并检查我们将在分析中使用的变量的分布形状，因为分布形状决定了中位数和 IQR 是否比均值和标准差更有用。在第 3 章的数据项目中，你将有机会使用图形和数值汇总统计量提出并回答关于洛杉矶马拉松的问题。

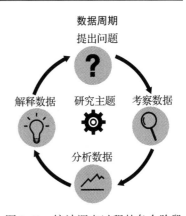

图 3.40　统计调查过程的各个阶段

[124]

案例分析回顾

生活在充满风险的世界里

　　在研究男性和女性使用家用电器的风险和每年在医生那里做 X 光检查的风险时，该研究对男性和女性做了什么比较？在第 2 章的学习中，我们用图形做了一些比较，这只是第一步。在这一章中，我们已经学习了用数值比较各组的方法，这将使我们的比较更加精确。

　　我们的第一步是检查分布图，以决定哪些措施是最合适的。（重复图 3.1。）

使用家用电器的风险

　　使用家用电器的感知风险直方图（见图 3.1a）并没有展示出男性和女性之间的太大差异。我们可以看到，这两种分布都是右偏的，虽然女性的典型值可能略高于男性，但两种

分布的典型值大致是相同的。因为分布是右偏的，我们选择计算中位数和 IQR 来比较两组（表 3.3 总结了这些比较），男性使用家用电器的感知风险中位数为 10，女性为 15。我们发现，撇开第一印象不谈，这些女性比男性更倾向于认为使用家用电器的风险大。此外，这些女性之间的意见分歧比男性更多，由于女性的 IQR 为 25，男性为 20，中间的 50% 的女性在看待这项活动的风险上存在 25 分的差异，而男性感知该风险的分布的变异性较小。

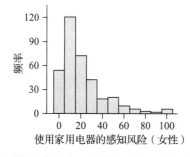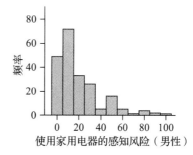

图 3.1a （重复）使用家用电器的感知风险分布直方图。左侧是女性的数据，右侧是男性的数据

表 3.3　男性和女性感知风险的比较

| | 家用电器风险 | | | X 光的风险 | |
	中位数	IQR		中位数	IQR
男	10	20	男	46.8	20.0
女	15	25	女	47.8	20.8

125 X 光的风险

　　X 光的感知风险的两种分布（见图 3.1b）都相当对称，所以使用均值和标准差比较两组是有意义的。由于男性的平均感知风险水平为 46.8，女性为 47.8，因此通常情况下，男性和女性对 X 光带来的风险的感觉大致相同，由于男性的标准差为 20.0，女性的标准差为 20.8，因此标准差也大致相同。根据经验法则，我们知道该样本中，大多数（大约三分之二）男性对 X 光风险水平的评分在 26.8 到 66.8 之间，大多数女性的评分在 27.0 到 68.6 之间。

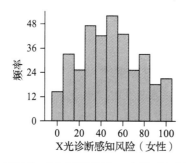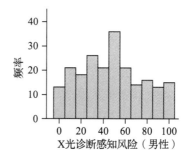

图 3.1b （重复）直方图显示了 X 光的感知风险分布。左侧显示了女性的数据，右侧显示了男性的数据

男性和女性感知风险的比较汇总在表 3.3 中。

数据项目：统计调查周期

1. 概述

我们参与了一个完整的统计调查周期。

数据：lamarathondata.csv。

2. 目标

了解如何使用数据周期作为导航统计调查的路线图。

3. 往复

统计调查周期是一个处理复杂调查的过程，包含四个步骤。因为"统计调查周期"是一个很别扭的词，所以我们更喜欢用"数据周期"这个词，数据周期如上图所示。

数据周期不是要遵循的规则或配方，相反，可以把它当作一个指南。如果你陷入困境，想想自己处于哪个阶段，然后考虑需要做些什么才能进入下一个阶段。

数据周期一般从"提出问题"开始，通常这些问题是统计调查问题（SIQ）下一步是考虑找到哪些数据来帮助你回答这些问题。但我们通常是从"考察数据"这一步开始，然后倒退到提出统计调查问题步骤，且这些问题可以通过上一步收集到的数据解决。

在本章和第 2 章的学习中，你已经学会了如何分析数据，因此在这里将练习利用图形和数值概括来解决问题。最后，用你的分析来回答问题，即"解释数据"阶段，通常，我们希望这会带来更多的问题，然后开始新的周期。

项目：这一次使用我们收集的数据。你可以在 StatCrunch 上找到马拉松数据的 csv 文件。这些数据来自 http://www.lamarathon.com/race-weekend/results，即 2017 年洛杉矶马拉松比赛数据。我们做了一些改变并增加了一些变量。请花点时间检查数据集并了解其基本结构，即有多少个变量、多少个观测值、什么类型的变量以及变量名的含义。

我们认为更神秘的变量名（除非你是跑步爱好者）是以 Split 和 Bib.Number 结尾的变量。Split 时间是跑步者到达每个里程碑所需的秒数，例如，5k.Split 是跑步者跑完前 5km 所用的时间。Bib.Number 是分配给跑步者的编号，它是独一无二的跑步者 ID。Div.Place 代表跑步者所在年龄组。像这样的大型比赛有一个有趣的特点，从比赛开始的那一刻起，跑步者到达起跑线所需的时间可能是相当长的。出于这个原因，提供了两个比赛时间，Clock.Time 是从比赛开始的那一刻所跑的时间（单位：s）。Net.Time 是从跑步者越过起跑线的那一刻开始所跑的时间。

作业：

1. 至少创建三个 SIQ，每个类别（汇总、比较、关系）都有一个问题。用第 2 章的题目给自己打分，如果可以的话，尽量重写问题来提高分数。

2. 在这个项目中，我们只关注比较问题。创建一个统计图来解决你的比较问题，在仅使用此图形的情况下，尽可能好地回答你的问题。

3. 创建数值汇总变量来解决问题，并用该方法解释你的统计问题的答案。

4. 评论自己回答问题的能力；回答是否完整；是否有必要做假设；这样回答是否会让自己产生更多的疑问。

5. 对于第 1 项、第 2 项和第 3 项，指出你参与的是数据周期的哪个或哪些阶段。

127 本章回顾

关键术语（页码为边注页码）

均值，92	四分位距（IQR），110
标准单位，104	箱线图，119
第三四分位数（Q3），111	偏差，100
样本均值，94	四分位数，111
z 分数，104	潜在异常值，119
全距，114	方差，101
平均值，94	第一四分位数（Q1），111
中位数，107	五数概括法，123
对异常值有抵抗力，116	经验法则，102
标准差，98	第二四分位数（Q2），111

学习目标

学完本章并完成布置的作业后，你应该学会：

● 理解如何用中心和离散程度来描述样本数据的特征；

● 理解何时用均值和标准差，以及何时用中位数和四分位距更好；

● 将均值理解为样本分布的平衡点，将中位数理解为其下方约 50% 分布的点；

● 能够对样本数据进行比较。

小结

任何统计调查的第一步都是使用点图或直方图绘制数值变量的分布图。在计算汇总统计量之前，必须检查分布图，以确定其形状以及是否存在异常值。如第 2 章所述，应该说明每个分布的形状、中心和变异性。

如果分布的形状是对称的，并且没有异常值，可以使用四分位距和中位数或标准差和均值来描述中心和离散程度，尽管习惯上使用的是均值和标准差。

如果形状偏斜或存在异常值，则应使用四分位距和中位数。

如果分布是多峰的，试着确定数据是否由单独的组构成：如果是，则应分别分析这些组；否则，看看是否可以使用单一的中心和离散程度来证明这是合理的。

如果比较两个分布，发现其中一个分布是偏态的或有异常值，那么通常最好的处理方法是比较两组的中位数和四分位距。

表 3.4 总结了这些选择。

将观测值转换为 z 分数会将单位转换为标准单位，这使我们可以比较来自不同组的单个观测值。

表 3.4　汇总数据或比较两组或更多组时的首选度量方法

形状	中心与变异性汇总
如果分布是双峰或多峰的	尝试将数据分组，如果不能，确定是否可以用单一的中心度量来证明这是合理的。如不可以，说明众数的大致位置
如果任意组的分布严重偏态的或有异常值	所有组用中位数和四分位距
如果所有组的分布大致对称	所有组用均值和标准差

公式

$$均值 = \bar{x} = \frac{\sum x}{n} \qquad (3.1)$$

如果分布是对称的，则均值是最常用的中心度量值。

$$标准差 = s = \sqrt{\frac{\sum(x-\bar{x})^2}{n-1}} \qquad (3.2)$$

如果分布是对称的，则标准差是最常用的离散程度度量值。

$$方差 = s^2 = \frac{\sum(x-\bar{x})^2}{n-1} \qquad (3.3)$$

如果分布是对称的，则方差是另一种离散程度度量值。

$$z = \frac{x-\bar{x}}{s} \qquad (3.4b)$$

此公式将观测值转换为标准单位。

$$四分位距 = Q3 - Q1 \qquad (3.5)$$

如果分布是偏态的，则四分位距是最适合用来度量离散程度的。

$$全距 = 最大值 - 最小值 \qquad (3.6)$$

全距一般只能粗略度量离散程度。

参考文献

128

Carlstrom, L. K., Woodward, J. A., and Palmer, C. G. 2000. Evaluating the simplified conjoint expected risk model: Comparing the use of objective and subjective information. *Risk Analysis*, vol. 20: 385–392.

Environmental Protection Agency. Particulate matter. http://www.epa.gov/airtrends/factbook.html

International math scores. 2007. http://www.edweek.org/ew/articles/2007/05/02/35air.h26.html.
Provo temperatures. 2007. http://www.pgjr.alpine.k12.ut.us/science/james/ provo2006.html.
San Francisco temperatures. 2007. http://169.237.140.1/calludt.cgi/ WXDATAREPORT.

练习

3.1 节

3.1 收入

一位社会学家说："通常情况下，美国男性的收入仍然比女性高。"这句话是什么意思？

a. 在美国，所有的男性都比所有的女性挣得多。

b. 美国女性的收入差别比男性的收入差别小。

c. 美国男性收入分布的中心比女性的要大。

d. 美国收入最高的人是男性。

3.2 房屋

地产代理声称，在所有条件相同的情况下，有游泳池的房子往往比没有游泳池的房子售价低。这句话是什么意思？

a. 有游泳池的房子比没有游泳池的家庭要少。

b. 有游泳池的房子的典型价格比没有游泳池的房子的典型价格要低。

c. 有游泳池的房子的价格比没有游泳池的房子的价格有更大的波动。

d. 卖出的最贵的房子没有游泳池。

TRY 3.3 锻炼时长（例 1）

直方图显示 50 名学生自行报告的一周锻炼时长。无须计算，估计这 50 名学生的平均锻炼时长大概是多少？请说明原因。

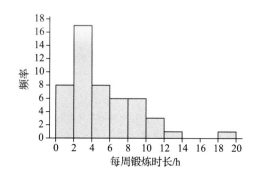

3.4 钠

以下直方图显示 132 人的钠水平［来自美国国家健康和营养检查调查（NHANES）］。单位是 mEq/L。无须计算，给出这个分布的近似平均值。

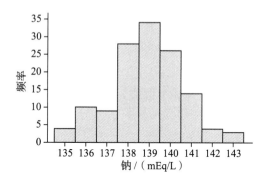

3.5 高层建筑

下表显示了世界上一些最高建筑物的地理位置和楼层数。（来源：Infoplease.com。）

城市	楼层数
迪拜	163
麦加	120
香港	108
台北	101
上海	101

a. 计算并解释该数据集中楼层数的均值。

b. 计算并解释该数据集中楼层数的标准差。

c. 给定的观测值中,哪个离均值最远,从而对标准差的贡献最大?

3.6 过山车

下表列出了美国一些过山车的名称以及高度。(来源:Today.com。)

名称	高度 /ft
Kingda Ka	456
Top Thrill Dragster	420
Superman	415
Fury 325	325
Millennium Force	310

a. 计算并解释这些山车高度的均值。

b. 计算并解释这些过山车高度的标准差。

c. 如果 Kingda Ka 只有 420ft 高,这将如何影响你在(a)和(b)中计算的均值和标准差?现在用 420 作为 Kingda Ka 的高度并重新计算均值和标准差。你的预测正确吗?

TRY 3.7 河流长度(例 2)

下表显示了北美主要河流的长度(单位:mile)。(来源:*World Almanac and Book of Facts 2017*。)

河流名称	长度 /mile
Arkansas	1 459
Colorado	1 450
Mackenzie	2 635
Mississippi-Missouri-Red Rock	3 710
Rio Grande	1 900

a. 计算并解释均值,四舍五入到十分位且答案中需要包含单位。

b. 求出标准差,四舍五入到十分位且答案中需要包含单位。哪条河流对标准差的贡献最大?请说明原因。

c. 如果数据集中包括 St. Lawrence River(长度 800mile),请解释选项(a)和(b)的均值和标准差将受到怎样的影响。然后重新计算包括 St. Lawrence River 的均值和标准差,看看你的预测是否正确。

3.8 第一夫人的孩子

下表列出了美国前六位"第一夫人"的孩子数量。(来源:*2009 World Almanac and Book of Facts*。)

第一夫人	孩子数
Martha Washington	0
Abigail Adams	5
Martha Jefferson	6
Dolley Madison	0
Elizabeth Monroe	2
Louisa Adams	4

a. 找出孩子数量的均值,四舍五入到十分位。结合上下文解释均值。

b. 根据 eh.net/encyclopedia,生活在 1800 年左右的女性往往有 7 到 8 个孩子。与这些女性相比,"第一夫人"孩子数量均值怎么样?

c. 六位"第一夫人"中,哪位"第一夫人"的孩子数量离均值最远,从而对标准差的贡献最大?

d. 求出标准差,四舍五入到十分位。

3.9 200 米赛跑

下表显示了奥林匹克运动会 200 米金牌运动员所用时长(单位:s)。这是 20 世纪前五届奥运会和 21 世纪前 5 届奥运会的数据。(来源:*World Almanac and Book of Facts 2017*。)

奥运年份	时长	奥运年份	时长
1900	22.2	1908	22.6
1904	21.6	1912	21.7

奥运年份	时长	奥运年份	时长
			(续)
1920	22.0	2008	19.3
2000	20.1	2012	19.3
2004	19.8	2016	19.8

a. 计算并解释 20 世纪前五届奥运会获胜用时的均值和标准差。四舍五入到百分位。

b. 计算 21 世纪前五届奥运会获胜用时的均值和标准差。

c. 比较 20 世纪初和 21 世纪初奥运会的获胜用时,最近的获奖者比 20 世纪初的获奖者更快还是更慢?哪一组的获胜用时变化较小?

3.10 奥运会游泳比赛用时

下表显示了最近五届奥运会的 100 米仰泳和 100 米蝶泳金牌运动员所用时长(单位:s)。

100 米仰泳	100 米蝶泳
53.7	52.0

100 米仰泳	100 米蝶泳
	(续)
54.1	51.3
52.6	50.1
52.2	51.2
52.0	50.4

a. 计算并解释每种泳姿获胜用时的均值和标准差。四舍五入到百分位。

b. 比较两个泳姿的均值和标准差,哪种泳姿的获胜用时更少?哪种泳姿的获胜用时变化较大?

TRY 3.11 按性别划分的婚礼成本(例 3)

StatCrunch 进行了一项调查,询问受访者的性别以及他们认为婚礼应该花费多少钱,下表显示了 Minitab 生成的按性别划分的婚礼费用描述性统计数据。

a. 有多少人接受了调查?

b. 比较男性和女性的结果。哪个群体认为婚礼应该花更多的钱?哪个群体的回答结果有更大的差异?

描述性统计量:金额
统计量

变量	性别	N	均值	标准差	最少	Q1	中位数	Q3	最多
金额	女	117	35 378	132 479	0	5 000	10 000	20 000	1 000 000
	男	68	54 072	139 105	2	5 000	10 000	30 000	809 957

3.12 按经验划分的婚礼成本

StatCrunch 进行了一项调查,询问受访者认为婚礼应该花多少钱,以及他们是否已经举行过婚礼。下表显示了 Minitab 生成的婚礼费用的描述性统计数据。比较举行过婚礼和没有举行婚礼的人的均值和标准差,哪个群体认为婚礼应该花更多的钱?哪个群体的回答结果差异更大?

描述性统计量:金额
统计量

变量	婚否	N	N*	均值	标准误差均值	标准差	最少	Q1	中位数	Q3	最多
金额	否	130	0	44 060	12 122	138 207	0	5 000	10 000	25 000	1 000 000
	是	55	0	37 970	17 232	127 794	0	5 000	8 000	20 000	809 957

3.13 冲浪

大学生和冲浪者 Rex Robinson 以及 Sandy Hudson 收集了 30 名长板冲浪者和 30 名短板冲浪者自行报告的一个月内冲浪天数的数据。

长板：4，9，8，4，8，8，7，9，6，7，10，12，12，10，14，12，15，13，10，11，19，19，14，11，16，19，20，22，20，22

短板：6，4，4，6，8，8，7，9，4，7，8，5，9，8，4，15，12，10，11，12，12，11，14，10，11，13，15，10，20，20

a. 比较两个群体的均值。

b. 比较两个群体的标准差。

3.14 州立大学学费

收集到的几所加州和得克萨斯州的四年制州立大学的学费（单位：美元）如下所示。比较两组数据的均值和标准差并用一两句话比较两个州的学费。（来源：calstate.edu,texastribune.com。）

加州：7 040，6 423，6 313，6 802，7 048，7 460

得克萨斯州：7 155，7 504，7 328，8 230，7 344，5 760

TRY 3.15 圣何塞和丹佛的冬季气温（例 4）

下面的直方图是根据圣何塞和丹佛一个冬季的日最高气温数据绘制的。比较这两个分布，你认为哪个城市的典型气温较高？哪个城市的温度变化较大？解释一下。（来源：Accuweather.com。）

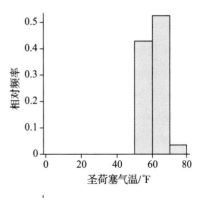

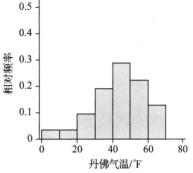

3.16 洛杉矶和纽约的夏季气温

下面的直方图是根据洛杉矶和纽约夏季的日最高气温数据绘制的。比较这两个分布。你认为哪个城市的典型气温较高？哪个城市的温度变化较大？解释一下。（来源：Accuweather.com。）

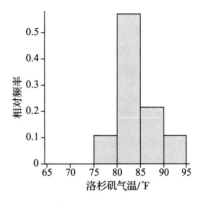

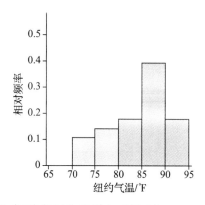

纽约气温/℉

TRY **3.17 怀孕期间体重增加（例 5）**

女性足月妊娠的平均体重增加 30.2lb。本组体重增加的标准差为 9.9lb，分布呈对称单峰分布。（来源：*BMJ*,vol.352[2016]:doi:https://doi.org/10.1136/bmj.i555。）

a. 说明低于均值一个标准差和高于均值一个标准差的女性体重增加情况。

b. 体重增加 35lb 比均值多于一个标准差还是少于一个标准差？

3.18 出生时的身长

美国足月出生的孩子（40 周后）的平均身长是 52.2cm（约 20.6in）。假设标准差为 2.5cm 且分布是单峰对称的。（来源：www.babycenter.com。）

a. 在美国出生的孩子的出生身长（单位：cm）从低于均值一个标准差到高于均值一个标准差的范围是多少？

b. 出生身长 54cm 是否比均值高出一个标准差？

TRY **3.19 橙汁价格（例 6）**

从亚马逊网站可以看到，10 种橙汁（容量为 59oz 到 64oz）的销售价格如下所示（单位：美元）：

3.88，2.99，3.99，2.99，3.69，2.99，4.49，3.69，3.89，3.99

a. 计算并解释本网站销售的橙汁的平均价格。四舍五入到百分位。

b. 求出价格的标准差。四舍五入到百分位。解释该值在数据背景中的含义。

3.20 兄弟姐妹年龄

已知四个兄弟姐妹的年龄分别是 2 岁、6 岁、9 岁和 10 岁。

a. 计算他们当前年龄的均值。四舍五入到十分位。

b. 不做任何计算，预测他们 10 年后的平均年龄。通过计算他们 10 年后（12 岁、16 岁、19 岁 和 20 岁）的平均年龄来验证你的预测。

c. 计算他们当前年龄的标准差。四舍五入到十分位。

d. 不做任何计算，预测他们 10 年后年龄的标准差。通过计算 10 年后他们年龄的标准差来验证你的预测。

e. 每个兄弟姐妹年龄增加 10 岁对均值和标准差会有不同的影响。为什么其中一个值发生了变化，而另一个值保持不变？为数据集中的每个数据增加相同的值对均值和标准差有何影响？

3.21 奥运会

在最近的夏季奥运会上，你认为参加男子 100 米跑所用时间的标准差会大于还是小于男子马拉松的所用时间标准差？请说明原因。

3.22 体重

假设有一个数据集，其中包含高中足球队的所有成员和高中学术十项全能团队（因为他们经常正确回答测验问题而被选中的一个学生团队）的所有成员的体重。你认为哪个团队体重的标准差会更大？请说明原因。

3.23 房价（南卡罗来纳州和田纳西州）

　　南卡罗来纳州和田纳西州待售的三居室房屋样本的价格（单位：千美元）如下表所示。写一份报告，比较这些房子的价格。在报告中，需要回答哪个州的房子最贵，哪个州的房价波动最大。（来源：Zillow.com。）

南卡罗来纳州房价 / 千美元	田纳西州房价 / 千美元
292	200
323	205
130	400
190	138
110	190
183	292
185	127
160	183
205	215
165	280
334	200
160	220
180	125
134	160
221	302

3.24 房价（佛罗里达州和佐治亚州）

　　佛罗里达州和佐治亚州待售的三居室房屋样本的价格（单位：千美元）如下表所示。（来源：Zillow.com。）

a. 哪个州的房价通常较高？使用恰当的统计数据支持你的答案。

b. 哪个州的房价变化较大？使用恰当的统计数据支持你的答案。

c. 请注意，佛罗里达州一所432.4千美元的房子与其他房价相比似乎过分高，如果从数据集中删除该数据，标准差会发生什么变化？请在省略该异常值的情况下计算标准差。看你的预测是否正确。

佛罗里达州房价 / 千美元	佐治亚州房价 / 千美元
159.9	265
139.9	170
149.9	148
187.9	182
199	220.5
345	282.9
209.9	230
229.9	123.9
319.9	149.9
234.9	359.9
312.3	385
432.4	199.2
256	254.9

[131]

3.25 饮酒者

　　成年男性、女性每周的饮酒量具体数据可见本书的网站。（来源：通过 StatCrunch 访问的 Alcohol data from adults survey results。所有者：rosesege。）

a. 比较男性和女性饮酒量的均值。

b. 比较男性和女性饮酒量的标准差。

c. 剔除男性70杯和48杯饮酒量的异常值，并再次比较均值，观察去除异常值对均值有什么影响？

d. 你认为去除这两个异常值会对标准差有什么影响，为什么？

3.26 吸烟母亲

　　22名在怀孕期间吸烟的母亲和35名不吸烟的母亲所生的婴儿的出生体重（单位：g）如下表所示，7lb大约是3200g。（来源：Smoking Mothers，Holcomb 2006，通过 StatCrunc 访问。所有者：kupresanin99。）

a. 比较均值和标准差。

b. 剔除吸烟的母亲所生的婴儿体重为896g 的异常值，再次进行比较，并评价剔除异常值的效果。

母亲是否吸烟的婴儿体重		母亲是否吸烟的婴儿体重	
否	是	否	是
3 612	3 276	4 312	3 108
3 640	1 974	4 760	2 030
3 444	2 996	2 940	3 304
3 388	2 968	4 060	2 912
3 612	2 968	4 172	
3 080	5 264	2 968	
3 612	3 668	2 688	
3 080	3 696	4 200	
3 388	3 556	3 920	
4 368	2 912	2 576	
3 612	2 296	2 744	
3 024	1 008	3 864	
2 436	896	2 912	
4 788	2 800	3 668	
3 500	2 688	3 640	
4 256	3 976	3 864	
3 640	2 688	3 556	
4 256	2 002		

[132]

3.27 标准差

标准差是否可能等于零？请说明原因。

3.28 标准差

标准差有可能是负值吗？请说明原因。

3.2 节

TRY **3.29** 美国职业棒球大联盟（例 7）

直方图显示了三个赛季大联盟棒球队的得分，分布大致呈单峰对称，均值为 687，标准差为 66，且直方图上标记出了低于和高于均值一个标准差的分数。

a. 根据经验法则，数据落在 621 到

753 的区间内（即低于和高于均值一个标准差）的百分比大约是多少？

b. 使用直方图估计球队得分落在上述区间的实际百分比，你的估计值与经验法则预测的值相比如何？

c. 你希望在哪两个值之间找到大约95% 的团队的数据？

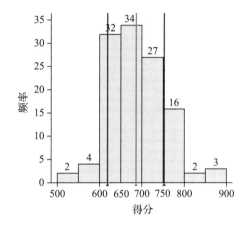

3.30 东部住宅能耗

密西西比河以东各州的人均住宅能源消耗数据（单位：百万 Btu；1Btu=1.06kJ）的均值为 70.8，标准差为 7.3。假设住宅能耗分布近似为单峰对称分布。

a. 你希望在哪两个值之间找到人均能源消耗率的 68%？

b. 你希望在哪两个值之间找到人均能源消耗率的 95%？

c. 如果东部一个州的人均居民能源消耗率为 5 400 万 Btu，你认为这是异常情况吗？解释一下。

d. 印第安纳州的人均住宅能源消耗率为 8 050 万 Btu。你认为这是异常情况吗？解释一下。

TRYg **3.31** 污染指数（例 8）

2017 年，利用空气和水污染样本数据，计算了东部各州城市的污染指数。假设污染指数呈单峰对称分布，均值为 35.9，标准差为 11.6。（来源：numbeo.com。）有关指导请参阅本章习题指导。

a. 你认为东部城市污染指数在 12.7 到 59.1 之间的百分比是多少？

b. 你认为东部城市污染指数在 24.3 到 47.5 之间的百分比是多少？

c. 2017 年纽约的污染指数为 58.7。根据这个分布，该数据是不是异常高？请说明原因。

3.32 污染指数

2017 年使用空气和水污染数据计算了西部各州城市的污染指数。假设污染指数呈单峰对称分布。分布均值为 43.0，标准差为 11.3。（来源：numbeo.com。）

a. 你认为污染指数在 31.7 到 54.3 之间的西部城市的百分比是多少？

b. 你认为污染指数在 20.4 到 65.6 之间的西部城市的百分比是多少？

c. 2017 年圣何塞污染指数为 51.9。根据这个分布，该数据是不是异常高？解释一下。

3.33 身高和 z 分数

下面的点图显示的是女大学生的身高：均值是 64in，标准差是 3in。

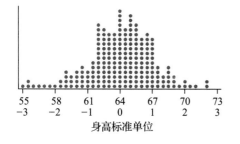

身高标准单位

a. 身高 58in 的 z 分数是多少？

b. z 分数为 1 的女性身高是多少？

3.34 身高

参考上一题中的点图。

a. z 分数为 −1 的女性身高是多少？

b. 身高 70in 的女性的 z 分数是多少？

TRY 3.35 异常智商（例 9）

已知韦氏智力测验的均值为 100，标准差为 15。智商高于 110 和低于 80 哪一个更异常？

3.36 怀孕周期

人类的妊娠期（怀孕周期）分布大致呈钟形，平均妊娠期是 272 天，自然分娩的女性的标准差是 9 天。婴儿提前 9 天出生和晚 9 天出生，哪种情况更不寻常？请说明原因。

TRY 3.37 低体重儿（例 10）

出生时体重在 2 500g 或以下的婴儿被称为低体重儿，这种情况一般表明婴儿有健康问题。美国婴儿的平均出生体重约为 3 462g，提前一个月出生的婴儿平均出生体重为 2 622g。假设两种情况出生体重的标准差都是 500g，同时假设婴儿的出生体重的分布大致是单峰对称。（来源：www.babycenter.com。）

a. 计算出生体重为 2 500g 的婴儿相对于美国所有新生儿体重的 z 分数。

b. 将 2 622 作为均值，计算早一个月出生的新生儿体重为 2 500g 的 z 分数。

c. 哪个群体的出生体重为 2 500g 更常见？

3.38 新生儿身长

怀孕 40 周后出生的婴儿平均身长为 52.2cm，早产一个月的婴儿的平均身长为 47.4cm。假设两个分布的标准差都是 2.5cm 且分布是单峰对称的。(来源：www.babycenter.com。)

a. 计算出生时身长为 45cm 的婴儿相对于所有美国新生儿身长的 z 分数。

b. 将 47.4 作为均值，计算早产一个月的新生儿身长为 45cm 的 z 分数。

c. 哪个群体刚出生时的身长为 45cm 更常见？解释一下这是什么意思。

3.39 男性身高

假设男性身高呈对称单峰分布，均值为 69in，标准差为 3in。

a. z 分数为 2.00 的男性身高是多少？

b. z 分数为 −1.50 的男性身高是多少？

3.40 女性身高

假设女性身高呈对称单峰分布，均值为 64in，标准差为 2.5in。

a. z 分数为 −1.00 的女性身高是多少？

b. 已知职业篮球运动员伊芙琳·阿赫塔（Evelyn Akhator）身高 75in，在 WNBA（美国女子职业篮球联赛）打球，职业篮球运动员德拉蒙德·格林（Drarymond Green）身高 79in，在 NBA（美国职业篮球联赛）打球，和他或她的同龄人相比，两位谁更高？（男性身高数据见 3.39 题。）

3.3 节

注：报告的四分位距随技术的不同有所变化。

3.41 请说出度量中心的两个度量值，并说明描述单个数据集的典型值时，首选每一个度量值的条件。

3.42 请说出度量离散程度的两个度量值，并说明度量单个数据集的变异性时，

首选每个度量值的条件。

TRY 3.43 漫威系列电影（例 11 和例 13）

截至 2017 年秋季，根据漫威漫画人物改编的美国票房排名前十的电影如下表所示，四舍五入到百万美元。(来源：ultimatemovieranking.com。)

a. 将票房从小到大排序。通过计算中间两个数字的平均值求出中位数，结合上下文解释中位数。

b. 使用排序后的数据，找到 Q1 和 Q3。然后找到四分位距，并结合上下文解释它。

c. 找出数据的范围。解释为什么 IQR 比全距更适合作为变异性的度量标准。

电影名称	票房/百万美元
The Avengers（2012）	677
Spiderman（2002）	602
Spiderman 2（2004）	520
Avengers: Age of Ultron（2015）	471
Iron Man 3（2013）	434
Spiderman 3（2007）	423
Captain America: Civil War（2016）	408
Guardians of the Galaxy Vol. 2（2017）	389
Iron Man（2008）	384
Deadpool（2016）	363

3.44 DC 系列电影

截至 2017 年秋季，根据 DC 漫画人物改编的美国票房前七名电影如下表所示，四舍五入到百万美元。(来源：ultimatemovieranking.com。)

a. 计算并结合上下文解释中位数。

b. 计算并结合上下文解释 IQR。

c. 找出数据的范围。解释为什么 IQR 比全距更适合作为变异性的度量标准。

电影名称	调整后票房 / 百万美元
The Dark Knight（2008）	643
Batman（1989）	547
Superman（1978）	543
The Dark Knight Rises（2012）	487
Wonder Woman（2017）	407
Batman Forever（1995）	366
Superman II（1981）	346

TRY **3.45** 漫威系列电影 TOP7（例 12）

用练习 3.43 中的数据，计算并解释排名前七的漫威系列电影的票房的中位数。

3.46 DC 系列电影 TOP5

用练习 3.44 中的数据，计算并解释排名前五的 DC 系列电影的票房的中位数。

3.47 总能耗

收集了所有州的人均能源消耗量（单位：百万 Btu）的数据。数据汇总如下表所示。（来源：eia.gov。）

汇总统计数据：

列名称	最小	Q1	中位数	Q3	最大
合计	188.6	237.7	305.1	390	912.2

a. 人均能源消耗量超过 3.9 亿 Btu 的州的百分比是多少？

b. 人均能源消耗量超过 2.377 亿 Btu 的州的百分比是多少？

c. 人均消费量低于 3.051 亿 Btu 的州的百分比是多少？

d. 计算并结合上下文解释此数据集的 IQR。

3.48 工业能耗

收集了所有州的人均工业能源消耗（单位：百万 Btu）的数据。数据汇总如下表所示。（来源：eia.gov。）

汇总统计数据：

列名称	最小	Q1	中位数	Q3	最大
人均工业能源消耗	10.4	47.1	91.2	143.1	634.8

a. 人均消耗量低于 4 710 万 Btu 的州的百分比是多少？

b. 人均消耗量低于 1.431 亿 Btu 的州的百分比是多少？

c. 填空：50% 的州的人均消耗量超过 _____ 百万 Btu。

d. 各州的总能源消耗量和工业能源消耗量哪个有更大的变异性？（总能耗数据参见练习 3.47。）

3.4 节

3.49 异常值

a. 用自己的话，向一个只懂一点统计知识的人描述如何识别异常值以及对于异常值应该采取什么措施？

b. 哪种中心度量值（均值或中位数）对异常值更有抵抗力？"对异常值有抵抗力"是什么意思？

3.50 中心和变异性

比较两组数据时，其中一组是强偏态的，另一组是对称的，应该选择哪种中心和离散程度的度量值进行比较？

3.51 错误

一名节食者记录了他一周午餐摄入的能量。如你所见，其中一项出现了错误。能量摄入量按升序列出：

331，374，387，392，405，4200

当通过去掉 4 200 中多写的 0 来纠正错误时，能量的中位数会改变吗？均值会改变吗？请在不做任何计算的情况下进行解释。

3.52 棒球球员罢工

1994 年，美国职业棒球大联盟（MLB）的球员举行罢工。当时的平均薪资为 1 049 589 美元，薪资中位数为 337 500 美元。如果你代表老板，你会用哪个统计量来说服公众不需要罢工？如果你是球员，会用哪一个？为什么薪资的均值和中位数的差别会这么大呢？解释一下。（来源：www.usatoday.com。）

3.53 房价

San Luis Obispo 最近一个月的房价显示在直方图中。（来源：StatCrunch。）

a. 描述分布的形状。

b. 由于形状的原因，应该用中心和离散程度的哪个度量值来描述它的分布呢？

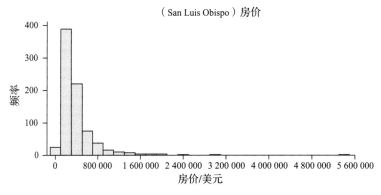

（San Luis Obispo）房价

3.54 青少年身高

一项美国国家纵向调查记录了 14 岁至 20 岁年轻人的代表性样本的身高。

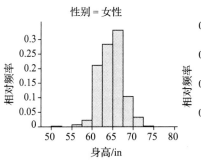

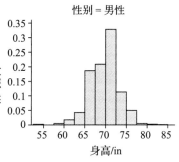

直方图显示了男性和女性的身高数据。如果想比较男性和女性的身高，你会用什么来度量中心和离散程度？为什么？

TRY 3.55 参议员任职年数（例 14）

以下直方图显示了民主党和共和党参议员的任职年数。（来源：Infogalactic.com。）

a. 描述每个直方图的形状。

b. 由于形状不同，中心的度量值应该是均值还是中位数？

c. 由于形状不同，应该比较哪个度量离散程度：标准差还是四分位距？

d. 使用恰当的方法比较两个政党的执

政年数分布。

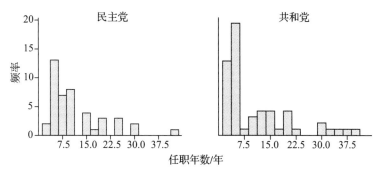

描述性统计量：任职年数
统计量

变量	政党	N	N*	均值	标准差	最少	Q1	中位数	Q3	最多
任职	民主党	44	0	11.750	8.835	2.000	4.000	9.000	16.000	42.000
年数	共和党	54	0	10.944	10.117	2.000	4.000	6.000	14.000	40.000

3.56 美国职业棒球大联盟球员年龄

下面的直方图显示了芝加哥小熊队和奥克兰田径队这两支球队职业棒球运动员的年龄。

a. 描述每个直方图的形状。

b. 由于形状不同，中心的度量值应该

是均值还是中位数？

c. 由于形状不同，应该选择哪个度量离散程度：标准差还是四分位距？

d. 使用恰当的方法来比较球员的年龄分布。

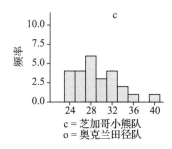

c = 芝加哥小熊队
o = 奥克兰田径队

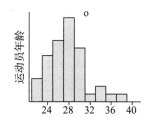

统计量

变量	球队名	均值	标准误差均值	最小值	Q1	中位数	Q3	最大值
年龄	c	28.8000	0.8347	23.0000	25.0000	28.0000	32.0000	39.0000
	o	27.2250	0.5757	21.0000	25.0000	27.0000	29.0000	37.0000

TRY **3.57 南部死囚**（例 15）

下表显示了 2017 年美国南部各州的死囚数量。（来源：http://www.deathpenaltyinfo.org。）

a. 计算囚犯的中位数并解释。

b. 计算四分位距（Q1 和 Q3 已知）以度量囚犯数量的变异性。

c. 死刑犯数均值是多少？

d. 为什么均值比中位数大这么多？

e. 作为一种典型的度量值，什么时候中位数比均值更好？

州名	死刑囚犯人数
Alabama	191
Arkansas	32
Florida	374
Georgia	61
Kentucky	33
Louisiana	73
Maryland	0
Mississippi	48
North Carolina	152
Oklahoma	47
South Carolina	41
Tennessee	62
Texas	243
Virginia	5
West Virginia	0

3.58 西部死囚

下表显示了2017年美国西部各州的死囚数量。（来源：http://www.deathpenaltyinfo.org。）

a. 计算囚犯的中位数并解释。

b. 计算四分位距（Q1和Q3已知）以度量囚犯数量的变异性。

c. 死刑犯人数均值是多少？

d. 为什么均值比中位数大这么多？

e. 作为一种典型的度量值，什么时候中位数比均值更好？

州名	死刑囚犯人数
Alaska	0
Arizona	125
California	746
Colorado	3
Hawaii	0
Idaho	8

（续）

州名	死刑囚犯人数
Montana	2
Nevada	82
New Mexico	2
Oregon	33
Utah	9
Washington	8
Wyoming	1

TRYg 3.59 消费者物价指数（CPI）（例16）

CPI表示消费者的生活成本，被政府经济学家用作经济指标。下表数据显示了美国中西部和西部各州大城市地区的CPI。有关指导参阅本章练习指导。

中西部：

227.8	223.3	220.5	218.7	222.3	226.6	230.6	219.3

西部：

216.9	240.0	260.2	244.6	128	244.2	269.4	258.6	249.4

比较两个地区的CPI。用图确定分布形状，然后对两个地区的中心和离散程度的度量值进行比较，并指出潜在异常值。

3.60 儿子和父亲的身高

本书网站上的数据给出了18名男大学生和他们父亲的身高（单位：in）。

a. 制作直方图，并根据直方图描述两个数据集的形状。

b. 填写下表以比较描述性统计量。

c. 利用均值和标准差比较儿子和他们父亲的身高。

d. 用中位数和四分位距比较儿子和他们父亲的身高。

e. 哪一对统计量更适合比较这些样本？是均值和标准差还是中位数和四分位距？说明原因。

	均值	中位数	标准差	四分位距
儿子	＿＿＿	＿＿＿	＿＿＿	＿＿＿
父亲	＿＿＿	＿＿＿	＿＿＿	＿＿＿

3.61 直方图的均值

下面的直方图显示了八年级学生样本的无名指长度（单位：mm）。（来源：AMSTAT Census at School。）

a. 不做任何计算，估计该样本的平均手指长度。

b. 通过完成下面的工作来近似计算均值。请注意，在此近似值中使用的数据是直方图每一个矩形的左侧数据：

$$\bar{x} = \frac{1(60) + 8(70) + 8(80) + \cdots}{27}$$

c. 解释为何（b）选项中所用的方法求得的是均值的近似值，而不是实际均值。

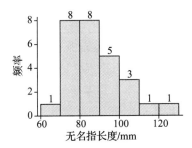

3.62 直方图的均值

直方图显示了八年级学生中样本的食指长度（单位：mm）。（来源：AMSTAT Census at School。）

a. 使用直方图近似估计样本的食指长度的均值。

b. 通过完成下面的任务来近似估计均值。注意在此近似估计中使用每个直方图的左侧值：

$$\bar{x} = \frac{3(60) + 9(70) + 5(80) + \cdots}{27}$$

c. 解释为何（b）所用的方法是求均值

的近似值，而不是实际均值。

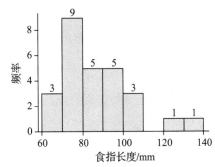

3.5 节

3.63 贫困率

下面的箱线图显示了 50 个州和哥伦比亚特区的贫困率（低于政府官方贫困水平的人口比例）。这些地区是西部（W）、南部（S）、东北部（NE）和中西部（MW）。（来源：*2017 World Almanac*。）

a. 列出贫困率中位数从最高到最低的地区。

b. 列出四分位距从最低到最高的地区。

c. 这些地区中哪个州的贫困率异常低或异常高？解释一下原因。

d. 哪个地区的贫困率变异性最小？解释一下原因。

e. 为什么四分位距比区间能更好地度量这些数据的变异性？

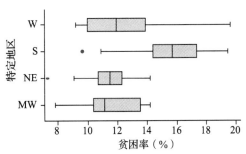

3.64 区域人口密度

该图根据美国人口调查局的估计，显示了美国 50 个州的人口密度（每平

136

方英里的人口）。这些地区是中西部
（MW）、东北部（NE）、南部（S）和西
部（W）。在西部，潜在异常值是加州，
在南部，潜在异常值是马里兰州。

[137]

为什么最好是比较这些数据的中
位数和四分位距，而不是比较均值和
标准差？列出每个地区每平方英里人
口的近似中位数，例如，MW 的中位
数在 50 到 100 之间。同时，按四分
位距从低到高顺序列出地区。

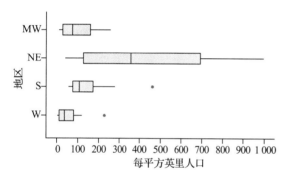

3.65 职业体育门票价格

以下箱线图显示了 2017 年职业冰
球（NHL）、橄榄球（NFL）、篮球（NBA）
和棒球（MLB）的平均门票价格。

a. 哪项运动的门票价格最贵？哪项运
动的门票价格最便宜？

b. 比较职业冰球和篮球的门票价格。
比较一张典型门票的价格、门票价
格的变化量，以及数据中存在的异
常值。（来源：vividtickets.com。）

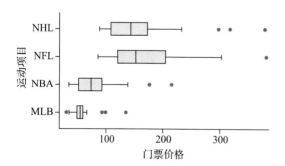

3.66 学士学位

下面的箱线图显示了美国西部
（W）和东部（E）获得学士学位（BA）
的人口比例。估计并解释每组的中位
数。（来源：*2017 World Almanac and
Book of Facts*。）

a. 哪个地区拥有 BA 学位的人口比例
较高？

b. 哪个地区的 BA 学位变异较大？

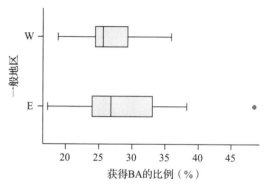

3.67 匹配箱线图和直方图

a. 描述以下每个直方图的分布。

b. 将每个直方图与相应的箱线图（A、
B 或 C）进行匹配。

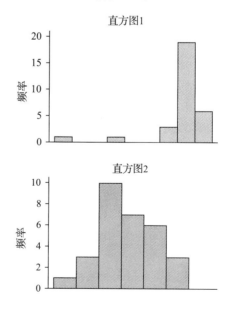

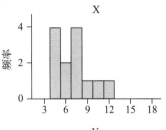

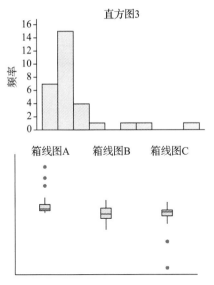

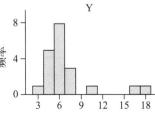

3.68 匹配箱线图和直方图

将每个直方图（X、Y 和 Z）与相应的箱线图（C、M 或 P）进行匹配。解释理由。

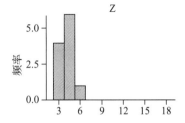

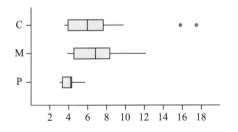

3.69 公共图书馆

本书网站上的数据显示了 50 个州和哥伦比亚特区每个州的中央公共图书馆的数量。下表显示了数据汇总。此数据集的最大值和最小值是否应被视为潜在异常值？为什么？可以使用制作箱线图的方法检查你的答案，以识别潜在异常值。（来源：Institute of Museum and Library Services。）

汇总统计数据

列名称	n	均值	标准差	中位数	最小值	最大值	Q1	Q3
中央公共图书馆	51	175.764 71	170.373 19	112	1	756	63	237

3.70 燃油税

本书网站上的数据显示了 50 个州和哥伦比亚特区每个州的燃油税。下表显示了汇总数据。此数据集的最大值和最小值是否应被视为潜在异常

值？为什么？可以使用制作箱线图的方法检查你的答案，以识别潜在异常值。（来源：*2017 World Almanac and Book of Facts*。）

汇总统计数据

列名称	n	标准差	中位数	最小值	最大值	Q1	Q3
燃油税（美分/gal）	51	8.101 100 9	46.4	30.7	68.7	40.2	51

TPY **3.71** 过山车高度（例 17）

该点图显示了过山车样本的高度分布（单位：ft）。下表给出了数据的五数概括法。绘制数据的箱线图。解释一下你是如何确定须的长度的。

最低	Q1	中位数	Q3	最高
2.438	8.526	18.288	33.223	128.016

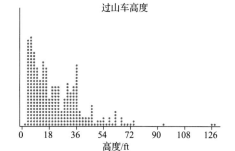

过山车高度

3.72 律师考试通过率

下面的点图显示了美国法学院律师考试通过率的样本分布情况。

五数概括为

0.60, 0.84, 0.90, 0.94, 1.00

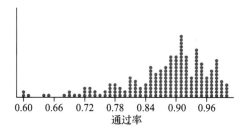

通过率

画出箱线图，并解释你是如何确定须的位置的。

*__3.73__ 考试成绩

期末考试成绩分布的五数概括为

40, 78, 80, 90, 100

*解释为什么无法根据此信息绘制箱线图。（提示：你还需要了解哪些信息？）

3.74 考试成绩

期末考试成绩分布的五数概括为

60, 78, 80, 90, 100

可以根据这些信息绘制箱线图吗？为什么？

本章回顾练习

3.75 燃油税（南部）

下表显示了美国南部每个州的燃油税（单位：美分/gal）。（来源：*2017 World Almanac and Book of Facts*。）

a. 找出并解释燃油税中位数。

b. 找出并解释四分位距。

c. 平均燃油税是多少？

d. 注意此数据集的均值大于中位数。这说明了数据的分布怎么样？制作数据图，并讨论数据的分布。

州名	燃油税 / （美分/gal）
Alabama	39.3
Arkansas	40.2
Delaware	41.4
District of Columbia	41.9
Florida	55
Georgia	49.4
Kentucky	44.4
Louisiana	38.4
Maryland	51
Mississippi	37.2
N. Carolina	53.7
S. Carolina	35.2
Tennessee	39.8
Texas	38.4
Virginia	40.7
W. Virginia	51.6

3.76 燃油税（西部）

下表显示了美国西部每个州的燃油税（单位：美分/gal）。（来源：*2017 World Almanac and Book of Facts*。）

a. 找出并解释燃油税中位数。

b. 找出并解释四分位距。

c. 平均燃油税是多少？

d. 注意此数据集的均值和中位数非常相似。这说明了数据的分布怎么样？制作数据图，并讨论数据的分布。

州名	燃油税 /（美分 /gal）
Alaska	30.7
Arizona	37.4
California	58.8
Colorado	40.4
Hawaii	60.4
Idaho	50.4
Montana	46.2
Nevada	52.3
New Mexico	37.3
Oklahoma	35.4
Oregon	49.5
Utah	47.8
Washington	62.9
Wyoming	42.4

3.77 期末考试成绩

下面的数据是一所社区学院两个统计专业学生的期末考试成绩。一个班每周上两次课，时间相对较晚；另一个班每周上四次课，时间是上午11点。两个班级是相同的老师，讲授相同的内容。有证据表明各班的表现不同吗？通过制作适当的曲线图（包括并排箱线图）、报告和比较适当的汇总统计量来回答。解释选择使用的汇总统计量的原因。一定要描述形状、中心和分布，并且一定要提到你观察到

的任何不寻常的特征。

上午 11 点的班级：100，100，93，76，86，72.5，82，63，59.5，53，79.5，67，48，42.5，39

下午 5 点的班级：100，98，95，91.5，104.5，94，86，84.5，73，92.5，86.5，73.5，87，72.5，82，68.5，64.5，90.75，66.5

3.78 超速罚单

大学生 Diane Glover 和 Esmeralda Olguin 调查了 25 名男性和 25 名女性在过去三年里收到了多少张超速罚单。

男性：14 人有 0 张票，9 人有 1 张票，1 人有 2 张票，1 人有 5 张票。

女性：18 人有 0 张票，6 人有 1 张票，1 人有 2 张票。

有证据表明男性和女性存在差异吗？通过绘制适当的点图并比较适当的汇总统计量来回答。一定要描述分布的形状，并指出你观察到的任何不寻常的特征。

3.79 身高

下图显示了一大群成年人的身高。描述分布情况，并解释可能导致此分布的原因。（来源：www.amstat.org。）

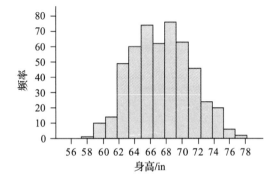

3.80 马拉松比赛用时

下面的马拉松比赛用时直方图

包括了一场奥运会马拉松和一场业余马拉松比赛的男性和女性数据。值越大表示参赛者速度越慢。(来源: www.forestcityroadraces.com 和 www.runnersworld.com。)

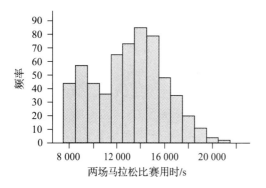

a. 描述分布的形状。

b. 这两个众数的两个不同原因是什么?

c. 已知参加马拉松比赛的女性通常比男性少,参加业余马拉松比赛的人比参加奥运会马拉松比赛的人多,看看峰的大小,试着考虑(b)中的哪些原因可能导致这种情况。说明理由。

3.81 视频流量

StatCrunch 的一项调查询问了人们每天观看视频的时间。这些数据可以在本书网站上找到。谁看视频的时间更长,男性还是女性?用适当的图表和汇总统计量支持你的答案。(来源: StatCrunch, Responses to Video Streaming survey。所有者: scsurvey。)

3.82 退休年龄

StatCrunch 的一项调查询问了一个人应该在多大年龄考虑退休。这些数据可以在本书网站上找到。谁被认为应该更早退休,男性还是女性?用适当的图表和汇总统计量支持你的答案。(来源: StatCrunch, Responses to Retirement Age survey。所有者: scsurvey。)

3.83 连锁餐厅食物中的热量

《纽约时报》收集了 Chipotle 餐厅食物中所含热量的数据。热量呈单峰对称分布,其分布图如下所示。

a. 使用图表估算 Chipotle 一餐的平均热量。

b. 估计对称单峰分布的标准差的一种方法是近似估计区间,然后将区间除以 6。这是因为几乎所有的数据在每个位置上都应该在均值的 3 个标准差以内。使用此方法可以找到标准差的近似值。

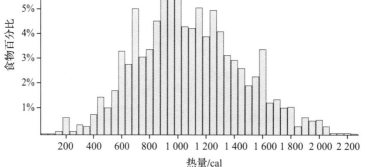

3.84 12 年级学生睡眠时长

直方图显示了 12 年级学生上学期间夜晚睡眠时长样本。

a. 使用直方图和每个直方左侧值来估算十二年级学生上学期间夜晚的平均睡眠小时数（近似到十分位）。

b. 当比较此数据集的均值和中位数时，你是希望这两个值相似，还是希望其中一个比另一个大得多？解释一下原因。

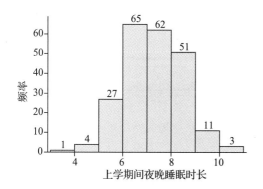

练习 3.85 到 3.88，请列出两组

数字，每组至少包含五个数字，并具有以下特征：

3.85 均值相同，但其中一组的标准差小于另一组的标准差。描述均值和两个标准差。

3.86 均值相同，但其中一组的标准差大于另一组的标准差。描述均值和两个标准差。

3.87 均值不同，但标准差相同。描述标准差和两个均值。

3.88 集合 *A* 的均值小于集合 *B* 的均值，但集合 *B* 的中位数小于集合 *A* 的中位数。描述两组数据的均值和中位数。

3.89 学历

下表显示了美国西部和南部各州拥有学士学位的人口比例。写一篇简短的报告，比较两个地区的受教育程度。在报告中回答哪个地区的受教育程度最高（以拥有学士学位的人口比例衡量），哪个地区的变异性最大。

西部州

26.6	25.6	29.9	35.9	29.6	23.9	27.4	21.8	25.3	22.7	29.2	28.5	31	23.8

南部州

18.9	28.7	48.5	25.3	27.5	21	21.4	37.3	19.6	26.5	24.3	23	25.5	34	17.3

3.90 失业率

下表显示了 2015 年美国东北部和中西部各州的失业率。比较两个地区的失业率，描述每个地区的失业率，比较每个地区失业率的变化量。（来源：*2017 World Almanac and Book of Facts*。）

东北部州

5.6	5	3.4	5.6	5.3	5.1	5	3.7

中西部州

5.9	4.8	3.7	4.2	5.4	3.7	5	3	2.7	4.9	3.1	4.6

3.91 职业体育门票价格

以下直方图显示了职业冰球（NHL）和职业橄榄球（NFL）的门票价格。

a. 根据分布的形状，应该使用哪种度量方法来比较价格：均值还是中位数？

b. 写一篇简短的报告，比较职业冰球和职业橄榄球的门票价格。在报告中，请描述门票价格及其变异性。

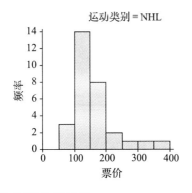

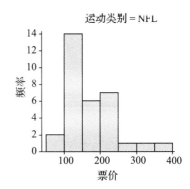

门票价格汇总统计量:

分组依据: 运动类别

运动类别	n	均值	标准差	中位数	最低	最高	Q1	Q3
NHL	30	158.633 33	68.812 831	144.5	89	378	107	174
NFL	32	168.687 5	64.759 823	152.5	86	380	120.5	204.5

[141]

3.92 职业体育门票价格

以下直方图显示了职业棒球(MLB)和职业篮球(NBA)的门票价格。

a. 根据分布的形状,应该使用哪种度量来比较价格:均值还是中位数?

b. 写一篇简短的报告,比较职业棒球和职业篮球的门票价格。在报告中,请描述门票价格及其变异性。

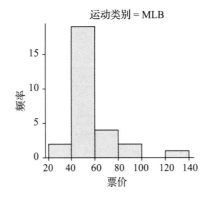

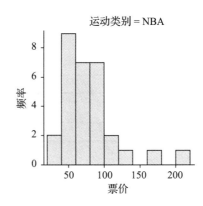

门票价格汇总统计量:

分组依据: 运动类别

运动类别	n	均值	标准差	中位数	最低	最高	Q1	Q3
MLB	28	59.142 857	20.260 734	55.5	32	135	50	59.5
NBA	30	80.366 667	40.075 346	73.5	35	215	52	93

3.93 考试成绩

一次考试分数的均值为 80,标准差为 4。

a. 查找并解释与值为 2 的 z 分数相对应的考试分数。

b. 值为 -1.5 的 z 分数相对应的考试

分数是多少？

3.94 男孩身高

美国三岁男孩的平均身高为38in，标准差为2in。值为 −1.0 的 z 分数相对应的三岁男孩有多高？（来源：www.kidsgrowth.com。）

3.95 SAT 和 ACT 成绩

量化 SAT 分数的均值为500，标准差为100，而 ACT 分数的均值为21，标准差为5。假设两种类型的分数均为单峰对称分布，哪一种更不寻常：量化 SAT 分数为750，还是 ACT 分数为28？展示你的想法。

3.96 儿童身高

Diaz 夫人有两个孩子，一个三岁的男孩43in高，一个十岁的女孩57in高。三岁男孩的平均身高为38in，标准差为2in，十岁女孩的平均身高为54.5in，标准差为2.5in。假设男孩和女孩的身高均为单峰对称分布。就他们的年龄和性别而言，Diaz 夫人的哪个孩子的身高更不寻常？解释并展示你所有的计算过程。（来源：www.kidsgrowth.com。）

3.97 百老汇门票价格

以下直方图显示了2017年百老汇演出季28场演出的平均门票价格。门票价格的中位数为97.33美元。（来源：BroadwayWorld.com。）

a. 描述分布的形状。

b. 数据的均值是大于、小于还是近似等于数据的中位数？解释一下原因。

c. 大部分的价格会高于或低于价格的均值吗？

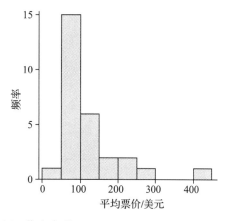

3.98 学生年龄

下面是班里一些大学生的年龄（岁）统计：17，19，35，18，18，20，27，25，41，21，19，19，45，19。老师的年龄是66岁，计算时应该包括在其中。下图显示了数据的直方图。

a. 通过给出形状、中心的数值和离散程度的数值，以及提及的任何异常值来描述年龄的分布。

b. 手绘（或打印）直方图的粗略草图，并标记均值和中位数的大致位置。为什么它们不在同一点呢？

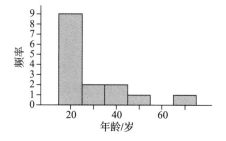

3.99 赛跑用时

下面的图表显示了近一年十一年级和十二年级的学生运动员100米赛跑所花的时间（单位：s）。写一到两个可以通过分析图表来回答的问题。

142

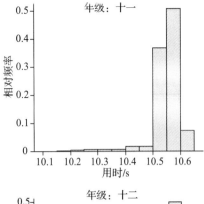

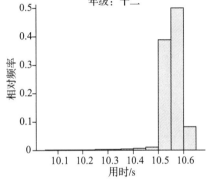

的体重。写一到两个可以通过分析这两个图来回答的问题。

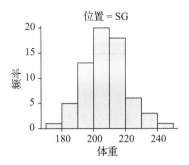

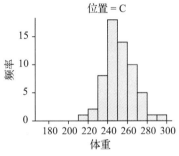

3.100 职业篮球运动员体重

下图显示了职业篮球运动员的体重。一个图显示中锋（C）的体重，另一个图显示得分后卫（SG）

3.101 建筑高度

有人收集了美国最高建筑的数据，数据表的一部分如下所示。写一到两个可以用这些数据来回答的问题。

城市	高度 / m	高度 / ft	楼层	建造年代	材料	类型
纽约	472.4	1 550	95	2020	混凝土	居民楼 / 酒店 / 零售店
芝加哥	442.1	1 451	108	1974	钢	商务办公楼
纽约	437.7	1 436	113	—	—	居民楼 / 酒店
纽约	435.3	1 428	82	2019	混凝土	居民楼

3.102 谷物数据

收集了一家超市库存谷物的数据。数据表的一部分如下所示。数据包括货架位置（顶部、中间、底部）、名

称、制造商、类型（热的或冷的）以及每份食物的热量、钠和纤维含量。写一到两个可以用这些数据来回答的问题。

货架	名称	制造商	类型	热量（cal）	钠	纤维
顶部	100%_Bran	N	冷	70	130	10
顶部	100%_Natural_Bran	Q	冷	120	15	2
顶部	All-Bran	K	冷	70	260	9
顶部	All-Bran_with_Extra_	K	冷	50	140	14

练习指导

g3.31 污染指数（例 8）

2017 年，使用大气和水污染数据计算了美国东部各州样本城市的污染指数。假设污染指数呈单峰对称分布。分布的均值为 35.9，标准差为 11.6。（来源：numbeo.com。）

问题 请依次回答这些问题。

a. 你估计东部城市的污染指数在 12.7 到 59.1 之间的百分比是多少？

b. 你估计东部城市的污染指数在 24.3 到 47.5 之间的百分比是多少？

c. 2017 年纽约的污染指数为 58.7。根据这个分布，该数据是不是异常高？并说明原因。

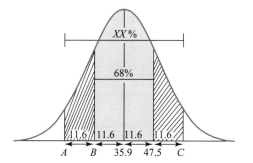

灰色区域表示曲线以下面积的 68%。灰色和加斜线区域加在一起遮盖了 *XX*% 的面积。没有百分号的数字表示污染指数，均值为 35.9，标准差为 11.6。

第 1 步 用经验法则绘制一张图

制作污染指数分布的示意图。数据的百分之多少位于均值的两个标准差内？将此数字显示在图中为 *XX* 的地方。

第 2 步 为什么是 35.9

图中所示的数字 35.9 是如何得到的？

第 3 步 A，B 和 C

填写落在 *A*、*B* 和 *C* 中的污染指数数值。

第 4 步 从绘制的图中回答问题 a 和 b

第 5 步 不寻常？

许多人认为任何超出 *A* 到 *C*（包含大约 95% 的数据的区间）的数值都是不寻常的。在你绘制的图的水平轴上确定点 58.7。借助该点回答问题 c。

g3.59 消费者物价指数（CPI）（例 16）

CPI 表示消费者的生活成本，被政府经济学家用作经济指标。下面数据显示了美国中西部和西部各州大城市地区的 CPI。

143

中西部

227.8	223.3	220.5	218.7	222.3	226.6	230.6	219.3

西部

216.9	240.0	260.2	244.6	128	244.2	269.4	258.6	249.4

问题 比较两个地区的 CPI。用图确定分布形状；然后比较对两个地区的中心和离散程度的度量值进行比较，并指出潜在异常值。

第 1 步 直方图

分别绘制两组数据的直方图。（使用相同的水平轴，更容易观察比较。）

第 2 步 形状

描述两个数据集的形状。

第 3 步 用于比较的度量

如果任一数据集是偏态的或有一个异常值（或多个），应该比较两组的中位数和四分位距。

如果两个数据集大致对称，则应比较均值和标准差。应该比较这两个数据集的哪些度量？

144

第 4 步　中心的比较

比较以下中心（均值或中位数）：中西部各州消费者物价指数的____（均值或中位数）为____，西部各州消费者物价指数的____（均值或中位数）为____。这表明____州的消费者物价指数更大。

第 5 步　离散程度的比较

比较以下离散程度：中西部各州消费者物价指数的____（标准差或四分位距）是____，西部各州消费者物价指数的____（标准差或四分位距）是____。这表明____州往往有用____（标准差或四分位距）度量的更大的变化。

第 6 步　异常值

找出所有异常值，并说明它们所属的组。

第 7 步　最终比较

最后，用一两句话把两个地区的 CPI 做一个完整的比较。

技术提示

例　通过找到描述性统计量并绘制箱线图来分析给出的数据。下面的表给出了火腿和火鸡每盘司的热量。表 3A 显示的是未堆栈的数据，表 3B 显示的是堆栈数据。我们用数值（1 表示火腿，2 表示火鸡）对肉的类型进行编码，也可以使用描述性术语，如火腿和火鸡。

表　3A

火腿	火鸡
21	35
25	25
35	25
35	25
25	25
30	25
30	29
35	29
40	23
30	50
	25

表　3B

热量 /cal	肉	热量 / cal	肉
21	1	25	2
25	1	25	2
35	1	25	2
35	1	25	2
25	1	25	2
30	1	29	2
30	1	29	2
35	1	23	2
40	1	50	2
30	1	25	2
35	2		

TI-84

将未堆栈数据（表 3A）添加到 L_1 和 L_2 中。

两组数据的描述性比较

同样的步骤执行两次，首先对 L_1，然后对 L_2。

查找单变量统计数据

1. 点击 STAT，选择 CALC（使用键盘上的右箭头），然后选择 1（代表 1-Var Stats）。

2. 通过按 2ND、1 和 ENTER 键指定 L_1（或包含数据的列表）。然后按 ENTER 键两次。

3. 输出：在计算机上，点击键盘上的向下箭头查看所有输出内容。

绘制箱线图

1. 按 2ND、STATPLOT、4（PlotsOff）键，然后按 ENTER 键关闭绘图。这会让你既看不到新画布，也看不到旧画布。

2. 按 2ND、STATPLOT 和 1 键。

3. 请参考图 3a。当 On 闪烁时，按 ENTER 键打开 Plot1。（Off 将不再突出显示。）

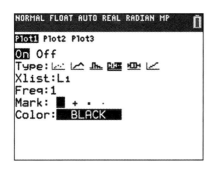

图 3a TI-84 绘图选择屏幕

4. 使用键盘上的箭头定位到带异常值的箱线图（如图 3a 中突出显示的部分），然后按 ENTER 键。（如果不小心选择了另一个箱线图，潜在异常值将永远不会有任何单独标记。）

5. 使用键盘上的向下箭头进入 XList。按 2ND 和 1 键选择 L_1。

6. 按 GRAPH、ZOOM 和 9（Zoomstat）键创建图形。

7. 按 TRACE 键并使用键盘上的箭头四处移动以查看数字标签。

绘制并排箱线图

对于并排箱线图，请打开 Plot2，选择具有异常值的箱线图，然后为 XLIST 输入 L_2（2ND 和 2）。然后，当你选择 GRAPH、ZOOM 和 9 时，会看到两个箱线图。按 TRACE 键查看数字。

图 3b 显示了并排箱线图，下面是火鸡数据的箱线图，上面是火腿数据的箱线图。

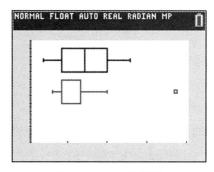

图 3b TI-84 箱线图

Minitab

两组的比较

输入本书网站上的数据或手动输入给定的数据。可以把未堆栈数据输入到两个不同列中（表 3A），也可以用已堆栈数据并选择描述性标签（如火腿和火鸡）或编码如 1 和 2（表 3B）。

查找描述性统计数据：单列数据或两列及多列未堆栈数据

1. Stat > Basic Statistics > Display Descriptive Statistics。

2. 双击包含数据的列，如 **Ham** 和 **Turkey**，将其放入 Variables 框中。

3. 忽略 By variables（optional）框。

4. 单击 Statistics，可以选择要添加的内容，如四分位距，然后单击 OK。

5. 单击 OK。

查找描述性统计数据：已整理和已编码数据

1. Stat > Basic Statistics > Display Descriptive Statistics。

2. 参见图 3c：双击包含数据框 Calories 的列，将其放入 Variables 框中。

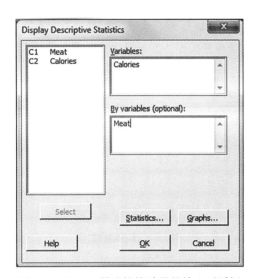

图 3c　Minitab 描述性统计量的输入对话框

3. 激活 **By variables(optional)** 框后（通过单击该框），双击包含分类标签的列，此处为 **Meat**。

4. 单击 **Statistics**，选择要添加的内容，如四分位距。也可以通过单击 **Graphs** 来绘制箱线图。单击 **OK**。

5. 单击 **OK**。

绘制箱线图

1. **Graph > Boxplot**。

2. 对于单个箱线图，选择 **One Y**、**Simple**，然后单击 **OK**。参见图 3d。

3. 双击包含数据的列的标签，即 **Ham** 或 **Turkey**，然后单击 **OK**。

4. 并排箱线图

　　a. 如果数据未堆栈，选择 **Multiple Y's**、**Simple**，如图 3d 所示。然后双击列的两个标签并单击 **OK**。

　　b. 如果数据是已堆栈的，选择 **One Y**、**With Groups**（图 3d 右上角），然后单击 **OK**。然后参见图 3e。双击数据框的标签（如 **Calories**），

然后单击 **Categorical variables for grouping**（1-4,outermost first）框，双击定义组的编码或单词的标签，如 **Meat**。

5. 箱线图的标签和转置。如果更改标签，双击完成后的箱线图中需要更改的内容。如果需要将箱线图的方向更改为水平，双击 x 轴，选择 **Transpose value and category scales**。

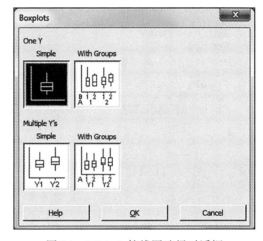

图 3d　Minitab 箱线图选择对话框

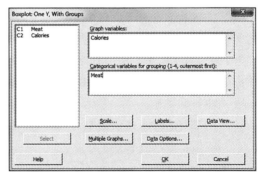

图 3e　Minitab 箱线图的输入对话框：One Y, with Groups

图 3f 显示了没有转置的火腿和火鸡数据的 Minitab 箱线图。

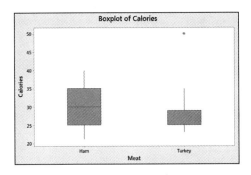

图 3f　Minitab 箱线图

Excel

数据输入

输入本书网站上未堆栈的数据或手动输入给定的数据。可能在第一行有标签，如 Ham 和 Turkey。

查找描述性统计量

1. 单击 Data、Data Analysis、Descriptive Statistics，然后单击 OK。

2. 参见图 3g：在对话框中，对于 Input Range，突出显示包含数据的单元格（只有一列），然后勾选 Summary statistics。如果在 Input Range 中包含顶部单元格的标签（如 A1），则需要检查 Labels in First Row。单击 OK。

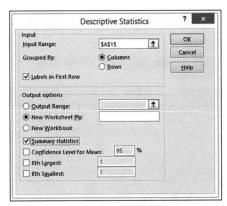

图 3g　Excel 描述性统计量的输入对话框

两组的比较

要比较两组，用未堆栈数据，并把前面的分析做两次。(选择 Output Range 并在同一工作表上选择适当的单元格可以更容易比较。)

箱线图 (需要 XLSTAT 加载项)

1. 单击 XLSTAT > Describing data > Descriptive statistics。

2. 激活 Quantitative data 框后，将光标拖到包含该数据的列上，包括顶部的标签，如 Ham。

3. 单击 Charts(1)。

4. 单击 Box plots、Options、Outliers，然后选择 Horizontal (或 Vertical)。

5. 单击 OK 和 Continue。参见并排箱线图中的步骤 6。

并排箱线图

用顶行带标签的未堆栈数据。

1. 单击 XLSTAT > Describing data > Descriptive statistics。

2. 激活 Quantitative data 框后，将光标拖到包含未堆栈数据的所有列上，包括顶部的标签，如 Ham 和 Turkey。

3. 单击 Charts(1)。

4. 单击 Box plots、Options、Group plots、Outliers，然后选择 Horizontal (或 Vertical)。

5. 单击 OK 和 Continue。

6. 当看到小标签 Turkey 和 Ham 时，可以将它们拖动到你想要的位置，并可以加大字体。

图 3h 显示了火腿和火鸡数据的箱线图。十字叉表示均值分别对应的位置。

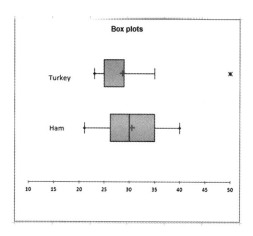

图 3h XLSTAT 箱线图

StatCrunch

两组的比较

从本书的网站上输入数据或手动输入给定的数据。上传了未堆栈的（表 3A）和已堆栈的（表 3B）。你只需要输入一个即可。为列添加标签。

查找汇总统计数据（堆栈或未堆栈的数据）

1. **Stat > Summary Stats > Columns** 将打开一个类似于图 3i 的输入对话框。

2. 如果数据是已堆栈的，请在标题为 **Select column(s)** 的框中单击 **Calories**，忽略框中可能列出的任何其他选项。**Calories**（只有 **Calories**）显示在右边的框里，跳过 **Where** 框。在 **Group by** 框中，单击 v 符号，然后从下拉列表中单击 **Meat**。

如果数据未堆栈，在 **Select column(s)** 框中单击选择 **Ham**，然后按住键盘 Shift 键的同时单击 **Turkey**，忽略 **Select column(s)** 框中的任何其他选项。**Ham** 和 **Turkey** 都显示在右边的框里。跳过 **Where** 和 **Group by** 框。

3. 要在输出中包括 IQR，转到 **Statistics** 框，单击 n 并向下拖动到 IQR。

4. 单击 "**Compute!**" 以获取汇总统计数据。

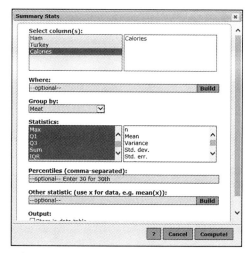

图 3i StatCrunch 汇总统计数据输入对话框

绘制箱线图（用已堆栈或未堆栈的数据）

1. **Graph > Boxplot** 将打开一个类似于图 3j 的输入对话框。

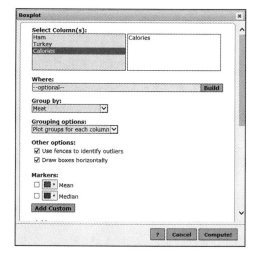

图 3j StatCrunch 箱线图输入对话框

2. 用未堆栈数据：在 **Select column(s)** 框中，单击 **Ham**，然后按住键盘 Shift 键的同时单击 **Turkey**，忽略 **Select column(s)** 框中的任何其他

选项。Ham 和 Turkey 都显示在右边的框里。跳过 Where，Group by 和 Grouping options 框。

用已堆栈和编码的数据：单击 Select column(s) 框中的 Calories，忽略 Select column(s) 框中的任何其他选项。Calories 显示在右边的框里，跳过 Where 框。在 Group by 框中，单击 v 符号，然后从下拉列表中单击 Meat，跳过 Grouping options。

3. 选中 Use fences to identify outliers，以确保异常值显示单独标记。如果需要，也可以选中 Draw boxes horizontally。

4. 单击"Compute!"。

5. 复制图表，请单击 Options 和 Copy，然后将其粘贴到文档中。

图 3k 显示了火腿和火鸡数据的箱线图，上面的箱线图来自火鸡数据（每盎司的卡路里）。

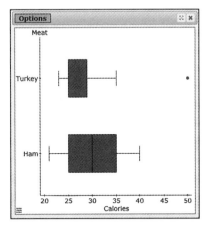

图 3k StatCrunch 箱线图

148

第4章 回归分析：探究变量的相关性

提要

借助图表直观地呈现数值变量之间的关系，通常是探究变量相关性的第一步。线性模型能够揭示变量间相对变化的平均水平，基于此，我们可以根据模型中的一个变量对另一个变量做出预测。

预测事件的结果，是统计学的重要应用之一。例如，当你浏览一个购物网站时，该网站能预测出你感兴趣的商品以及你是否会购买该商品吗？对于易贝（eBay）上的一件拍卖品，我们能预测它的成交价格吗？一部即将上映的电影最终能获得多少票房收入？我们已知一位病人的体重，那么他所服用的药物在多久后生效？诸如此类的问题背后，其实蕴含着相同的规律：在某种程度上，我们对某一变量的预测与其他的可观测变量有关。你在亚马逊（Amazon）上购买的商品可以通过你近期访问的网站或谷歌的搜索记录进行预测，而eBay上一件拍卖品的成交价格则可能与拍卖第一天的叫价次数有关。

通常，我们通过拟合回归模型来解决此类问题。回归的方法来源已久，弗朗西斯·高尔顿（Francis Galton，1822—1911）痴迷于遗传对人类基本生理特征是否有作用以及有什么作用决定作用的问题。他收集了成千上万对父子的身高，用以确定父子身高的本质关系。如果一位父亲高于平均身高6英寸，那么他的儿子比平均身高高多少？这个问题的答案确凿吗？问题的答案是否存在很大的变异性？如果是的话，那么除了父亲的遗传因素之外，其他因素也可能对儿子的身高产生了影响。

本章的内容展示了不同变量间的相关关系，阐释了如何在已知一个变量取值的基础上利用回归的方法对另一个变量进行预测。我们从前几章的内容中认识到，图表是统计规律的重要描述方式。当我们研究的是两个变量而不仅仅是一个变量时，图表将发挥更为重要的作用。基于此，我们首先利用图表对两个数值变量间的相关性进行可视化，进而定量描述变量间的关系。

案例分析

预测房价

自2007年开始大幅下跌后，房价在2012年逐步恢复上升势头，人们的住房负担也随之加重。无论是有购房需求的人，有售房意愿的人，还是任何关注房价的人，都可以通过不同的网站获取相关房产的预计售价。例如，在Zillow.com网站上输入一个邮政编码，就可以查看该邮政编码所在区域内任何一套房产的预计售价。

　　网站能够列出待售房产的售价，但是它们如何预测那些非待售房产的价格呢？这就需要用到回归方法。回归的应用性强、适用性广。基于一组输入值，研究人员可以利用回归方法预测出相应的输出值。在这一章中，我们将学习最基本的回归类型，即所谓的简单线性回归。你将学会如何利用简单线性回归进行预测，以及如何利用回归解读数值变量之间的相关性。

4.1　变异性的可视化：散点图

　　男性和女性第一次结婚时的年龄是多少？这在美国 50 个州之间有什么差异？这些问题涉及两个变量之间的关系，女性的结婚年龄和男性的结婚年龄。**散点图**（scatterplot）是分析两个数值变量关系的主要工具。在散点图中，每个点代表一个观测值。点的位置取决于两个变量的值。例如，我们可以预测，在男性晚婚的州，女性也会晚婚。图 4.1 展示了这两个变量的散点图，数据来源于美国人口普查数据。图中的每一个点分别对应每一个州（其中的一个点代表华盛顿特区），表示各州男、女的典型

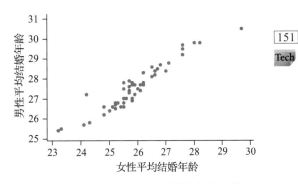

图 4.1　美国男性和女性典型结婚年龄的散点图。这些点代表 50 个州和华盛顿特区

结婚年龄。左下角的两个点代表爱达荷州和犹他州，那里的女性通常在 23 岁左右结婚，男性则在 25 岁左右结婚。右上角的点代表华盛顿特区。

　　在直方图（或其他的单变量分布图）中，我们需要考察数据的中心、离散程度和分布形状。而在散点图中，我们需要关心的是**趋势**（trend，类似中心）、**强度**（strength，类似离散程度）以及**形状**（shape，类似分布形状）。让我们进一步了解这些数据特征。

！注意

　　我们不要求散点图的左下角为（0，0）。因为我们的目的是展示更多的数据，而不是在图中留出大量的空白。

4.1.1　趋势

　　从左到右观察散点图，我们就能发现变量之间的相关趋势。通常，趋势是递增（上升，/）或递减（下降，\）的，但也存在其他可能。我们称递增的趋势为**正相关**（positive association）或**正相关趋势**（positive trend），称递减的趋势为**负相关**（negative association）或**负相关趋势**（negative trend）。

图 4.2 展示了正相关趋势和负相关趋势的例子。图 4.2a 展示了二手车的使用年数和里程数（里程）之间的正相关趋势。该趋势与我们的常识相符，即车使用的年数越长，行驶里程数也更大。因为一般而言，车龄越长，行驶的里程就越多。图 4.2b 显示了一个负相关趋势——一个国家的出生率与该国的识字率。该趋势表明，识字率较高的国家往往生育率较低。

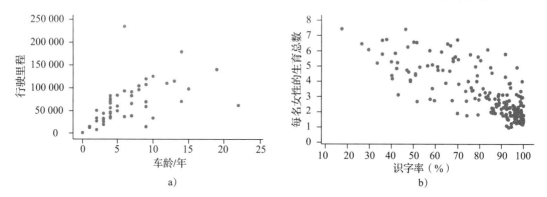

图 4.2　a）正相关趋势和 b）负相关趋势的散点图（来源：a）本书作者；b）联合国统计司，http://unstats.un.org。）

有时我们发现，变量之间并不存在趋势。例如，由于跑马拉松需要大量的训练和耐力，我们可能会认为一个人跑马拉松的速度与其年龄有关。然而如图 4.3a 所示，对于参与加拿大森林城（Forest City）马拉松比赛的选手而言，他们的年龄和比赛用时之间不存在任何趋势。这意味着，无论我们调查哪个年龄段的选手，他们的比赛用时和其他年龄段都差不多。因此我们认为，至少对这一组马拉松选手来说，他们的年龄与速度不相关。

图 4.3b 所示的模拟数据也反映了两个变量之间的关系。这两个变量不能被简单地描述为正相关或负相关——对于较小的 x 值，趋势是递减的（\）；对于较大的 x 值，趋势是递增的（/）。

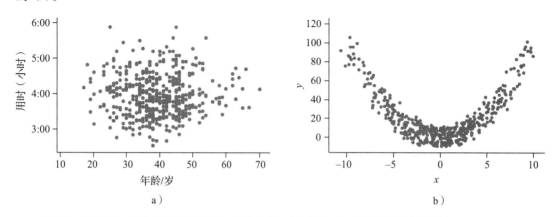

图 4.3　无趋势 a）和有趋势变化 b）的散点图。（来源：a）森林城马拉松比赛，http://www.forestcityroadraces.com/；b）模拟数据）

4.1.2　强度

变量间的弱相关体现为大量的散点。在弱相关变量的散点图中，散点的垂直离散程度高，因而不易于我们观测变量间的趋势。而在强相关变量的散点图中，散点的垂直离散程度低。

图 4.4 有助于我们比较两组变量相关性的强度。图 4.4a 展示了一组健康成年人的身高和体重的相关性。图 4.4b 考察了同一组成年人的腰围和体重的相关性。哪一组变量的相关性更强？

153

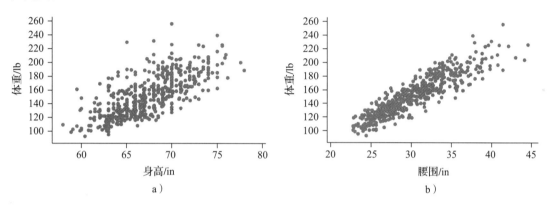

图 4.4　a）相关性较弱和 b）相关性较强的散点图。图 4.4b 中，散点的垂直离散程度较低
（来源：Heinz et al. 2003。）

腰围和体重之间的相关性更为明显（见图 4.4b）。为了说明这一点，现在我们考察那些身高 65 in 的人，并在图 4.4a 中找到与之对应的点。这些人的体重从 120 lb 到 230 lb 不等，相差在 110 lb 之内。如果用身高来预测体重，预测结果可能与真实值有较大的偏差。进而，我们在图 4.4b 中找到腰围 30 in 的人对应的点。他们的体重从 120 lb 到 160 lb 不等，相差只有 40 lb。在图 4.4b 中，散点的垂直离散程度更小，因此腰围和体重的相关性比身高和体重的相关性更强，我们可以根据一个人的腰围对他的体重做出更准确的预测。因此，如果想预测一个人的体重，并且只能选择其腰围或身高数据作为已知条件，那么选择腰围数据要比选择身高数据更有助于做出准确的预测。

趋势强度"强""非常强""弱"，源自我们的主观判断，而不同的统计学家可能会有不同的判断标准。在本节的后续内容中，我们将学习如何用具体的数值来度量强度。

4.1.3　形状

线性（linear）是最简单的趋势形状。幸运的是，线性趋势在现实中较为常见。线性趋势通常表现为以相同的速率增加（或减少），由于这种趋势可以用一条直线来表示，因此我们称其为"线性"。现实情况下，观测值不会完美地落在一条直线上，而是分布在一条直线的上下两边。因此，如图 4.4a 所示，线性趋势的散点图近似呈现橄榄球形状。

图 4.5 展示了每日步数的线性趋势。本书的一位作者使用 FitBit 计步器记录每日的步数，此外，他发现手机也可以用于计步。与 FitBit 计步器不同，手机通过另一种计步机制记录步履动作，进而依赖另一种算法将其转化为步数。FitBit 计步器和手机记录的步数相同吗？图 4.5 显示了它们之间的线性趋势。尽管 FitBit 计步器和手机记录的步数不完全相同，但我们的确可以判断，它们记录的都是同一个人的步数。

我们在散点图中添加了一条直线，以突出线性趋势。实际上，并非所有的趋势都是线性的，趋势有各种不同的形状。但是不要担心，我们目前只需将趋势分为线性和非线性。

图 4.6 展示了某年阿普兰市（Upland）的空气污染物臭氧浓度（以百万分之一计）与气温（°F）之间的相关性，该市位于加州的洛杉矶附近。这一趋势起初相当平缓，进而变得陡峭。温度低于 55°F 时，臭氧浓度变化不大。然而，更高的温度（高于 55°F）与更高的臭氧浓度相关。图中的曲线刻画了上述非线性趋势。

非线性趋势比线性趋势更难以描述。在本章中，我们重点学习线性趋势。因此，首先应该利用散点图对趋势进行识别，以确保我们研究的趋势是线性的，这一点至关重要。如果将本章的方法应用于非线性趋势，得到的结论可能会大错特错！

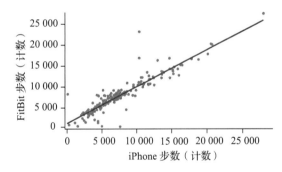

图 4.5　插入一条线以强调线性趋势

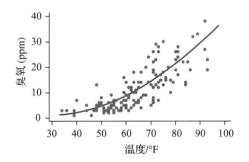

图 4.6　臭氧（ppm）与温度（°F）非线性相关（来源：Breiman，来自 R earth 软件。见 Faraway 2005。）

> **KEY POINT 重点**
>
> 在研究变量间的相关性时，我们需要对趋势进行识别，考察趋势的强度以及趋势的形状。

4.1.4　变量相关性

一般而言，良好的沟通能力对于一个人的成功是至关重要的。本节的一个重要目标是帮助你清晰地描述数据规律。你可以运用下列技巧描述两个变量的相关性。

- 对于相关性的描述通常应该包括（1）趋势、（2）形状和（3）强度（不一定按这个顺序），并（4）解释以上数据特征的实际意义。此外，还应该指出不符合总体趋势的观测值。

例1演示了我们应如何清晰、准确地描述数值变量之间的相关性。

例1　二手车的车龄和行驶里程

图 4.2a 展示了二手车的车龄和行驶里程的关系。

问题：请描述二者的相关性。

解答：二手车的车龄和行驶里程呈正相关线性趋势。这意味着旧车行驶的里程数往往更大。二者的相关性是中等强度的。图中有一些零星散布的点，但不足以影响整体趋势的形状。其中有一个例外的点，该点对应的二手车车龄只有 6 年左右，但其里程数却很大。

试做：练习 4.5。

155

例1 中的作答非常完整，因为它既涵盖了趋势（正相关）、形状（线性的）和强度（中等强度），同时也结合了实际背景（旧车行驶的里程数往往更大）。

- 描述的准确性非常重要。例如，"旧车行驶的里程数更大"的说法是有误的。这句话意味着数据集中所有旧车行驶的里程数都更大，这是不正确的。例如，有一辆车（图中左上角的点）相对较新（大约 6 年的时间），但行驶的里程数很大（大约 25 万 mile）。同时，一些旧车行驶的里程数也相对较小。更准确地，可以说"旧车行驶的里程数倾向于更大"。"倾向"这个词体现的是一种具有变异性的趋势，也就是说，你所描述的趋势是整个群体的趋势，而非每个个体的趋势。

- 在描述变量的相关性时，还应该指出那些不符合整体趋势的数据特征，比如异常值、小的点簇等。图 4.7 包含一个异常值。图中的数据来自一门统计课，这门课统计了学生的体重和身高，而其中的一个学生把自己的身高写错了。

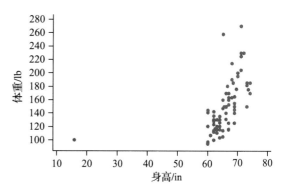

图 4.7　身高和体重显示出相当强的正相关。数据来自一个统计学课的班级，其中一个学生报错了自己的身高（来源：加州大学洛杉矶分校统计系 R. Gould。）

4.1.5　关于回归的统计问题

156

在研究两个及两个以上的变量时，我们会发现更多亟待解决的问题。例如，一个马拉松运动员的跑步速度与其年龄相关吗？如果有，这种相关性的本质是什么？随着一个人年龄的增长，其跑步速度是逐渐下降的还是骤然下降的？或者说，是否存在一个"黄金"年龄，这个年龄的人跑得最快，而其他年龄的人跑得更慢？图 4.8 中的数据来自洛杉矶马拉松比赛。这张图说明，至少对于参加此次比赛的人而言，我们很难用简单的语言回答上述问题。在各个年龄的人群中，跑步速度均存在很大的差异，年龄与跑步速度之间没有明显的趋势！

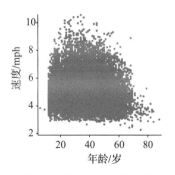

图 4.8　最近一年的洛杉矶马拉松比赛中，选手的速度和年龄的相关性。虽然跑得最快的人似乎都是 20 岁到 40 岁之间的年轻人，但是速度和年龄之间的总体趋势并不明显

　　上述问题涉及趋势的存在性以及趋势的形状。除此之外，我们时常会发现，回答趋势的强度问题也是极具意义与价值的。例如，什么能够帮助我们更准确地预测一个人的体重？身高还是腰围？有时，我们更关注的是线性趋势的变化率。例如，如果两个人的腰围相差 1 英寸，那么他们的体重平均相差多少？

　　通常，我们会根据数据的背景提出相应的问题。正如本章所展示的那样，基于手头的数据，我们的确可以提出很多问题。

 数据迁移： 原始数据在网页上以表格的形式呈现，随后我们使用编程语言 R 进行下载。该数据集提供了很多变量，但不包含速度（speed）这个变量。我们运用数据转换的思路，将马拉松全程的距离（26.218 8 mile）除以选手的完赛净用时（Net.Time）得到该变量。（来源：https://www.lamarathon.com/race-weekend/results。）

数据文件： lamarathons.csv。

4.2　相关性的强度度量

　　相关系数（correlation coefficient）是衡量两个数值变量——例如身高和体重——之间线性相关强度的量。需要强调的是，只有当两个数值变量之间存在线性趋势时，相关系数才有意义。

　　相关系数用字母 r 表示，取值范围是 -1 到 $+1$。r 的值和符号（正或负）都提供了有用的信息。如果 r 的值接近 -1 或 $+1$，则相关性很强；如果 r 接近于 0，则相关性很弱。如果相关系数的值为正，则两个变量正相关；如果值为负，则两个变量负相关。

4.2.1　相关系数可视化

　　在图 4.9 所示的散点图中，各组变量的相关性依次减弱。图 4.9a 中，变量的线性相关性最强。图中的点精确地落在一条直线上，呈完全线性的正相关趋势，所以相关系数等于 1。

下一个散点图（见图 4.9b）展示了一种稍弱的相关性。图中，点的垂直离散程度更大。尽管这些点呈现出线性趋势，但它们并没有完全落在一条直线上。因此，对于该图所示的正相关趋势，其相关系数大于零而小于 1（等于 0.98）。

其余散点图所示的相关性越来越弱，相关系数逐渐减小。在最后一个散点图（见图 4.9f）中，两个变量没有相关性，相关系数接近于 0。

在下一组散点图（见图 4.10）中，各组变量的负相关性依次增强。图 4.10a 的数据来自一场马拉松比赛（相关系数接近于 0）。在最后一张散点图中，两个变量的相关系数等于 −1。

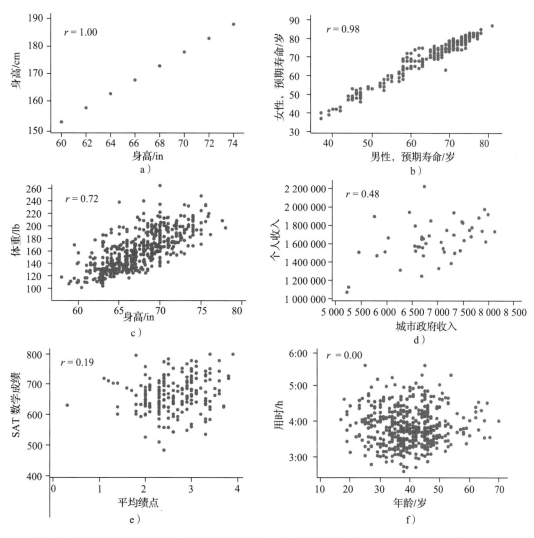

图 4.9　正相关系数逐渐减小的散点图（来源：a）模拟数据；b）www.overpopulation.com；c）Heinz 2003；d）Bentow and Afshartous；e）Fathom ™样本文件，来自美国教育考试服务中心（ETS）的效度研究；f）森林城马拉松比赛。）

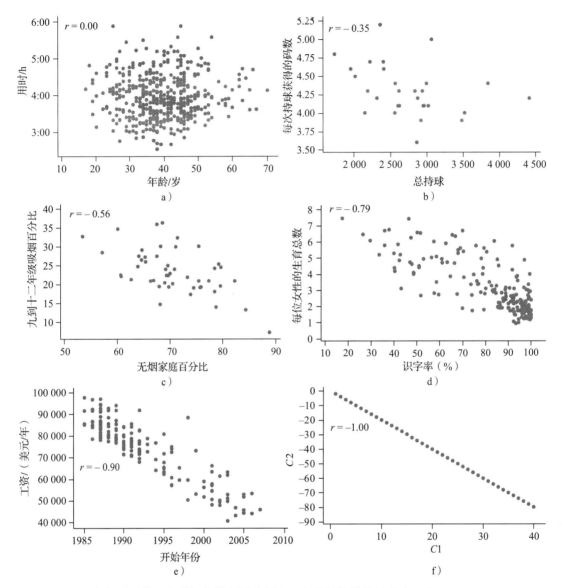

图 4.10 负相关系数逐渐增加的散点图（来源：a）森林城马拉松比赛；b）http://wikipedia. org；c）疾病控制中心；d）联合国统计数据；e）Minitab Student 12 文件中的"工资"数据，剔除了通货膨胀的影响；f）模拟数据。）

4.2.2 相关系数：基于情境

"僵尸"和"吸血鬼"两个词的日谷歌搜索量具有相关性，$r = 0.924$。如果已知它们的搜索量是线性相关的，那么我们就可以判断这两个词的搜索量之间存在强正相关趋势。实际上，相关性接近于 1 意味着散点图中基本没有零星散落的点。

有些大学的招生办公室会报告学生学术能力测试（SAT）成绩和他们大学第一年的平均绩点（GPA）之间的相关性。如果二者存在线性关系且相关性强，就证明了SAT成绩作为录取标准的合理性。也就是说，如果相关系数的值为正且接近于1，就表明SAT成绩和学业成绩之间有很强的相关性。正相关意味着，如果一个学生的SAT成绩高于平均分，他的学业成绩也倾向高于平均分。相反，那些SAT成绩低于平均分的学生往往倾向于取得低于平均分的学业成绩。注意，我们会小心地使用"倾向"这个词。诚然，有些学生尽管SAT成绩不高，但是他们的学业成绩很好，而对于一些SAT成绩高的学生而言，他们的学业成绩却很难及格。相关系数并不能代表个别学生的情况，它说明的是总体趋势。

⚠ 注意

线性的重要性

只有在线性相关的前提下，相关系数才有意义。

4.2.3　相关性与因果关系

有关科学研究、工商管理和政府决策的很多研究都涉及因果关系。我们时常想知道一项干预措施是否会改变一件事情的走向。例如，一种新药能否改善病人的病情？修改税法能否改善经济状况？网页广告位置的变动是否会增加广告的点击量？

想要确定两个数值变量之间是否存在因果关系时，我们要做的第一步是绘制散点图。绝大多数情况下，如果两个变量存在直接的因果关系，散点图将显示出二者的相关性（尽管相关性可能很弱）。因此，我们通常会问："这两个变量是否相关？"

例如，在一项旨在确定饮食类型是否会影响减肥效果的研究中，为了度量参与者食用指定配餐的坚持程度，研究人员每个月都会问参与者一系列的问题。通过这些问题，研究人员希望证实，坚持食用指定配餐可以达到减肥的效果。由图4.11我们可以看出，参与者在一年中减少的体重与其食用指定配餐的坚持程度之间存在微弱的负相关关系，越能坚持的参与者减肥效果越好。

然而，数据周期的一个重要步骤是收集数据。正如我们在第1章中学到的那样，考虑到观测性实验（比如上面的例子）中潜在的混淆因素，我们无法仅根据变量之间的相关性就判断二者也同样存在因果关系的结论。在上面的例子中，实验参与者的坚持程度由他们自己决定，而这很可能会受到他们生活中其他事情的影响。比如，压力也可能影响减肥的效果。

另一个更奇特的例子是，加拿大每周的毛毯销售量与澳大利亚每周发生的森林火灾数量之间存在正相关关系。澳大利亚的森林火灾是由加拿大人引起的

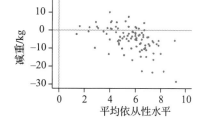

图4.11　体重下降与坚持食用指定配餐的相关性并不意味着二者一定存在因果关系。我们只能得出这样的结论：坚持食用指定配餐可能会导致体重下降

吗？可能不是。这种相关性很可能是天气导致的。每逢冬季，加拿大人就会购买毛毯。而在加拿大处于冬季时，澳大利亚（位于南半球）正值盛夏，盛夏是森林火灾频发的季节。

请务必牢记，无论两个变量的相关系数多么接近 +1 或 −1，都不要仅仅基于相关性就断定它们之间也存在因果关系。同时，在收集数据时，请确保数据收集方法能够支撑你的研究结论。

> **KEY POINT 重点**
>
> 仅凭相关性不能推断出因果关系。

4.2.4　相关系数的计算

接下来将介绍如何计算相关系数。首先，利用各变量的均值和标准差，将每个观测值转换为 z 分数。例如，为了计算体重和身高的相关系数，我们需要将每个人的体重和身高转换为 z 分数。下一步是将观测值的两个 z 分数相乘，如果两个 z 分数均为正或均为负，即二者均高于或低于平均值，则乘积为正数。在强正相关关系中，z 分数的乘积大多是正数。然而，在强负相关关系中，如果观测值的一个变量取值高于均值，则另一个变量倾向低于均值。这种情况下，一个变量的 z 分数是负数，另一个变量的 z 分数是正数，因此二者的乘积是负数。由此可见，在强负相关关系中，z 分数的乘积大多是负数。

下一步，我们将 z 分数的乘积相加，然后除以 n−1（其中 n 是样本中的观测值数量）。由此，相关系数的计算公式为：

$$r = \frac{\sum z_x z_y}{n-1} \tag{4.1}$$

下面的例子说明了如何使用式（4.1）计算相关系数。

🔄 **回顾**

z 分数

根据第 3 章的内容，z 分数表示观测值与样本均值相差多少个标准差。计算 z 分数，我们首先要用观测值减去样本均值，然后除以标准差。

例 2　六名女性的身高和体重

图 4.12a 是六名女性的身高和体重的散点图。

问题：利用下列数据，计算这六名女性的身高（in）和体重（lb）之间的相关系数。

解答：首先，我们需要验证身高和体重之间的线性关系。图 4.12a 表明，我们可以用上面的数据拟合出一条直线。尽管由于点的数量较少，我们很难看出这两个变量的关系，但是这条拟合的直线可以帮助我们发现二者之间存在的趋势。

接下来，我们计算相关系数。通常，我们利用软件来完成这一步。如图 4.12b 所示，

StatCrunch 输出的计算结果为 $r = 0.880\ 933\ 64$。

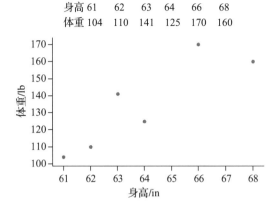

身高 61　62　63　64　66　68
体重 104　110　141　125　170　160

图 4.12a　六名女性的身高和体重的散点图

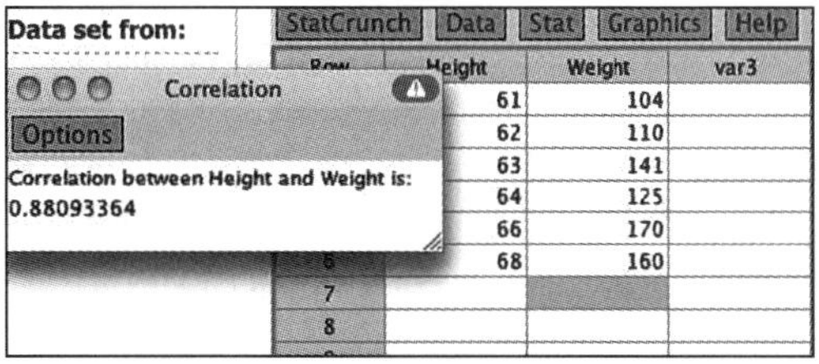

图 4.12b　和其他统计软件一样，StatCrunch 可以计算任意两列数据之间的相关性

由于样本量较小，我们可以用式（4.1）来验证 StatCrunch 的结果，从而更好地理解相关系数如何度量变量之间的线性关系。首先，计算身高和体重的均值以及它们的标准差。

$$身高：\bar{x} = 64 \qquad s_x = 2.608$$
$$体重：\bar{y} = 135 \qquad s_y = 26.73$$

接下来，我们将每一个观测值都转换成两个 z 分数，并将它们相乘。例如，对于身高 68 in、体重 160 lb 的女性，

$$z_x = \frac{x - \bar{x}}{s_x} = \frac{68 - 64}{2.608} = \frac{4}{2.608} = 1.53$$

$$z_y = \frac{y - \bar{y}}{s_y} = \frac{160 - 135}{26.73} = \frac{25}{26.73} = 0.94$$

乘积为

$$z_x \times z_y = 1.53 \times 0.94 = 1.44$$

可见，结果为正数，并且该观测值落在图 4.12c 右上方的象限中。

图 4.12c 是对其余计算步骤的可视化。在右上角，两个圆点各自对应的身高和体重均高于平均值，所以 z 分数都是正数。在左下角，两个圆点各自对应的身高和体重均低于平均值，两个 z 分数都是负数，而乘积是正数，因此它们对相关系数的贡献是正数。对于三角形而言，体重的 z 分数为正（高于平均值），但身高的 z 分数为负，因此乘积为负。正方形表示对相关系数没有贡献的点。这名女性的身高恰好是平均身高，所以身高的 z 分数是 0。

这六名女性的身高和体重之间的相关性大约是 0.881。

162

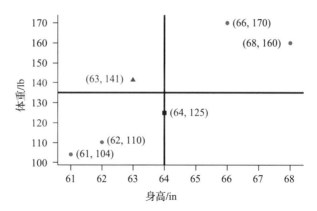

图 4.12c　与图 4.12a 的散点图相同，但根据平均身高和体重划分为了四个象限。圆点表示该观测值对相关系数的贡献为正数（两个正 z 分数相乘为正，或者两个负 z 分数相乘为正）。三角形表示该观测值的贡献是负数（一个负的 z 分数乘以一个正的 z 分数是为负），而正方形表示该观测值对相关系数没有贡献，原因是其中一个 z 分数等于零

结论：这六名女性的身高与体重的相关系数为 $r = 0.881$。因此，这些女性的身高和体重之间有很强的正相关关系。个子高的女性往往也更重。

试做：练习 4.21。

4.2.5　相关系数的意义

在计算相关系数或解释其实际意义之前，你应该充分了解相关系数的以下特征。

- **改变变量的顺序，相关系数不变。**例如，如果男性平均寿命和女性平均寿命之间的相关系数是 0.977，那么女性平均寿命和男性平均寿命的相关系数也是 0.977。相关系数是对两个变量之间线性关系强度的度量，因此无论将哪个变量置于 x 轴或 y 轴，线性关系的强度都是相同的。

　　图 4.13a 和 b 的相关系数相同，我们只是交换了两幅图的坐标轴。

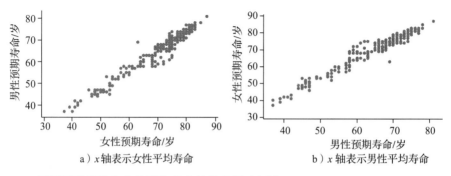

a）x 轴表示女性平均寿命　　　　　　b）x 轴表示男性平均寿命

图 4.13　不同国家男性和女性平均寿命的散点图（来源：http://www.overpopulation.com 和 Fathom ™样本文件。）

- **每个观测值都加一个常数或乘以一个正数，相关系数不变**。例 2 中六名女性的身高和体重的相关系数是 0.881。如果在测量身高时要求这 6 名女性都穿 3in 的厚底鞋，那么每个人都会高 3in。这会改变相关系数的值吗？直觉上，应该不会。图 4.14a 为原始数据的散点图，图 4.14b 展示了穿上 3in 厚底鞋后的数据。

  我们所做的只是将散点图中的点向右平移了 3in，并没有改变相关性的强度，即没有改变身高和体重之间的关系。我们可以运用相关系数的计算公式验证这一结论。穿鞋前后，每个人身高的 z 分数是相同的，因为她们都"长高"了相同的量，身高的平均值也"长高"了 3in，所以每个人离平均值的标准差数——即身高的 z 分数——不变。再举个例子，如果能让世界上所有国家的男性平均寿命增加 5 年，那么男性和女性平均寿命之间的相关系数仍然保持不变。

  更一般地，我们可以在每一个观测值的一个变量或两个变量上都加一个常数（一个固定的值），而相关系数不变。

  同理，如果将其中一个或两个变量乘以一个正数，也不会改变相关系数。例如，为了将女性身高的单位从 in 转换为 ft，我们需要将她们的身高乘以 1/12。这样做只是改变了身高的单位，并不会改变身高和体重的相关性强度，相关系数不变。

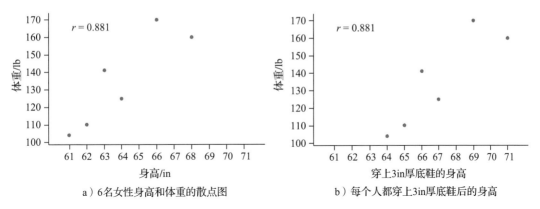

a）6名女性身高和体重的散点图　　　　b）每个人都穿上3in厚底鞋后的身高

图 4.14　身高和体重的相关性不变

- **相关系数没有单位**。身高的单位是英寸，体重的单位是磅，但是 z 分数没有单位，因而相关系数没有单位。无论身高的单位是英寸、米还是英寻，身高和体重的相关系数都相同。

- **线性，线性，线性**。尽管已经多次提及，但是我们还要再次强调，这里我们只在线性相关的前提下讨论相关系数的意义。如果没有线性相关的前提，相关系数可能会对我们产生误导。图 4.15a ～ d 说明，不同的非线性关系也可能有相同的相关系数（ $r = 0.817$ ），但是这些图的形状却完全不同。关键在于，我们无法仅凭相关性判断散点图的形状。只有在线性相关的前提下，相关系数才有意义。

  请牢记，一定要将数据绘制成图。如果变量间的趋势是非线性的，那么相关系数（以及在下一节中将看到的其他统计量）可能会非常具有误导性。

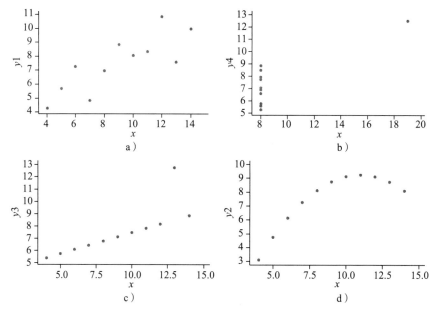
a)　b)　c)　d)

图 4.15　相关系数均为 0.817 的散点图，形状差异却很大。只有在线性趋势下，相关系数才有意义（来源：Anscombe 1973。）

 注意

相关系数与线性相关

相关系数接近于 1 或 -1 并不能说明两个变量之间的关系是线性的。必须借助图表验证自己的判断。否则，你可能无法对相关系数做出正确的解释。

> **KEY POINT　重点**
>
> 相关系数的大小无法体现相关关系是否线性。只有在线性相关的前提下，相关系数才能度量相关性的强度。

> **摘要**
>
> **相关系数**
>
> 相关系数是什么？变量间相关性的系数。
>
> 相关系数的用途是什么？度量线性相关的强度。
>
> 相关系数如何度量线性相关强度？通过比较两个变量的 z 分数，取每个观测值的两个 z 分数乘积的平均值。

如何利用相关系数？相关系数的符号表示趋势的正（+）与负（−），取值的大小代表相关性的强度。如果相关系数接近 1 或 −1，则观测值聚集在一条直线附近；如果值接近于 0，则不存在线性关系。

注：只有在两个变量线性相关的前提下，相关系数才有意义。

4.3   对线性趋势建模

身高每增加一英寸，人的体重会增加多少？汽车老化带来的年折旧额是多少？本垒打对球队有好处吗？基于一本书的页数，我们能预测它在书架上占据的空间吗？显然，为了回答上述问题，我们不仅需要判断变量间的趋势是否存在，还需要基于数据做出预测，这依赖于我们对趋势及其强度的度量。

为了度量变量间的趋势，我们将使用一些统计技巧。我们的做法是建立数据模型并解释模型含义。模型通常由一个方程以及使得方程成立的若干条件组成。在理想情况下，一个拟合良好的数据模型能够简洁而准确地刻画数据的趋势。此时，模型能够准确地反映客观规律。然而，一个模型如果拟合得不好，可能会使我们对客观世界的理解产生偏差。

165

4.3.1   回归线

回归线（regression line）是用来预测未来观测值的工具，也是刻画线性关系的方法。回顾第 3 章，我们用均值和标准差概括样本分布的特征。回归线具有相似的优势：它能够概括变量间线性关系的本质特征，从而使我们的分析免于细节信息的干扰。

复习：直线方程

回归线由直线方程给出。根据代数学，直线方程包含**纵截距**（*y*-intercept）和**斜率**（slope）。直线方程的表达式是

$$y=mx+b$$

字母 *m* 表示斜率，也就是直线的倾斜程度；字母 *b* 表示纵截距，也就是 *x* = 0 时 *y* 的值。

直线方程有不同的写法，有些统计学家会把截距放在前面。用 *a* 表示截距，用 *b* 表示斜率，即

$$y=a+bx$$

我们经常用变量的名称来代替 *x* 和 *y*，以强调回归线是关于两个真实变量的模型。有时我们会在 *y* 变量前面写上"预测"来强调这条线是由 *y* 变量的预测值（而非实际值）组成的。为了更清晰地展示这一做法，请看下面的几个例子。

回归线可视化

我们能根据一本书的页数预测它有多厚吗？一名学生从他的书架上随机抽取了几本书

作为样本，记录了每本书的厚度（mm）和页数。如图 4.16 所示，这条回归线刻画了书的厚度和页数之间线性相关的基本趋势。这条直线的方程是

$$预测厚度 = 6.22 + 0.036\ 6 \times 页数$$

在棒球运动中，有两个数字用来衡量一名击球手的表现：打点数和本垒打数。（本垒打是指击球手将对方来球击出后，依次跑过一、二、三垒并安全回到本垒。当球员已经在垒上，击球手将球击出足够远的距离让跑垒者得分时，就会出现打点。）有些棒球迷认为，尽管本垒打非常精彩，但并不利于球队获胜。（他们认为本垒打者更容易三振出局，这剥夺了球队得分的机会。）图 4.17 显示了 2016 赛季美国职业棒球大联盟前 25% 的本垒打选手的本垒打数和打点数之间的关系。二者似乎是线性相关的，因此在给定一个球员的本垒打数时，我们可以用回归线来预测他的打点数。数据显示，击出大量本垒打的球员往往也会通过打点得很多分。回归线的方程是

$$预测打点数 = 23.83 + 2.13 \times 本垒打数$$

数据迁移： Lahman 棒球数据库包含了很多由公共识别码链接的独立文件，例如棒球运动员的名字和球队的名称。我们合并了几个包含击球数据的文件，并且只保留 2016 赛季本垒打得分在前 25% 的球员数据。

数据文件： Batting2016.csv，来源于 www.baseball1.com。

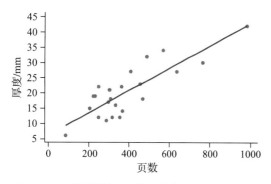

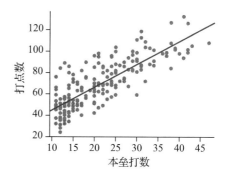

图 4.16　回归线刻画了样本书籍的厚度和页数之间的关系（来源：E. Onaga，2005年，加州大学洛杉矶分校统计系。）

图 4.17　回归线刻画了 2016 赛季美国职业棒球大联盟顶级本垒打选手的打点数和本垒打数之间的关系

解释回归的实际意义

假设你的车已经有 10 年车龄，想估算一下它现在的价值。回归线的一个重要用途是，在给定 x 值时预测相应的 y 值。从图 4.18 可以看出，车龄与价值呈线性相关，刻画这一相关关系的回归线为

$$预测价值 = 21\ 375 - 1\ 215 \times 车龄$$

我们可以用这个方程来预测一辆 10 年车龄的车的大约价值：

预测价值 =21 375−1 215×10

= 21 375−12 150=9 225

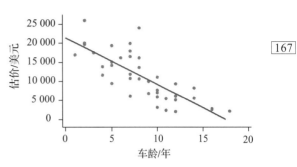

图 4.18　根据 Kelley Blue Book 这条回归线刻画了车的价值和车龄之间的关系（来源：C. Ryan 2006，个人来稿。）

根据回归线的预测，一辆 10 年车龄的车，价值约为 9 225 美元。诚然，除了车龄，还有很多因素会影响一辆车的价值。如果能掌握更多信息，也许我们就可以做出更准确的预测。然而，如果只知道车龄，这可能是我们所能做出的最优预测。此外，我们还要牢记另外一点：样本来自某统计学班级的一群学生，并不代表美国市场上的所有二手车。

用回归线进行预测需要基于一定的假设。稍后我们将更详细地讨论这些假设，现在基于常识即可。只有在数据有效的前提下，预测值 9 225 美元才有意义。例如，如果数据集中所有的汽车都是丰田汽车，而我们的车是雪佛兰汽车，那么这个预测值可能就没有意义了。

例 3　书的厚度

一位大学讲师想知道他的书架是否还有空间再放一本书。已知他的书架上还有 20 mm 宽的空间，并且他从网上书店获悉他想买的一本书有 598 页。回归线为

预测厚度 = 6.22+0.036 6× 页数

问题： 这本书能塞到他的书架上吗？

解答： 假设用于拟合这条回归线的数据能够代表所有书籍，我们预测一本 598 页的书对应的厚度为

预测厚度 = 6.22+0.036 6×598=6.22+21.886 8=28.106 8 mm

结论： 预计这本书有 28 mm 厚。尽管它的实际厚度可能与 28 mm 略有不同，但是由此看来这本书似乎无法塞到书架上。

试做： 练习 4.29。

根据常识，我们知道并不是所有 598 页的书都正好是 28mm 厚。对于给定的页数，书的厚度也会有很大的差异。

求解回归线

在几乎所有情况下，我们都会使用统计软件求解回归线。然而，重要的是要了解如何进行求解，使我们能够在无法获取全部数据时求解回归方程。

想要了解软件是如何求解回归线的，想象通过图 4.16～图 4.18 中的散点图绘制出刻画线性趋势的线。我们可以画出很多线，其中的一些看起来也能够很好地刻画趋势。但是为什

么回归线如此特别？如何求回归线的截距和斜率？

选择回归线是因为它是最接近大多数点的直线。更准确地说，与其他直线相比，观测点与回归线之间垂直距离的平方最小。图 4.19 中，竖线表示这些垂直距离。回归线有时被称为"最佳拟合"线，因为从这个意义上来讲，它是对数据的最佳拟合。

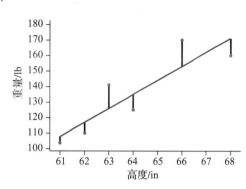

图 4.19 "最佳拟合"回归线，竖线表示每个观测值与回归线之间的垂直距离。对于其他直线，该垂直距离平方的平均值都更大

📌 贴士

最小二乘

回归线也被称为最小二乘线，因为回归线能够使观测值 y 和预测值 $\hat{y}$ 之间的差的平方和达到最小。在数学上，这意味着选择适当的斜率和截距，使 $\sum(y-\hat{y})^2$ 尽可能小。

为了求出最佳拟合直线，我们需要求出斜率和截距。回归线的斜率 b 为两个变量的标准差之比与相关系数的乘积：

$$斜率，\quad b=r\frac{s_y}{s_x} \tag{4.2a}$$

一旦求出了斜率，我们就能求出截距。为了求截距 a，我们要先求出变量 x 和 y 的均值：

$$截距，\quad a=\bar{y}-b\bar{x} \tag{4.2b}$$

现在把这些值代入直线方程，回归线是

$$回归线，\quad 预测 y=a+bx \tag{4.2c}$$

例 4　SAT 成绩和 GPA

美国东北部的一所大学将 SAT 成绩作为大学录取的标准。为了确定 SAT 成绩是否可以预测学业的成功，该校考察了已录取学生的 SAT 成绩和入学第一年的 GPA 之间的关系。图 4.20a 显示了随机抽取的 200 名学生的 SAT 数学成绩和第一年 GPA 的散点图。散点图显示，二者呈微弱的、正的线性关系，SAT 数学成绩越高的学生，第一年的 GPA 越高。该样本的平均 SAT 数学成绩为 649.5，标准差为 66.3。平均 GPA 为 2.63，标准差为 0.58。GPA 与 SAT 数学成绩的相

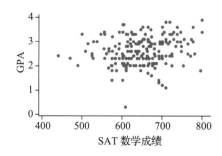

图 4.20a　SAT 数学成绩高的学生第一年的 GPA 也会更高，但这种线性关系比较弱（来源：美国教育考试服务中心对一所未命名学院的验证研究和 Fathom ™ 样本文件，2007，Key Curriculum Press。）

关系数为 0.194。

问题：

a. 求最佳拟合的回归方程。请注意，变量 x 是 SAT 数学成绩，y 变量是 GPA。

b. 当一个学生的 SAT 数学成绩为 650 时，利用这个方程预测他的 GPA。⸢169⸥

解答：

a. 利用本书网站提供的完整数据集，我们可以应用统计软件求解（并绘制）回归线。不过，在已知我们需要的统计量（两个变量的均值和标准差以及它们的相关系数）时，使用公式 4.2 求解回归线并不麻烦。

图 4.20b 显示了 StatCrunch 输出的回归线结果。（StatCrunch 提供的信息比我们在本章中需要的多得多。）由此，回归线方程为

预测 GPA =1.53+0.001 7× 数学成绩

现在我们用式（4.2）验证这个结果。

已知

SAT 数学成绩：$\bar{x} = 649.5$　$s_x = 66.3$

GPA：$\bar{y} = 2.63$　$s_y = 0.580$

$r = 0.194$

首先我们要计算斜率：

$$b = r\frac{s_y}{s_x} = 0.194 \times \frac{0.580}{66.3} = 0.001\,697$$

进而我们可以利用斜率计算截距：

$$a = \bar{y} - b\bar{x} = 2.63 - 0.001\,697 \times 649.5 = 2.63 - 1.102\,202 = 1.53$$

四舍五入得

预测 GPA=1.53+0.001 7× 数学成绩 ⸢170⸥

b. 预测 GPA=1.53+0.001 7× 数学成绩 =1.53+0.001 7×650=1.53+1.105=2.635

结论： 我们预测，SAT 数学成绩为 650 的人，他的 GPA 约为 2.64。

试做： 练习 4.33。

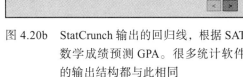

图 4.20b　StatCrunch 输出的回归线，根据 SAT 数学成绩预测 GPA。很多统计软件的输出结构都与此相同

不同的软件输出截距和斜率的方式不同。因此，你需要学习如何正确读取软件的输出结果。例 5 所示的输出结果来自几个不同的软件。

例 5　软件的回归输出结果

图 4.21 显示了 Minitab、StatCrunch 和 Excel 的输出结果，用于求解例 4 中 GPA 和 SAT 数学成绩的回归方程。

问题：对于每个软件，请解释说明如何从输出结果中得到回归方程。

结论：图 4.21a：Minitab 直接给出了一个简单的等式：GPA = 1.53 + 0.001 70 × 数学成绩（四舍五入后）。

然而，统计上更正确的格式应该在前面加上"预测"：

预测 GPA = 1.53 + 0.001 70 × 数学成绩

Regression Analysis: GPA versus Math

The regression equation is
GPA = 1.526 + 0.001699 Math

图 4.21a　Minitab 的输出结果

图 4.21b：StatCrunch 直接在表格的上半部分给出了回归方程，并在表格的下半部分列出了截距和斜率。

图 4.21c：Excel 在"Coefficients"列给出了相关系数，在"Intercept"行给出了截距，在"Variable 1"行给出了斜率。

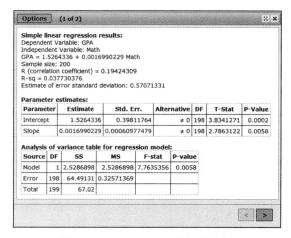

图 4.21b　StatCrunch 的输出结果

	Coefficients	Standard Error	t Stat	P-valve	Lower 95%	Upper 95%	Lower 95.0%	Upper 95.0%
Intercept	1.526434	0.398118	3.834127	0.000169	0.741339	2.311528	0.741339	2.311528
Variable 1	0.001699	0.00061	2.786312	0.00585	0.000497	0.002902	0.000497	0.002902

图 4.21c　Excel 的输出结果

试做：练习 4.35。

4.3.2　解释回归线

回归线的一个重要用途是预测给定 x 值对应的 y 值。实际上，回归线还提供了很多其他信息。它显示了 y 的均值相对于 x 的变化率，可以帮助我们理解因果关系背后的基本理论。

选择 x 和 y：顺序很重要

我们曾在 4.2 节中学到，无论将哪个变量作为 x 或 y，我们都会得到相同的相关系数。然而，对于回归而言，变量的顺序却很重要。对于一本给定页数的书，我们借助之前得到

的书厚度数据建立回归模型，进而预测这本书的厚度。回归方程（如图 4.22a 所示）为

$$预测厚度 = 6.22 + 0.036\ 6 \times 页数$$

但是如果我们想根据一本书的厚度来预测它的页数呢？

为此，我们需要改变变量的顺序，用页数作为变量 y，用厚度作为变量 x。计算得到斜率为 19.6（见图 4.22b）。

172

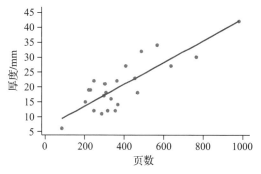
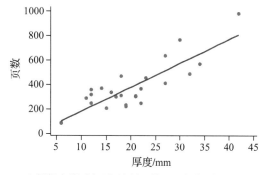

a）根据书的页数预测书的厚度。回归线的斜率是0.037　　　　b）根据书的厚度预测书的页数。回归线的斜率是19.6

图　4.22

我们很容易会想到，由于 x 和 y 互换位置后，新的图像是由原来的图像翻转而来的，因此新的斜率应该是原来斜率的倒数。如果这样的做法是正确的，那么我们可以通过计算 1/（原来的斜率）得到新的斜率。然而，这样的做法并不对。因为

$$1 / 0.036\ 6 = 27.3，与19.6的正确值不一致$$

那么我们应该如何判断哪一个变量应该作为变量 x，哪一个变量是变量 y 呢？

我们用横轴上的变量预测纵轴上的变量。因此，变量 x 被称为**解释变量**（explanatory variable）、**预测变量**（predictor variable）或**自变量**（independent variable）。y 变量称为**响应变量**（response variable）、**被预测变量**（predicted variable）或**因变量**（dependent variable）。这些名称反映了变量 x 和变量 y 在回归中所扮演的不同角色。将变量设为 x 还是 y，取决于回归线想要预测什么。

在回归中，你会看到很多用于描述变量 x 和变量 y 的统计术语。其中一些如表 4.1 所示。

表 4.1　用于描述变量 x 和变量 y 的统计术语

变量 x	变量 y
预测变量	被预测变量
解释变量	响应变量
自变量	因变量

例6　沿着走廊行走

神经学家会对病人进行各种检查，以确定他们是否患有认知障碍。导致认知能力下降的疾病（如阿尔茨海默病）也有其他影响，也许这些更容易观察到的症状可能有助于预测患者的认知水平。研究人员（Jabourian et al. 2014）招募了 400 名年龄在 18 岁到 65 岁之间的

受试者，并记录了他们在光线充足的室内走廊走 50 m 需要多长时间。此外，为了考察受试者的记忆力以及解决问题的基本能力，每个受试者还接受了一系列测试。这些测试被合并成一个信号"心理测试分数"。

问题：根据受试者的行走速度预测其心理测试分数时，我们应该将哪个变量绘制在散点图的 x 轴上，哪个变量在 y 轴上？

结论：研究人员希望通过受试者的行走速度预测其心理测试分数。因此，行走速度是预测变量（自变量），应绘制在 x 轴上，心理测试分数是响应变量（因变量），应绘制在 y 轴上。

试做：练习 4.41。

回归线是一条均值线

图 4.23 显示了样本中 507 位活跃人的体重直方图。我们有必要回答这样一个统计问题："这群人的典型体重是多少？"

回答这个问题的一种方法是计算样本均值。体重呈右偏分布，但不影响我们用平均体重反映典型值。经计算，这一群人的平均体重是 152.5 lb。

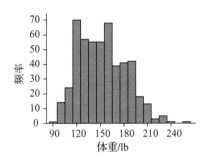

图 4.23　507 位活跃人的体重直方图

现在，我们知道身高和体重之间存在相关关系。个子矮的人往往体重也轻。如果我们知道一个人的身高，那么这个人的体重会是多少呢？肯定不是这个人群的平均体重吧！我们其实可以预测的更加准确。例如，一个身高 66 in 的人，他的典型体重是多少？为了回答这个问题，我们可以从样本中选取那些身高约为 66 in 的人，并记录他们的体重。为了确保样本量充足，我们把身高在 65.5 in 到 66.5 in 之间的人都取出来，共 47 人。其中一些人的体重是

$$130, \ 150, \ 142, \ 149, \ 118, \ 189, \ \cdots$$

图 4.24a 是这 47 个人的散点图，身高的均值是 66 in。

体重的均值是 141.5 lb。如图 4.24b 所示，我们在点（66，141.5）处绘制了一个三角形来标记这个点。

这样做的原因是，如果我们想要预测那些身高 66 in 的人的体重，141.5 lb 是一个不错的答案。

一个身高 70 in 的人，他的体重会是多少？我们可以从样本中选取身高在 69.5in 到 72.5 in 之间的人。一般而言，他们比那些身高约 66 in 的人要重。其中一些人的体重为：

$$189, \ 197, \ 151, \ 207, \ 157, \ \cdots$$

平均体重是 173.3 lb。我们在（70，173.0）处绘制另一个三角形符号来记录这个点。按同样的方式，图 4.24c 中的三角形标记了其他身高对应的平均体重。

值得注意的是，这些平均体重（几乎）都落在一条直线上。这条直线的方程是什么？

图 4.24d 在 4.24c 的基础上叠加了回归线。我们发现，回归线几乎穿过了所有三角形。

理论上，这些三角形代表的均值应该完全落在回归线上。然而，我们时常也会发现，实际数据并不总是符合理论。

图 4.24 中的一系列散点图说明了回归线的一个基本特征：回归线是一条均值线。代入一个 x 值，回归线就会用这个 x 值"预测" y 的均值。

KEY POINT 重点

当 x 和 y 呈线性趋势时，回归线穿过 y 的均值点。

174

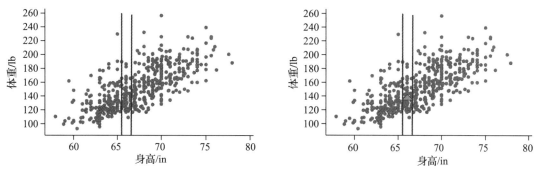

a）身高和体重的散点图，选取身高约 66 in 的人 　　b）身高和体重的散点图，身高 66 in 的人，平均体重是 141.5 lb

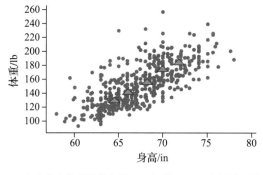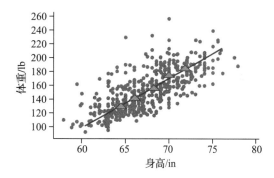

c）身高和体重的散点图，三角形标记了不同身高平均体重 　　d）身高和体重的散点图，叠加了一条直线

图　4.24

例 7　赛车比赛的完赛时长

一名统计学学生收集了全美直线加速职业联赛（National Hot Rod Association）车手约翰·福斯（John Force）的比赛数据。通常，车手会在赛前进行试车。人们感兴趣的是，试车时的最高时速（mile/h，mph）是否与正式比赛的完赛时长（单位：s）有关。车手一旦无法保持最高时速就会被迫减速，因此他们通常不会开得过快。图 4.25 展示了完赛时长（响应变量）和最高时速（预测变量）的散点图，样本数据来源于约翰·福斯的赛前试车环节。

该散点图显示，与常理相符，完赛时长与最高时速线性相关。回归线为

$$预计完赛时长 =7.84-0.009\ 4× 最高时速$$

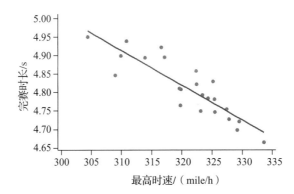

图 4.25　赛车比赛的散点图（来源：J. Hettinga，2005，加州大学洛杉矶分校统计系。）

175

问题：如果最高时速是 318 mile/h，预测平均完赛时长是多少？

解答：为了预测最高时速为 318 mile/h 车手的平均完赛时长，我们将 318 代入回归线：

$$预测完赛时长 =7.84-0.009\ 4×318=4.85\ s$$

结论：预测完赛时长为 4.85 s。

试做：练习 4.43。

解释斜率的含义

从前几节的内容中了解到，平均 y 值取决于 x 值，那么我们应如何比较不同 x 值对应的平均 y 值？在线性关系中，斜率可以回答这个问题。斜率表示的是当 x 值增加一个单位时，平均 y 值的变化。例如，当车手的最高时速提升 1 mile，平均完赛时长会改变多少？根据例 7 中回归线的斜率，平均完赛时长会缩短 0.009 4 s。（当然，如此微小的差异很可能就决定了比赛的胜负。）如果最高时速提升 10 mile 呢？平均完赛时长缩短 10×0.009 4=0.094 秒。因此我们可以看到，在一场典型的比赛中，如果想要将完赛时长缩短 1 s，车手的最高时速必须提升 100 mile，这显然是不可能的。

我们应该注意斜率为 0 或非常接近 0 的情况。当斜率为 0 时，x 和 y 之间不存在（线性）关系。斜率为 0 意味着不管 x 取什么值，y 的预测值总是相同的。当两个变量的相关系数为 0 时，回归线的斜率为 0。

例如，马拉松选手年龄和完赛时长之间的斜率（见图 4.3a）非常接近于 0（年龄每增加一岁，完赛时长平均增加 0.000 014 s）。

> **KEY POINT　重点**
>
> 对于线性趋势，斜率为 0 意味着 x 和 y 之间不相关。

摘要

斜率

斜率是什么？斜率是指回归线的倾斜程度。

斜率的用途是什么？斜率表示 x 值变化 1 个单位时平均 y 值的变化量。

斜率如何表示平均 y 值的变化？回归线给出了每一个 x 值对应的平均 y 值，而斜率体现了不同 x 值对应的平均 y 值是如何变化的。

如何利用斜率？我们用斜率度量两个变量之间的线性关系。

例 8　SAT 数学成绩和阅读成绩

通过回归分析来研究 SAT 数学成绩和阅读成绩之间的关系，得到以下回归模型：

预测阅读成绩 $=398.81+0.303\,0\times$ 数学成绩

样本包含 200 名学生。

图 4.26 中的散点图显示，二者线性相关，显示出微弱的正相关趋势。

问题：请解释斜率的含义。

解答：这条回归线的斜率表示，学生的 SAT 数学成绩增加 10 分，阅读成绩平均

$$10\times0.303\,0 = 上涨\ 3.03\ 分$$

结论：一个学生 SAT 数学成绩比别人高 10 分，则阅读成绩平均比别人高 3.03 分。

试做：练习 4.61a。

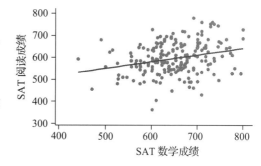

图 4.26　回归线显示 SAT 阅读成绩和 SAT 数学成绩之间呈微弱的正相关趋势

解释截距

　　截距表示 $x = 0$ 时回归线预测的平均 y 值。截距的意义通常并不重要，它的值有时甚至是不合常理的。例如，用身高预测体重的回归线显示，如果一个人的身高是 0 in，那么他的预测体重为 -231.5 lb！

　　在解释截距的含义之前，我们首先需要考虑变量 x 取值为 0 是否有意义。对于 SAT 成绩，你可能会认为在 SAT 数学考试中得到 0 分是有意义的。然而，SAT 数学部分的最低分数是 200，所以不可能得 0 分。（学习统计学，我们必须充分了解要分析的数据——只会计算数值是不够的！）

例 9　综合高等教育数据系统

　　从两年制大学男、女生毕业率差不多吗？图 4.27 显示了近年来两年制公立、非营利性

社区大学男、女毕业率之间的关系。（来源：IPEDS，https://nces.ed.gov/ ipeds /use-the-data。于 2018 年 3 月 5 日在该网站获取的数据。）单位是百分比。回归线为

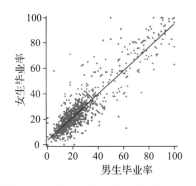

预测女生毕业率 = 3.8+0.9× 男生毕业率

问题：请解释截距和斜率的含义。

结论：回归的截距为 3.8，它表示在男生毕业率为 0 的两年制大学中，女生的预测平均毕业率为 3.8%。事实上，在这个数据库中，有一小部分大学报告的毕业率为 0%，这可能不是因为没有人毕业，而是与毕业率的报告方式有关。

图 4.27　两年制公立大学的男、女生毕业率

根据斜率，男生毕业率每增加 1%，女生毕业率平均增加 0.9%。

试做：练习 4.65。

摘要

截距

截距是什么？回归线的纵轴截距。

截距的用途是什么？截距表示 x 值为 0 时的平均 y 值。

截距如何表示 x 值为 0 时的平均 y 值？回归线是对线性关系的最佳拟合，因此当 x 值为 0 时，截距是对 y 值的最佳预测。

如何利用截距？变量 x 等于 0 通常是无意义的，在这种情况下，截距无法提供有用的信息。

例 10　车龄与价值

图 4.28 展示了车龄与价值之间的关系。该样本来自于本书作者的一些统计学班级。回归线为

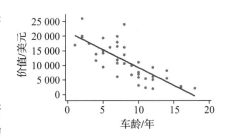

预测价值 =21 375−1 215× 车龄

问题：请解释斜率和截距的含义。

结论：根据回归线的截距，这些学生购置一辆新车（0 岁）的平均价值为 21 375 美元。根据回归线的斜率，汽车的年折旧额平均为 1 215 美元。

图 4.28　汽车的车龄和价值

试做：练习 4.67。

4.4　线性模型的评估

回归是理解数值变量线性关系的重要工具。但是，在解释回归模型时，我们要注意避开几个潜在的误区。本章的后续内容还将讨论如何度量回归模型对数据的拟合程度。

4.4.1　建模误区

在解释线性模型之前，我们只需简单地绘制并观察数据图表，就可以避免大多数误区。本节将提供一些建议，以避免可能出现的一些微妙的复杂情况。

勿用线性模型拟合非线性关系

回归模型只适用于变量间的线性关系。（你是否还记得这一点？）如果变量间不是线性相关的，回归模型可能会误导我们对变量相关性的理解。因此，在拟合回归模型之前，应该通过绘制散点图验证变量间的线性相关性。

图 4.29 给出了一个不好的回归模型。几个工业化国家的死亡率（每 1 000 人中的死亡人数）和葡萄酒消费量（每人年消费的升数）之间的关系是非线性的。回归模型为

$$预测死亡率 = 7.69-0.076\ 1 \times 葡萄酒消费量$$

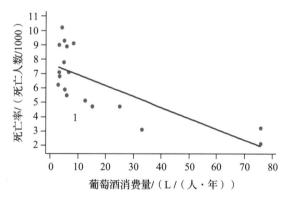

图 4.29　直线回归模型对这种非线性关系的拟合效果较差（来源：Leger et al. 1979。）

但它的拟合效果并不好。根据回归模型的预测，葡萄酒消费量处于中等水平的国家，其死亡率高于真实水平。

相关性不等于因果关系

科学研究和工商管理的重要目的都是探究变量间的关系，这样一来，你就可以基于一个变量的变化，对另一个变量的变化做出可靠的预测。这就是"x 导致 y"的含义：改变 x 值，y 值通常也会随之而改变。例如，刹车距离的长短取决于第一次踩刹车时的车速（与其他因素相比），一个 mp3 文件所占的内存取决于这首歌的时长，电话账单的金额取决于通话时长。在上述各个情况中，两个变量之间都存在着很强的因果关系。如果收集它们的数据并绘制散点图，就会看到这些变量的相关性。

然而，我们在统计学中常常面临与之相反的情况，即推断两个相关的变量之间是否存在因果关系。尽管两个相关变量的相关系数可能接近 1 或 −1，但正如我们之前看到的，相关并不意味着因果关系。我们不能仅凭一个强相关关系或一条拟合良好的回归线推断因果关系。

> **KEY POINT 重点**
>
> 　无论两个变量间的相关性有多强，回归线对数据的拟合程度有多高，都不足以证明它们之间存在因果关系。

在解释回归线的斜率时，我们不能轻易对因果关系做出论断。例如，对于 SAT 成绩，

$$预测阅读成绩 = 398.81 + 0.303\,0 \times 数学成绩$$

即使这条回归线很好地拟合了二者的相关关系，我们也没有充足的证据来得出这样的结论：如果你的 SAT 数学成绩提高了 10 分，那么你的阅读成绩就会提高 3.03 分。正如我们在第 1 章学到的，由于这些数据并非来源于对照实验，因此，混淆因素的存在可能会干扰我们对因果关系的推断。

当心代数误区。在代数中，我们将斜率解释为："当 x 增加 1 单位时，y 增加 b 单位。"然而，就数据本身而言，"随着 x 的增长"这句话通常不符合常理。在身高和体重数据集中，x 表示身高，y 表示体重，"x 增加"意味着人在长高！这是不准确的。用组间比较的方式解释斜率更为准确。例如，在比较某一身高的人和比他们高 1 in 的人时，你会发现那些高个子的人平均体重要多出 b lb。

在什么条件下我们才能根据两个变量的相关性推断出它们之间也存在因果关系？严格意义上，我们无法利用观测性研究的数据推断因果关系，只有当数据来自对照实验时才可以。（即使是对照实验，也必须注意实验设计是否正确。）然而，很多重要的研究是无法通过对照实验进行的。在这种情况下，我们有时可以基于大量的观测性研究结果，以强有力的理论解释作为支撑，进而得出因果关系的结论。例如，经过多年的观测性研究，研究人员推断吸烟会导致肺癌。在此期间，他们还比较了一对双胞胎——一个吸烟，另一个不吸烟——并利用实验室动物进行了大量对照实验。

注意异常值

异常值可能会对样本均值的计算结果产生很大的影响。由于回归线是一条均值线，因此你可能认为异常值也会影响回归线。事实也确实如此。在进行回归分析之前，应该观察数据的散点图，以确保样本中不存在异常值。

图 4.30 展示了异常值对回归线产生的影响。图 4.30 中的两个图表都对比了 2000 年的犯罪率（每 10 万人报告的犯罪数量）与人口密度（每平方英里的人口数）。图 4.30a 包括美国的 50 个州和华盛顿哥伦比亚特区。特区是一个异常值，对回归线有很大的影响。图 4.30b 不包括华盛顿哥伦比亚特区。

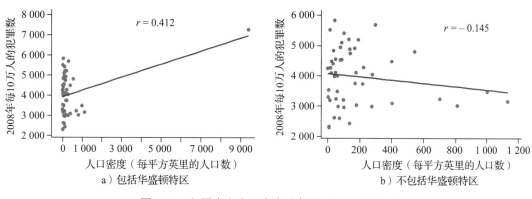

图 4.30　犯罪率和人口密度（来源：Joyce 2009。）

不包括华盛顿特区时，回归线的斜率竟然由正数变为了负数！因此，犯罪率和人口密度是正相关还是负相关取决于样本是否包括了华盛顿特区。我们称这样的观测值为**强影响点**（influential point），因为它们的存在与否会对结论有很大的影响。当数据集中存在强影响点时，可以分别用包含强影响点与不包含强影响点的样本进行回归和相关性分析（就像我们所做的那样），并解释结果的差异。

🔄 回顾

异常值

你曾在第 3 章中了解过异常值的概念。异常值是指距离大部分数据很远的值。在两个变量的相关关系中，异常值是指那些不符合趋势或远离大部分数据的值。

聚合数据的回归

研究人员有时会基于我们所说的聚合数据进行回归分析。**聚合数据**（aggregate data）是指每一个观测值都是一个群体的汇总。例如，在研究 SAT 数学成绩和阅读成绩之间的关系时，我们可以利用各州学生的平均成绩，而非单个学生的成绩。回归线是两个变量之间的线性关系的一个汇总，而均值是一个变量分布的中心的一个汇总。如果我们利用两个变量的均值的集合进行回归，会出现怎样的回归结果？

这种回归方法是可行的，但也需要谨慎运用。例如，图 4.31 是 SAT 阅读成绩和数学成绩的散点图。然而，在图 4.31a 中，每一个点代表一位美国东北大学的大一学生在秋季学期的 SAT 成绩。图 4.31b 中的散点图似乎显示了一种更强的相关关系，因为在这种情况下，每个点都是一个聚合。具体而言，每一个点代表美国的一个州所有 SAT 考生的平均 SAT 成绩。

在解释图 4.31b 时，要谨记每个点代表的是一个州，而不是单个人。我们可以说，各州的平均 SAT 数学成绩和平均 SAT 阅读成绩之间存在很强的相关性，而不能说每个学生的 SAT 数学成绩和 SAT 阅读成绩之间有很强的相关性。

181

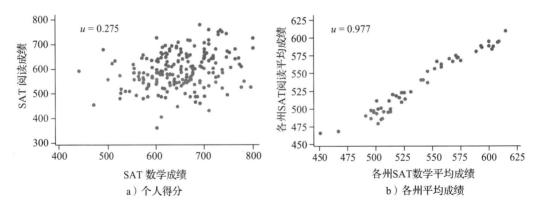

a）个人得分   b）各州平均成绩

图 4.31   SAT 阅读成绩和数学成绩

不要使用外推法!

外推法（extrapolation）是指利用回归线进行数据范围以外的预测。尽管我们观测到的趋势可能是线性的，但我们无法保证在更大的数据范围内线性趋势依然存在。因此，外推法是一种很冒险的方法。在数据范围以外进行预测，我们很可能会得到错误的结果。

图 4.32a 显示了 2 ～ 9 岁儿童的身高与年龄，数据来源于一项大型的美国国家研究。图 4.32a 中叠加的回归线很好地拟合了样本数据。然而，尽管回归模型适用于 2 ～ 9 岁的儿童，但当我们把样本扩展为 21 岁及以下人群时，该模型的预测效果就变差了。

图 4.32a 所示的回归线为

$$预测身高 = 31.78 + 2.45 \times 年龄$$

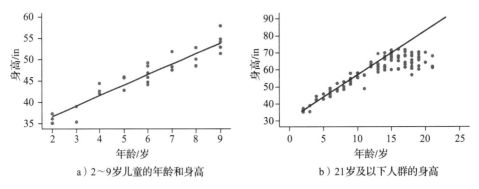

a）2 ～ 9 岁儿童的年龄和身高   b）21 岁及以下人群的身高

图 4.32   这条直线在年龄较大的人群中的预测效果很差（来源：美国国家健康和营养检查调查，疾病控制中心。）

然而，我们只观测了 2 ～ 9 岁的儿童。我们能用这条线来预测一个 20 岁的人的身高吗？回归模型预测 20 岁的平均身高为 80.78 in:

$$预测身高 = 31.78 + 2.45 \times 年龄 = 31.78 + 2.45 \times 20 = 80.78，也就是将近 7 \text{ ft}！$$

从图 4.32b 可以看出，如果将 9 岁以上的人包括在内，回归模型的拟合度较差。一旦超过这个年龄，趋势就不再是线性的，因此模型的预测效果并不好。

外推法看似高级，但请一定不要这样做，除非你确信观察到的线性趋势在数据范围之外仍然存在，否则必须收集新的数据，拓宽样本的覆盖范围。

KEY POINT 重点

不要使用外推法！

回归（均值回归）一词的起源

回归是一种"倒退的运动或回到以前的状态"，这是《牛津词典》中的第一个定义。那么，为什么我们要用回归来描述一个数值变量（比如汽车的车龄）对另一个数值变量（比如汽车的价值）的预测呢？

"回归"这一术语由弗朗西斯·高尔顿提出。他曾利用回归模型研究遗传关系。研究发现，如果父亲高于平均身高，儿子往往也高于平均身高，但儿子可能比父亲更接近平均身高。如果父亲低于平均身高，儿子往往低于平均身高，但儿子可能比父亲更接近平均身高。他把这种现象称为"向平均数方向的回归"，后来人们称之为**均值回归**（regression toward the mean）。

斜率的公式体现了均值回归的本质：

$$b = r\frac{s_y}{s_x}$$

这个公式告诉我们，如果父亲高于平均身高一倍标准差（高于平均身高 s_x 英寸），他的儿子并不是也高于平均身高一倍标准差（s_y），而是高于平均身高 r 倍标准差。因为 r 的取值在 -1 和 1 之间，所以 r 乘以 s_y 通常比 s_y 小。因此，标准差的增长将小于原标准差的变化。

"《体育画报》厄运"就是一个均值回归的例子。"厄运"是指那些登上《体育画报》封面的运动员在当年的表现将会非常糟糕。因此，一些职业运动员拒绝登上《体育画报》的封面。（有一次，因为没有运动员愿意作为封面人物，《体育画报》只得用一张黑猫的照片作为替代。）然而，如果一个运动员第一年的表现比平均水平高出几倍标准差，第二年的表现很可能会更接近平均水平。这就是一个均值回归的例子。对于一个明星运动员来说，接近平均水平的表现是非常糟糕的。

4.4.2 决定系数 r^2：拟合优度的度量

如果确信我们正在检查的关联是线性的，那么回归线提供了最好的数值汇总的关系。但多好才是"最好"呢？相关系数既可以度量线性相关的强度，也可以度量回归线对数据的拟合程度。

决定系数（coefficient determination）就是相关系数的平方 r^2。在统计上，我们通常称其为 **r 方**（r-squared），并将其乘以 100%，转换成百分数的形式。因为 r 的取值在 -1 和 1

之间，所以 r 的平方总是在 0% 和 100% 之间。r^2 等于 100% 表示完美的线性关系，意味着回归线对观测值的拟合效果达到最优。r^2 等于 0% 表示变量间不存在线性关系，回归线的拟合效果很差。

例如，当我们根据书的页数预测书的厚度时，我们发现这两个变量之间的相关系数为 $r = 0.920\ 2$。所以决定系数为 $0.920\ 2^2 = 0.846\ 8$，即 84.7%。

84.7% 的含义是什么？r^2 度量了响应变量的变化中可以由解释变量解释的部分。也就是说，书的页数对书的厚度的解释程度为 84.7%。我们应如何理解它的含义？

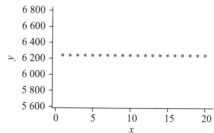

图 4.33 显示了一个散点图（模拟数据），无论 x 的取值是多少，y 值都是恒定的（$y = 624\ 0$）。y 值恒定，所以我们无须解释 y 的变化。

图 4.34 显示了几个人的身高，身高的单位分别为 in 和 cm。人们的身高不同，因此变量 y 的值也不同。实际上，两个变量记录的是同一个人的身高，因此这些点完美地落在了一条线上。唯一

图 4.33　y 恒定，因此我们无须解释其变化

的区别在于，变量 x 的单位是 in，变量 y 的单位是 cm。换句话说，如果已知 x 值（身高：in），那么就能准确地计算出 y 值（身高：cm）。因此，回归模型可以解释变量 y 的全部变化。此时，决定系数为 100%，回归模型对变量 y 的解释程度为 100%。

真实的数据往往更加复杂。图 4.35 展示了汽车的车龄和价值的散点图。图中叠加的回归线拟合了两个变量之间的线性趋势。如图，该回归模型仅能解释变量 y 的一部分变化，而不是 y 的全部变化。如果我们将 x 值代入回归线，得到的 y 值并不完全符合实际数据。两个变量的相关系数 $r = -0.778$，因此，这条回归线对变量 y 的解释程度为 $(-0.778)^2 = 0.605$，即 y 变化的 60.5%。

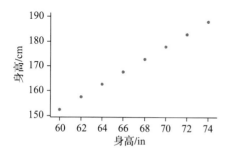

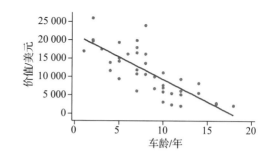

图 4.34　以 in 和 cm 为单位的身高数据，相关
　　　　系数为 1，决定系数为 100%

图 4.35　汽车的车龄和价值。相关系数为
　　　　-0.778，决定系数为 60.5%

r^2 的实际意义在于，它能够帮助我们确定哪个解释变量最适合预测响应变量。例如，对于腰围和身高，我们通过哪一个能更准确地预测一个人的体重？从图 4.36 的散点图中我

们可以找到这个问题的答案，腰围和体重的线性关系更强（零散分布的点更少）。

根据身高预测体重，模型的 r^2 为 51.4%（见图 4.36a）；根据腰围预测体重，模型的 r^2 为 81.7%（见图 4.36b）。相比于身高，腰围对体重变化的解释程度更高，因此，我们可以通过腰围更好（更精确）地预测体重。

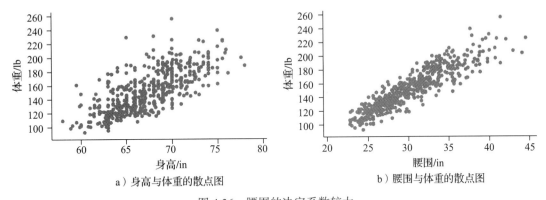

a）身高与体重的散点图 　　　　　　 b）腰围与体重的散点图

图 4.36　腰围的决定系数较大

KEY POINT 重点

在线性关系中，决定系数越大，回归线对数据的拟合程度就越高，我们做出的预测越准确。

 摘要

r^2

r^2 是什么？ r^2 表示决定系数。

r^2 的用途是什么？ r^2 用于度量回归模型对数据的拟合程度。

r^2 如何度量模型的拟合程度？ 如果观测值紧密地聚集在回归线附近，r^2 接近 1 或 100%。如果观测值很分散，r^2 接近于 0。如果变量间不存在线性趋势，并且观测值的分布呈无形的团状，那么 r^2 也接近于 0。

如何利用 r^2？ r^2 只适用于线性关系。r^2 的大值表示预测的 y 值很可能接近真实值。决定系数表示 y 的变化中可以用回归线解释的百分比。

案例分析回顾

预测房价

像 Zillow 这样的公司是如何预测房价的呢？尽管无法采用 Zillow 的专有算法，但我们至少还可以运用回归的方法，借助大量的历史数据预测房价。下面的散点图显示了科罗拉多州几十年前的房价数据。为了让散点图看上去更简洁，我们只关注两个乡镇的房价。图 4.37 显示了房价（单位：美元）与房屋面积（单位：ft²）之间的线性关系，并添加了一条线性回归线。

（房屋面积越大，价格波动越大，这是房价的普遍特征。因此你会发现，回归线对数据的拟合程度并不高。这样的特征被称为异方差性，统计学将教会我们如何处理异方差问题。）

回归方程为预测房价=-61 506+288×房屋面积，根据这个模型我们可以知道，在这个市场上，房屋面积每增加一平方英尺，房价平均增加288美元。正如在本章中学到的，我们还可以用它来预测其他房屋的价格。因此，一套2 500 ft² 的房屋预计售价为-61 506+288×2 500=658 494美元。

快速浏览散点图，你会发现我们的预测精度还有很大的提升空间。对于2 500 ft² 的房屋，其价格波动很大，因此从散点图的垂直方向来看，我们的预测很可能与真实房价相差很远。

我们可以在模型中纳入更多的信息从而改进预测精度。例如，从前有一个笑话称，影响房价的三个最重要的因素分别是"房屋所在地、房屋所在地和房屋所在地"。因此我们可以预计，在这个数据集中，两个乡镇的房价是不同的。图4.38显示了房屋所在的乡镇，可以看出，两个乡镇对应的回归线是不同的。在乡镇"1N"，一套2 500 ft² 的房屋预计售价74万美元，而在乡镇"3N"，同样面积的房屋预计售价为50.5万美元。与图4.37中的回归线相比，这两条回归线对房价数据的拟合程度更高。由此我们可以看出，在同时考虑房屋所在地和房屋面积两种要素时，模型对房价的预测效果更好。

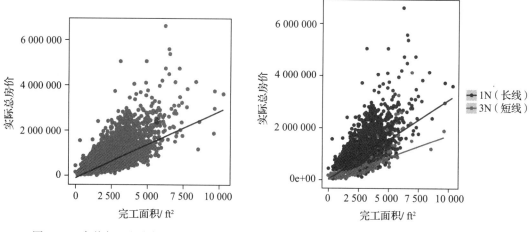

图4.37 房价与面积之间的回归线   图4.38 两个乡镇对应的回归线

含有多个预测变量的线性回归称为多元回归。多元回归意味着我们可以在模型中添加更多的预测变量，这样做通常会使预测结果更加精确。

数据项目：数据迁移

1. 概述

本章我们已经介绍了两个用于分析数值变量相关性的重要工具：散点图和回归线。下面这一部分的内容我们将介绍数据迁移[⊖]。数据迁移有助于我们更好地处理和分析数据，以及解决与数据集相关的统计调查问题（SIQ）。

数据：lamarathondata.csv。

2. 目标

提出统计调查问题，探究两个数值变量的关系。创建具有较少变量的数据集，基于已有变量创建新变量。

3. 数据迁移：变量的选取与创建

大型数据集通常会包含很多变量。通常，我们只需使用其中的一部分变量就可以解决手头的问题。假设我们想要探究马拉松选手在比赛中是匀速跑还是变速跑，我们并不需要像家乡、性别或地点这样的变量。"分段时间"变量记录了选手比赛开始后到达特定距离所需的时间，这才是我们需要用的变量。

马拉松选手在比赛中是匀速跑还是变速跑？

我们可以把这个问题重新表述为更精确的 SIQ："参加 2017 年洛杉矶马拉松赛的选手在前 5 km 的平均速度是否比后 5km 的更快？"

项目：下面介绍如何解答上述问题。首先介绍你如何通过选取所需变量精简数据，通过创建新变量扩展数据。

快速浏览数据集，我们会发现，数据集中没有记录选手速度的变量。但是，我们能通过时间和距离这两个变量计算选手的速度。

但在此之前，让我们先简化一下数据集。一种常见的数据迁移做法是，从数据集中选取你计划使用的变量。换句话说，我们通常需要舍弃那些用不到的变量。

我们想知道前 5 km 所用的时间，因此需要用到变量 5K.Split。除此之外，我们还想知道最后 5 km 的情况。你在网上可以查到，马拉松比赛全程有 42.2 km，最后 5 km 是 37.2 到 42.2 km。我们无法通过现有的数据得到最后 5 km 的速度，但却可以将 35 km 到 40 km 作为接近终点的 5 km，进而计算出从 35 km 到 40 km 这段路的速度。这样做的结果也许不那么令人满意，但这已经是最好的做法了。（当然，也有其他方法，例如比较前 5 km 与后 2.2 km 的速度。）这是一种常见的数据周期：从一个问题开始，在分析数据之前需要考察数据，我们意识到需要返回之前的步骤并修改我们的问题。

谨慎起见，你最好保留尽可能多的变量。在 StatCrunch 中，可以使用以下命令创建新的数据集：

Data > Arrange > Subset

然后，选择需要的变量，并选中 Options 下的"open in a new data set"。这样就完成了第一次数据迁移！

⊖　我们将数据迁移这个术语归功于杰出的数据科学教育家——蒂姆·埃里克森（Tim Erickson）。

保留 Bib.Number 变量，因为 ID 变量通常会对我们有所帮助。我们还保留了年龄和性别变量，以便我们研究和年龄有关的问题。

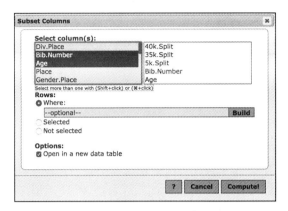

我们已经挑选出了所需变量，现在展示如何创建新的变量。这样的数据迁移有时称为特征创建。在数据科学的术语中，"特征"类似于"变量"。我们想计算马拉松选手在前 5 km 的速度，因为速度 = 距离 ÷ 时间，所以我们需要为此创建一个新的变量。距离为 5 km，时间用变量 5K.Split 表示。

选择 Data > Compute > Expression

然后在图中的"Expression"框中输入公式，并为新变量命名：

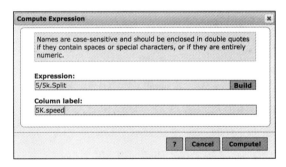

点击"Compute！"创建一个以 km/s 为单位的列。

如下图所示，我们可以创建一个新的变量，表示从 35 km 到 40 km 的速度。

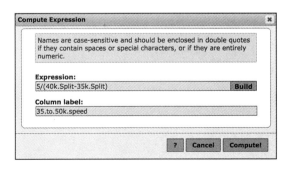

现在回答以下问题：比赛前 5 km 的典型速度是不是比最后 5 km 的典型速度要快？请继续探索如何借助 StatCrunch 以图表和数值两种形式回答上述问题。

作业：提出两个关于洛杉矶马拉松数据的统计调查问题。问题之一应该是比较两个数值变量，另一个问题是探究两个数值变量之间的关系。

创建一个新的数据集，其中只包含我们所需的变量，并根据数据集中的其他变量创建至少一个新变量。

借助图表和数值两种归纳形式，写一份简报回答你的统计调查问题。（请记住，数值变量之间的关系通常可以用一条回归线来描述。如果不可以，请解释原因。）讨论为什么以及如何创建其他特征。

本章回顾

188

关键术语（页码为边注页码）

散点图，151

趋势，151

强度，151

形状，151

正相关（正相关趋势），151

负相关（负相关趋势），151

线性，153

相关系数，156

回归线，165

纵截距，165

斜率，165

解释变量（预测变量，自变量），172

响应变量（被预测变量，因变量），172

强影响点，180

聚合数据，180

外推法，181

均值回归，182

决定系数，r 方，r^2，182

学习目标

读完本章并完成布置的作业后，你应该学会：

- 能够根据散点图简洁而准确地描述两个数值变量之间的关系；
- 理解如何使用回归线归纳两个数值变量之间的线性关系；
- 结合上下文，解释回归线的截距和斜率，并知道如何使用回归线来预测响应变量的均值；
- 客观评估回归模型。

小结

绘制散点图是理解数值变量相关性的第一步。分析趋势、强度和形状，找出异常值。

只有在线性相关的情况下，回归线和相关系数才有意义。相关系数接近 1 或 −1 并不意味着线性相关，当两个变量线性相关时，相关系数可通过式（4.1）计算：

$$r = \frac{\sum z_x z_y}{n-1} \tag{4.1}$$

如同用均值和标准差归纳分布特征，我们可以用回归线揭示变量间的关系。要学会解释斜率和截距，对于给定的 x 值，会使用回归线预测 y 的均值。决定系数 r^2 通过度量回归线所解释的 y 的变化来表示相关性的强度。

回归方程为

$$预测 \ y = a + bx \tag{4.2c}$$

其中斜率 b 为

$$b = r \frac{s_y}{s_x} \tag{4.2a}$$

而截距 a 为

$$a = \bar{y} - b\bar{x} \tag{4.2b}$$

解释回归分析的结果时，请注意：

请勿使用外推法。

请勿根据观测到的数据得出因果关系的结论。

注意异常值，因为它可能会（也可能不会）影响回归线。

分析聚合数据时，要格外谨慎。

参考文献

Anscombe, F. J. 1973. Graphs in statistical analysis. *American Statistician*, vol. 21, no. 1: 17–21.

Bentow, S., and D. Afshartous. Statistical analysis of Brink's data. www.stat.ucla.edu/cases.

Faraway, J. J. 2005. *Extending the linear model with R*. Boca Raton, FL: CRC Press.

Heinz, G., L. Peterson, R. Johnson, and C. Kerk. 2003. Exploring relationships in body dimensions. *Journal of Statistics Education*, vol. 11, no. 2. http://www.amstat.org/publications/jse/v11n2/datasets.heinz.html.

Jabourian, A., et al. 2014. Gait velocity is an indicator of cognitive performance in healthy middle-aged adults. *PLoS ONE*, vol. 9 (August): e103211. doi:10.1371/journal.pone.0103211.

Joyce, C. A., ed. *The 2009 world almanac and book of facts*. New York: World Almanac.

Leger, A., A. Cochrane, and F. Moore. 1979. Factors associated with cardiac mortality in developed countries with particular reference to the consumption of wine. *The Lancet*, vol. 313 (May): 1017–1020.

[189]

练习

4.1 节

4.1 GPA 预测值

这些散点图显示了一些学生的 SAT 成绩和 GPA。第一个图使用 SAT 阅读成绩预测 GPA，第二个图使用 SAT 数学成绩预测 GPA。对这些学生来说，SAT 阅读成绩和 SAT 数学成绩哪一个能更好地预测 GPA？请解释你的答案。

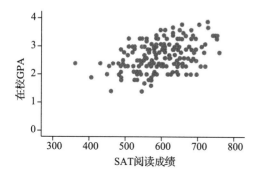

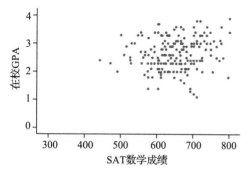

4.2 工龄和工资

已知甲有换公司工作的经历。第一个图显示了甲在入职新公司之前的工龄和工资，第二个图显示了甲在新公司的工龄和工资。哪个图可以用来说明它们之间的相关关系更显著？哪个图可以用来更好地预测新公司的工资？（来源：Minitab 14。）

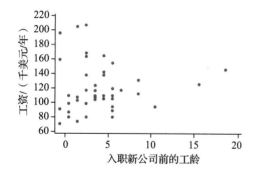

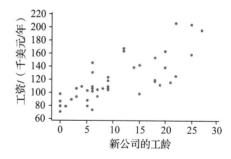

4.3 年龄和获得的学分

下面的散点图显示了关于一些大学生的年龄和获得的学分的数据。请描述这一趋势的强度、方向和形状。

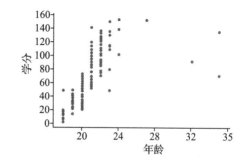

4.4 年龄和 GPA

下面的散点图显示了关于一些大学生的年龄和 GPA 的数据。请描述散点图的趋势，并解释其相关性是正的、负的还是接近于零？

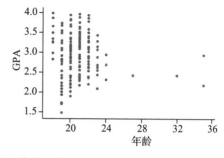

TRY **4.5** 获得的学分和 GPA（例 1）

下面的散点图显示了关于一些大学生获得的学分和 GPA 的数据。请描述散点图的趋势，并解释其相关性是

190

正的、负的还是接近于零？

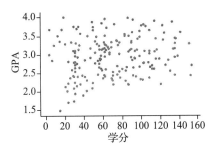

4.6 工资和受教育年数

下面的散点图显示了关于一些工人的工资和受教育年数的数据。请描述散点图的趋势，并解释其相关性是正的、负的还是接近于零？

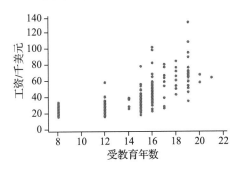

4.7 兄弟姐妹数量

下面的散点图显示了一些学生的兄弟姐妹数量。你认为其相关性是正的还是负的？这个趋势的发展（正的或负的）能说明什么问题？在这种情况下，这种趋势有什么意义？

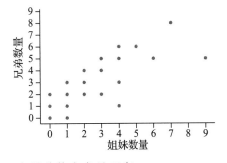

4.8 房屋价格和房屋面积

下面的散点图显示了一些房屋的价格和面积。请描述散点图的趋势，并指出异常点。

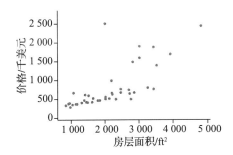

4.9 工作时长和看电视时长

下面的散点图显示了一些大学生每周的工作时长和看电视时长。二者之间显示出微弱的相关趋势，其相关性是正的还是负的？在这种情况下，这个趋势的发展能说明什么问题？请指出异常点。

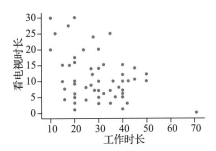

4.10 工作时长和睡眠时长

下面的散点图显示了一些大学生每周工作时长和每晚睡眠时长。散点图呈现的趋势是显著增长的、显著下降的还是微弱的？请解释你的答案。

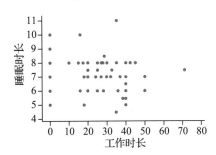

4.11 年龄和睡眠时长

下面的散点图显示了一些学生的年龄和"昨晚"睡眠时长。你认为其相关性是略为正的还是略为负的？这意味着什么？

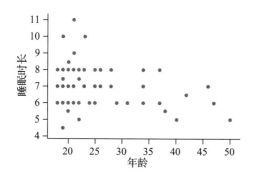

4.12 女性身高和体重

该散点图显示了一些女性的身高和体重数据。请描述一下你从图中可以得到的信息。你认为其相关性是正的、负的还是接近于零？请解释你的答案。

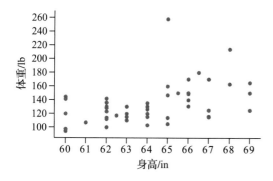

4.2 节

4.13 大学学费和 ACT 成绩

a. 第一个散点图显示了马萨诸塞州一些大学的学费和录取率。使用这个数据集解释它们之间的相关性有意义吗？为什么呢？

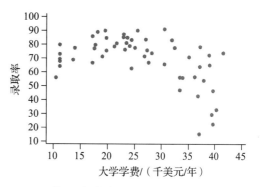

b. 第二个散点图显示了美国大学入学考试（ACT）的综合成绩和同一考试的英语成绩。使用这个数据集解释它们之间的相关性有意义吗？为什么呢？

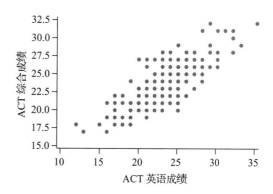

4.14 女性生育年龄

该散点图显示了关于美国出生率（每 1000 名女性的活产数）和母亲年龄的数据。使用这个数据集解释它们之间的相关性有意义吗？请解释你的答案。根据这个散点图，请回答哪个年龄的女性生育率最高？（来源：Wendel and Wendel（eds.），*Vital statistics of the United States: Births, life expectancy, deaths, and selected health data*, 2nd ed. [Lanham, MD：Bernan Press, 2006]。）

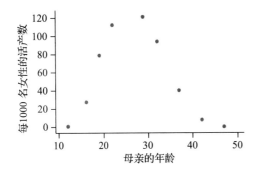

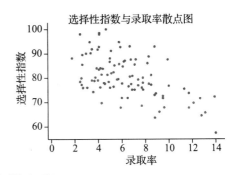

选择性指数与录取率散点图

4.15 法学院

下面的散点图显示了法学院的 LSAT（法学院能力倾向测验）成绩与从法学院毕业后立即就业的学生比例。你认为这些变量之间的相关性是正的、负的还是接近于零？请解释你的答案。（来源：Internet Legal Research Group。）

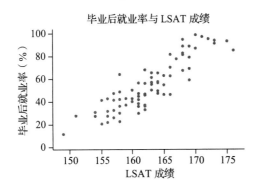

毕业后就业率与LSAT成绩

4.17 匹配

选择与列出的每个数值对应的图。对应关系如下：

0.767 ＿＿＿＿＿

0.299 ＿＿＿＿＿

−0.980 ＿＿＿＿＿

a）
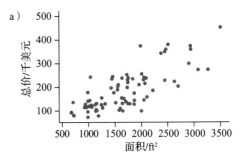

b）
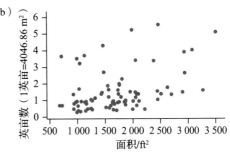

c）
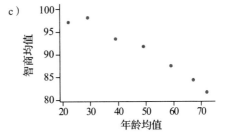

4.16 医学院

下面的散点图显示了一些医学院的录取率和选择性指数。录取率是指被医学院录取的申请者所占的比例。选择性指数是基于 GPA、考试成绩和录取率的综合衡量标准。选择性指数越大，表明学校质量越好。你认为这些变量之间的相关性是正的、负的还是接近于零？请解释你的答案。（来源：Accepted.com。）

192

4.18 匹配

选择与列出的每个数值对应的图。对应关系如下：

-0.903 _____

0.374 _____

0.777 _____

a)

b)

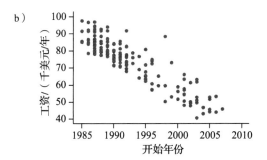

c)

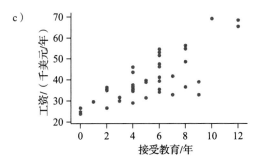

a)

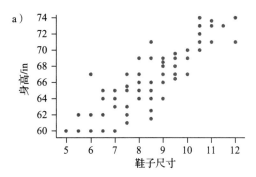

b)

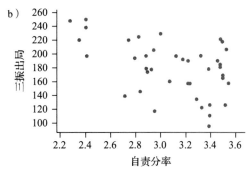

（来源为 StatCrunch：2011 MLB Pitching Stats。所有者：IrishBlazeFighter。）

c)

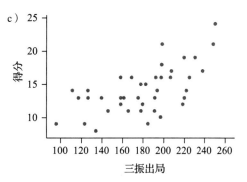

（来源为 StatCrunch：2011 MLB Pitching Stats。所有者：IrishBlazeFighter。）

4.19 匹配

选择与列出的每个数值对应的图。对应关系如下：

0.87 _____

-0.47 _____

0.67 _____

4.20 匹配

选择与列出的每个数值对应的图。对应关系如下：

-0.51 _____

0.98 _____

0.18 _____

a)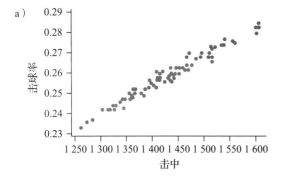

194

b)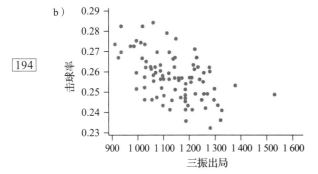

c)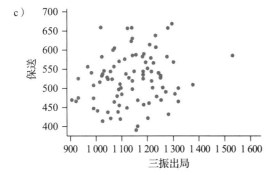

TRY **4.21 机票价格（例 2）**

从旧金山到几个城市的单程距离和机票价格如表所示。

目的地	距离 /km	价格 / 美元
Chicago	2 960	229
New York City	4 139	299
Seattle	1 094	146
Austin	2 420	127
Atlanta	3 440	152

a. 使用计算机或统计计算器计算这些

数据的相关系数。以距离为变量 x，价格为变量 y。

b. 以价格为变量 x，距离为变量 y，重新计算这些数据的相关系数。这对相关系数会产生什么影响？

c. 假设每一张机票都加收 50 美元安全费。这对相关系数会产生什么影响？

d. 假设航空公司举办了一场优惠大促销，旅客以单程票的价格就可以得到一张双程票。这意味着，在票价不变的情况下，距离可以增加一倍。这对相关系数会产生什么影响？

4.22 火车票价格

下面 a 部分的表显示了选定城市之间的距离，以及这些城市之间的商务舱火车票价格。

a. 使用计算机或统计计算器计算表中所示数据的相关系数。

距离 /mile	费用 / 美元
439	281
102	152
215	144
310	293
406	281

b. 下面的表显示了相同的变量信息，只不过距离是将 mile 乘以 1.609 换算成 km 的。当这些数字乘以一个常量时，相关性会发生什么变化？

距离 /km	费用 / 美元
706	281
164	152
346	144
499	293
653	281

c. 假设每一张火车票都加收附加费，

以支付轨道养护费用。无论行程有多长，每一张票都加收 20 美元费用。下表显示了新的数据。当每个数字加上一个常量时，相关性会发生什么变化？

距离 /mile	费用 / 美元
439	301
102	172
215	164
310	313
406	301

4.23 SAT 成绩和 GPA

在练习 4.1 中，有一个显示 SAT 成绩和 GPA 之间关系的散点图，其中 SAT 成绩是预测变量，GPA 是响应变量。如果将变量调换，以 GPA 为预测变量，SAT 成绩为响应变量，这对相关性会产生什么影响？

4.24 房屋的价格

一些房屋的价格（美元）和面积（ft^2）之间的相关系数为 0.91。如果你发现同样的房屋的价格（千美元）和面积（ft^2）之间存在相关性，那么相关系数是多少？

4.25 给教授评分

加州路德大学前教授塞斯·瓦格曼（Seth Wagerman）登录网站 RateMyProfessors.com，查找了一个系的 6 名全职教授的教学质量得分和"轻松程度"。评分从 1（质量最低）到 5（质量最高）和 1（最难）到 5（最易）。给出的数字是每位教授得分的平均数。假设变量之间存在线性关系，计算相关系数，并解释其含义。

质量	轻松程度
4.8	3.8
4.6	3.1
4.3	3.4
4.2	2.6
3.9	1.9
3.6	2.0

4.26 表亲数量

我们询问了 5 个人他们拥有的表姐妹和表兄弟的数量，具体的数据如下表所示。假设变量之间存在线性关系，计算相关系数，并解释其含义。

女性	男性
2	4
1	0
3	2
5	8
2	2

4.27 健身房使用率和 GPA

《今日美国高校》发表了一篇标题为《健身房使用率和 GPA 之间的正相关性》的文章。根据这个标题，请解释其正相关性的含义。

4.28 教育和预期寿命

合众国际社发表了一篇标题为《关于教育与预期寿命之间相关性的研究发现》的文章。你认为这种相关性是正的还是负的？根据这个标题，请解释你的答案。

4.3 节

TRY 4.29 大学毕业生工资（例 3）

这张散点图显示了一些大学毕业生的起薪中位数和职业中期薪资中位数。（来源：*The Wall Street Journal*, Salary increase by salary type, http：//online.wsj.com/ public/resources/

documents/info-Salaries_for_Colleges_by_Typesort.html. 通过 StatCrunch 获取。所有者：Webster West。）

a. 使用数据绘制散点图，并回答哪个是自变量，哪个是因变量？

b. 为什么你认为有用的是中位数，而不是平均数？

c. 已知起薪中位数为 6 万美元，根据散点图估算职业中期薪资中位数。

d. 用回归方程预测起薪中位数为 6 万美元的职业中期薪资中位数。

e. 除了起薪之外，请考虑还有什么其他因素可能会影响职业中期薪资？

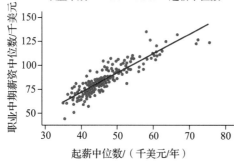

职业中期 = −7.699 + 1.989 × 起薪中位数

4.30 母亲和女儿的身高

这张散点图显示了母亲和女儿的身高。（来源：StatCrunch：Mother and Daughter Heights.xls。所有者：craig_slinkman。）

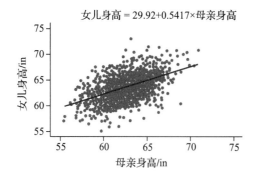

女儿身高 = 29.92 + 0.5417 × 母亲身高

a. 使用数据绘制散点图，并回答哪个是自变量，哪个是因变量？

b. 从散点图中可以看出，身高 60 in 的母亲的身高与预测的女儿的身高大致相当。

c. 根据回归方程，计算出身高 60 in 的母亲的女儿的身高。

d. 解释斜率的含义。

e. 除了母亲的身高之外，请考虑还有什么其他因素可能会影响女儿的身高？

4.31 男性和女性的周薪中位数

这张散点图显示了从 2005 年到 2017 年美国男性和女性的周薪中位数（按季度计算），其相关系数为 0.974。（来源：Bureau of Labor Statistics。）

a. 根据散点图估算在男性周薪中位数为 850 美元的季度，女性的周薪中位数是多少。

b. 根据下图所示的回归方程，更准确地估算在男性薪资中位数为 850 美元的季度，女性的周薪中位数是多少。

c. 回归方程的斜率是多少？解释斜率的含义。

d. 回归方程的 y 轴截距是多少？解释 y 轴截距的含义，或解释这样做不合适的原因。

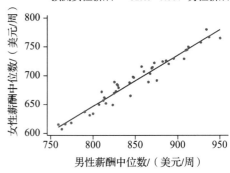

预测女性薪酬 = −62.69 + 0.887 × 男性薪酬

4.32 房屋的面积和售价

这张散点图显示了加州某同一邮编地区的房屋的面积（单位：ft^2）和售价。（来源：realtor.com。）

a. 根据散点图估算一套 2 000 ft^2 的房屋的售价是多少。

b. 根据回归方程预测一套 2 000 ft^2 的房屋的售价是多少。

c. 回归方程的斜率是多少？解释斜率的含义。

d. 回归方程的 y 轴截距是多少？解释 y 轴截距的含义，或解释这样做不合适的原因。

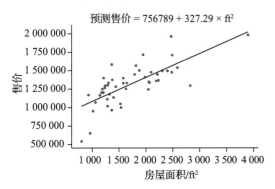

预测售价 = 756789 + 327.29 × ft^2

TRY*4.33 女性身高和臂展（例 4）

图中显示了 TI-84 输出的线性模型，该模型是根据女性的身高（单位：in）来预测臂展（单位：cm）的。此外，它还提供了一些汇总统计量。

```
NORMAL FLOAT AUTO REAL RADIAN MP

          LinReg
y=a+bx
a=16.80271378
b=2.249707146
r²=.8987441215
r=.9480211609
```

	均值	标准差
身高，x	63.59	3.41
臂展，y	159.86	8.10

为了完成 a 到 c 部分，假设女性的身高和臂展之间存在线性关系。

a. 根据给定的线性模型，写出回归方程。注意，用单词 height（身高）和 arm span（臂展），而不是用 x 和 y。

b. 根据公式 $b = r\dfrac{s_y}{s_x}$ 解释斜率的含义。

c. 根据公式 $a = \overline{y} - bx$ 解释 y 轴截距的含义。

d. 根据回归方程预测身高 64 in 的女性的臂展（单位：cm）是多少。

4.34 女性手和脚的长度

图中显示了计算机输出的根据女性的手长（单位：cm）预测脚长的结果。假设女性的手长和脚长之间存在线性关系。统计汇总数据如下表所示。

	均值	标准差
手长，x	17.682	1.168
脚长，y	23.318	1.230

```
The regression equation is
Y = 5.67 + 0.998 X
Pearson correlation of HandL and FootL = 0.948
```

a. 根据给定的线性模型，写出回归方程。注意，用单词 hand（手长）和 foot（脚长），而不是用 x 和 y。

b. 根据公式 $b = r\dfrac{s_y}{s_x}$ 解释斜率的含义。

c. 根据公式 $a = \overline{y} - bx$ 解释 y 轴截距的含义。

d. 根据回归方程预测手长 18 cm 的女性的脚是多长（单位：cm）。

TRY 4.35 男性身高和臂展（例 5）

我们对一些成年男性的身高和臂展进行了测量，借助回归方程可以根据男性的身高预测臂展。我们提供了几种不同统计方法的输出模型，假设男性的身高和臂展之间存在线性关系。

a. 根据给定的线性模型，写出回归方程。注意：用词组［例如 arm span（臂展）］，而不是用 x 和 y。

b. 使用给定的所有数据解释每种统计方法计算的斜率和截距的含义。

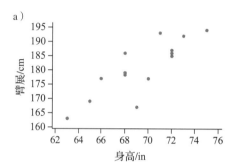

a)

b)

```
The regression equation is
Armspan = 6.2 + 2.51 Height
```

c) Simple linear regression results:
Dependent Variable: Armspan
Independent Variable: Height
Armspan = 6.2408333 + 2.514674 Height
Sample size: 15
R (correlation coefficient) = 0.8681
R-sq = 0.7535989
Estimate of error standard deviation: 5.409662

d)

	Coefficients
Intercept	6.240833
X Variable	2.514674

e)

4.36 男性手长和脚长

我们对一些成年男性的手长和脚长进行了测量，借助回归方程可以根据男性的手长预测脚长。我们提供了几种不同统计方法的输出模型，假设男性的手长和脚长之间存在线性关系。

a. 根据给定的线性模型，写出回归方程。注意，用变量名称 FootL（手长）和 HandL（脚长），而不是用 x 和 y。

b. 使用给定的所有数据解释每种统计方法计算的斜率和截距的含义。

a)
```
The regression equation is
FootL = 15.8 + 0.563 HandL
```

b) Simple linear regression results:
Dependent Variable: FootL
Independent Variable: HandL
FootL = 15.807631 + 0.5626551 HandL
Sample size: 17
R (correlation coefficient) = 0.404
R-sq = 0.1632489
Estimate of error standard deviation: 1.6642156

c)

	Coefficients
Intercept	15.80763
X Variable	0.562655

d)

4.37 男性和女性的臂展和身高

已知一些成年女性的臂展和身高之间的相关系数 $r=0.948$，而一些成年男性的臂展和身高之间的相关系数 $r=0.868$。假设臂展和身高之间存在线性关系，请考虑男性和女性在臂展和身高之间的相关性谁更显著？解释你的答案。

*4.38 男性和女性的年龄和体重

这张散点图中的实线用于表示根据男性的年龄预测体重；虚线用于表示根据女性的年龄预测体重。数据源于一个大型统计班成员。

a. 请指出哪条线更高，并解释说明了什么问题。

b. 请指出哪条线的斜率更大，并解释

说明了什么问题。

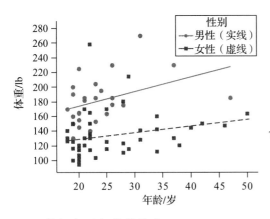

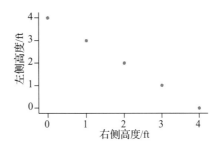

4.39 单打和双打的获胜率

下面的散点图显示了一组男性职业网球运动员在单打和双打比赛中的获胜率。（来源：tennis.com。）

a. 根据这张散点图，你认为这两个变量之间存在显著的线性关系吗？

b. 这两个变量之间的相关系数会接近 -1、1 还是 0？请解释你的答案。

c. 根据这张散点图，你认为可以根据职业网球运动员的单打获胜率来准确预测其双打获胜率吗？

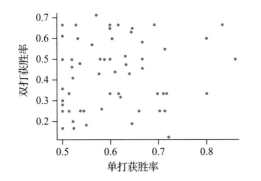

4.40 跷跷板的座位高度

这张散点图显示了跷跷板的左侧座位高度和右侧座位高度。请计算它们的相关系数，并解释其含义。

TRY 4.41 选择预测变量和响应变量（例 6）

在以下问题中，你认为哪个变量应该是预测变量（x），哪个变量应该是响应变量（y）。请解释你的答案。

a. 你已经收集了待售二手车的数据，两个变量分别是汽车的价格和里程表的读数。

b. 这项研究针对每月的家庭开支，两个变量分别是每月水费和家庭规模。

c. 私人教练收集了每位客户的体重和健身时长的数据。

4.42 选择预测变量和响应变量

在以下问题中，你认为哪个变量应该是预测变量（x），哪个变量应该是响应变量（y）。请解释你的答案。

a. 一名研究人员测量了受试者的承压能力和血压。

b. 开车上下班的员工记录了他们的通勤里程（单位：cm）和每月购买汽油的金额。

c. 游乐园记录了过山车达到的高度和最高速度。

TRY 4.43 无烟家庭百分比和高中生吸烟百分比（例 7）

下面是带有回归线的散点图。这些数据针对 50 个州，来自疾病控制和预防中心。其中预测变量是无烟家庭百分比，响应变量是高中生吸烟百分比。

198

a. 请解释散点图的趋势说明了什么问题。

b. 假设该州有 70% 的无烟家庭，根据回归方程预测高中生吸烟百分比。注意，应该用 70 而不是 0.70。

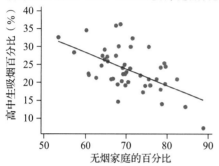

预测吸烟百分比=56.32 − 0.464×无烟家庭百分比

4.44 成年人吸烟对高中生吸烟的影响

下图是一个带有回归线的散点图，图中的数据对应 50 个州。其中，成年人吸烟百分比是预测变量，高中生吸烟百分比是响应变量。（最左下角的点代表犹他州。）

a. 请解释该散点图的趋势。

b. 假设某个州有 25% 的成年人吸烟，根据回归方程预测高中生吸烟率。注意，应该用 25 而不是 0.25。

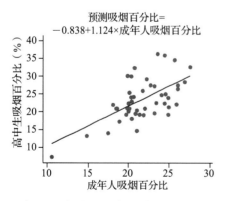

预测吸烟百分比=
−0.838+1.124×成年人吸烟百分比

4.45 驾驶员年龄和汽车保险费用

下面的散点图显示了一些驾驶员的年龄和平均汽车保险费。（来源：

valuepenguin.com。）

a. 请根据这张散点图描述驾驶员年龄和汽车保险费率之间的趋势，并解释原因。

b. 我们是否可以对这些数据进行线性回归分析？为什么？

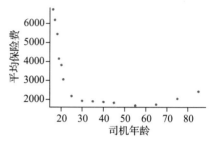

4.46 人寿保险和年龄

下面的散点图显示了按购买年龄划分的一份为期 10 年、价值 25 万美元的男性人寿保险单的月保费。例如，一名 20 岁的男性需要每月支付约 10 美元购买这样一份保险，而一名 50 岁的男性需要每月支付约 24 美元购买同样的保险。

a. 请描述一下散点图中传达给我们的关于不同年龄段男性的人寿保险费率的信息，并解释人寿保险费率可能会依照这一趋势的原因。

b. 对这些数据进行线性回归分析是否合适？为什么？

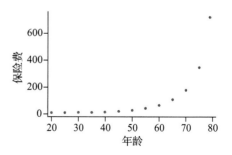

g4.47 飞行时长与飞行距离有什么关系？

下表列出了从 Boston 到每个城市的距离（单位：kmile），并给出了随机选择一架商用飞机完成该飞行的时长。请绘制散点图，做一个完整的回归分析，解释斜率和截距的含义。已知从 Boston 到 Seattle 的距离是 3 000 mile，预测从 Boston 到 Seattle 的直达航班需要花多长时间。参见本章的练习指导。

城市	距离 /kmile	时长 /h
St. Louis	1.141	2.83
Los Angeles	2.979	6.00
Paris	3.346	7.25
Denver	1.748	4.25
Salt Lake City	2.343	5.00
Houston	1.804	4.25
New York	0.218	1.25

4.48 距离和火车票价格

下表列出了从 Boston 到每个城市的距离，以及从 Boston 到该市的火车票价格。

城市	距离 /mile	票价 / 美元
Washington, D.C.	439	181
Hartford	102	73
New York	215	79
Philadelphia	310	293
Baltimore	406	175
Charlotte	847	288
Miami	1 499	340
Roanoke	680	219
Atlanta	1 086	310
Tampa	1 349	370
Montgomery	1 247	373
Columbus	776	164
Indianapolis	950	245
Detroit	707	189
Nashville	1 105	245

a. 使用软件绘制散点图。根据散点图，你认为这两个变量之间存在显著的线性关系吗？请解释你的答案。

b. 计算 r 并写出回归方程。注意用变量名称"票价"和"距离"，四舍五入到小数点后两位。

c. 解释回归方程斜率的含义。

d. 解释回归方程 y 轴截距的含义，或解释这样做不合适的原因。

e. 根据回归方程预测从 Boston 到 Pittsburgh（距离 572 mile）的火车票价格。

4.49 人口较多的州是否有较多的百万富翁？

下表列出了 2008 年美国东北部各州的百万富翁人数（单位：千）和人口数（单位：十万）。百万富翁人数来自 2007 年 3 月《福布斯》杂志。

a. 在不做任何计算的前提下，预测相关性和斜率的正负性。请解释你的答案。

b. 以 x 轴表示人口数（单位：十万），y 轴表示百万富翁人数（单位：千），绘制散点图。你的预测结果正确吗？

c. 计算相关系数。

d. 计算斜率，并解释它的含义。注意单位换算。

e. 说明在这种情况下解释截距没有意义的原因。

州名	百万富翁人数	人口数
Connecticut	86	35
Delaware	18	8
Maine	22	13
Massachusetts	141	64
New Hampshire	26	13
New Jersey	207	87
New York	368	193
Pennsylvania	228	124
Rhode Island	20	11
Vermont	11	6

4.50 电影评分

下表列出了 2017 年制作的几部电影在烂番茄和 Metacritic 上的评分。这两种评分系统都是用 0 到 100 的数字给电影打分。(来源：vox.com。)

a. 使用软件绘制散点图，以 Rotten Tomatoes 为自变量，Metacritic 为因变量。根据散点图，你认为这两个变量之间存在显著的线性关系吗？

b. 计算相关系数 r 并写出回归方程。注意用变量名称 Rotten Tomatoes 和 Metacritic，四舍五入到小数点后两位。

c. 解释回归方程斜率的含义。

d. 解释回归方程 y 轴截距的含义，或解释这样做不合适的原因。

电影名称	Rotten Tomatoes	Metacritic
Beauty and the Beast	70	65
Wonder Woman	92	76
Guardians of the Galaxy Vol. 2	82	67
Spider-Man: Homecoming	92	73
Despicable Me 3	61	49
Logan	93	77
The Fate of the Furious	66	56
Dunkirk	93	94
The LEGO Batman Movie	90	75
Get Out	99	84
The Boss Baby	51	50
Pirates of the Caribbean: Dead Men Tell No Tales	29	39
Kong: Skull Island	76	62
Cars 3	68	59
War for the Planet of the Apes	93	82
Split	74	62
Transformers: The Last Knight	15	28
Fifty Shades Darker	10	33
Girls Trip	88	71
Baby Driver	94	86

4.51 投手

下表显示了 2017 赛季美国职业棒球大联盟前 40 名投手的 ERA（自责分率）和 WHIP 值（单局被上垒率）。顶级投手的 ERA 和 WHIP 值通常比较低。(来源：ESPN.com。)

a. 使用给定的数据绘制散点图，并根据散点图判断斜率的正负。用 WHIP 值预测 ERA。

b. 写出最优拟合方程，使用软件或手动在散点图上绘制回归线。

c. 解释斜率的含义。

d. 解释 y 轴截距的含义，或解释这样做不合适的原因。

WHIP	ERA	WHIP	ERA
0.87	2.25	1.21	3.55
0.95	2.31	1.22	3.64
0.9	2.51	1.22	3.66
1.02	2.52	1.27	3.82
1.15	2.89	1.15	3.83
0.97	2.9	1.16	3.86
1.18	2.96	1.27	3.89
1.04	2.98	1.35	3.9
1.31	3.09	1.28	3.92
1.07	3.2	1.42	4.03
1.13	3.28	1.26	4.07
1.1	3.29	1.36	4.13
1.35	3.32	1.28	4.14
1.17	3.36	1.22	4.15
1.32	3.4	1.33	4.16
1.23	3.43	1.37	4.19
1.25	3.49	1.2	4.24
1.22	3.53	1.25	4.26
1.19	3.53	1.3	4.26
1.21	3.54	1.37	4.26

4.52 短信

下表显示了一些人在一天内收发短信的数量。(来源为 StatCrunch：

Responses to survey How often do you text？该数据的所有者：Webster West。本题数据源于其中的一个子数据集。）

a. 根据数据绘制散点图，并根据散点图说明斜率的符号。以发送短信的数量为自变量。

b. 写出最优拟合方程，使用软件或手动绘制回归线。

c. 解释斜率的含义。

d. 解释截距的含义。

发	收	发	收
1	2	10	10
1	1	3	5
0	0	2	2
5	5	5	5
5	1	0	0
50	75	2	2
6	8	200	200
5	7	1	1
300	300	100	100
30	40	50	50

4.4 节

4.53 请用完整的句子回答下列问题。

　a. 什么是强影响点？在进行回归分析时，如何处理强影响点？

　b. 什么是决定系数？它度量的是什么？

　c. 什么是外推法？什么时候可以使用外推法？

4.54 请用完整的句子回答下列问题。

　a. 一位经济学家指出，消费者信心和每月个人储蓄之间存在负相关关系。那么随着消费者信心的增强，请预测每月个人储蓄是会增加、减少还是保持不变？

　b. 一项研究发现，较高的学历与较低的死亡率之间存在相关性。这是否说明上大学的人寿命会更长？为什么？

4.55 如果儿童的数学学习年限和鞋码之间存在正相关关系，这是否说明具有较大鞋码的儿童的数学学习年限会更长？反之亦然？你能想到一个同时影响以上两个变量的混淆变量吗？

4.56 观察 24 个月、28 个月、32 个月和 36 个月的儿童身高，我们发现儿童长高的速度呈一条直线。基于以上数据建立回归方程，我们预测一个 21 岁的人，身高为 20 in。预测结果和预测方法出了什么问题？

4.57 决定系数

　　如果一大群人的身高和体重之间的相关系数为 0.67，请写出决定系数（以百分数表示），并解释它的含义。假设身高是预测变量，体重是响应变量，且身高和体重之间的关系是线性的。

4.58 决定系数

　　已知相关系数 -0.70 和 $+0.50$，请比较据此计算的两个决定系数。一般来说，决定系数越大，相关性越显著。哪一个值显示的相关性更显著？

4.59 投资

　　一些投资者使用一种名为"道指狗股"（Dogs of the Dow）的软件进行投资，他们从道琼斯集团（由 30 只知名股票组成）挑选了几只劣质股票进行投资。请解释这些股票的绩效可能会比之前更好的原因。

4.60 血压

　　假设一位医生打电话给最近记录中血压最高的前 10% 的病人，要求他们回来进行临床复查。当她重新测量他们的血压时，这些新的血压作为一个群体（也就是平均来说），倾向于高于、低于还是等于之前测量的血压，为什么？

TRY **4.61 工资和工作年份（例 8）**

下图给出了工资与首次工作的年份之间的回归方程。

a. 计算斜率，并解释它的含义。

b. 解释截距（4 255 000）的含义，或解释这样做不合适的原因。

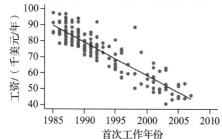

预测工资=4255−2.099×首次工作年份

4.62 高速公路和城区每加仑汽油行驶里程数

[201]

下图显示了一些汽车在高速公路上每加仑汽油行驶里程数与在城区每加仑汽油行驶里程数之间的关系。

a. 计算斜率，并解释它的含义。

b. 解释截距（7.792）的含义，或解释这样做不合适的原因。

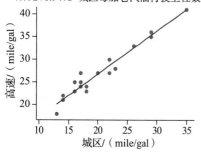

预测高速路每加仑汽油行驶里程数=
7.792+0.9478×城区每加仑汽油行驶里程数

4.63 火鸡价格

下表显示了不同超市所售火鸡的重量和价格。

a. 以 x 轴表示重量，y 轴表示成本，绘制散点图。在散点图上画出回归线。

b. 计算重量与价格之间的相关系数。解释相关系数符号的含义。

c. 写出最佳拟合方程，以重量为预测值（x），价格为响应值（y）。

d. 计算回归方程的斜率和截距，并解释它们的含义，或解释这样做不合适的原因。

e. 给数据增加一个新点：一只重量为 30 lb 的免费火鸡。计算新 r 值和新回归方程。解释负相关说明了什么，这意味着发生了什么？

f. 利用原始数据写出并解释决定系数的含义。

重量 /lb	价格 / 美元
12.3	17.10
18.5	23.87
20.1	26.73
16.7	19.87
15.6	23.24
10.2	9.08

4.64 葡萄酒的热量

该表显示了一份 5 oz 葡萄酒样本中的热量和酒精含量。（来源：healthalicious.com。）

热量 /cal	酒精（%）
122	10.6
119	10.1
121	10.1
123	8.8
129	11.1
236	15.5

a. 以酒精含量百分数为自变量，热量为因变量，绘制散点图，并在散点图上显示回归线。根据散点图，你认为这两个变量之间存在显著的线性关系吗？

b. 计算酒精含量百分数和热量含量之间的相关系数。根据上下文，解释相关系数符号的含义。

c. 写出回归方程，根据上下文，解释回归方程斜率的含义。变量名为"热量"和"酒精%"，四舍五入到小数点后两位。

d. 计算并解释决定系数的含义。

e. 给数据增加一个新点：葡萄酒中酒精含量为 20%，且不含热量。在包含这个新点之后，计算新 r 值和新回归方程。这一个新点对 r 值和回归方程斜率会产生什么影响？

TRY 4.65 教师工资和学生人均支出（例 9）

这张散点图显示了 50 个州和哥伦比亚特区的教师平均工资和学生人均支出，并给出了回归方程。（来源：*The 2017 World Almanac and Book of Facts*。）

学生人均支出=−5922+0.327×教师平均工资

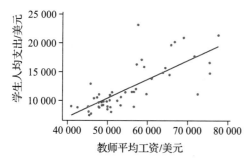

a. 从散点图看，教师平均工资与学生人均支出之间的相关性是正的、负的还是接近于零？

b. 回归方程的斜率是多少？根据上下文，解释斜率的含义。

c. 回归方程的 y 轴截距是多少？解释 y 轴截距或解释这样做不合适的原因。

d. 根据回归方程预测教师平均工资为 60 000 美元的州的学生人均支出。

4.66 教师工资和高中毕业率

这张散点图显示了 50 个州和哥伦比亚特区的教师平均工资和高中毕业率，并给出了回归方程。（来源：*2017 World Almanac Book of Facts* 和 higheredinfo.org。）

高中毕业率=87.58−0.00007×教师平均工资

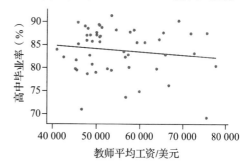

202

a. 根据散点图，教师平均工资与高中毕业率之间的相关性是正的、负的还是接近于零？

b. 根据回归方程可以预测教师平均工资为 60 000 美元的州的高中毕业率吗？如果可以，请预测高中毕业率。如果不可以，解释不能使用回归方程进行预测的原因。

TRY 4.67 工作会影响学生成绩吗？（例 10）

一次政治考试的成绩和考试前一周的有偿工作时间被记录了下来。考官试图根据工作时间来预测考试成绩。下图显示了这些数据的散点图和回归线。

a. 参考这些数据，你认为这种相关性是正的还是负的，并解释理由。

b. 解释斜率的含义。

c. 解释截距的含义。

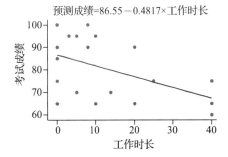

预测成绩=86.55−0.4817×工作时长

4.68 垃圾重量和家庭人数

收集的数据包括一周街道上垃圾重量（单位：lb）和家庭人数。下图显示了带有回归线的散点图。

a. 其相关性是正的还是负的？这意味着什么？

b. 计算垃圾重量和家庭人数之间的相关系数。（计算该图的 r^2 并取其平方根。）

c. 计算斜率，并计算家庭人数每增加一人，垃圾重量将平均增加多少磅？

d. 解释截距的含义，或解释这样做不合适的原因。

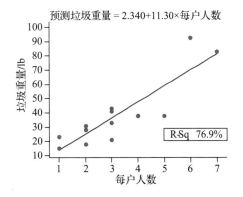

预测垃圾重量 = 2.340+11.30×每户人数

4.69 预测本垒打

我们获取了50名美国职业棒球大联盟球员样本中的本垒打、三振出局和击球平均数的数据。对本垒打与三振出局、本垒打与击球平均数之间的关系进行了回归分析。StatCrunch 结果如下所示。（来源：mlb.com。）

简单线性回归结果：

因变量：本垒打

自变量：三振出局

本垒打 = 0.092 770 565+0.228 662 36× 三振出局

样本量：50

r（相关系数）= 0.635 918 35

r−sq=0.404 392 15

标准误差估计：8.766 160 7

简单线性回归结果：

因变量：本垒打

自变量：击球平均数

本垒打 = 45.463 921−71.232 795 击球平均数

样本量：50

r（相关系数）= −0.093 683 651

r−sq=0.008 776 626 4

标准误差估计：11.308 76

根据这个样本，本垒打与三振出局之间、本垒打与击球平均数之间哪个有更显著的相关性？请根据提供的 StatCrunch 结果解释原因。

4.70 预测三分球

我们获得了50名职业篮球运动员样本中的三分球命中率、投篮命中率和罚球命中率的数据。对三分球命中率与投篮命中率、三分球命中率与罚球命中率之间的关系进行了回归分析。StatCrunch 结果如下所示。（来源：

nba.com。)

简单线性回归结果：

因变量：三分球命中率

自变量：投篮命中率

三分球命中率 =40.090 108−0.091 032 596 投篮命中率

样本量：50

r（相关系数）=−0.048 875 984

$r-sq$=0.002 388 861 8

标准误差估计：7.732 978 5

简单线性回归结果：

因变量：三分球命中率

自变量：罚球命中率

三分球命中率 =−8.234 722 5+0.542 241 27 罚球命中率

样本量：50

r（相关系数）=0.570 403 64

$r-sq$=0.325 360 31

标准误差估计：6.359 194 4

根据这个样本，三分球命中率与投篮命中率、三分球命中率与罚球命中率之间哪个有更显著的相关性？请根据提供的 StatCrunch 结果解释原因。

4.71 四年级学生阅读和数学成绩

表中显示的数据来自美国国家数据，是美国国家教育进步评估样本中的四年级阅读和数学成绩。这些成绩代表了每个州的四年级学生在阅读和数学方面达到或超过基础水平的百分比。数据的散点图说明变量之间存在线性关系。（来源：nationsreportcard.gov。）

四年级学生 阅读成绩	四年级学生 数学成绩	四年级学生 阅读成绩	四年级学生 数学成绩
65	75	68	78
61	78	61	79

四年级学生 阅读成绩	四年级学生 数学成绩	四年级学生 阅读成绩	四年级学生 数学成绩
62	79	69	80
65	79	68	77
59	72	75	89
72	82	71	84
74	81	68	83
70	82	75	84
56	69	63	78
75	85	71	85

（续）

a. 计算并写出根据阅读成绩预测数学成绩的相关系数和回归方程，变量名 Reading 和 Math，四舍五入到小数点后两位。然后找出阅读成绩为 70 的州对应的预测数学成绩。

b. 计算并写出根据数学成绩预测阅读成绩的相关系数和回归方程。然后找出数学成绩为 70 的州对应的预测阅读成绩。

c. 讨论改变自变量和因变量的选择对 r 值和回归方程的影响。

4.72 SAT 成绩

下表显示了几个州学生样本 SAT 中数学和阅读的平均成绩。散点图显示了这两个变量之间存在线性关系。（来源：qsleap.com。）

SAT 数学成绩	SAT 阅读成绩	SAT 数学成绩	SAT 阅读成绩
580	563	463	450
596	599	494	494
561	556	488	487
589	590	592	597
494	494	581	574
525	530	470	486
500	521	579	575
551	544	523	524

203

（续）

SAT 数学成绩	SAT 阅读成绩	SAT 数学成绩	SAT 阅读成绩
489	502	518	516
498	504	414	388
597	608	502	510
557	563	509	497
576	569	591	605
523	521	589	586
499	504		

a. 计算并写出根据阅读成绩预测数学成绩的相关系数和回归方程，四舍五入到小数点后两位。然后找出阅读成绩为 600 的州对应的预测数学成绩。

b. 计算并写出根据数学成绩预测阅读成绩的相关系数和回归方程。然后找出数学成绩为 600 的州对应的预测阅读成绩。

c. 讨论改变自变量和因变量的选择对 r 值和回归方程的影响。

g*4.73 测验成绩

假设在政治课上，老师进行了期中考试和期末考试。假设期中考试成绩和期末考试成绩之间存在线性关系。为清晰起见，汇总统计数据已被简化（参见本章的学习指导）。

期中：均值 =75，标准差 =10

期末：均值 =75，标准差 =10

另外，$r=0.7$ 和 $n=20$。

根据回归方程，对于期中考试得 95 分的学生，请你预测期末考试成绩是多少。本章涉及的内容说明了什么问题？解释一下。参见本章的学习指导。

*4.74 测验成绩

假设在社会学课上，老师进行了期中考试和期末考试。假设期中考试成绩和期末考试成绩之间存在线性关系。以下是汇总统计数据：

期中：均值 =72，标准差 =8

期末：均值 =72，标准差 =8

另外，$r=0.75$ 和 $n=28$。

a. 计算并写出根据期中成绩预测期末考试成绩的回归方程。

b. 对于期中考试得 55 分的学生，请预测期末考试成绩是多少。

c.（b）的答案应该高于 55 分。为什么？

d. 假设有一个学生期中考试得了 100 分。在不做任何计算的前提下，请说明期末考试的预测成绩是高于、低于还是等于 100。

本章回顾练习

*4.75 人的身高和体重

下表列出了一些人的身高和体重。散点图显示变量之间存在线性关系，因此可以继续研究。

身高 /in	体重 /lb
60	105
66	140
72	185
70	145
63	120

a. 以身高为预测值，体重为响应值，计算相关系数，并写出回归方程。

b. 用身高（in）乘以 2.54，将单位改为 cm；用体重（lb）除以 2.205，即可得出体重（kg）。每个数字至少保留六位有效数字，这样就不会因为四舍五入而出错。

c. 解释身高（cm）和体重（kg）之间的相关性，并与身高（in）和体重

（lb）之间的相关性进行比较。

d. 根据身高（cm）和体重（kg）写出由身高预测体重的回归方程。体重（lb）与身高（in）、体重（kg）与身高（cm）是否相同？

e. 以体重（lb）作为响应值，身高（in）作为预测值，写出回归方程，并解释斜率的含义。

f. 总结你的发现，改变单位对相关性和回归方程有影响吗？

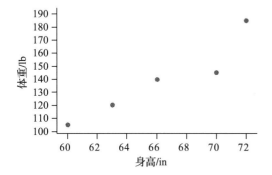

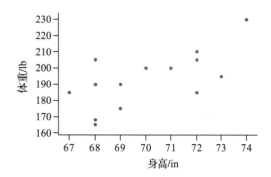

*4.76 男性的身高和体重

该表列出了 14 名大学生的身高（in）和体重（lb）。散点图显示变量之间存在线性关系，因此可以继续研究。

身高 /in	体重 /lb	身高 /in	体重 /lb
68	205	70	200
68	168	69	175
74	230	72	210
68	190	72	205
67	185	72	185
69	190	71	200
68	165	73	195

a. 以体重（lb）为响应值，身高（in）为预测值，写出回归方程。计算回归方程的斜率和截距，并解释它们的含义，解释这样做不合适的原因。

b. 解释体重（lb）与身高（in）之间的相关性。

c. 计算决定系数并解释它的含义。

d. 用身高（in）乘以 2.54，将单位改为 cm，会产生怎样的新相关性？请解释原因。

4.77 快餐中的热量、碳水化合物和糖

这些数据显示了麦当劳精选菜品中的热量、碳水化合物和糖的含量。散点图显示了热量与碳水化合物和糖含量之间存在线性关系。这些数据可以在网站上找到。（来源：shapefit.com。）

热量 /cal	碳水化合物 /g	糖 /g
530	47	9
520	42	10
720	52	14
610	47	10
600	48	12
540	45	9
740	43	10
240	32	6
290	33	7
340	37	7
300	32	6
430	35	7
380	34	7
430	35	6
440	35	7
430	34	7

热量 /cal	碳水化合物 /g	糖 /g
750	65	16
590	51	14
510	55	10
350	42	8
670	58	11
510	44	9
610	57	11
450	43	9
360	40	5
360	40	5
430	41	6
480	43	6
430	43	7
390	39	5
500	44	11
670	68	12
510	54	10
630	56	7
480	42	6
610	56	8
450	42	6
540	61	14
380	47	12
340	37	8
260	30	7
340	34	5
260	27	4
360	32	3
280	25	2
330	26	3
190	12	0
750	65	16

（续）

205

a. 以碳水化合物为预测变量，热量为响应变量，计算相关系数并写出回归方程。计算斜率，并解释它的含义。然后用回归方程预测含有 55 g 碳水化合物的菜品中的热量。

b. 以糖为预测变量，热量为响应变量，计算相关系数并写出回归方程。计算斜率，并解释它的含义。然后用回归方程预测含有 10 g 糖的菜品中的热量值。

c. 根据你对（a）和（b）的回答，对于这些数据来说，碳水化合物和糖哪个能更好预测热量值？使用适当的统计数据解释选择的理由。

4.78 燕麦热量棒

下表显示了燕麦热量棒样本中的脂肪（单位：g）和热量值。（来源：calorielab.com。）

脂肪 /g	热量 /cal
7.6	370
3.3	106.1
18.7	312.4
3.8	113.1
5	117.8
5.5	131.9
7.2	140.6
6.1	118.8
4.6	124.4
3.9	105.1
6.1	136
4.8	124
4.4	119.3
7.7	192.6

a. 使用软件绘制散点图。以脂肪含量为自变量（x），热量值为因变量（y），你认为这两个变量之间存在线性关系吗？

b. 以脂肪含量为自变量，热量值为因变量，计算相关系数并写出回归方程。

c. 回归方程的斜率是多少？根据上下文，解释它的含义。

d. 回归方程的 y 轴截距是多少？根据上下文，解释它的含义，或解释这样做不合适的原因。

e. 计算并写出决定系数。

f. 根据回归方程预测含有 7g 脂肪的燕麦热量棒中的热量值。

g. 根据回归方程可以预测含有 25g 脂肪的燕麦热量棒中的热量值吗？如果可以的话，预测这种燕麦热量棒中的热量值。如果不可以，解释原因。

h. 观察散点图，样本中有这样一个燕麦热量棒，它的脂肪含量适中，但热量值极高。从样本中剔除其数据，重新计算相关系数和回归方程。剔除这个离群点会如何改变 r 值和回归方程？

4.79 鞋码和身高

这张散点图显示了一些男性（M，圆点）和女性（F，方块）的鞋码和身高。

a. 为什么不把虚线（表示女性）一直延伸到 74 in，而是停在 69 in 的位置上？

b. 如何解释实线在虚线之上这一事实？

c. 如何解释这两条线（几乎）平行这一事实？

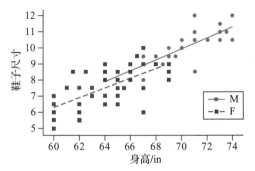

4.80 年龄和睡眠时长

下面的散点图显示了一些男性

（M，圆点）和女性（F，方块）的年龄（单位：岁）和睡眠时长。

a. 如何解释这两条线的斜率为负值这一事实？

b. 如何解释这两条线的斜率相同这一事实？

c. 如何解释这两条线几乎吻合这一事实？

d. 为什么表示男性的实线比表示女性的虚线更短？

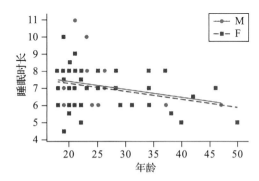

4.81 年龄和体重

下面的散点图显示了一些女性的年龄和体重。其中，一些人经常锻炼，另一些人则不锻炼。解释一下实线（圆点表示不锻炼的人）比虚线（方块表示经常锻炼的人）的斜率略大的原因。（来源为 StatCrunch：2012 Women's final。数据归 molly7son@yahoo.com 所有。）

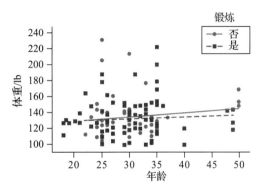

4.82 身高和考试成绩

a. 下图显示了一组儿童的假设数据。通过观察该图，说明身高与考试成绩之间的相关性是正的、负的还是接近于零。

b. 每种图例的形状表示了这些儿童参加考试所在的年级。观察六个不同的分组（表示一、二、三、四、五、六年级），并考虑如果控制年级（也就是如果只能查看特定的年级），其相关性［a 的答案］是否会保持不变。

c. 假设校长看完散点图说，"这意味着身高越高的学生考试成绩越好，所以我们应该给予身高偏低的学生更多帮助"。这些数据支持这一结论吗？如果可以的话，说明原因。如果不可以，给出理由。

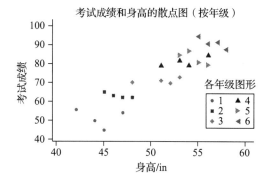

考试成绩和身高的散点图（按年级）

4.83 法学院的选择性和就业

法学院样本中的录取率和学生毕业时的就业百分比可以在网站上找到。录取率低意味着法学院在招收学生时有很高的选择性。（来源：Internet Legal Research Group。）

a. 选择性更高的法学院是否有更好的就业机会？绘制散点图，说明是否存在线性关系，并回答这个问题。如果不存在线性关系，说明它所表示的关系，并忽略 b 部分。

b. 如果存在线性关系，完成以下问题：

Ⅰ. 写出回归方程。

Ⅱ. 解释回归方程斜率的含义。

Ⅲ. 解释回归方程 y 轴截距的含义，或解释这样做不合适的原因。

Ⅳ. 计算并写出决定系数。

Ⅴ. 根据回归方程预测录取率为 50% 的法学院毕业生的就业百分比。

4.84 法学院的 LSAT 成绩和律师考试

LSAT 是大多数法学院入学所需的标准化考试。法学院录取的学生的 LSAT 成绩和毕业后能快速通过律师考试的学生的百分比可以在网站上找到。（来源：Internet Legal Research Group。）

a. 法学院 LSAT 成绩越高的学生是否有更高的律师考试通过率？绘制散点图，说明是否存在线性关系。如果存在线性关系，解释一下原因。如果不存在线性关系，说明它所表示的关系，并忽略 b 部分。

b. 如果存在线性关系，完成以下问题：

Ⅰ. 写出回归方程。

Ⅱ. 解释回归方程斜率的含义。

Ⅲ. 解释回归方程 y 轴截距的含义，或解释这样做不合适的原因。

Ⅳ. 计算并写出决定系数。

Ⅴ. 根据回归方程预测法学院录取的 150 名 LSAT 成绩高的学生毕业时的就业比例。

4.85 零食中的热量

网红零食样本中的脂肪、碳水化

合物和热量值的数据可以在网站上找到。请使用这些数据确定脂肪和碳水化合物哪个能更好预测这些零食中的热量值？

4.86 工资和学历

教育有报酬吗？记录一家公司员工的年薪（美元）、工作年限和高中毕业后受教育年限。考虑工作年限和高中毕业后受教育年限哪个能更好预测工资，请解释原因。数据可以在网站上找到。（来源：Minitab File。）

4.87 电影预算和票房

电影制片厂想预测他们的电影能赚多少钱，花在电影制作上的钱是可以预测的。下表显示了 2017 年制作的电影样本中的预算和票房。预算（制作电影的花销）和毛收入（票房的收入）如表所示。根据数据绘制散点图，并描述所得到的信息。如果可以的话，进行完整的线性回归分析。如果不可以，请解释原因。（来源：IMDB。）

电影名称	毛收入 / 百万美元	预算 / 百万美元
Wonder Woman	412.6	149
Beauty and the Beast	504	160
Guardians of the Galaxy Vol. 2	389.8	200
Spider-Man: Homecoming	334.2	175
It	327.5	35
Despicable Me 3	264.6	80
Logan	226.3	97
The Fate of the Furious	225.8	250
Dunkirk	188	100
The LEGO Batman Movie	175.8	80
Thor Ragnarok	310.7	180
Get Out	175.5	5
Dead Men Tell No Tales	172.6	230
Cars 3	152	175

4.88 节能汽车

根据《消费者报告》，下表列出了一些最节能的汽车在城区和高速公路上每加仑汽油行驶的里程数。以城区里程数为预测变量，根据数据绘制散点图。写出回归方程，并用它预测节能汽车在城区每加仑汽油行驶 40 mile 时，可在高速公路上行驶的里程数。这可以用来预测节能汽车在城区每加仑汽油行驶 60 mile 时，可在高速公路上行驶的里程数吗？如果可以的话，请进行预测。如果不可以，请解释原因。

207

车型	城区里程	高速路里程
Toyota Prius 3	43	59
Hyundai Ioniq	42	60
Toyota Prius Prime	38	62
Kia Niro	33	52
Toyota Prius C	37	48
Chevrolet Malibu	33	49
Ford Fusion	35	41
Hyundai Sonata	31	46
Toyota Camry	32	43
Ford C-Max	35	38

4.89 高层建筑

下面的散点图显示了世界上最高的 169 栋建筑的信息。

a. 层数和高度（in）之间存在什么关系，这意味着什么？

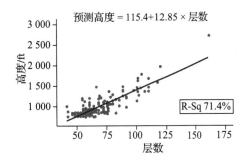

b. 图上方显示了根据层数预测高度（单位：ft）的回归方程。请预测 100 层的建筑其高度是多少？

c. 解释斜率的含义。

d. 如果有什么不同的话，我们通过截距能得到什么信息？

e. 解释决定系数的含义。

（这个数据集可以在网站上找到，它还包含其他几个变量。比如，你可以分析建筑的建成年份是否与其高度有关。）

4.90 贫困率和高中毕业率

50 个州和哥伦比亚特区的贫困率和高中毕业率如下图所示。（来源：*2017 World Almanac and Book of Facts*。）

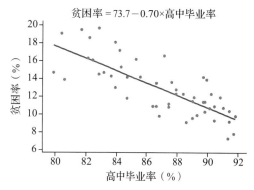

贫困率 = 73.7 − 0.70×高中毕业率

a. 贫困率和高中毕业率之间存在什么关系，这意味着什么？

b. 解释回归方程斜率的含义。

c. 这个数据集的决定系数为 61.1%，在这个问题的背景下，解释它的含义。

d. 学士学位和高等学位的数据可以在网站上找到。哪种学历水平（高中、学士或高等学位）与州贫困水平关系最密切？

从 4.91 到 4.94，在散点图中大致标注你找的点，并给出点的坐标。

*4.91 构建一个至少由三个点组成的数字集合，其相关系数恰好为 1.00。

*4.92 构建一个至少由三个点组成的数字集合，其相关系数恰好为 −1.00。

*4.93 构建一组具有显著负相关性的数字集合（至少有三个点）。然后增加一个点（强影响点），将相关性变为正相关。写出数据，并给出每组数据的相关系数。

*4.94 构建一组具有显著正相关性的数字集合（至少有三个点）。然后增加一个点（强影响点），将相关性变为负相关。写出数据，并给出每组数据的相关系数。

4.95 下图显示了关于双胞胎受教育程度的散点图。描述散点图，解释变量之间存在的关系，并指出哪个点可能是异常点。（来源：www.stat.ucla.edu。）

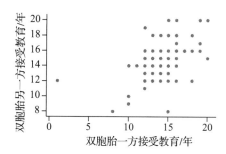

4.96 工资和学历

下图是关于一些人的工资和学历水平的散点图。描述散点图，解释变量之间存在的关系，并指出哪个点可能是异常点。（来源：www.stat.ucla.edu。）

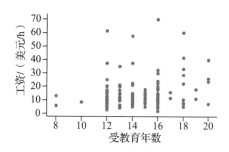

208

4.97 获得的学分越高的学生学习时间越长吗?

下图显示了学生获得的学分和他们提交的学习时长（每周）。你认为变量之间存在的相关性是正的、负的还是接近于零? 解释这对学生来说意味着什么。

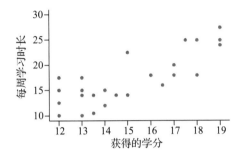

4.98 锻炼时长和家庭作业时长

下图显示了一些学生每周的锻炼时长和家庭作业时长。请描述可以从图中得到的信息。

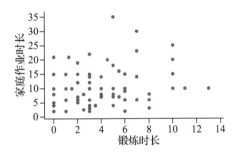

4.99 儿童的年龄和身高

下图显示了几个儿童的年龄和身高信息。计算相关系数，用这个数据集进行线性回归分析可以吗? 请解释原因。

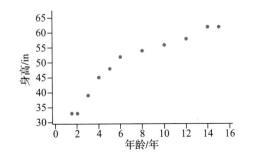

4.100 21 点游戏的小费

下图显示了玩 21 点的人赚的钱，以及他们给庄家（一名统计学专业的学生）的小费金额（单位：美元）。

计算相关系数，用这个数据集进行线性回归分析可以吗? 请解释原因。

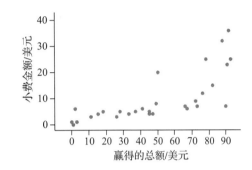

*4.101 降低胆固醇

一位医生正在研究他的病人的胆固醇读数。在查看完胆固醇读数后，他打电话给胆固醇读数最高的患者（读数最高的前 5%），和他们商讨降低胆固醇的方法。当他对这些患者进行第二次测试时，平均胆固醇读数往往会有所下降。解释导致读数下降的原因。

*4.102 考试成绩

假设对在第一次统计学考试中得分远低于平均分的学生进行特殊的辅导，并假设他们在下一次考试中取得一些进步。解释除了辅导，导致成绩上升的其他原因。

练习指导

g**4.47** 飞行时长与飞行距离有什么关系?

下表给出了 Boston 到每个城市的

距离（单位：kmile），并给出了随机选择一架商用飞机完成该飞行所用的时间。请做一个完整的回归分析，需要包括一个带有回归线的散点图，解释斜率和截距，并且预测从 Boston 到 Seattle 的直达航班需要多长时间，已知从 Boston 到 Seattle 的距离是 3 000 mile。

城市	距离 /kmile	时长 /h
St. Louis	1.141	2.83
Los Angeles	2.979	6.00
Paris	3.346	7.25
Denver	1.748	4.25
Salt Lake City	2.343	5.00
Houston	1.804	4.25
New York	0.218	1.25

第 1 步　绘制散点图

确保距离是 x 变量，时间是 y 变量，因为我们的目的是根据距离预测时间。接下来用软件绘制回归线，请参阅本章技术提示。

第 2 步　线性模型是否合适

趋势看起来是线性的还是非线性的？

第 3 步　求出方程式

找出根据英里数（kmile）预测时间（h）的方程式。

第 4 步　解释斜率

根据上下文解释斜率。

第 5 步　解释截距

根据上下文解释截距。虽然没有距离为零的航班，但请尝试解释是什么原因导致了截距所代表的额外的时间。

第 6 步　求出去 Seattle 的时间

请回答从 Boston 直飞 Seattle 大概需要多长时间？

g 4.73 测验成绩

假设在政治课上，老师进行了期中考试和期末考试，并假设期中考试成绩和期末考试成绩之间的关系是线性的。为了清楚起见，统计汇总数据已被简化如下。

期中：均值 = 75，标准差 = 10。
期末：均值 = 75，标准差 = 10。
此外，$r = 0.7$ 以及 $n = 20$。

对于一名期中考试得 95 分的学生来说，预计期末考试成绩是多少？假设关系是线性的。

第 1 步　找出根据期中考试成绩预测期末考试成绩的线性方程式。

标准格式：$y = a + bx$

a. 先计算斜率：$b = r\left(\dfrac{s_{\text{final}}}{s_{\text{midtem}}}\right)$

b. 然后根据方程，求出纵截距 a

$$a = \overline{y} - b\overline{x}$$

c. 写出以下方程式：

$$y\ 的预测值 = a + bx$$

但是，需要用"期末成绩的预测值"代替"y 的预测值"，用"期中成绩"来代替 x。

第 2 步　用这个公式来预测期中考试得 95 分的学生的期末考试成绩。

第 3 步　你预测的期末考试成绩应该低于 95 分，为什么？

技术提示

软件操作指导

从本书的网站下载数据，或手动输入长度相等的两列数据。有关输入数据的回顾，请参阅第 2 章的技术提示。每行代表一个观测值，每列代表一个变量。所有的软件都将使用下面的示例。

例　用散点图、相关性和回归分析数据表中的六个点。用身高（单位：in）作为 x 变量，体重（单位：lb）作为 y 变量。

身高	体重
61	104
62	110
63	141
64	125
66	170
68	160

TI-84

以下操作假定你已将身高输入到 L1，将体重输入到 L2。

绘制散点图

1. 单击 2ND、STATPLOT（2ND 上的按键）、4 和 ENTER；关闭先前绘制的绘图。

2. 单击 2ND、STATPLOT 和 1（代表 Plot1）。

3. 参考图 4a：当 On 突出显示时，按 ENTER 键打开 Plot1。

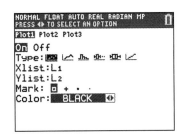

图 4a　TI-84 Plot1 对话框截屏

4. 使用键盘上的箭头进入散点图（六个图中的第一个），并在散点图突出显示时按 ENTER 键。注意要小心使用 Xlist 和 Ylist。要获得 L1，请按 2ND 和 1。要获得 L2，请按 2ND 和 2。

5. 单击 GRAPH、ZOOM 和 9(ZoomStat) 绘制图形。

6. 按 TRACE 查看这些点的坐标，并使用键盘上的箭头转到其他点。此时的输出类似图 4b，但没有线。

7. 获得如图 4b 所示的包含线的输出结果，进行如下操作：STAT、CALC、8：LinReg（a+bx）、L1、ENTER、L2、ENTER、ENTER、Y1（通过单击 VARS、Y-VARS、1：Function、1：Y1 得到 Y1）、ENTER、ENTER。

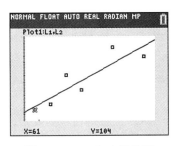

图 4b　TI-84 包含线的图

8. 单击 GRAPH、ZOOM 和 9。

9. 单击 TRACE 查看数字，并使用键盘上的箭头转到其他数字。

求相关系数和回归方程系数

在找到相关性之前，必须打开诊断程序，如下所示。

按 2ND、CATALOG，向下滚动到 DiagnosticOn，然后按两次 ENTER 键。除非你 Reset 计算器或更换电池，否则诊断程序将持续运行。

1. 按 STAT，选择 CALC 和 8（代表 LinReg（a+bx））。

2. 按 **2ND L1**（或列表为 **X** 的预测变量），按 **ENTER**，然后按 **2ND L2**（或列表为 **Y** 的响应变量），然后按 **ENTER**、**ENTER**、**ENTER**。

图 4c 显示了输出结果。

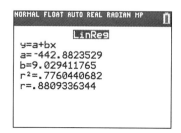

图 4c TI-84 输出结果

[211] Minitab

绘制散点图

1. Graph > Scatterplot。

2. 保留默认设置 Simple，然后单击 **OK**。

3. 双击包含重量的列，使其位于 **Y Variables** 下。然后双击包含身高的列，使其位于 **X Variables** 下。

4. 单击 **OK**。图形制作完成后，可以通过单击标签来编辑它们。

计算相关性

1. Stat > Basic Statistics > Correlation。

2. 双击预测列和响应列（按任意顺序）。

3. 单击 **OK**，你将得到数字 0.881。

计算回归方程系数

1. Stat > Regression > Regression > Fit Regression Model。

2. 输入 Responses：（y）和 Continuous Predictors：（x）列。

3. 单击 **OK**。向上滚动鼠标才能查看回归方程。如果为列添加了标签，比如"身高"和"体重"，就会更容易理解了。你会得到：体重 =

−443+9.03 × 身高。

在散点图上显示回归线

1. Stat > Regression > Fitted Line Plot。

2. 双击 Response（Y）列，然后双击 Predictor（X）列。

3. 单击 **OK**。图 4d 显示了拟合线图。

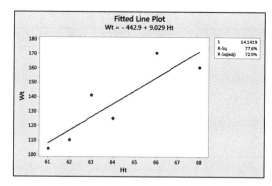

图 4d Minitab 拟合线图

Excel

绘制散点图

1. 选择（突出显示）包含数据的两列，预测值列位于响应值列的左侧。可以在顶部包括标签，也可以不包括标签。

2. 单击 Insert，在 Charts 中单击散点图图片，然后单击如下图所示的左上角的选项：

3. 请注意，图表的左下角不在原点（0，0）。如果想通过更改坐标轴的最小值来放大或缩小数据，请在坐标轴数字上单击鼠标右键，然后单击 **Format axis**，在 **Axis Options** 中将

Minimum 更改为所需的值。你需要执行两次此操作：一次用于 x 轴，一次用于 y 轴。然后关闭 Format Axis 菜单。

4. 当图表处于活动状态（单击它）时，Chart Tools 显示在页面的右上方。依次单击 Design、Add Chart Elements、Axis Titles 和 Chart Title 以添加相应的标签。添加标签后，可以通过单击它们以更改拼写或添加单词。删除右侧的标签，如 Series 1（如果有）。

计算相关性

1. 依次单击 Data、Data Analysis、Correlation、OK。

2. 对于 Input Range，选择（突出显示）两列数据。（如果已突出显示标签和数字，则还必须点击 Labels in first row。）

3. 单击 OK，得到数字 0.880 934。

（或者，只需单击 f_x 按钮，对于 category，选择 statistical，选择 CORREL，单击 OK，然后突出显示包含数字的两列，一次一列。相关性将显示在对话框页面上，不必单击 OK。）

计算回归方程系数

1. 单击 Data、Data Analysis、Regression 和 OK。

2. 对于 Input Y Range，请选择代表响应变量或因变量的数字列（而不是单词）。对于 Input X Range，选择表示预测变量或自变量的数字列。

3. 单击 OK。

大量的模型摘要显示出来。请看底部的 Coefficients。对于 Intercept 和 斜率

（XVariable1 旁边），请参见图 4e，这意味着回归线是

$$y = -442.9 + 9.03x$$

212

	Coefficients
Intercept	-442.8824
X Variable 1	9.0294

图 4e　Excel 回归输出结果

在散点图上显示回归线

绘制散点图后，在 Chart Tools 下单击 Design。在 Chart Layouts 组中，单击 Quick Layout 右侧的三角形。选择 Layout 9（右下角的选项，它会显示一条线，还会显示 f_x）。

请参考图 4f。

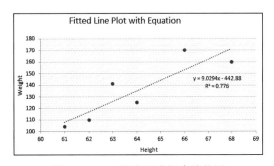

图 4f　Excel 用方程式拟合线状图

StatCrunch

绘制散点图

1. Graph > Scatter plot。

2. 为散点图选择一个 X variable 和一个 Y variable。

3. 单击 "Compute!" 来绘制图。

4. 复制图表，请单击 Options 以及 Copy。

计算方程的相关性和回归方程系数

1. Stat > Regression > Simple Linear。

2. 选择 X variable 和 Y variable 进行回归。

3. 单击 "Compute!" 查看方程式和数

字，如图 4g 所示。

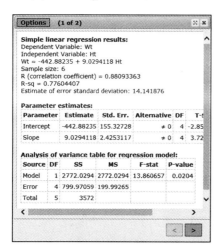

图 4g StatCrunch 回归输出结果

在散点图上绘制回归线

1. Stat > Regression > Simple Linear。

2. 为 X 和 Y 选择列。

3. 单击"Compute!"。

4. 单击右下角的">"按钮（参见图 4h）。

5. 复制图表，请单击 Options 以及 Copy。

6. 编辑图表，请单击左下角的汉堡按钮。

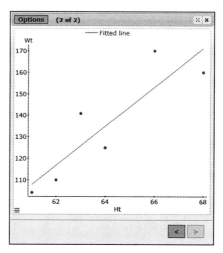

图 4h StatCrunch 拟合线图

第5章 概率：用模型解释随机性

提要

概率是一种长期的相对频率，其反映了抛硬币、掷骰子等随机事件发生的可能性。为了计算随机过程的理论概率，通常需要基于一定的假设（通常是一种理论）。经验概率则是从实际观测中估算的概率。在分析数据时，我们既需要用到理论概率，也需要用到经验概率，二者密切相关。

1969 年，美军征兵，为确定征召的人选，美军官员拿来了一些胶囊，将不同的日期（1 月 1 日、1 月 2 日等）写在各个胶囊上，并将它们混合于一个大容器中。随后，每次从容器中取出一个胶囊，将第一个取出的胶囊上的日期记为 1，将第二个取出的胶囊上的日期记为 2，依此类推。如果某个人的生日与日期 1 相同，那么他将首先被征召；生日与日期 2 相同的人将第二个被征召，依此类推，直至征兵人数足够为止。

虽然美军官员们认为这种方法是随机的，但下面的证据表明，事实可能并非如此（Starr 1997）。图 5.1a 的箱线图显示了每个月的日期对应的实际中签顺序。如果这一方法是随机的，那么日期的中签顺序应与图 5.1b 的结果类似。在图 5.1b 中，每个月的中签顺序大致相同。而实际上，如图 5.1a 所示，有几个月的中签顺序明显更靠前。如果你出生于 12 月，那么很有可能首先被征召。

到底是哪里出了问题？在胶囊上写上日期后，写有同一月份的胶囊离得更近。

随后，官员们将它们放入容器中而并没有混合均匀，同一月份对应的胶囊依然聚集在一起，因而最终无法实现随机的抽签。

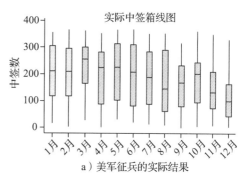

a）美军征兵的实际结果

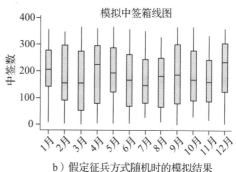

b）假定征兵方式随机时的模拟结果

图 5.1 箱线图

真正的随机性往往不易产生，现实中的随机事件也同样难以为人们所识别。幸运的是，概率能够帮助我们理解随机性。利用概率，我们可以回答"诸如此类的事件发生的可能性是多少"等问题，进而实现数据与现实世界的连接。在前几章中，你学习了如何组织、展示、汇总数据以探索统计规律和趋势。概率是一个重要的工具，因为它能够将我们对数据的理解推广至更宽泛的领域。在本章中，我们将探讨随机性和概率的问题：什么是随机性？如何度量随机性？如何利用随机性？

案例分析

是 SIDS 还是谋杀？

2000 年 11 月的英格兰，萨利·克拉克（Sally Clark）因杀害自己的两个孩子而被判刑。两个孩子的过世相隔几年，最初诊断的死因是婴儿猝死综合征（SIDS）。SIDS 是指 1 岁以下婴儿突然死亡且无法确认死因。据估计，美国每年约有 5 500 名婴儿死于 SIDS。虽然目前医学界已经确定了一些可能导致 SIDS 的因素（大多数与母亲在怀孕期间的健康状况有关），但其发病原因仍不明确。

依据罗伊·梅多（Roy Meadow）爵士提供的专家证词，法庭判克拉克犯谋杀罪。罗伊·梅多爵士是英国的一位著名医生，也是研究 SIDS 的专家。他的证词引用了一项公开的统计数据：婴儿死于 SIDS 的概率为 1/8 543。也就是说，在英国，每 8 543 名过世儿童中只有一人死于 SIDS。因此，他的结论是，同一个家庭中有两个孩子死于 SIDS 的概率为 （1/8 543）×（1/8 543），约为 7 300 万分之一。陪审团一致认为，这一事件——同一个家庭的两个孩子都死于 SIDS——是不太可能发生的，因此他们认定克拉克女士犯有谋杀罪，判其入狱。

但是在 2003 年，萨利·克拉克的有罪判决被推翻了。法院将她释放出狱，而梅多医生则因渎职行为被指控。为什么梅多医生要把两个概率相乘？为什么这一判决被推翻了？我们将在本章的结尾解答这些问题。

5.1　什么是随机性

什么是随机性？你可能见过类似于这样的定义："随机意味着随意，没有明显的理由或原因。"你可能会用随机性描述那些毫无缘由而发生的事情，或者形容没有明显规律的事情。通过下面的学习，你将了解到，统计学中的"随机"有着更为精确的定义。

我们可以做一个小实验，对比感性理解的随机性与现实的随机性。我们让一名学生想象抛一枚硬币，并记录硬币正面（H）朝上和反面（T）朝上的结果。为了进行比较，我们实际抛了一枚硬币 20 次并记录结果。你认为下面哪个序列是真实的，哪个是想象的？

H	H	T	H	T	H	H	T	T	T	H	T	H	H	H	H	T	H	T	T	H
T	T	T	H	H	H	H	T	T	T	T	T	T	H	H	H	H	T	T	H	T	H

第一行是学生根据想象记录的结果，第二行是我们实际抛硬币 20 次得到的结果。我们

并不总是能通过比较两个序列来区分它们是想象的还是真实的，但这名学生做了大多数人在这种情况下会做的事情。大多数时候，他写的都是很短的"连串"。[（连串）是指连续的正面或反面序列。TT 是指硬币连续两次反面朝上。]只有一次，他连续写了 3 个正面或 3 个反面。这就好像他在连续写了 3 个正面朝上后，心想，"等等！如果我连续写了 4 个正面朝上，就没有人会相信这个序列是随机的了。"

然而，真实的随机序列包含了一个连续 5 次的反面朝上（从第七次抛开始）和另一个连续 4 次的正面朝上。有时，随机性看似呈现为一种规律或结构，但实际上却不是。这些长"连串"就是一些典型的例子。

KEY POINT 重点

人们并不擅长设计真正的随机样本或随机实验，因而往往需要借助抛硬币或随机数字表等外部机制。

如果没有计算机或其他随机设备的帮助，真正的随机性很难实现。如果计算机无法产生随机数，另一种有用的方法是使用随机数字表（示例见本书附录 A）。随机数字表能够生成由从 0 到 9 这十个数字组成的随机序列。这里的**随机**（random）是指没有可预测的规律出现，每个数字出现的可能性都相同。（当然，如果你经常使用同一个表，那么它对你来说可能是可预测的，但对其他人来说似乎是不可预测的。）

例如，在一个对照实验中，我们可以在受试者来到我们的办公室时，从这个表格中随机分配一个数字给每个受试者。得到奇数的受试者进入对照组，得到偶数的受试者进入实验组。

用随机数字表模拟抛硬币，我们需要用不同数字代表抛硬币的不同结果。例如，假设偶数（0，2，4，6，8）表示反面朝上，奇数（1，3，5，7，9）表示正面朝上。现在，选择表中的任意一行和任意一列。例如，我们选择第 11 列和第 30 行，因为本书作者是在 11 月 30 日撰写的这部分内容。请你将接下来的 20 个数字转换为"正面朝上"或"反面朝上"。你得到的最长"连串"有多长？

表 5.1 附录 A 中随机数字表的第 28 行到第 32 行（表的左侧给出了行数），我们从第 30 行第 11 列的黑色数字 7 开始

行						
28	31498	85304	22393	21634	34560	77404
29	93074	27086	62559	86590	18420	33290
30	90549	53094	76282	53105	45531	90061
31	11373	96871	38157	98368	39536	08079
32	52022	59093	30647	33241	16027	70336

例 1 模拟随机性

让我们玩一个游戏。掷一个六面骰子，每掷一次得一分，直到第一次掷出数字 6 为止。

然后由你的对手掷骰子，直至掷出数字6为止。比较你们两人各自的得分，得分多的人获胜。

　　问题：假设你在掷骰子，参照上述规则，并将随机数字表5.1中第28行的第一个数字作为起始点。请问你一共掷了多少次骰子？

　　解答：令表中的数字1到6分别代表骰子各个面上的数。忽略数字7、8、9和0。从表5.1中的第28行开始，我们可以得到下列随机数：3，1，4，（忽略、忽略、忽略），5，3，（忽略），4，2，2，3，（忽略），3，2，1，6。

　　结论：在第一次出现数字6之前，一共掷了12次骰子。

　　试做：练习5.1。

利用电脑和计算器上的随机数生成器，我们几乎可以实现真正的随机性。电脑通常基于一个种子值——随机数序列的起始值——生成随机数，因而由电脑生成的随机数有时被称为伪随机数。也就是说，起始于同一个种子值，将得到相同的伪随机数序列。然而，序列中的下一个数字永远无法预测，从这一角度出发，我们认为该序列中的数字是随机生成的。在大多数现实情况下（当然也包括本书中涉及的全部内容），我们认为这些由电脑生成的伪随机数能够符合统计学关于随机性的定义。（尽管如此，但请一定注意，并非所有统计软件生成的随机数序列都可以达到这一标准。）

请尝试生成随机数

　　现在，是时候检查一下你使用的统计软件是如何（以及是否可以）生成随机数的了。

　　例如，在StatCrunch中，你可以在Applets菜单中选择Random numbers来生成随机数。在Minimum value：对话框中输入0，在Maximum value：对话框中输入9。然后输入预期的样本量，并勾选Allow repeats (with replacement) 的选项。最后，点击Compute! 选项就可以得到随机数了。与例1中使用的随机数字表同理，这些随机数同样可以为我们所用。图5.2中的例子演示了如何生成25个随机数。

　　其他如同抛硬币一样技术含量较低的方法也能够产生随机的结果。例如在纸牌游戏中，玩家通过仔细地洗牌以使纸牌混合均匀。在麻将牌和拉米牌中，玩家通过打乱桌面上的牌以实现牌堆的随机排列。在其他很多桌游中，玩家则可以通过掷骰子或旋转转盘的方式决定棋子的移动轨迹。在抽奖活动中，主办方通常会将彩票放入一个容器，并摇晃

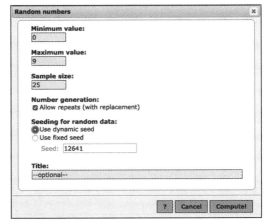

图5.2　在我们单击"Compute!"后，StatCrunch将生成25个0到9之间的随机整数。例如：4，8，9，1，2，6，9，…

均匀，随后要求抽奖者在不看容器的情况下进行抽奖。

　　人为的随机化过程一定要小心地进行。技艺高超的魔术师总是能抛出正面朝上的硬币。孩子们也很快就能学会如何轻敲转盘，使指针停在自己想要的数字上。数学家、魔术师佩西·迪亚科尼斯（Persi Diaconis）曾证明，至少要将一副纸牌洗 7 次才能实现牌堆排列的随机性。许多我们认为是随机的事情可能并非如此，正如本章的引言部分向你介绍的那样，这也是美国政府从征兵抽签的纰漏中吸取的教训。因此，在确定州级彩票的开奖方式等类似的活动时，会邀请统计学家来检查这些活动是否符合随机性的要求。

理论概率、经验概率与模拟概率

　　概率（probability）用于度量随机事件发生的频率。当我们说"抛硬币得到正面朝上的概率是 50%"时，其实是想表达"硬币正面朝上的次数占抛硬币总次数的一半"。有时这被称为概率的"频率论者"方法，因为它将概率定义为相对频率。

　　我们将使用三种不同的方法来研究概率。第一种是**理论概率**（theoretical probability）。一个事件结果的理论概率是如果我们无限次重复该动作事件出现的相对频率。当然，一件事不可能重复无限次，这就是为什么这种概率被称为理论概率。但我们通常可以应用数学推理来确定一个随机事件的理论概率。抛硬币正面朝上的理论概率是 50%，意思是如果我们无限次抛硬币，恰好有一半是正面朝上。得出"50%"的值，是因为我们做了一个假设，即硬币正面朝上和反面朝上是等可能的。

218

　　对于许多有趣的问题而言，如果仅仅借助数学推理，我们是很难、有时甚至是不可能得到理论概率的。遇到这些问题时，另外两种研究概率的方法——经验概率和模拟概率——将派上用场。**经验概率**（empirical probability）是基于实验结果或通过观测现实得到的概率。例如，如果你想知道抛硬币得到正面朝上的概率，只要把硬币抛很多次，然后记录正面朝上的相对频率即可。如果你抛了 10 次硬币，有 6 次是正面朝上，那么可以说硬币正面朝上的经验概率是 6/10，或 0.6。

　　经验概率和理论概率有一些显著的差异。其中最主要的是，同一事件的理论概率总是相同的。如果我们都同意这个理论，那么我们就都认可理论概率的值。然而，经验概率往往因实验而异。假设我们再次抛同一个硬币 10 次，有 3 次正面朝上，那么这次得到的经验概率是 0.3，而上次是 0.6。经验概率本身是随机的，随实验而改变。在 5.4 节中你会学到，如果我们的实验能够重复很多次，那么得到的经验概率将会接近理论概率，并且不同实验得到的经验概率差异很小。

　　当实验的资金成本与时间成本过高时，我们有时可以依赖于对真实过程的**模拟**（simulation）。如果模拟的效果与真实过程足够接近，那么通过模拟得到的相对频率就可以作为经验概率来使用。前面介绍的随机数字表就是一种模拟工具。大多数情况下我们会使用电脑进行模拟，因其可以快速生成随机数。

　　通过模拟得到的概率与经验概率相似，也会因实验的不同而不同。并且，如果试验重复次数很庞大，那么模拟概率也会接近理论概率。我们经常使用"经验"（empirical）这个术语来指代模拟概率和经验概率。

🔄 回顾

相对频率

第 2 章的内容曾介绍过相对频率的概念，即比例。

KEY POINT **重点**

　　理论概率是基于理论的，它告诉我们，如果一个事件被无限次重复，那么事件结果发生的频率是多少。经验概率是指，在一组真实的实验或观察中某一事件发生的频率。如果模拟能够匹配真实过程，那么我们可以用模拟可以代替实验，以计算经验概率。

5.2 理论概率的计算

　　我们可以用经验概率和模拟概率估计理论概率。通常，在足够多的试验次数下，经验概率可以很好地估计理论概率。但是，多好才算是很好呢？在使用经验概率估计和验证理论概率之前，我们首先需要学习如何计算理论概率。

5.2.1 理论概率的性质

　　概率的取值总是介于 0 和 1 之间（包括 0 和 1），可以用分数、小数或百分比表示：1/2、0.50 和 50% 都可以用来表示硬币正面朝上的概率。

　　概率为 0 和 1 有着特殊的含义。如果一个事件从不发生，那么它发生的概率是 0。例如，如果你在所有奖项都被他人赢取后买了一张彩票，那么你中奖的概率是 0。如果一个事件总是发生，那么它发生的概率是 1。拿抛硬币的例子来说，"正面或反面朝上"这件事发生的概率是 1。

　　你还要记住概率的另一个性质：一个事件不发生的概率等于 1 减去它发生的概率。如果下雨的概率是 0.90，那么不下雨的概率是 1-0.90=0.010。如果骰子掷出"1"的概率是 1/6，那么没有掷出 1 的概率是 1-（1/6）=5/6。

　　我们称这样的"非事件"为**对立事件**（complement）。"今天下雨"的对立事件是"今天不下雨"。"硬币正面朝上"的对立事件是"硬币反面朝上"。"骰子掷出的点数是 1"的对立事件是"骰子掷出的点数是 2，3，4，5，6"。换句话说，骰子掷出的点数不是 1。

　　通常，我们用 A，B，C 等大写字母表示事件。例如，我们可以令 A 表示"明天下雨"。符号 $P(A)$ 表示"明天下雨的概率"。$P(A) = 0.50$ 表示"明天下雨的概率是 0.50 或 50%"。

　　一种常见的误解是：大概率意味着事件一定会发生。例如，假设天气预报预测第二天下雨的可能性是 90%，可是第二天并没有下雨。这能说明天气预报预测错了吗？不一定。当天气预报说第二天有 90% 的可能下雨时，这同时意味着有 10% 的可能不会下雨。因此，90% 的下雨概率意味着有 90% 这样天气的日子会下雨，而其他 10% 的日子不会下雨。

小结：概率法则

　　法则 1：概率总是取 0 到 1（或 0% 到 100%）之间的数字（包括 0 和 1）。它可以用分数、小数或百分数来表示。用符号表示为：对于任意事件 A，

$$0 \leqslant P(A) \leqslant 1$$

　　法则 2：一个事件不发生的概率等于 1 减去该事件发生的概率。用符号表示为：对于任意事件 A，

$$P(A \text{ 不发生}) = 1 - P(A \text{ 发生})$$

符号 A^c 表示事件 A 的对立事件。从而我们可以把规则 2 写为

$$P(A^c) = 1 - P(A)$$

5.2.2　等可能结果的理论概率

　　在某些情况下，一项随机实验的所有可能结果都以相同的频率出现。我们称其为"等可能结果"。例如，在抛硬币时，硬币正面朝上和反面朝上是等可能的。在掷骰子时，掷出 1，2，3，4，5 和 6 是等可能的，当然，前提是骰子是质地均匀的。

　　在遇到相似的问题时，你不妨列出这项实验的所有等可能结果。由所有可能的（等可能）结果组成的集合称为**样本空间**（sample space）。我们通常用字母 S 来表示样本空间。**事件**（event）是样本空间中任意结果的集合。例如，掷骰子的样本空间 S 为 1，2，3，4，5，6。"掷出偶数"这个事件由样本空间中的偶数结果组成：即 2，4 和 6。

220

　　当结果是等可能时，一个事件发生的概率等于该事件包含的结果数除以样本空间中等可能结果的总数。换句话说，它是导致事件发生的结果数除以样本空间中的结果数。

📩 **贴士**

　　赌场骰子

　　赌场骰子和你在家里玩棋盘游戏用的骰子有很大的不同。赌场骰子的制作更加精密。曾有一家赌场声称，在他们使用的骰子上，每个点的深度都正好是 17/1000 英寸，并且填充了与骰子立方体的密度完全相同的材料。

小结：概率法则

　　法则 3：事件 A 发生的概率 $= P(A) = \dfrac{A\text{包含的结果数}}{\text{所有可能的结果数}}$

　　上式仅对等可能结果成立。

例如，假设你所在的班级有 30 个人，通过抽签的方式随机选出一个人获得奖品。你获奖的概率是多少？样本空间是这 30 个人的名单。事件 A 只包含一个结果，即你的名字。因为这次抽签有 30 种不同的结果，而只有 1 种结果可以使你获奖，因此你获奖的概率是 1/30。我们用如下的数学符号来表示：

$$P(获奖) = 1/30$$

更简练的表示方法为：

令 A 代表"获奖"这一事件。那么

$$P(A) = 1/30$$

根据法则 3，样本空间中某事件发生的概率可能是 1，即 $P(S) = 1$。这是因为

$$P(S) = 事件 S 包含的结果数 / 事件 S 包含的结果数 = 1$$

例 2　碗里有 10 个骰子

一个碗中有 5 个红色骰子、3 个绿色骰子和 2 个白色骰子（见图 5.3）。与图 5.3 中所看到的不同，我们假设各种颜色的骰子已均匀地混合在一起了。

问题：取出（a）红色骰子、（b）绿色骰子、（c）白色骰子的概率分别是多少？

解答：碗里有 10 个骰子，所以我们有 10 种可能的结果。每个骰子被取到的可能性都是相等的（假设所有的骰子大小相同，混合均匀，并且我们在取骰子时不会偷看碗里的情况）。

图 5.3　碗里有 10 个骰子

a. 碗里有 5 个红色骰子，所以取出红色骰子的概率是 5/10，即 1/2，0.50，50%。

$$P(红色骰子) = 1/2 \text{ 或 } 50\%$$

b. 碗里有 3 个绿色骰子，所以取出绿色骰子的概率是 3/10，即 30%。

$$P(绿色骰子) = 3/10 \text{ 或 } 30\%$$

c. 碗里有 2 个白色骰子，所以取出白色骰子的概率是 2/10，即 1/5，20%。

$$P(白骰子) = 1/5 \text{ 或 } 20\%$$

注意，以上各个概率相加一定等于 1，即 100%。

试做：练习 5.11。

例 3 将表明，确保样本空间中的结果是等可能的，这是非常重要的前提。

例 3　两个骰子的点数相加

掷两个骰子，并把掷出的点数相加。假设每个骰子掷出各个点数的可能性都相等。事件 A 表示"两个骰子掷出的点数和为 7"。

问题：事件 A 的概率是多少？求 $P(A)$。

解答：这个问题比较难，如表 5.2 所示，列出所有等可能的结果需要费一番功夫。

表 5.2 列出了 36 种等可能的结果。以下是事件 A 包含的结果：

$$(1, 6), (2, 5), (3, 4), (4, 3), (5, 2), (6, 1)$$

"两个骰子掷出的点数和为 7"有六种结果。

表 5.2　两个骰子点数的所有等可能结果

骰子 1	1	1	1	1	1	1	2	2	2	2	2	2
骰子 2	1	2	3	4	5	6	1	2	3	4	5	6
骰子 1	3	3	3	3	3	3	4	4	4	4	4	4
骰子 2	1	2	3	4	5	6	1	2	3	4	5	6
骰子 1	5	5	5	5	5	5	6	6	6	6	6	6
骰子 2	1	2	3	4	5	6	1	2	3	4	5	6

结论："两个骰子掷出的点数和为 7"的概率是 6/36，即 1/6。

试做：练习 5.15。

222

样本空间中的结果是等可能的，这是非常重要的前提。在解答例 3 中的问题时，一种错误的方法是列出两个骰子所有可能的点数和，而不是列出这两个骰子所有等可能的结果，这样的做法并不少见。在本例中，所有可能的点数和如下列所示：

$$2, 3, 4, 5, 6, 7, 8, 9, 10, 11, 12$$

共有 11 种结果，其中只有 1 个和是 7，因此我们会错误地认为例 3 的答案是 1/11。

为什么我们没有得到正确答案 1/6 呢？原因是我们列出的结果——2，3，4，5，6，7，8，9，10，11，12——不是等可能的。例如，只有一种情况可以得到点数和等于 2：掷两个 1，得到 1 + 1=2。类似地，点数和等于 12 也只有一种情况：掷两个 6，得到 6 + 6=12。

然而，有六种情况的点数和等于 7：（1，6），（2，5），（3，4），（4，3），（5，2），（6，1）。换句话说，点数和等于 7 比点数和等于 2 或 12 更常见。结果 2，3，4，5，6，7，8，9，10，11 以及 12 的概率不相等。

通常，列出一个样本空间中所有可能的结果是不现实的——甚至只列出你感兴趣的事件包含的结果也是不现实的。例如，如果从一副扑克牌（52 张）中选出 5 张纸牌，那么样本空间就有 2 598 960 种可能的结果。这太庞大了，你可能不想一个个列出所有的结果。数学家们已经开发出了一些机制，用于计算诸如此类复杂的情况所包含的全部结果数。但由于初级统计学并不以此为重点，因此本书暂不讨论这些内容。

⚠ 注意

"等可能结果"假设

我们往往希望实验满足"等可能结果"假设，但它并不总是成立的。如果不满足这个假设，那么你计算的理论概率可能就是错的。

5.2.3 积事件与和事件

正如本书第 4 章所讲的，在统计学中，我们常热衷于开展涉及多个变量的研究。现实中的每个人都拥有很多特征，而这些特征的联系是一个亟待研究的问题。利用"且"和"或"这两个词，我们可以在原有事件的基础上得到积事件与和事件。例如，图 5.4a 中的人物都有两个特征：有些人戴着帽子，有些不戴帽子；有些人戴着眼镜，有些则不戴眼镜。在图 5.4a 中，那些戴着帽子并且也戴着眼镜的人正在举手。

如图 5.4b 所示，我们也可以用**维恩图**（Venn diagram）进行描述。矩形代表样本空间，它包含所有可能的结果。椭圆代表事件——例如，"戴着眼镜"这个事件。同时"属于"两个事件的人位于两个椭圆的交集中。

"且（AND）"一词创建了两个事件的积事件。如果我们从这张照片中随机选出一个人，那么这个人戴着帽子的概率是 3/6，因为 6 个人中有 3 个人戴着帽子。随机选出的人戴着眼镜的概率是 4/6。而这个人戴着帽子且戴着眼镜的概率是 2/6，因为 6 个人中只有 2 个人同时符合这两个特征。用数学语言表示为：

$$P(\text{戴着眼镜且戴着帽子}) = 2/6$$

a）同时戴着眼镜和帽子的人正在举手

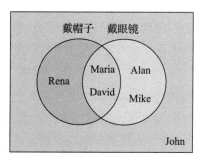

b）戴着眼镜且戴着帽子的人（Maria和David）位于这张维恩图中两个圆的交集中

图　5.4

⚠ 注意

维恩图

维恩图中区域的面积没有数值意义。大的区域不代表比小的区域包含更多的结果。

> **KEY POINT 重点**
>
> 利用"且"一词，我们可以创建事件 A 和事件 B 的积事件。积事件由既属于事件 A 又属于事件 B 的结果组成。

在大多数情况下，你可能没有像图 5.4a 一样的照片。表 5.3 给出了一个更典型的情况，表中的信息来源于近期美国人口普查（www.census.gov）的一个随机样本，记录了最高学历

和当前婚姻状况这两个属性的频率。（"单身"意味着从未结婚。其他所有类别都是指被调查者目前的状况。因此，离婚后再婚的人被归类为"已婚"。）

表 5.3　随机挑选的 665 名美国居民的学历和婚姻状况

学历	单身	已婚	离异	丧夫/丧妻	合计
高中以下	17	70	10	28	125
高中	68	240	59	30	397
大专及以上	27	98	15	3	143
合计	112	408	84	61	665

例 4　受教育程度与婚姻状况

假设我们从表 5.3 的 665 个人中随机选择一个人。

问题：

a. 这个人已婚的概率是多少？

b. 这个人有大专及以上学历的概率是多少？

c. 这个人已婚并拥有大专及以上学历的概率是多少？

解答：样本空间总共包含 665 个等可能的结果。

a. 有 408 人已婚。因此，被调查者已婚的概率是 408/665，即 61.4%（大约）。

b. 在这 665 人中，有 143 人拥有大专及以上学历。所以被调查者拥有大专及以上学历的概率是 143/665，即 21.5%。

c. 在这 665 人中，有 98 人已婚且拥有大专及以上学历。所以被调查者已婚且拥有大专及以上学历的概率是 98/665，即 14.7%。

试做：练习 5.19。

5.2.4　和事件

在图 5.5a 中，戴着眼镜的人与戴着帽子的人都举起了手。注意，既戴了眼镜也戴了帽子的人也会举手。如果我们随机选择其中一个人，这个人戴着帽子或眼镜的概率是 5/6，因为我们需要包括那些只戴了眼镜的人、只戴了帽子的人以及同时戴着眼镜和帽子的人。

在维恩图中，和事件通过对所有相关事件增加加点的阴影来表示。这里 Mike、Rena、Maria、Alan 和 David 都戴着帽子或眼镜，因此他们都位于加点的阴影区域。

最后一个例子说明了"或"这个词的特殊含义。这个词在数学和概率中的含义与日常用语中的含义略有不同。在统计学和概率论中，我们使用的术语是**可兼或**（inclusive OR）。例如，在图 5.5a 中，研究人员要求戴着帽子或眼镜的人举起手。这意味着举手的人包括只戴了帽子、只戴了眼镜以及既戴了帽子也戴了眼镜三种类型。

 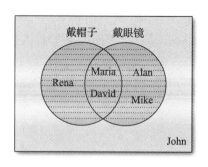

a）戴着帽子或眼镜的人举手。这张
照片说明了"可兼或"的含义

b）在这个维恩图中，加点的阴影区域
表示"戴着帽子或者眼镜的人举手"

图 5.5 戴着帽子或眼镜的人举手及维恩图表示

KEY POINT 重点

利用"或"一词，我们可以创建事件 A 和事件 B 的和事件。和事件由只属于事件 A、只属于事件 B 以及同时属于事件 A 和事件 B 的结果组成。

例 5 单身或已婚

让我们再次从表 5.3 中随机选出一个人。

问题：这个人单身或已婚的概率是多少？

解答："单身或已婚"包括已婚、单身以及单身且已婚的人。样本空间中共有 665 人，即 665 种等可能的结果。其中，112 人单身，408 人已婚。（没有人既单身又已婚！）因此，共有 112 + 408=520 人属于单身或已婚。

结论：随机选出的人单身或已婚的概率是 520/665，即 78.2%。

试做：练习 5.21。

！注意

且

P（A 且 B）将总是小于（或等于）P（A）并且小于（或等于）P（B）。如果没有得出这样的结果，这说明你的计算有误！

例 6 已婚或拥有大专及以上学历

请从表 5.3 中随机选出一个人（为了便于阅读，我们用表 5.4 重现了表 5.3 中的内容）。

问题：这个人已婚或拥有大专及以上学历的概率是多少？（假设"大专及以上"类别的人都有大学学位。）

解答：表 5.3 给出了 665 种可能的结果。"已婚或拥有大专及以上学历"包括已婚、拥有大专及以上学历，以及已婚且拥有大专及以上学历的人。样本空间中共有 408 人已婚，

143 人拥有大专及以上学历。

先别急着得出答案！已婚或拥有大专及以上学历的人并不是 408 + 143 个——我们将其中一组人统计了两次！在计算已婚人数时，我们统计了已婚且拥有大专及以上学历的人；而在计算拥有大专及以上学历的人数时，我们再次统计了这部分人。从表 5.4 可以看出，有98 人已婚且拥有大专及以上学历，而这 98 人被统计了两次。因此，对于已婚或拥有大专及以上学历，样本空间中共有 408 + 143 - 98 = 453 个不同的结果。如表 5.4 所示，我们在表 5.3 的基础上添加了两个椭圆形，试图借助维恩图的思想解答上述问题。

表 5.4　该表与表 5.3 相同，并在其基础上用椭圆形圈出了"已婚"和"大专及以上"

学历	单身	已婚	离异	丧夫 / 丧妻	合计
高中以下	17	70	10	28	125
高中	68	240	59	30	397
大专及以上	27	98	15	3	143
合计	112	408	84	61	665

粗体的数字表示已婚或拥有大专及以上学历的人。通过维恩图式的处理方法，我们明确了这一组（98 人）同时属于两个类别，因而不应将他们统计两次。

或者，我们可以通过将上表中椭圆内的数字相加得出 453 的结果，每个数字只能加一次：

$$70 + 240 + 98 + 27 + 15 + 3 = 453$$

结论：随机选出的人已婚或拥有大专及以上学历的概率是 453/665，即 68.1%。

试做：练习 5.23。

5.2.5　互斥事件

你是否注意到，关于和事件的例 5（单身或已婚）比例 6（已婚或拥有大专及以上学历）简单得多？解答例 6 时，必须要注意避免重复统计。而在例 5 中，我们并没有遇到这样的问题。这是为什么呢？

实际上，在例 5 中，我们需要计算的是已婚或单身的人，但是没有人可以同时处于已婚和单身两种状况。"既已婚又单身"是不可能发生的事情。当同一结果不可能同时属于两个事件——两个事件不可能同时发生时，我们称其为**互斥事件**（mutually exclusive event）。"已婚"和"单身"就是一组互斥事件。

图 5.6 的维恩图展示了两个互斥事件——事件 A 和事件 B。它们没有交集，不可能同时发生。也就是说，这两个事件同时发生的概率等于 0。

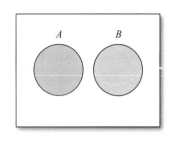

图 5.6　在维恩图中，两个互斥事件没有重叠的部分

例 7　互斥事件：受教育程度与婚姻状况

想象我们从表 5.4 中随机选出一个人。

问题： 请列出两个互斥事件和两个不互斥事件。"婚姻状况"指的是一个人当前的婚姻状况。

解答： 任意两列或任意两行是互斥事件。一个人的婚姻状况不可能（同时）既是离婚状态又是已婚状态，一个人的受教育程度也不可能既是高中以下学历又是高中学历。"高中学历"和"高中以下学历"是互斥的，人们的受教育程度不可能同时属于这两个层次。既是高中学历且学历低于高中的概率等于 0。同理，我们也可以列举其他互斥事件。

两个不互斥事件会包含相同的结果。例如，样本空间中有 30 个丧夫 / 丧妻的人是高中学历。因此，"高中学历"和"丧夫 / 丧妻"这两个事件不互斥。

试做： 练习 5.27。

小结：概率法则

法则 4： 事件 A 或事件 B 发生的概率等于

（事件 A 发生的概率）加上（事件 B 发生的概率）减去（事件 A 和事件 B 都发生的概率）

如果 A 和 B 是互斥事件（例如，A 是"单身"，B 是"已婚"），则 $P(A$ 且 $B) = 0$。在这种情况下，法则变得更简单：

法则 4a： 如果 A 和 B 是互斥事件，"A 或 B"发生的概率等于 A 发生的概率与 B 发生的概率之和。

用符号表示为：

法则 4： $P(A$ 或 $B) = P(A) + P(B) - P(A$ 且 $B)$

法则 4a： 仅当 A 和 B 互斥时：$P(A$ 或 $B) = P(A) + P(B)$

---

227 **例 8　掷六面骰子**

假设我们在掷一个质地均匀的六面骰子。

问题：

a. 请计算掷出的点数是偶数或大于 4 的概率。

b. 请计算掷出的点数是偶数或 5 的概率。

解答： a. 有两种计算方法。首先，样本空间包括六种等可能的结果。其中，偶数是（2，4，6），大于 4 的是（5，6）。因此，"点数是偶数或点数大于 4"有四种不同的情况，即点数为 2，4，5 或 6。因此，该事件的概率等于 4/6。

第二种方法是利用法则 4。掷出偶数的概率是 3/6，而掷出大于 4 的概率是 2/6。因此，点数是偶数且大于 4 的概率是 1/6（因为只有掷出点数 6 才能产生这一结果）。

P(点数是偶数或点数大于 4) = P(点数是偶数) + P(点数大于 4) − P(点数是偶数且大于 4) = 3/6 + 2/6 − 1/6 = 4/6

b. P(点数是偶数或点数等于5) = P(点数是偶数) + P(点数等于5) − P(点数是偶数且等于5)

5 是奇数，因此我们掷出的点数不可能既是偶数又是5。所以"点数等于5"和"点数是偶数"这两个事件是互斥的。因此，我们得到

$$P(点数是偶数或点数等于5) = 3/6 + 1/6 − 0 = 4/6$$

结论：

a. 点数是偶数或点数大于 4 的概率是 4/6（即 2/3）。

b. 点数是偶数或点数等于 5 的概率是 4/6（即 2/3）。

试做：练习 5.29。

例9　科学新发现

皮尤研究中心（Pew Research Center）调查了 Facebook 上与科学高度相关的帖子，并根据帖子的内容对其进行了分类。研究发现，29% 是发现帖，21% 是实际应用帖，16% 是广告帖，12% 是概念帖，7% 是转发帖，5% 是无关帖，10% 是其他帖。图 5.7 的条形图展示了上述结果。（皮尤研究中心，2018 年 3 月。）

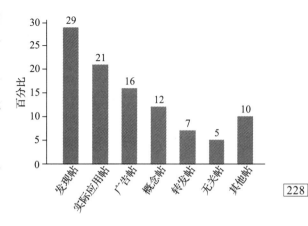

问题：在这些帖子中，随机选出的帖子是广告帖、无关帖或其他帖的概率是多少？

解答：帖子的类别是互斥的，因此：

P(广告帖、无关帖或其他帖) = P(广告帖) + P(无关帖) + P(其他帖) = 16% + 5% + 10% = 31%

图 5.7　条形的高度表示每类帖子所占的百分比

结论：随机选出的一个帖子属于这三个类别之一的概率是 31%，高于发现帖的概率。

试做：练习 5.35。

贴士

概率分布

图 5.7 是概率分布的一个例子。概率分布给出了一个随机实验中全部可能结果发生的概率。你将在第 6 章学习概率分布的有关内容。

5.3　分类变量的相关性

根据表 5.3 的样本，婚姻状况与拥有大专学历之间是否存在关联？如果存在的话，我们可以预期，大专学历和大专以下学历的已婚人士比例会有所不同。（也许我们会发现，在婚

228

姻状况不同的人群中，不同受教育程度所占的比例也不相同。）

换句话说，如果二者存在关联的话，我们就可以预期，对于随机选出的大专学历的人和大专以下学历的人而言，他们已婚的概率不相等。

5.3.1 条件概率

在这一部分内容中，请你关注不同的语言描述。"一个拥有大专学历的人是已婚人士"和"一个人拥有大专学历且已婚"的概率是不同的。在第二种情况下，我们关注的问题是整个样本空间中有多少人既有大专学历且是已婚状态。但是在第一种情况下，我们默认一个人拥有大专学历是已知条件。也就是说，我们并非"从整个样本空间中随机选一个人"，而是"只关注那些有大专学历的人，这些人中有多少是已婚人士"。

对于仅从样本空间的一组对象中进行随机抽样得到的概率，我们称之为**条件概率**（conditional probability），例如上述第一种情况的概率。

例如，在表 5.5（同表 5.3）中，我们从"大专及以上"这一行的 143 人中随机选出一个人，这个人已婚的概率是 98/143（约 0.685）。这是以"大专及以上"为条件的已婚概率（也就是说，假设我们只从拥有大专及以上学历的人中进行抽样），因此我们称之为条件概率。

表 5.5　拥有大专及以上学历的人，已婚的概率是多少？请想象从"大专及以上"行中随机选出一个人。我们假设"大专及以上"一行中的每个人都拥有大专学历

学历	单身	已婚	离异	丧夫 / 丧妻	合计
高中以下	17	70	10	28	125
高中	68	240	59	30	397
大专及以上	27	98	15	3	143
合计	112	408	84	61	665

比较"在……条件下"和"且"

通常，我们用"在……条件下"这个短语表示条件概率，例如"按照随机抽样原则，在一个人拥有大专学历的条件下，计算其已婚的概率"。但你也会在最后一段看到这样的表述："按照随机抽样的原则，计算一个拥有大专学历的人已婚的概率"。这种表述更精确，因为它表示我们随机选出的人拥有大专学历：上述概率的计算必须以拥有大专学历为条件。

图 5.8a 的维恩图显示了所有已婚的人和拥有大专学历的人。斜线重叠区域代表"已婚且拥有大专学历"。相比之下，图 5.8b 只给出了拥有大专学历的人。两幅维恩图强调，在计算给定拥有大专学历的条件下一个人已婚的概率时，我们只需要关注那些拥有大专学历的人。

条件概率的数学符号可能看起来有点不寻常。写作：

$$P(\text{已婚} \mid \text{大专学历}) = 98/143$$

概率符号里面的竖线不是除号。你应该将它读作"在……条件下"。上式表示"在一个人拥有大专学历的条件下，他已婚的概率是 98/143"。一些统计学家喜欢把这条竖线理解为

"在……中"，并将上式表述为"在拥有大专学历的人中，已婚人士的概率"。这两种表述方式都是可以的，使用哪一种取决于你对条件概率的理解。

230

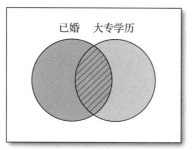
ａ）已婚且拥有大专学历的概率

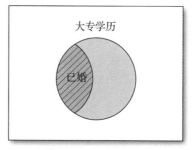
ｂ）拥有大专学历的人已婚的概率

图 5.8　维恩图

KEY POINT 重点

计算 $P(A|B)$，我们需要考虑在事件 B 中发生事件 A 的概率，即"在事件 B 发生的条件下，事件 A 发生的概率"。

例 10　数据安全与年龄

下列数据来源于美国人口数据中随机选取的一个样本，该数据由皮尤研究中心于 2017 年 1 月收集。"年轻人"的年龄是 18 岁至 29 岁，"老年人"的年龄是 65 岁及以上。

a. 一个年轻人的数据安全感低于从前的概率是 41%。将事件 A 定义为"一个人是年轻人"，将事件 B 定义为"一个人的数据安全感低于从前"。

b. 一个人是年轻人且数据安全感高于从前的概率是 4%。将事件 A 定义为"一个人是年轻人"，将事件 B 定义为"一个人的数据安全感高于从前"。

c. 一个老年人的数据安全感低于从前的概率是 56%。将事件 A 定义为"一个人是老年人"，将事件 B 定义为"一个人的数据安全感低于从前"。

问题： 上述三个事件分别是条件概率事件还是和事件？请解释原因，并用概率符号表示。

a. 这是一个条件概率事件。我们需要考虑的是在 18 岁至 29 岁的人中，数据安全感低于从前的概率是多少，即抽样的年龄段限制在 18 岁至 29 岁。因此，这是条件概率事件。

b. 我们不需要做任何假设，而只需要考虑一个人的年龄是否在 18 岁至 29 岁之间，并且其数据安全感是否高于从前。这是一个和事件。

c. 这也是一个条件概率事件。（注意，老年人可能更关心数据安全问题。）

解答： 用概率符号表示为

a. $P(B|A)$，或 $P($ 一个人的数据安全感低于从前 | 一个人是年轻人 $)$

b. $P(A$ 且 $B)$，或 $P($ 一个人是年轻人且数据安全感高于从前 $)$

c. $P(B \mid A)$，或 $P($ 一个人的数据安全感低于从前 $\mid$ 一个人是老年人 $)$

试做：练习 5.41。

条件概率的计算

如果你有一个如同表 5.5 的表格，你可以仿照我们之前使用的方法，先提取抽样群体，在此基础上计算条件概率。如果没有这样完整的信息，你可以应用下面的公式进行计算。

条件概率的计算公式为

$$P(A \mid B) = P(A \text{ 且 } B) / P(B)$$

例 11 将向我们演示了如何使用上述公式。

---

231 **例 11　受教育程度与婚姻状况**

假设从表 5.3 中随机选择一个人。

问题：根据表 5.3 中的数据，在高中以下学历（没有更高学历）的条件下，计算一个人已婚的概率。并用条件概率的计算公式验证你的结果。

解答：我们需要计算 $P($ 已婚 $\mid$ 高中以下学历 $)$——一个高中以下学历的人已婚的概率。随机抽样的目标群体是高中以下学历的人，共包含 125 人，其中 70 人已婚。

$$P($ 已婚 $\mid$ 高中以下学历 $) = 70/125 = 0.560$$

应用条件概率的计算公式，我们的计算结果得到了验证：

$$P($ 已婚 $\mid$ 高中以下学历 $) = \frac{P(\text{已婚且高中以下学历})}{P(\text{高中以下学历})} = \frac{\dfrac{70}{665}}{\dfrac{125}{665}} = \frac{70}{125} = 0.560$$

有意思的是，拥有大专及以上学历的人已婚的概率（0.685）大于高中以下学历的人已婚的概率（0.560）。

试做：练习 5.43。

通过代数变换，我们发现下面的公式可以作为计算条件概率的另一种方法：

$$P(A \text{ 且 } B) = P(A) \, P(B \mid A)$$

我们以后会用到这个公式。

小结：概率法则

法则 5a：$P(A \mid B) = \dfrac{P(A \text{且} B)}{P(B)}$

法则 5b：$P(A \text{ 且 } B) = P(B) \, P(A \mid B)$，$P(A \text{ 且 } B) = P(A) \, P(B \mid A)$

法则 5b 的两种形式都是正确的，因为哪个事件是 A 哪个事件是 B 并不重要。

条件的翻转

一个常见的错误是认为 $P(A \mid B)$ 与 $P(B \mid A)$ 相等。其实并非如此。

$$P(B \mid A) \neq P(A \mid B)$$

另一个常见的错误是混淆了条件概率与分数的概念，认为 $P(B \mid A) = 1 / P(A \mid B)$。

$$P(B \mid A) \neq \frac{1}{P(A \mid B)}$$

例如，利用表 5.3 中的数据，我们之前计算的 $P($ 已婚 $\mid$ 拥有大专学历 $) = 98 / 143 = 0.685$。如果我们想计算在已婚的条件下拥有大专学历的概率呢？

$$P(\text{拥有大专学历} \mid \text{已婚}) = ?$$

根据表 5.3，"已婚"这个事件有 408 种可能的结果。这 408 位已婚人士中，98 人拥有大专学历，所以

$$P(\text{拥有大专学历} \mid \text{已婚}) = 98/408，\text{约} \ 0.240$$

显然，$P($ 拥有大专学历 $\mid$ 已婚 $)$ 等于 0.240，而 $P($ 已婚 $\mid$ 拥有大专学历 $)$ 等于 0.685，二者并不相同。

而 $P($ 已婚 $\mid$ 拥有大专学历 $) = 1 / P($ 拥有大专学历 $\mid$ 已婚 $) = 408/98 = 4.16$ 也是不正确的，这样计算的概率竟然大于 1！概率的取值不可能大于 1，因此，

$$P(A \mid B) \ \text{显然不等于} \ 1 / P(B \mid A)$$

```
KEY POINT  重点

    P(B | A) ≠ P(A | B)
```

5.3.2　独立事件与相关事件

我们发现，对于受教育程度不同的人，他们已婚的概率不同。在不同受教育程度的人中进行随机抽样，计算已婚概率，我们将得到不同的结果。换句话说，婚姻状况和受教育程度是**相关的**（associated）。婚姻状况的概率以受教育程度为条件，因此二者是相关的。

我们把不相关的变量或事件称为**独立事件**（independent event）。独立变量与独立事件是统计学中非常重要的概念。我们首先介绍独立事件。

两个事件是独立的，意味着一个事件的发生与另一个事件是否发生无关。用数学符号表示为，

$$A \ \text{和} \ B \ \text{是独立事件意味着} \ P(A \mid B) = P(A)$$

换句话说，如果"已婚"独立于"拥有大专学历"，那么一个已婚人士拥大专学历的条件概率，即 P（拥有大专学历 $\mid$ 已婚）与 P（拥有大专学历）相等。我们已经计算出

$$P(\text{拥有大专学历} \mid \text{已婚}) = 0.240，P(\text{拥有大专学历}) = 143/665 = 0.215$$

这两个概率非常接近——我们足以认为二者是"近似相等"的。(你将在第 10 章学习相关内容。)我们可能会认为,"已婚"和"拥有大专学历"是相互独立的两个事件。但是,只有当二者的概率完全相等时,我们才能认为它们是独立事件。因此,"拥有大专学历"和"已婚"并不相互独立。

无论哪个事件是 *A* 哪个是 *B*,如果 $P(B \mid A) = P(B)$,那么 *A* 和 *B* 是独立事件。

KEY POINT 重点

事件 *A* 和 *B* 是独立事件,意味着 $P(A \mid B) = P(A)$。换句话说,事件 *B* 发生与否不会改变事件 *A* 发生的概率。

---

233 **例 12 对手有方片牌吗?**

图 5.9 展示了一副标准的扑克牌。在玩扑克牌时,了解其他玩家手里的牌将有利于我们取胜,因此玩家总是尽量避免向其他人展示自己的手里的牌。现在,假设你想要判断对手是否有方片牌,如果你发现他手里有一张红色牌,这能为你的判断提供有用的信息吗?

问题: 假设一副牌已经洗牌,其中有一张牌正面朝下。事件"方片牌"和事件"红色牌"相互独立吗?

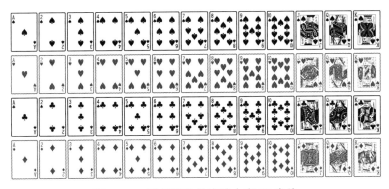

图 5.9　一副标准的扑克牌中有 52 张牌

解答: 根据独立事件的定义,我们需要计算

$$P(方片牌) 和 P(方片牌 \mid 红色牌)$$

并比较二者的大小。

如果两个事件的概率不相等,那么它们就不是相互独立的,它们是相关事件。

首先我们计算 $P(方片牌)$。一副扑克牌的 52 张牌中,13 张是方片牌。因此,

$$P(方片牌) = 13/52,即 1/4$$

假设我们已知这张牌是红色牌,那么它是方片牌的概率是多少?计算

$$P(方片牌 \mid 红色牌)$$

一副扑克牌中有 26 张红色牌，因此等可能的结果由 52 减少为 26。在图 5.9 中，有方片和红桃两排红色牌，共 26 张，其中依然有 13 张方片牌。因此，如果这张牌是红色牌，那么它是方片牌的概率是 13/26 = 1/2。

$$P(方片牌) = 1/4$$
$$P(方片牌 \mid 红色牌) = 1/2$$

两个概率不相等。

234

结论："选到一张方片牌"和"选到一张红色牌"是相关的，因为 P（方片牌 | 红色片）与 P（方片牌）不相等。这意味着，如果已知对手有一张红色牌，那么你就掌握了一定的信息，这将有助于判断对手是否拥有方片牌。

注意，我们还可以比较 P(红色牌) 与 P(红色牌 | 方片牌)，得出的结论相同。

试做：练习 5.49。

例13 对手有 A 牌吗?

有一张扑克牌正面朝下。这一次，你想要判断对手是否有 A 牌。如果已经发现他手里有一张方片牌，这一信息是否有利于你的判断？

问题：事件"方片牌"和事件"A 牌"是否独立？

解答：现在，我们需要计算并比较 P(A 牌) 和 P(A 牌 | 方片牌)。

P(A 牌)：

52 张牌中有 4 张 A 牌。因此，P(A 牌) = 4/52 = 1/13。

P(A 牌 | 方片牌)：

一副扑克牌中有 13 张方片牌，这 13 张方片牌中只有一张是 A 牌。因此，P(A 牌 | 方片牌) = 1/13。

我们发现，P(A 牌) = 1/13 = P(A 牌 | 方片牌)。

结论："方片牌"与" A 牌"是相互独立的。这意味着，即使已知你的对手有方片牌，也无法帮助你确定他是否是 A 牌。

注意，我们还可以 P(A 牌) 到 P(方片牌 |A 牌)，得出的结论相同。

试做：练习 5.51。

5.3.3 判断事件是否独立

有时，你可以用直觉判断两个事件是否相互独立。例如，我们抛硬币两次，显然 P(第二次是正面朝上) = 1/2。但是如果我们已知第一次也是正面朝上呢？那么你需要计算

$$P(第二次是正面朝上 \mid 第一次是正面朝上)$$

直觉告诉我们，无论之前发生了什么，硬币正面朝上的概率总是 50%。因此，

$$P(第二次是正面朝上 \mid 第一次是正面朝上) = 1/2 = P(第二次是正面朝上)$$

"第二次是正面朝上"和"第一次是正面朝上"这两个事件是相互独立的。

尽管你可能确信自己的直觉判断准确无误,但我们仍建议你用数据验证你的判断结果。

---

[235] **例 14 受教育程度与丧偶**

假设我们在表 5.3 的人群中进行随机抽样。"拥有高中学历"是否独立于"丧偶"?直觉上,我们认为二者是相互独立的。毕竟,一个人的受教育程度怎么会与配偶的过世有关呢?

问题:请利用表 5.3 中的数据,判断这两个事件是否独立。

解答:首先我们需要验证 $P(A \mid B) = P(A)$ 是否成立。哪个事件是 A 哪个事件是 B 并不重要,这里我们选择将"拥有高中学历"记为事件 A,将"丧偶"记为事件 B,进而验证 $P($拥有高中学历 $\mid$ 丧偶$) = P($拥有高中学历$)$ 是否成立。表 5.3 中的数据显示,有 61 人丧偶,因此

$$P(拥有高中学历 \mid 丧偶) = 30/61 = 0.492$$
$$P(拥有高中学历) = 397/665 = 0.597$$

这两个概率是不相等的。

结论:两个事件是相关的。相较于你不知道一个人的婚姻状况,如果你已知他或她丧偶,那么你会判断这个人拥有高中学历的概率更低。因此,至少根据表 5.3 中数据,我们的直觉是错误的。当然,这些数据可能无法代表所有的人,或者存在抽样误差,这都是可能导致我们结论有误的原因。

试做:练习 5.53。

5.3.4 独立事件序列与相关事件序列

计算一个事件序列发生的概率通常是有难度的。所谓序列,是指按一定顺序发生的一系列事件。例如,一对夫妇计划生育两个孩子,第一个是男孩而第二个是女孩的概率是多少?在处理序列时,我们首先需要判断事件之间是相互独立的还是相关的。

如果两个事件是相关的,我们可以运用条件概率的有关性质。根据概率法则 5b:

$$P(A \text{ 且 } B) = P(A) P(B \mid A)$$

如果两个事件相互独立,那么 $P(B \mid A) = P(B)$,基于此,我们可以将上述公式简化为 $P(A$ 且 $B) = P(A) P(B)$。通常,我们称之为**乘法法则**(multiplication rule)。

小结:概率法则

法则 5c:乘法法则。如果 A 和 B 是独立事件,那么

$$P(A \text{ 且 } B) = P(A) P(B)$$

独立事件

当两个事件相互独立时,我们可以运用乘法法则,更简便地计算积事件的概率。

例如，假设在美国出生的婴儿中，有51%是男孩，P(第一个是男孩) = 51%。那么一对夫妇生两个男孩的概率是多少？换句话说，我们应如何计算P(第一个是男孩，第二个也是男孩)？

研究人员有充分的理由相信，一个家庭中婴儿的性别是独立的（不包括同卵双胞胎）。因此，我们可以应用乘法法则：

$$P(第一个是男孩，第二个也是男孩) = P(第一个是男孩) P(第二个是男孩)$$
$$= 0.51 \times 0.51 = 0.260\ 1$$

按同样的逻辑，我们也可以计算"第一个孩子是男孩，第二个孩子是女孩"的概率：

$$P(第一个是男孩，第二个是女孩) = P(第一个是男孩) P(第二个是女孩)$$
$$= 0.51 \times 0.49 = 0.249\ 9$$

例15　抛硬币三次

抛一枚质地均匀的硬币三次，我们假设硬币正面朝上与反面朝上的概率相等。

问题： 三次都是反面朝上的概率是多少？第一次正面朝上且后两次反面朝上的概率是多少？

解答： 我们需要计算P（第一次反面朝上，第二次反面朝上，第三次还是反面朝上）。已知每次抛硬币都是相互独立的（这是一个理论常识，每次抛硬币的结果并不会相互影响）。这意味着，三次抛硬币都是反面朝上的概率是

$$P(第一次是反面朝上) \times P(第二次是反面朝上) \times$$
$$P(第三次是反面朝上) = 1/2 \times 1/2 \times 1/2 = 1/8$$
$$P(第一次正面朝上，第二次反面朝上，第三次反面朝上) =$$
$$P(正面朝上) \times P(反面朝上) \times P(反面朝上) = 1/2 \times 1/2 \times 1/2 = 1/8$$

结论： 三次都是反面朝上的概率和第一次正面朝上且后两次反面朝上的概率相同，都等于1/8。

试做： 练习5.55。

例16　抛硬币十次

假设抛硬币十次，并记录每一次的结果。假设硬币正面朝上 (H) 与反面朝上 (T) 的概率相等。

问题： 下列哪个序列更有可能出现？

序列 A：HTHTHTHTHT
序列 B：HHTTTHTHHH

解答： 每次抛硬币都是独立事件，因此序列 A 发生的概率是

$$P(H)P(T)P(H)P(T)P(H)P(T)P(H)P(T)P(H)P(T)=$$
$$\frac{1}{2} \times \frac{1}{2} \times \frac{1}{2} \times \frac{1}{2} \times \frac{1}{2} \times \frac{1}{2} \times \frac{1}{2} \times \frac{1}{2} \times \frac{1}{2} \times \frac{1}{2} = \left(\frac{1}{2}\right)^{10} = 0.000\ 976\ 6$$

序列 B 发生的概率是

$$P(H)P(H)P(T)P(T)P(T)P(H)P(T)P(H)P(H)P(H)=$$

$$\frac{1}{2}\times\frac{1}{2}\times\frac{1}{2}\times\frac{1}{2}\times\frac{1}{2}\times\frac{1}{2}\times\frac{1}{2}\times\frac{1}{2}\times\frac{1}{2}\times\frac{1}{2}=\left(\frac{1}{2}\right)^{10}=0.000\ 976\ 6$$

结论： 在序列 A 中，正面朝上和反面朝上的情况交替发生，因此看起来比序列 B 更不现实。但是实际上，两个序列出现的概率是相同的！

试做： 练习 5.57。

我们经常面临另一个概率问题是计算 "至少有一个发生" 的概率。

例 17 火星生命

根据 2018 年圣母学院（Marist）的一项调查，68% 的美国成年人认为其他行星上存在智慧生命。假设我们从美国的成年人中随机选择三个人，有放回抽样。（"有放回抽样"是指被选中的人也可以被再次选中。）

问题：

a. 三个人都相信其他行星上存在智慧生命的概率是多少？

b. 三个人都不相信其他行星上存在智慧生命的概率是多少？

c. 至少有一个人相信其他行星上存在智慧生命的概率是多少？

解答：

a. 计算 P(第一个人相信，第二个人相信，第三个人相信)。因为我们进行的是有放回的随机抽样，所以各个事件相互独立。（一个人的回答不会影响下一个人的回答。）我们需要计算的概率是：

$$P(第一个人相信) \times P(第二个人相信) \times P(第三个人相信) =$$
$$0.68 \times 0.68 \times 0.68 = 0.314\ 4$$

b. 没有人相信其他行星上存在智慧生命的概率更加难以确定。只有当三个人都不相信时，这个事件才会发生。因此我们需要计算：

P(第一个人不相信，第二个人不相信，第三个人不相信) = P(第一个人不相信) ×

P(第二个人不相信) × P(第三个人不相信) = $(1-0.68) \times (1-0.68) \times (1-0.68) = 0.032\ 8$

c. 至少有一个人相信其他星球上存在智慧生命的概率等于 "一个人相信""两个人相信"以及 "三个人都相信" 的概率之和。如果你意识到 "至少有一个人相信" 是 "三个人都不相信" 的对立事件，即 "至少有一个人相信" 包括除了 "没有人相信" 以外的所有情况，计算方法将更加简便。因此

$$1 - 0.032\ 8 = 0.967\ 2$$

结论： 三个人都相信其他行星上存在智慧生命的概率是 0.314 4。三个人都不相信的概率是 0.032 8。至少有一个人相信的概率是 0.967 2。

试做： 练习 5.59。

错误的独立性假设

如果事件不满足独立性假设，请不要使用乘法法则。例如，我们在人群中进行随机抽样，计算被选中的人是女性且留长发（超过 6in）的概率。

由于大约一半的人口是女性，所以 P(女性) = 0.50。假设 35% 的人留着长发，那么 P(留长发) = 0.35。应用乘法法则，我们会发现 P(被选中的人是女性且留长发) = 0.35 × 0.5 = 0.175。

17.5% 是一个比较低的概率，它表示女性留长发是一种不寻常的现象。之所以会出现这样的结果，是由于我们假定了"留长发"和"女性"这两个事件是相互独立的。这是一个错误的假设，因为女性留长发的可能性比男性更大。所以，"留长发"和"女性"是相关事件，而不是独立事件。一旦已知被选中的人是女性，那么这个人留长发的可能性就更大。

！注意

错误的独立性假设

如果事件 A 和事件 B 相互独立的假设是错误的，那么你就不能使用乘法法则计算 $P(A$ 且 $B)$，否则结果会大错特错！

相关事件的积事件

如果事件不相互独立，我们需要运用概率的法则 5b：$P(A$ 且 $B) = P(A) P(B \mid A)$。当然，假设 $P(B \mid A)$ 是我们已知的。

例如，在著名的环法自行车赛（Tour de France）中，选手通过服用类固醇来提高比赛成绩的行为长期备受指责。赛事方通常难以检测选手是否服用了类固醇，部分原因是这些物质在人体中原本就存在，同时，每个人原始的类固醇水平也存在差异。即使在一天之内，人体内的类固醇水平也会发生变化。此外，类固醇检测昂贵且耗时。出于这个原因，赛事方随机选择选手进行药物测试。

假设有 2% 的选手非法服用了类固醇。同时假设，如果选手服用了药物，测试结果有 99% 的可能性会显示"阳性"。（检测呈"阳性"的选手将被取消比赛资格。）

注意，这样的测试并不是完全准确的。即使选手没有服用类固醇，测试结果也有可能呈阳性。我们假设一名选手没有服用类固醇，其测试结果仍然有 3% 的可能性为阳性（该选手将被不公正地取消比赛资格）。

在参赛选手中进行随机抽样，被选中的选手未服用类固醇但测试仍然呈阳性的概率是多少？换句话说，对于一个随机选择的选手，我们需要计算 P(未服用类固醇且测试呈阳性)。

关于环法自行车赛选手服用类固醇与药物测试结果的相关概率总结如下：

$$P(\text{服用了类固醇}) = 0.02$$

$$P(未服用类固醇) = 0.98$$
$$P(测试呈阳性 \mid 服用了类固醇) = 0.99$$
$$P(测试呈阳性 \mid 未服用类固醇) = 0.03$$

请注意，这是一个事件序列。首先，选手会选择服用或不服用类固醇。然后，赛事方会对选手进行药物测试，并记录结果。

[239]

根据法则 5b，

$$P(A \text{ 且 } B) = P(A)\,P(B \mid A)$$
$$P(未服用类固醇且测试呈阳性) = P(未服用类固醇) \times$$
$$P(测试呈阳性 \mid 未服用类固醇) = 0.98 \times 0.03 = 0.029\,4$$

由此可见，大约有 2.9% 的选手未服用类固醇且测试呈阳性。

我们可以借助树形图解决事件序列的概率问题。图 5.10 所示的树形图展示了事件序列中所有可能的结果。

这张树形图显示了随机抽样的选手（服用或未服用类固醇）及其测试（结果为阳性或阴性）的所有可能结果。因为"服用类固醇"和"测试呈阳性"是相关事件，所以沿着"服用类固醇"和"未服用类固醇"两个分支，"测试呈阳性"的概率不同。

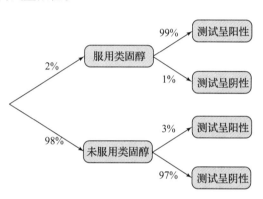

图 5.10 该树形图展示了环法自行车赛选手是否服用类固醇以及药物测试是否呈阳性的事件序列及其概率

要计算 P（未服用类固醇且测试呈阳性），我们只需沿着以"未服用类固醇"为起点并以"测试呈阳性"为终点的分支，将概率相乘即可：

$$P(未服用类固醇且测试呈阳性) = P(未服用类固醇) \times$$
$$P(测试呈阳性 \mid 未服用类固醇) = 0.98 \times 0.03 = 0.029\,4$$

例 18 机场安检人员

许多机场是不允许旅客带水通过安全检查的，安检人员会对旅客是否携带了水进行检查。我们假设有 5% 的旅客在行李中携带了一瓶水，并且，如果旅客带了一瓶水，安检人员有 95% 的概率能够将其检查出来。

[240]

问题：在旅客中进行随机抽样，被选中的旅客在行李中携带了一瓶水并且被安检人员发现的概率是多少？

解答：我们需要计算 P（携带了一瓶水，被安检人员发现）。这是一个事件序列。首先，旅客在行李中携带一瓶水。随后，安检人员发现（或没有发现）这瓶水。

我们已知

$$P(携带了一瓶水) = 0.05$$

$$P(被安检人员发现 | 携带了一瓶水) = 0.95$$

因此，

$P(携带了一瓶水，被安检人员发现) = P(携带了一瓶水) \times P(被安检人员发现 | 携带了一瓶水) = 0.05 \times 0.95 = 0.047\ 5$

图 5.11 展示了如何利用树形图计算这一事件的概率。

结论： 约有 5%（4.75%）的旅客会携带水，并且被安检人员发现。

试做： 练习 5.61。

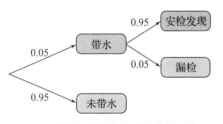

图 5.11 该树形图展示了旅客是否带水以及安检人员是否能够将其检测出来的事件序列及其概率

5.4 经验概率与模拟概率的计算

经验概率是基于真实的随机行为或实际观测的相对频率而估算的概率。例如，垒球运动员的击球率——成功击球数除以尝试击球数——可以被视为下一次击球成功的经验概率。在你乘坐公交车时，没有空座位的次数占总乘车次数的百分比，就是你下次乘车时没有空座位的经验概率。

经验概率的计算往往是耗时而费力的，因而通常需要借助模拟方法。在现实情况过于复杂，不利于计算理论概率时，也可以运用模拟来实现。在下一个例子中，我们将通过真实的随机过程计算经验概率，随后演示如何进行模拟。通过本节的学习，我们将认识到，模拟概率（如果模拟的次数足够多）可以作为理论概率的估计。

例 19 两次正面朝上比一次都没有好

我们想要计算"抛一枚均质硬币 3 次，恰好有 2 次正面朝上"的概率。（"均质"是指硬币正面朝上和反面朝上的可能性相等。）为了计算这个事件的经验概率，我们抛了一枚硬币 3 次，并记录是否恰好有 2 次正面朝上。重复 5 次试验，结果如下所示。

试验	结果	两次正面朝上
1	HTH	是
2	HHT	是
3	THH	是
4	THT	否
5	HHH	否

问题： 根据以上数据，计算"抛一枚均质硬币 3 次，恰好有 2 次正面朝上"的经验概率。

解答： 在这 5 次试验中，有 3 次试验为"恰好有 2 次正面朝上"。根据这些数据，我们计算"抛一枚均质硬币 3 次，恰好有 2 次正面朝上"的经验概率为 3/5，即 0.60。（接下来你就会发现，基于 5 次试验计算的经验概率其实与理论概率大相径庭。）

试做：练习 5.63。

例 19 中的"实验"由以下几个部分组成：

- 一个随机行为（抛硬币）
- 一个试验，即重复抛 3 次硬币
- 一个期望事件（抛 3 次硬币，恰好有 2 次正面朝上。）

在设计这项实验的模拟时，我们需要确保其与实验的上述组成部分相匹配。

5.4.1 模拟的设计

如何设计并执行一项模拟来估算"抛一枚均质硬币 3 次，恰好有 2 次正面朝上"的概率？我们的实验包括一个简单的随机行为——抛硬币——重复三次。而模拟的关键在于，找到一个更容易实现的、与实验结果发生概率相同的随机行为。在例 19 中，硬币正面朝上的概率是 50%，因此我们需要找到一个概率也等于 50% 的事件。例 20 给出了模拟的设计方案。

例 20　模拟成功

使用随机数字表，我们可以使用以下几种不同的方法来模拟抛硬币。

A. 一个数字代表一次抛硬币。令奇数（1，3，5，7，9）表示硬币正面朝上，偶数表示硬币反面朝上。

B. 只有数字 0 和 1 代表抛硬币。忽略其他数字。令数字 1 表示硬币正面朝上，数字 0 表示硬币反面朝上。

C. 一个数字代表一次抛硬币。数字 0，1，2，3 表示硬币正面朝上，数字 4，5，6，7，8，9 表示硬币反面朝上。

[242]

问题：以上哪种模拟方法是合理的？请解释原因。

解答：方法（A）和（B）都是合理的，因为它们模拟硬币出现"正面"的概率都等于 50%。在随机数字表中，每个数字出现的可能性都是相等的，我们有 50% 的可能性会看到 1，3，5，7，9 中的一个数字，因此方法（A）是合理的。方法（B）也是合理的，我们忽略了 0 和 1 以外的数字，所以数字 0 和 1 出现的概率都是 50%。然而，在方法（C）中，模拟硬币正面朝上的结果有 4 种，模拟硬币反面朝上的结果却有 6 种。因此，运用方法（C）得到正面朝上的概率是 40% 而不是 50%，方法（C）是不可行的。

试做：练习 5.65。

现在，我们可以利用随机数字表对抛硬币的行为进行模拟，从而估算"抛一枚均质硬币 3 次，恰好有 2 次正面朝上"的概率。我们使用的随机数字表如表 5.6 所示。

表 5.6　附录 A 随机数字表的前五行

行						
01	21033	32522	19305	90633	80873	19167
02	17516	69328	88389	19770	33197	27336
03	26427	40650	70251	84413	30896	21490
04	45506	44716	02498	15327	79149	28409
05	55185	74834	81172	89281	48134	71185

我们的模拟由以下几个部分组成：

一个随机行为的模拟（抛硬币）

一个试验，重复一次或多次同样的模拟（抛硬币 3 次）

一个期望的事件（恰好有 2 次正面朝上）

采用例 20 中的方法（A）来模拟抛硬币的行为。在一次试验中，我们应该连续读出三个数字。在记录了连续三个数字后，判断"恰好有 2 次正面朝上"这个事件是否发生。我们的模拟一共包括 10 次试验。（其实，试验的次数理应更多，至少几百次才可以。）根据表 5.6 中第一行随机数，模拟结果见表 5.7。

表 5.7　每一行各代表一次试验结果。第 4、5、7、10 行是我们期望的试验结果（恰好有 2 次正面朝上）

试验	随机数	模拟转换	正面朝上次数	期望事件出现了吗？
1	210	THT	1	否
2	333	HHH	3	否
3	252	THT	1	否
4	219	THH	2	是
5	305	HTH	2	是
6	906	HTT	1	否
7	338	HHT	2	是
8	087	TTH	1	否
9	319	HHH	3	否
10	167	HTH	2	是

在 10 次试验中，我们期望的事件出现了 4 次（表 5.7 中"是"行所示），所以模拟概率等于 4/10，或 0.40，这与之前估算的经验概率（0.60）不相等。事实上，我们能够计算出该事件的理论概率为 0.375，与我们估算的经验概率和模拟概率都不相等。接下来你会了解，如果试验的次数足够多，模拟概率将与理论概率更为接近。

243

5.4.2　模拟的步骤

现在，我们总结模拟的步骤如下。在其他情况下，你也可以参照以下步骤完成模拟。

1. 确定基本的随机行为以及期望的结果出现的概率。

2. 确定如何模拟这个随机行为。

3. 确定如何执行一个试验。

4. 执行一个试验，并记录是否出现了你期望的结果。

5. 至少重复这个试验 1 000 次，并记录结果出现的次数。

6. 用结果出现的次数除以试验总次数，即经验概率。

通常，我们需要借助技术手段进行模拟。电脑、计算器可以快速地执行上述步骤，因此，我们可以在非常短的时间内进行数千次试验。

例 21　模拟掷骰子

掷一颗均质的六面骰子，通过模拟的方法计算"掷出点数 6"这个事件的近似概率。请利用下列随机数，进行 10 次试验：

行				
01	44687	75032	83408	10239
02	80016	58250	91419	56315

问题："掷出数字 6"的经验概率是多少？将其与理论概率进行比较。请写出详细步骤。

解答：

步骤 1：本例中的随机行为是掷一颗均质的六面骰子，掷出点数 6 的概率是 1/6，即有 1/6 的概率会出现我们期望的结果（假设骰子是均质的，掷出各个点数的可能性相等）。

步骤 2：使用随机数字表中的数字模拟掷骰子。表格中的每一个数字分别对应掷一次骰子的结果，数字本身即代表骰子掷出的点数。由于六面骰子不可能掷出点数 0，7，8，9，因此我们忽略上表中的这四个数字。

步骤 3：我们期望的结果是掷出点数 6。

步骤 4：一次试验即从表中读取一个数字。

步骤 5：表 5.8 的第一行显示了第一次试验的结果。模拟掷出的点数为 4，我们期望的结果没有发生，因此在最后一列记录"否"。别忘了，我们忽略 0，7，8，9 这四个数字。

步骤 6：其余 9 次试验的结果见表 5.8。

步骤 7：在这 10 次试验中，只有一次试验（第三次试验）的结果是数字 6。

结论：我们计算的经验概率等于 1/10，即 0.10。而理论概率等于 1/6，即约 0.167。

试做：练习 5.67。

表 5.8　模拟掷一颗六面骰子

试验	结果	期望的事件出现了吗
1	4	否
2	4	否
3	6	是
4	5	否
5	3	否
6	2	否
7	3	否
8	4	否
9	1	否
10	2	否

244

5.4.3　大数定律

大数定律（law of large numbers）是一个著名的数学定理，它告诉我们，在模拟设计恰当的前提下，试验次数越多，我们计算的经验概率或模拟概率就越接近真实概率。大数定律表明，当试验次数接近无穷时，真实概率和模拟概率几乎相等。

> **KEY POINT 重点**
>
> 　　根据大数定律，如果我们大量重复进行一项随机实验，据此计算的经验概率很可能接近真实概率。重复进行的次数越多，我们得到的经验概率就越接近真实概率。

为什么我们可以通过模拟估算概率？大数定律给出了解释：假设我们的模拟能够恰当地匹配真实的随机行为，当试验次数足够多时，我们就可以得到真实概率的近似值。

我们设计了一项非常简单的模拟——用电脑软件模拟抛硬币，并观察"硬币"正面朝上的频率。表5.9显示了模拟的结果。在每次试验结束时，我们会记录这次试验的结果。你可能会发现，随着试验次数的增加，经验概率的值越来越接近真实概率。例如，第一次试验的结果是"硬币"正面朝上，因此，经验概率是 1/1 = 1.00。在随后的第二次、第三次试验中，结

表 5.9　模拟抛硬币，记录正面朝上的累积模拟概率

试验	结果	正面朝上的经验概率
1	H	1/1 = 1.00
2	H	2/2 = 1.00
3	H	3/3 = 1.00
4	T	3/4 = 0.75
5	H	4/5 = 0.80
6	H	5/6 = 0.83
7	T	5/7 = 0.71
8	H	6/8 = 0.75
9	T	6/9 = 0.67
10	H	7/10 = 0.70

果也是正面朝上，所以正面朝上的经验概率是 3/3 = 1.00。第四次试验的结果是反面朝上。至此，4 次试验中出现了 3 次正面朝上，因此，正面朝上的经验概率是 3/4 = 0.75。

尽管可以继续以表格的形式呈现试验结果，但是我们选择绘制图表，以便于你更加直观地观察概率的变化。我们根据一次模拟的结果绘制了图 5.12a，展示了硬币正面朝上的经验概率与试验次数之间的关系。另一次模拟的结果如图 5.12b 所示。可以看出，由于试验存在随机性，两幅图的概率变化有差异。除此之外，在大量的试验过后，两次模拟的经验概率都"稳定在"0.50。这符合大数定律的预测。

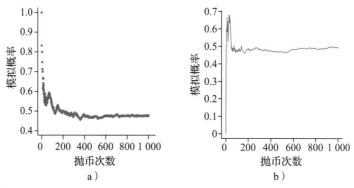

a）　　　　　　　　　　　　b）

图 5.12　根据大数定律的预测，在多次重复抛硬币后，出现正面朝上的比例将接近于理论概率。我们模拟的概率会"稳定在"0.50 左右，这印证了理论概率等于 0.50

[245]

注意，如果仅进行少量的试验（例如少于 75 次），模拟概率与 0.50 的理论概率会有比较大的差异。此外，当试验次数较少时，每多抛一次硬币，模拟概率就会发生明显的变化。但伴随试验次数的增加，模拟概率最终会"稳定在"我们已知的理论概率。通常，如果模拟抛硬币仅 20 次，你得到的模拟概率可能不太接近理论概率。但是在模拟了 1 000 次后，你会发现二者非常接近。

在一次模拟中，我们应该做多少次试验？

在前面的例子中，我们做了 10 次试验。这样的数量对于一次模拟试验而言并不算多。如图 5.13 所示，我们对抛硬币进行了四组模拟，其中的一组模式如图 5.12b 所示。由于存在随机性，即使试验次数相同，每一组模拟中正面朝上的百分比也是不同的。例如，在一组模拟中，第一组试验的结果是反面朝上，所以开始时正面朝上的模拟概率为 0。然而在另一组模拟中，第一组试验的结果是正面朝上，因此开始时正面朝上的模拟概率等于 100%。

如图 5.13 所示，在进行了 20 次试验后，正面朝上所占的百分比——正面朝上的模拟概率——介于 30% 至 70% 之间。（图中的水平线表示 50%。）然而，在 100 次试验后，四组模拟的概率就非常接近了。由此可以看出，在利用经验概率或模拟概率来估计理论概率时，如果我们在模拟中进行了大量的试验，那么我们每个人得到的结果很可能会趋于一致——都非常接近理论概率。"在一组模拟中，我们应该做多少次试验？"这个问题的答案取决于你对概率精确度的要求。但总体而言，试验的次数越多越好！

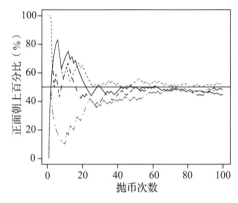

图 5.13　在四组抛硬币模拟中，出现正面朝上的比例。当试验次数较少时，正面朝上的比例在不同模拟之间存在很大的变异性，但随着试验次数的增加，这种变异性逐渐减小

如果模拟概率不同于期望的理论概率呢？

我们无法保证你估算的经验概率一定等于理论概率。正如上面所讲的内容，假如我们通过模拟抛硬币以估算硬币正面朝上的概率，进行 10 次试验，你得到的经验概率的确可能等于 50%，我们不否认这一点。但是在更多的时候，经验概率的值不等于 50%。

如果你估算的经验概率不等于理论概率，可能的原因包括以下三点：

1. 计算的理论概率有误。

2. 经验概率或模拟概率存在变异性。这是正常的，你可以通过增加试验的次数减少这种变异性，使经验概率（或模拟概率）更接近理论概率。

3. 你的模拟与现实不符。

我们应该如何辨别真正的原因？首先，确保你的模拟与现实相符。在接下来的内容中，我们一律假定模拟能够符合现实。那么现在的问题是，其余的两个原因哪一个才是真正的原因？这是统计学的核心问题之一：数据体现的统计规律与我们的预期一致吗？或者表明我们的预期是错误的？在本书后续的每一章中，我们几乎都会讨论这一问题。

KEY POINT 重点

当试验次数较少时，经验概率和模拟概率可能会偏离理论概率。

5.4.4 大数定律的内涵

大数定律是一个不可打破的定律。尽管如此，许多人认为该定律已经被违反了，但实际上并没有，因为解释大数定律需要谨慎。

大数定律告诉我们，在多次重复抛硬币后，硬币正面朝上的经验概率接近 0.50。但它并没有告诉我们硬币正面朝上的次数以及出现的顺序。

连续出现正面朝上，不代表下一次"理应"出现反面朝上

很多人错误地认为，大数定律表明，如果硬币连续出现正面朝上的情况，那么下一次掷硬币时，反面朝上的可能性更大。例如，如果连续出现 5 次正面朝上，你可能会认为第 6 次更有可能是反面朝上，从而经验概率才能更接近 0.50。"下一次理应是反面朝上"这样的想法是错误的。

由于没有正确地理解大数定律的内涵，许多赌徒负债累累。大数定律是有"耐心"的——它表明，经验概率会在无限次试验后等于真实概率，而无限次是一个非常庞大的数量。因此，尽管连续 10 次、20 次甚至连续 100 次出现正面朝上是极为罕见的事情，但这并不与大数定律相矛盾。

连续出现正面（或反面）朝上普遍吗？

硬币连续出现正面（或反面）朝上，其实比大多数人认为的要普遍得多。在本章一开始，我们请你抛 20 次硬币（或模拟抛 20 次硬币），并观察最长的"连串"是多少次。下面，我们将展示模拟抛 20 次硬币的结果，计算"连串"等于 6 或更长的（经验）概率。

在我们的 1 000 次试验中，有 221 次试验的"连串"长度大于或等于 6。最长的"连串"等于 11。结果如图 5.14 所示，"连串"长度大于或等于 6 的经验概率是 0.221。

连续出现反面朝上，不代表下一次硬币"理应"正面朝上。原因在于，如果是"理应"的，那就意味着由于前几次都是正面朝上，硬币会自发地决定下一次是反面朝上。然而，一枚硬币永远不可能根据过去的情况决定下一次是正面朝上还是反面朝上。

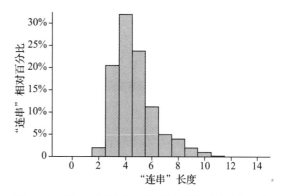

图 5.14 抛 20 次硬币，观察最长的"连串"。在 1 000 次试验中，有 221 次试验出现的"连串"长度大于等于 6

是 SIDS 还是谋杀?

根据梅多医生的证词,萨利·克拉克被指控谋杀了两名婴儿。梅多医生作证称,在同一家庭的两名婴儿都死于 SIDS 的概率非常低,因此,他们很有可能是被克拉克谋杀了。梅多医生的证词显示,他假设"一个家庭中有一名婴儿死于 SIDS"且"该家庭中的另一名婴儿也死于 SIDS"这两个事件是相互独立的。因此,他使用乘法法则计算同一个家庭中两名婴儿死于 SIDS 的概率。一名婴儿死于 SIDS 的概率是 1/8 543,因此,两名婴儿都死于 SIDS 的概率为(1/8 543)×(1/8 543),大约等于 7 300 万分之一。

然而,皇家统计学会(Royal Statistical Society)发布的一份报道称,上述两个事件可能不是独立的:

"这种方法(将两个概率相乘)……只有在 SIDS 病例相互独立时才是可取的,而 SIDS 是否相互独立则需要根据经验加以证明。克拉克一案不仅没有提供这样的经验证明,而且有足够的先验证据表明两个患 SIDS 的婴儿并不是独立的。很可能由于受一些遗传或环境因素的影响,某些家庭的婴儿更容易患 SIDS,该家庭出现第二例 SIDS 病例的可能性也就更大。"

其实,梅多医生在统计推断的过程中还犯了其他几个错误。本章暂不讨论其错误的统计方法,如果你想进一步了解相关内容,可以查看 http://www.richardwebster.net/cotdeaths.html。参考资料(包括一段视频,用于解释为何梅多医生应用的统计方法是错误的)请参见 http://en.wikipedia.org/wiki/Sally_Clark。

萨利·克拉克获释后,于 2007 年 3 月死于酒精中毒,终年 43 岁。她的家人认为,她早逝的部分原因是审判和监禁给她带来的压力。

248

数据项目:构造数据子集

1. 概述

有时,我们希望将调查重点放在数据集的特定行。这一目标可以通过构造数据子集来实现,以便只将满足特定条件的行包含在新数据集中。

数据:lamarathon.csv。

2. 目标

学会构建子集:识别何时你只需要一个数据子集,并利用所需要的行创建新的数据集。

3. 放大数据

有些统计调查问题只需要用到数据集的子集。对于这些问题,只需提取出与之相关的观测值即可。例如,我们可能只想考察自由主义者或者身高在 5in 以上的人。

项目:更具体地说,在 2017 年洛杉矶马拉松赛中,对于 20 多岁的人,他们典型的跑步时长是多少？对于女性来说，跑步者的年龄和跑步时长有什么联系？

第一个问题只涉及 20 到 29 岁之间的跑步者。回答该类问题的一种方法是创建一个只包含这些跑步者的新数据集。因此，我们只需选择特定的行：年龄大于等于 20 而小于 30 的行。

因此，我们把这种提取行数据的方法称为构造子集。可以把它看作对数据的"放大"，这样我们就可以只关注某一特定类型的数据。在本例中，我们所关注的是 20 多岁的跑步者。

StatCrunch 为我们提供了构造数据子集的多种方法，但我们推荐的方法如下：

Data > Arrange >Subset

以上操作将打开一个对话框（参见图 5.15）。注意，所有的列已自动选择。

因为我们只关注年龄大于等于 20 小于 30 的人，因此在"Where:"框中输入以下表达式：

Age > = 20 and Age <30

（输入 Age > = 20 和 Age < = 20 的操作相同。）最后，选中"Open in a new data table"。

结果是产生一个新的数据表，且该数据表只包含 20 多岁的跑步者。现在我们可以概括跑步时长了。为了只选择女性，我们使用相同的方法，但是我们改变选择行的条件，具体如图 5.16 所示。

作业：请报告 20 多岁跑步者的典型跑步时长，并创建一个用来检查女性跑步者年龄和跑步时长关系的图表。接下来，请提出并回答你自己的统计调查问题，这些问题可以通过创建一个数据子集来回答。

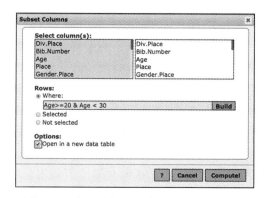

图 5.15　该对话框将创建一个新的数据集，其中跑步者的年龄是 20 多岁

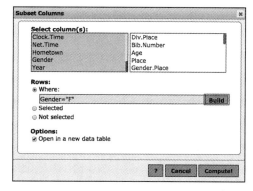

图 5.16　要基于分类变量构建子集，你需要知道希望选择的变量值。单击 Build 将为你提供一些指导

本章回顾

关键术语（页码为边注页码）

随机，215

概率，217

理论概率，217

经验概率，218

模拟，218

对立事件，219

样本空间，219

事件，220

维恩图，222

且，222

可兼或，224

互斥事件，225

条件概率，229

相关的，232

独立事件，232

乘法法则，235

大数定律，244

学习目标

学习本章内容并完成练习后，你应该学会：

- 理解人类无法可靠地创造随机数或序列；
- 理解概率是长期的相对频率；
- 能够掌握经验概率和理论概率的区别，并学会如何计算；
- 能够判断两个事件是独立的还是相关的，并理解对独立事件做出错误假设的含义；
- 能够根据大数定律，用经验概率估计和检验理论概率；
- 能够设计一个模拟试验来估计经验概率。

小结

随机样本或随机试验的设计需要依靠外部机制，如计算机算法或随机数字表。人类的直觉不能产生可靠的"随机性"。

概率是基于长期相对频率的概念。如果一个行为被重复无限多次，某个特定事件发生的频率是多少？为了得到理论概率，我们依赖数学规则，根据对情况的假设计算这些相对频率。为了得到经验概率，我们需要多次执行这个行为，或者依赖一个模拟（使用计算机或随机数字表）多次快速执行这个行为。经验概率是某个特定事件发生次数的比例。大数定律告诉我们，随着重复次数的增加，经验概率会越来越接近真实概率。

理论概率法则

法则 1：概率总是一个 0 到 1（或 0% 到 100%）的数字（包含 0 和 1）。它可以用分数、小数或百分数来表示。

$$0 \leqslant P(A) \leqslant 1$$

法则 2：对于任意事件 A，

$$P(\text{事件 } A \text{ 不发生}) = 1 - P(\text{事件 } A \text{ 发生})$$

事件 A^c 是事件 A 的对立事件：

$$P(A^c) = 1 - P(A)$$

法则 3：对于等可能的结果，

$$P(A) = \frac{\text{事件} A \text{中结果的个数}}{\text{所有可能结果的个数}}$$

法则 4：总成立：$P(A$ 或 $B) = P(A) + P(B) - P(A$ 且 $B)$

法则 4a：只有事件 A 和事件 B 为互斥事件时，

$$P(A 或 B) = P(A) + P(B)$$

法则 5a：条件概率。在事件 B 发生的条件下事件 A 发生的概率：

$$P(A \mid B) = \frac{P(A 且 B)}{P(B)}$$

法则 5b：总是：$P(A$ 且 $B) = P(B)P(A \mid B)$

法则 5c：乘法法则。如果事件 A 和事件 B 互为独立事件，则

$$P(A 且 B) = P(A)P(B)$$

这适用于任何（有限）数量的事件。例如，如果事件 A，B，C，D 相互独立，

$$P(A 且 B 且 C 且 D) = P(A)P(B)P(C)P(D)$$

参考文献

Marist Poll. February, 2018. *Are Americans poised for an alien invasion* ? http://maristpoll. marist.edu/tag/aliens/

MetLife Survey of the American Teacher. 2013. http://www.harrisinteractive. com

Pew Research Center. 2010. *Social media and young adults*. http:// pewinternet.org.

Pew Research Center. 2017. *Americans and cybersecurity*. https://www. pewresearch.org/ internet/2017/01/26/americans-and-cybersecurity/

Pew Research Center. 2018. *The science people see on social media*. https://www.pewresearch. org/science/2018/03/21/ the-science-people-see-on-social-media/

Starr, N. 1997. Nonrandom risk: The 1970 draft lottery. *Journal of Statistics Education*, vol. 5, no. 3. doi:10.1080/10691898.1997.11910534. Vietnam-era draft data can be found, along with supporting references, at www.amstat.org/publications/jse/datasets/draft.txt.

练习

5.1 节

TRY **5.1** 随机实验（例 1）

设想我们连续抛掷一枚均匀的硬币 10 次，请问硬币正面都朝上的概率是多少？要回答这个问题，第一步是进行连续 10 次抛硬币试验。利用附录 A 中的随机数字表来模拟连续 10 次抛硬币。假定数字 0，1，2，3，4 代表

251

硬币正面朝上，数字 5，6，7，8，9 代表硬币反面朝上。请从表中第五行的第一个数字开始进行模拟实验。

a. 请写出包含 10 个随机数字的所有可能出现的随机序列。

b. 若将包含这 10 个随机数字的随机序列变为包含正面朝上和反面朝上的序列，用 H 代表数字 0，1，2，3，4，T 代表数字 5，6，7，8，9。那么，在你写出的所有随机序列中，包含

正面朝上的次数最多的随机序列是什么？

c. 请问硬币正面都朝上的概率是多少？

5.2 随机实验

假如你正在进行一项随机实验，来检验记笔记的两种方式——借助计算机或使用纸笔——记录的信息量是否存在差异。已知现在有 20 名大学生参与这项实验，要确保每个人被随机分配到计算机组或纸笔组的概率是相等的。假定偶数（0，2，4，6，8）代表分配到计算机组，奇数（1，3，5，7，9）代表分配到纸笔组。请从附录 A 的随机数字表中第三行的第一个数字开始进行模拟实验。

a. 请写出包含 20 个随机数字的所有可能出现的随机序列。

b. 若将包含这 20 个随机数字的随机序列变为包含分配到计算机组和纸笔组的序列，用 C 代表数字 0，2，4，6，8，P 代表数字 1，3，5，7，9。

c. 请问这 20 名参与者被分配到计算机组的概率是多少？

d. 尝试描述利用随机数字表将参与者随机分配到任意一组的其他方法。

5.3 经验概率和理论概率

大富翁玩家声称，抛掷一枚均匀的骰子，朝上的点数为 4 的概率是 1/6，这是因为抛掷一枚均匀的骰子任一朝上的点数出现的可能性都是相等的。请思考这是经验概率还是理论概率？并解释答案。

5.4 经验概率和理论概率

设想一个人同时抛掷两枚均匀的硬币，请问硬币正面都朝上的概率是多少？若他把这两枚硬币连续抛掷 10 次，其中有两次硬币正面都朝上。基于这一结果，他得出硬币正面都朝上的概率是 2/10 或 20%。请思考这是经验概率还是理论概率？并解释答案。

5.5 经验概率和理论概率

假如一名学生连续抛掷一枚均匀的硬币 10 次，其中有 4 次硬币反面都朝上。基于这一结果，这名学生得出硬币反面都朝上的概率是 40%。请思考这名学生说的是经验概率还是理论概率？并解释答案。

5.6 经验概率和理论概率

假如一个袋子中有 3 颗红色糖果和 7 颗棕色糖果。一个朋友声称，他从这个袋子中随机取出一颗糖果，选到红色糖果的概率是 30%，这是因为 10 颗糖果中红色糖果有 3 颗。请思考他说的是经验概率还是理论概率？并解释答案。

5.2 节

5.7 医疗实践组

医疗实践组通常由 7 名医生组成，其中 4 名女性分别是唐恩医生、吴医生、海因医生和李医生，3 名男性分别是马兰德医生、彭纳医生和福尔摩斯医生。假设每一个病人都被随机分配给医疗实践组中的一名医生。

a. 请写出当病人被随机分配给医疗实践组中的一名医生时所有可能出现的结果。

b. 请问病人被随机分配给医疗实践组中的一名女医生的概率是多少？请将计算结果以百分数形式呈现，并四舍五入到小数点后一位。

c. 请问病人被随机分配给医疗实践组中的一名男医生的概率是多少？请将计算结果以百分数形式呈现，并四舍五入到小数点后一位。

d. b 和 c 描述的是对立事件吗？请说明理由。

5.8 教学效能

最近的一项研究发现，教师的教学经验可能与学生取得的成绩有关。假设小学四年级的学生被随机分配给 8 名教师。其中 Nagle、Crouse、Warren、Tejada 和 Tran 五位教师具有丰富的教学经验，而 Cochran、Perry 和 Rivas 三位教师的教学经验相对不足。（来源：Papay and Kraft, " Productivity returns to experience in the teacher labor market," *Journal of Public Economics*, vol. 130 [2015]: 105–119。）

a. 请写出当学生被随机分配给 8 名教师时所有可能出现的结果。

b. 请问这个学校四年级的学生被随机分配给 8 名教师中的一名教学经验丰富的教师的概率是多少？

c. b 描述的事件的对立事件是什么？请问这个事件发生的概率是多少？

5.9 概率

判断下面的每个数字是否可能成为某个事件的概率，并说明理由。

a. 0.26

b. −0.26

c. 2.6

d. 2.6%

e. 26

5.10 概率

判断下面的每个数字是否可能成为某个事件的概率，并说明理由。

a. 99%

b. 0.9

c. 9.9

d. 0.009 9

e. −0.90

TRY 5.11 扑克牌（例 2）

一副扑克牌共有四种花色：梅花、方片、红桃和黑桃，每种花色包含：A，2，3，4，5，6，7，8，9，10，J，Q 和 K。其中，J、Q 和 K 被称为人物牌，因为它们上面带有历史人物的图案。此外，方片和红桃这两种花色是红色的，梅花和黑桃这两种花色是黑色的。

假设你从一副标准的扑克牌中随机抽取一张牌，请问出现以下每种结果的概率是多少：

a. 红桃

b. 红色牌

c. A

d. 人物牌（J、Q 或 K）

e. 3

5.12 扑克牌

有关扑克牌的常识，请参考练习 5.11，此题不再赘述。假设你从一副标准的扑克牌中随机抽取一张牌，请问出现以下每种结果的概率是多少：

a. 黑色牌

b. 方片

c. 人物牌（J、Q 或 K）

d. 9

e. Q 或 K

5.13 考试中猜对的概率

a. 假设在一次考试中，一个判断题只有对和错两种选择，若你采取不加思考直接猜测的方式，请问此题猜对的概率是多少？

b. 假设在一次考试中，一个判断题只有对和错两种选择，若你采取不加思考直接猜测的方式，请问此题猜错的概率是多少？

5.14 考试中猜对的概率

假设在一次考试中，一个选择题有四个选项供选择，其中包含三个不正确的选项和一个正确的选项。

a. 若采取不加思考直接猜测的方式，请问此题猜对的概率是多少？

b. 若采取不加思考直接猜测的方式，请问此题猜错的概率是多少？

TRY **5.15 4 次抛硬币试验**（例 3）

设想我们连续抛掷一枚均匀的硬币 4 次，下表给出了样本空间中所有可能出现的结果。用 H 代表硬币正面朝上，T 代表硬币反面朝上，其中每个随机序列是根据硬币反面朝上的次数来划分的。

0 反面	1 反面	2 反面	3 反面	4 反面
HHHH	THHH	TTHH	HTTT	TTTT
	HTHH	THTH	THTT	
	HHTH	THHT	TTHT	
	HHHT	HTTH	TTTH	
		HTHT		
		HHTT		

a. 请问样本空间中一共有多少种可能出现的结果？

b. 假设样本空间中所有结果出现的可能性都是相等的，请问出现以下每种结果的概率是多少：

i. 硬币都反面朝上

ii. 硬币恰好一次反面朝上

iii. 硬币至多一次反面朝上

5.16 家庭中三个孩子的性别

假如一个家庭有三个孩子，为统计孩子的性别，下表给出了样本空间中所有可能出现的结果。用 B 代表男孩，G 代表女孩，其中每个随机序列是根据家庭中女孩的数量来划分的。

0 女孩	1 女孩	2 女孩	3 女孩
BBB	GBB	BGG	GGG
	BGB	GBG	
	BBG	GGB	

a. 请问样本空间中一共有多少种可能出现的结果？

b. 假设样本空间中所有结果出现的可能性都是相等的，请问出现以下每种结果的概率是多少：

i. 全是女孩

ii. 没有女孩

iii. 恰好 2 个女孩

5.17 出生日期

假如婴儿在一周中的任意一天出生的概率都是相等的，请问婴儿在周五、周六或周日出生的概率是多少？

5.18 扑克牌

假设你从一副标准的扑克牌中随机抽取一张牌，请问出现梅花、方片或红桃的概率是多少？那么这个事件的对立事件的概率是多少？（有关扑克牌的常识，请参考练习 5.11，此题不再赘述。）

TRY **5.19 假期**（例 4）

盖洛普（Gallup）进行了一项民意测验，调查受访者去年是否有假期。已知这些受访者被分成大学已毕业和未毕业两组。下表给出了样本空间中所有可能出现的结果，其中每个结果基于每组 250 个样本。（来源：Gallup.com）

度假

	是	否	合计
已毕业	200	50	250
未毕业	135	115	250
合计	335	165	500

a. 假设从这些受访者中随机挑选一个人，请问出现以下每种结果的概率是多少：

i. 这个人是大学毕业生

ii. 这个人有休假

iii. 这个人是有休假的大学毕业生

b. 你认为大学已毕业和未毕业这两组中哪个组在去年更可能有休假？请运用适当的统计数据来解释你的答案。

5.20 读书情况调查

假如最近皮尤研究中心正在调查成年人近一年的读书情况，现在有一些成年人参与这项调查。已知这些成年人被分成男性和女性两组。下表给出了样本空间中所有可能出现的结果。（来源：Pewinternet.org。）

近一年读书情况调查

	是	否	合计
男性	534	251	785
女性	566	169	735
合计	1 100	420	1 520

a. 假设从这些成年人中随机挑选一个人，请问出现以下每种结果的概率是多少：

i. 这个人是男性

ii. 这个人近一年读过一本书

iii. 这个人是近一年读过一本书的男性

b. 你认为男性和女性这两组中哪个组近一年更可能读过书？请运用适当的统计数据来解释你的答案。

TRY 5.21 止疼剂（例 5）

盖洛普进行了一项民意测验，调查受访者对于止疼剂是否应该合法化的看法。已知这些受访者按政治派别被分成共和党、民主党和无党派三组。下表给出了样本空间中所有可能出现的结果。（来源：Gallup.com。）

赞成止疼剂合法化

政治派别	是	否	合计
共和党人	142	136	278
民主党人	222	86	308
无党派人士	296	146	442
合计	660	368	1 028

a. 假设从这些受访者中随机挑选一个人，请问这个人是共和党的概率是多少？

b. 假设从这些受访者中随机挑选一个人，请问这个人是民主党的概率是多少？

c. 假设从这些受访者中随机挑选一个人，请问这个人是共和党或民主党的概率是多少？

d. "这个人是共和党"与"这个人是民主党"是互斥事件吗？请说明理由。

e. "这个人是共和党"与"这个人是民主党"是对立事件吗？请说明理由。

5.22 止疼剂

请使用练习 5.21 中的数据回答以下问题：

a. 假设从这些受访者中随机挑选一个

人，这个人是认为止疼剂应该合法化的无党派人的概率是多少？

b. 假设从这些受访者中随机挑选一个人，这个人是认为止疼剂不应该合法化的共和党人的概率是多少？

c. "这个人认为止疼剂应该合法化"与"这个人是民主党"这两个事件是互斥事件吗？说明理由。

d. "这个人认为止疼剂应该合法化"与"这个人认为止疼剂不应该合法化"这两个事件是互斥事件吗？说明理由。

e. "这个人认为止疼剂应该合法化"与"这个人认为止疼剂不应该合法化"这两个事件是对立事件吗？说明理由。

g TRY 5.23 技术领域的性别歧视（例 6）

假如最近皮尤研究中心正在进行一项民意调查，现在有 280 名男性和 150 名女性受访者参与这项调查。他们需要填写对于一个问题的看法：与其他行业相比，技术领域对女性存在_____的歧视。已知这些受访者被分成男性和女性两组。下表给出了样本空间中所有可能出现的结果。（来源：Pewresearch.org。）请参考本章的练习指导。

答复	性别		合计
	男性	女性	
更少	53	15	68
相同	174	85	259
更多	53	50	103
合计	280	150	430

a. 假设从这些受访者中随机挑选一个人，请问这个人是男性或认为技术

领域和其他行业对女性存在相同歧视的概率是多少？

b. 假设从这些受访者中随机挑选一个人，请问这个人是男性且认为技术领域和其他行业对女性存在相同歧视的概率是多少？

5.24 技术领域的性别歧视

请用练习 5.23 中的数据回答以下问题：

a. 假设从这些受访者中随机挑选一个人，这个人是女性且认为技术领域对女性存在更多歧视的概率是多少？

b. 假设从这些受访者中随机挑选一个人，这个人是女性或认为技术领域对女性存在更多歧视的概率是多少？

5.25 互斥事件

假设从一群人中随机挑选一个人，请回答以下问题：

a. 请将每组事件标记为互斥事件或不互斥事件。

i. "这个人去过墨西哥"与"这个人去过加拿大"

ii. "这个人单身"与"这个人已婚"

b. 假设从一群人中随机挑选一个人，尝试列举两个事件使它们满足互斥关系。

5.26 互斥事件

假设从一群大学生中随机挑选一个学生，请回答以下问题：

a. 将每组事件标记为互斥事件或不互斥事件。

i. "这个学生是化学专业的"与"这个学生在学校工作"

ii. "这个学生是全日制的"与"这个学生只选修一门共 3 个单元的课程"

b. 假设从一群大学生中随机挑选一个学生，尝试列举两个事件使它们满足不互斥关系。

TRY 5.27 假期（互斥事件）（例 7）

参考练习 5.19 中给出的表格，假设从这些受访者中随机挑选一个人，请写出一对可能发生的互斥事件。

5.28 假期（不互斥事件）

参考练习 5.19 中给出的表格，假设从这些受访者中随机挑选一个人，请写出一对可能发生的不互斥事件。

TRY 5.29 掷骰子（例 8）

设想我们抛掷一枚均匀的六面骰子，请回答以下问题：

a. 骰子朝上的点数为偶数或数字大于 4 的概率是多少？

b. 骰子朝上的点数为奇数或数字小于 3 的概率是多少？

5.30 掷骰子

设想我们抛掷一枚均匀的骰子，请回答以下问题：

a. 骰子朝上的点数为偶数或数字小于 4 的概率是多少？

b. 骰子朝上的点数为奇数或数字大于 4 的概率是多少？

5.31 考试成绩等级

假如历史课的考试成绩等级由高到低分别为 A，B，C，D。若从参加历史考试的学生中随机选择一个学生，已知成绩等级为 A，B，C 的概率分别是 0.18，0.25，0.37。

a. 请问成绩等级为 A 或 B 的概率是多少？

b. 请问成绩等级为 A 或 B 或 C 的概率是多少？

c. 请问成绩等级为 D 的概率是多少？

5.32 更改选择题答案

假如我们正在进行一项调查，研究学生在做选择题时更改答案后的正确率，已知每个选择题只有一个选项是正确的。一般情况下，有些学生会放弃他们最初的选择，并修改为另一个选项。调查结果显示，将错误的答案更改正确的概率是 61%，将正确的答案改成错误的概率是 26%。请问将错误的答案更改后仍旧错误的概率是多少？

5.33 通勤工具

假如一所大学正在进行一项调查以了解学生平时的出行方式。已知一共有三种交通工具可供学生选择，分别是汽车、公交车和其他交通工具。调查结果显示，乘坐汽车出行的学生比例为 42%，乘坐公交车出行的学生比例为 23%。假设所有参加调查的学生都回答了这个问题，请问乘坐其他交通工具出行的学生比例是多少？

5.34 党派

政治学研究人员一般基于选民的政党偏好将党派分为四种，分别是民主党、共和党、其他党派（比如自由党和独立党）和拒绝回答或无党派。已知加州的党派中民主党占 45%、共和党占 26%、其他党派占 6%。那么，加州的选民中政党偏好为拒绝回答或无党派的占比是多少？（来源：加州公共政策研究所。）

TRY 5.35 超能力（例 9）

假如 2018 年 Marist 民调中心进行了一项调查，询问了一些受访者关于他们最想拥有的超能力是什么。下表给出了样本空间中所有可能出现的结果。

超能力	百分比
穿越时空	29%
读心术	20%
飞行	17%
瞬间移动	15%
隐身	12%
不想拥有	5%
不确定	3%

a. 请问这些受访者中最想拥有飞行或瞬间移动超能力的占比是多少？

b. 假如有 1200 个受访者参与调查，请问这些受访者中最想拥有读心术或穿越时空的超能力的人数是多少？

5.36 上网频率

假如 2018 年皮尤研究中心进行了一项民意调查，研究美国成年人的上网频率。下表给出了样本空间中所有可能出现的结果。

几乎不断	26%
一天数次	43%
约每天一次	8%
一周几次	6%
很少	5%

a. 请问这些受访者中每天上网次数小于一次的占比是多少？

b. 假如有 500 名美国成年人参与调查，请问这些受访者中上网几乎不断或一天几次的人数是多少？

*5.37 抛图钉

已知我们抛掷一枚图钉，尖端朝上的概率是 60%。假如我们同时抛掷两枚图钉，将样本空间中所有可能出现的结果都列出，如下所示。用 U 代表尖端朝上，D 代表尖端朝下，请思考并回答以下问题：

UU UD DU DD

a. 两枚图钉都尖端朝上的概率是多少？

b. 两枚图钉恰好一枚尖端朝上的概率是多少？

c. 两枚图钉至少一枚尖端朝上的概率是多少？

d. 两枚图钉至多一枚尖端朝上的概率是多少？

*5.38 抛图钉

已知我们抛掷一枚图钉，尖端朝上的概率是 60%，尖端朝下的概率是 40%。假如我们同时抛掷两枚图钉，将样本空间中所有可能出现的结果都列出，如下所示。用 U 代表尖端朝上，D 代表尖端朝下，请思考并回答以下问题：

UU UD DU DD

a. 两枚图钉恰好一枚尖端朝下的概率是多少？

b. 两枚图钉都尖端朝下的概率是多少？

c. 两枚图钉至少一枚尖端朝下的概率是多少？

d. 两枚图钉至多一枚尖端朝下的概率是多少？

*5.39 选择题考试

假如一门考试由 12 道选择题组成，其中每道题只有对和错两种选择。若一个学生在这次考试中做错 3 道题以内的概率为 0.48，做错 3 到 8 道题的概率为 0.30。请问出现以下每种结果的概率是多少：

a. 做错 8 道题以上

b. 做错 3 道题及以上

c. 做错 8 道题及以内

d. 请问这三个事件中哪两个事件是互补事件，并说明理由。

*5.40 驾照考试

假如驾照考试由 30 道选择题组成，其中每道题只有对和错两种选择。若一个学员在驾照考试中做错 7 道题以内的概率为 0.23，做错 7 到 15 道题的概率为 0.41。请问出现以下每种结果的概率是多少：

a. 做错 16 道题及以上

b. 做错 7 道题及以上

c. 做错 15 道题及以内

d. 请问这三个事件中哪两个事件是互补事件，并说明理由。

5.3 节

TRY 5.41 女性的平等权利（例 10）

假如最近皮尤研究中心正在进行一项民意调查，要求受访者从三个选项中选择一个来回答问题：目前国家在赋予女性的平等权利方面处于＿＿的情况。现在有 100 名男性和 100 名女性受访者参与这项调查。已知这些受访者被分成男性和女性两组。下表给出了样本空间中所有可能出现的结果。（来源：Pewresearch.org。）

	还有待提升	一直做得很好	做得不好	合计
男性	42	44	14	100
女性	57	34	9	100
合计	99	78	23	200

a. 假设从这些女性受访者中随机挑选一个人，我们想要计算女性回答"一直做得很好"的概率是多少，

请问以下陈述中哪个最恰当地反映了这个问题？

i. P（回答"一直做得很好" | 女性）

ii. P（女性 | 回答"一直做得很好"）

iii. P（回答"一直做得很好"的女性）

b. 假设从这些女性受访者中随机挑选一个人，请问女性回答"一直做得很好"的概率是多少？

5.42 女性的平等权利

假设从这些受访者中随机挑选一个人，其样本空间中所有可能出现的结果参考练习 5.41 的表格，请设想我们要计算男性回答"还有待提升"的概率是多少。

a. 请问以下陈述中哪个最恰当地反映了这个问题？

i. P（回答"还有待提升" | 男性）

ii. P（男性 | 回答"还有待提升"）

iii. P（回答"还有待提升"的男性）

b. 假设从这些受访者中随机挑选一个人，请问男性回答"还有待提升"的概率是多少？

TRY 5.43 经常感到压力（例 11）

盖洛普进行了一项民意测验，调查受访者是否经常感到压力。已知这些受访者按是否拥有未成年子女被分成两组。下表给出了样本空间中所有可能出现的结果。（来源：Gallup.com。）

经常感到压力

	是	否	合计
拥有未成年子女	319	231	550
无未成年子女	195	305	500
合计	514	536	1 050

a. 假设从拥有未成年子女的受访者中随机挑选一个人，请问回答"是"

的概率是多少?

b. 假设从无未成年子女的受访者中随机挑选一个人，请问回答"是"的概率是多少?

c. 假设从这些受访者中随机挑选一个人，请问回答"是"或拥有未成年子女的概率是多少?

5.44 经常感到压力

假设从这些受访者中随机挑选一个人，其样本空间中所有可能出现的结果参考练习5.43的表格，使用表格中的数据来回答问题。注意，你对这三个问题的回答应该不一样。

a. 假设从回答"是"的受访者中随机挑选一个人，请问没有未成年子女的概率是多少?

b. 假设从没有未成年子女的受访者中随机挑选一个人，请问回答"是"的概率是多少?

c. 假设从这些受访者中随机挑选一个人，请问没有未成年子女且回答"否"的概率是多少?

5.45 相互独立还是相互关联?

假设从一些篮球运动员中随机挑选一个人，根据你的常识，请思考"这个运动员身高6in以上"与"这个运动员参加职业篮球赛"这两个事件是相互独立的还是相互关联的? 请说明理由。

5.46 相互独立还是相互关联?

经验数据显示，大约有12%的男性和10%的女性是左撇子。假如我们随机挑选一个人，请思考"这个人是男性"与"这个人是左撇子"这两个事件是相互独立的还是相互关联

的? 请说明理由。

5.47 相互独立还是相互关联?

假设从一群人中随机挑选一个人，根据你的常识，请思考"这个人眼睛是棕色的"与"这个人是女性"这两个事件是相互独立的还是相互关联的? 请说明理由。

5.48 相互独立还是相互关联?

经验数据显示，戒指的尺寸通常在3到14之间。基于你对性别差异的了解，假如我们随机挑选一个人，请思考"这个人的戒指尺寸小于5"与"这个人是男性"这两个事件是相互独立的还是相互关联的? 请说明理由。

TRY 5.49 平等权利的民意调查（例12）

假设从一些受访者中随机挑选一个人，其样本空间中所有可能出现的结果参考练习5.41的表格，使用表格中的数据来回答问题。请思考"这个人是女性"与"这个人回答'还有待提升'"这两个事件是相互独立的还是相互关联的? 请说明理由。

5.50 平等权利的民意调查

样本空间中所有可能出现的结果参考练习5.41的表格，使用表格中的数据来回答问题。已知若从这些女性受访者中随机挑选一个人，那么这个人回答"还有待提升"的概率是57/100或57%；若从回答"还有待提升"的受访者中随机挑选一个人，那么这个人是女性的概率是57/99或57.6%；若从这些受访者中随机挑选一个人，那么这个人是回答"还有待提升"的女性的概率是57/200或28.5%。请解释为什么最后一个事件

的概率最小？

gTRY 5.51 十指交叉（例 13）

假如我们将双手十指交叉合拢，大多数会出现两种结果：一种是右手大拇指在最上面，另一种是左手大拇指在最上面。我们采集了一个班级的统计数据，为方便观察对其进行了简化处理，但是得到的结论与原始数据得出的结论是一致的。下表给出了样本空间中所有可能出现的结果。用 M 代表男性，W 代表女性；用 R 代表右手大拇指在最上面，L 代表左手大拇指在最上面。现在我们随机挑选一个人，请思考"这个人右手大拇指在最上面"与"这个人是男性"这两个事件是相互独立的还是相互关联的？请参考本章的练习指导。

	M	W
右	18	42
左	12	28

5.52 掷骰子

设想一个人同时抛掷两枚均匀的骰子，请思考"第一个骰子朝上的点数为 1"与"第二个骰子朝上的点数为 1"这两个事件是相互独立的还是相互关联的？请说明理由。

TRY 5.53 从电视上获取新闻的途径与性别（例 14）

皮尤研究中心 2018 年进行了一项民意调查，询问受访者通常是如何从电视上获取新闻的，受访者需要从三个选项地方电视、网络电视和有线电视中选择一个来回答。已知这些受访者被分成男性和女性两组。下表给出了样本空间中所有可能出现的结果。

	地方电视	网络电视	有线电视	合计
男性	66	48	58	
女性	82	54	56	
合计				

a. 请根据表中已知的数据，将空白处填写完整。

b. 假如我们从这些受访者中随机挑选一个人，请思考"这个人选择有线电视"与"这个人是男性"这两个事件是相互独立的还是相互关联的？请说明理由。

5.54 从电视上获取新闻的途径与性别

样本空间中所有可能出现的结果参考练习 5.53 的表格，请使用表格中的数据来回答问题。若我们从这些受访者中随机挑选一个人，请思考"这个人是女性"与"这个人选择地方电视"这两个事件是相互独立的还是相互关联的？请说明理由。

TRY 5.55 抛硬币（例 15）

设想我们同时抛掷三枚均匀的硬币，请思考并回答以下问题：

a. 三枚硬币都正面朝上的理论概率是多少？

b. 第一枚硬币反面朝上，后两枚硬币都正面朝上的理论概率是多少？

5.56 掷骰子

设想我们抛掷一枚均匀的骰子 3 次，请思考并回答以下问题：

a. 抛掷 3 次骰子，朝上的点数均为 1 的理论概率是多少？

b. 第一次骰子朝上的点数为 6，后两次骰子朝上的点数均为 1 的理论概率是多少？

TRY 5.57 掷骰子（例 16）

设想我们抛掷一枚均匀的骰子 5

次，并记录每次骰子朝上的点数。下面给出了样本空间中两种可能出现的结果，请思考哪个随机序列出现的概率更大一些？请说明理由。

序列 A：66666

序列 B：16643

256　5.58 新生儿的性别

众所周知，新生婴儿可能是男孩（B）或女孩（G）。假如一位母亲有 6 个孩子，没有双胞胎。下面给出了样本空间中两种可能出现的结果，请思考哪个随机序列出现的概率更大一些？请说明理由。

序列 A：GGGGGG

序列 B：GGGBBB

TRY 5.59 外出度假（例 17）

盖洛普最近进行的一项民意调查显示，2017 年 62% 的美国人外出度假，若我们从这些美国人中随机挑选两个人，请思考并回答以下问题：

a. 这两个人 2017 年都外出度假的概率是多少？

b. 这两个人 2017 年都没有外出度假的概率是多少？

c. 至少一人 2017 年外出度假的概率是多少？

5.60 座机和手机

假如美国国家健康统计中心最近正在对美国家庭是否拥有座机和手机进行调查，数据显示有 52% 的美国家庭不再拥有座机，只有手机。若我们从这些美国家庭中随机挑选三个家庭，请思考并回答以下问题：

a. 这三个家庭都只有手机的概率是多少？

b. 这三个家庭中至少一个家庭只有手

机的概率是多少？

TRY* 5.61 宫颈癌（例 18）

《科学美国人》的一项研究表明，大约每 10 万名女性中就有 8 名女性患有宫颈癌（我们称之为事件 C），因此 $P(C) = 0.000\ 08$。已知用巴氏涂片检测到患有宫颈癌的概率为 0.84。那么，P（用巴氏涂片检测呈阳性 $|C$）= 0.84。

若我们从这些女性中随机挑选一人，请问这个女性患有宫颈癌且用巴氏涂片检测呈阳性的概率是多少？

*5.62 宫颈癌

一项研究表明，大约每 10 万名女性中就有 8 名女性患有宫颈癌（我们称之为事件 C），因此 $P(C) = 0.000\ 08$，$P(\bar{C}) = 0.999\ 92$。已知用巴氏涂片检测出有宫颈癌但实际没有宫颈癌的概率为 0.03。那么，P（用巴氏涂片检测呈阳性 $|\bar{C}$）= 0.03。

若我们从这些女性中随机挑选一人，请问这个女性实际没有宫颈癌但用巴氏涂片检测呈阳性的概率是多少？

5.4 节

TRY 5.63 掷骰子（例 19）

同时抛掷两枚均匀的骰子，至少有一个朝上的点数为 6 的概率是多少？下表给出了同时掷两枚骰子的 5 次试验结果。

a. 列出至少有一个点数为 6 的结果。

b. 基于下表数据，计算同时掷两枚骰子至少有一个点数为 6 的经验概率是多少？

试验	结果
1	2,5
2	3,6
3	6,1
4	4,6
5	4,3

5.64 掷骰子点数之和为 7

同时抛掷两枚均匀的骰子，请思考两枚骰子朝上的点数之和为 7 的概率是多少？下表给出了同时掷两枚骰子的 10 次试验结果。

a. 写出两枚骰子朝上的点数之和为 7 的所有可能试验结果。

b. 基于下表数据，计算两枚骰子朝上的点数之和为 7 的经验概率是多少？

试验	结果
1	3,1
2	1,2
3	6,5
4	6,4
5	5,2
6	6,6
7	3,2
8	2,1
9	4,6
10	1,6

TRY 5.65 选择题考试（例 20）

假如一门考试由 30 道选择题组成，其中每道题有三个选项，但只有一个选项是正确的。我们利用随机数字表来模拟实验，请思考以下哪种方法是对一个学生随机选择他的答案的有效模拟？说明理由。（注意，可能存在多个有效模拟方法。）

a. 假定数字 1，2，3 代表学生对一道题的选择，其他数字请先忽略。其中 1 代表正确的选项，2 和 3 代表不正确的选项。

b. 假定数字 0，1，4 代表学生对一道题的选择，其他数字请先忽略。其中 0 代表正确的选项，1 和 4 代表不正确的选项。

c. 假定这 10 个数字中的每个数字都代表学生对一道题的选择，其中 1，2，3 代表正确的选项，4，5，6，7，8，9，0 代表不正确的选项。

5.66 判断题考试

假如一门考试由 20 道判断题组成，其中每道题只有对和错两种选择。请思考以下哪种方法是对一个学生随机选择答案的有效模拟？并说明理由。（注意，可能存在多个有效模拟方法。）

a. 设想我们从随机数字表的一行中选择 20 个数字进行模拟。假定这 20 个数字中的每个数字都代表学生对一道题的选择，其中偶数代表正确的选项，奇数代表不正确的选项。

b. 设想我们抛掷一枚均匀的骰子 20 次，假定骰子朝上的任一点数都代表学生对一道题的选择，其中朝上的点数为 6 代表正确的选项，朝上的点数为 1，2，3，4，5 代表不正确的选项。

c. 设想我们抛掷一枚均匀的骰子 20 次，假定骰子朝上的任一点数都代表学生对一道题的选择，其中朝上的点数为奇数代表正确的选项，朝上的点数为偶数代表不正确的选项。

TRY 5.67 模拟抛硬币（例 21）

a. 假如我们用下面的一行随机数模拟

连续 20 次抛硬币，假定数字 0，1，2，3，4 代表硬币正面朝上，数字 5，6，7，8，9 代表硬币反面朝上。

11164 36318 75061 37674

b. 基于 20 次抛硬币的数据，请问硬币都正面朝上的模拟概率是多少？请思考这和硬币都正面朝上的理论概率相比有什么区别？

c. 假如我们模拟 1 000 次抛硬币，请思考硬币都正面朝上的模拟概率是多少？请思考这和硬币都正面朝上的理论概率相比有什么区别？

5.68 模拟掷骰子

设想我们抛掷一枚均匀的骰子，请思考并回答以下问题。

a. 假如我们用随机数字表中的数字模拟掷骰子，请描述具体的模拟方法。

b. 我们利用附录 A 中的随机数字表模拟掷骰子 5 次，请从表中第三行的第一个数字开始。

c. 基于 5 次模拟数据，计算骰子朝上的点数为 6 的经验概率是多少？请思考这和骰子朝上的点数为 6 的理论概率相比有什么区别？

d. 假如我们重复模拟 500 次掷骰子，请思考骰子朝上的点数为 6 的经验概率是多少？请思考这和骰子朝上的点数为 6 的理论概率相比有什么区别？

5.69 大数定律

设想我们抛掷一枚均匀的骰子，请参考下面的直方图 A、B 和 C，它们表示骰子朝上的点数可能出现的所有结果的相对频率。这三个直方图分别表示抛掷一枚均匀的骰子 20 次、

100 次和 10 000 次的结果。请思考哪个直方图是表示抛掷一枚均匀的骰子 10 000 次的结果，并说明理由。

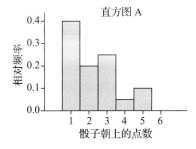

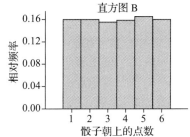

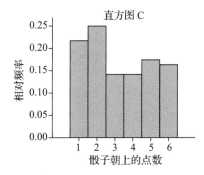

5.70 大数定律

设想我们抛掷一枚均匀的骰子，下表显示骰子朝上的点数可能出现的所有结果。

朝上的点数	20 次试验	100 次试验	1 000 次试验
1	8	20	167
2	4	23	167
3	5	13	161
4	1	13	166
5	2	16	172
6	0	15	167

利用表格中的数据，计算抛掷一枚均匀的骰子 20 次、100 次和 1000 次朝上的点数为 1 的经验概率分别是多少？理论概率分别又是多少？请思考经验概率和理论概率相比有什么区别？

5.71 抛硬币

设想我们连续抛掷一枚均匀的硬币很多次，请思考：随着抛掷次数的不断增加，硬币正面朝上的频率会发生什么变化？

5.72 还是抛硬币

设想我们连续抛掷一枚均匀的硬币很多次，下图表示硬币正面朝上的频率。请参考下图并回答以下问题：

a. 随着抛掷次数的不断增加，硬币正面朝上的频率会逐渐接近什么值？

b. 要硬币正面朝上的频率稳定下来，大约需要抛掷多少次？

c. 请思考我们把使得某种随机事件的频率稳定下来的规律叫作什么？

d. 根据下图，请确定第一次抛掷硬币的结果是正面朝上还是反面朝上。

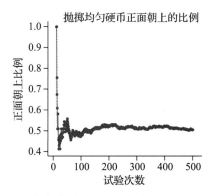

抛掷均匀硬币正面朝上的比例

5.73 大数定律的应用：赌博

假如贝蒂和简进行赌博，她们正在切牌（从一副扑克牌中随机抽取一张牌），牌大者胜，若牌的值相同（例

如都是 8），就再抽取一次。按这样的规则，贝蒂和简进行了 100 次，而汤姆和比尔按相同的规则只进行了 10 次。请考虑比尔和贝蒂谁更有可能以接近 50% 的胜率告终？说明理由。下图显示了模拟 100 次试验的频率，以供参考。

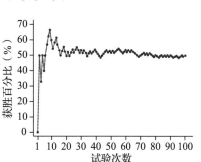

*5.74 大数定律的应用：孙辈

假如有两对爷爷奶奶，第一对有 4 个孙辈，第二对有 32 个孙辈。假设男孩和女孩出现的可能性是相等的。请思考这两对爷爷奶奶中哪一对更可能有 40% ~ 60% 的孙辈是男孩？说明理由。

5.75 大数定律的应用：抛硬币

设想我们连续抛掷一枚均匀的硬币若干次，若前 4 次硬币都反面朝上，请预测下一次更有可能出现什么样的结果？说明理由。

5.76 大数定律的应用：掷骰子

设想我们抛掷一枚均匀的骰子，下图表示骰子朝上的点数可能出现的所有结果的平均值。例如，若前两次抛掷骰子朝上的点数分别为 6 和 2，则平均值为 4。假如下一次抛掷骰子时朝上的点数为 1，则新的平均值为 $(6 + 2 + 1)/3 = 3$。请参考下图并思考如何证明大数定律。

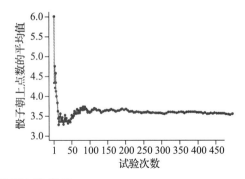

5.77 陪审团

陪审团是代表民众参加审判活动的，通常由12人组成。假如我们通过模拟实验来计算陪审团中至多有5名女性的经验概率是多少。若女性大约占总人口的50%，那么入选陪审团的人是女性的概率为50%。我们利用随机数字表进行模拟实验，每个数字都代表一名陪审员，用数字0，1，2，3，4，5代表所选为女性，数字6，7，8，9代表所选为男性。请思考并解释这个模拟实验存在哪些弊端。

5.78 左撇子

曾有人估计大约有10%的人是左撇子，假如我们通过模拟实验来计算在一天出生的5个婴儿中至少1个婴儿是左撇子的经验概率是多少。假定用偶数代表婴儿是左撇子，奇数代表婴儿是右撇子。请思考这个模拟实验存在哪些弊端，并提供正确的方法。

*5.79 随机实验：掷四面骰子

a. 请解释如何利用随机数字表（或由软件或计算器生成的随机数）来模拟抛掷一枚四面均匀的骰子20次。假如我们现在研究骰子朝上的点数为1的概率，请写出随机数字表（或由软件或计算器生成的随机数）以及从中获得的值。

b. 请回答a抛掷一枚四面均匀的骰子朝上的点数为1的经验概率是多少，并思考这和骰子朝上的点数为1的理论概率相比有什么区别？

*5.80 随机实验：掷六面骰子

a. 请解释如何利用随机数字表（或由软件或计算器生成的随机数）来模拟抛掷一枚六面均匀的骰子20次。假如我们现在研究骰子朝上的点数为1的概率，请写出随机数字表（或由软件或计算器生成的随机数）以及从中获得的值。

b. 请回答a抛掷一枚六面均匀的骰子朝上的点数为1的经验概率是多少，并思考这和骰子朝上的点数为1的理论概率相比有什么区别？

本章回顾练习

5.81 枪支法

根据盖洛普2016年进行的一项民意测验，参与这项测验的1 012名美国人中有627人表示他们对美国目前的枪支法不满意。若这些参与者是随机挑选的，请问一个人对枪支法不满意的概率是多少？

5.82 全球变暖

根据盖洛普2017年进行的一项民意测验，参与这项测验的1 018名美国人中有723人认为正在发生全球变暖。若这些参与者是随机挑选的，请问一个人认为正在发生全球变暖的概率是多少？

5.83 独立变量

　　请根据所学知识判断以下几对变量是相互独立的还是相互关联的？说明理由。

　　a. 成年人的性别和鞋码

　　b. 橄榄球队在比赛开始时抛硬币的输、赢记录和拉拉队的人数

5.84 独立变量

　　请根据所学知识判断以下几对变量是相互独立的还是相互关联的？说明理由。

　　a. 抛掷两枚均匀的硬币出现的结果

　　b. 狗的品种和重量

5.85 死刑

　　根据皮尤研究中心 2016 年的一项调查，有 55% 的男性和 43% 的女性认同谋杀应该判处死刑。假定这些是准确的百分比。若随机挑选一个男性和一个女性，请回答以下问题：

　　a. 双方都认同谋杀应该判处死刑的概率是多少？

　　b. 双方都不认同谋杀应该判处死刑的概率是多少？

　　c. 只有一人认同谋杀应该判处死刑的概率是多少？

　　d. 至少一人认同谋杀应该判处死刑的概率是多少？

5.86 女性权利

　　皮尤研究中心 2017 年调查了一些受访者关于是否同意这一说法的看法：在赋予女性与男性平等权利方面，美国还有待提升。已知有 42% 的男性和 57% 的女性同意这一说法。假定这些是准确的百分比，现在若随机挑选一个男性和一个女性，请回答以下问题：

　　a. 双方都同意这一说法的概率是多少？

　　b. 双方都不同意这一说法的概率是多少？

　　c. 至少一人同意这一说法的概率是多少？

　　d. 只有一人同意这一说法的概率是多少？

5.87 网恋

　　皮尤研究中心 2016 年的调查结果显示有 27% 的 18～24 岁的年轻人曾使用过网恋网站。假定这是准确的百分比，请回答以下问题：

　　a. 若随机选择两个年轻人，请问双方都用过网恋网站的概率是多少？

　　b. 若选择的这两个年轻人是 Facebook 好友，请解释这个事件与网恋为什么不是相互独立的？

5.88 网购

　　皮尤研究中心 2016 年的调查结果显示有 80% 的美国人使用过网购。假定这是准确的百分比，请回答以下问题：

　　a. 若我们随机选择两个美国人，请问双方都使用过网购的概率是多少？

　　b. 若选择的这两个美国人是一对已婚夫妇，请解释这个事件与网购为什么不是相互独立的？

*5.89 生日

　　假设在一周中的任意一天出生的概率都是相等的，已知艾丽西娅和大卫是随机选择的两个人，请回答以下问题：

　　a. 双方都是周一出生的概率是多少？

　　b. 至少一人是周一出生的概率是多少？

*5.90 驾照笔试考试通过率

　　一项研究表明，在加州大约有 92% 的青少年在第一次参加驾照笔试

考试时没有通过。已知萨姆和玛丽亚是随机选择的第一次参加驾照笔试考试的青少年，请思考并回答以下问题：

a. 双方都通过驾照笔试考试的概率是多少？

b. 至少一人通过驾照笔试考试的概率是多少？

5.91 看电视的主要方式

皮尤研究中心 2017 年调查了 18～29 岁的年轻人看电视的主要方式，调查结果显示有 61% 的年轻人选择在线直播，31% 的年轻人选择有线及卫星直播，5% 的年轻人选择数字天线。若皮尤研究中心最近对这个年龄组的 2 500 名年轻人进行了另一次抽样调查，发现其调查结果与 2017 年一致，请思考并回答以下问题：

a. 有多少人选择在线直播？

b. 有多少人选择有线及卫星直播？

c. 有多少人选择有线及卫星直播或数字天线？

d. "选择在线直播""选择有线/卫星直播"和"选择数字天线"这三个事件是否互斥？说明理由。

5.92 阅读习惯

皮尤研究中心 2016 年调查了美国成年人近一年是否做过这几件事：读过任何形式的书、读过纸质书、读过电子书或听过有声书。下表给出了样本空间中所有可能出现的结果。

美国成年人近一年	百分比
读过任何形式的书	73%
读过纸质书	65%
读过电子书	28%
听过有声书	14%

皮尤研究中心最近对 1200 名成年人进行了另一次抽样调查，发现其调查结果与 2016 年一致，请思考并回答以下问题：

a. 有多少人近一年阅读了任何形式的书？

b. 有多少人近一年阅读了电子书？

c. 请思考表中列出的事件是否互斥？说明理由。

5.93 棒球

2018 年马里斯特民调中心进行了一项调查，结果发现美国人对棒球的兴趣一直在下降。我们询问了一些美国成年人关于他们本赛季打算看棒球比赛的场数，下表给出了样本空间中所有可能出现的结果。

看很多	7%
看比较多	8%
看一些	29%
不看	56%

a. 假设从这些美国成年人中随机选择一个人，他本赛季打算至少看一些棒球比赛的概率是多少？

b. 假如有 400 个美国成年人参与调查，你认为若从这些受访者中随机选择一个人，有多少人本赛季打算不看任何棒球比赛？

5.94 阅读习惯

皮尤研究中心 2016 年调查了一些受访者近一年的阅读习惯，下表给出了样本空间中所有可能出现的结果。

未读过书	26%
读过纸质和电子书	28%
只读电子书	6%
只读过纸质书	38%

a. 假设从这些受访者中随机选择一个人，他近一年阅读过至少一本电子书的概率是多少？

b. 假如有 150 个受访者参与调查，你认为有多少人近一年没有阅读过一本书？

5.95 对大学的看法

皮尤研究中心 2017 年调查了一些受访者关于大学对美国发展带来的影响的看法，已知有 72% 的民主党人和 36% 的共和党人认为大学对美国发展有积极影响。设想如果我们调查 1 500 名民主党人和 1 500 名共和党人，请问每组中有多少人认为大学对美国发展有积极影响？

5.96 手机安全

皮尤研究中心 2017 年的一项调查发现，有 28% 的手机用户不使用屏锁来保护手机安全。如果我们调查 500 名手机用户，请问有多少人不使用屏锁来保护手机安全？

5.97 抛硬币

设想我们连续抛掷一枚均匀硬币两次，用 H 代表硬币正面朝上，T 代表硬币反面朝上。假设样本空间中的 4 种结果是等可能的，如下所示：

HH，HT，TH，TT

请问出现以下每种结果的概率是多少：

a. 硬币都反面朝上

b. 硬币恰好一次正面朝上

c. 硬币恰好两次正面朝上

d. 硬币至少一次正面朝上

e. 硬币至多两次正面朝上

5.98 立方体

假如一个袋子中有 10 个红色立方体、5 个白色立方体、20 个蓝色立方体和 15 个黑色立方体。若从这个袋子中随机取出一个立方体，请问出现以下每种结果的概率是多少：

a. 黑色立方体

b. 红色或白色立方体

c. 非蓝色立方体

d. 非红色非白色立方体

e. 请思考（b）和（d）描述的事件是对立事件吗？并说明理由。

5.99 止疼剂

盖洛普 2017 年进行了一项民意测验，调查了一些美国选民对于止疼剂是否应该合法化的看法。已知这些受访者按政治派别被分成共和党、民主党和无党派三组。调查结果显示有 75% 的民主党人、51% 的共和党人和 67% 的无党派人士认为止疼剂应该合法化。假如有 400 名民主党人、300 名共和党人和 200 名无党派人士参与调查。请思考并回答以下问题：

	民主党人	共和党人	无党派人士	合计
是	300			
否				
合计				

a. 根据表中已知的数据，将空白处填写完整。

b. 认为止疼剂应该合法化的民主党人的概率是多少？

c. 认为止疼剂不应该合法化的共和党人的概率是多少？

d. 假设从共和党受访者中随机选择一个人，这个人认为止疼剂不应该合法化的概率是多少？

e. 假设从认为止疼剂不应该合法化的受访者中随机选择一个人，这个人是共和党人的概率是多少？

f. 请思考这个人是民主党人或共和党人的概率是多少？

5.100 网上约会

皮尤研究中心进行了一项研究调查，随机抽取一些美国人，询问他们"是否认识通过网恋建立长期关系的人"。下表对调查对象按受教育程度进行了划分，并给出了每组回答是的百分比。

	总数	是（%）
高中或以下	600	18%
上过大学	500	30%
大学毕业生	800	46%

a. 请在下表的基础上制作一个双向计数表（不是百分比）。

	是	否	合计
高中或以下	108		
上过大学			
大学毕业生			
合计			

假设从调查对象中随机选择一个人。

b. 这个人认识通过网恋建立长期关系的人的概率是多少？

c. 如果你在回答是的人中随机选择一个人，这个人上过大学或者是大学毕业生的概率是多少？

d. 这个人回答是并且是大学毕业生的概率是多少？

e. 随着受教育程度的提高，一个人认识通过网恋建立长期关系的人的概率有怎样的趋势？

5.101 美国加州律师资格考试

如果一个律师想从事法律工作，他必须通过律师资格考试。在加州，首次参加加州认可的法学院的律师资格考试的考生通过率为 70%。假设从参加考试的人中随机选择两个考生。

a. 两人都通过律师资格考试的概率是多少？

b. 只有一人通过律师资格考试的概率是多少？

c. 两人都没有通过律师资格考试的概率是多少？

5.102 驾驶考试

除了驾车考试，各州还要求在颁发驾照前进行笔试。已知佛罗里达州笔试的失败率约为 60%。（数据来源：tampabay.com。）假设在佛罗里达州随机选择三名考取驾照的人。请计算以下概率：

a. 三人都没有通过考试

b. 三人都通过考试

c. 只有一人没有通过考试

5.103 加州再次犯罪者和犯罪者性别

在加州，女性再次犯罪的概率低于男性（女性为 58.0%，男性为 68.6%）。随机选择一名犯人，此人再次犯罪和此人是男性这两个事件是相互独立的吗？

5.104 蓝眼睛

大约 17% 的美国男性为蓝眼睛，17% 的美国女性为蓝眼睛。随机选择一个美国人，此人为蓝眼睛和此人是男性这两个事件是相互独立的吗？

5.105 请用 80 名男性和 100 名女性的数据

制作一个双向表，已知两组人中右撇子的概率相同。

5.106 请用 80 名男性和 100 名女性的数据制作一个双向表，已知女性左撇子的概率高于男性。

*5.107 大数定律

阿莫斯·特沃斯基（Amos Tversky）和诺贝尔奖获得者丹尼尔·卡内曼（Daniel Kahneman）有一项著名研究，该研究要求人们考虑两所医院。A 医院规模较小，每天有 15 名婴儿出生。而 B 医院每天有 45 名婴儿出生。一年多来，每个医院都记录了女孩出生超过 60% 的天数。假设有 50% 的婴儿是女孩，请问哪家医院出现以上情况的天数多？或者你是否认为两家医院出现以上情况的天数一样多。请回答问题并解释原因。（来源：Tversky, *Preference, belief,*

and similarity: Selected Writings, ed. [Cambridge, MA: MIT Press], 205。）

*5.108 大数定律

某职业篮球运动员的投篮命中率是 80%，这是一个很高的命中率。假设你看了该运动员的几场比赛。有时该运动员在一场比赛中只出手 10 次，而有时却出手 60 次左右。在这些比赛中，该运动员最有可能在哪场比赛发挥最差，即投篮命中率远低于 80%？

*5.109 气候变化和政党

2016 年，皮尤研究中心进行了一项民意调查，随机抽取一些美国人，询问他们是否同意"地球变暖主要是由于人类活动"这一说法。调查结果以及被调查者的政治立场如下表所示。

	保守派共和党人	温和派/自由派共和党人	温和派/保守派民主党人	自由派民主党人	合计
是	65	77	257	332	
否	368	149	151	88	
合计					

a. 请填写完整上表。

b. 如果从调查对象中随机选择一人，此人是保守派共和党人的概率是多少？

c. 如果从调查对象中随机选择一个人，此人同意该说法的概率是多少？

5.110 气候变化和政党

参考练习 5.109 的表格。

a. 如果从调查对象中随机选择一个人，此人是共和党人（保守派或温和派/自由派）的概率是多少？

b. 如果从调查对象中随机选择一个

人，此人不同意该说法的概率是多少？

c. 在同意该说法的群体中，共和党人和民主党人谁的比例更大？

5.111 气候变化：且

参考练习 5.109 的表格。假设从调查对象中随机选择一个人，请计算此人是保守派共和党人且同意该说法的概率。

5.112 气候变化：且

参考练习 5.109 的表格。假设从调查对象中随机选择一个人，请计算此人是自由派民主党人且同意该说法的概率。

5.113 气候变化：或

参考练习 5.109 的表格。假设从调查对象中随机选择一个人，此人是自由派或温和派 / 保守派民主党人的概率是多少？这些事件相互排斥吗？请解释原因。

5.114 气候变化：或

参考练习 5.109 的表格。假设从调查对象中随机选择一个人，此人是保守派或温和派 / 自由派共和党人的概率是多少？这些事件相互排斥吗？请解释原因。

5.115 气候变化：或

参考练习 5.109 的表格。假设从调查对象中随机选择一个人，请计算此人是自由派民主党人或回答否的概率。这些事件相互排斥吗？请解释原因。

5.116 气候变化：或

参考练习 5.109 的表格。假设从调查对象中随机选择一个人，请计算此人是温和派 / 保守派民主党人或回答是的概率。这些事件相互排斥吗？请解释原因。

5.117 气候变化：条件概率

参考练习 5.109 的表格。假设从调查对象中随机选择一个人。

a. 请计算在已知这个人是自由派民主党人的情况下，此人同意该说法的概率。

b. 请计算在已知这个人是保守派共和党人的情况下，此人同意该说法的概率。

c. 请计算在已知这个人同意该说法的情况下，这个人是保守派共和党人的概率。

5.118 气候变化：条件概率

参考练习 5.109 的表格。假设从调查对象中随机选择一个人。

a. 请计算 P（回答"否"| 保守派共和党人）

b. 请计算 P（回答"否"| 共和党人）

c. 请计算 P（自由派民主党人 | 回答"是"）

5.119 互斥事件

假设随机选择一个人，请回答以下事件是否为互斥事件。

a. 此人身高 70in 以上；此人是男性

b. 此人没有宠物；此人拥有一只豚鼠

5.120 互斥事件

假设随机选择一个人，请回答以下事件是否为互斥事件。

a. 此人 40 岁；此人不到合法饮酒年龄。

b. 此人会打网球；此人会拉大提琴。

5.121 掷出三个相同数字

在"快艇"游戏中，同时掷出五个骰子。如果至少三个骰子掷出的数字一样，则奖励点数。五次试验的结果如下表所示。

试验	结果
1	3, 5, 1, 3, 3
2	5, 1, 6, 6, 4
3	6, 6, 4, 4, 6
4	4, 5, 4, 5, 3
5	4, 2, 2, 1, 1

a. 列出至少三个骰子掷出同一数字的所有可能结果。

b. 根据下表数据，掷出至少三个相

同数字的经验概率是多少？

5.122 多项选择题测试

假设一个多项选择题测试有 10 个问题，每个问题有四个选项，但只有一个选项是正确的。以下哪种方法可以有效模拟学生在每个问题中的作答？请解释原因。（注意：可能有多个有效方法。）

a. 使用随机数字表选择十个数字。每个数字代表测试中的一个问题。如果数字为偶数，则选择正确。如果数字为奇数，则选择错误。

b. 数字 1，2，3，4 代表学生对一个问题的回答。忽略其他所有数字。1 代表选择正确。数字 2，3，4 代表选择错误。

c. 数字 1，2，3，4，5，6，7，8 代表学生对一个问题的回答。忽略数字 0 和 9。数字 1 和 2 代表选择正确，数字 3，4，5，6，7，8 代表选择错误。

*5.123 在多项选择题测试中模拟选择

假设一个学生参加了一个多项选择题测试，该测试有 10 个问题。每个问题都有五个可能的选项，但只有一个选项是正确的。现在假设该学生不学习，对每个问题进行随机选择。已知及格分数为 3 分（或者大于 3 分）。我们希望设计一个模拟来计算一个学生通过测试的概率。

a. 这个模拟的随机事件是：学生回答一道有五个选项的问题。我们将从下面的随机数字表中选择一个数字来进行模拟。

在这个表格中，我们让数字 0

和 1 代表正确答案，2 到 9 代表错误答案。请解释对于有五个可能答案的问题，为什么该方法正确。（这样就完成了 5.4 节中给出的模拟总结的前两步。）

b. 在这个模拟中，一个试验由选取的 10 个数字构成。每个数字代表对一个考试问题的一种猜测。请写出第一次试验的数字序列。或者把数字翻译为答案正确和答案错误的形式，写 R 代表正确，写 W 代表错误。（此为完成第 4 步。）

c. 我们对是否答对 3 个或 3 个以上问题感兴趣。请问这在第一次试验中发生了吗？（此为完成第 5 步。）

d. 接下来对学生参与多项选择题测试进行第二次模拟。使用下表的第二行数据。请问学生得了多少分？我们感兴趣的事件发生了吗？

e. 使用表格的第 3 行和第 4 行的数据，再进行两次试验。对于每次试验，请写下分数以及我们感兴趣的事件是否发生。

f. 在四次试验的基础上，请猜测学生通过考试的经验概率是多少？

11373	96871
52022	59093
14709	93220
31867	85872

*5.124 模拟正确或错误测试

已知有一个测试，该测试有 10 个问题，且每个问题答案为正确或错误，接下来对该测试进行模拟。使用练习 5.123 中的随机数字表。请写出 5.4 节中列出的七个步骤。注

263

意, 请说明你将使用哪些数字代表正确答案, 哪些数字代表错误答案。并解释为什么你的方法合理。将试验重复四次, 每次试验都由 10 个问题组成。请计算 10 个问题答对 5 个以上的经验概率。

5.125 红绿灯

一条繁忙的街道有三个连续的红绿灯。这些灯不同步, 所以它们彼此独立运行。在任何给定的时刻, 绿灯的概率是 60%。假设不存在堵车的情况, 请按照下面的步骤设计一个模拟来计算你会遇到三个绿灯的概率。

a. 识别随机行为, 并计算行为发生的概率。

b. 请解释你将如何使用附录 A 中的随机数字表来模拟这个行为。哪些数字代表绿灯, 哪些代表非绿灯? 如果想得到和我们一样的结果, 请使用所有可能的一位数 (0, 1, 2, 3, 4, 5, 6, 7, 8, 9), 并且让前几个数字代表绿灯。请问有多少并且是哪些数字代表绿灯, 哪些数字代表非绿灯?

c. 请描述你感兴趣的事件。

d. 解释你将如何模拟试验。

e. 从随机数字表第 11 行的第一个数字开始, 重复 20 次试验。对于每个试验, 请列出随机数字、它们代表的结果, 以及感兴趣的事件是否发生。

f. 你遇到三个绿灯的经验概率是多少?

5.126 苏打汽水

在一个厂商生产的瓶装苏打汽水中, 有 20% 的瓶子没有灌满。已知苏打汽水一般为六瓶装。请按照以下步骤进行模拟, 计算六瓶汽水中有三瓶或更多瓶汽水没有灌满的概率。

a. 识别随机行为, 并解释你将如何使用附录 A 中的随机数字表模拟这一结果。如果想得到和我们一样的结果, 请使用所有可能的一位数 (0, 1, 2, 3, 4, 5, 6, 7, 8, 9), 并且让列表中的前几位数字代表汽水没有灌满, 其余的数字代表汽水灌满了。请问什么数字代表没灌满, 什么数字代表灌满, 为什么?

b. 请描述你将如何模拟试验。

c. 请描述你感兴趣的事件, 即你想要计算其概率的事件。

d. 从附录 A 中的随机数字表第 15 行的第一个数字开始, 重复 10 次试验。对于每个试验, 请列出选择的数字、它们代表的结果, 以及感兴趣的事件是否发生。

e. 在六瓶装的汽水中, 有三个或更多瓶汽水没有灌满的实验概率是多少?

练习指导

g5.23 *科技领域的性别歧视*

皮尤研究中心进行了一项研究调查, 要求受访者填写完整该问题: 与其他行业相比, 科技行业对女性的歧视是_____。按性别划分的回答如下表所示。调查对象为 280 名男性和 150 名女性。(来源: Pewresearch.org。)

	性别		合计
答复	男性	女性	
更少	53	15	68
相同	174	85	259
更多	53	50	103
合计	280	150	430

问题： 如果从调查对象中随机选择一个人，这个人是男性或回答"相同"的概率（或同时满足）是多少？

第1步 这个人是男性的概率是多少？

第2步 这个人回答"相同"的概率是多少？

第3步 如果这个人是男性和这个人回答"相同"是相互排斥的，只需把步骤1和步骤2的概率相加即可计算出这个人是男性或回答"相同"的概率。请问这两个事件互相排斥吗？请解释原因。

第4步 这个人是男性且回答"相同"的概率是多少？

第5步 如下面的计算所示，为了计算这个人是男性或回答"相同"的概率，为什么需要减掉这个人是男性且回答"相同"的概率？

P（男性或回答"相同"）＝P（男性）＋P（回答"相同"）－P（男性且回答"相同"）

第6步 用第5步中给出的公式进行计算。

第7步 用完整的句子回答问题。

g**5.51** 十指交叉

当人们双手十指交叉时，会出现两种情况，大部分人会习惯其中一种情况。第一种情况是右拇指在最上面，第二种情况是左拇指在最上面。下表显示了来自一组人的调查数据。

	M	W
右	18	42
左	12	28

M表示男性，W表示女性，右表示右拇指在最上面，左表示左拇指在最上面。

问题： 假如从这组人中随机选择一个人。这个人"右拇指在最上面"和"男性"这两个事件是相互独立的还是相关的？

要回答这个问题，我们需要确定在给定这个人是男性的情况下，右拇指在最上面的概率是否等于右拇指在最上面的概率（对整个群体来说）。如果是的话，这些变量是独立的。

第1步 请计算边缘总数并填入表格。

第2步 请计算右拇指在最上面的总体概率。

第3步 在给定这个人是男性的情况下，请计算右拇指在最上面的概率。（右拇指在最上面的男性比例是多少？）

第4步 最后，这些变量是独立的吗？请解释原因。

技术提示

264

软件操作指导

例　生成随机整数

生成4个从1到6的随机整数来模拟掷一个六面骰子的结果。

TI-84

在生成随机整数之前先设置种子值

如果不先设置种子值，每个人可能得到相同系列的"随机"数。

1. 请输入你的社会安全号码或手机号码的后四位数字并按 **STO>**。

2. 然后按 **MATH**，选择 **PROB**，并按 **ENTER**（选择 1：rand）。请再次按 **ENTER**。

除非 **Reset** 计算器，否则你只需要对计算器设置一次种子值。（如果以后想要相同的序列，可以用相同的数字再次设置种子值。）

随机整数

1. 请按 **MATH**，选择 **PROB**，然后按 **5**（选择 5：randInt）。

2. 请依次按 **1**、**ENTER**、**6**、**ENTER**、**4**、**ENTER**、**ENTER** 和 **ENTER**。

前两个数字（见图 5a 中的 1 和 6）决定最小和最大的整数，第三个数字（见图 5a 中的 4）决定生成的随机整数的个数。图 5a 括号中的四个数字是生成的随机整数。你生成的将会有所不同。要想获得另外四个随机整数，请再次按 **ENTER** 键。

图 5a TI-84

Minitab

随机整数

1. Calc > Random Data > Integer。

2. 参见图 5b，请输入：

   Number of rows of data to generate，4

   Store in column（s），c1

   Minimum value，1

   Maximum value，6

3. 单击 OK。

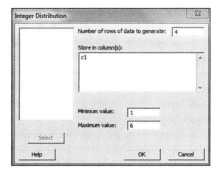

图 5b Minitab

Excel

随机整数

1. 请单击 f_x，选择类别 All，然后选择 RANDBETWEEN。

2. 参见图 5c。

   输入：Bottom，1；Top，6。

   单击 OK。

   你将在电子表格的活动单元格中获得一个随机整数。

3. 若想要获得更多随机整数，请将光标放在包含第一个整数的单元格的右下角，直到看到黑色加号（+）为止，然后向下拖动，直到得到所需的任意多个整数为止。

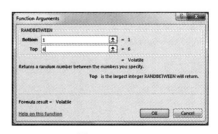

图 5c Excel

StatCrunch

随机整数

1. Data > Simulate > Discrete Uniform。

2. 参见图 5d。请输入 Rows，4; Columns，1；Minimum，1；Maximum，6，并且选择 Split across columns 以及 Use dynamic seed。

3. 请点击"Compute!"，在第一个空列中，你将得到四个随机整数（1 到 6 之间）。

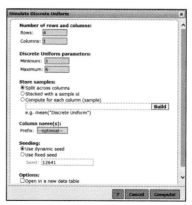

图 5d　StatCrunch

第6章 随机事件概率模型：
正态模型与二项模型

提要

在第2章中，我们学习了如何利用样本分布描述样本数据的特征。与之相似，概率分布常用于描述随机事件的结果。通过概率分布，我们能够获悉一项随机实验的所有可能结果及发生的概率。

随机事件的发生似乎是无序而难测的。例如，在抛10次硬币之前，你绝不会一口咬定将会出现多少次正面朝上。同理，天气预报也无法确切地告诉你明天是否会下雨。尽管如此，如果我们对随机事件进行大量的观测，我们会逐渐掌握其发生的规律，熟悉不同结果出现的频率，从而对什么是常见的结果、什么是不常见的结果有进一步的认识。

科幻小说作家艾萨克·阿西莫夫（Isaac Asimov）曾说："科学研究中最激动人心的、预示着新发现的一句话，不是'Eureka！'（找到了！），而是'嗯……有趣的是……'。"称其为"有趣的"或"不常见的"，是由于我们原本以为这些事情并不可能出现。这一发现多么令人激动！世界不是我们想象的那样！

然而，想要判断一件事情是否常见，我们首先必须了解这件事发生的频率。换句话说，我们需要掌握它发生的概率。在本章的案例分析中，你会看到一个切身的例子：本书的一位作者在麦当劳买了5个冰淇淋甜筒，并检测了它们的重量。她发现，这些甜筒比广告上宣传得更重。这件事情常见吗？难道是麦当劳有意地宣传较低的重量，为了让顾客感觉买到的甜筒分量更大？

在这一章中，你将学习运用概率分布描述随机事件发生的概率。我们还将介绍正态概率分布和二项概率分布的内容，并借助它们来判断一件事情的发生是否常见。

案例分析

甜筒的重量比宣传得大

本书的一位作者在她家附近的麦当劳餐厅购买冰淇淋甜筒。麦当劳的食品说明书显示，一个冰淇淋甜筒重3.18 oz，含150 cal能量。麦当劳的冰淇淋甜筒真的有3.18 oz重吗？使每个甜筒都到达3.18 oz的标准，这需要依靠一台非常精密的机器，或者一名操作非常娴熟的员工来完成。因此，我们预计甜筒的重量会由于操作的原因而存在一定的差异。实际上，这位作者在不同的日期买了 5 个麦当劳冰淇淋甜筒。她发现，5 个甜筒的重量都超过了 3.18 oz。这可能只是一件偶然事情，但它究竟有多少偶然？如果这样的事情（5 个甜筒的重量都超过了 3.18 oz）本身就是极不寻常的，那么我们自然会惊讶：它竟然发生在我们身上了。由此看来，麦当劳冰淇淋甜筒的实际重量可能超过了 3.18 oz。在学习完本章的二项概率分布和正态概率分布之后，你就能够判断此类事件的发生是多么令人惊讶——抑或是不足为奇。

6.1　随机实验模型：概率分布

概率分布（probability distribution），有时也称为**概率分布函数**（probability distribution function，pdf），反映了随机实验的全部可能结果以及这些结果发生的概率。例如，假设你的 mp3 播放器列表里有 10 首歌曲：6 首是摇滚乐，2 首是乡村音乐，1 首是嘻哈音乐，1 首是歌剧。打开随机播放模式，播放的第一首歌是摇滚乐的概率是多少？

这个问题的表达方式（"……是摇滚乐的概率是多少"）意味着我们只需关心两种结果：这首歌是摇滚乐或者不是摇滚乐？如表 6.1 所示，我们可以写出这两种结果的概率。

表 6.1 给出了一个非常简单的概率分布。它呈现出两个重要的特征：随机实验的所有可能结果（摇滚乐或非摇滚乐）以及每个结果发生的概率。概率分布都具有这两个特征，但并不是所有的概率分布都会清晰地列出可能的结果及其发生的概率。

表 6.1　歌曲概率分布

结果	概率
摇滚	6/10
非摇滚	4/10

KEY POINT 重点

> 概率分布给出了随机实验的所有可能结果以及各种结果发生的概率。

统计学家有时称概率分布为**概率模型**（probability model）。"模型"这个词意味着，概率与现实生活中的长期频率可能不会完全一致，但我们希望它能够近似地匹配后者。

在第 1 章，我们把变量分为数值变量和分类变量。现在，我们进一步将数值变量分为两类。**离散结果**（discrete outcome）或离散变量，是指变量值可以一一列举或计数的数值变量。例如，同学手机上存储的电话号码个数就是一个离散变量。**连续结果**（continuous outcome）或连续变量，是指在一定区间内任意取值的数值变量，其变量值无法被一一列举或计数。例如，下次通话的时长就是一个连续变量。图 6.1 比较了离散变量与连续变量。

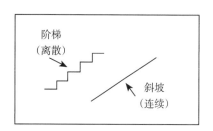

图 6.1　阶梯和斜坡分别代表离散变化和连续变化。注意，你可以数出阶梯（离散结果）的数量

认识到二者的区别至关重要。我们可以列举离散变量的所有可能结果，进而清晰地呈现其概率分布。然而，连续变量的结果却无法一一列举。因此，描述连续变量的概率分布函数需要运用一定的技巧。鉴于此，我们采用不同的方法描述这两种变量的概率分布。

🔄 回顾

样本分布

概率分布类似于在第 2 章中介绍的样本分布。样本分布给出了样本值及其频率，概率分布给出了随机实验的可能值及其概率。

例 1　离散变量还是连续变量？

在以下变量中：

a. 你在饭店吃到的潜水艇三明治的重量。

b. 你今天早上从家到教室所用的时间。

c. 下一辆驶过的汽车上的人数。

d. 警察在一次酒驾检查中随机拦截一辆车，测试该车司机的血液酒精含量。（血液酒精含量是血液中酒精含量所占的百分比。）

e. 在渔场中随机选择一条鲑鱼，其产卵的数量。

问题： 判断这些数值变量是连续的还是离散的。

解答： 变量 a，b，d 为连续变量。连续变量可以取一定区间中的任意值。例如，三明治可能重 6 oz、6.1 oz 或 6.001 3 oz。你从家到教室所用的时间可以是 5 000 s、5 000.4 s 或者 5 000.456 s。血液酒精含量可以是 0 到 1 之间的任意值，包括 0.001 3（即 0.13%）、0.001 333 3、0.001 357 等。

变量 c 和 e 是离散变量，我们可以列举其可能的取值。

试做： 练习 6.1。

---

269 ## 6.1.1　离散概率分布：表格或图表

在加州大学洛杉矶分校的一个统计学班级中，约 40% 是男生，60% 是女生。我们将男生记为 0，女生记为 1。从中随机选出一名学生，这名学生是女生的概率是多少？

我们不难给出这一问题的概率分布，只需用表格列出可能的结果（0 和 1）及其概率（0.40 和 0.60）即可（见表 6.2）。当然，我们也可以利用图表（见图 6.2）呈现概率分布。

表 6.2　该班学生性别的概率分布

性别	概率
0	0.40
1	0.60

注意，概率的和等于 1（0.40 + 0.60 = 1.0）。这对所有的概率分布都成立，因为它们给出了所有可能结果发生的概率。

亚马逊网站（amazon.com）邀请顾客给书评分，评分范围从 1 颗星到 5 颗星。截至 2018 年的某一天，乔治·桑德斯（George Saunders）的《林肯在巴尔多》（*Lincoln in the Bardo*）一书共收到 1477 条客户评论。假设我们随机选择一位书评人，并根据他的评分来决定是否购买这本书。表 6.3 和图 6.3 给出了概率分布的两种描述方式。例如，我们可以看到，最有可能的评分是 5 颗星。随机选出的书评人给这本书打 5 星的概率是 44%。（注意，其次最有可能的评分是 1 颗星。为什么书评人如此倾向于给出极端的评分？我们将在第 7 章讨论一种可能的原因。）

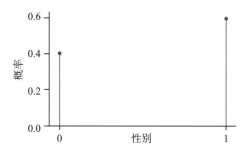

图 6.2　从一个统计学班级中随机选出一名学生，并记录该学生是男生（0）还是女生（1）的概率分布

表 6.3　评分的概率分布（注意，概率相加等于 1）

评分星级	概率
5	0.44
4	0.15
3	0.10
2	0.11
1	0.20

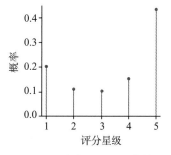

图 6.3　亚马逊网站随机选出的书评人给一本书评分，评分星级的概率分布

注意，表 6.3 中的概率之和等于 1。这对所有的概率分布都成立：所有可能结果发生的概率相加等于 1。这是一定的，因为除此之外不存在任何其他可能的结果。

6.1.2　离散概率分布：公式

270

如果一个离散变量的概率分布包含非常多的结果，我们应该如何处理？例如，假设一对已婚夫妇决定继续生育，直到他们有一个女孩为止。假设一个孩子是男孩或女孩的概率相等，且与之前任一孩子的性别均无关，那么这对夫妇最终会有多少孩子？很有可能，他们的第一个孩子就是女孩，那么他们只有一个孩子；或者，第一个孩子是男孩，第二个是女孩；再或者，他们也可能永远不会有女孩。这个实验的取值可以是数字 1，2，3，…，直到无穷大。（我们承认，他们实际上不可能有那么多孩子。但不妨进行假想！）

我们无法在一个表格中列出所有可能结果及概率，也只能猜测而无法绘制出概率分布图表的形状。但我们可以将其写成公式：

有 x 个孩子的概率是 $(1/2)^x$（x 是大于 0 的整数）。

例如，他们只有一个孩子（即第一个孩子就是女孩）的概率是 $(1/2)^1 = 1/2$。

有 4 个孩子的概率是 $(1/2)^4=1/16$。

他们有 10 个孩子的概率很小：$(1/2)^{10}= 0.000\,98$。

在本书中，我们会尽可能地利用表格或图表呈现概率分布。实际上，即使有些分布不易展示，我们也会绘制一张图，便于你更好地理解概率分布。图 6.4 反映了这对夫妇在生第一个女孩之前生育的孩子数量，该图仅显示了前 10 个孩子的概率分布。我们可以看出，第一个孩子是女孩的概率是 0.50（50%）。这对夫妇有两个孩子的概率是 0.50 的一半，即 0.25。随着孩子数量的增加，其发生的概率继续下降，每一个概率都是前一个概率的 1/2。

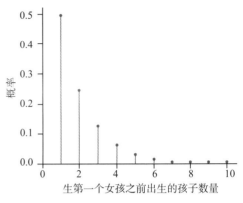

图 6.4　生第一个女孩之前出生的孩子数量
（仅显示前 10 个孩子的概率分布。）

例 2　掷骰子

让我们掷一枚均匀的六面骰子，用均匀的骰子掷出各个点数的概率都相同。如果掷出 5 或 6，会获奖 4 美元。如果掷出 1，会输掉 5 美元。掷出其他任何结果，既不赢也不输。

[271]

问题：请用表格展示获奖金额的概率分布，并绘制一张概率分布函数图。

解答：有三种结果：获奖 4 美元，获奖 0 美元，以及获奖 -5 美元。（获奖 -5 美元就是输掉 5 美元。）

掷出 5 或 6，获奖 4 美元，概率是 2/6 = 1/3。

掷出 2，3 或 4，获奖 0 美元，概率是 3/6 = 1/2。

掷出 1，获奖 -5 美元，概率是 1/6。

我们可以用表格（见表 6.4）展示概率分布函数，或者绘制概率密度函数图（见图 6.5）。

试做：练习 6.5。

表 6.4　骰子游戏的概率分布函数

获奖金额	概率
-5	1/6
0	1/2
4	1/3

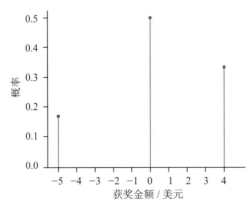

图 6.5　骰子游戏的概率分布函数

6.1.3　连续概率：概率密度曲线下方的面积

连续结果的概率分布更为复杂。我们无法列出所有可能的结果，只能给出它的取值范围。

例如，假设想知道在咖啡店排队 3 到 4 分钟的概率是多少，而你无法列出如 1.0 min、1.000 32 min、2.000 003 21 min 等所有可能的结果。可能的结果（确实）有无穷多个，你可以对其取值范围加以界定。假设这家咖啡店对顾客的排队时长进行了广泛的调查。结果显示，每位顾客排队都不超过 5 min。因此我们认为，所有顾客的排队时长都在 0 到 5 min 之间。

在计算连续值随机实验的概率时，我们需要给出某一结果对应的取值范围。例如，咖啡店经理想知道顾客排队时长小于 2 min 的概率，那么它的取值范围就是 0 到 2 min。

我们用**概率密度曲线**（probability density curve）下方的面积表示连续值随机实验的概率。曲线下方的总面积是 1，因为这代表了结果在 x 轴某处。为了求出排队时长在 0 到 2 min 之间的概率，我们需要计算 x 轴 0 到 2 之间概率密度曲线下方的面积（见图 6.6）。

在连续值概率密度函数中，y 轴表示"密度"。我们重点关注的并不是如何确定概率密度，而是概率密度曲线下方的总面积等于 1。

你可能对这条曲线的形状感到好奇：如何确定分布服从怎样的形状呢？在实践中，我们很难绘制出完全符合实际的概率密度曲线，这就是为什么我们称概率分布为"模型"的原因。概率分布是对现实概率的模拟，但与现实情况并不完全相同。尽管无法确定一条概率密度曲线是否符合实际，但我们可以将模型概率与实际频率进行比较。如果二者非常接近，说明我们建立的概率模

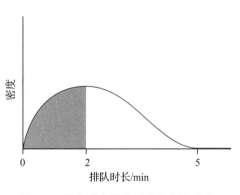

图 6.6　某咖啡店排队时长的概率分布

272

型能够符合实际。例如，如果这个概率模型预测有 45% 的顾客在咖啡店的排队时长少于 2 min，那么我们可以将这个预测结果与实际情况进行比较。

6.1.4　计算连续值结果的概率

求出概率密度曲线下方的面积并不是一件容易的事。有时，可以借助概率密度公式，利用微积分方法进行计算。然而，很多常用的概率密度是无法通过基础的微积分方法进行求解的，这就需要计算机的近似计算。

在这本书中，通常可以使用表格或借助软件计算出连续值结果的概率。在 6.2 节中，我们将介绍了一种表格，并利用它来计算一类常见的概率密度：正态曲线。

例 3　等公交车

在本书一位作者家的附近，一辆公交车每 12 min 到达一次。如果这位作者到达公交车

站的时间是随机的，等车时长的概率分布如图 6.7 所示。

问题：（a）计算等车时长为 4 到 10 min 的概率。（提示：矩形的面积等于矩形相邻两边长度的乘积。）（b）计算等车时长为 0 到 12 min 的概率。为什么这个结果不等于 1？为什么应该等于 1？

解答：（a）图 6.7 所示的分布为均匀分布。曲线下方的形状是一个矩形，其面积容易求解。我们需要计算的面积如图 6.8 所示。矩形的面积等于宽乘以高，宽为 10−4=6，高为 0.083 33。

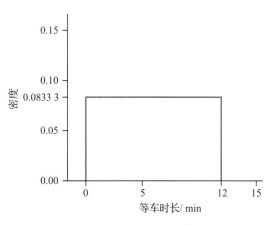

图 6.7 等车时长的概率分布函数。这位作者 到达公交站的时间是随机的

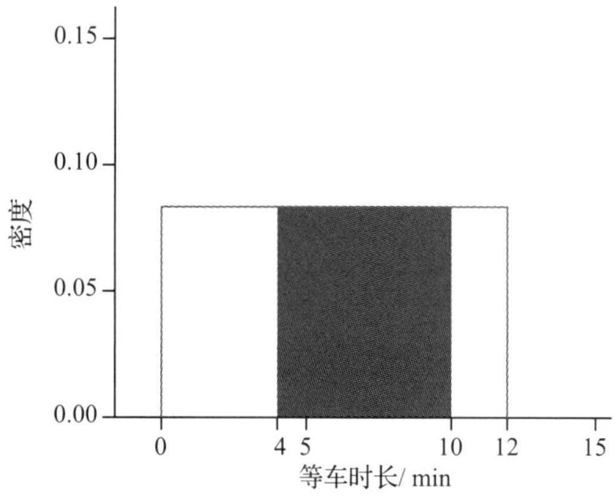

图 6.8 阴影区域表示等车时长为 4min 到 10min 的概率

等车时长为 4 到 10 min 的概率为 $6 \times 0.083\ 33 = 0.499\ 8$，约为 0.500。我们可以看到，图 6.8 中大约一半的区域是阴影的。

这位作者约有 50% 的概率需要等待 4 到 10 min。（b）根据题目的要求，整个矩形的面积为 $12 \times 0.083\ 33 = 0.999\ 996$。由于四舍五入，结果并非恰好等于 1。由于 0 到 12 min 的区间包括所有可能结果，所以这条曲线下方的总面积一定等于 1。

试做：练习 6.11。

6.2 正态模型

正态模型（normal model）是连续数值变量的一种概率模型，其应用非常广泛。对于研究人员感兴趣的很多数值变量，正态模型都能够为其分布提供良好的拟合。此外，中心极限定理（我们将在第 7 章介绍这个重要的数学定理）结合了正态模型与一些重要的统计思想，因而我们有必要提前学习正态模型的有关内容。

接下来将首先向你展示正态模型的形状，接着探讨如何计算正态曲线下方的面积，进而求解概率。我们将用示例来说明这些概念，并讨论为什么正态模型适用于这些情况。

6.2.1　正态分布可视化

图 6.9 中的直方图展示了约 1400 名美国成年男性样本的测量值。这些直方图具有相似的形状：单峰且对称。为了刻画这个形状，我们在直方图上添加了一条平滑的曲线。可以想象，如果我们收集更多的数据，直方图最终会填满曲线下方的整个区域，几乎可以完全匹配曲线的形状。

回顾

单峰分布和对称分布

对称分布直方图的左右两边几乎互为镜像。单峰分布直方图有一个峰。

274

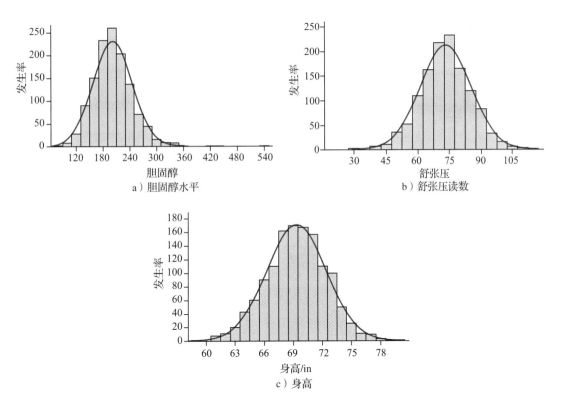

图 6.9　男性样本的测量值。这三个直方图的形状非常相似：几乎呈对称分布，且服从单峰分布

这些直方图上的曲线为**正态曲线**（normal curve），或**正态分布**（normal distribution）。卡尔·弗里德里希·高斯（Karl Friedrich Gauss，1777—1855）是第一个推导出正态分布的数学家，因此该曲线也被称为高斯分布。统计学家和科学家认为，有很多连续数据的分布都可以通过正态曲线近似模拟。如今，尽管我们有许多其他分布来模拟现实生活中的数据，正态曲线仍然是科学研究中最常用的概率分布函数之一。

贴士

钟形曲线

正态曲线或高斯曲线也称为钟形曲线。

中心和离散程度

在第 2 章和第 3 章中，我们介绍了数据分布的中心和离散程度。在研究概率分布时，你也会用到这些概念。概率分布的均值位于概率分布的平衡点。概率分布的标准差用以度量分布的离散程度，能够衡量数据与均值之间的距离。在学习概率分布时，样本均值和样本标准差的概念仍然适用。

这里，我们用到的符号不同于以往，以便于区分概率分布的均值和标准差与样本数据的均值和标准差。**概率分布的均值**（mean of a probability distribution）用希腊字母 μ（mu，发音为" mew"）表示，**概率分布的标准差**（standard deviation of a probability distribution）用字母 σ（sigma）表示。使用希腊字母是为了避免这些概念与样本均值和标准差相混淆。

回顾

均值和标准差

在第 3 章中，我们学会用符号 $\bar{x}$ 表示样本数据的均值，用符号 s 表示样本数据的标准差。

正态分布的均值和标准差

正态分布的形状由均值和标准差决定。正态分布是对称的，因而其均值位于分布的正中心。标准差决定了正态曲线是宽而低（标准差大）还是窄而高（标准差小）。图 6.10 展示了两条均值相同但标准差不同的正态曲线。

一条均值为 69 in、标准差为 3 in 的正态曲线很好地描述了美国成年男性的身高分布，而美国成年女性的身高分布却出乎意料地可以由另一条标准差同样为 3 in，但均值略小——约为 64 in 的正态曲线描述。图 6.11 展示了这两条正态曲线的形状。

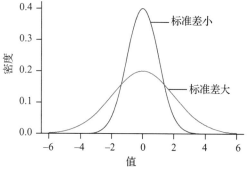

图 6.10　均值相同但标准差不同的两条正态曲线

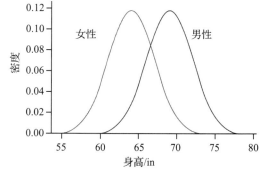

图 6.11　两条正态曲线。左侧曲线代表女性身高的分布，均值是 64 in，标准差是 3 in。右侧曲线代表男性身高的分布，标准差同样是 3 in，但均值是 69 in

比较分布的均值和标准差，是区分不同正态分布的唯一方法。我们可以用一个简写的符号来表示一个正态分布。符号 $N(\mu, \sigma)$ 表示以 μ（分布的均值）为中心的正态分布，其离散程度由 σ（分布的标准差）度量。例如，在图 6.11 中，女性身高的分布为 $N(64, 3)$，男性身高的分布为 $N(69, 3)$。

KEY POINT 重点

正态分布是对称且单峰的（钟形）。符号 $N(\mu, \sigma)$ 给出了正态分布的均值和标准差。

6.2.2　计算正态概率

正态模型 $N(64, 3)$ 近似描述了美国成年女性身高的分布（在美国，身高是以英寸来度量的）。假设我们随机选出一位美国成年女性，并记录她的身高。她高于指定高度的概率是多少？

身高是一个连续数值变量，我们可以通过计算正态曲线下的面积求解这一概率。例如，图 6.12 所示的正态曲线——与图 6.11 给出的曲线相同——刻画了美国成年女性身高的分布。（概率的计算无须用到分布图 y 轴的数值刻度，因此下文的图表时常将其省略。）阴影区域的面积表示女性高于 62 in 的概率。根据概率分布的规律，该曲线下方的总面积等于 1。

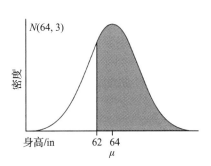

图 6.12　阴影区域的面积表示在分布 $N(64, 3)$ 中女性高于 62 in 的概率

276

事实上，图 6.12 既代表了女性身高大于 62 in 的概率，也代表了女性身高大于或等于 62 in 的概率。两个区域的面积（一个严格大于 62，另一个包含 62）是相同的，所以概率也相等。这是连续变量的一个特性：在计算连续变量的概率时，我们对区间边界的描述无须过于严格。通过下面的学习，你会发现这与离散变量形成了鲜明的对比。

如果我们想知道女性身高在 62 到 67 in 之间的概率呢？该区域如图 6.13 所示。

图 6.14 显示了女性身高小于 62 in 的概率对应的区域。

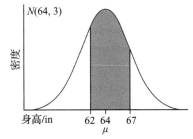

图 6.13　阴影区域表示女性身高在 62 到 67 in 之间的概率。所示为均值等于 64 in，标准差等于 3 in 的正态分布

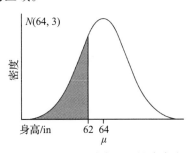

图 6.14　阴影区域表示女性身高小于 62 in 的概率

<table>
<tr><td>KEY POINT</td><td>**重点**</td></tr>
</table>

　　在计算正态模型概率时，首先需要画出正态曲线并进行标记。随后，在对应的区域涂上阴影。

　　在回答正态模型的有关问题时，我们建议你首先画出正态曲线图。画出图后，问题可能就迎刃而解了。例如，根据麦当劳的食品说明书，每份冰淇淋甜筒重 3.18 oz。现在我们知道，现实中的甜筒不可能恰好等于 3.18 oz。这可能是员工的操作原因（或者冰淇淋机器本身的原因）导致冰淇淋甜筒比 3.18 oz 更重或更轻一些。假设冰淇淋甜筒量服从均值为 3.18 oz 的正态分布。一位顾客买到的冰淇淋甜筒少于 3.18 oz 的概率是多少？

　　如图 6.15a 所示，3.18 左侧的面积正好是总面积的一半。因此，冰淇淋甜筒少于 3.18 oz 的概率是 0.50。（因为正态曲线是对称的，所以均值——就是平衡点，一定位于正中间。因此，小于均值的概率是 0.50。）

　　如果均值大于 3.18 oz 呢？一个冰淇淋甜筒少于 3.18 oz 的概率会如何改变？假设我们将正态曲线向右"滑动"，均值将增加。当曲线向右滑动时，3.18 左侧的面积会增大还是会减小？图 6.15b 显示，3.18 左侧的面积小于 50%。冰淇淋甜筒的平均销售量越大，顾客抱怨甜筒重量不达标的可能性就越小。

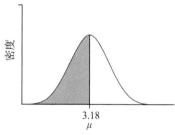
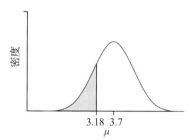

a）N（3.18，0.6）曲线，表明一个冰　　b）标准差相同（0.6）但均值较大　淇淋甜筒的重量小于 3.18 oz 的概　　（3.7）的正态曲线。小于 3.18 的　率是 50%　　　　　　　　　　　　　　区域更小了

图　6.15

6.2.3　用软件计算概率

　　借助统计软件，我们可以更好地计算正态分布的概率。大多数计算器和软件都可以满足你的计算要求。或者，在互联网上搜索"正态概率计算器"，也可以找到很多可以使用的软件。在这一部分的内容中，我们将展示如何使用 StatCrunch 计算正态概率。

　　图 6.16 是用 StatCrunch 计算正态概率的一个输出框。该图显示了女性身高在 62 到 67 in 之间的概率，前提是 N（64，3）模型反映了女性身高的分布。

　　计算器要求我们输入正态模型的均值和标准差。然后我们可以选择" Between "选项（就像我们在这里所做的那样）来计算观测值位于两个边界值之间的概率，或者我们可以选择"Standard"。"Standard"选项用于计算"单侧"概率。例如，女性身高小于 62 或大于 62 in（或我们输入的其他值）的概率。

图 6.17 显示了 TI-84 计算的输出结果。

Tech

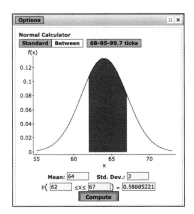

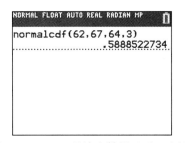

图 6.16　这个输出框显示了 *N*（64，3）曲线
　　　　下方位于 62 和 67 之间的面积，也就
　　　　是概率，约为 58.9%

图 6.17　TI-84 的输出结果显示，女性
　　　　身高在 62 到 67 in 之间的概率
　　　　是 59%

278

例 4　海豹幼崽

一些研究表明，太平洋斑海豹幼崽的平均体长为 29.5 in（$\mu = 29.5$ in），标准差为 $\sigma = 1.2$ in。假设这些海豹幼崽的体长服从正态模型。

问题：利用图 6.18 中的 StatCrunch 输出结果，计算斑海豹幼崽在平均体长 29.5 in 的一倍标准差内的概率。

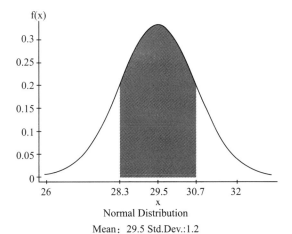

图 6.18　StatCrunch 输出结果：阴影区域代表曲线下方 28.3 到 30.7 in 之间的区域，即海豹
　　　　幼崽体长在均值的一倍标准差以内的概率

解答： 接下来的内容将会频繁提到"在均值的一倍标准差以内"这句话。（我们在第 3 章介绍经验法则时也曾说过这句话。）这意味着海豹幼崽的体长将介于

均值减去一倍标准差

和

均值加上一倍标准差

之间。因为 1 倍标准差是 1.2 in，这意味着体长一定在

29.5 − 1.2 = 28.3 in

和

29.5 + 1.2 = 30.7 in

之间。

根据以上结果可以看出，海报幼崽的体长在平均体长 1 倍标准差范围内的概率约为 68%（图 6.18 显示的概率为 68.268 9%）。

试做： 练习 6.17。

6.2.4 不用统计软件：用经验法则

在第 3 章中，我们介绍了经验法则。与其说它是一个法则，不如说是一个指导原则，能够帮助你理解样本中的数据是如何分布的。经验法则可应用于所有的单峰对称分布。对于任何单峰对称分布，经验法则的结果都是近似的——有时是非常近似的。但对于我们正在学习的正态模型，经验规则的结果（几乎）是准确的。

在例 4 中，我们发现标准正态分布中 −1 和 +1 之间的面积是 68%。这符合经验法则的预测结果。使用计算器，我们还可以计算观测值在正态模型均值的 −2 倍到 2 倍标准差之间的概率。

图 6.19 显示了 $N(0，1)$ 模型的草图，阴影区域表示均值的 −2 倍到 2 倍标准单位。结果非常接近 95%，与经验法则预测的结果相同。

这些来自经验法则的事实有助于我们解释正态分布背景下的标准差。例如，由于女性的身高服从正态分布且标准差约为 3 in，那么大多数女性（实际上是 68%）的身高在距离均值 3 in 的范围内：61 in 到 67 in 之间。因为几乎所有的女性的身高都在距离均值 3 个标准差范围内，所以我们认为不会有很多女性高于均值 3 倍标准差，也就是 64 +（3 × 3）= 73 in 高，如此高的女性是非常少见的。

当题目涉及标准差的简单倍数时，我们可以应用经验法则来计算概率。例 5 展示了具体的计算步骤。

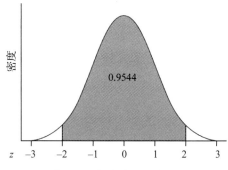

图 6.19　标准正态曲线上 z 分数 −2.00 到 +2.00 之间的面积

280

⟳ 回顾

经验法则

根据经验法则，如果样本的分布是单峰且近似对称的，那么大约有 68% 的观测值位于均值 1 倍标准差范围内，大约 95% 的观测值位于均值 2 倍标准差范围内，几乎所有的观测值都在均值 3 倍标准差范围内。

例 5　较大的海豹幼崽

我们再次假设斑海豹幼崽的体长服从均值是 29.5 in，标准差是 1.2 in 的正态分布。

问题： 斑海豹幼崽体长超过 30.7 in 的概率是多少?

解答： 我们需要在 N（29.5，1.2）的分布图中求出 30.7 in 以上的面积。这个例子给出了解决这类问题的两条经验。首先，一定要画一个草图。其次，转换为标准单位。

图 6.20 显示了正态分布的草图。我们在 x 轴上标注了均值和 30.7 in，还在整数倍标准单位——均值 ±1 倍标准差、±2 倍标准差以及 ±3 倍标准差一处进行了标记。

例如，在均值减一倍标准差 29.5−1.2=28.3 处标记刻度，在均值加一倍标准差 29.5 + 1.2 = 30.7 处标记刻度。

通过绘制这个草图，我们发现了一个惊喜：30.7 恰好比均值高一倍标准差。换句话说，30.7 英寸是 1.0 个标准单位。

经验法则表明，−1 和 1 之间的面积是 68%，所以 −1 和 1 之外的面积是 100%−68% = 32%。

正态分布是对称的，所以 +1 右侧的面积等于 −1 左侧的面积。这意味着 32% 中的一半在 −1 左侧，一半在 +1 右侧。因此，大于 +1 的概率是 16%。

结论： 海豹幼崽的体长超过 30.7 in 的概率是 16%。如图 6.21 所示，软件的计算结果支持我们的结论。

试做： 练习 6.25。

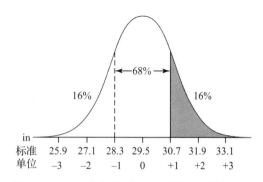

图 6.20　正态曲线的草图。我们要计算 30.7 右侧的面积，并在整数倍标准差处做了刻度标记

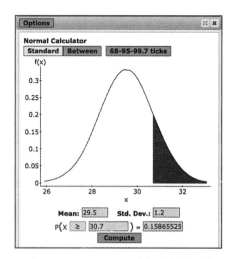

图 6.21　StatCrunch 正态概率计算器

6.2.5 不用统计软件：标准正态

281

如果不用统计软件，可以根据例 5 阐释的原则计算正态分布的概率。根据这个原则，我们用标准单位来代替测量单位。换句话说，计算男性身高在 66 in 和 72 in（测量单位）之间的概率，也就是计算男性身高在均值的 1 倍标准差——或 –1 和 + 1 个标准单位——范围内的概率。

🔄 **回顾**

标准单位

标准单位（第 3 章）度量了观测值离均值有多少个标准差。以标准单位度量的值称为 z 分数。

将数据单位由测量单位转换为标准单位后，还需要将正态模型的均值和标准差也转换为标准单位。这很简单，因为均值距离自身 0 个标准差，而 1 个标准差距离均值 1 个标准单位。因此，将单位转换为标准单位后，正态模型将转换为 $N(0, 1)$ 模型。

均值为 0，标准差为 1 的正态模型有一个特殊的名字：**标准正态模型**（standard Normal model）。

KEY POINT **重点**

$N(0, 1)$ 是标准正态模型：均值为 0（$\mu = 0$），标准差为 1（$\sigma = 1$）的正态模型。

借助标准正态模型这一概念，可以计算正态模型的概率。首先进行标准单位的换算。然后，我们可以在下表找到 $N(0, 1)$ 模型的概率，完整的表格参见附录 A。

表 6.5　附录 A 正态表中的一部分。该表显示了标准正态分布中 z 分数左侧的面积。例如，$z = 1.00$ 左侧的面积为 0.841 3，$z = 1.01$ 左侧的面积为 0.843 8

z	.00	.01	.02	.03	.04	.05	.06	.07	.08	.09
0.9	.8 159	.8 186	.8 212	.8 238	.8 264	.8 289	.8 315	.8 340	.8 365	.8 389
1.0	**.8 413**	.8 438	.8 461	.8 485	.8 508	.8 531	.8 554	.8 577	.8 599	.8 621
1.1	.8 643	.8 665	.8 686	.8 708	.8 729	.8 749	.8 770	.8 790	.8 810	.8 830
1.2	.8 849	.8 869	.8 888	.8 907	.8 925	.8 944	.8 962	.8 980	.8 997	.9 015

表 6.5 显示了该表的一部分内容。表中的值表示面积（概率）。最左边的数字与最上方的数字相结合，代表 z 分数。例如，表中的粗体数值是指曲线下方 1.00 标准单位左侧的面积，表示人的身高小于 1 个标准单位的概率，即图 6.22 中的阴影区域。

282

例如，假设想计算女性身高小于 62 in 的概率。已知该女性群体的身高服从 $N(64, 3)$ 分布。我们的策略如下：

1. 将 62 in 转换为标准单位，记为 z。

2. 在 $N(0, 1)$ 分布表中查找 z 对应的面积。

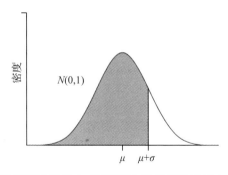

图 6.22　阴影区域的面积表示随机选择的人（或事物）的值低于均值 1.00 标准差的概率，约为 84%

🏷 **贴士**

z 分数

第 3 章给出了用样本均值和标准差表示 z 分数的公式：$z = \dfrac{x - \bar{x}}{s}$。

该公式也适用于概率分布，但我们使用的是概率分布的均值和标准差，因此改变所用的符号：$z = \dfrac{x - \mu}{\sigma}$。

例 6　较小的海豹幼崽

与较大的海豹幼崽相比，小海豹幼崽的存活率更低。假设新生海豹幼崽的体长服从正态分布，平均体长为 29.5 in，标准差为 1.2 in。

问题： 新生海豹幼崽的体长小于 28.0 in 的概率是多少？

解答： 首先将体长 28.0 in 转换为标准单位：

$$z = \frac{28 - 29.5}{1.2} = \frac{-1.5}{1.2} = -1.25$$

接下来画出我们希望计算概率的区域（见图 6.23）。我们想要求出正态曲线下方 28 in 左侧的面积，或者说是 -1.25 标准单位左侧的面积。

表 6.6 来源于附录 A 的标准正态表，给出了我们感兴趣的概率。z 分数 -1.25 左侧的面积是 10.56%。

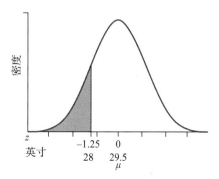

图 6.23　标准正态分布，阴影区域表示海豹幼崽体长小于均值 -1.25 个标准差的概率

表 6.6　标准正态表的一部分。粗体数值表示标准正态密度曲线下方 -1.25 左侧的面积

z	.00	.01	.02	.03	.04	.05	.06	.07	.08	.09
−1.3	.096 8	.095 1	.093 4	.091 8	.090 1	.088 5	.086 9	.085 3	.083 8	.082 3
−1.2	.115 1	.113 1	.111 2	.109 3	.107 5	**.105 6**	.103 8	.102 0	.100 3	.098 5

新生海豹幼崽的体长小于 28 in 的概率约为 11%（10.56% 四舍五入）。

试做：练习 6.27。

注意，如果 z 分数是整数，比如例 6 中的 −1，那么可以参考例 5 的做法，通过经验法则计算概率。但是对于 −1.25 这样的 z 分数，我们必须利用统计软件或标准正态表。

例 7 海豹幼崽体长

我们再次假设海豹幼崽体长的分布服从 $N（29.5，1.2）$ 模型。

问题：海豹幼崽体长在 27 in 到 31 in 之间的概率是多少？

解答：标准正态表只给出了小于给定值的面积，如何求出两个值之间的面积？

我们分两步进行。首先找到小于 31 in 的面积。然后，"切掉"小于 27 in 的面积，剩下的是 27 到 31 in 之间的面积。该过程如图 6.24 所示。

为了求出小于 31 in 的面积（如图 6.24a 所示），我们将 31 in 转换为标准单位：

$$z = \frac{(31-29.5)}{1.2} = 1.25$$

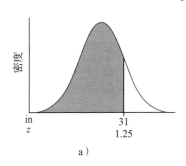 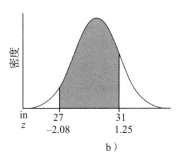

图 6.24 求 $N（29.5，1.2）$ 分布中 27 到 31 in 之间的面积步骤。a）小于 31 in 的面积。b）"切掉"小于 27 in 的面积，我们想要的就是剩下的面积（阴影部分）

利用附录 A 中的标准正态表，我们发现该概率为 0.894 4。接下来，计算小于 27 in 的面积：

$$z = \frac{(27-29.5)}{1.2} = -2.08$$

再次查阅标准正态表，我们发现这个面积等于 0.0188。最后，我们从大的面积中减去（或"切掉"）小的面积：

$$
\begin{array}{r}
0.894\ 4 \\
-0.018\ 8 \\
\hline
0.875\ 6
\end{array}
$$

结论：新生海豹幼崽的体长在 27 到 31 in 之间的概率约为 88%。如图 6.25 所示。

试做：练习 6.31。

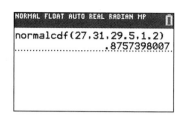

图 6.25　TI-84 的输出结果：新生海豹幼崽的体长在 27 到 31 in 之间的概率

6.2.6　根据正态分布的分位数计算度量值

到目前为止，我们已经讨论了如何计算观测值在一定区间内的概率。例 6 中，如果新生海豹幼崽的体长服从分布 N（29.5，1.2），通过计算正态曲线下方 28 in 左侧的面积，我们发现海豹幼崽体长小于 28 in 的概率（大约）是 11%。

284

贴士

逆正态

统计学家有时把根据正态分布的百分位数计算度量值称为"计算逆正态值"。

但是，有时我们希望通过概率计算观测值。已知一个概率，我们想要求出与这个概率相对应的值。例如，已知海豹幼崽的体长小于某一长度的概率是 11%，我们想要知道这个长度是多少。这样的数字称为**百分位数**（percentile）。海豹幼崽体长的第 11 百分位数是 28 in，正态曲线下方面积的 11% 在这个长度的左侧。

根据百分位数计算度量值，可以通过统计软件来完成。图 6.26a 中的截图显示了如何用 StatCrunch 计算位于第 25 百分位数的女性身高，假设女性身高服从分布 N（64，3）。如图所示，第 25 百分位数意味着有 25% 的女性比这个值矮，所以我们选择≤号并在框中输入 0.25。

点击"Compute"后，如图 6.26b 所示，身高在第 25 百分位数的女性大约有 62.0 in 高。

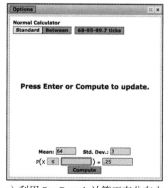

a）利用 StatCrunch 计算正态分布中的第 25 百分位数

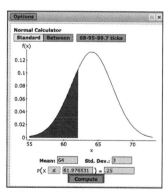

b）第 25 百分位数是 61.976 531，或大约 62 in

图　6.26

如果不借助统计软件，解答可能会有些麻烦。首先需要用标准正态曲线 $N(0,1)$，根据百分位数计算 z 分数，然后把 z 分数转换成为度量单位。因此，如果不用统计软件，根据百分位数计算测量值需要两个步骤：

第 1 步：根据百分位数计算 z 分数。

第 2 步：将 z 分数转换为合适的度量单位。

例 8 和例 9 演示了这两个步骤。

例 8 逆正态还是正态？

285

假设 PayPal 在线账户中人们的资金数额服从正态分布。考虑以下两种情况：

a. 一个 PayPal 用户想知道他需要往账户里存多少钱才能达到资金数额的第 90 百分位数。

b. 一个 PayPal 员工想知道客户的账户里少于 150 美元的概率是多少。

问题：上述两个问题分别要求计算的是测量值还是正态概率？

解答：

a. 这个问题要求我们根据百分位数（第 90）计算概率等于 90% 的度量值（以美元表示）。这是一个逆正态问题。

b. 这个问题要求我们通过度量值（150 美元）计算概率。

试做：练习 6.41。

例 9 根据百分位数计算度量值

假设女性的身高服从均值 64 in，标准差 3 in 的正态分布 $N(64,3)$。之前，我们用统计软件计算得到第 25 百分位数大约是 62 in。

问题：使用附录 A 中的标准正态表，验证第 25 百分位数的身高是 62 in。

解答：这个问题要求我们计算 25% 的女性身高低于这个数值的度量值（身高）。使用附录 A 中的标准正态表，它给出了均值为 0，标准差为 1 的正态分布——$N(0,1)$ 或标准正态分布——的概率和百分位数。

第 1 步：根据百分位数计算 z 分数。首先需要在表格中找到这个概率，第 25 百分位数对应的概率是 0.25。通常，表中可能没有想要的数值，我们只需要找到近似的数值即可。表 6.7 用粗体显示了概率 0.251 4。该表摘自附录 A 中的正态表。

表 6.7 标准正态表的一部分

z	.00	.01	.02	.03	.04	.05	.06	.07	.08	.09
-0.7	.242 0	.238 9	.235 8	.232 7	.229 6	.226 6	.223 6	.220 6	.217 7	.214 8
-0.6	.274 3	.270 9	.267 6	.264 3	.261 1	.257 8	.254 6	.251 4	.248 3	.245 1

概率 0.251 4 对应的 z 分数是 -0.67。z 分数和概率之间的对应关系如图 6.27 所示。

第 2 步：将 z 分数转换为合适的度量单位。z 分数等于 -0.67 表示这个值比均值小 0.67 个标准差。我们需要把 z 分数换算成身高的单位，也就是 in。

286

一个标准差是 3 in，所以 0.67 个标准差等于

$$0.67 \times 3 = 2.01 \text{ in}$$

身高大约比平均值低 2 in。均值是 64.0 in，所以第 25 百分位数是

$$64.0 - 2.0 = 62.0$$

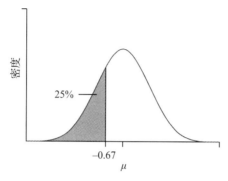

图 6.27　第 25 百分位数等于 −0.67 标准单位，因为标准正态曲线下方有 25% 的面积在 −0.67 左侧

结论： 假设女性的身高服从分布 N（64，3），那么第 25 百分位数的女性身高是 62 in。
试做： 练习 6.47。

图 6.28 展示了一些百分位数以及对应的 z 分数，以帮助你更直观地理解百分位数。

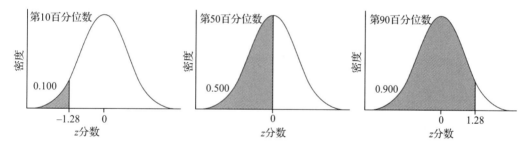

图 6.28　z 分数和百分位数——第 10、50 和 90 百分位数。百分位数对应于曲线下方左侧区域所占的百分比

 摘要

正态模型

正态模型是什么？一种描述数值变量的分布模型。

正态模型的用途是什么？它提供了一个计算数值变量概率的模型。

如何在正态模型中计算概率？概率用钟形曲线下方的面积表示。

如何利用正态模型？如果数据的分布适用正态模型，我们可以利用正态模型计算概率或根据百分位数计算测量值。

6.2.7 正态模型的适用性

正态模型并不适用于数值变量的所有分布。例如，在向联邦政府提交纳税申报单的人中，我们无法用正态模型计算某人的收入高于均值的概率。由于收入的分布是右偏的，所以正态模型不适用。

如何判断正态模型是否适用？很遗憾，我们没有一个详细的适用列表。然而，如果你认为一个分布是对称的并且有一个峰，那么正态模型将会是一个首选模型。在收集数据之后，你可以验证正态模型是否与数据紧密匹配。

简而言之，如果正态模型的结果与现实情况相符，那么该模型就是适用的。如果我们收集的数据与正态模型非常接近，同样可以说明这个模型是适用的。图 6.29a 显示了 1400 多名女性样本的实际身高直方图，数据来源于美国国家健康和营养检查调查（NHANES，www.cdc.gov/nchs/nhanes），我们在直方图上叠加了正态模型。请注意，尽管这个模型并不完美，但是很好地描述了分布的形状。将此与图 6.29b 比较，图 6.29b 显示了相同一批女性的体重分布。正态模型并不适用于这些数据，峰的位置是不同的。具体来说，正态模型是对称的，而实际分布是右偏的。

统计学家们有几种方法来检查正态模型是否适合总体数据，其中最简单的方法是绘制一张数据直方图，看看它是否单峰且对称。如果是的话，数据分布很有可能服从正态模型。

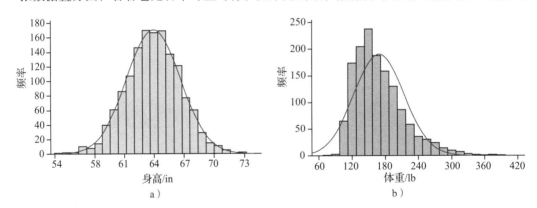

图 6.29　a）美国成年女性样本数据直方图，数据来源于美国国家健康和营养检查调查。画一条正态曲线，它与直方图的形状非常吻合，这说明正态模型适用于这些数据。b）同一批女性的体重直方图。可见，正态模型与数据的分布不相符

6.3 二项模型

正态模型适用于许多连续数值变量。**二项概率模型**（binomial probability model）则适用于许多离散数值变量（通常是计数、整数）。与正态模型一样，我们将解释该模型的形状，以及如何用它计算概率。我们也将通过一些例子讲解二项模型的适用情形。

二项模型的经典应用是抛硬币时出现正面的次数。假设抛 10 次硬币，出现 1 次正面朝上的概率是多少？如果是 2 次？或者 10 次呢？在这种情况下，二项模型对数据的拟合效果非常好，也能够给出这些结果的概率。如果随机选择 10 个人，其中恰好有 5 个人是共和党人的概率是多少？如果随机选择 100 名学生，他们中有 10 名或少于 10 名学生的名字出现在院长名单上的概率是多少？这些都是二项模型应用的例子。

如何识别一个二项模型？随机实验符合二项模型的第一个条件是，试验结果是一个计数。如果满足这一条件，我们接着考虑以下特征。二项模型需要满足以下四个特征：

1. 试验次数固定。我们用字母 n 来表示试验次数。例如，如果我们抛硬币 10 次，那么 $n = 10$。

2. 每次试验只可能有两种结果。我们将这两种结果定义为"成功"和"失败"。例如，我们可以认为硬币正面朝上的结果是一次成功。或者我们可以在人群中随机选择一些人，然后计算其中男性的数量，在"男性"和"女性"两种结果中，我们可以认为"男性"是一次成功。　　　　288

3. 每次试验成功的概率都是一样的。我们用字母 p 来表示这个概率。例如，抛硬币出现正面朝上的概率是 $p = 0.50$，并且这一概率不随抛硬币的次数而改变。

4. 每次试验是独立的。一次试验的结果不会影响其他试验的结果。

如果这四个特征都存在，那么二项模型就是适用的。你就不难用二项概率分布来计算概率了。

KEY POINT 重点

有时我们需要计算试验成功的次数，成功的概率可以通过二项模型进行计算。采用二项模型必须具备以下四个特征：

1. 试验次数：n。

2. 每次试验只有两种结果：成功和失败。

3. 每次试验成功的概率 p 是相同的。

4. 每次试验是独立的。

例 10　心灵感应（读心术）

齐纳牌是用来测试人们是否会读心术的卡片（心灵感应）。齐纳牌有五种图案：星形、圆形、加号、正方形和三条波浪线（见图 6.30）。在一次实验中，"发送者"随机选择一张牌，看着它并记住卡片上的符号。另一个人，也就是"接收者"，他在不看牌的情况下（在有些研究中，接受者甚至看不见发送者），猜测卡片上的符号。研究人员记录猜测结果是否正确，然后将牌放回牌堆中，洗牌，然后抽另一张牌。假设重复了 10 次试验（10 次猜测）。接收者猜对了 3 次，研究人员想知道发生这种情况的概率。

问题：解释一下为什么这是一个二项实验。

解答：首先，注意我们正在计算一些东西：猜测成功的次数。我们需要检查实验是否满足二项模型的四个特征。（1）实验由固定次数的试验组成：$n = 10$。（2）每次试验的结果是成功或失败：接受者猜测的答案是正确的或不正确的。（3）试验成功的概率是 $p = 1/5 = 0.20$。因为有齐纳牌有 5 种图案，假设接受者是猜测的，所以接受者有 1/5 的机会猜对。（4）只要将牌放回牌堆中，并重新洗牌（彻底），每次试验的成功概率就都是相同的，而且每次试验都是独立的。

四个特征都满足，因此该实验符合二项模型。

试做：练习 6.59。

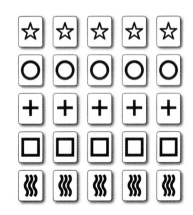

图 6.30　齐纳牌（ESP 牌）有五种形状。在一副牌中，各个图案的牌数相同

289

例 11　为什么不是二项实验呢？

以下四个实验几乎是但不完全是二项实验：

a. 记录一组随机挑选的 50 个人中不同眼睛颜色的数量。

b. 一对夫妇决定生孩子，直到他们有一个女孩为止。但如果他们生育 5 个孩子，还是没有生女孩，那么他们就停止生育。这对夫妇将会有几个孩子？

c. 假设一航班准时到达（在预计到达时间 15 分钟内）芝加哥奥黑尔机场（O'hare Airport）的概率是 85%。在一月的某一天，预计到达的 300 个航班中有多少能准时到达？

d. 一名学生参与一项测试，该测试包含 10 道选择题和 10 道判断题。记录学生答对的题数。

问题：对于以上各个实验，请解释它们不符合二项模型四种特征中的哪一种特征。

解答：

a. 这不是一个二项实验，因为有两种以上的眼睛颜色，所以在每次试验中可能出现两种以上的结果。然而，如果我们把眼睛的颜色分为两类，比如记录眼睛的颜色是否为棕色，那么这将是一个二项实验。

b. 这不是一个二项实验，因为试验的次数在孩子出生前不是固定的。试验的数量取决于第一个女孩何时（或是否）出生。通过"直到"这个词可以判断，试验的次数取决于具体发生的事情。

c. 这不是一个二项实验，因为各个航班不是独立的。如果天气不好，所有航班准点到达的机会就会降低。因此，如果一个航班晚点，那么另一个航班也很可能晚点。

d. 这不是一个二项实验，因为每个试验的成功概率不是恒定的，答对选择题的概率比判断题要低。因此，不符合第三个特征。然而，如果把测试分为两个部分（选择题和判断题），那么每个单独的部分都可以称为二项实验。

290

试做：练习 6.61。

6.3.1 二项分布可视化

所有的二项模型都具备上一节列出的四个特征，但是 n 和 p 的设定也具有一定的灵活性。例如，如果我们抛硬币 6 次而不是 10 次，它仍然是一个二项实验。同样，如果成功的概率是 0.6 而不是 0.5，这仍然是一个二项实验。对于不同的 n 和 p 值，我们有不同的二项实验，每种情况下的二项分布都不一样。

图 6.31 表明，$n = 3$ 和 $p = 0.50$ 的二项分布是对称的。我们可以从图中看出，恰好 2 次成功的概率（抛硬币 3 次，有 2 次正面朝上）约为 0.38，而不成功的概率与全部成功的概率相同。

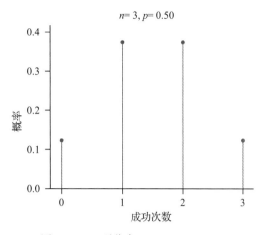

图 6.31   二项分布，$n = 3$，$p = 0.50$

如果 n 较大，但 p 固定在 0.50，则分布仍然是对称的，$n = 15$ 如图 6.32 所示。

如果成功的概率不是 50%，那么分布可能不是对称的。图 6.33 显示了 $p = 0.30$ 的分布情况，这意味着我们获得大量成功的可能性比获得较少成功的可能性更小，所以成功的概率"峰值"越大。现在的分布是右偏的。

然而，即使分布不对称，如果我们增加试验次数，分布也会变得对称。分布的形状取决于 n 和 p。

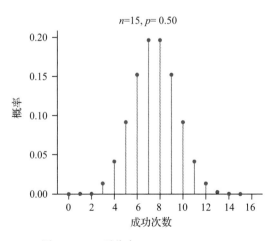

图 6.32   二项分布，$n = 15$，$p = 0.50$

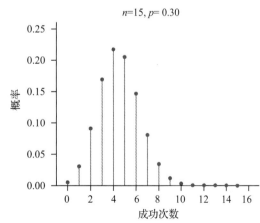

图 6.33   二项分布，$n = 15$，$p = 0.30$

如果保持 $p = 0.30$，但增加 n 到 100，我们会得到一个更对称的形状，如图 6.34 所示。 291
二项分布有一个有趣的性质：如果试验次数足够多，分布将是对称的。

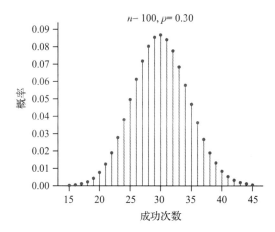

图 6.34 $n = 100$，$p = 0.30$ 的二项分布。注意，我们只显示 x 在 15 到 45 之间的值。即使 p 不是 0.50，分布也是对称的

KEY POINT 重点

二项分布的形状取决于 n 和 p。当 $p = 0.5$ 时，二项分布是对称的，当 n 很大时，即使 p 接近 0 或 1，分布也是对称的。

6.3.2   计算二项概率

因为二项分布只依赖于 n 和 p 的值，一旦确定了一个二项实验并且规定了 n 和 p 的值，你就可以计算概率了。用符号 $b(n, p, x)$ 来表示在一个有 n 次试验、成功概率为 p 的二项实验中获得 x 次成功的**二项概率**（binomial probability）。例如，想象抛硬币 10 次。如果正、反两面朝上的概率相等，出现 4 个正面朝上的概率是多少？用 $b(10, 0.50, 4)$ 表示。

求解二项概率最简单、最准确的方法是用统计软件。统计计算器和统计软件都内置了二项分布，可以帮助你很容易地计算二项概率。

Tech   **例 12   失窃自行车**

根据 bicyclelaw.com 网站提供的信息，只有 5% 的失窃自行车最终归还给了车主。

问题：我们认为本例满足二项实验的四个特征。请写出在 235 辆失窃的自行车中恰好有 10 辆自行车被归还的概率表示。这个概率等于多少？

解答：试验次数为 235 次，成功概率为 0.05，成功次数为 10 次。因此，我们可以把二项概率写成 $b(235, 0.05, 10)$。

图 6.35 显示了使用 TI-84 和 StatCrunch 计算概率的命令和输出结果。命令 binompdf 表示"二项概率分布函数"。结果表明，假设这是一个二项实验，恰好有 10 辆自行车归还车主的概率约为 11.1%。

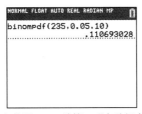

a）使用 TI-84 计算二项实验概率

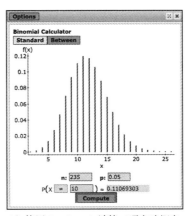

b）使用 StatCrunch 计算二项实验概率

图　6.35

试做：练习 6.65。

将二项模型应用于失窃自行车的例子中，需要假设每次试验都是独立的。在本例中，一次"试验"就是一辆自行车失窃；如果这辆自行车被归还了，那么"成功"就发生了。如果一个人在一天内从同一个地点偷了几辆自行车，那么这种关于试验独立的假设就是错误的。因为如果警察找到其中一辆自行车，他们就有很大的可能找到小偷偷走的其他自行车。有时候为了解决一个问题，我们别无选择，只能做出一些假设，但需要检验我们的假设是否成立。如果假设是错误的，那么结论也有可能发生变化。

另一种计算二项概率的方法是使用表格。运用表格，我们可以列出 n 和 p 的各种值组合的二项概率。附录 A 的表格给出了 n 在 2 到 15 之间以及 p 的几个不同取值对应的二项概率。

例 13　得克萨斯州再犯率

在得克萨斯州，囚犯假释三年的再犯率约为 20%。也就是说，有 20% 的囚犯在获释后的三年内会再次入狱。假设得克萨斯州的一所监狱释放了 15 名囚犯。

问题：假设一个囚犯是否再次被捕入狱独立于其他囚犯的情况。表 6.8 显示了 $n = 15$ 以及不同 p 值对应的二项概率，请计算这 15 名囚犯中有 6 人将在三年内再次入狱的概率。

解答：代入这些数字可知，我们需要计算 b（15，0.20，6）。在表 6.8 中可以看到，在表 $x = 6$ 的行，$p = 0.2$ 的列，6 名假释犯人在三年内重新入狱的概率为 0.043，即约有 4.3% 的概率。

表 6.8　二项概率，试验次数为 15，x 值大于等于 6。□里数字表示 b（15，0.20，6）的概率　　293

x	0.1	0.2	0.25	0.3	0.4	0.5	0.6	0.7	0.75	0.8	0.9
6	.002	.043	.092	.147	.207	.153	.061	.012	.003	.001	.000
7	.000	.014	.039	.081	.177	.196	.118	.035	.013	.003	.000
8	.000	.003	.013	0.35	.118	.196	.177	.081	.039	.014	.000

（续）

x	0.1	0.2	0.25	0.3	0.4	0.5	0.6	0.7	0.75	0.8	0.9
9	.000	.001	.003	.012	.061	.153	.207	.147	.092	.043	.002
10	.000	.000	.001	.003	.024	.092	.186	.206	.165	.103	.010
11	.000	.000	.000	.001	.007	.042	.127	.219	.225	.188	.043
12	.000	.000	.000	.000	.002	.014	.063	.170	.225	.250	.129
13	.000	.000	.000	.000	.000	.003	.022	.092	.156	.231	.267
14	.000	.000	.000	.000	.000	.000	.005	.031	.067	.132	.343
15	.000	.000	.000	.000	.000	.000	.000	.005	.013	.035	.206

使用 TI-84 或 StatCrunch，如图 6.36 所示，另一种方法可以得到相同的答案。

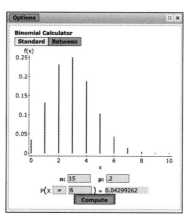

a）使用 TI-84 计算 b（15，0.2，6）
的输出结果

b）使用 StatCrunch 计算 b（15，0.2，6）
的输出结果

图　6.36

试做：练习 6.67。

6.3.3　计算（稍微）复杂的概率

例 14　10 次 ESP 试验

为了测试读心能力，研究人员要求发牌者从一副齐纳牌中随机抽取 10 张牌（见例 9）。假设每次使用后，研究人员将牌放回并重新洗牌。回想一下，齐纳牌包含相同数量的 5 种独特的图案，接收方猜测发送方抽的是哪张牌。

问题：

a. 如果接受者只是猜测（并且没有读心能力），恰好猜对 5 次（在 10 次试验中）的概率是多少？

b. 在 10 次试验中，接受者猜对 5 次或以上的概率是多少？

c. 使用 ESP 卡进行 10 次试验，猜对少于 5 次的概率是多少？

解答：

a. 根据例 9，我们认为这是一个二项实验。因此，必须确定 n 和 p，试验次数是 10 次，所以 $n = 10$。那么猜对的概率是 $p = 1/5 = 0.20$。

因此，我们需要计算 b（10，0.2，5）。图 6.37a 给出了 TI-84 的输出结果，在 10 次试验中猜对 5 次的概率只有 0.026 4。图 6.37b 显示了 Minitab 的输出结果。

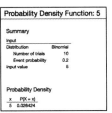

a）TI-84 输出结果　　　　　　　　b）Minitab 输出结果

图 6.37　b（10，0.2，5）的计算结果

pdf 的图形如图 6.38a 所示。概率 b（10，0.2，5）非常小。如图所示，接收者猜对 5 次是不常见的。

b. 大于等于 5 意味着我们需要计算接收者猜对 5 次或 6 次或 7 次或 8 次或 9 次或 10 次的概率。猜对 5 次、猜对 6 次等结果是互斥的，因为如果你猜对 5 次，不可能也猜对 6 次。因此，我们可以将每个概率相加，得到猜对大于等于 5 次的概率：

b(10, 0.2, 5) + b(10, 0.2, 6) + b(10, 0.2, 7) + b(10, 0.2, 8) + b(10, 0.2, 9) + b(10, 0.2, 10) = 0.026 + 0.006 + 0.001 + 0.000 + 0.000 + 0.000 = 0.033

我们在图 6.38b 中圈出了这些概率。

|295|

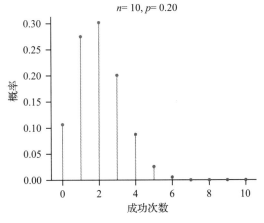

a）用齐纳牌进行 10 次试验（假设是猜测）成功次数的概率分布　　　b）圆圈内的概率相加得到猜对 5 次或以上的概率

图　6.38

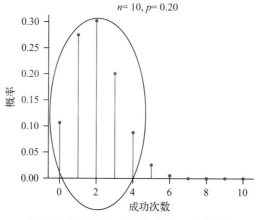

c）圆圈内的概率相加得到猜对少于 5 次的概率

图　6.38（续）

c. 少于 5 次的意思是猜对 4 次、3 次、2 次、1 次或 0 次。图 6.38c 圈出了这些概率。

少于 5 次与 5 次或以上是互补的。图 6.39 显示了 10 次试验的所有可能的成功次数。左侧椭圆中显示，小于 5 与小于等于 4 这两个事件是相同的。

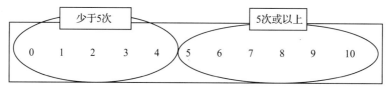

图 6.39　二项数据的 10 次试验中可能成功的次数。注意，少于 5 次与 5 次或以上互补

因为我们知道 5 次或以上的概率，从 1 中减去这一概率：

$$1-0.033 = 0.967$$

得到它的补集。

结论：

a. 恰好猜对 5 次的概率是 0.026。

b. 猜对 5 次或以上的概率是 0.033。

c. 猜对小于 5 次（小于等于 4 次）的概率为 0.967。

试做： 练习 6.75。

大多数软件还提供了计算小于等于 x 的二项概率的选项。一般来说，小于等于 x 的概率称为**累积概率**（cumulative probability）。图 6.40a 显示了 TI-84 计算的累积二项概率，注意 binomcdf 中的"c"。图 6.40b 显示了 StatCrunch 的计算结果。

猜对 5 次或以上的概率和猜对 5 次以上的概率是不同的。这个措辞上的微小变化会产生非常不同的结果。图 6.41 显示，5 次或以上包括结果 5，6，7，8，9，10，而 5 次以上不包括结果 5。

　　在计算正态概率时，我们不必担心措辞上细微的变化。因为对于一个连续数值变量，大于等于 5 的概率与大于 5 的概率是相同的。

 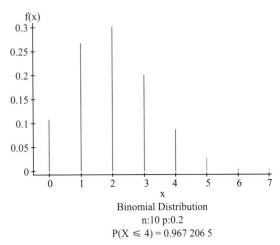

a) 使用 TI-84 计算 $n = 10$，$p = 0.2$
成功次数小于等于 4 的二项概率

b) 使用 StatCrunch 计算 $n = 10$，$p = 0.2$
成功次数小于等于 4 的二项概率

图　　6.40

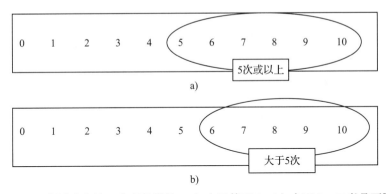

图 6.41　　10 次试验中的 n 次离散计数。a) 大于等于 5，b) 大于 5，二者是不同的

6.3.4　二项分布的形状：中心与离散程度

　　与正态分布不同，二项分布的均值和标准差很容易计算。与所有的分布一样，均值说明了分布的平衡点，而标准差则体现了离散程度。

　　例如，在图 6.42 中，二项分布是对称的，所以均值位于正中间，成功的次数为 7.5 次。

　　如图 6.43 所示，如果分布是右偏的，均值就会刚好在峰的右边，更接近右尾巴。这是一个二项分布，$n = 15$，$p = 0.3$，均值处于平衡点 4.5。

　　二项概率分布的均值 μ 可以用一个简单的公式求得：

$$\mu = np$$

　　　　　　　　　　　　　　　　　　　　　　　　　　　　　　（6.1a）

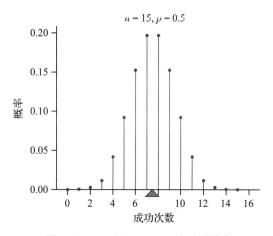

图 6.42 $n = 15$，$p = 0.5$ 的二项分布。
均值为 7.5

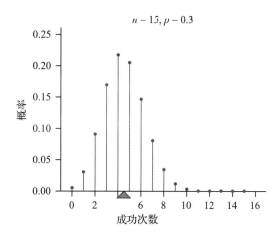

图 6.43 $n = 15$，$p = 0.3$ 的二项分布。
均值在平衡点 4.5 处

换句话说，二项实验中成功的平均次数等于试验次数乘以成功的概率。

这个公式很直观。如果抛 100 次硬币，会发现大约一半的硬币正面朝上。因此，"典型"结果是（1/2）× 100 = 50，或 $np = 100 \times 0.5$。

成功次数的标准差 σ 用来衡量离散程度，看起来不太直观：

$$\sigma = \sqrt{np(1-p)} \tag{6.1b}$$

例如，图 6.43 显示了 $n = 15$，$p = 0.30$ 的二项分布。均值是 $15 \times 0.3 = 4.5$。标准差是 $\sqrt{15 \times 0.3 \times 0.7} = \sqrt{3.15} = 1.775$。

KEY POINT 重点

二项实验的均值是

$$\mu = np$$

二项实验的标准差是

$$\sigma = \sqrt{np(1-p)}$$

解释均值和标准差

任何概率分布（包括二项分布）的均值，有一个更为直观的名字——**期望值**（expected value）。如果要做一个二项实验，你会期望 μ 次成功。如果我抛硬币 100 次，我期望出现 50 次正面朝上。如果在一项 ESP 研究中，进行 10 次试验，每次试验成功的概率为 0.20，我们期望大约会有 2 次成功（$10 \times 0.2 = 2$）。

硬币会恰好有 50 次正面朝上吗？ESP 接收者是否会猜对 2 次卡片的图案？有时会，但通常不会。虽然我们期望获得 μ 次成功，但成功的次数通常会多于或少于 μ 次。抛一枚硬币 100 次，我们期望出现 $\mu = 50$ 次正面朝上，并允许存在 $\sigma = \sqrt{100 \times 0.5 \times 0.5} = 5$ 次的标准差。我们期望是 50 次，但是如果出现 45 到 55 次正面朝上，我们也不会感到惊讶。在齐纳牌的 10 次试验中，我们期望接受者猜对 2 次，但实际上我们期望猜对 2 次且标准差为 1.3，因为

$$\sqrt{10 \times 0.2 \times 0.82} = \sqrt{1.6} = 1.26$$

 摘要

二项分布

二项分布是什么？离散变量的一类分布。

二项分布的作用是什么？用于计算二项实验中成功次数的概率。

如何计算二项分布概率？如果满足二项实验的条件，一旦确定了 n（试验次数）、p（成功概率）和 x（成功次数），我们就可以计算概率。

如何利用二项分布？概率通常以表格或公式的形式呈现，也可以用计算器或统计软件计算概率。

例 15　篮球罚球

2018 赛季 NBA 罚球最多的运动员是金州勇士队（Golden State Warriors）的史蒂芬·库里（Stephen Curry）。库里的罚球命中率约为 92%。假设每次罚球都是独立的，也就是说，一次罚球的成功或失败并不影响另一次罚球成功的概率。

问题： 如果史蒂芬·库里在新赛季有 600 次罚球，你期望他会投进多少球？

299

解答： 这是一个二项实验。（为什么？）试验次数 $n = 600$，每次试验成功的概率 $p = 0.92$。你可能期望库里会罚中 600 球中的 92%，也就是 552 球。用式（6.1a）计算均值

$$\mu = np = 600 \times 0.92 = 552$$

用式（6.1b）计算标准差：

$$\sigma = \sqrt{600 \times 0.92 \times 0.08} = 6.645\ 3$$

你应该期望他罚中 552 球，标准差是 7.0。

$$552 + 7.0 = 559$$
$$552 - 7.0 = 545$$

结论： 你期望斯蒂芬·库里会投中 454 到 559 个罚球。

试做： 练习 6.79。

6.3.5　抽样调查：二项模型的应用

二项模型最常应用于抽样调查。想象有一大群人，比如说美国大约 1 亿的注册选民。

他们中有一定百分比的人具有某种特征，把这个百分比记为 p。如果随机选择 10 个人（可重复），我们可以计算他们所有人，或其中的 3 个人，或其中的 6 个人具有这种特征的概率是多少。

例 16 新闻调查

皮尤研究中心的一项研究表明，23% 的人是"新闻集成者"，既通过传统媒体（电视、广播、报纸、杂志）获取新闻，也通过互联网获取新闻。假设我们随机抽取 100 人作为样本。

问题： 如果正如研究表明的那样，有 23% 的人是新闻集成者，那么我们的样本中有多少人是集成者？标准差多少？如果样本中有 34 个人是新闻集成者，你会对此感到惊讶吗？

解答： 假设满足二项分布的四个特征，那么我们期望 100 人的样本中有 23% 是新闻集成者，也就是 23 人。标准差是 $\sqrt{100 \times 0.23 \times 0.77} = 4.2$。因此，我们应该期望有 23 人是集成者，上、下误差大约 4.2 人。这意味着，如果我们得到 23 + 4.2 = 27.2，或大约 27 人，我们也不应感到惊讶。然而，实际上，34 人比我们期望的多出了近 3 个标准差，所以以新闻集成者人数多到令人吃惊。

试做： 练习 6.81。

300

二项模型适用于有放回抽样调查。（这意味着，一旦人们被选中，他们有机会再次被选中。）如果想要统计具有某种特征的人数，通常满足二项模型的四个特征：

1. 调查人数固定。在例 16 中，$n = 100$。

2. 结果是成功（新闻集成者）或失败（不是新闻集成者）。

3. 每次试验成功的概率都是一样的，$p = 0.23$。

4. 试验是独立的。（这意味着如果一个人回答自己是新闻集成者，不会改变样本中的其他人的回答。）

在调查中，我们通常不会报告特征人数；相反，我们会报告特征人数的样本占比。我们不会报告 100 个样本中有 23 人是新闻集成者，但会报告样本中有 23% 是新闻集成者。我们只是把计数转换成百分比，因此二项分布仍然适用。

现实中的调查并不是有放回抽样调查。这意味着，严格地说，每次试验成功的概率是不同的。假设我们选择的第一个人是一位新闻集成者，那么现在总体中剩下的集成者少了，比例不再是 23%，而是略低于 23%。然而，正如你可以想象的那样，如果人口非常多，这不再是一个问题。事实上，如果总体相对于样本规模非常大（至少大 10 倍），那么比例的变化会非常小，基本可以满足二项实验的第三个特征。

无论是否是有放回抽样调查，在一个庞大而多样化的人口（比如所有的美国选民）中进行随机抽样都是相当复杂的。在实践中，我们在报纸上读到的或在新闻上听到的调查使用了一种改进的方法，与我们在这里讨论的方法略有不同。尽管如此，随机抽样仍然是这些改进方法的核心，二项分布仍然可以作为近似计算概率的方法。

案例分析回顾

甜筒的重量比宣传得大

麦当劳称其冰淇淋甜筒重 3.18 oz。然而，本书的一位作者买了 5 个麦当劳冰淇淋甜筒，发现这 5 个都比 3.18 oz 重。这是意外吗？

假设冰淇淋甜筒重量服从以 3.18 oz 为中心的正态分布。换句话说，一个甜筒通常重 3.18 oz，但有时会重一点，有时会轻一点。如果是这种情况，那么，由于正态分布是对称的，并以其均值为中心，甜筒重量超过 3.18 oz 的概率是 0.50。

如果一个甜筒重量大于 3.18 oz 的概率是 0.50，那么 5 个甜筒重量都大于 3.18 oz 的概率是多少？假设试验是独立的，我们可以把它看成二项实验。（这似乎是一个合理的假设。）然后我们可以计算 $b(5, 0.5, 5)$，发现概率是 0.031。

如果一个典型的麦当劳冰淇淋甜筒真的重 3.18 oz，那么我们的结果只有 3% 的可能性会发生，这太令人惊讶了。3% 意味着这种情况是非常罕见的，有可能是这家麦当劳有意制作超过 3.18 oz 的冰淇淋甜筒。

数据项目：生成随机数

301

1. 概述

在第 6 章，你学习了一个重要的模型——正态模型，该模型可以描述一些变量分布的形状。在本项目中，我们将学习数据迁移，可以让你更好地判断正态模型是否适用于某一变量。当你想了解其他具有特定形状分布的数据样本时，可以使用相同的方法。

数据：pitcher_quality.csv。

2. 目标

知道如何从给定的概率模型中生成数据。理解如何使用伪随机数，并知道设置"种子"的重要性。

3. 是否服从正态分布？

正态分布有时被称为"钟形曲线"，因为该分布的形状有点像一个钟。基于此，我们可以提出将现实生活中的分布划分为正态和非正态的第一种方法：看一看该分布的形状像钟形曲线吗？与其他软件一样，StatCrunch 可以在直方图上叠加一个正态模型曲线，从而使该方法更容易。

另一种方法是利用计算机模拟。这种方法对于小样本容量特别有用，在小样本情况下，即使抽取样本的总体是对称的，直方图有时也会看起来是偏态的。具体策略为：从一个正态总体中随机抽取和你的观测数据数量相同的样本，然后绘制一个直方图。重复多次该操作后，将看到来自你的观测数据的直方图是否与模拟的直方图相似。如果相似，那么总体分布可能是正态分布。如果不相似，那可能就不是正态分布了。

项目：数据集 pitcher_quality.csv 是由一个幻想体育网站编辑的，该数据集包含了关于美国职业棒球大联盟投手的信息。衡量一个投手水平的传统标准是"责任得分率（earned run average）"，或简写为 ERA。它是指对特定投手每场比赛的平均得分。

用这个数据集中投手的 ERA 绘制一个直方图。请注意，直方图有点不对称。这个数据集中只有 58 个观测值，与我们用过的其他数据集相比，这个数据集较小。有时，在样本容量较小的情况下，样本分布的形状会因样本的不同而有很大的差异。我们可以通过模拟来探究这种变化。

更重要的是，我们想知道这个样本的分布是否和从正态模型中抽取的样本分布一致。换句话说，如果我们收集更多投手的数据，完备数据集是否呈正态分布？

首先，计算 ERA 的汇总统计数据。我们需要知道样本容量、均值和标准差。

其次，选择 Data>Simulate。下拉列表将显示大约 12 种不同的模型，这些模型可以用来生成随机数据。选择 Normal 模型，步骤参见图 6.44 和图 6.45。

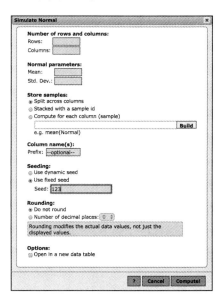

图 6.44　你可以模拟来自各种模型的数据　　　　图 6.45　我们用的是种子 123

在模拟数据时，要做的第一件事就是选择所谓的"种子"。在 Simulate Normal 对话框的"Seeding"下，选择"Use fixed seed"按钮。然后在框里输入你喜欢的任意数字。这个数字就是种子。

你将要生成的数字并不是真正随机的，它们被称为"伪随机"。因为如果你知道用来生成随机数的种子，你就可以每次都得到相同的"随机"数字！但是如果你不知道种子，它们才会像随机数。因此，使用种子，我们可以更好地控制模拟，并可以在任何时候重复模拟，同时，可以向他人解释我们是如何获得相同结果的。

我们打算生成 19 个和原始数据容量一样大的样本，所以输入 58 行和 19 列。在"Normal parameters"下输入你计算的汇总统计表中原始数据的均值和标准差。然后单击"Compute！"，这将在你的文件中创建 19 个新的"data"列。 302

（如果不相信我们，请打开 Simulate Normal 对话框，用同样的种子生成 19 个新的正态样本。你将会得到相同的数字。）

为了比较你的数据（可能是也可能不是正态分布）和另外 19 个来自正态分布的变量的直方图，请在一张图上绘制出所有 20 个变量的直方图。要做到这一点，请选择 Graph > Histogram。然后选择 ERA 变量和生成的 19 个变量。为了覆盖正态分布，在"Type:"下选择 Density，在"Display options: Overlay distrib.:"下选择 Normal。无须单击"Compute！"。

在对话框底部的"For multiple graphs,"下，输入每页 5 行和每页 4 列。现在可以单击"Compute！"了。

ERA 直方图看起来与其他 19 个变量吻合吗？如果是的话，我们可以说它与正态模型一致。

作业：请回顾本书第 1 章的项目数据，你认为哪些变量会服从正态模型，哪些不会？选择其中一个变量，并用上面的方法将这些变量的直方图与来自正态模型的直方图进行比较。

另一个可以用于确定正态性的工具是"QQ 图"。虽然本课程没有涉及 QQ 图，但它用起来非常简单。你可以使用 StatCrunch 为数据集中的任何变量生成 QQ 图。如果 QQ 图遵循一条直线，说明数据来自正态模型。接下来请使用可以生成随机样本的方法创建 20 个 QQ 图：19 个真正来自正态分布，1 个来自 ERA 数据。然后比较正态 QQ 图和 ERA 数据的 QQ 图。你认为你的变量符合正态模型吗？ 303

本章回顾

关键术语（页码为边注页码）

概率分布，267

概率分布函数（pdf），267

概率模型，268

离散结果，268

连续结果，268

概率密度曲线，271

正态模型，273

正态曲线，274

正态分布，274

概率分布的均值，μ，274

概率分布的标准差，σ，274

标准正态模型，$N(0, 1)$，281

百分位数，284

二项概率，$b(n, p, x)$，291

　　n 是试验的次数

　　p 是每次试验成功的概率

　　x 是成功的次数

累积概率，296

期望值，298

学习目标

学完这一章并完成布置的作业后，你应该学会：

- 能够区分离散变量和连续变量；
- 知道什么时候正态模型是适用的，并能够应用这个模型来计算概率；
- 知道什么时候二项模型是适用的，并能够应用这个模型来计算概率。

小结

概率模型能够反映现实实验和实际现象的基本特征。本章我们重点讨论了两个非常有用的模型：正态模型和二项模型。

正态模型是连续数值变量的概率模型的一种。正态概率模型又称为正态分布和高斯曲线。当一组数据的直方图单峰对称时，正态模型非常有用。通过计算正态曲线下方适当区域的面积即可求得概率。这些面积最好通过统计软件来计算。如果没有软件，也可以把测量值转换为标准单位，然后使用附录 A 中提供的标准正态分布表。

二项模型是离散数值变量概率模型的一种。二项模型适用于二项实验，当我们对某事件发生的次数感兴趣时，就会进行二项实验。应用二项模型必须满足以下四个特征：

1. 固定的试验次数 n。
2. 每次试验都有两种可能结果。
3. 每次试验都必须有相同的"成功"概率。这个概率用字母 p 表示。
4. 试验必须相互独立。

你可以通过统计软件或表格（如附录 A）计算二项概率。

区分连续和离散数值变量非常重要，因为如果变量是离散的，大于或等于 5（5 或 6 或 7 或…）的概率与大于 5（6 或 7 或…）的概率是不同的。但对于连续数值变量，这两种概率是相同的。

公式

转换为标准分数：

$$z = \frac{x - \mu}{\sigma}$$

式中 x 是测量值，μ 是概率分布的均值，σ 是概率分布的标准差。

二项模型的均值：

$$\mu = np \tag{6.1a}$$

式中 μ 是均值，n 是试验次数，p 是一次试验成功的概率。

二项模型的标准差：

$$\sigma = \sqrt{np(1 - p)} \tag{6.1b}$$

式中 σ 是标准差，n 是试验次数，p 是一次试验成功的概率。

参考文献

Men's cholesterol levels, blood pressures, and heights throughout this chapter: NHANES(www.cdc.gov/nchs/nhanes).

Women's heights and weights throughout this chapter: NHANES (www.cdc.gov/nchs/nhanes).

练习

6.1 节

6.1 ～ 6.4 变量属性

请判断以下每个变量属于连续变量还是离散变量。

TRY **6.1**（例 1）

　　a. 高层公寓楼的高度

　　b. 高层公寓楼的层数

6.2 a. 一小时内通过十字路口的汽车数量

　　b. 人的体重

6.3 a. 人的身高（单位：in）

　　b. 人的体重（单位：lb）

6.4 a. 汽车的重量（单位：lb）

　　b. 汽车的重量（单位：kg）

TRY **6.5** 掷骰子（例 2）

　　假如一位魔术师把一枚均匀的六面骰子的一侧刮掉了一条棱，导致这枚骰子不再均匀。下图显示了概率密度函数的分布，请列出样本空间中所有可能出现的结果以及每种情况对应的概率。

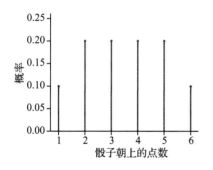

6.6 掷骰子

　　设想抛掷一枚均匀的六面骰子，下表给出了每种可能出现的结果及其对应的概率分布。请绘制相应的概率密度函数分布图。

点数	1	2	3	4	5	6
概率	1/6	1/6	1/6	1/6	1/6	1/6

*6.7 抛图钉

　　已知抛掷一枚图钉，尖端朝上的概率为 0.60，尖端朝下的概率为 0.40。

　　假如我们同时抛掷两枚图钉：一个是红色的，另一个是蓝色的。用 U 代表尖端朝上，D 代表尖端朝下，请将样本空间中所有可能出现的结果都列出，并计算每种情况对应的概率，以表格形式记录结果。注意，确保所有结果的概率之和为 1。

6.8 孩子性别

　　假如一个家庭有两个孩子，已知生男孩和生女孩的概率相等，均为 0.50。列出这两个孩子所有可能出现的性别情况，并计算每种结果对应的概率。

6.9 抛图钉

　　a. 查看练习 6.7 的答案，分别求出同时抛掷两枚图钉，出现都尖端朝下、一枚尖端朝上和都尖端朝上的概率，并以表格形式记录分布情况。

　　b. 请绘制上述操作的概率分布图。

6.10 孩子性别

　　用练习 6.8 中关于每种可能的结

304

果及其对应的概率分布表，并回答以下问题：

a. 请分别求出当一个家庭拥有两个孩子时，出现全是男孩、有一个女孩和全是女孩的概率，并以表格形式记录分布情况。

b. 请绘制这个实验的概率分布图。

TRY **6.11** 积雪深度（例 3）

假如埃里克打算明天去滑雪，但前提是积雪深度必须达到不低于 3 in。根据气象预报数据显示，积雪达到 1 in 到 6 in 之间的任一深度的可能性都相等。下图显示了明天积雪深度的概率密度曲线，请计算明天积雪深度达到不低于 3 in 的概率是多少？在下图的基础上，给适当的区域着色，并计算相应的概率。注意，确保总面积为 1。

[305]

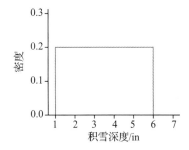

6.12 积雪深度

参考练习 6.11，具体信息本题不再赘述。请问明天积雪深度达到 3 英寸到 6 英寸之间的概率是多少？参考练习 6.11 的图，给适当的区域着色，并计算相应的概率。注意，确保总面积为 1。

6.2 节

6.13 经验法则在 z 分数中的应用

经验法则适用于对单峰对称分布的数据进行粗略近似估计。但是对于正态分布的数据，我们可以估计得更精确。借助下图所示区域和对称分布的正态曲线来回答以下问题。注意，不要查阅正态分布表或借助相应软件。

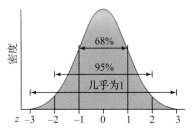

根据经验法则，

a. z 分数在 −2 到 2 之间的概率是多少？
i . 几乎为 1　　　　ii . 95%
iii . 68%　　　　iv . 50%

b. z 分数在 −3 到 3 之间的概率是多少？
i . 几乎为 1　　　　ii . 95%
iii . 68%　　　　iv . 50%

c. z 分数在 −1 到 1 之间的概率是多少？
i . 几乎为 1　　　　ii . 95%
iii . 68%　　　　iv . 50%

d. z 分数大于 0 的概率是多少？
i . 几乎为 1　　　　ii . 95%
iii . 68%　　　　iv . 50%

e. z 分数在 1 到 2 之间的概率是多少？
i . 几乎为 1　　　　ii . 13.5%
iii . 50%　　　　iv . 2%

6.14 妊娠期

假如人类的妊娠期近似服从均值为 267 天，标准差为 10 天的正态分布。运用经验法则的相关知识来回答以下问题。注意，不要查阅正态分布表或借助相应软件。首先，使用给定的均值和标准差，利用单位长度对横坐标轴进行标记。下图中已经标记了 3 个数值。

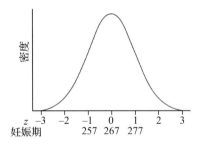

a. 妊娠期超过 267 天的概率是多少？

i. 几乎为 1　　　　　ii. 95%

iii. 68%　　　　　iv. 50%

b. 妊娠期在 267 天到 277 天之间的概率是多少？

i. 34%　　　　　ii. 17%

iii. 2.5%　　　　　iv. 50%

c. 妊娠期少于 237 天的概率是多少？

i. 几乎为 1　　　　　ii. 50%

iii. 34%　　　　　iv. 几乎为 0

d. 妊娠期在 247 天到 287 天之间的概率是多少？

i. 几乎为 1　　　　　ii. 95%

iii. 68%　　　　　iv. 50%

e. 妊娠期超过 287 天的概率是多少？

i. 34%　　　　　ii. 17%

iii. 2.5%　　　　　iv. 50%

f. 妊娠期超过 297 天的概率是多少？

i. 几乎为 1　　　　　ii. 50%

iii. 34%　　　　　iv. 几乎为 0

6.15　SAT 成绩

假如 SAT 成绩近似服从均值为 500 分，标准差为 100 分的正态分布。在下图的横坐标轴上，请标记出与所提供的 z 分数相对应的 SAT 成绩。（参考练习 6.14 中图的标记。）运用经验法则和对称性的相关知识来回答以下问题，注意，不要查阅正态分布表或借助相应软件。

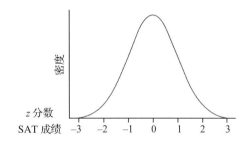

a. 学生的 SAT 成绩大于 500 分的概率是多少？

i. 几乎为 1　　　　　ii. 75%

iii. 50%　　　　　iv. 25%

v. 几乎为 0

b. 学生的 SAT 成绩在 400 分到 600 分之间的概率是多少？

i. 几乎为 1　　　　　ii. 95%

iii. 68%　　　　　iv. 34%

v. 几乎为 0

c. 学生的 SAT 成绩大于 800 分的概率是多少？

i. 几乎为 1　　　　　ii. 95%

iii. 68%　　　　　iv. 34%

v. 几乎为 0

d. 学生的 SAT 成绩小于 200 分的概率是多少？

i. 几乎为 1　　　　　ii. 95%

iii. 68%　　　　　iv. 34%

v. 几乎为 0

e. 学生的 SAT 成绩在 300 分到 700 分之间的概率是多少？

i. 几乎为 1　　　　　ii. 95%

iii. 68%　　　　　iv. 34%

v. 2.5%

f. 学生的 SAT 成绩在 700 分到 800 分之间的概率是多少？

i. 几乎为 1　　　　　ii. 95%

iii. 68%　　　　　iv. 34%

v . 2.5%

6.16 女生身高

假设女大学生身高近似服从均值为 65 in，标准差为 2.5 in 的正态分布。在下图的横坐标轴上，请标记出与所提供的 z 分数相对应的女生身高。(参考练习 6.14 中图的标记。)运用经验法则和对称性的相关知识来回答以下问题，不要查阅正态分布表或借助相应软件。

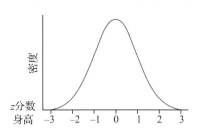

a. 女生身高大于 72.5 in 的概率是多少？

i . 几乎为 1   ii . 75%

iii . 50%   iv . 25%

v . 几乎为 0

b. 女生身高在 60 in 到 70 in 之间的概率是多少？

i . 几乎为 1   ii . 95%

iii . 68%   iv . 34%

v . 几乎为 0

c. 女生身高在 65 in 到 67.5 in 之间的概率是多少？

i . 几乎为 1   ii . 95%

iii . 68%   iv . 34%

v . 几乎为 0

d. 女生身高在 62.5 in 到 67.5 in 之间的概率是多少？

i . 几乎为 1   ii . 95%

iii . 68%   iv . 34%

v . 几乎为 0

e. 女生身高小于 57.5 in 的概率是多少？

i . 几乎为 1   ii . 95%

iii . 68%   iv . 34%

v . 几乎为 0

f. 女生身高在 65 in 到 70 in 之间的概率是多少？

i . 几乎为 1   ii . 95%

iii . 47.5%   iv . 34%

v . 2.5%

TRY 6.17 女生身高（例 4）

假设女大学生身高近似服从均值为 65 in，标准差为 2.5 in 的正态分布，选择 StatCrunch 输出以计算女生身高大于 67 in 的概率是多少。注意，四舍五入到小数点后一位。

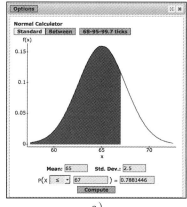

a)

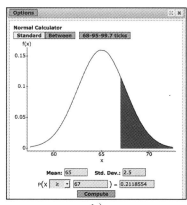

b)

6.18 SAT 成绩

假如 SAT 成绩近似服从均值为 500 分，标准差为 100 分的正态分布，选择 StatCrunch 输出以计算随机选择的学生在 SAT 考试中得分低于 450 分的概率是多少。注意，四舍五入到小数点后一位。

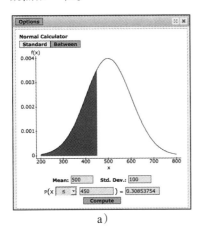

a）

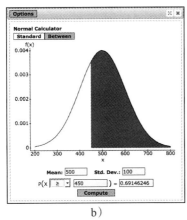

b）

6.19 标准正态分布

本题提供了部分正态分布表，请查阅下表或借助相应软件来回答以下问题。在下图的基础上，给正态曲线的每部分进行适当标记，并给相应的区域着色。注意，确保总面积为 1。

a. 计算位于 z 分数 1.13 左侧的标准正态曲线与横坐标轴围成的区域的面积。

b. 计算位于 z 分数 1.13 右侧的标准正态曲线与横坐标轴围成的区域的面积。

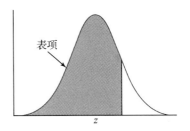

正态分布表： 计算的概率是位于给定 z 分数左侧（小于 z 分数）区域的面积

z	.00	.01	.02	.03	.04
0.9	.815 9	.818 6	.821 2	.823 8	.826 4
1.0	.841 3	.843 8	.846 1	.848 5	.850 8
1.1	.864 3	.866 5	.868 6	.870 8	.872 9

6.20 标准正态分布

参考练习 6.19 提供的部分正态分布表和相关图像，查阅上表或借助相应软件回答以下问题。在该图的基础上，给正态曲线的每部分进行适当标记，并给相应的区域着色。注意，确保总面积为 1。

a. 计算位于 z 分数 0.92 左侧的标准正态曲线与横坐标轴围成的区域的面积。

b. 计算位于 z 分数 0.92 右侧的标准正态曲线与横坐标轴围成的区域的面积。

6.21 标准正态分布

查阅正态分布表或借助相应软件回答以下问题。参考练习 6.19 的图，给正态曲线的每部分进行适当标记，并给相应的区域着色。注意，确保总面积为 1。

a. 计算位于 z 分数 2.03 左侧的标准正态

曲线与横坐标轴围成的区域的面积。

b. 计算位于 z 分数 -1.75 右侧的标准正态曲线与横坐标轴围成的区域的面积。

c. 计算位于 z 分数 -1.25 到 1.40 之间的标准正态曲线与横坐标轴围成的区域的面积。

6.22 标准正态分布

查阅正态分布表或借助相应软件回答以下问题。参考练习 6.19 的图，给正态曲线的每部分进行适当标记，并给相应的区域着色。注意，确保总面积为 1。

a. 计算位于 z 分数 2.12 右侧的标准正态曲线与横坐标轴围成区域的面积。

b. 计算位于 z 分数 -0.74 左侧的标准正态曲线与横坐标轴围成区域的面积。

c. 计算位于 z 分数 1.25 到 2.37 之间的标准正态曲线与横坐标轴围成区域的面积。

6.23 极端正 z 分数

在标准正态分布图中，找到位于以下问题中给定的 z 分数右侧的标准正态曲线与横坐标轴围成的区域，给正态曲线的每部分进行适当标记，并给相应的区域着色。注意，请四舍五入到小数点后三位。

a. $z = 4.00$

b. $z = 10.00$（提示：这个极端值的占比与 a 的答案相比会如何？通过绘制图来思考。）

c. $z = 50.00$

d. 假如你有这些极端值占比所对应的精确概率，请写出最大值和最小值。

e. 请判断哪部分对应的面积与 b 中的

面积相等，是位于 $z = -10.00$ 左侧（小于 z 分数）的区域还是位于 $z = -10.00$ 右侧（大于 z 分数）的区域？

6.24 极端负 z 分数

请在标准正态分布图中找到位于以下问题中给定的 z 分数右侧的标准正态曲线与横坐标轴围成的区域，给正态曲线的每部分进行适当标记，并给相应的区域着色。注意，四舍五入到小数点后三位。

a. $z = -4.00$

b. $z = -8.00$

c. $z = -30.00$

d. 假如有这些右侧区域所对应的精确概率，写出最大值和最小值。

e. 判断哪部分对应的面积与 b 中的面积相等，是位于 $z = 8.00$ 左侧（小于 z 分数）的区域还是位于 $z = 8.00$ 右侧（大于 z 分数）的区域？

TRY 6.25 圣伯纳德犬（例 5）

假设成年圣伯纳德犬的体重近似服从均值为 150 lb，标准差为 10 lb 的正态分布，思考并回答以下问题。（来源：dogtime.com。）

a. 成年圣伯纳德犬的体重为 170 lb 所对应的标准分数是多少？

b. 根据经验法则和 a 中的答案，请回答随机选择的圣伯纳德犬的体重超过 170 lb 的概率是多少？

c. 借助相应软件来证实 b 中的答案是正确的。

d. 预测几乎所有成年圣伯纳德犬的体重是介于哪两个值之间？

6.26 鲸鱼

众所周知，鲸鱼是所有哺乳动物

中妊娠期最长的。假设鲸鱼的妊娠期近似服从均值为 14 个月，标准差为 1.2 个月的正态分布，请思考并回答以下问题。（来源：whalefacts.org。）

a. 鲸鱼的妊娠期为 12.8 个月所对应的标准分数是多少？

b. 根据经验法则和 a 中的答案，请回答随机选择的鲸鱼的妊娠期在 12.8 个月到 14 个月之间的概率是多少？

c. 鲸鱼的怀孕时间为 18 个月会不会很不寻常？说明理由。

g TRY **6.27** 男生脚长（例 6）

根据虚拟数字人体建模项目的报道，年龄在 16 ～ 17 岁的男生的脚长近似服从均值为 25.2 cm，标准差为 1.2 cm 的正态分布。已知在美国男性的脚长为 27.9 cm 适合穿 11 码的鞋子。这个年龄段的男生至少穿 11 码的鞋子的概率是多少？参考本章的习题指导。

6.28 女性脚长

根据虚拟数字人体建模项目的报道，女性的脚长近似服从均值为 23.1 cm，标准差为 1.1 cm 的正态分布。已知在美国女性的脚长为 22.4 cm 适合穿 6 码的鞋子。女性至多穿 6 码的鞋子的概率是多少？

6.29 男生脚长

假如美国一家鞋店 7 ～ 12 码的男鞋，适合脚长 24.6 ～ 28.8 cm 的男性穿。16 ～ 17 岁的男生在这家店无法购买到合适型号的鞋子的概率是多少？用练习 6.27 中关于 16 ～ 17 岁的男生脚长的均值和标准差的统计数据。

6.30 女性脚长

假如美国一家鞋店 5 ～ 9 码的女鞋，适合脚长在 21.6 ～ 25 cm 的女性穿。请问女性在这家店可以购买到合适型号的鞋子的概率是多少？用练习 6.28 中关于女性脚长的均值和标准差的统计数据。

TRY **6.31** 新生儿体重（例 7）

根据《英国医学杂志》的报道，新生儿的体重近似服从均值为 3 390 g，标准差为 550 g 的正态分布。请查阅正态分布表或借助相应软件回答以下问题。根据正态分布图，给正态曲线的每部分进行适当标记，并给相应的区域着色。

a. 请问新生儿的体重超过 4 000 g 的概率是多少？

b. 请问新生儿的体重在 3 000 ～ 4 000 g 的概率是多少？

c. 已知若新生儿的体重低于 2 500 g，则被视为"低出生体重儿"。请预测新生儿被视为"低出生体重儿"的概率是多少？

6.32 新生儿身高

根据国家人口统计的数据显示，新生儿身高近似服从均值为 19.5 in，标准差为 0.9 in 的正态分布。请查阅正态分布表或借助相应软件回答以下问题。根据正态分布图，给正态曲线的每部分进行适当标记，并给相应的区域着色。

a. 请问新生儿的身高低于 18 in 的概率是多少？

b. 请问新生儿的身高超过 20 in 的概率是多少？

c. 假如新生儿服装的尺寸适合身高在

$18 \sim 21$ in 的新生儿穿。请问新生儿没有合适尺寸的服装可以穿的概率是多少?

6.33 白细胞

已知正常人每 mm^3 血液中白细胞的数量近似服从均值为 7 500,标准差为 1 750 的正态分布。请查阅正态分布表或借助相应软件回答以下问题。根据正态分布图,给正态曲线的每部分进行适当标记,并给相应的区域着色。

a. 假如随机选择一个人,请问白细胞的数量在 6 000 ~ 10 000 的概率是多少?

b. 通常情况下,若白细胞的数量增加,则可能意味着身体某处受到感染。如果白细胞的数量超过 10 500,则被视为"白细胞异常高"。那么请问一个人白细胞的数量"异常高"的概率是多少?

c. 如果白细胞的数量低于 4 500,则被视为"白细胞异常低",那么在这个范围内的人可能需要进行额外的医学检查。假如随机选择一个人,请问白细胞的数量"异常低"的概率是多少?

6.34 红细胞

已知男性和女性红细胞数量分布不是完全相同的,但都近似服从正态分布。对于男性来说,95% 红细胞数量为每 μL 450 万 ~ 570 万;对于女性来说,95% 红细胞数量为每 μL 390 万 ~ 500 万。请思考并回答以下问题:

a. 男性红细胞数量分布的均值和标准差是多少? 说明理由。

b. 女性红细胞数量分布的均值和标准差是多少? 说明理由。

c. 哪个性别红细胞数量分布的变化范围更大? 用适当的统计数据解释答案。

6.35 伊利诺伊州学生的 SAT 数学成绩

根据 2017 年 SAT 年度评估报告显示,伊利诺伊州学生的 SAT 数学成绩近似服从均值为 556 分,标准差为 100 分的正态分布。查阅正态分布表或借助相应软件回答以下问题。根据正态分布图,给正态曲线的每部分进行适当标记,并给相应的区域着色。

a. 请问伊利诺伊州学生的 SAT 数学成绩高于 600 分的概率是多少?

b. 请问伊利诺伊州学生的 SAT 数学成绩在 600 ~ 650 分的概率是多少?

c. 若已知该州成绩前 5% 的学生有资格获得特别奖学金项目,请问要想获得特别奖学金项目,SAT 数学成绩至少需要达到多少分?

6.36 佛罗里达州学生的 SAT 阅读与写作成绩

根据 2017 年 SAT 年度评估报告显示,佛罗里达州学生的 SAT 阅读与写作成绩近似服从均值为 520 分,标准差为 100 分的正态分布。查阅正态分布表或借助相应软件回答以下问题。根据正态分布图,给正态曲线的每部分进行适当标记,并给相应的区域着色。

a. 请问佛罗里达州学生的 SAT 阅读与写作成绩低于 500 分的概率是多少?

b. 请问佛罗里达州学生的 SAT 阅读与写作成绩在 500 ~ 650 分的概率是多少?

c. 请问在该州成绩排名位于 40% 的学

生的 SAT 阅读与写作成绩是多少分？

6.37 臂展（男性）

根据人体测量数据显示，男性臂展近似服从均值为 71.4 in，标准差为 3.3 in 的正态分布。请思考并回答以下问题：

a. 男性臂展在 66 ～ 76 in 之间的概率是多少？

b. 已知职业篮球运动员凯文·杜兰特（Kevin Durant）臂展接近 89 in。请计算杜兰特臂展的 z 分数是多少，并回答男性臂展至少和杜兰特一样的概率是多少？

6.38 臂展（女性）

根据人体测量数据显示，女性臂展近似服从均值为 65.4 in，标准差为 3.2 in 的正态分布。请思考并回答以下问题：

a. 女性臂展小于 61 in 的概率是多少？

b. 已知游泳运动员德纳·沃姆勒（Dana Vollmer）在 2016 年奥运会上赢得了 100 米蝶泳的铜牌，她的臂展约为 73 in。请问女性臂展至少和沃姆勒一样的概率是多少？

6.39 纽约气温

已知纽约市二月份的最低气温近似服从均值为 27 ℉，标准差为 6 ℉ 的正态分布。请问纽约市二月份有多少天最低气温在冰点（32 ℉）以下？（来源：http://www.ny.com。）

6.40 芝加哥气温

已知芝加哥市冬季的平均气温近似服从均值为 28 ℉，标准差为 8 ℉ 的正态分布。请问芝加哥市冬季有多少天平均气温在 35 ℉ 以上？（来源：

wunderground.com。）

gTRY 6.41 概率与测量值（逆问题）（例 8）

已知正态模型 $N(69, 3)$ 描述了美国男性的身高分布情况。请问以下每个问题属于计算概率还是计算测量值？先确定问题的类型，然后回答，参考本章的习题指导。

a. 一个人要想加入硅谷高个子俱乐部，身高要求必须达到 74 in。请问男性有资格成为该俱乐部的一名会员的概率是多少？

b. 假如硅谷高个子俱乐部想让身高排名前 2% 的男性加入，那么该俱乐部应该对会员的最低身高设定怎样的要求？

6.42 概率与测量值（逆问题）

已知正态模型 $N(150, 10)$ 描述了大多数法学院要求进行的标准化入学考试的分数分布情况。请问以下问题属于计算概率还是计算测量值？先确定问题的类型，然后回答。

a. 已知若一名申请法学院的学生在法学院入学考试中排名位于第 60 百分位数，请问该申请人的法学院入学考试分数是多少？

b. 已知若一名申请法学院的学生在法学院入学考试中得了 164 分，请问该申请人的法学院入学考试分数比其他考生高的概率是多少？

6.43 逆标准正态分布

已知在一个标准正态分布中，如果位于 z 分数左侧的标准正态曲线与横坐标轴围成区域的面积约为 0.666 6，那么 z 分数的近似值是多少？

参考下面的标准正态分布表，我

309

们找到最接近 0.666 6 的数字。然后通过将 0.4 和 0.03 相加计算 z 分数。绘制标准正态分布图，并找到位于 z 分数左侧的标准正态曲线与横坐标轴围成的区域，进行相应标记。

z	.00	.01	.02	.03	.04	.05
0.4	.655 4	.659 1	.662 8	.666 4	.670 0	.673 6
0.5	.691 5	.695 0	.698 5	.701 9	.705 4	.708 8
0.6	.725 7	.729 1	.732 4	.735 7	.738 9	.742 2

6.44 逆标准正态分布

已知在一个标准正态分布中，如果位于 z 分数左侧的标准正态曲线与横坐标轴围成区域的面积约为 0.100 0，那么 z 分数的近似值是多少？

6.45 逆标准正态分布

若服从标准正态分布，根据以下问题绘制标准正态分布图，并找到位于 z 分数左侧的标准正态曲线与横坐标轴围成的区域，进行相应标记。

a. 如果位于 z 分数左侧的标准正态曲线与横坐标轴围成区域的面积约为 0.712 3，那么 z 分数的近似值是多少？

b. 如果位于 z 分数左侧的标准正态曲线与横坐标轴围成区域的面积约为 0.158 7，那么 z 分数的近似值是多少？

6.46 逆标准正态分布

若服从标准正态分布，根据以下问题绘制标准正态分布图，并找到位于 z 分数左侧的标准正态曲线与横坐标轴围成的区域，进行相应标记。

a. 如果位于 z 分数左侧的标准正态曲线与横坐标轴围成区域的面积约为 0.700 0，那么 z 分数的近似值是多少？

b. 如果位于 z 分数左侧的标准正态曲线与横坐标轴围成区域的面积约为 0.950 0，那么 z 分数的近似值是多少？

TRY 6.47 河马妊娠期（例 9）

已知河马的妊娠期近似服从均值为 270 天，标准差为 7 天的正态分布，请思考并回答以下问题：

a. 河马的妊娠期少于 260 天的概率是多少？

b. 把这句话补充完整：河马的妊娠期超过 ____ 天的概率只有 6%。

c. 已知 2017 年河马 Fiona 在美国辛辛那提动物园出生，比其他小河马早出生了 6 周。这意味着它所对应的妊娠期只有 228 天左右。请问河马的妊娠期在 228 天以内的概率是多少？

6.48 新生河马的体重

已知新生河马的体重近似服从均值为 88 lb，标准差为 10 lb 的正态分布，请思考并回答以下问题：

a. 新生河马的体重在 90 lb 到 110 lb 之间的概率是多少？

b. 已知若出生时体重排名位于后 5%，则小河马存活概率很小。新生河马的体重排名后 5% 对应的体重小于多少？

c. 已知 2017 年河马 Fiona 在美国辛辛那提动物园出生时只有 29 lb 重，比其他小河马早出生了 6 周。新生河马的体重在 29 lb 及以下的概率是多少？

6.49 医学院 MCAT 考试

已知在 2017 年 MCAT 考试是所有申请医学院的学生都必须参加的一

项考试，其分数近似服从均值为 505 分，标准差为 9.4 分的正态分布。思考并回答以下问题：

a. 已知若一名申请医学院的学生在医学院 MCAT 考试中得了 520 分，请问该申请人的考试排名是多少？

b. 已知在一所选择性高的医学院，申请该学院的学生必须在所有考生中排名前 10%，请问这所医学院的录取分数是多少？

6.50 医学院 GPA

已知在 2017 年医学院申请者的平均绩点近似服从均值为 3.56，标准差为 0.34 的正态分布。假设一所医学院要求申请的学生的绩点必须在所有考生中排名前 15%，若一个申请人的绩点为 3.71，请问这个绩点是不是位于前 15%？

6.51 女大学生身高

已知女大学生的身高近似服从均值为 65 in，标准差为 2.5 in 的正态分布。请问女生的身高排名 20% 对应的身高是多少？请绘制正态分布图，给正态曲线的每部分进行适当标记，并给相应的区域着色。

6.52 男大学生身高

已知男大学生的身高近似服从均值为 70.0 in，标准差为 3 in 的正态分布。请问男生的身高排名 20% 对应的身高是多少？请绘制正态分布图，给正态曲线的每部分进行适当标记，并给相应的区域着色。

6.53 SAT 成绩的逆问题

若正态模型 $N(500, 100)$ 描述了 SAT 阅读与写作的分数分布情况。

请思考并回答以下问题：

a. SAT 成绩排名 75% 对应的分数是多少？

b. SAT 成绩排名 25% 对应的分数是多少？

c. 找出 SAT 分数的四分位距。

d. 考虑四分位距与标准差相比大小如何？解释原因。

6.54 女性身高的逆问题

若正态模型 $N(65, 2.5)$ 描述了女大学生的身高分布情况（单位：in）。请思考并回答以下问题：

a. 女生的身高排名 75% 对应的身高是多少？

b. 女生的身高排名 25% 对应的身高是多少？

c. 找出女生身高的四分位距。

d. 考虑四分位距与标准差相比大小如何？解释原因。

6.55 女孩和妇女的身高

根据美国国家健康中心的数据显示，6 岁女孩的身高近似服从均值为 45 in，标准差为 2 in 的正态分布。思考并回答以下问题：

a. 请问身高为 46.5 in 的 6 岁女孩的身高排名是多少？

b. 若正态模型 $N(64, 2.5)$ 描述了妇女的身高分布情况（单位：in）。假如一个身高为 46.5 in 的 6 岁女孩成长为一位身高排名相同的妇女，请问她成年后的身高是多少？

6.56 男孩和男子的身高

根据美国国家健康中心的数据显示，5 岁男孩的身高近似服从均值为 43 in，标准差为 1.5 in 的正态分布。

请思考并回答以下问题：

a. 请问身高为 46.5 in 的 5 岁男孩的身高排名是多少？

b. 若正态模型 $N(69, 3)$ 描述了男子的身高分布情况（单位：in）。假如一个身高为 46.5 in 的 5 岁男孩成长为一位身高排名相同的男子，请问他成年后的身高是多少？

6.57 新生家猫体重

已知新生家猫的体重近似服从均值为 3 oz，标准差为 0.4 oz 的正态分布，请思考并回答以下问题：

a. 新生家猫的体重排名 90% 对应的体重是多少？

b. 新生家猫的体重排名 10% 对应的体重是多少？

6.58 新生大象体重

已知新生大象的体重近似服从均值为 230 lb，标准差为 50 lb 的正态分布，请问新生大象的体重排名 95% 对应的体重是多少？

6.3 节

TRY 6.59 孩子的性别（例 10）

已知一对已婚夫妇计划生四个孩子，现在他们想知道会拥有几个男孩。假设没有孩子是双胞胎或多胞胎，生男孩的概率为 0.50。请解释为什么这属于二项实验，并检查运用二项模型需要满足的四个特征。

6.60 抛硬币

设想我们连续抛掷一枚均匀硬币 4 次，记录硬币正面朝上的次数。请解释为什么这属于二项实验，并检查运用二项模型需要满足的四个特征。

TRY 6.61 掷骰子（例 11）

设想我们连续抛掷一枚均匀骰子 5 次，记录骰子朝上的点数。请解释为什么这不属于二项实验，并说出不符合二项模型需要满足的哪些特征。

6.62 双胞胎

已知在练习 6.59 中，我们假设没有孩子是双胞胎或多胞胎。现在考虑如果有双胞胎，请解释为什么这不属于二项实验，并说出不符合二项模型需要满足的哪些特征。

6.63 罚球命中率

已知职业篮球运动员德雷蒙德·格林罚球命中率为 70%。现在我们假设格林在一分钟内没有罚球次数限制，请考虑用二项模型来计算他一分钟内投篮至少 5 次的概率不合适的原因，并说明是否符合二项模型需要满足的特征。

6.64 准点率

已知阿拉斯加航空公司的准点率为 88%。现在假设在一天内这家航空公司有 1 200 次航班任务，我们选择 12 月份的某一天来统计该航空公司准点的次数。请考虑用二项模型来计算 1 200 次航班任务中至少有 1 100 次准点到达的概率不合适的原因，并说明是否符合二项模型需要满足的特征。

TRY 6.65 判断 n, p 和 x（例 12）

通常对于每种情况，我们要判断试验次数 n，每次试验成功的概率 p 以及成功次数 x，因此概率用 $b(n, p, x)$ 来计算。现在我们不需要计算出具体的概率数值，假设符合运用二项模型需要满足的四个特征。

2017年进行了一项盖洛普民意测验，我们调查了一些大学生对于自己所学专业的看法。调查结果显示有53%的大学生对自己所学专业非常有信心，认为将来会有一份好工作。假如我们从这些受访者中随机挑选20个人，请思考并回答以下问题：

a. 在随机选择的20名大学生中有12人对自己所学专业非常有信心的概率是多少？

b. 在随机选择的20名大学生中有10人对自己所学专业没有信心的概率是多少？

6.66 判断 n, p 和 x

通常对于每种情况，我们要判断试验次数 n，每次试验成功的概率 p 以及成功次数 x，因此概率用 $b(n, p, x)$ 形式来计算。现在我们不需要计算出具体的概率数值，假设符合运用二项模型需要满足的四个特征。

自从1964年美国外科医生总会发布了关于吸烟与健康的报告，将吸烟与不良健康影响联系起来，美国的吸烟率持续下降。根据美国疾病控制和预防中心2016年的数据显示，有15%的美国成年人吸烟（低于20世纪60年代的吸烟率42%）。假如我们从这些美国成年人中随机挑选30个人，请思考并回答以下问题：

a. 在随机选择的30个人中有10人吸烟的概率是多少？

b. 在随机选择的30个人中有25人不吸烟的概率是多少？

TRY 6.67 养狗（例13）

已知根据美国兽医协会的数据显

示，有36%的美国人养狗。假如我们从一些美国人中随机挑选10个人，请思考并回答以下问题：

a. 在随机选择的10个人中有4人养狗的概率是多少？

b. 在随机选择的10个人中有不多于4人养狗的概率是多少？

6.68 养猫

已知根据美国兽医协会的数据显示，有30%的美国人养猫。假如我们从一些美国人中随机挑选8个人，请思考并回答以下问题：

a. 在随机选择的8个人中有2人养猫的概率是多少？

b. 在随机选择的8个人中有不少于3人养猫的概率是多少？ [311]

6.69 持有护照

根据美国国务院的数据显示，持有护照的美国人比例大幅上升。已知在2007年有27%的美国人持有护照；在2017年有42%的美国人持有护照。假设目前有42%的美国人持有护照，请参考练习6.70和练习6.75。假如我们从一些美国人中随机挑选50个人，请思考并回答以下问题：

a. 在随机选择的50个人中有不足20人持有护照的概率是多少？

b. 在随机选择的50个人中有不多于24人持有护照的概率是多少？

c. 在随机选择的50个人中有不少于25人持有护照的概率是多少？

6.70 出国旅行

根据网络市场调查机构OnePoll的一项研究显示，有10%的美国人从未有过出国旅行体验。若这个比例是准确的，假如我们从一些美国人中随机挑选 80 个人，请思考并回答以下问题：

a. 在随机选择的 80 个人中有超过 12 人从未有过出国旅行体验的概率是多少？

b. 在随机选择的 80 个人中有不少于 12 人从未有过出国旅行体验的概率是多少？

c. 在随机选择的 80 个人中有不多于 12 人从未有过出国旅行体验的概率是多少？

6.71 威斯康星州的高中毕业率

已知威斯康星州的高中毕业率达到 90%，在美国所有州中位居第一。假如我们从威斯康星州的一些高中毕业生中随机挑选 10 个学生，请思考并回答以下问题：

a. 在随机选择的 10 个学生中有 9 人可以顺利毕业的概率是多少？

b. 在随机选择的 10 个学生中有不多于 8 人可以顺利毕业的概率是多少？

c. 在随机选择的 10 个学生中有不少于 9 人可以顺利毕业的概率是多少？

6.72 科罗拉多州的高中毕业率

已知科罗拉多州的高中毕业率为 75%，假如我们从科罗拉多州的一些高中毕业生中随机挑选 15 个学生，请思考并回答以下问题：

a. 在随机选择的 15 个学生中有 9 人可以顺利毕业的概率是多少？

b. 在随机选择的 15 个学生中有不多于 8 人可以顺利毕业的概率是多少？

c. 在随机选择的 15 个学生中有不少于 9 人可以顺利毕业的概率是多少？

6.73 手机

根据美国疾病控制和预防中心的数据显示，有 52% 的美国家庭不再拥有座机，只有手机。假如我们从这些美国家庭中随机挑选 40 个家庭，请思考并回答以下问题：

a. 在随机选择的 40 个家庭中有 20 个家庭只有手机的概率是多少？

b. 在随机选择的 40 个家庭中有不足 20 个家庭只有手机的概率是多少？

c. 在随机选择的 40 个家庭中有不多于 20 个家庭只有手机的概率是多少？

d. 在随机选择的 40 个家庭中只有手机的家庭数量在 20 个到 23 个之间的概率是多少？

6.74 座机

根据美国疾病控制和预防中心的数据显示，有 44% 的美国家庭仍然拥有座机。假如我们从这些美国家庭中随机挑选 60 个家庭，请思考并回答以下问题：

a. 在随机选择的 60 个家庭中有 25 个家庭仍然拥有座机的概率是多少？

b. 在随机选择的 60 个家庭中有超过 25 个家庭仍然拥有座机的概率是多少？

c. 在随机选择的 60 个家庭中有不少于 25 个家庭仍然拥有座机的概率是多少？

d. 在随机选择的 60 个家庭中仍然拥有座机的家庭数量在 20 个到 25 个之间的概率是多少？

TRY 6.75 无人机（例 14）

众所周知，无人机即没有飞行员驾驶的飞机，已经在美国越来越普遍。根据皮尤研究中心 2017 年的一份报告显示，有 59% 的美国人见过执行任务的无人机。假如我们从这些美国人中随机挑选 50 个人，请思考并回答以下问题：

a. 在随机选择的 50 个人中有不少于 25 人见过执行任务的无人机的概率是多少？

b. 在随机选择的 50 个人中有超过 30 人见过执行任务的无人机的概率是多少？

c. 在随机选择的 50 个人中见过执行任务的无人机的人数在 30 人到 35 人之间的概率是多少？

d. 在随机选择的 50 个人中有超过 30 人从未见过执行任务的无人机的概率是多少？

6.76 无人机

根据皮尤研究中心 2017 年关于无人机的一份报告显示，有 24% 的美国人认为无人机应该允许在音乐会或集会等活动中出现。假如我们从这些美国人中随机挑选 100 个人，请思考并回答以下问题：

a. 在随机选择的 100 个人中有 25 人认为无人机应该允许在音乐会或集会等活动中出现的概率是多少？

b. 在随机选择的 100 个人中有超过 30 人认为无人机应该允许在音乐会或集会等活动中出现的概率是多少？

c. 在随机选择的 100 个人中认为无人机应该允许在音乐会或集会等活动中出现的人数在 20 人到 30 人之间的概率是多少？

d. 在随机选择的 100 个人中有不多于 70 人认为无人机不应该允许在音

乐会或集会等活动中出现的概率是多少？

6.77 边走路边发短信

根据美国整形外科协会的一份报告显示，有 29% 的行人承认存在边走路边发短信的行为。假如我们从这些行人中随机挑选两人，请思考并回答以下问题：

a. 若用 T 代表行人存在边走路边发短信的行为，N 代表行人不存在边走路边发短信的行为。写出样本空间中所有可能出现的结果。

b. 假设这两个行人边走路边发短信的行为是相互独立的，求每种情况对应的概率是多少？

c. 随机选择的两个行人都不存在边走路边发短信的行为的概率是多少？

d. 随机选择的两个行人都存在边走路边发短信的行为的概率是多少？

e. 随机选择的两个行人中有一人存在边走路边发短信的行为的概率是多少？

6.78 边开车边发短信

根据美国科罗拉多州交通部的一项研究显示，有 25% 的司机承认存在边开车边发短信的行为。假如我们从这些司机中随机挑选两个司机，请思考并回答以下问题：

a. 若用 T 代表司机存在边开车边发短信的行为，N 代表司机不存在边开车边发短信的行为。写出样本空间中所有可能出现的结果。

b. 假设这两个司机边开车边发短信的行为是相互独立的，求每种情况对应的概率是多少？

c. 随机选择的两个司机都存在边开车边发短信的行为的概率是多少？

d. 随机选择的两个司机都不存在边开车边发短信的行为的概率是多少？

e. 随机选择的两个司机中有一人存在边开车边发短信的行为的概率是多少？

TRY 6.79 图书馆利用情况（例15）

根据皮尤研究中心的一项调查数据显示，有53%的千禧一代（1981年到1997年之间出生）在近一年内去过图书馆或流动图书馆。假如我们从这些千禧一代中随机挑选200个人，请思考并回答以下问题：

a. 把这句话补充完整：我们预测，近一年内在随机选择的200个人中有 _____ 人去过图书馆或流动图书馆，上下误差 _____ 。

b. 若我们发现在随机选择的200个人中，有190人在近一年内去过图书馆或流动图书馆，这个结果让你感到不可思议吗？说明理由。

6.80 罚球命中率

已知职业篮球运动员勒布朗·詹姆斯罚球命中率为74%，假设每次罚球都是相互独立的。若在一个赛季中詹姆斯进行了600次罚球，请思考并回答以下问题：

a. 求我们预测的关于詹姆斯的罚球次数的均值和标准差是多少？

b. 如果发现詹姆斯在600次罚球中有460次命中，这个结果让你感到不可思议吗？说明理由。

TRY 6.81 多伦多驾照考试（例16）

已知在加拿大多伦多，有55%的人通过了驾照考试中的路考。我们

假设每天有100个人来参加考试，他们在考试中都是相互独立的，请思考并回答以下问题：

a. 预测每天通过考试的人数是多少？

b. 求我们预测的关于每天通过考试的人数的标准差是多少？

c. 根据经验法则可知，若经过很长一段时间，在大约95%的时间里，每天通过考试的人数将不少于 _____ ，不多于 _____ 。（提示：求小于均值两个标准差和大于均值两个标准差的值。）

d. 如果有一天我们发现，在100个来参加考试的人中，有85人通过了考试，这个结果让你感到异常高吗？说明理由。

6.82 小城镇驾照考试

已知多伦多的司机通常不是去多伦多，而是去安大略的小城镇参加驾照考试，因为小城镇的驾照考试通过率远高于多伦多，达到90%。我们假设每天有100个人在其中一个小城镇参加考试，他们在考试中都是相互独立的，请思考并回答以下问题：

a. 预测每天通过考试的人数是多少？

b. 求我们预测的关于每天通过考试的人数的标准差是多少？

c. 根据经验法则可知，若经过很长一段时间，在大约95%的时间里，每天通过考试的人数将不少于 _____ ，不多于 _____ 。（提示：求小于均值两个标准差和大于均值两个标准差的值。）

d. 如果有一天我们发现，在100个来参加考试的人中，有89人通过

了考试，这个结果让你感到异常高吗？说明理由。

本章回顾练习

6.83 **离散变量与连续变量**

请判断下面的每个变量属于离散变量还是连续变量，并说明理由。

a. 一个家庭拥有的女孩数量

b. 树的高度

c. 通勤的时间

d. 一场音乐会的出席人数

6.84 **概率分布**

假如在一场碰运气游戏中，一个袋子里装有3个红色立方体、2个白色立方体和1个蓝色立方体。现在一个玩家从这个袋子里随机取出一个立的方体，若抽到蓝色立方体，则玩家赢5美元；若抽到白色立方体，则玩家输2美元；若抽到红色立方体，则玩家不赔不赚。思考并回答以下问题：

a. 请通过列表的形式写出当玩家从这个袋子里随机取出一个立方体时所有可能出现的结果及其概率分布。

b. 请绘制关于这个游戏的概率分布图。

6.85 **新生儿身高**

根据关于美国新生儿的一项研究报告数据，新生儿的身高近似服从均值为20.5 in，标准差为0.90 in的正态分布。请问新生儿身高不超过22 in的概率是多少？（来源：Medscape from WebMD。）

6.86 **新生儿身高**

根据关于美国新生儿的一项研究报告数据，新生儿的身高近似服从均值为20.5 in，标准差为0.90 in的正

态分布。请问新生儿身高不超过19 in的概率是多少？（来源：Medscape from WebMD。）

6.87 **男性体温**

根据关于男性体温的一项研究报告数据，健康男性的体温近似服从均值为98.1 ℉，标准差为0.70 ℉的正态分布。请思考并回答以下问题：

a. 健康男性的体温低于98.6 ℉（这个温度在很长一段时间内都被认为具有典型性）的概率是多少？

b. 健康男性的体温排名76%对应的体温是多少？

6.88 **女性体温**

根据关于女性体温的一项研究报告数据，健康女性的体温近似服从均值为98.4 ℉，标准差为0.70 ℉的正态分布。请思考并回答以下问题：

a. 健康女性的体温低于98.6 ℉（这个温度在很长一段时间内都被认为具有典型性）的概率是多少？

b. 健康女性的体温排名76%对应的体温是多少？

6.89 **行医执照**

通常情况下，要想成为一名合格的医生，必须通过美国医师执照考试。已知这种考试的分数近似服从均值为225分，标准差为15分的正态分布。请运用经验法则的相关知识，思考并回答以下问题：

a. 医学院毕业生参加美国医师执照考试的成绩在210分到240分之间的概率是多少？

b. 医学院毕业生参加美国医师执照考试的成绩低于210分的概率是多少？

c. 医学院毕业生参加美国医师执照考试的成绩高于 255 分的概率是多少?

6.90 行医执照

关于美国医师执照考试的相关信息,参考练习 6.89,本题不再赘述。请运用经验法则的相关知识,思考并回答以下问题:

a. 医学院毕业生参加美国医师执照考试的 z 分数 −2 对应的成绩是多少?

b. 医学院毕业生参加美国医师执照考试的 z 分数 1 对应的成绩是多少?

c. 计算医学院毕业生参加美国医师执照考试的成绩为 250 分对应的 z 分数是多少?这个成绩让你感到异常高吗?说明理由。

6.91 收缩压

已知人体的收缩压近似服从均值为 120,标准差为 8 的正态分布。请思考并回答以下问题:

a. 人体的收缩压超过 130 的概率是多少?

b. 人体的收缩压位于中间 60% 的范围是多少?

c. 人体的收缩压在 120 到 130 之间的概率是多少?

d. 若收缩压前 15% 的人可能会受到医护专业人士更严密地监护,那么请问需要医护专业人士更严密地监护的人的收缩压范围是多少?

6.92 洛杉矶气温

已知洛杉矶春季的最高气温近似服从均值为 75 ℉,标准差为 2.5 ℉ 的正态分布。请思考并回答以下问题:

a. 洛杉矶春季一天的最高气温低于 70 ℉ 的概率是多少?

b. 洛杉矶春季一天的最高气温在 70 ℉ 到 75 ℉ 之间的概率是多少?

c. 假设洛杉矶春季的最高气温高达 91 ℉,请考虑该分布的均值和标准差,这个气温让你感到异常高吗?说明理由。

6.93 压力

根据 2017 年的一项盖洛普民意测验,有 44% 的美国人表示他们经常感到有压力。若我们从这些美国人中随机挑选 200 个人,请思考并计算以下问题的概率:

a. 有不到 80 人经常感到有压力。

b. 有不少于 90 人经常感到有压力。

c. 经常感到有压力的人数在 80 到 100 之间。

d. 有不多于 75 人经常感到有压力。

6.94 压力

根据 2017 年的一项盖洛普民意测验,有 17% 的美国人表示他们很少感到有压力。若我们从这些美国人中随机挑选 80 个人,请思考并计算以下问题的概率:

a. 有 15 人很少感到有压力。

b. 有超过 20 人很少感到有压力。

c. 有不多于 10 人很少感到有压力。

6.95 智能语音助手

语音控制与视频通话的功能正被广泛应用于各种电子消费产品中,包括智能手机、平板电脑和独立运行设备,例如亚马逊智能音箱、谷歌智能家居设备等。根据皮尤研究中心的一项调查研究,有 46% 的美国人使用过智能数字语音助手。假如我们从这些美国人中随机挑选 50 个人,请思考并回答以下问题：

a. 在随机选择的 50 个人中有超过一半人使用过智能数字语音助手的概率是多少？

b. 在随机选择的 50 个人中有不多于 20 人使用过智能数字语音助手的概率是多少？

c. 在随机选择的 50 个人中，我们预测，使用过智能数字语音助手的人数是多少？

d. 请你求这个二项分布的标准差。根据你在 c 和 d 中得到的答案，有不到 10 人使用过智能数字语音助手，这让你感到不可思议吗？说明理由。

6.96 阅读

根据皮尤研究中心的一项调查研究，有 73% 的美国人在近一年内至少读过一本书。假如我们从这些美国人中随机挑选 200 个人，请思考并回答以下问题：

a. 在随机选择的 200 个人中有超过 150 人在近一年内至少读过一本书的概率是多少？

b. 在随机选择的 200 个人中，近一年内至少读过一本书的人数在 140 到 150 之间的概率是多少？

c. 求这个二项分布的均值和标准差是多少？

d. 根据在 c 中得到的答案，把这句话补充完整：研究结果发现，有不到 _____ 人在近一年内至少读过一本书。

6.97 陪审团

根据皮尤研究中心的一项调查研究数据，有 67% 的美国人认为每个成

年美国公民都有担任陪审员的义务。假如我们从这些美国人中随机挑选 500 个人，请思考并回答以下问题：

a. 在随机选择的 500 个人中有超过一半人认为每个成年美国公民都有担任陪审员的义务的概率是多少？

b. 在随机选择的 500 个人中，我们预测，认为每个成年美国公民都有担任陪审员的义务的人数是多少？

c. 在随机选择的 500 个人中，有超过 450 人认为每个成年美国公民都有担任陪审员的义务，这让你感到不可思议吗？说明理由。

6.98 止疼剂

根据 2017 年的一项盖洛普民意测验，有 64% 的美国人认为止疼剂应该合法化。若我们从这些受访者中随机挑选 150 个人，请思考并回答以下问题：

a. 在随机选择的 150 个人中有不多于 110 人认为止疼剂应该合法化的概率是多少？

b. 在随机选择的 150 个人中，认为止疼剂应该合法化的人数在 90 到 110 之间的概率是多少？

c. 把这句话补充完整：我们预测，在随机选择的 150 个人中有 _____ 人认为止疼剂应该合法化，上下误差 _____。

6.99 出生体重低

通常情况下，若新生儿体重在 5.5lb 及以下，则被视为"低体重儿"，并可能出现危险。已知单胎婴儿（不是双胞胎、三胞胎或多胞胎）的足月出生体重近似服从均值为 7.5lb，标准

差为 1.1lb 的正态分布。请思考并回答以下问题：

a. 假如随机挑选一个足月的单胎婴儿，请问婴儿是"低体重儿"的概率是多少？

b. 假如随机挑选两个足月的单胎婴儿，请问两个婴儿都是"低体重儿"的概率是多少？

c. 假如随机挑选 200 个足月的单胎婴儿，请问有不多于 7 个婴儿是"低体重儿"的概率是多少？

d. 假如随机挑选 200 个足月的单胎婴儿，且婴儿的出生是相互独立的。请预测"低体重儿"的数量会是多少？注意，四舍五入到整数位。

e. 假如随机挑选 200 个"低体重儿"，请计算婴儿出生体重的标准差是多少？注意：保留两位小数，答案在 f 中会用到。

f. 假如随机挑选 200 个足月的单胎婴儿，求小于均值两个标准差和大于均值两个标准差的值。注意，将计算结果四舍五入到整数位。

g. 假如随机挑选 200 个足月的单胎婴儿，发现有 45 个是"低体重儿"，这让你感到不可思议吗？说明理由。

*6.100 SAT 成绩

已知 SAT 数学的成绩近似服从均值为 500 分，标准差为 100 分的正态分布，请思考并回答以下问题：

a. 假如随机挑选一个人，SAT 数学的成绩不低于 550 分的概率是多少？

b. 假如随机挑选四个人，SAT 数学的成绩都不低于 550 分的概率是多少？

c. 假如随机挑选 800 个人，有不少于 250 人的 SAT 数学成绩不低于 550 分的概率是多少？

d. 假如随机挑选 800 个人，平均有多少人的 SAT 数学成绩不低于 550 分？注意，四舍五入到整数位。

e. 求 d 中问题的标准差。注意，四舍五入到整数位。

f. 假如随机挑选 800 个人，根据你在 d 和 e 中得到的答案，求小于均值两个标准差和大于均值两个标准差的值，并列出 SAT 数学成绩不低于 550 分的人数范围。

g. 假如随机挑选 800 个人，发现有 400 人的 SAT 数学成绩不低于 550 分，这让你感到不可思议吗？说明理由。

6.101 新生儿身高（逆问题）

已知美国新生儿的身高近似服从均值为 20.5 in，标准差为 0.90 in 的正态分布，请思考并回答以下问题：

a. 新生儿身高排名 20% 对应的身高是多少？

b. 新生儿身高排名 50% 对应的身高是多少？

c. 预测在 b 中得到的答案与新生儿身高的均值相比大小如何？解释原因。

6.102 新生儿身高和 z 分数（逆问题）

已知美国新生儿的身高近似服从均值为 20.5 in，标准差为 0.90 in 的正态分布，请思考并回答以下问题：

a. 新生儿身高排名 2.5% 对应的身高是多少？

b. 新生儿身高排名 97.5% 对应的身高是多少？

c. 计算新生儿的身高排名 2.5% 对应的 z 分数是多少？

d. 计算新生儿的身高排名 97.5% 对应的 z 分数是多少？

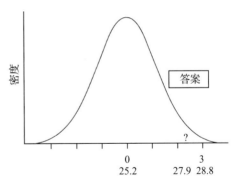

练习指导

g6.27 男生脚长（例 6）

虚拟数字人体建模项目的报道称，年龄在 16～17 岁的男生的脚长近似服从均值为 25.2 cm，标准差为 1.2 cm 的正态分布。已知在美国男性的脚长为 27.9 cm 适合穿 11 码大小的鞋子。

问题： 请问这个年龄段的男生至少穿 11 码的鞋子的概率是多少？

第 1 步 计算 z 分数

计算男生脚长 27.9 cm 对应的 z 分数，首先减去均值，然后除以标准差，即可得到 z 分数。

第 2 步 解释 25.2 对应位置的含义

我们可以参考正态曲线，请思考并解释为什么男生脚长均值 25.2 cm 位于 z 分数 0 对应的位置上？若 z 分数的范围是 -3 到 3，请在图上标记出 z 分数。

第 3 步 在横坐标轴上标记脚长

认真绘制一张正态曲线图，将 21.6，22.8，24，26.4，27.6 和 28.8 cm 标记在横坐标轴对应的位置上。（注意：这些长度是在均值的基础上加减 1 个、2 个和 3 个标准差。）

第 4 步 绘制线条，标记 z 分数，给区域着色

在 27.5 cm 和 28.8 cm 之间的一个点 27.9（图上用 "?" 表示），画一条穿过正态曲线的垂直线。在这条垂线与曲线的交点处标记相应的 z 分数。现在我们要计算男生脚长大于 27.9 cm 的概率是多少，因此需要给边界右侧的区域着色。

第 5 步 查阅关于边界左侧区域的正态分布表

通过查阅部分正态分布表，计算位于 z 分数左侧的标准正态曲线与横坐标轴围成区域的面积，即男生脚长小于 27.9 cm 所对应的边界左侧的无着色区域的面积。

第 6 步 回答问题

由于我们研究的问题是计算位于 z 分数右侧的标准正态曲线与横坐标轴围成区域的面积，所以我们必须用步骤 1 的区域减去步骤 5 的区域，即可求得着色区域的面积。我们把得到的结果放入标有 "答案" 的盒子里，检查这个数字是否有意义。例如，若着色区域的面积小于整个区域面积的一半，则答案应该不超过 0.500 0。

第 7 步　结论

　　最后得出结论，阐述你的研究发现。

z	.00	.01	.02	.03	.04	.05	.06	.07	.08	.09
2.1	.982 1	.982 6	.983 0	.983 4	.983 8	.984 2	.984 6	.985 0	.985 4	.985 7
2.2	.986 1	.986 4	.986 8	.987 1	.987 5	.987 8	.988 1	.988 4	.988 7	.989 0
2.3	.989 3	.989 6	.989 8	.990 1	.990 4	.990 6	.990 9	.991 1	.991 3	.991 6

g6.41 概率与测量值（逆问题）（例 8）

　　已知正态模型 $N(69, 3)$ 描述了美国男性的身高分布情况。请问以下每个问题属于计算概率还是计算测量值的？先确定问题的类型，然后回答问题。

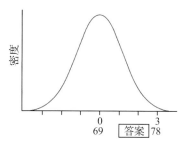

　　问题：假如硅谷高个子俱乐部想让身高排名前 2% 的男性加入，那么该俱乐部应该对会员的最低身高设定怎样的标准？按照以上步骤的顺序回答这个问题。

第 1 步　思考

　　预测加入该俱乐部的会员身高与男性身高的均值相比大小如何？解释原因。

第 2 步　标记 z 分数

　　我们可以参考正态曲线，思考并解释为什么男性身高均值 69 in 位于 z 分数 0 对应的位置上？若 z 分数的范围为 −3 到 3，在图上标记出 z 分数。

第 3 步　绘制垂直线，给区域着色

　　已知男性的身高排名前 2% 位于正态曲线的右端，在身高前 2% 与身高后 98% 之间的适当位置，画一条穿过正态曲线的垂直线，这条线应该位于 z 分数 2 到 3 之间。现在我们要研究身高排名前 2% 的男性，因此需要给边界右侧的区域着色。

第 4 步　计算身高

　　我们可以借助相应软件（参考逆正态分布问题）或查阅正态分布表来计算身高。若使用正态分布表，找到最接近 0.980 0 的区域，并写出该区域对应的 z 分数。然后根据下面的公式计算与 z 分数对应的身高：

$$x = \mu + z\sigma$$

第 5 步　在横坐标轴上标记身高

　　将男性身高标记在横坐标轴对应的位置上。（注意：这些长度是在均值的基础上加减 1 个、2 个和 3 个标准差。）

第 6 步　总结研究结论

　　最后，得出结论，阐述你的研究发现。

技术提示

软件操作指导

　　所有软件都将共用下面两个示例。

例 A 正态分布

　　已知韦氏智商测验均值为 100，标准差为 15，呈正态分布。

a. 计算一个随机选择的人智商在 85 到 115 的概率。

b. 计算一个随机选择的人智商小于等于 115 的概率。

c. 计算第 75 百分位数的韦氏智商。

　　注意，如果想在标准单位（z 分数）情况下用软件计算概率，用平均值 0 和标准偏差 1。

例 B 二项分布

假设你正在抛一枚均匀硬币（长期看有 50% 的次数是正面朝上的）：

a. 计算在抛 50 次硬币的情况下，出现小于等于 28 次正面朝上的概率。

b. 计算在抛 50 次硬币的情况下，恰好出现 28 次正面朝上的概率。

TI-84

正态分布

a. 两值之间的概率

1. 按 2ND DISTR（位于键盘上的四个箭头下面）。

2. 选 2：normalcdf，然后按 ENTER。

3. 输入 lower：85，upper：115，μ：100，σ：15。如果需要 Paste，按 ENTER。然后再次按 ENTER 键。

输出结果如图 6a 所示，该图显示一个随机选择的人韦氏智商在 85 到 115 的概率等于 0.682 7。

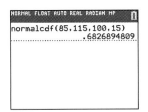

图 6a　TI-84 正态分布累积分布函数
（c 代表 cumulative）

b. 小于等于某值的概率

1. 按 2ND DISTR。

2. 选 2：normalcdf，然后按 ENTER。

3. 输入：−1 000 000，115，100，15，按 ENTER 后再按 ENTER。

注意，负数按钮（−）位于 ENTER 按钮的左侧，与加号按钮上方的减号按钮不同。

一个人的智商小于等于 115 的概率有一个不确定的下限（左），可以使用 −1 000 000 或任何明显超出数据范围的极值表示下限。图 6b 显示了随机选择的人智商小于等于 115 的概率。

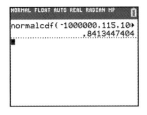

图 6b　TI-84 输出结果：带不确定左边界的正态分布累积分布函数

（如果有一个不确定的上限或右边界，例如，要计算这个人智商大于等于 85 的概率，可以使用一个明显高于所有数据的上限或右边界，比如 1 000 000。）

c. 逆正态分布

如果想根据比例或百分位数计算测量值（比如智商）：

1. 按 2ND DISTR。

2. 选 3：invNorm，然后按 ENTER。

3. 输入（左）area：.75，μ：100，σ：15。如果需要 Paste，按 ENTER。然后再次输入 ENTER。

图 6c 显示了第 75 百分位数的韦氏智商，即 110。注意，输入的 .75 即代表第 75 百分位数。

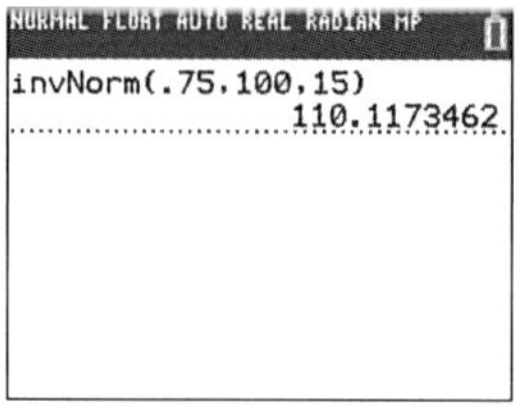

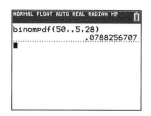

图 6c TI – 84 输出结果：逆正态分布

二项分布

a. 小于等于某值的累积概率

1. 按 **2ND DISTR**。

2. 选 **B：binomcdf**（必须向下滚动才能看到它）并按 **ENTER**。（在 TI-83 上，选 A：binomcdf。）

3. 请输入 trials：50，p：.5，x value：28。如果需要 Paste，按 **ENTER**。然后再次按 **ENTER** 键。

答案将是小于等于 x 的概率。图 6d 显示了一枚均匀硬币的 50 次抛掷中出现小于等于 28 次正面朝上的概率。（用 1 减去答案，即为出现大于等于 29 次正面朝上的概率。）

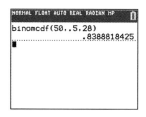

图 6d TI-84 输出结果：二项分布累积分布函数

b. 个别值概率（精确）

1. 按 **2ND DISTR**。

2. 选 **A：binompdf**，按 **ENTER**。（在 TI-83 上，选 0：binompdf。）

3. 输入 trials：50，p：.5，xvalue：28。如果需要 Paste，按 **ENTER**。然后再次按 **ENTER** 键。

图 6e 显示了一枚均匀硬币的 50 次抛

掷中正好有 28 次正面朝上的概率。

图 6e TI-84 输出结果：二项分布概率分布函数

Minitab

正态分布

a. 两值之间的概率

1. 在一个空白列的顶部单元格中输入上限 **115**；这里使用第 C1 列，第 1 行。在下面的单元格中输入下限 **85**；这里使用第 C1 列，第 2 行。

2. **Calc > Probability Distributions > Normal**。

3. 参见图 6f：选 **Cumulative probability**。输入：Mean，100；Standard deviation，15；Input column，C1；Optional storage，c2。

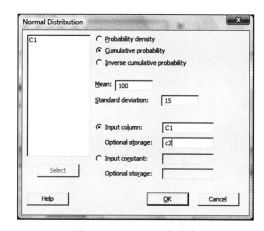

图 6f Minitab 正态分布

4. 单击 **OK**。

5. 用第 C2 列中显示的较大概率减去较

小概率，即 0.841 3−0.158 7 = 0.682 6，计算结果就是韦氏智商在 85 到 115 的概率。

b. 小于等于某值的概率

如第 C2 列第 1 行所示，智商小于等于 115 的概率为 0.841 3。（换句话说，步骤同前面（a）部分，除了不用输入下限 85。）

c. 逆正态分布

如果想根据比例或百分位数计算测量值（比如智商）：

1. 将比例的小数形式（第 75 百分位数为 .75）输入电子表格空白栏的单元格中。这里用的是第 C1 列，第 1 行。

2. Calc > Probability Distributions > Normal。

3. 参见图 6g：选 Inverse cumulative probability。输入：Mean，100；Standard deviation，15；Input column，c1；Optional storage，c2（或空白列）。

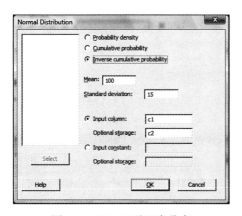

图 6g　Minitab 逆正态分布

4. 单击 OK

你将得到 **110**，该数值就是第 75 百分位数的韦氏智商。

二项分布

a. 小于等于某值的累积概率

1. 在空列中输入成功次数的上限。这里用的是第 C1 列，第 1 行。输入 28 将得到小于等于 28 次正面朝上的概率。

2. Calc>Probability Distributions> Binomial。

3. 参见图 6h。选择 Cumulative probability。输入：Number of trials，50；Event probability，.5；Input column，c1；Optional storage，c2（或空列）。

4. 单击 OK。

小于等于 28 次正面朝上的概率为 0.838 9。

b. 取单个值的概率（精确）

1. 在第 1 列的顶部输入成功的次数 28，代表有 28 次正面朝上。

2. Calc > Probability Distributions > Binomial。

3. 选 Probability（在图 6h 顶部）而不是 Cumulative Probability，输入：Number of trials，50；Event probability，.5；Input column，c1；Optional storage，c2（或空白列）。

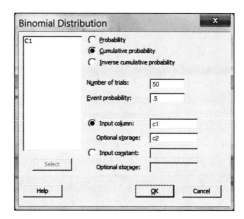

图 6h　Minitab 二项分布

4. 单击 OK。

正好 28 次正面朝上的概率为 0.078 8。

Excel

正态分布

与 TI-84 不同的是，相对于计算智商在 85 到 115 的概率，Excel 更容易计算智商小于等于 115 的概率。这就是为什么 b 部分出现在 a 部分之前。

b. 小于等于某值的概率

1. 单击 f_x(以及 select a category All)。

2. 选 NORM.DIST。

3. 参见图 6i。输入：X，115；Mean，100；Standard_dev，15；Cumulative，true（代表小于等于 115）。答案显示为 0.841 3。单击 OK 以使答案显示在电子表格的活动单元格中。

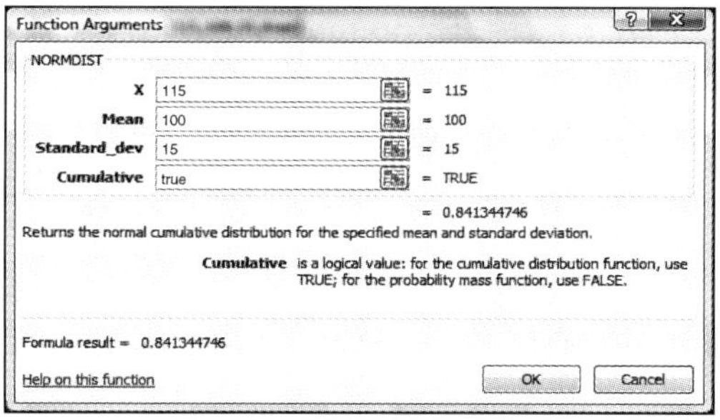

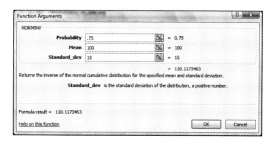

图 6i　Excel 正态分布

a. 两值之间的概率

如果想知道智商在 85 到 115 的概率：

1. 首先，按照 b 部分给出的说明操作。（不要更改电子表格中的活动单元格。）

2. 你会在 f_x 框中看到 =NORMDIST (115，100，15，true)。单击 true 右侧的这个框，然后输入一个负号。

3. 现在从单击 f_x 开始，重复（b）部分的步骤，除了为 X 输入 85 而不是 115。

答案 0.682 689 将显示在活动单元格中。

（或者，重复 b 部分的步骤 1、2、3，用 85 代替 115。用较大概率值减去较小概率值，即 0.841 3 − 0.158 7 = 0.682 6。）

c. 逆正态分布

如果想根据比例或百分位数计算测量值（比如智商或身高）：

1. 单击 f_x。

2. 选择 NORM.INV，单击 OK。

3. 参见图 6j。输入：Probability，.75（代表第 75 百分位数）；Mean，100；Standard_dev，15。你可以在页面看到答案，或者单击 OK，答案将显示在电子表格的活动单元格。

第 75 百分位数的智商是 110。

图 6j　Excel 逆正态分布

二项分布

a. 小于等于某值的累积概率

1. 单击 f_x。

2. 选择 BINOM.DIST，然后单击 OK。

3. 参见图 6k。输入：Number_s，28；Trials，50；Probability_s，.5；Cumulative，TRUE（代表小于等于 28 次正面朝上的概率）。

答案（0.838 9）将显示在对话框中。单击 OK，答案将显示在活动单元格中。

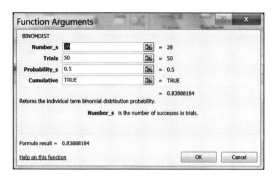

图 6k　Excel 正态分布

b. 取单个值的概率（精确）

1. 单击 f_x。

2. 选 BINOM.DIST，然后单击 OK。

3. 使用图 6k 中的数字，但是在 Cumu-
lative 栏中输入 False。这样就可得
到一枚均匀硬币的 50 次抛掷中出现
28 次正面朝上的概率。

答案（0.078 8）将显示在对话框中，
单击 OK，答案将显示在活动单元格中。

StatCrunch

正态分布

我们把 b 部分放在 a 部分之前介绍。

b. 小于或等于某值的概率

1. Stat > Calculators > Normal。

2. 参见图 6l。要想计算韦氏智商小于或
等于 115 的概率，输入：Mean，100；
Std Dev，15。确保 P(X 右边的符号
是 ≤（小于或等于）。在 Compute 上
方的框中输入 115。

3. 单击 Compute 即可看到答案：0.841 3。

a. 两值之间的概率

1. Stat > Calculators > Normal。

2. 参见图 6l。单击 Between。

3. 输入：Mean，100；Std Dev，15。
在 P(后输入 85，然后在下一个框

中输入 115。

4. 单击 Compute，即可看到：答案 =
0.682 6。

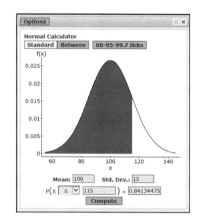

图 6l　StatCrunch 正态分布

c. 逆正态分布

如果想根据比例或百分位数计算
测量值（比如智商或身高）：

1. Stat > Calculators > Normal。

2. 参见图 6m。要计算第 75 百分位数
的韦氏智商，输入：Mean，100；
Std，Dev.，15。确保 P(X 右边的箭
头指向左边，并在 = 右边的框中输
入 0.75。

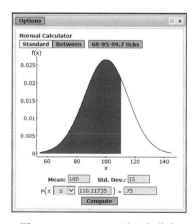

图 6m　StatCrunch 逆正态分布

320

3. 单击 Compute，答案（110）显示在 Compute 上方。

二项分布

a. 小于等于某值的累积概率

1. Stat > Calculators > Binomial。

2. 参见图 6n。为了计算一枚均匀硬币的 50 次抛掷中出现小于或等于 28 次正面朝上的概率，输入：n，50；和 p，0.5，P(X 后面的符号应该为 ≤（小于或等于）。在 Compute 上面的框中输入 28。

3. 单击 Compute 即可查看答案（0.838 9）。

b. 取单个值的概率（精确）

1. Stat > Calculators > Binomial。

2. 为了计算一枚均匀硬币的 50 次抛掷中恰好出现 28 次正面朝上的概率，参见图 6n，但在 P(X 的右边选择等于号。你会得到答案 0.078 8。

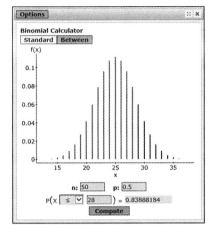

图 6n　StartCrunch 二项分布

第7章　调查抽样与推断

提要

我们不仅可以根据随机样本推断总体规律，也可以量化估计值的精度。

在你所在的乡镇或城市，人们可能正在参与一项调查。也许他们正在填写某个餐馆的顾客满意度调查卡；也许他们的电视会自动传送正在播放的节目信息，以便营销人员可以估计有多少人在观看他们的广告。人们甚至还可能会发短信回复一项电视调查。大多数人至少会接到一个调查公司打来的电话，询问他们是否对当地政府的服务感到满意，或者是否打算投票给一位候选人而不是另一位候选人。将这些调查信息一点一点地拼凑起来，我们会了解到一个更加庞大的世界。

在本书中，本章是一个重要的知识枢纽。我们会结合第 2 章和第 3 章中的数据汇总方法、第 5 章中的概率知识，以及第 6 章中的正态分布，致力于将样本规律推广到更大的总体中。政客对 1 000 名选民的投票结果进行调查，不仅仅是因为他们关心这 1 000 名选民会如何投票，也是为了估计选民中潜在支持者的全部数量。在本章及以后的章节中，我们将共同学习如何理解以及度量样本预测总体的可靠性。

基于一部分观测值得出关于整个总体的结论，就是在进行推断。推断是科学的基石，但推断的结论并不总是正确的。在进行推断时，我们不可能对结论的正确性有绝对的把握。但是，如果我们仔细收集数据，应用本章介绍的方法，至少可以度量我们对结论的正确性有多大的把握。

案例分析

春假热：医生对调查结果的解读是否正确？

2006 年，美国医学协会（AMA）发布的一则新闻（"AMA 调查显示，在春假期间，女性的性生活和醉酒现象更为普遍"）声称，"83% 的女大学生受访者表示，春假旅行期间的饮酒量比在校园里多。有 74% 的女大学生认为，春假旅行导致了性生活的增加"。这项调查引起了轰动，尤其是因为研究人员称，这些百分比不仅反映了参与调查的 644 名女大学生的观点，也代表了所有参与春假旅行的女大学生的观点。

美国医学协会网站声称，该结果是基于"全国 644 名女大学生的随机抽样……该调查置信水平为 95%，误差范围为 +/−4 个百分点"。这些听起来都很科学，不是吗？

然而，一些调查专家对此表示怀疑。克里夫·祖金（Cliff Zukin）是美国民意调查协会的一名专家，也是该协会的主席。美国医学协会在与其通信后，更改了其网站上的公告，称该调查结果不是基于随机样本，而是基于"全国 644 名女性的样本……她们是在线调查小组的成员……（重点补充）"。且没有再提"误差范围"。

调查结果的解释方式存在分歧，这表明，推断是非常不容易的一件事。在学习本章的过程中，你将了解数据收集方法之于推断的重要性，以及我们如何在正确的条件下使用概率的方法计算误差范围，从而量化不确定性。在本章的最后，你会明白美国医学协会更改报告结果的原因。

323 ## 7.1 通过调查了解世界

调查可能是统计学最常见的应用方法。大多数新闻节目、报纸和杂志每周都会报道几次调查或民意测验——在重大选举期间，甚至会一天报道好几次。实施正确的调查可以帮助我们学到很多东西。许多有用而有趣的统计调查问题涉及的总体过于庞大，以至于我们无法进行全面的调查。例如，美国接种疫苗的学童比例是多少？短时间内，我们是不可能通过询问所有家长而得到答案的。相比之下，我们可以通过调查来估算这一比例。

7.1.1 调查术语

总体（population）是一组我们想要研究的物或人。通常，总体的数量非常大，例如所有美国公民，或者 13 到 18 岁的所有美国公民，或者所有老年公民。然而，它也可能会很小，比如你在一月份用手机拨打电话的次数。我们希望知道一个**参数**（parameter）的值，它能够描述总体的某些特征。例如，政治民调专家想知道有多少比例的登记选民表示将在下次选举中进行投票；反对酒后驾车的人想知道在所有持有驾照的青少年中有多少比例的人曾有过酒后驾车的经历；客机设计师想要知道乘客的平均腿长，这样他们就可以在兼顾舒适度的同时缩短前后排座位的间距。

本书重点关注两个常用的参数：总体均值和总体比例。本章讨论的是总体比例。

如果总体相对较小，我们可以通过普查得到参数的准确值。**普查**（census）是对总体的全部进行调查。例如，如果你想知道班里左撇子的比例，你可以进行一次普查。班里的全体学生是总体，左撇子占的百分比就是参数。有时，我们试图进行大规模的普查（如美国人口普查），但这样的工作成本对非政府组织来说过于昂贵。并且，人口普查往往试图追踪和统计那些可能不想被发现的人，导致普查更为复杂。（例如，美国人口普查往往低估了贫穷的城市居民数以及非法移民数。）

事实上，我们感兴趣的总体大多数都过于庞大，因此无法实施普查。出于这样的原因，我们转而观察一个较小的样本。**样本**（sample）是从总体中提取的人或物的集合。

在收集样本后，我们就可以测量样本特征。**统计量**（statistic）是数据样本的数值特征。我们用统计量来估计参数。例如，我们可能想知道在下一次全国选举中所有登记选民的投票比例是多少。下次选举中所有登记选民的投票比例就是一个参数。我们估计该参数的方法是对所有登记选民中的一个小的样本进行调查。样本中表示会在下次选举中进行投票的选民所占的比例就是一个统计量。

统计量有时被称为**估计量**（estimator），估计的结果被称为**估计值**（estimate）。例如，我们的估计量是样本中表示将在下次选举中投票的选民比例。在进行调查时，我们可能会发现，样本中有 0.75 的人表示他们会投票。数字 0.75 就是我们的估计值。

> **KEY POINT 重点**
>
> 　统计量是一个基于样本数据估计总体特征的数值。因此，它有时也被称为估计量。

统计推断（statistical inference）是用样本推断总体的科学。统计推断总是涉及不确定性，所以这门科学的一个重要组成部分就是度量不确定性。 `324`

例 1　皮尤民意调查：年龄与互联网

2014 年 2 月（大约是情人节的时候），皮尤研究中心调查了美国 1 428 名已婚或有固定伴侣的手机用户。调查发现，25% 的手机用户认为，他们和配偶或伴侣在一起的时候，对方会因为手机而分心。

问题：确定总体和样本。参数是什么？统计量是什么？

解答：皮尤研究中心想要研究的总体包括所有已婚或有固定伴侣并且使用手机的美国成年人。从总体中抽取的样本包括 1 428 名这样的人。参数是美国已婚或有固定伴侣的成年人中，认为他们的配偶或伴侣在一起的时候会因为手机而分心的百分比。样本中这部分人所占的比例，也就是统计量，等于 25%。

试做：练习 7.1。

统计量和参数之间的一个重要区别在于，统计量是可计算的。根据收集的数据，我们可以计算出统计量的值。例 1 中，25% 的受访者认为他们的伴侣被手机分散了注意力。相反，参数通常是未知的。我们不确定有多少人对自己的伴侣有这样的看法，唯一的办法就是去问每个人，而我们既没有时间也没有钱去做这件事。表 7.1 比较了这种情况下已知和未知的值。

表 7.1　一些我们可能希望估计的未知量，与之对应的统计量是可计算的

未知	已知
总体 有固定伴侣的所有手机用户	样本 有固定伴侣的部分手机用户
参数 和固定伴侣在一起时，感到对方因手机而分心的所有手机用户比例	统计量 和固定伴侣在一起时，感到对方因手机而分心的样本比例

统计学家已经规定了参数和统计量的表示符号。通常，希腊字符用于表示总体参数。

例如，μ 代表总体均值，σ 表示总体标准差。统计量（基于样本的估计）用英文字母表示：例如，$\bar{x}$ 是样本均值，s 是样本标准差。

一个常见的例外是使用字母 p 来表示总体比例，而 $\hat{p}$ 表示样本比例。表 7.2 总结了这些表示法。尽管你已经见过上述大多数符号了，但下表以一种新的方式将它们组织起来，以进一步帮助你学习统计推断的相关内容。

表 7.2　一些常用统计量和参数的符号

统计量（基于数据）		参数（典型未知）	
样本均值	$\bar{x}$	总体均值	μ
样本标准差	s	总体标准差	σ
样本方差	s^2	总体方差	σ^2
样本比例	$\hat{p}$	总体比例	p

例 2　参数还是统计量？

请阅读 2017 年 11 月 5 日《纽约时报》上的两句话：

"选举日民调显示，81% 自称'保守派'的人把票投给了唐纳德·J. 特朗普（Donald J. Trump）。"

"温斯顿·丘吉尔（Winston Churchill）一生画了 500 多幅画。"

问题：81% 是一个统计量还是一个参数？ 500 是一个统计量还是一个参数？请做出解释，并描述各种情况的总体。

解答：选举日民调是对少数选民的采访。新闻机构之所以这样做，是为了在实际统计结果公布之前了解选举的进展。81% 描述的是样本特征，因此是一个统计量。总体是在选举日投票的所有人的集合。

另一方面，500 这个数字描述了丘吉尔所有画作的数量。温斯顿·丘吉尔所有画作的集合是总体，而 500 描述的正是这个集合，所以 500 是一个参数。

试做：练习 7.3。

例 3　正确的符号

洛杉矶市提供了应急车辆响应时间数据集，该数据集开放获取。数据集的每一行表示根据特定紧急情况发派的应急车辆。一个 1 000 行的随机样本显示，平均响应时间为 8.25 min。此外，车辆中救护车所占比例为 0.328。

请将下列统计量与正确的符号相匹配。

问题：统计量 8.25 的正确表示法是什么？

a. $\mu = 8.25$

b. $p = 8.25$

c. $\bar{x} = 8.25$

d. $\hat{p} = 8.25$

统计量 0.328 的正确表示法是什么?

a. $\mu = 0.328$

b. $p = 0.328$

c. $\bar{x} = 0.328$

d. $\hat{p} = 0.328$

解答: 由于 8.25 描述的是平均值,所以正确的表示法是 c。如果我们掌握的是全部车辆的平均响应时间,那么正确的表示法是 a。换句话说,a 中的符号表示参数,c 中的表示统计量。 326

由于 0.328 是样本比例,所以正确的表示法是 d。如果救护车在所有车辆中所占的比例是 0.328,那么正确的表示法是 b。

试做: 练习 7.9。

例 4 什么是总体?

科罗拉多州卫生部门实施了一项"科罗拉多州儿童健康"调查。该调查的目的是"更好地了解青年的健康状况以及有利于青少年身体健康的因素是什么"。这项调查是对从科罗拉多州全体初中生和高中生中随机抽取的学生进行的。

问题: 请指出该调查的样本和总体。美国卫生部表示,有 26.4% 的学生认为,每天进行至少一个小时的体育活动有利于身体健康。26.4% 是一个统计量还是一个参数?

解答: 该调查的样本是一组在科罗拉多州初中和高中念书的学生。他们是从总体——科罗拉多州所有的初中生和高中生——中挑选出来的。数字"26.4%"描述的是样本特征(因为它是基于样本的数值)。因此,它是一个统计量。在接下来的内容中,我们常用诸如此类的统计量来估计总体参数。

试做: 练习 7.11。

7.1.2 调查偏差

完成一项好的调查不是一件容易的事。我们之所以会得出错误的结论,原因之一在于调查方法存在偏差。

通俗地说,如果一个调查方法倾向于产生错误的结果,那么它就是**有偏的**(biased)。一项调查通常可能存在三种偏差。第一种是**抽样偏差**(sampling bias),这是由于抽取的样本不能反映总体的情况。第二种是**测量偏差**(measurement bias),这是由于提出的问题没有得到真实的答案。例如,如果我们询问人们的收入,他们可能会夸大其词。在这种情况下,我们将得到一个正(或"向上的")偏差:估计将趋向于过高。当测量值倾向大于(或小于)真实值时,就会出现测量偏差。第三种是一些统计量本身就存在的偏差。例如,如果使用统计量 $10\bar{x}$ 来估计均值,通常会得到 10 倍于均值的估计值。因此,即使在没有测量偏差或抽样偏差的情况下,你也应当注意,一定要使用没有偏差的估计量。

！注意

偏差

统计偏差不同于我们日常所说的偏差。如果你的一位朋友持有的执念足以影响她对事物的判断，你可能会说她的判断是存在偏差的。在统计学中，偏差能够度量一种调查方法在不同应用场景下的优劣。

测量偏差

327

2010 年 2 月，*Albany Times Union* 报道了两项调查，以确定纽约州居民对征收苏打税这件事的看法（Crowley 2010）。昆尼皮亚克大学民意调查机构提出了这样一个问题："有人提议对含糖软饮料征收'肥胖税'。请问你支持还是反对这一举措？"40% 的受访者表示他们支持征税。另一家公司——凯莉公司的一项调查是："关于'对苏打水和其他含糖饮料征税，税率为 18%，从而减少儿童肥胖的现象'，请问你是否认为国家应该采取这项措施以帮助平衡预算，还是说应该认真考虑这项措施，或者只将其作为一种最终的手段，或者绝对不应该考虑这项措施。"当被问及这个问题时，58% 的人支持征税。上述的一项或两项调查都存在测量偏差。

一个著名的例子发生在 1993 年，根据罗珀组织（Roper Organization）的调查结果，许多家美国报纸都采用了类似于《纽约时报》中的这样一个标题："在一项调查中，有 1/5 的受访者对大屠杀的事实表示了怀疑"（1993 年 4 月 20 日）。大约一年后，《纽约时报》报道称，大屠杀怀疑论者占比如此之大，可能是测量误差导致的。实际上，受访者被问及的问题包含着双重否定："纳粹对犹太人的屠杀从未发生过，你认为这是可能的还是不可能的？"当盖洛普再次进行调查但没有使用双重否定的表达时，仅有 9% 的人对大屠杀表示了怀疑（《纽约时报》1994 年报道）。

抽样偏差

编写正确的调查问题以减少测量偏差，既是一门艺术，也是一门科学。然而，本书更关注抽样偏差。当估计方法产生的样本始终无法代表总体时，就会产生抽样偏差。

你听说过阿尔弗雷德·兰登（Alfred Landon）吗？除非你是政治学专业的学生，否则你可能没有听说过他。1936 年，兰登是共和党总统候选人，其竞争对手是富兰克林·德拉诺·罗斯福（Franklin Delano Roosevelt）。时下流行的新闻杂志《文学文摘》（*Literary Digest*）对 1 000 多万名受访者进行了调查，预测兰登将以 57% 的选票轻松赢得大选。你可能没听说过兰登这个人，这说明他没有获胜——事实上，他输得很惨，创下了当时主要政党候选人获得选票最少记录。到底是哪里出了错？《文学文摘》在选取样本时采用了一种有偏的方法。这项民意调查在很大程度上依赖于该杂志自身的读者，而它的读者比普通大众更富裕，因而也更有可能投票给共和党候选人。《文学文摘》的声誉因此严重受损，短短两年后便不再出版，最终被《时代》杂志收购。

在 2004 年和 2008 年美国总统大选中，均有候选人认为自己赢得了年轻人的选票。他们认为，总统大选民意调查存在偏差。他们给出的理由是，用来估计候选人支持率的调查依赖于固定电话，而许多年轻选民没有固定电话，而是使用手机。这让人想起 1936 年《文学文摘》民意调查的潜在偏差，正是由于调查样本系统地排除了总体的一个重要组成部分：那些不使用固定电话的人（Cornish 2007）。

事实上，皮尤基金会在 2010 年国会选举后进行了一项研究。这项研究发现，在民意调查中剔除手机用户，会产生偏向于共和党候选人的抽样偏差。

你会在许多网站上见到有偏的抽样方法。对企业、餐馆或朋友的度假照片进行评级就是一种调查，顾客需要给出他们的意见或评分（通常是 1 星到 5 星）。你可以借助 Yelp、Urban Spoon 或 Open Table 等网站为某个特殊场合选择一家餐厅。但你应该认识到，一家餐厅的评分不一定代表这家餐厅所有顾客的感受。人们对某家餐厅进行评分，通常是出于极佳或极差的就餐体验。因而评分可能是有偏的，无法代表餐厅的全体顾客。这种偏差可能正是图 6.3 的峰位于 5 和 1 处的原因之一。那些真正喜欢或讨厌一本书的人更倾向于对这本书进行评分。

由于回答偏差，你应该明白一项调查中包含了什么类型的人。问题的另一方面是，你也应该意识到哪些人被排除在这项调查外了。一项调查是否在上班族不太可能参与的时间段实施？是否只包含了使用固定电话的人，而排除了只使用手机的人？问题的提出是否会引起尴尬，以至于人们可能拒绝回答？以上所有情况都会导致调查结果产生偏差。

[328]

KEY POINT　重点

当你在阅读调查报告时，了解以下几点至关重要：

1. 被要求参与调查的人中，有多少人真正参与了？

2. 是研究人员要求人们参与这项调查，还是人们自主选择参与？

如果大部分被要求参与的人拒绝回答问题，或者如果人们自主选择是否参与这项调查，那么调查结论的正确性是存疑的。

7.1.3　简单随机抽样

在收集样本时，我们如何尽可能避免偏差？只有一种方法是可靠的：随机抽样。

正如我们在第 5 章中讲的那样，统计学家对随机有一个精确的定义。一个随机样本并不意味着我们站在街角，拦下任何一位我们想让其参与调查的人。［统计学家称其为**便利样本**（convenience sample），原因显而易见。］随机抽样必须以这样一种方式进行，即调查总体中的每个人都有相等的可能被选中。

真正的随机抽样很难实现。（这是一个非常保守的说法！）民意调查专家设计了许多巧妙的方法来实现这一目标，而且往往非常成功。**简单随机抽样**（simple random sampling，SRS）就是一种易于理解（但有点难于付诸实践）的基础方法。

在简单随机抽样中，我们从总体中随机不放回地抽取受试者。**不放回**（without replacement）是指一旦某个对象被选为样本，该对象就不能被再次选中。这就如同从一副牌中抽牌，一旦你抽到了一张牌，那么其他人就无法再抽到这张牌。采用这种方法，每个固定规模的样本被选取的可能性是相等的。因此我们可以得到总体参数的无偏估计，并可以测量估计量的精度。

如果不是随机抽样，我们就无法了解总体，这一点再怎么强调也不为过。我们无从度量一项调查的精度，也无法知道偏差可能有多大，更无法通过一项不科学的调查了解总体。

理论上，我们可以通过给总体中的每一个成员分配一个数字以实现 SRS。然后通过随机数表或其他随机数生成器来选择我们的样本，忽略出现两次的数字。

📌 贴士

简单随机抽样并不是统计推断唯一有效的方法。统计学家也会使用其他方法来收集有代表性的样本，例如**放回**（with replacement）抽样。这些抽样方法的共同点是随机性。

例 5 简单随机样本

Alberto、Justin、Michael、Audrey、Brandy 和 Nicole 在上课。

问题：请从这六个人中选择三个人组成一个简单随机抽样。

解答：首先给每个人分配一个数字，如下所示：

Alberto	1
Justin	2
Michael	3
Audrey	4
Brandy	5
Nicole	6

接下来，不放回地选择三个数字。图 7.1 显示了在 StatCrunch 中的操作方法，我们几乎可以轻松地运用任一款统计软件来实现。

利用软件，我们得到了这三个数字：1、2 和 6。分别对应 Alberto、Justin 和 Nicole。

如果无法使用统计软件，也可以选择利用随机数表。表格中的两行为：

77598	29511	98149	63991
31942	04684	69369	50814

你可以从任意一行或任意一列开始。在这里，我们选择从左上角开始（以粗体显示）。接下来，从左到右读出每个数字，跳过不属于总体的数字。没有人对应数字 7，因此我们连续两次跳过这个数字。第一个被选中的是数字 5 对应的人 Brandy。然后跳过 9 和 8，然后是数字 2，即 Justin。跳过 9 和 5（因为之前已经选择了 Brandy），下一个数字是 1，即 Alberto。

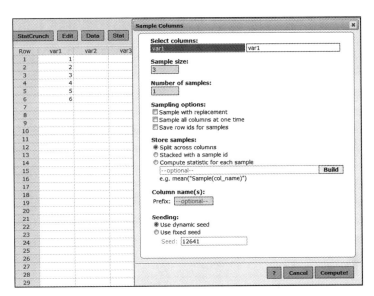

图 7.1　StatCrunch 将从 var1 列中的六个数字中不放回地随机选择三个数字

结论：借助软件，我们得到了由 Alberto、Justin 和 Nicole 组成的样本。利用随机数表，我们得到了一个不同的样本，即 Brandy、Justin 和 Alberto。

试做：练习 7.17。

在实践中抽样

在实践中，简单随机样本很难收集，而且往往收集效率不高。在大多数情况下，我们不能把美国所有人都列出来，并给每个人分配一个数字。为了解决这个问题，统计学家使用了另一项抽样技术。

此外，随机抽样并不能解决所有问题。**无反应偏差**（nonresponse bias）仍然是一个问题，而且随机抽样的方法总有可能存在缺陷（如果总体中有很多人使用手机，而调查对象只包括固定电话用户，那么这种可能性就会存在）。

例 6　性骚扰调查

一所大学的校报想要调查校园性骚扰的问题。该调查随机抽取了 1 000 名学生，询问他或她是否在校园里遭受过性骚扰。约 35% 的受访者拒绝回答这一问题。在回答的学生中，有 2% 的人表示他们曾是性骚扰的受害者。

问题：请说明为什么我们应该谨慎使用 2% 来估计性骚扰受害者的人口占比。

结论：有很大比例的学生拒绝回答调查问题。这些学生不同于那些回答的学生，因此，如果把他们的答案也包括进来，调查结果可能会大不相同。当被调查者拒绝回答问题时，我们的样本就是有偏的。

试做：练习 7.21。

总有一些人拒绝参加调查，但一个优秀的研究者会尽一切可能保证拒绝回答的比例尽可能小，从而减少这种偏差的来源。

7.2 度量调查质量

人们经常抱怨，一项基于 1 000 人的调查无法反映我们整个国家的情况。这种抱怨引发了一个有趣的问题：如何判断估计量是有效的？如何区分估计方法的优劣？

即便有可能，仅仅根据调查的结果来判断某项调查的好坏也是非常困难的。有时，偏差的来源显而易见。但是，在得出真正的参数值之前，我们通常无法判断一项调查是否成功或失败。（这种情况有时会发生在选举中，如果民意调查未能预测出正确的结果，我们就可以判断其必然存在偏差。）相反，统计学家意在评估参数估计的方法，而非一项调查的结果。

> **KEY POINT 重点**
> 统计学家评估的是调查方法，而非调查结果。

[331]

在我们讨论如何评价一项调查之前，想象这样一个场景：我们不是对随机挑选的 1 000 人进行一次调查。我们要派出一支民意调查队。每个民意调查人员随机调查 1 000 人，他们都使用相同的方法收集样本。每个民意调查人员都询问相同的问题，并估算出对这个问题回答"是"的人口比例。在统计调查结束后，我们看到的不仅仅是一个估计值（就像在现实生活中发生的那样），而是大量的估计值。因为每个估计值都基于独立的随机人群而产生，所以相互之间会存在细微的差异。由于随机变化，我们预计其中一些估计值会比其他估计值更接近真实情况。我们真正想要了解的是整个总体的表现。因此，我们需要评价估计方法，而不是估计值。

一个估计方法就像一位高尔夫球手。要想成为一名优秀的高尔夫球手，我们需要把高尔夫球打进球洞。一名优秀的高尔夫球手的击球既准确（倾向于将球打进球洞），又精确（即使没有打进，每次击球也不会相差太多）。

如图 7.2b 所示，击球可能是精确而不准确的。同样，如图 7.2c 所示，也有可能瞄准了正确的方向（准确），但不精确。（当然，如图 7.2d 所示，有些人的击球既不准确也不精确。）如图 7.2a 所示，最优秀的高尔夫球手的击球既能瞄准方向，又能保持连贯。

⚠ 注意

估计量和估计值

我们经常用**估计量**这个词来表示"估计方法"。而**估计值**是通过估计方法得出的数值。

把球洞看作总体参数，把每个高尔夫球看作一个估计值，即不同的调查得出的 $\hat{p}$ 值。我们需要一种瞄准正确方向的估计方法。这样的方法，总体而言，会估计出正确的总体参数值。我们还需要一种精确的估计方法，这样如果我们重复调查，我们可以得到几乎相同的估计值。

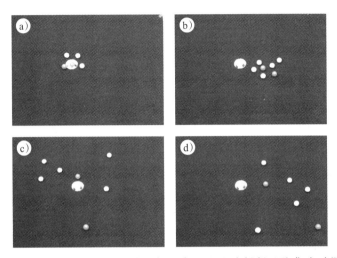

图 7.2　a）高尔夫球手的击球准度和精度都很高，这些球紧紧地聚集在球洞周围。b）高尔夫球手的击球精度高但准度差，球与球之间靠得很近，但都围绕在球洞的右侧。c）高尔夫球手的击球准度很高——球都围绕着球洞——但精度很差。d）最坏的情况是：精度差和准度差

估计方法的目的，也就是估计方法的准度，是通过偏差来衡量的，而精度则通过标准误差来衡量。下一小节中讨论的模拟研究，将有助于阐明如何度量准度和精度。这些模拟研究向我们介绍了如何利用偏差和标准误差来量化统计推断中的不确定性。

7.2.1　模拟与估计量

332

接下来的三个模拟有助于度量样本比例对总体比例的估计效果。

在第一个模拟中，假设在 8 个人的小群体中对其中的 4 个人进行调查。你会发现，总体比例的估计量是准确的（没有偏差），但由于样本量较小，因此并不是非常精确。

在第二次模拟中，我们使用更大的总体和样本重复了第一次模拟。估计量仍然是无偏的，你将看到精度出现了令人惊讶的变化。最后，第三次模拟结果显示，采用更大的样本量可以使结果更加精确。

为了了解估计方法的工作原理，我们将创建一个极不寻常且不现实的情景：模拟一个真相已知的世界。在这个世界上，有两种人：喜欢狗的人和喜欢猫的人。没有人既喜欢猫又喜欢狗。25% 的人喜欢猫，75% 的人喜欢狗。随机抽取一些人看看样本中喜欢猫的人占多大比例，多次重复抽样后，我们将会发现一些有趣的规律。

模拟 1：统计量因样本而异

首先，我们模拟一个非常小的世界。世界上有 8 个人，分别是 1、2、3、4、5、6、7 和 8。

1 和 2 喜欢猫。图 7.3 显示了这一总体。

在这个总体中，我们使用随机数字表生成 4 个 1 到 8 的随机数。当一个人的数字被选中时，我们将其从总体中选入样本。

在我们告诉你哪些人被选中之前，请想象会出现怎样的结果。样本中喜欢猫的人占多大比例？有没有可能是 0%？有可能是 100% 吗？

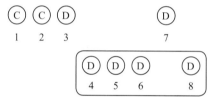

图 7.3　模拟世界中的所有人，有 25% 的人喜欢猫

下面是我们的随机样本。注意，我们进行的是不放回抽样，就像在一个真实的调查中一样。我们不希望同一个人在我们的样本中出现两次。

6	8	4	5
D	D	D	D

如图 7.4 所示，所有被选中的人都不喜欢猫。样本中喜欢猫的人占比 0%。因为它来自样本而不是总体，所以我们称其为样本比例。

图 7.4　第一个样本中没有喜欢猫的人。样本显示在方框中

重新随机抽取一个样本。我们有可能再次得到 0，但也有可能得到一个不同的比例。

7	2	6	3
D	C	D	D

这一次，样本比例是 0.25。

再一次：

2	8	6	5
C	D	D	D

样本比例还是 0.25。

参数的真实值 0.25 与我们基于样本的估计值之间的差称为误差。在本书中，"误差"是一个专业术语，并不是错误的意思。它只是度量估计值与真实值之间的距离。表 7.3 显示上述几次模拟的结果及误差。

⬛ 贴士

百分比还是比例？

我们经常在比例（如 0.25）和百分比（如 25%）之间来回切换。将 % 视为单位。要转换为百分比单位，请将小数点向右移动两位，并添加百分号。

333

表 7.3　三次模拟结果

模拟样本	总体参数	样本统计量	误差
1	$p = 0.25$ 喜欢猫的人	$\hat{p} = 0.0$ 喜欢猫的人	$\hat{p} - p = (0.0 - 0.25) = -0.25$
2	$p = 0.25$ 喜欢猫的人	$\hat{p} = 0.25$ 喜欢猫的人	$\hat{p} - p = (0.25 - 0.25) = 0.0$
3	$p = 0.25$ 喜欢猫的人	$\hat{p} = 0.25$ 喜欢猫的人	$\hat{p} - p = (0.25 - 0.25) = 0.0$

首先，注意总体比例 p 永远不变。它之所以不可能改变，是因为在我们虚构的世界里，始终只有 8 个人，且始终有 2 个人喜欢猫。但是，每个样本的样本比例 $\hat{p}$ 可以不同。事实上，$\hat{p}$ 是随机的，因为它依赖于一个随机样本。

由于 $\hat{p}$ 是随机的，所以误差也是随机的。如果样本中有超过 25% 喜欢猫的人，那么误差是正的；如果样本中喜欢猫的人少于 25%，误差就是负的；如果总体比例与样本比例完全相等，则误差为 0。

KEY POINT　重点

不管我们取多少个不同的样本，p 的值（总体比例）总是相同的，但 $\hat{p}$ 的值随着样本的不同而变化。

这个模拟实际上是一个随机实验，$\hat{p}$ 是实验的结果。因为是随机的，所以 $\hat{p}$ 具有概率分布。$\hat{p}$ 的概率分布有一个特殊的名称：**抽样分布**（sampling distribution）。这个术语提醒我们，$\hat{p}$ 不只是一种随机的结果，这是我们用来估计总体参数的统计量。

因为我们虚构的世界中只有 8 个人，样本只包括 4 个人，我们可以写出所有可能的 70 种结果。这样一来，我们可以准确地计算出 $\hat{p}$ 等于 0.0 的频率、$\hat{p}$ 等于 0.25 的频率以及等于 0.50 的频率。（注意，它永远不能超过 0.50。）表 7.4 列出了上述频率，给出了 $\hat{p}$ 的抽样分布。图 7.5 直观地展示了这个抽样分布。

表 7.4　$\hat{p}$ 的抽样分布，基于随机样本

$\hat{p}$ 值	得到 $\hat{p}$ 值的概率
0.0	0.214 29
0.25	0.571 43
0.50	0.214 29

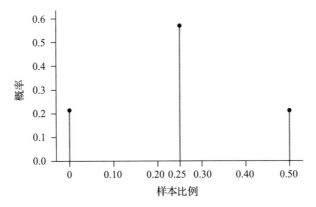

图 7.5　表 7.4 表示，当 p 为 0.25 时 $\hat{p}$ 的抽样分布

根据表 7.4 和图 7.5，我们了解到以下几点：

1. 我们的估计量 $\hat{p}$，并不总是等于参数 p。有时 $\hat{p}$ 等于 0，有时等于 0.50，有时等于目标值 0.25。

2. 这个分布的均值是 25% ——和 p 相等。

3. 即使 $\hat{p}$ 并不总是等于"真实"值，也就是 p，但 $\hat{p}$ 从不会与它相差超过 25 个百分点。为什么这些发现非常重要？让我们分别解释。

第 1 点提醒我们，基于随机样本的统计量是随机的。因此，我们无法提前确切地知道我们的调查将产生怎样的估计值。

第 2 点告诉我们，平均而言，估计量的误差是 0。根据图 7.5，一些样本的误差是 + 0.25（$\hat{p}$ 是 0.50），也有一些是 −0.25（$\hat{p}$ 是 0.0），但更多的是 0.0（$\hat{p}$ 是 0.25）。如果将这些误差进行平均，结果是 0.0。可以看到，图 7.5 中抽样分布的平衡点在 0.25 处，也就是说估计值的均值是 0.25，误差的均值是 0.0。

平均误差的专业术语是偏差。当偏差为 0 时，我们说估计量是**无偏的**（unbiased）。使用无偏估计量的调查一般会得到正确的参数值。"平均"意味着一些调查会产生一些太大的估计值（正误差），而另一些会产生一些太小的估计值（负误差），但总体趋势是可以估计出正确的参数值。

第 3 点是有关精度的问题。平均而言，我们的估计值与参数相等，但抽样分布给出了估计值与均值的距离。**精度**（precision）反映在抽样分布的离散程度上，并通过抽样分布的标准差来度量。在这个模拟中，标准差为 0.163 66，即约为 16%。抽样分布的标准差有一个特殊的名称：**标准误差**（standard error，SE）。

标准误差衡量的是不同样本间估计值的差异。因此，在这个模拟调查中，如果我们调查 4 个人，喜欢猫的人通常占 25%（或 0.25），但会有正负 16.4%（16.4 个百分点）的差异。根据图 7.5，我们可能会认为变异性通常是正、负 25 个百分点，但我们必须记住，标准差度量的是观测值与均值之间的差异。许多观测值与均值相等，因此，与均值 25% 的典型或"标准"偏差仅为 16.4 个百分点。

KEY POINT **重点**

　　偏差是随机样本所有可能结果的平均误差。误差是特定样本的估计值与参数真值之间的差值。偏差是对准度的一种衡量，无偏估计量具有很好的准度。

　　我们用抽样分布的标准差——标准误差——来度量精度。当标准误差很小时，我们称估计量是精确的。

 摘要

抽样分布

　　抽样分布是什么？统计量概率分布的一个特殊名称。

> 抽样分布的用途是什么？给出一个统计量的概率。
>
> 抽样分布如何给出统计量的概率？抽样分布给出了估计值出现的频率，也描述了估计量的重要特征，如偏差和精度。
>
> 如何利用抽样分布？用于推断总体的特征。

模拟2：总体大小不影响精度

　　第一个模拟非常简单，因为虚拟世界中只有8个人。在第一次模拟中，偏差为0，这意味着估计量是准确的。然而，精度却非常差（标准误差很大）。我们应如何提高精度？为了找到这个问题的答案，我们需要做一个更真实的模拟。

　　这一次，我们构建一个与此前相同的虚拟世界，但扩大其规模。假设世界中有1 000人，其中25%是喜欢猫的人（$p = 0.25$）。（换句话说，世界上有250个喜欢猫的人。）随机抽取10个人，求喜欢猫的人所占的样本比例$\hat{p}$。

　　我们已经熟悉了计算过程，因而跳过一些步骤直接给出结果。这一次潜在的样本结果非常多，所以我们只能进行模拟：

　　1. 不放回地随机抽取一个10人的样本。

　　2. 计算$\hat{p}$：样本中喜欢猫的人所占的比例。

　　3. 重复步骤1和步骤2共10 000次。计算并记录每一次的$\hat{p}$值。

　　以下是我们的预测：

　　1. 我们预测，$\hat{p}$值不会每次都相同。$\hat{p}$的取值基于随机样本，因而是随机变化的。

　　2. 由于我们的估计量是无偏的，因此我们预测平均值——$\hat{p}$的典型值——为0.25，与总体参数相同。

　　3. 精度：请给出你的判断。你认为结果会比上次更精确还是更不精确？在上一次模拟中，我们的样本只包含4个人，标准误差测量的变异性约为0.16。这次的样本（10人）更大，而总体要大得多（1 000）。标准误差是大于（更不精确）还是小于（更精确）0.16？

贴士

模拟和软件

Tech

　　不要只是相信我们的结果，你可以亲自使用统计软件进行模拟。请参阅本章的技术提示，了解StatCrunch的模拟操作。

　　在进行10 000次抽样后，我们制作了10 000个$\hat{p}$的图表。图7.6给出了结果的直方图。 336
直方图的形状基于模拟的结果，因而图7.6只是抽样分布的近似，而非实际的抽样分布。尽管如此，它还是很好地近似描绘了实际抽样分布。

　　分布的中心位于0.250 1，总体参数是0.25，这表明基本不存在偏差。

　　我们可以通过计算$\hat{p}$的标准差来估计标准误差。结果约为0.135 6，即13.56个百分点。

　　根据标准误差，我们认为，如果再次抽取10个人的样本，喜欢养猫的人约占25%，误差是 13.6 个白分点。

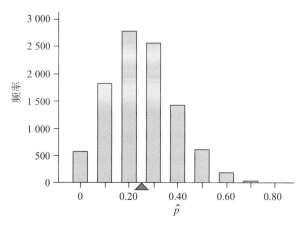

图 7.6 $\hat{p}$ 的模拟结果。这个直方图是对抽样分布的模拟。p 的真值是 0.25。每个样本包含
10 个人，我们重复抽样 10 000 次。图中的三角形表示分布的均值

从图 7.6 中，我们得到以下重要信息：

1. $\hat{p}$ 的偏差仍然是 0，尽管我们使用了更大的总体和样本。

2. $\hat{p}$ 变化较小，尽管总体更大，该估计量比 4 个人的样本更精确。一般而言，精度与总体大小无关，只与样本量有关。

许多人惊讶地发现，精度并不受总体大小的影响。在一个只有一万人的小镇中进行的一项调查，如何能与在一个 2.1 亿人口的国家进行的调查一样精确呢？

图 7.7 提供了一个类比。两碗汤代表两种总体：一种是大的（也许是一个国家），另一种是小的（一个城市）。我们的目标是品尝每一种汤（从总体中选取一个样本），并判断是否喜欢它的味道。如果两碗汤都搅拌得很均匀，碗的大小并不重要——使用相同大小的勺子，我们可以从两个碗中品尝到相同的味道。

图 7.7 碗中的汤代表两个总体，勺子表示样本量。估计的精度只取决于样本量，而不取决于总体大小

KEY POINT 重点

估计值的精度不取决于总体大小，只取决于样本大小。无论是在 1 000 人的总体中还是在 100 万人的总体中，基于样本量 10 的估计量都一样精确。

模拟 3：大样本产生更精确的估计量

如果增加样本量，模拟和偏差会如何变化？使用相同的总体（1 000 人，喜欢猫的人占

25%）进行另一次模拟，但我们这次抽样 100 人，而不是 10 人。

图 7.8 显示了模拟结果。注意，该抽样分布的中心仍然是 25%。此外，我们的估计方法仍然是无偏的。然而，直方图的形状看起来很不一样。首先，因为 $\hat{p}$ 可能有更多的结果，所以图 7.8 看起来更像是一个连续值而非离散值随机结果的直方图。其次，图 7.8 比图 7.6 更对称。在 7.3 节中你会看到，$\hat{p}$ 抽样分布的形状取决于随机样本量。

值得注意的是，这个估计量更精确，因为它使用了更大的样本量。通过对更多人进行抽样，我们可以获取更多信息，从而得到更精确的估计值。估计的标准误差，也就是图 7.8 所示的分布的标准差是 0.042，即 4.2 个百分点。

表 7.5 汇总了三次模拟的结果。

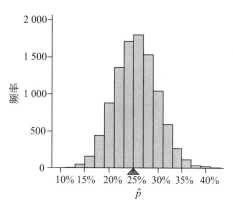

图 7.8　样本量为 100 人的随机样本中，喜欢猫的人样本比例的抽样分布。该模拟重复进行了 10 000 次

表 7.5　增加样本量会提高精度（标准误差减小）

三次模拟	总体大小	样本量		均值	标准误差	
1	8	4	增加样本量	25%	16.4	精度提高
2	1 000	10		25%	13.6	
3	1 000	100		25%	4.2	

根据图 7.8 所示的 100 人样本，我们得到：

1. 对所有样本量，估计量 $\hat{p}$ 都是无偏的（只要我们取的是随机样本）。

2. 随着样本量的增大，精度也会提高。

3. 样本量越大，抽样分布的形状就越对称。

KEY POINT　重点

　　基于较大样本量的调查具有较小的标准误差，因此具有更好的精度。增加样本量可以提高精度。

7.2.2　偏差与标准误差的计算

338

我们已经证明，可以通过模拟的方法来估计偏差和精度。但我们也可以用数学的方法来解决这一问题，而不需要进行模拟。在一定前提下，我们可以很容易地计算出样本比例的偏差和标准误差。

$\hat{p}$ 的偏差为 0，标准误差为

$$SE = \sqrt{\frac{p(1-p)}{n}} \tag{7.1a}$$

需要同时满足以下两个条件：

条件 1： 有放回或不放回的随机抽样。待估计的总体参数是具有某种特征的人（或物）的比例。这个比例记作 p。

条件 2： 如果是不放回抽样，总体需要比样本量大得多，至少 10 倍大是一个不错的经验法则。

例 7　宠物世界

假设宠物世界中有 1 000 人，喜欢猫的人占 25%。喜欢猫的人仅喜欢猫而讨厌狗。我们正计划做一项调查，不放回地随机抽取 100 人作为样本。计算样本中喜欢猫的人所占的比例。

问题： 这个样本比例应该是多少？标准误差是多少？如何解释这些数值？

解答： 样本比例是无偏的，因此我们期望它与总体比例相同，即 0.25。标准误差为

$$\sqrt{\frac{p(1-p)}{n}} = \sqrt{\frac{0.25 \times 0.75}{100}} = \sqrt{\frac{0.187\ 5}{100}} = \sqrt{0.001\ 875} = 0.043\ 30\ ，即约 4.3\%$$

由于总体大于样本，因此这个公式的运用是正确的。总体大小为 1 000，样本量为 100；$100 \times 10 = 1\ 000$，所以总体是样本量的 10 倍。

结论： 对此，我们的解释为，如果对宠物世界的 100 个人进行调查，我们预计他们中有 25% 的人喜欢猫，误差是 4.3%。"误差"的意思是如果你抽取大小为 100 的样本，我也抽取大小为 100 的样本，我们得到的样本比例通常会与预期的 25% 相差约 4.3 个百分点以内。

试做： 练习 7.31。

7.2.3　现实生活：我们只有一次机会

在模拟中，我们可以通过多次重复调查以了解可能发生的情况。在现实生活中，我们只有一次机会。我们所能做的就是选取一个样本，然后计算 $\hat{p}$ 值。

重要的是要认识到，在进行多次重复调查时，偏差和精度都能够对我们的调查结果进行度量。偏差度量重复调查的典型结果。偏差为 0 通常意味着我们会得到正确的值。如果偏差为 0.10，那么我们的估计通常会高出 10 个百分点。精度度量如果我们再做一次调查，我们的估计值与典型值的差异有多大。换句话说，精度有助于确定其他人的估计值与我们的估计值有多大不同。

一项"好的"调查的标准误差应该有多小？不同情况下的答案不同，但基本的原则是精度应该足够小。一次选举民意调查的样本约为 1 000 名注册选民，标准误差约为 1.5 个百分点。如果候选人之间相差很多个百分点，这就是很好的精度。相反，如果他们相差不大，

这说明调查结果可能还不够好。在 7.4 节中，我们将讨论如何判断标准误差是否足够小。

在现实生活中，我们不知道总体比例 p 的真实值，这意味着我们无法计算标准误差。然而，通过使用样本比例，我们可以得出非常接近的结果。如果 p 是未知的，那么一个接近真实标准误差的近似值是：

$$SE_{est} = \sqrt{\frac{\hat{p}(1-\hat{p})}{n}} \quad\quad\quad (7.1b)$$

7.3 样本比例的中心极限定理

概率表示我们重复一个实验无穷多次时一个事件发生的频率。例如，$\hat{p}$ 的抽样分布给出了样本比例下降的概率。也就是说，它告诉我们在无限次地重复调查后，特定 $\hat{p}$ 值出现的频率。在模拟中，我们重复了 10 000 次虚拟调查。尽管 10 000 已经是很大的数字了，但它距离无穷大还有很远。

在 7.2 节的三个模拟中，我们看到抽样分布的形状（或基于模拟的估计）随着样本量的增加而变化（比较图 7.5、图 7.6 和图 7.8）。如果我们使用的样本量大于 100（上次模拟的样本量），抽样分布会是什么形状？事实证明，我们不需要运用模拟的方法来回答这个问题。对于这个统计量和其他一些统计量，**中心极限定理**（central limit theorem，CLT）可以很好地近似抽样分布，而不需要我们进行模拟。

抽样分布很重要，中心极限定理亦然。这是因为它们与偏差、标准误差一样，可以帮助我们度量估计方法的质量。抽样分布给出了估计值落在总体值一定距离的概率。例如，我们不仅想知道有 18% 的客户可能会在明年购买新手机，我们还想知道真实值大于某个特定值——比如 25%——的概率。

7.3.1 中心极限定理的适用条件

中心极限定理有几个不同的版本。估计总体比例的一个原则是，在满足某些基本条件时，样本比例的抽样分布接近正态分布。 340

更准确地说，在估计总体比例 p 时，我们必须满足计算偏差和精度相同的条件，以及一个新的条件：

条件 1：随机和独立。从总体中随机选取样本，观测值相互独立。随机抽样既可以放回也可以不放回。

条件 2：大样本。样本量 n 足够大，使样本量预期至少 10 次成功（是）和 10 次失败（否）。

条件 3：大总体。如果是不放回随机抽样，那么总体必须比样本大很多（至少是样本的 10 倍）。$\hat{p}$ 的抽样分布近似正态分布，其均值为 p（总体比例），标准差与标准误差相同，如式（7.1a）。

⟳ 回顾

正态表示法

回想一下，用符号 N（均值，标准差）表示一个特定的正态分布。

KEY POINT 重点

根据样本比例的中心极限定理，如果从总体中随机抽取一个样本，样本量很大且总体远大于样本量，那么 $\hat{p}$ 的抽样分布近似为

$$N\left(p, \sqrt{\frac{p(1-p)}{n}}\right)$$

如果不知道 p 的值，那么可以代入 $\hat{p}$ 的值来计算估计的标准误差。

---

341 图 7.9 说明了样本比例的中心极限定理。图 7.9a 是基于 10 人的模拟，这对于中心极限定理的应用来说太小了。在这种情况下，模拟的抽样分布看起来并不是正态分布；它是右偏的，不同值的频率存在很大的差距。图 7.9b 是基于 100 个观测值的模拟。因为总体比例是 $p =$ 0.25，100 的样本量对于中心极限定理的应用是足够大的，模拟抽样分布看起来非常接近正态模型。图 7.9b 实际上是在图 7.8 的基础上叠加了一条正态曲线。现在，两幅图横轴的单位相同，我们可以看到，样本量 100 比样本量 10 给出了更高的精度——分布更紧凑。

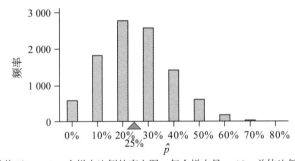

a) 图 7.6 的修正，10 000 个样本比例的直方图，每个样本量 n=10，总体比例 p 等于 25%

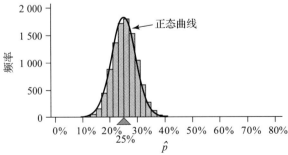

b) 图 7.8 的修正，10 000 个样本比例的直方图，每个样本量 $n = 100$，总体比例 p 等于 25%

图 7.9　直方图

如图 7.9b 所示，正态曲线的均值为 0.25，因为 $p = 0.25$，标准差（也称为标准误差）为 0.043 3，因为

$$\sqrt{\frac{0.25 \times 0.75}{100}} = 0.043\ 3$$

在学习中心极限定理的应用方法之前，我们先介绍中心极限定理的适用条件。

7.3.2 中心极限定理适用条件的检验

第一个条件是随机抽样，并且观测值相互独立。我们无法仅仅通过观察数据来验证这一点，你必须相信研究人员的数据收集报告。或者如果你是研究人员，请务必注意使用有效的随机抽样方法。

第二个条件规定样本量必须足够大。这一点我们可以通过数据来验证。根据中心极限定理，样本量需要足够大，在我们的样本中获得至少 10 次成功和 10 次失败。如果成功的概率是 p，那么我们预计有 np 次成功和 $n(1-p)$ 次失败。但有一个问题，通常我们不知道 p 的值，在这种情况下，需要检验

$$n\hat{p} \geqslant 10\ \text{与}\ n(1-\hat{p}) \geqslant 10$$

例如，样本有 100 人，我们想要估计女性在总体中的比例，如果样本中有 49% 的女性，那么我们需要检验 $100 \times 0.49 \geqslant 10$ 和 $100 \times 0.51 \geqslant 10$。

第三个条件只适用于不放回随机抽样，就像使用简单随机抽样时一样。在这种情况下，总体必须至少是样本的 10 倍。用符号表示，如果 N 是总体数，n 是样本数，那么

$$N \geqslant 10n$$

如果不满足这一条件，而且是不放回随机抽样，那么实际的标准误差将比我们的公式所要求的要小一些。在大多数实际应用中，总体比样本大得多。

超过 3 亿人居住在美国，所以样本为 1 000 人到 3 000 人的典型调查很容易满足这个条件。

你可以在下面的示例中学习如何使用这些条件。

KEY POINT 重点

用于样本比例的中心极限定理要求：一个随机样本，有独立的观察结果；一个大样本；如果使用 SRS，那么总体中的个体数量至少是样本量的 10 倍。

7.3.3 中心极限定理的应用

下面的例子介绍如何使用中心极限定理来计算样本比例接近（或远离）总体比例的概率。

例 8 重新审视宠物世界

让我们回到宠物世界。总体是 1 000 人，喜欢猫的人占总体的 25%。我们从 100 个人

342

中随机抽取样本。

问题： 样本中大于 29% 的概率是多少？首先检查中心极限定理的适用条件。

解答： 尽管问题陈述给出了以百分比表示的值，但我们使用比例进行计算。首先检验中心极限定理是否适用的条件。因为 $np = 100 \times 0.25 = 25$ 大于 10，$n(1-p) = 100 \times 0.75 = 75$，所以样本量足够大。此外，总体是样本的 10 倍，因为 $1\,000 = 10 \times 100$。因此 $N \geqslant 10n$，人口刚好够多。我们被告知样本是随机采集的。

根据中心极限定理，抽样分布近似正态分布。均值与总体比例相同，$p = 0.25$。其标准差与式（7.1a）中的标准误差相同：

$$SE = \sqrt{\frac{p(1-p)}{n}} = \sqrt{\frac{0.25 \times 0.75}{100}} = \sqrt{\frac{0.187\,5}{100}}$$
$$= \sqrt{0.001\,875} = 0.043\,3$$

我们可以使用软件来计算在 $N(0.25, 0.043\,3)$ 分布中得到大于 0.29 的值的概率。或者我们可以标准化。

用标准单位表示，0.29 等于

$$z = \frac{0.29 - 0.25}{0.043\,3} = 0.924$$

在 $N(0, 1)$ 分布中，从附录 A 可以看出，大于 0.924 的概率约为 0.18，即 18%。图 7.10 显示了软件的输出结果。

结论： 在样本量为 100 时，$\hat{p}$ 在 25% 以上 4 个百分点的概率约为 18%。

试做： 练习 7.41。

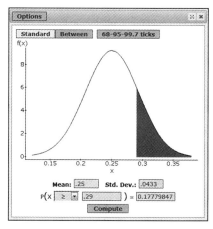

图 7.10 StatCrunch 的输出结果。$\hat{p}$ 大于 25% 以上 4 个百分点的可能性约为 18%

摘要

样本比例：$\hat{p}$

$\hat{p}$ 是什么？样本中特定特征的人或物的比例。

$\hat{p}$ 的用途是什么？估计总体中具有某种特征的人或物的比例。

$\hat{p}$ 如何估计总体比例？如果样本是从总体中随机抽取的，那么样本比例是无偏的，标准误差等于 $\sqrt{\dfrac{p(1-p)}{n}}$。

如何利用 $\hat{p}$？此外，如果样本量相当大，则可以用正态分布求解样本比例的相关概率。

例 9　总统选举调查

在竞争激烈的美国大选中，两位总统候选人，一位民主党候选人，一位共和党候选人，不分上下。每个候选人都有 50% 的选票。假设随机抽取 1 000 名选民，询问他们是否会投票给共和党候选人。

问题：预计样本中有多少比例的人会表示支持共和党？样本比例的标准误差是多少？中心极限定理适用吗？如果适用的话，样本比例落在总体 $p = 0.50$ 的两个标准误差内的概率近似是多少？

🔄 **回顾**

经验法则

回想一下经验法则，68% 的观测值应该在均值的一倍标准差范围内，95% 的观测值应该在均值的两倍标准差范围内，几乎所有的观测值都应该在均值的三倍标准差范围内。在这种情况下，标准误差是抽样分布的标准差。

解答：因为我们收集的是随机样本，所以样本比例没有偏倚（假设收集样本没有问题）。因此，我们预计 50% 的样本会支持共和党候选人。$n = 1\ 000$，因为相对于总体（超过 1 亿）样本量小，我们可以计算标准误差

$$SE = \sqrt{\frac{0.50 \times 0.50}{1\ 000}} = 0.015\ 8$$

我们预计样本比例是 0.50，上、下误差 0.015 8，或者说样本比例是 50%，上、下误差 1.58 个百分点。

因为样本量相当大（成功和失败的预期数都等于 $np = 1\ 000 \times 0.50 = 500$，大于 10），中心极限定理告诉我们可以使用正态分布——特别是 $N(0.50, 0.015\ 8)$。

我们需要计算样本比例落在 0.50 的两倍标准误差内的概率。换句话说，它将落在 $0.50 - 2SE$ 和 $0.50 + 2SE$ 之间的概率。由于这是一个正态分布，概率将非常接近 95%（根据经验规则）。但我们还是计算一下结果吧。

$0.50 - 2SE = 0.50 - 2 \times 0.015\ 8 = 0.50 - 0.031\ 6 = 0.468\ 4$

$0.50 + 2SE = 0.50 + 0.031\ 6 = 0.531\ 6$

也就是说，我们希望计算 $N(0.5, 0.015\ 8)$ 分布中 0.468 4 与 0.531 6 之间的面积。图 7.11 显示了软件的输出结果，该概率为 0.954 5。

结论：如果每个候选人真的获得 50% 的选票，那么我们期望样本比例约为 0.50（或 50%）。样本比例有 95% 的概率落在 50% 的两个标准误差范围内。

试做：练习 7.43。

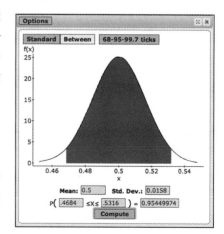

图 7.11　随机抽样的 1 000 人有大约 95% 的概率落在 50% 的两倍标准误差内的概率。总体中 50% 的人支持候选人（$p = 0.50$）

例 9 的结论是有意义的。一般而言，我们可以预测 $\hat{p}$ 相对于 p 会落在哪里。这表明 $\hat{p}$ 很可能落在真实值的两倍标准误差之内，只要样本量足够大。另外，如果标准误差很小，那么 $\hat{p}$ 很有可能落到 p 附近。

> **KEY POINT 重点**
>
> 如果调查样本的条件满足中心极限定理的要求，那么样本比例落在总体比例的两倍标准误差内的概率为 95%。

例 10   莫尔斯和字母 E 的比例

莫尔斯电码的发明者塞缪尔·莫尔斯（Samuel Morse，1791—1872）表示，在英语中使用最频繁的字母是 E，E 的比例是 0.12。莫尔斯电码将字母表中的每个字母翻译成"点"和"线"的组合，在无线电或电话出现之前，电报员就使用莫尔斯电码向世界各地传送信息。重要的是，要让最常用的字母最易于输入。在莫尔斯电码中，字母 E 就是"点"。

为了验证莫尔斯关于 E 的比例是否正确，我们从一本当代图书中进行简单随机抽样。我们的样本有 876 个字母，其中有 118 个 E，所以 $\hat{p}=0.134\,7$。

问题：假设 E 在总体中的真实比例，如莫尔斯所说的，为 0.12。求另一个随机抽取 876 个字母的样本，样本比例大于或等于 0.134 7 的概率。作为第一步，验证中心极限定理在这种情况下是否适用。

解答：为了验证是否可以用中心极限定理，需要保证样本量足够大。因为 $p = 0.12$，我们检验

$$np = 876 \times 0.12 = 105.12, \ 大于 10$$

和

$$n(1 - p) = 876 \times 0.88 = 770.88, \ 也大于 10$$

我们抽样的这本书包含的字母远远超过 8 760 个，所以总体远大于样本。

因此，我们可以用正态模型来表示样本比例的分布。该分布的均值是 $p = 0.12$。标准误差是

$$SE = \sqrt{\frac{p(1-p)}{n}} = \sqrt{\frac{0.12 \times 0.880}{876}} = 0.010\,979$$

$$z = \frac{\hat{p} - p}{SE} = \frac{0.134\,7 - 0.12}{0.010\,979} = \frac{0.014\,7}{0.010\,979} = 1.339$$

因此，我们需要计算 z 分数大于等于 1.339 的概率。我们可以利用正态表格，也就是 z 分数 1.34 右侧的面积。我们也可以使用软件（见图 7.12）在 $N(0.12, 0.012)$ 分布中计算 0.134 7 右侧的面积。这个概率由图 7.13 中的阴影区域表示。

结论：如果样本为 876 个字母，当总体中 E 的真实比例为 0.12 时，得到样本比例大于等于 0.134 7 的概率约为 9%。

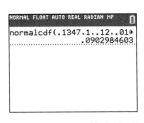

图 7.12　TI-84 输出结果

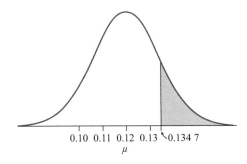

图 7.13　阴影区域表示从比例为 0.12 的总体中找到
样本比例大于等于 0.134 7 的概率

试做： 练习 7.45。

7.4　估计总体比例的置信区间

346

　　我们通过一个实际调查的例子进行说明。皮尤研究中心在 2013 年对美国 446 名登记在册的民主党人进行了随机抽样调查。在这个样本中，446 人中的 57% 认为，新闻媒体在不重要的新闻上花费了太多时间。（皮尤研究中心也向共和党人和无党派人士提出了同样的问题。）不过，这个百分比只告诉了我们样本的信息。总体的百分之几——也就是美国所有民主党人的百分之几——同意这种说法？与 57% 相差多少？我们能得出大多数（超过 50%）的美国人都认同这个观点吗？

　　我们不知道总体参数 p。我们知道样本的 $\hat{p}$ 等于 0.57。以下是我们从前面几节中了解到的其他信息：

　　1. 我们的估计量是无偏的，尽管 57% 的估计值可能不是恰好等于总体参数，总体参数可能会稍微高一些或低一些。

　　2. 估计标准误差为

$$\sqrt{\frac{\hat{p}(1-\hat{p})}{n}} = \sqrt{\frac{0.57 \times 0.43}{446}} = 0.023，约 2.3\%$$

因为估计量是无偏的，所以标准误差表示估计值可能比总体参数高多少或低多少。

　　3. 由于样本量较大，我们也意识到 $\hat{p}$ 的概率分布非常接近正态分布，并且以真实的总体参数值为中心。因此，$\hat{p}$ 与总体比例的距离小于一倍标准误差的概率为 68%，小于二倍标准误差的概率约为 95%。此外，几乎有 100% 的可能性（实际上是 99.7%），样本比例与总体比例的距离小于三倍标准误差。因此，我们可以确信，同意这种说法的总体比例在 57% 的三倍标准误差范围内。三倍标准误差是 3×2.3%= 6.9%，所以我们几乎可以确定总体参数的值在 57% 上、下 6.9 个百分点范围以内。

　　换句话说，我们可以高度确信总体参数在这两个数字之间：

$$57\%-6.9\% \text{ 至 } 57\% + 6.9\%，或$$
$$50.1\% \text{ 到 } 63.9\%$$

我们刚刚计算了一个**置信区间**（confidence interval）。置信区间通常表示为估计值加或减某个数值：

$$57\% \pm 6.9\%$$

"某个数值"在本例中是 6.9 个百分点，被称为**误差范围**（margin of error）。误差范围给出了我们的估计值与总体值的距离。

置信区间提供了两条信息：总体参数的可信值范围（50.1% 至 63.9%）；**置信水平**（confidence level），它表示（在此不足为奇）我们对这个区间的置信水平。99.7% 的高置信水平让我们确信，大多数民主党人同意新闻媒体在不重要的新闻上花费了太多时间，因为总体中最小的置信水平是 50.1%，这（仅仅）大于半数。

我们可以通过一个类比解释置信区间的意义。想象一个城市公园，公园里坐着一位妈妈和她蹒跚学步的女儿。妈妈每天都坐在同一个地方，坐在人行道旁的长凳上，而她的女儿则到处闲逛。就像你想象的那样，大多数时候孩子都和妈妈待在一起。事实上，我们的研究表明，我们观测的 68% 的日子里，她都在妈妈的 1 码（1 码 =0.914 4m）距离之内。有时她会走得更远一点，但在 95% 的时间里，她仍然离妈妈不到两码远。她很少走得更远，几乎总是在妈妈 3 码之内。

有一天，不可思议的事情发生了，妈妈和公园的长凳消失了。幸运的是，孩子仍然可见。问题是要计算妈妈坐的位置。

妈妈在哪儿？在 68% 的日子里，孩子在妈妈的 1 码之内，所以在这些时候妈妈一定在孩子的 1 码之内。如果我们认为在大多数日子里——也就是我们观测到的 68% 的日子里——妈妈与孩子的距离都在 1 码之内，那么我们的判断是正确的。但这也意味着我们将有 32% 的可能是错误的。如果我们猜测妈妈与孩子的距离在 2 码之内，我们就更有信心认为判断是正确的，只有 5% 的可能是错误的。

在这个类比中，妈妈是总体比例。就像妈妈一样，总体比例从不移动位置，数值也从不改变。就像我们看不到妈妈的位置一样，我们不知道参数的值。孩子是我们的样本比例，$\hat{p}$；我们知道它的值，我们知道它在总体比例附近从一个样本到另一个样本有变化。因此，即使我们不能确切地知道真实的总体比例是多少，我们也可以推断出它接近样本比例。

7.4.1 设置置信水平

置信水平告诉我们估计方法成功的频率。我们的方法是取一个随机样本，计算一个置信区间来估计总体比例。如果该方法的置信水平是 100%，那么该方法总是有效的。如果该方法的置信水平为 10%，那么它在 10% 的调查中有效。我们说，如果区间捕获了总体参数的真值，该方法就有效。在这种情况下，如果真实的总体比例在该区间内，则该区间有效。

将置信水平视为捕获率，它告诉我们基于随机样本的置信区间捕获总体比例的频率。请记住，总体比例，就像公园长凳上的妈妈，不会移动——它总是一样的。然而，置信区间随随机样本而改变。因此，置信水平度量的是估计方法的成功率，而不是任何特定区间的成功率。

KEY POINT 重点

置信水平度量我们计算置信区间方法的捕获率。

图 7.14 说明了我们所说的 95% 置信水平的含义。假设在美国，51% 的选民支持更严格的枪支买卖法律。我们模拟随机抽取 1 000 人作为样本，计算支持更严格法律的样本百分比，然后求出 95% 置信水平的置信区间。重复上述计算过程。

图 7.14 显示了 100 次模拟的结果。每个实心方块和每个带叉方块代表一个样本百分比。请注意，这些点以总体百分比 51% 为中心。水平线表示置信区间：样本百分比加上或减去误差范围。设置误差范围使置信水平为 95%。请注意，大多数线在 51% 处与垂直线相交。这些是成功的置信区间，捕获总体值 51%（实心方块）。然而，也有一些百分比的样本没有达到要求，这些用带叉方块表示。在 100 次试验中，我们的方法失败 4 次，成功 96 次。换句话说，它在 96% 的试验中有效。当我们使用 95% 置信水平时，我们的方法在 95% 的调查中有效。

我们可以通过改变误差范围来改变置信水平。误差范围越大，我们的置信水平就越高。例如，我们可以 100% 确信，支持更严格枪支法律的美国人的真实比例在 0% 到 100% 之间。我们 100% 相信这个区间，因为它永远不会错。当然，它也永远不会有用。我们真的不需要花钱去做调查来了解答案在 0% 和 100% 之间，不是吗？

如果误差范围比"正、负 50 个百分点"更精确，将会更有帮助。然而，如果误差范围太小，我们就更有可能出错。把误差范围想象成网球拍。球拍越大，你击球的信心就越大。选择一个从 0% 到 100% 的间隔，就像用一个填满整个球场的球拍——你肯定会击中球，但这并不是因为你是一名优秀的网球运动员。如果球拍太小，你击球的信心就会降低，所以你不希望球拍太小。在太大和太小之间，我们需要选择一个合适的位置。

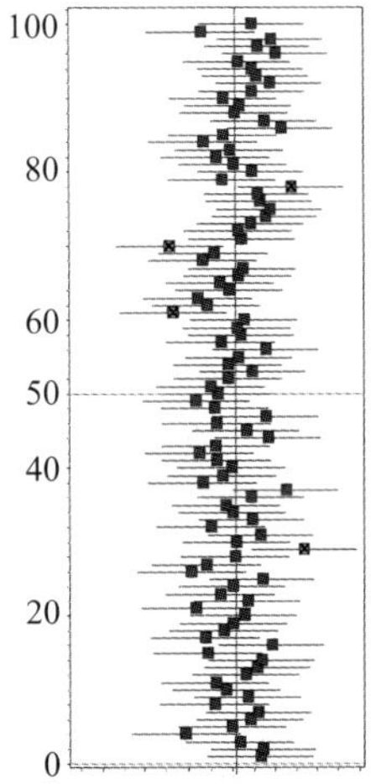

图 7.14　随机抽样的 100 个模拟结果。计算并给出了一个置信区间，置信水平为 95%。带叉方块表示"坏"间隔

7.4.2　设置误差范围

我们设置的误差范围将产生所需的置信水平。例如，如何选择置信水平为 95% 的误差

范围？我们已经知道，如果随机样本足够大并求出样本比例，中心极限定理告诉我们 95% 的情况下，样本比例在总体比例的两倍标准误差之内。当然，如果我们选择的误差范围是两倍标准误差，那么总体比例就会包含在 95% 的样本中。

这意味着

$$\hat{p} \pm 2SE$$

是具有 95% 置信水平的置信区间。更简洁地说，我们称之为 95% 置信区间。

遵循同样的逻辑，我们知道区间

$$\hat{p} \pm 1SE$$

是 68% 置信区间。

$$\hat{p} \pm 3SE$$

是 99.7% 的置信区间。

图 7.15 显示了 $\hat{p} = 0.50$ 的样本的四个误差范围及其相应的置信水平。

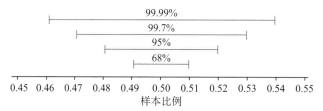

图 7.15　四个置信区间，置信水平从 99.99%（±4 个标准误差）到 68%（±1 个标准误差）。注意区间是如何随着置信水平的增加而变宽的

349

这个图说明了为什么需要 95% 置信区间的一个原因。如果我们将误差范围从 2 个标准误差增加到 3 个，我们只获得少量的置信水平，这个水平从 95% 上升到 99.7%。但是，如果我们从 2 个标准误差减少到 1 个，我们就会失去很多置信水平，这个水平从 95% 下降到 68%。因此，选择 2 个标准误差是非常经济的。误差范围是这样的结构：

$$误差范围 = z^*SE$$

其中 z^* 是一个数字，它告诉我们在误差范围内应该包含多少标准误差。如果 $z^* = 1$，则置信水平为 68%。如果 $z^* = 2$，置信水平为 95%。

表 7.6 总结了常用置信水平的误差范围。

表 7.6　通过选择适当的误差范围，我们可以将置信水平设置为我们希望的值

置信水平	误差范围
99.7%	3.0 个标准误差
99%	2.58 个标准误差
95%	1.96 个（约 2 个）标准误差
90%	1.645 个标准误差
80%	1.28 个标准误差

7.4.3　现实检验：在 p 未知的情况下计算置信区间

正如我们所见，总体比例的置信区间具有这样的结构：

$$\hat{p} \pm m$$

其中 m 为误差范围。代替误差范围，我们也可以这样写

$$\hat{p} \pm z^* SE$$

计算标准误差要求我们知道 p 的值：

$$SE = \sqrt{\frac{p(1-p)}{n}}$$

但在现实生活中，我们不知道 p，所以代入样本比例，使用式（7.1b）来估计标准误差：

$$SE_{\text{est}} = \sqrt{\frac{\hat{p}(1-\hat{p})}{n}}$$

其结果是一个置信区间，其置信水平接近但不完全等于正确的水平。这对于大多数实际用途来说已经足够接近了。在现实生活中，式（7.2）是我们用来寻找总体比例的近似置信区间的方法。

$$\hat{p} \pm m，其中 m = z^* SE_{\text{est}}，SE_{\text{est}} = \sqrt{\frac{\hat{p}(1-\hat{p})}{n}} \qquad （7.2）$$

式中：m 是误差范围；$\hat{p}$ 是成功的样本比例，或者说样本中具有我们感兴趣的特征的人的比例；n 为样本量；z^* 是为了达到期望的置信水平而选择的乘数（见表 7.6）；SE_{est} 是估计的标准误差。

例 11　教师与数字设备

350

美国的大多数教师是否认为数字设备（智能手机、平板电脑、电脑）对学生的教育最有帮助？2018 年，盖洛普对 K-12 年级的 497 名教师进行了随机调查，42% 的受访者表示，这类设备对学生的教育"最有帮助"。（来源：Busteed & Dugan，2018，news.gallup.com）

问题：估计标准误差。为所有 K-12 教师中认为这些设备对学生教育最有帮助的百分比计算一个 95% 的置信区间。认为 50% 或更多的教师认同这一观点，是否合理？

解答：首先确定中心极限定理的条件。盖洛普进行的是随机抽样。我们必须假设他们的观测值是独立的（这是合理的，教师的答案不会相互影响）。我们不知道民意调查人员的抽样是放回还是不放回，但是由于总体非常大——显然大于样本的 10 倍——我们不需要担心放回的问题。（符合条件 1 和 3。）

接下来，我们需要检查样本大小是否足够大，可以使用中心极限定理。我们不知道 p，即所有教师中相信数字设备对学生教育最有帮助的比例。我们只知道统计量 $\hat{p}$ 的值（0.42），是盖洛普从其样本中发现的。这意味着我们的样本至少有 10 个成功案例（同意上述说法的

教师），因为 $497 \times 0.42 = 208.74$，远远大于 10。同时，我们知道我们至少有 10 个失败的（不同意上述说法的教师），因为 $497 \times (1-0.42)$ 比 208.74 还要大。

在这一点上，我们可以直接应用软件，如 StatCrunch 或 Minitab，或者我们可以继续使用计算器进行计算。图 7.16 显示了 StatCrunch 的输出结果。

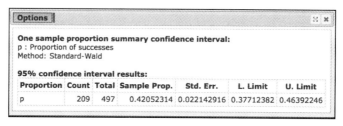

图 7.16　美国所有教师中相信数字设备对学生教育最有帮助的比例，StatCrunch 给出了 95% 的置信区间

如果改用计算器，下一步就是估计标准误差。根据式（7.1b）

$$SE_{est} = \sqrt{\frac{0.42 \times (1-0.42)}{497}} = 0.022\,14$$

现在我们将这个结果与式（7.2）一起使用（用 2 作为乘数，而不是更精确的值 1.96）来计算区间。

$$\hat{p} \pm 2SE_{est}$$
$$0.42 \pm 2 \times 0.022\,14$$
$$0.42 \pm 0.044\,28$$

或者，如果你喜欢，可以四舍五入为

$$42\% \pm 4\%$$

[351] 把它表示成一个区间，我们得到

$$42\% - 4\% = 38\%$$
$$42\% + 4\% = 46\%$$

95% 置信区间是 38% 到 46%。

结论： 置信区间告诉我们哪些值对总体百分比来说是可信的。我们得出结论，超过 50% 的教师认为数字设备对学生的教育最有帮助，而可信值都没有那么大，所以这是不可信的。这个百分比的最大可能值是 46%。

试做： 练习 7.59。

7.4.4　解释置信区间

样本比例的置信区间给出了一组总体比例的可信估计值。如果一个值不在置信区间内，

我们就认为它是不可信的。总体比例也可能位于置信区间以外，但这种情况并不寻常。

假设一位政治候选人进行了一次民意测验，发现投票给他的选民比例的95%置信区间是42%至48%。他应该明智地认识到：投票给他的选民比例不会达到50%。原因是50%不在置信区间内，所以我们不太可能相信总体比例是50%。

你需要避免关于置信区间的一些错误的理解。学生（以及其他许多人）犯的最常见的错误是将置信区间理解为某种概率。例如，如果95%的置信区间为45.9%至53.1%，很多人会错误地认为，"这意味着总体百分比在45.9%至53.1%之间的概率为95%"。

这种说法有什么问题吗？请记住，概率是长期的频率。这句话说的是，如果我们多次重复这项调查，那么在95%的调查中，总体百分比将是45.9%到53.1%之间的一个数字。这种说法是错误的，因为真实的总体百分比不会改变。它总是在45.9%和53.1%之间，或者永远不会在这两个值之间。而95%的情况下位于这两个数之间，其他情况下都在其他地方，这样的说法是错误的。在我们关于妈妈消失了的故事中，妈妈代表总体比例，总是坐在同一个位置上。类似地，总体比例（或百分比）是一个固定的值。

我们可以借助另一个类比以更清晰地理解这一点。假设有一个滑板工厂，这家工厂生产的滑板95%是合格的，但有5%没有轮子。一旦从这家工厂买了一个滑板，你就不能说它有95%的概率是一个好滑板。一个滑板或者有轮子或者没有轮子。95%的滑板有轮子，而另外5%的滑板没有轮子，这种说法是不正确的。置信区间就像这些滑板。它包含参数真值（有轮子），或者不包含。"95%置信"是指"制造"置信区间的"工厂"：95%的产品是合格的，5%的产品是不合格的。

我们所讨论的置信水平，其对象是滑板的制造过程而非最终产品。

[352]

> **KEY POINT 重点**
>
> 置信水平在于置信区间的产生过程，而不是在于任何特定的区间。一个特定的置信区间有95%（或任何其他百分比）的概率包含真实的总体参数，这样的说法是不正确的。相反，正确的理解应该是产生置信区间的过程以95%的概率捕获真实的总体参数。

例12 买房还是租房？

在大衰退之后，皮尤研究中心认为，租房和买房的家庭数量似乎有所下降。而在2016年，皮尤研究中心报告称当年"72%"的租房者表示他们希望购买自己的房子，且"95%置信水平的误差范围是 ±5.4个百分点"。

问题：用区间形式表述置信区间。如何解释这个置信区间？"95%"是什么意思？

结论：我们已知误差范围为5.4个百分点。在区间形式下，95%置信区间为

$$72\% - 5.4\% \text{ 至 } 72\% + 5.4\%，\text{或者}$$

$$66.6\% \text{ 至 } 77.4\%$$

我们将此解释为，我们有95%的信心相信，希望购房的租房者的真实比例大约在67%到

77% 之间。95% 表示，如果不止进行一次调查，而是进行无限次调查，那么会有 95% 的调查结果位于包含总体比例的置信区间内。

试做：练习 7.65。

 数据迁移：完整的数据集可以从 http：// www.pewsocialtrends.org/ dataset/2016-homeownershipsurvey/ 下载，数据格式是一种专有格式。一些开源数据分析软件可以读取这种格式，而文件 homeowners.csv 提供了一个整理后的、更便于使用的调查数据版本。你可以在皮尤网站上找到该数据集的文档。

文件：homeowners.csv。

例 13 演示了如何使用置信区间来估计总体比例。

Tech 例13　莫尔斯和英文字母 E

回想一下例 10，莫尔斯认为英语中字母 E 的使用比例是 0.12，我们的样本显示，从现代书籍中随机抽取的 876 个字母中有 118 个 E。

问题：计算书中字母 E 比例的 95% 置信区间。字母 E 的比例是否与莫尔斯的 0.12 一致？假设解释置信区间的条件已经满足。（在例 10 中检查了条件。）

图 7.17　TI-84 输出字母 E 比例的置信区间。由于四舍五入，该数值与手动计算结果略有不同

解答：最好的方法是利用统计软件。图 7.17 显示，TI-84 输出的 95% 置信区间为

$$(0.112, 0.157)\ 或\ (11.2\%, 15.7\%)$$

如果不用统计软件，那么第一步是计算字母 E 的样本比例：118/876 或 0.134 7。

估计的标准误差为

$$SE_{est} = \sqrt{\frac{\hat{p}(1-\hat{p})}{n}} = \sqrt{\frac{0.134\ 7 \times 0.865\ 3}{876}} = \sqrt{0.0001\ 330\ 5} = 0.011\ 534\ 9$$

因为我们需要 95% 置信水平，误差范围是 ±1.96 标准误差

$$误差范围 = 1.96\ SE_{est} = 1.96 \times 0.011\ 534\ 9 = 0.022\ 608$$

区间边界为

$$\hat{p} \pm 1.96 SE_{est} = 0.134\ 7 \pm 0.022\ 6$$

区间上界：0.134 7 + 0.022 6 = 0.157 3

区间下界：0.134 7 − 0.022 6 = 0.112 1

这证实了我们通过软件得到的结果：95% 的置信区间是（0.112 1，0.157 3）。注意，这个区间包含 0.12。

结论：我们有 95% 的信心认为现代书籍中字母 E 的比例在 0.112 至 0.157 之间。这个区间捕获了 0.12。因此，如莫尔斯所言，书中字母 E 的总体比例为 0.12 是有可能的。

试做：练习 7.69。

7.4.5　研究筹备：计算所需的样本量

到目前为止，在本章中，我们已经介绍了如何根据已知数据计算置信区间。但是怎么知道要收集多少数据呢？例如，假设我们想了解美国儿童每天喝一杯或更多含糖饮料的比例。

我们必须从这个总体（全美国的孩子）中随机抽取一个样本，但是我们需要调查多少个孩子呢？回答这个问题的第一步是确定你希望估计有多精确。换句话说，你期望多大的误差范围？

一个常见的选择是误差范围为 3 个百分点。这样的话，我们可以这样说："我们非常确信，每天喝一杯或多杯含糖饮料的儿童比例是＿＿＿，±3 个百分点。" 3 个百分点是一个相对较小的误差范围，也是研究人员通常的选择。该误差范围下的结果已经足够精确了。

那么，我们如何确定正确的样本量，使误差范围不超过 3 个百分点（或我们选择的其他值）？

在此，我们就不进行代数运算了。（如果你有兴趣，请参阅课后练习 7.107 和 7.108。）但我们的解决方案是基于式（7.2）中误差范围的定义：

$$m = z^* SE_{est}$$

例如，如果我们选择 3 个百分点的误差范围，那么 $0.03 = z^* SE_{est}$。

对于 95% 置信区间，我们可以使用 $z^* = 2.00$ 的值来近似 $z^* = 1.96$，或

$$m = 2SE_{est}$$

由于

$$SE_{est} = \sqrt{\frac{\hat{p}(1-\hat{p})}{n}}$$

我们可以将式（7.2）中的误差范围改写为

$$m = 2\sqrt{\frac{\hat{p}(1-\hat{p})}{n}}$$

354

为了求解 n，我们还利用了 $\hat{p} = 0.5$ 时最大误差的事实。因此，如果我们用 0.5 代替样本比例，我们就能得到最坏情况下的样本量，而不管样本比例的实际值是多少。这里需要一些代数步骤（我们不再重复）才能求出式（7.3）所要求的样本量。

$$n = \frac{1}{m^2} \tag{7.3}$$

例 14 说明了如何应用这个公式。

例14 含糖碳酸饮料

最近的一项研究提出了这样一个问题:"在加州 2 岁至 11 岁的儿童中,每天至少喝一杯含糖饮料的比例是多少?"我们希望能够计算出 95% 的置信区间,误差范围为 3 个百分点。

问题:在 95% 置信水平下,我们应该随机抽取多少个儿童来达到 3 个百分点的误差范围?

解答:已知 $m = 0.03$,用式(7.3)

$$n = \frac{1}{0.03^2} = \frac{1}{0.000\,9} = 1\,111.111$$

结论:我们的样本需要大约 1 111 个孩子才可以使误差范围达到 3 个百分点。

试做:练习 7.71。

加州的一项真实研究基于随机抽样超过 1 111 名儿童,估计了加州儿童每天喝至少一杯含糖饮料的比例,95% 置信区间是 28.3% 至 33.5%,误差范围为 2.6 个百分点。

7.5 基于置信水平比较总体比例

关于比较的统计问题是非常有意义的。例如,获得学士学位的女性比例发生变化了吗?特别是,千禧一代(出生于 1981 年至 1996 年)和 X 一代(1965 年至 1980 年)的女性比例是否存在差异?

2017 年皮尤调查的数据发现了存在差异的一些证据。皮尤研究中心报告称,36% 的千禧一代女性拥有学士学位,而 X 一代女性拥有学士学位的比例为 40%。由于这些统计数据是基于随机样本,因此可能所有千禧一代女性比例和所有 X 一代女性比例是相同的,只是样本百分比不同。我们如何才能知道是否存在真正的差异——换句话说,总体百分比的差异?

7.5.1 有什么区别

可口可乐和百事可乐有什么区别?当被问到这样的问题时,你可能会想到可乐的质量特征:味道、颜色和起泡程度。但是当我们问两个数字之间的差值时,我们的意思是"这两个数字之间的距离有多远"。

"两个数字之间的距离有多远"是通过减法得到的。样本百分比 58% 和 43% 有多远?

$$58\% - 43\% = 15\%$$

两个样本百分比相差 15 个百分点。

在比较两个样本时,我们的大多数分析是基于减法的。在本节和 8.4 节中,我们对两种总体比例进行比较的依据是统计量

$$\hat{p}_1 - \hat{p}_2$$

该统计量将用于估计两个总体比例之间的差：

$$p_1 - p_2$$

你可能会觉得奇怪，我们需要费这么大力气来确定两个数字是否不同。毕竟，我们难道看不出 0.43 与 0.58 不相等吗？

这个问题很微妙，也很重要。即使两个总体比例相等，它们的样本比例也可能不同。造成这种差异的原因在于，我们只研究了总体的样本而不是整个总体。这意味着，即使 23% 的男性和 21% 的女性认为胚胎干细胞研究是错误的，一个随机的男性样本和女性样本可能会有不同于总体的比例，例如可能是 22% 和 28%。

回顾

统计量

正如你在 7.1 节中学习的，统计量是一个基于数据的数字，用于估计总体参数。

> **KEY POINT　重点**
>
> 即使两个总体比例相等，这些总体的样本比例通常是不同的。

置信区间是确定不同样本比例是否反映总体"真实"差异的一种方法。基本方法是这样的：

首先，我们在我们认为最好的显著性水平上，为 $p_1 - p_2$ 找到一个置信区间。

接下来，我们检查该区间是否包含 0。如果包含 0，这表明两个总体比例可能是相同的。为什么？因为如果 $p_1 - p_2 = 0$，那么 $p_1 = p_2$，二者相等。

如果置信区间不包含 0，我们还会学到一些有趣的内容。在接下来的内容中你会看到，置信区间反映了其中一个比例可能比另一个大多少。

回顾

z 分数

你已经见过用减法来比较数字。z 分数的分子（观测值减去样本均值）用于表示一个数值与样本均值之间的距离。

例 15　男性和女性的观点不同吗？

2013 年，皮尤基金会在美国 2 000 名男性和 2 000 名女性的随机样本中发现，样本中 23% 的男性认为使用胚胎干细胞研究在道德上是错误的，21% 的女性认为这在道德上是错误的。

问题： 我们能否仅根据这些样本百分比得出结论认为，在美国，相信胚胎干细胞研究在道德上是错误的男性比例高于女性？请做出解释。

解答： 我们不能就此下结论。尽管男性样本中相信干细胞研究在道德上是错误的比例比女性样本中更高，但在所有男性和女性的总体中，这一比例可能相同，也可能不相同，甚至可能相反。我们需要利用置信区间来回答这个问题。

试做：练习 7.75a。

7.5.2 两个总体比例的置信区间

两个比例的置信区间与一个比例的置信区间结构相同，如式（7.2）所示：

$$统计量 \pm z^* SE_{est}$$

两个比例的统计量不同，现在变为了 $\hat{p}_1 - \hat{p}_2$。所以标准误差也是不同的：

$$SE_{est} = \sqrt{\frac{\hat{p}_1(1-\hat{p}_1)}{n_1} + \frac{\hat{p}_2(1-\hat{p}_2)}{n_2}}$$

设定 z^* 的值是为了获得所需的置信水平，如同我们对单个比例置信区间的做法。例如，对于 95% 的置信水平，使用 $z^* = 1.96$。样本大小可以不同，因此 n_1 代表从总体 1 中抽取的样本大小，n_2 代表从总体 2 中抽取的样本大小。

综合上述内容，我们发现两个比例之差的置信区间为

$$\hat{p}_1 - \hat{p}_2 \pm z^* \sqrt{\frac{\hat{p}_1(1-\hat{p}_1)}{n_1} + \frac{\hat{p}_2(1-\hat{p}_2)}{n_2}} \tag{7.4}$$

当然，我们建议你尽可能使用统计软件来进行计算。

图 7.18 显示了 StatCrunch 的计算结果，对比了皮尤调查美国男性和女性对胚胎干细胞研究的观点。我们将男性人口设为总体 1，女性人口设为总体 2。两个样本都有 2 000 人。95% 置信区间是 −0.006 至 0.045 7。

稍后将讨论如何解释比例差的区间。

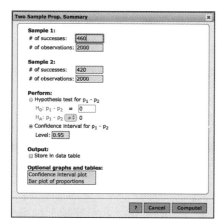

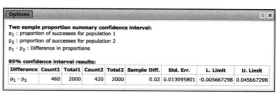

图 7.18 认为干细胞研究在道德上是错误的男性比例 p_1 和女性比例 p_2 差的 95% 置信区间。四舍五入后，区间下界为 −0.006，上界为 0.045 7。只有当条件满足时，置信水平才为 95%

例 16　估计毕业率的变化

357

2017 年，一项针对 400 名千禧一代女性和 400 名 X 一代女性的随机调查显示，36% 的千禧一代女性和 40% 的 X 一代女性拥有学士学位。我们希望计算千禧一代和 X 一代女性拥有学士学位比例差的 95% 置信区间。

问题：图 7.19 显示了 StatCrunch 计算总体比例差的 95% 置信区间所需的信息。请补充缺失的信息。（其他统计软件也需要类似的信息。）

解答：首先，我们必须选择哪个是样本 1，哪个是样本 2。选择无关紧要，但必须保持前后一致。当我们解释区间时，必须遵循之前的选择。通常的惯例是选择最近的样本作为样本 1，因此千禧一代作为样本 1，X 一代作为样本 2。

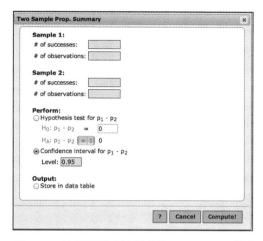

图 7.19　计算两样本比例差的 StatCrunch 截图

接下来，我们必须确定每个样本中成功的次数。每个样本中有 400 名女性。在样本 1 中，36% 的人拥有学士学位，因此样本中有 400 × 0.36 = 144 个学士学位。

同样，在样本 2 中有 400 × 0.40 = 160 次成功。

我们还必须确保点击了"置信区间"按钮，并将置信水平设置为 0.95。

结论：样本 1：成功次数 144 次，观测值个数为 400。

样本 2：成功次数 160 次，观测值个数为 400。

试做：练习 7.75c。

7.5.3　检查适用条件

计算的"有效性"需要满足一定的条件。简而言之，应用中心极限定理的条件必须对两个样本都成立，而且还必须满足一个条件：样本之间必须相互独立。

总结一下，在解释两个总体比例的置信区间之前，必须检查以下条件：

358

1. 随机性和独立性。两个样本都是从它们的总体中随机抽取的，观测值相互独立。（注：本节最后会讨论一个重要的例外情况。）

2. 大样本。两个样本都足够大，可以预期在两个样本中至少有 10 次成功和 10 次失败。

3. 大总体。如果是不放回抽样，那么两个总体大小都必须至少是其样本的 10 倍。

4.（新的条件！）独立样本。样本必须相互独立。

我们解释一下条件 4。条件 4 要求，一个样本中的对象和另一个样本中的对象之间没有关系。例如，如果皮尤在 2002 年和 2009 年分别采访同一群人，就会违反条件 4。（请注意，如果你能再次追踪到所有人，那么跨越时间段对同一个人进行两次采访是个不错的主意。

然而，如果这样做了，这里介绍的方法就无效了。)

注意，对于条件 2，现在必须检查四件事情：（1）在例 1 中至少 10 次成功；（2）在例 1 中至少 10 次失败；（3）在例 2 中至少 10 次成功；（4）在例 2 中至少 10 次失败。用符号表示为

$$n_1\hat{p}_1 \geqslant 10, n_1(1-\hat{p}_1) \geqslant 10, n_2\hat{p}_2 \geqslant 10, n_2(1-\hat{p}_2) \geqslant 10$$

📩 **贴士**

独立样本

如果样本不是独立的，那么置信区间内的标准误差就会出错，得到的误差范围也是不正确的。

例 17　千禧一代和 X 一代

为计算千禧一代女性拥有学士学位与 X 一代女性拥有学士学位比例差的 95% 置信区间，我们在例 16 中完成了初始步骤。数据来自每一代随机抽取的女性样本。置信区间为

$$-0.107 \text{ 到 } 0.027$$

或者说 −10.7 个百分点到 2.7 个百分点。

问题：检查是否满足置信区间的解释条件。

解答：是否满足条件，在很大程度上取决于研究人员是否遵循了恰当的步骤。我们假定研究人员确实这么做了。（这个例子基于皮尤研究基金会的一项研究，其网站花了不少篇幅来说明该调查确实遵循了恰当的程序。）

条件 1：随机性、独立性。我们已知样本是随机抽取的，同时必须假设两个样本的观测值是相互独立的。

条件 2：大样本。我们进行以下四个检查：

$$400 \times 0.36 = 144$$
$$400 \times (1-0.36) = 256$$
$$400 \times 0.40 = 160$$
$$400 \times (1-0.40) = 240$$

所有的值都大于 10，所以样本足够大。

条件 3：大总体。很明显，每个总体都有超过 $10 \times 400 = 4\,000$ 名女性。

条件 4：独立样本。每个样本都来自不同总体（1981 年至 1996 年出生的所有女性和 1965 年至 1980 年出生的所有女性）的随机抽样，所以样本是相互独立的。

结论：满足全部条件。

试做：练习 7.75 b。

7.5.4 解释两个比例之差的置信区间

我们已经构建了一个统计比较问题，并通过置信区间的计算与适用条件的检查对该问题进行分析，现在我们准备好进入数据周期的最后阶段：解释意义。两个比例之差的置信区间的基本解释与一个比例的置信区间相同：我们有 95% 的信心（或不管我们的置信水平如何）确信总体真实值在区间内。

一个重要的区别是，我们之所以研究这两个比例之差 $\hat{p}_1 - \hat{p}_2$，是因为我们想比较二者的大小。我们想知道一个比例比另一个大多少，或者它们是否相同。因此，在检查两个比例之差的置信区间时，我们提出以下问题：

1. 区间中包含 0 吗？如果包含 0，我们就不能排除总体比例相等的可能性。

2. 正值意味着什么？负值呢？总体比例的最大差是什么？最小差呢？为了回答这些问题，我们必须知道哪个是总体 1，哪个是总体 2。

为了理解如何解释包含比例差的置信区间，让我们一起学习皮尤的另一项研究。这项研究询问人们对干细胞研究的态度是否随着时间的推移而改变。皮尤研究中心在 2002 年对 1 500 人进行了随机抽样，估计 43% 的美国公众赞成干细胞研究。七年后，一项规模相同的民意调查估计有 58% 的公众赞成。总体比例差的 95% 置信区间为 0.12 到 0.19。我们应该如何解释这个区间的含义呢？

这个区间内的所有值都是正的。正数是什么意思？它的意思是 $p_1 - p_2 > 0$。这只有在 $p_1 > p_2$——换句话说，只有在总体 1 支持胚胎干细胞研究的比例大于总体 2 比例——的情况下才能实现。

现在我们需要确定哪个是总体 1，哪个是总体 2。回顾之前的内容，发现我们将 2009 年的调查定义为总体 1。因此，2009 年支持胚胎干细胞研究的人比 2002 年多。

多多少？我们认为，两个比例的差不低于 12 个百分点，也不超过 19 个百分点。

另外，认为干细胞研究在道德上是错误的男性、女性比例之差的置信区间为 −0.000 6 到 0.045 7（见图 7.18）。因为这个区间包含 0，我们应该得出这样的结论，即这些数据提供的证据不足以表明，总体中持有此观点的男性比例和女性比例不同。

贴士

选择总体

在比较不同年份的比例时，研究人员通常选择最近的年份作为他们的"总体 1"。这使得我们可以将比例的差异解释为时间的变化。

例 18　解释两个比例之差的置信区间

在例 17 中，我们发现千禧一代女性拥有学士学位与 X 一代女性拥有学士学位的比例之差的 95% 置信区间为 −0.107 到 0.027。转换为百分比的形式即 −10.7 个百分点到 2.7 个百分点。

问题：解释这个置信区间的含义。

解答：区间包含 0。因此，我们不能排除两代人拥有学士学位的女性比例相同的可能性。

正值表示千禧一代女性拥有学士学位的比例高于 X 一代女性拥有学士学位的比例。我们发现，千禧一代女性拥有学士学位的比例比 X 一代女性拥有学士学位的比例高出 2.7 个百分点，这并不是不可能的。

负值表示千禧一代女性拥有学士学位的比例小于 X 一代女性。我们发现，千禧一代女性拥有学士学位的比例比 X 一代女性低 10.7 个百分点，这同样并非不可能。

结论：我们发现，没有证据表明千禧一代女性和 X 一代女性拥有学士学位的比例存在差异。

试做：练习 7.75 d。

7.5.5 随机分配与随机抽样

对于两个比例的置信区间，条件 1——随机样本条件——存在一个重要的例外。有时，一项特定的研究并不涉及将其推广到更大的总体。有时，这样做的目的是确定两个变量之间是否存在因果关系。

如果两个样本不是随机样本，而是随机分配形成的两个组，那么如果其他条件都满足，我们就可以解释比例之差的置信区间。这就是我们在第 1 章中实施对照实验时所遇到的情况。

回顾

对照实验

设计完备的对照实验的一个重要特点是，受试者被随机分配到实验组和对照组。否则，我们就无法得出因果关系的结论。

例 19 克罗恩病的比例

本书第 1 章例 11 中的研究旨在确定克罗恩病的两种治疗方法，注射 Inflix 或服用 Azath 药丸哪一种效果更好。患者被随机分配接受 Inflix 或 Azath 治疗。169 名患者接受了 Inflix 治疗，在研究结束时，其中 75 名患者的病情得到缓解（一个良好的结果）。170 名患者接受了 Azath 治疗，在研究结束时，51 名患者病情得到缓解。

设 p_1 为克罗恩病患者在注射 Inflix 后病情会得到缓解的比例，p_2 为服用 Azath 后病情会得到缓解的比例。样本比例之差的 95% 置信区间为 0.04 到 0.25。

问题：假设条件 2、3 和 4 都满足。解释置信区间的含义。哪种治疗方式的效果更好？

解答：尽管这两个样本不是从总体中随机选择的，但事实上，患者被随机分配两种治疗之一，且其他三种条件都满足，这说明我们可以对置信区间进行解释。

区间不包括 0（尽管它很接近！）。这说明，我们可以确信两种治疗方法的效果存在差异。

置信区间的值都是正的。正值意味着总体 1（注射 Inflix 的人）的缓解比例更大。

结论： Inflix 是更好的治疗方法。与 Azath 相比，Inflix 患者病情缓解的比例至少要高出 4 个百分点，甚至可能高出 25 个百分点。

试做： 练习 7.79。

 回顾

随机分配

在 1.4 节中，研究人员将受试者随机分配到实验组，以确定治疗和响应变量之间是否存在因果关系。

我们将在第 12 章更深入地讨论随机分配和随机抽样的区别。同时，请记住以下几点：

随机抽样使我们能够通过样本推断总体。

随机分配使我们能够得出因果关系的结论。

因此，在例 19 中，我们可以得出结论，与 Azath 相比，Inflix 对这些克罗恩病患者的病情有更大的改善。但仅基于这一证据，我们不能将这一发现推广到样本之外。

361

摘要

两个样本比例之差的置信区间

两个样本比例之差的置信区间是什么？在一个样本中具有特定特征的人（或物）比例减去在另一个样本中具有特定特征的人（或物）的比例。

两个样本比例之差的置信区间的用途是什么？估计两个不同总体的比例差异。例如，对照组和实验组、共和党和民主党，或 2015 年的居民与 2013 年的居民。

两个样本比例之差的置信区间如何估计总体的比例差异？如果样本相互独立，并且两个样本都是从各自的总体中随机选取的，那么这个统计量是 $p_1 - p_2$ 的无偏估计，标准误差为

$$\sqrt{\frac{p_1(1-p_1)}{n_1} + \frac{p_2(1-p_2)}{n_2}}$$

如何利用两个样本比例之差的置信区间？如果两个样本都很大，那么抽样分布近似服从正态分布，我们可以用正态分布求解该统计量的概率。

案例分析回顾

春假热：医生对调查结果的解读是否正确？

美国医学会的春假调查存在问题吗？美国医学会的民意调查实际上基于一个"在线调查小组"，小组成员统一参加不同的在线调查以换取一小笔报酬。营销公司会招募小组成员，这样营销人员就可以在线调查不同公众群体中存在的趋势。这样的样本可能代表、也可能无法代表总体——这一点我们无从判断。由于样本不是随机选取的，因此我们也无法比较

不同样本的估计值。

根据这项调查，我们无法计算"认为春假旅行时的饮酒量比在校园里多"的女大学生比例的置信区间。因为：（1）我们的估计可能有偏差；（2）真实的比例可能会距离估计值超过两个标准误差的距离。出于这个原因，美国医学会最终从其网站上删除了误差范围，并不再声称这项调查结果对所有参与春假旅行的女大学生来说是一个有效推断。

数据项目：编码类别

362

1. 概述

为了从总体中估计参数，我们需要获取一个满足第 7 章所描述的条件的随机样本数据。但有时只获取数据还不够。通常，需要对数据进行格式化处理，以便软件能够计算出正确的统计数据。通常，在使用调查数据估计比例时，将使用的变量处理为二进制"是 / 否"或"1/0"格式通常会很有帮助。本项目将向你介绍如何通过处理数据来估计比例。

数据： itunessample.csv。

2. 目标

知道何时以及如何重新编码分类变量来估计总体比例。

3. 重新编码 iTunes 库

文件 itunessample.csv 包含了一个简单随机样本，该样本为本书一位作者的 iTunes 库中的大约 500 首歌曲（整个库共有 37 000 首歌）。应用程序 iTunes 将生成的数据保存为 xml 格式，即"可扩展标记语言"。虽然格式名字不是很容易理解，但该格式允许我们检索这个"库"，并将其转换为一个用逗号分隔的数据集，以便进行分析。我们使用统计编程语言 R 将该库从 xml 格式转换为类似电子表格的格式，结果存放在 StatCrunch 中的 itunessamp.csv 文件中。

项目： 我们的统计调查问题是：这位作者的 iTunes 库里有多少摇滚类型（Rock genre）的歌曲？虽然你可能对这个问题不感兴趣（除非就是曲作者），但理解如何回答该问题后你将习得一种有用的数据处理技能，即重新编码。重新编码的含义为将一些值（主要是分类变量，但也可以是数值）更改为更有用的东西。

以下内容为我们需要遵守的原则：

1. 我们需要保存原始变量。记录值将被存储为一个新变量。这样的话，如果出了错，我们可以重做。

2. 二进制变量将用 1 和 0 来记录，变量的名称将告诉我们 1 代表什么。例如，如果我们有一个名为 emotion 的变量，有"happy"和"sad"两种情况，那么我们将创建一个名为 happy 的变量，该变量有 1 和 0 两种取值，1 代表"happy"，0 代表"not happy"。

　　首先，花点时间熟悉一下数据集中的变量。我们想要研究的变量为 *Genre*。绘制这个变量的条形图。你注意到了什么？

　　你可能注意到，条形图中有很多我们很难理解的值。表格可能会更好理解一点。虽然表格也展示了许多不同的值，但是，表格给出了样本中摇滚类型歌曲的比例 $\hat{p} = 0.096$，这让我们向解决问题迈出了第一步。但是要想计算置信区间或进行假设检验，我们还有很多工作要做。

　　StatCrunch 提供了两种重新编码变量的方法，它们都在 Data 菜单下。第一种方法是 Indicator 选项。选择该选项，然后在对话框中选择 Genre。最后单击 "Compute!"，会发生什么呢？

　　你将看到每个值都有一个对应的新变量。我们只对名为 Genre = Rock 的变量感兴趣。对于其他变量，要么删除，要么忽略。（通过 Edit > Columns > Delete 可以将不想要的列删除。）

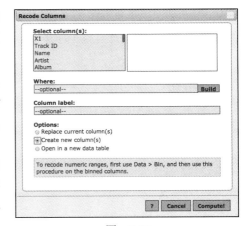

图　7.20

　　接下来，需要将这个变量重新命名为 is.rock，因为这个名字比之前看起来像方程的名字更容易理解。要想重命名这个变量（以及任何变量），需要将鼠标移到电子表格顶部的变量名附近。接下来会出现一个小三角形，点击它就会出现一个下拉菜单。选择 "rename"。

　　第二种方法是选择 Data > Recode。这要求你输入新值。请注意，在单击 "Compute!" 之前，请选择 Create New Columns，如图 7.20 所示。

　　一旦选择 Genre 列并单击 "Compute!" 后，你会看到一个对话框，里面显示了变量 Genre 的各种取值。你需要将这些值一个一个地改成 0，把 Rock 值改成 1。你可以使用 tab 键从一个字段前进到另一个字段。图 7.21 显示了一个完成了一部分的表。

　　现在你可以使用 Stat > Proportion Stat > One Sample > With Data 菜单计算统计量了。

　　你可能注意到，StatCrunch 提供了一种无须编码即可从多分类变量中计算单个比例统计量的方法。但是你很快就会看到，重新编码是一种

363

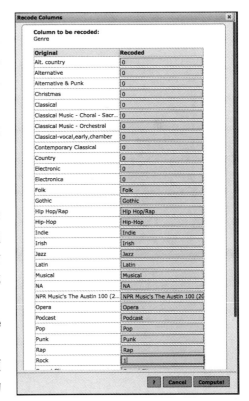

图　7.21

非常有用的数据处理技能，这对于创建包含你需要使用的信息的重新编码变量通常是很有用的。

作业：请计算这位作者的 iTunes 库中古典（classical）音乐比例的 95% 置信区间。请注意，有些 Genre 值看起来要么是多重的，要么是应该被归为"古典音乐"的特定类别。请使用 Recode 选项来重新编码 Genre 的值，以便所有你认为应该被视为古典音乐的值都被归类为古典音乐，然后计算整个库中古典音乐比例的 95% 置信水平。

364

本章回顾

关键术语（页码为边注页码）

总体，323

参数，323

普查，323

样本，323

统计量，323

估计量，323

估计值，323

统计推断，324

有偏的，326

抽样偏差，326

测量偏差，326

便利样本，328

简单随机抽样（SRS），328

放回，328

不放回，328

无反应偏差，329

抽样分布，333

无偏的，334

精度，334

标准误差（SE），334

中心极限定理（CLT），339

置信区间，346

误差范围，346

置信水平，346

学习目标

学完本章并完成布置的作业后，你应该学会：

- 能够根据样本比例估计总体比例，并量化估计误差；
- 理解随机抽样可以减少偏差；
- 理解大的随机样本会产生更精确的估计；
- 理解什么时候应用样本比例的中心极限定理，并知道如何使用该定理来计算样本比例的近似概率；
- 理解如何计算、解释和使用单个总体比例的置信区间；
- 理解如何计算、解释和使用比较两个比例的置信区间。

小结

样本比例的中心极限定理告诉我们，如果从总体中随机抽取一个样本，样本量很大且总体大小远远大于样本量，则 $\hat{p}$ 的抽样分布近似为

$$N\left(p, \sqrt{\frac{p(1-p)}{n}}\right)$$

该结果用于根据随机样本的样本比例推断总体比例的真实值。实现这一目标的主要方法是使用置信区间：

$$\hat{p} \pm m, \text{其中} m = z^* SE_{\text{est}} \quad SE_{\text{est}} = \sqrt{\frac{\hat{p}(1-\hat{p})}{n}} \tag{7.2}$$

式中 $\hat{p}$ 是成功的样本比例即样本中具备我们感兴趣特征的人的比例，m 是误差范围，n 是样本量，z^* 是一个乘数，使用它是为了达到期望的置信水平。

还有重要的一步是确保样本量足够大，以保证能够使用中心极限定理。也就是说，样本量乘以样本比例至少等于 10，并且样本量乘以（1−样本比例）至少也等于 10。

一个 95% 置信区间内可能有正确的总体值，也可能没有。然而，我们有信心认为区间内有，因为该方法适用于 95% 的样本。

$$\hat{p}_1 - \hat{p}_2 \pm z^* \sqrt{\frac{\hat{p}_1(1-\hat{p}_1)}{n_1} + \frac{\hat{p}_2(1-\hat{p}_2)}{n_2}} \tag{7.4}$$

其中 $\hat{p}_1$ 为第一组成功的样本比例，$\hat{p}_2$ 为第二组成功的样本比例。n_1 是第一组的样本量，n_2 是第二组的样本量。同样，z^* 是为了达到预期的置信水平而选择的乘数。

我们可以通过计算它们差值（一个减去另一个）的置信区间比较两个总体比例。如果置信区间包含 0，说明两个总体比例可以相等。如果置信区间不包含 0，那么我们可以确定总体比例是不相等的，同时，我们应该注意区间内的值是否全部为正（第一个总体比例大于第二个）或全部为负（第一个总体比例小于第二个）。

参考文献

Busteed, B., and Dugan, A. "U.S. Teachers See Digital Devices as Net Plus for Education", April 6, 2018, news.gallup.com.

Colombel, S., et al. 2010. Infliximab, azathioprine, or combination therapy for Crohn's disease. *New England Journal of Medicine*, vol. 362: 1383–1395.

Cornish, A. 2007. *Do polls miss views of the young and mobile*? National Public Radio. October 1. http://www.npr.org.

Crowley, C. 2010. Soda tax or flat tax? Questions can influence poll results, Cornell expert says. *Albany Times Union*, February 5. http://www .timesunion.com.

Gallup. 2007. Shrunken majority now favors stricter gun laws. October 11. http://www.galluppoll.com.

The New York Times. 1993. 1 in 5 in new survey express some doubt about the Holocaust. April 20.

The New York Times. 1994. Pollster finds error on Holocaust doubts. May 20.

Pasternak, B., et al. 2013. Ondansetron in pregnancy and risk of adverse fetal outcomes. *New England Journal of Medicine,* vol. 368: 814–823.

Pew Research Center for the People & the Press. 2010. The growing gap between landline and dual frame election polls. November 12.

Rasmussen Reports. 2013. 62% say their home is worth more than what they still owe. http://www.rasmussenreports.com/public_content/.

Schweinhart, L., et al. 2005. Lifetime effects: The High/Scope Perry Preschool Study through age 40. *Monographs of the High/Scope Educational Research Foundation*, *14*. Ypsilanti, MI: High/Scope Press.

练习

7.1 节

TRY **7.1** 总体与样本（例 1）

2017 年，盖洛普民意测验发现美国 1 021 名成年人中有 57% 的人支持在公共场所禁烟。

a. 确定总体和样本。

b. 参数是什么？统计量是什么？

7.2 总体与样本

2017 年，皮尤研究中心对美国 3 930 名成年人进行了调查，发现 43% 的人表示经常在某种电子设备上玩电子游戏。

a. 确定总体和样本。

b. 参数是什么？统计量是什么？

TRY **7.3** 参数与统计量（例 2）

Bob Ross 在美国公共广播公司主持每周电视节目 *Joy of Painting*，他在节目中教观众如何绘画。在每一期节目中，他都会制作一幅完整的画作，同时教观众如何制作一幅类似的画作。Ross 共完成了 3 万幅画作。虽然这是一个艺术指导节目，PBS 根据对观众的调查，估计只有 10% 的观众在 Ross 的节目中与他一起作画。对于下面的每一项，确定总体并解释你的选择。

a. 30 000 这个数字是一个参数还是一个统计量？

b. 数字 10% 是一个参数还是一个统计量？

7.4 参数与统计量

网站 scholarshipstats.com 收集了 2017 赛季 5 341 名 NCAA 篮球运动员的数据，发现他们的平均身高为 77in。数字 77 是参数还是统计数据？同时确定总体并解释你的选择。

7.5 $\bar{x}$ 与 μ

有两个符号表示平均值：μ 和 $\bar{x}$。

a. 哪个代表参数，哪个代表统计量？

b. 在确定你所在的学校所有学生的平均年龄时，你调查了 30 个学生并计算出他们的平均年龄。这个平均年龄代表 μ 和 $\bar{x}$？

7.6 σ 与 s

标准差有两个符号：σ 和 s。

a. 这两个符号哪个代表参数，哪个代表统计量？

b. 为了估计一所大学所有学生的往返

学校时间，对 100 名学生进行了调查，要求他们以分钟为单位报告他们的往返时间。这 100 次往返时间的标准差为 13.9min。这个标准差是 σ 还是 s？

7.7 μ 与 $\bar{x}$

所有职业 NBA 篮球运动员的平均体重是 218.8 lb。一个 50 名职业篮球运动员的样本的平均体重为 217.6lb。那么 218.8 和 217.6 这两个数哪个数是 μ，哪个数是 $\bar{x}$？

7.8 σ 与 s

所有职业 NBA 篮球运动员的体重的标准差是 29.9 lb。一个有 50 名职业篮球运动员的样本的标准差是 26.7 lb。那么其中哪个数字代表 σ，哪个数字代表 s？

TRY 7.9 符号（例 3）

旧金山市提供了商业建筑能源使用的开放数据集。数据集的每一行表示一个商业建筑。数据集中的 100 个建筑样本的平均建筑面积为 32 470 in²。在样本中，有 28% 是办公楼。

a. 32 470 代表哪个符号的值？

b. 28% 代表哪个符号的值？

7.10 符号

芝加哥市提供了所有公共图书馆 WiFi 会话数量的开放数据集。2014 年，芝加哥所有公共图书馆平均每月有 451 846.9 次 WiFi 会话使用。值 451 846.9 代表哪个符号的值？

TRY 7.11 样本与总体（例 4）

查普曼大学每年对美国人的恐惧感进行一次调查。这项调查的目的之一是收集关于美国人的恐惧、忧虑和担忧的年度数据。2017 年，该调查抽取了 1 207 人。其中一项调查结果是，16% 的人相信大脚怪是真实存在的。下面确定样本和总体。16% 是一个参数还是一个统计量？用什么符号来表示这个值呢？

7.12 样本与总体

美国疾病控制与预防中心每年对 15 000 多名高中生进行青少年危险行为调查。2015 年的调查报告显示，虽然高中生的吸烟人数已降至最低水平，但 24% 的受访者称自己使用电子烟。确定样本和总体。24% 是一个参数还是一个统计量？用什么符号来表示这个值呢？

7.13 抽样与普查

假设你收到了一大批电池，想测试它们的寿命。解释为什么要抽样测试电池而不是对电池进行整体测试。

7.14 抽样绩点

假设你想估计学校所有学生的平均绩点（GPA）。你在图书馆摆了一张桌子，要求志愿者告诉你他们的 GPA。你会得到一个有代表性的样本吗？为什么或为什么不？

7.15 放回抽样和不放回抽样

说明放回抽样和不放回抽样的区别。假设你有 10 个学生名字，每个名字都写在 3 in 乘 5 in 的卡片上，你想选择两个名字。描述两种抽样的过程。

7.16 简单随机抽样

简单随机抽样通常是放回还是不放回抽样？

7.17 抽取随机样本（例 5）

你需要从八个朋友中随机抽取四

个朋友形成一个简单随机抽样的样本进行调查。假设朋友编号为 1, 2, 3, 4, 5, 6, 7 和 8。

使用下列所展示的随机数字表中的两行数字，选择四个朋友。顺次读取每个数字，跳过没有分配给某个朋友的数字。抽样是不放回的，这意味着你不能两次选择同一个人。写下所选的数字。第一个人是 7 号。

07033	75250	34546
75298	33893	64487

你选了哪四个朋友？

7.18 随机抽样

你需要从六个朋友中抽取两个朋友组成一个简单随机样本进行调查。假设朋友编号为 1, 2, 3, 4, 5 和 6。

运用软件来选择你的随机样本。指出你获得的数字以及你如何解释它们。

如果软件不可用，则使用随机数字表中的一行，该表对应你出生的月份的某天。例如，如果你出生在某月的第五天，你可以使用第 05 行。展示出这一行的数字并解释你是如何理解它们的。

*7.19 随机抽样

假设你的班级有 30 个学生，你想随机抽取其中的 10 个。描述如何使用随机数字表从你的班级随机选择 10 人。

7.20 硬币随机抽样

假设你的班级有 30 个学生，你想随机抽取其中的 10 人。一位学生建议让每个学生抛一枚硬币，如果硬币正面朝上，那么他或她就在你的样本中。请解释为什么这样的抽取方法不是一个好方法。

TRY 7.21 调查回应（例 6）

某学区进行调查，以确定选民是否赞成通过债券资助学校翻新工程。对所有被登记在册的选民进行电话调查。在这些电话中，15% 的人回答了调查电话。在回应的人中，62% 的人赞成通过债券资助学校翻新工程。请给出一个理由，说明为什么学区应该谨慎预测该协议是否会通过。

7.22 调查回应

为了确定观众对演出质量是否满意，剧院会在晚上演出的节目单中夹上一份调查问卷。所有的观众在进入剧场时都会收到这份节目单。完成的调查被放置在剧场出口的盒子里。调查当晚，有 500 名观众观看了演出。完成了 100 份调查，其中 70% 的调查表明对演出不满意。剧院应该得出观众对演出质量不满意的结论吗？解释一下原因。

7.23 对于死刑的看法

在对死刑观点进行研究时，一名学生以下面两种方式提问：

1. 带引导："我的兄弟被指控谋杀，但他是无辜的。如果他被判有罪，他可能会被处以死刑。现在你是支持还是反对死刑？"

2. 无引导："你支持还是反对死刑？"

这是她实际数据的统计情况。

男性		
	带引导	无引导
支持死刑	6	13
反对死刑	9	2

女性		
	带引导	无引导
支持死刑	2	5
反对死刑	8	5

a. 在带引导性提问的情况下，有多大比例支持死刑？

b. 在无引导性提问的情况下，有多大比例的人支持死刑？

c. 比较 a 部分和 b 部分的百分比。这是你所期望得到的吗？解释一下原因。

7.24 对于死刑的看法

利用 7.23 题所示的数据。

通过将反对死刑的男性组合成一组，支持死刑的男性组合成另一组，反对死刑的女性组合成一组，支持死刑的女性组合成另一组。将两张给定的表格组合成一张表格，展示你的双向表。收集数据的学生可以通过尝试说服一种性别的更多人来误导结果，但她没有这样做。她对 20 名女性中的 10 名（50%）和 30 名男性中的 15 名（50%）进行了引导。

a. 支持死刑的男性比例是多少？支持死刑的女性比例是多少？

b. 基于这些结果，如果有人因谋杀而受审，并且不想遭受死刑，他会希望男性还是女性参加他的陪审团？

7.2 节

7.25 目标：偏差还是误差？

a. 如果一个步兵的瞄准镜调整得不正确，他的子弹可能会一直射到距离靶心左边 2 ft 处。画一个有弹孔的靶子草图。这是否表明缺乏精度或

有偏差？

b. 如果射击是无偏的和精确的（几乎没有变化），画第二个目标的草图。

步兵的瞄准并不能做到每次完全一致，所以你的草图应该显示不止一个弹孔。

7.26 目标：偏差还是误差？

a. 如果步兵的瞄准镜调整正确，但他的手臂摇晃，子弹可能会分散在靶心周围。画一个有弹孔的靶子草图。这是否显示了有误差（缺乏精度）或有偏差？

b. 如果射击是无偏的并且有精度（很小的变化），再画一个目标的草图。

步枪手的枪法并不完美，所以你的草图应该显示不止一个弹孔。

7.27 偏差？

假设，在随机抽取三个学生 GPA 后，你得到的样本均值是 3.90。这个样本均值远高于全校（总体）均值。这能证明你的样本有偏差吗？解释一下。还有什么能导致如此高的平均值呢？

7.28 无偏样本？

假设你就读于一所同时提供传统课程和在线课程的学校。你想知道所有学生的平均年龄。询问在校园里遇到的学生的年龄，这能得到一个无偏样本吗？

7.29 奇数的比例

在一个由个位数的随机数组成的集合中，奇数和偶数的比例应在 50% 左右，因为 10 个数中有 5 个是奇数（1，3，5，7，9），5 个是偶数（0，2，4，6，8）。

a. 从随机数字表中计算下面几行奇数

367

所占的比例。请仔细计算。

| 55185 | 74834 | 81172 |
| 89281 | 48134 | 71185 |

b. a 中的比例代表 $\hat{p}$（样本比例）还是 p（总体比例）

c. 计算估计误差 $\hat{p}$ 和 p 的差（或 $\hat{p} - p$）。

7.30 奇数的比例

1, 3, 5, 7, 9 为奇数，0, 2, 4, 6, 8 为偶数。思考随机数字表中 30 位一行的数字。

a. 30 个数中平均有多少个是奇数？

b. 如果你真的数过，会得到 a 中预测的数字吗？解释一下为什么。

TRY 7.31 驾照（例 7）

据《华盛顿邮报》报道，72% 的高中生都有驾照。假设我们随机抽取 100 名高中生，求出他们拥有驾照的比例。

a. 我们预计的样本比例是多少？

b. 标准误差是多少？

用 a 和 b 中的答案完成这个句子：我们预计有 ____% 的高中生有驾照，误差为 ____%。

假设我们将样本量从 100 增加到 500。这对标准误差有什么影响？重新计算标准误差，看看你的预测是否正确。

7.32 获得学士学位

根据 2017 年皮尤研究中心的一份报告，40% 的千禧一代拥有学士学位。假设我们随机抽取 500 名千禧一代，计算拥有学士学位的比例。

a. 我们预期的样本比例是多少？

b. 标准误差是多少？

c. 用 a 和 b 中的答案完成这个句子：我们预计 ____% 有学士学位，误差为 ____%。

d. 假设我们将样本量从 500 减少到 100。这对标准误差有什么影响？重新计算标准误差，看看你的预测是否正确。

7.33 ESP

一副齐纳牌有 5 种不同图案，每张牌被抽中的可能性相同，所以选择任何特定图案的概率是 0.20。随机抽取一张牌，让一个人猜哪张牌被选中了。下图显示的是计算机模拟实验，在实验中，一个"人"要进行大量的猜出哪张牌被选中了的试验。（如果这个人没有超能力，那么他的成功比例应该在 0.20 左右，上下有一定的偏差。）点图中的每个点代表一个人成功次数的占比。例如，图 A 最右边的点表示一个人有 80% 的成功率。每个点图代表一次实验，其中一个图是每个人每次要进行 10 次猜测，另一个图显示了每个人每次要进行 20 次猜测，还有一个图要求每个人每次要进行 40 次猜测。

请解释你如何从图的宽度来判断哪个样本量最大（$n = 40$），哪个样本量最小（$n = 10$）。

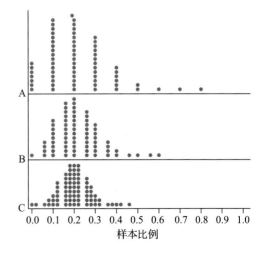

7.34 ESP

在练习 7.33 的图形中，解释一下如何从图形的形状来判断哪个样本量最大，哪个样本量最小。

7.35 标准误差

在练习 7.33 中给出的点图中，哪一个的标准误差最大，哪一个的标准误差最小？

7.36 偏差？

假设练习 7.33 的图中展示的试验成功的真实比例是 0.2，解释图中是否有偏差。

7.37 均匀硬币？

下图中其中一个图显示了重复抛 10 次均匀硬币时，正面朝上的比例。其他的则不然。哪个图形表示抛硬币的结果？解释一下你是怎么知道的。

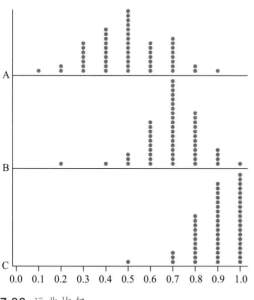

7.38 远非均匀

练习 7.37 中哪个图形的中心距离 0.50 最远？

TRY**7.39 样本比例变化（例 7）**

假设某高校每学期有 20% 的学生参加教科书回收计划。

a. 如果随机抽取 50 名学生作为样本，我们是否能够期望恰好有 20% 的学生参与教科书回收计划？为什么？

b. 假设我们抽取 500 名学生作为样本，计算出参与回收计划的学生比例。你认为哪个样本比例更接近 20%，是样本量为 50 的，还是样本量为 500 的？解释你的原因。

7.40 样本比例变化

假设已知某公司 60% 的员工使用灵活支出账户 (FSA) 福利。

a. 如果随机抽取 200 名员工，我们是否期望恰好有 60% 的员工使用 FSA？为什么？

b. 计算样本大小为 200 的样本的标准误差。为了得到更精确的样本比例，可以对抽样方法做哪些调整？

7.3 节

TRY**7.41 驾照（例 8）**

2017 年《华盛顿邮报》报道称，72% 的高中生有驾照。假设我们随机抽取 100 名高中生，求出拥有驾照的人的比例。求出样本中超过 75% 的人有驾照的概率。首先验证拥有驾照的比例满足中心极限定理的条件。

7.42 获得学士学位

根据 2017 年皮尤研究中心的一份报告，40% 的千禧一代拥有学士学位。假设我们随机抽取 500 名千禧一代，计算出拥有驾照的人的比例。计算出样本中的千禧一代拥有文学学士学位的人不超过 35% 的概率。首先验证样本比例的分布满足中心极限定理的条件。

TRY 7.43 压力（例 9）

根据 2017 年的一项盖洛普民意测验，80% 的美国人表示自己饱受压力之苦。假设随机抽取了 1 000 名美国人。

a. 我们预计报告中表示自己受压力影响的人所占的百分比是多少？

b. 验证中心极限定理的条件是否满足。

c. 这个样本比例的标准误差是多少？

d. 根据经验法则，哪两个值可以使样本中受压力影响的美国人的比例有 95% 的概率落在这两个值之间？

7.44 纸质书籍

皮尤研究中心 2018 年的一份报告显示，40% 的美国人只阅读纸质书（而不阅读电子书）。假设随机抽取了 500 个美国人作为样本。

a. 我们期望样本中有百分之几的人只阅读纸质书籍？

b. 验证中心极限定理的条件是否满足。

c. 这个样本比例的标准误差是多少？

d. 完成这个句子：我们预计 ＿＿＿% 的美国人只阅读纸质书籍，标准误差为 ＿＿＿%。

TRY 7.45 流媒体服务（例 10）

皮尤研究中心 2017 年的一项调查显示，在 18 岁至 29 岁的美国年轻人中，60% 的人表示他们看电视的主要方式是通过互联网上的流媒体服务。假设从这个年龄段中随机抽取 200 名美国人作为样本。

a. 我们期望样本中主要通过流媒体服务看电视的人所占的比例是多少？

b. 验证中心极限定理的条件是否满足。

c. 如果发现样本中有 125 人主要通过流媒体服务看电视，会令人惊讶吗？为什么会或为什么不会？

d. 如果发现超过 74% 的人主要通过流媒体服务看电视，会令人惊讶吗？为什么会或为什么不会？

7.46 Netflix 欺骗

Netflix 公司 2017 年进行的一项调查显示，46% 的情侣承认，他们在和伴侣约定的一起看电视节目之前通过流媒体观看过电视节目。假设随机选取 80 个 Netflix 用户。

a. 我们可以预计样本中有百分之多少的人"欺骗"了他们的伴侣？

b. 验证中心极限定理的条件是否满足。

c. 这个样本比例的标准误差是多少？

d. 完成句子：我们预计 ＿＿＿% 的情侣会承认欺骗另一半，误差为 ＿＿＿%。

7.47 投票

根据 2017 年皮尤研究中心关于投票问题的报告，59% 的美国人认为应该尽一切努力让每个公民都能投票。假设随机抽取了 200 个美国人作为样本。我们感兴趣的是样本中认为应该尽一切努力让每个公民都能投票的美国人占比超过 55% 的概率。

a. 在不做任何计算的情况下，判断这个概率是大于 50% 还是小于 50%。说出理由。

b. 计算样本中认为应该尽一切努力让每个公民都能投票的人占比大于等于 55% 的概率。

7.48 Instagram

皮尤研究中心 2018 年关于社交

媒体使用情况的报告显示，28% 的美国成年人使用 Instagram。假设随机挑选了 150 名美国成年人作为样本。我们感兴趣的是计算出样本中成年美国人使用 Instagram 的比例大于 30% 的概率。

a. 在不做任何计算的情况下，判断这个概率是大于 50% 还是小于 50%。解释这么判断的理由。

b. 计算样本中美国成年人使用 Instagram 占比大于 30% 的概率。

7.49 超级碗

据 2018 年超级碗（Super Bowl）估计，每年约有 45% 的美国人观看超级碗。假设随机抽取了 120 个美国人作为样本。在验证满足中心极限定理的条件后，计算出大多数人（超过 50%）观看超级碗的概率。（来源：vox.com。）

7.50 大学录取

2016 年公布的数据显示，美国有 69% 的学生在高中毕业后直接进入大学。假设随机抽取 200 名应届高中毕业生作为样本。在验证了中心极限定理的条件满足后，求出高中毕业后直接升入大学的人占比小于等于 65% 的概率。（来源：nces.ed.gov。）

7.51 色盲

虽然大多数色盲患者是男性，但美国国家眼科研究所报告称，北欧血统的女性中有 0.5% 患有常见的红绿色盲。假设随机选取了 100 名北欧血统的女性。我们能求出样本中有不超过 0.3% 的人是色盲的概率吗？如果能，求概率。如果不能，解释为什么

这个概率不能计算。

7.52 血型

人类的血型分为 8 种。最罕见的血型是 AB 阴性的。只有 1% 的人有这种血型。假设随机挑选了 50 个人。我们能计算出样本中有超过 3% 的人是 AB 阴性的概率吗？如果能，求概率。如果不能，解释为什么这个概率不能计算。

7.4 节

7.53 大学体育项目

蒙茅斯大学最近的一项民意调查发现，在美国随机挑选的 1 008 人中，有 675 人认为，设有大型体育项目的大学过于重视体育而忽视了学术。假设满足使用中心极限定理的条件，使用 Minitab 的输出结果回答这些问题。

Descriptive Statistics			
N	Event	Sample p	95% CI for p
1008	675	0.669643	(0.639648, 0.698643)

a. 完成这句话：我有 95% 的把握认为有大型体育项目的大学过于强调体育而非学术的人口比例在＿＿和＿＿之间。每个数字按四舍五入到小数点后一位的百分数报告。

b. 假设一个体育博主写了一篇文章，声称大多数美国人相信有大型体育项目的大学过于强调体育而非学术。这个置信区间能支持博主的说法吗？解释理由。

7.54 环境

2017 年盖洛普民意调查发现，在美国随机选择的 1 018 名成年人中，601 人表示，保护环境应该优先于开

发煤炭、石油和天然气等能源。假设满足使用中心极限定理的条件，使用 TI 计算器回答以下问题。

```
NORMAL FLOAT AUTO REAL RADIAN MP
        1-PropZInt
 (0.56016,0.62058)
 p̂=0.5903732809
 n=1018
```

a. 写出总体比例的 95% 置信区间。解释这个置信区间的含义。

b. 基于这个置信区间，你是否认为大多数美国人认为保护环境应该优先于开发美国的能源供应？写出理由。

7.55 枪支管制

根据 2017 年盖洛普的一项民意测验，在 1 028 名随机选择的美国成年人中，有 617 人认为枪支销售的法律应该更严格。

a. $\hat{p}$ 的值是多少？即支持更加严格枪支法律的人的样本比例是多少？

b. 检查条件，确定是否可以使用中心极限定理来确定置信区间。

c. 计算出支持更严格枪支法律的人口比例的 95% 置信区间。

根据你的置信区间，能否认为大多数美国人赞成更严格的枪支法律？

7.56 吸烟者

根据 2017 年盖洛普的民意测验，在随机抽取的 1 021 名吸烟者中，有 572 人认为他们在公共生活或工作中因吸烟而受到歧视。

a. 接受调查的吸烟者中有百分之多少的人认为他们因为吸烟而受到歧视？

b. 检查条件，确定是否可以使用中心极限定理来确定置信区间。

c. 计算出认为自己因吸烟而受到歧视的吸烟者的人口比例的 95% 置信区间。

d. 这个置信区间可以用来得出大多数美国人认为吸烟者因为吸烟而受到歧视的结论吗？为什么可以或为什么不可以？

7.57 投票

对选民进行随机抽样，55% 的人计划投票给候选人 X，误差范围为 2 个百分点，有 95% 的置信水平。

a. 用一个措辞严谨的句子来表述计划投票给候选人 X 的选民百分比的 95% 置信区间。

b. 有证据能表明候选人 X 可能会输吗？

c. 假设这项调查是在纽约市的大街上进行的，而候选人正在竞选美国总统。解释这将如何影响你的结论。

7.58 投票

随机抽取可能投票的选民，结果显示 49% 的人计划支持措施 X。误差范围为 3 个百分点，有 95% 的置信水平。

a. 用一个措辞严谨的句子，来表述计划支持措施 X 的选民所占百分比的 95% 置信区间。

b. 是否有证据表明措施 X 会失败？

c. 假设这项调查是在迈阿密的街道上进行的，而且这项措施是在佛罗里达州的全州范围内进行的。解释这将如何影响你的结论。

TRY 7.59 外星生命（例子 11）

2017 年查普曼大学对美国人的恐惧感进行调查，随机询问了 1 207 名美国成年人，问他们是否相信外星人会在现代来到地球，26% 的人回答是。

a. 对相信外星人会来到地球的所有美

国人所占百分比的估计的标准误差是多少?

b. 求出相信外星人会来到地球的美国人的比例的 95% 的置信区间。

c. 95% 置信区间的误差范围是多少?

d. 2016 年进行的一项类似的调查发现, 24.7% 的美国人认为外星人会在现代来到地球。根据你的置信区间, 你能得出自 2016 年以来, 相信这一点的美国人的比例有所增加这样的结论吗?

7.60 糖尿病

在 1200 名 20 岁及以上美国人的简单随机样本中, 糖尿病患者的比例为 0.115（11.5%）。

a. 估计所有 20 岁及以上美国人糖尿病患者比例的标准误差是多少?

b. 使用 95% 的置信水平, 找出估计该比例的误差范围。

c. 报告所有 20 岁及以上患有糖尿病的美国人的 95% 置信区间。

d. 根据美国疾病控制与预防中心的数据, 20 岁及以上的美国人中有 10.7% 患有糖尿病。你在 c 部分找到的置信区间是支持还是反驳这一说法? 请说明理由。

7.61 止疼剂

2017 年盖洛普民意测验显示, 1 028 名美国成年人中有 658 人认为止疼剂应该合法化。1969 年盖洛普首次对美国成年人进行调查时, 只有 12% 的人支持止疼剂合法化。假设满足了使用中心极限定理的条件。

a. 求出并解释 2017 年美国成年人中认为止疼剂应该合法化的占比的

99% 的置信区间。

b. 求出并解释这个总体参数的 95% 置信区间。

c. 算出 a 和 b 中每个置信区间的误差范围。

d. 如果不计算 90% 的置信区间, 90% 置信区间的误差范围与 95% 和 99% 置信区间的误差范围如何比较? 构建 90% 的置信区间, 看看你的预测是否正确。

7.62 有机农产品

2016 年皮尤研究中心的一项调查发现, 61% 的美国成年人认为有机农产品比传统种植的产品更有益于健康。假设样本量为 1 000, 并且满足使用中心极限定理的条件。

a. 求出并解释认为有机产品更健康的美国成年人比例的 95% 置信区间。

b. 求出并解释该总体参数的 80% 置信区间。

c. 哪个置信区间更宽?

d. 当置信水平降低时, 置信区间的宽度会发生什么变化?

7.63 民主和不受欢迎的观点

2017 年针对美国成年人的一项调查发现, 74% 的人认为保护持不受欢迎观点的人的权利是强势民主的一个非常重要的组成部分。假设样本量是 1 000。

a. 样本中有多少人有看法?

b. 样本是否大到可以使用中心极限定理? 解释为什么。假设所有其他条件都满足。

c. 构建一个认为保护那些持不受欢迎观点的人的权利是强势民主的一

个非常重要的组成部分的人占比的95% 置信区间。

d. 计算 95% 置信区间的宽度。把你的答案四舍五入到的小数点后两位，并写成百分比的形式。

e. 现在假设样本量为 4 000，比例仍然是 74%。找到一个 95% 的置信区间，并求出区间的宽度。

f. 当样本量增加时，置信区间的宽度会发生什么变化？它增加了还是减少了？

7.64 民主和新闻自由

2017 年针对美国成年人的一项调查发现，64% 的人认为新闻机构批评政治领导人的自由对维持强势民主至关重要。假设样本量为 500。

a. 样本中有多少人持这种看法？

b. 样本量是否大到可以应用中心极限定理？解释一下原因。假设所有其他条件都满足。

c. 构建一个相信新闻机构批评政治领导人的自由对维持强势民主至关重要的人占总人数比例的 95% 置信区间。

d. 求出 95% 置信区间的宽度。把你的答案四舍五入到的小数点后两位，并写成百分比的形式。

e. 现在假设样本量增加到 4 500，而百分比仍然是 64%。构建一个 95% 的置信区间，并求出区间的宽度。

f. 当样本量增加时，置信区间的宽度会发生什么变化？它增加了还是减少了？

TRY **7.65 冬奥会**（例 12）

根据 2018 年拉斯穆森民意调查，40% 的美国成年人非常愿意通过电视观看冬奥会的部分转播。1 000 名美国成年人参与了这项调查，误差在 ±3

个百分点之间，置信水平为 95%。

a. 以置信区间形式表达出调查结果，并解释这个置信区间。

b. 如果拉斯穆森民意测验对 1 000 名美国成年人进行 100 次这样的调查，其中有多少包含真实比例的置信区间？

c. 假设一个学生这样解释置信区间："我们有 95% 的把握，样本比例在 37% 到 43% 之间。"这种解释有什么不恰当的地方吗？

7.66 止疼剂的使用

盖洛普民意测验显示，45% 的美国人曾经用过止疼剂。这是基于对 1 021 名美国人的调查，误差范围在 ±5 个百分点之间，置信水平为 95%。

a. 以置信区间形式表示调查结果，并解释置信区间。

b. 如果盖洛普民意测验对 1 021 名美国人进行 100 次这样的调查，其中有多少置信区间不包括真实的总体比例？

c. 假设一个学生这样解释这个区间："我们有 95% 的把握，美国人中曾经用过止疼剂的人口比例在 40% 到 50% 之间。"这种解释有什么不恰当的地方吗？

7.67 过往总统选举

在 1960 年的总统选举中，34 226 731 人投票给肯尼迪，34 108 157 人投票给尼克松，197 029 人投票给第三党派候选人。（来源：www.uselectionatlas.org）

a. 选择肯尼迪的选民比例是多少？

b. 为选择肯尼迪的选民所占的比例构建置信区间合适吗？为什么合适或

为什么不合适?

7.68 平均击球率

www.mlb.com 网站汇集了所有职业棒球运动员的统计数据。我们得到了 2017 赛季 663 名球员的统计数据。这个总体的平均击球率是 0.236，标准差是 0.064。使用这些数据来为职业棒球运动员 2017 赛季的平均击球率构建一个 95% 的置信区间合适吗? 如果合适，构造置信区间。如果不合适，解释为什么。

TRY 7.69 挑食者（例 13）

2017 年，在为优食速递进行的哈里斯民意调查中，1 019 名美国成年人中有 438 人表示他们是"挑食者"。

a. 受访者中有多少比例的人说他们挑食?

b. 构建自称挑食的美国成年人占总人口比例的 95% 置信区间。

c. 基于此样本的 90% 置信区间比 95% 置信区间宽还是窄? 给出理由。

d. 构建 90% 置信区间。c 中的结论正确吗?

7.70 营养标签

2017 年哈里斯民意调查显示，1 019 名美国成年人中 47% 的人表示，他们在杂货店购物时总是或经常阅读营养标签。

a. 为在杂货店购物时总是或经常阅读营养标签的美国成年人的人口比例构建一个 95% 置信区间。

b. 95% 置信区间的宽度是多少?

c. 说出一个可以产生置信区间的宽度大于 95% 置信区间的置信水平。解释为什么你认为这个置信区间的宽度会大于 95% 置信区间。

d. 使用你在 c 中提出的置信水平构建置信区间。

e. 求出置信区间的宽度。这个置信区间比 95% 置信区间宽吗?

TRY 7.71 估计样本量（例 14）

皮尤研究中心在 2018 年进行了一项研究，估计不使用互联网的美国人的比例。

a. 如果使用 95% 置信水平，且研究人员希望有 6% 的误差范围，需要多少人参与调查?

b. 如果研究人员想要估计的误差范围为 4%，样本量将如何变化?

c. 误差范围的大小和样本量之间的关系是什么?

7.72 估计样本量

在 2018 年缩小 STEM 差距的研究中，研究人员想要估计计划主修 STEM 领域的中学女生的比例。

a. 如果使用 95% 置信水平，且研究人员想要有 3% 的误差范围，需要多少人参与调查?

b. 如果研究人员想要减少参与者的数量，他们如何调整误差范围?

7.5 节

7.73 幸福感

2016 年和 2017 年，一项哈里斯民意调查研究美国人是否感到幸福。2016 年，31% 的人认为自己很幸福，2017 年，33% 的人认为自己很幸福。假设每次调查的样本量为 1 000。比例之差 p_1-p_2 的 95% 置信区间是（-0.06, 0.02）。（其中 p_1 是 2016 年感到幸福的人的比例，p_2 是 2017 年感到幸福的人的比例。）解释这个置信区间。这个置信区间是否包含 0？关于 2016 年和 2017 年美国人的幸福感，这告诉了我们什么？

7.74 人工智能

哈里斯对一组美国成年人进行了民意调查，询问他们是否同意"人工智能将扩大美国的贫富差距"的说法。在 18 岁至 35 岁的人群中，69% 的人同意这一说法。在 36 岁至 50 岁的受访者中，有 60% 的人同意这种说法。$p_1 - p_2$ 的 95% 置信区间为（0.034, 0.146）（其中 p_1 为 18～35 岁同意者的比例，p_2 为 36～50 岁同意者的比例）。置信区间是否包含 0？这些年龄段的成年人中有多少人同意这种说法？

TRY 7.75 民主党（例 15、例 16、例 17、例 18）

2003 年和 2017 年盖洛普调查了民主党选民对联邦调查局（FBI）的看法。2003 年，44% 的民主党选民认为 FBI 的工作做得不错或出色。2017 年，69% 的民主党选民认为 FBI 的工作做得不错或出色。假设这些百分比是基于 1 200 名民主党选民的样本。

a. 仅基于这两个百分比，我们能否得出结论：民主党选民中认为 FBI 工作做得不错或很出色的人的比例从 2003 年到 2017 年有所增加？为什么可以或为什么不可以？

b. 检查使用两总体比例置信区间的条件是否满足。可以假设样本是随机抽取的。

c. 为民主党选民中认为 FBI 工作做得不错或出色的人的比例的差构建一

个 95% 的置信区间，即 $p_1 - p_2$。设 p_1 为 2003 年有这种看法的民主党选民的比例，p_2 为 2017 年有这种看法的民主党选民的比例。

解释你在 c 中构建的置信区间。有这种看法的民主党选民的比例增加了吗？解释一下。

7.76 司法信任

2016 年和 2017 年，盖洛普调查了美国成年人对政府司法部门的信任程度。2016 年，61% 的人表示对司法机构非常或有相当程度的信任。2017 年，68% 的美国人有相当程度的信任。这些百分比是基于 1 022 名美国成年人的样本得出的。

a. 解释为什么仅根据这些百分比就得出结论说，对政府司法部门有相当程度或非常信任的美国人的百分比从 2016 年到 2017 年有所增加是不合适的。

b. 检查使用两总体比例置信区间的条件是否满足。可以假设样本是随机的。

c. 对比例之差 $p_1 - p_2$ 构造一个 95% 置信区间，其中 p_1 为 2016 年对政府司法部门有相当程度或非常信任的美国人的百分比，p_2 为 2017 年对政府司法部门有相当程度或非常信任的美国人的百分比。

d. 根据 c 中构造的置信区间，我们是否可以得出这样的结论：2016 年到 2017 年，对司法具有这种信任水平的美国人的比例有所增加？解释一下原因。

g 7.77 佩里学前教育和高中毕业

佩里学前教育项目是 20 世纪 60 年代初由密歇根州伊普斯兰蒂市的 David Weikart 领导的。在这个项目中，

123 名非裔美国儿童被随机分为两组：一组接受佩里学前教育学习，另一组没有。后续研究持续了几十年。其中一个研究问题是学前教育是否对高中毕业有影响。该表显示了学生是否能从普通高中毕业，包括所有男孩和女孩（Schweinhart et al. 2005）。构建两总体比例之差的 95% 置信区间，并对其进行解释。

	受过学前教育	未受过学前教育
高中毕业	37	29
高中未毕业	20	35

7.78 学前教育：只有男孩子

参考练习 7.77 的信息。这个数据记录了男孩子的表现。

	接受过学前教育	未接受过学前教育
高中毕业	16	21
高中未毕业	16	18

a. 求出并比较每组的百分比。这是否表明学前教育与更高的毕业率有关呢？

b. 验证构建两总体比例置信区间的条件是否满足。

c. 指出下列哪个叙述是正确的。

i. 置信区间不包括 0，说明比例相同的是合理的。

ii. 置信区间不包括 0，这表明比例相同不合理。

iii. 置信区间包括 0，表明比例相同是合理的。

iv. 置信区间包括 0，说明比例相同不合理。

d. 99% 的置信区间会更宽还是更窄？

7.79 鱼油（例 19）

在丹麦对孕妇进行了随机分配的双盲研究。女性在怀孕期间服用鱼油或安慰剂。跟踪观察她们的孩子在五岁前是否患有哮喘。结果总结在表中。(Bisgaard et al., "Fish Oil-Derived Fatty Acids in Pregnancy and Wheeze and Asthma in Offspring," *New England Journal of Medicine*, vol. 375: 2530–2539. doi:10.1056/NEJMoa1503734)

患有哮喘	服用鱼油	服用安慰剂
是	58	83
否	288	266

a. 计算并比较鱼油组和安慰剂组儿童患哮喘的比例。

b. 检查构建两总体置信区间的条件是否成立。

c. 构造出两组儿童患哮喘比例差异的 95% 置信区间。根据你的置信区间，我们能得出总体比例有差异的结论吗？

7.80 含糖饮料

2017 年，*Obesity* 杂志报道了含糖饮料（SSB）的消费趋势。研究人员从 12 岁至 19 岁的青少年中随机抽取样本，要求他们在 24 小时内监测所有食物和饮料的摄入情况。这项研究 2003 年进行了一次，2014 年又进行了一次。表中显示了每天饮用汽水或果汁等含糖饮料的人数。(Bleich et al., "Trends in Beverage Consumption among Children and Adults, 2003-

2014," *Obesity*, vol. 26 [2018]: 432–441. doi:10.1002/oby.22056)

含糖饮料	2003	2014
是	3 416	2 682
否	685	1 419

a. 计算并比较该年龄组的青少年在记录期间消费含糖饮料所占的百分比。

b. 检查构造两总体置信区间的条件是否成立。

c. 计算 2003 年和 2014 年消费含糖饮料的青少年比例之差的 95% 置信区间。根据你的置信区间，你认为这个年龄段的含糖饮料消费量有变化吗？解释一下原因。

7.81 性别与使用转向灯

统计学专业的学生 Hector Porath 想弄清楚性别和驾驶时转向灯的使用是否是独立的。他开着卡车连续记录了几个星期。他记录了他观察到的每个人的性别，以及他或她在转弯或换车道时是否使用转向灯。（在他所在的州，法律规定在变道和转弯时必须使用转向灯。）他收集的数据如表所示。

	男性	女性
用转向灯	585	452
不用转向灯	351	155
总计	936	607

a. 男性中使用转向灯的人的比例是多少，女性中使用转向灯的人的比例是多少？

b. 假设条件满足（尽管这不是随机选择），构造比例之差的 95% 置信区间。说明置信区间是否包括 0，并解释这是否能够提供总体中男、女在驾驶时使用转向灯比例不同的证据。

c. 另一名学生用较小的样本量收集了类似的数据：

	男性	女性
用转向灯	59	45
不用转向灯	35	16
总计	94	61

首先计算出使用转向灯的男性和女性所占的百分比，然后假设条件满足，构造比例之差的 95% 置信区间。说明置信区间是否包含 0，并解释这是否提供了使用转向灯的男性所占百分比与使用转向灯的女性所占百分比不同的证据。

d. b 中和 c 中的结论相同吗？解释一下原因。

7.82 地方电视新闻

皮尤研究中心报告称，2016 年接受调查的美国人中，46% 的人从当地电视台获取新闻资讯。2017 年进行的一项类似的调查发现，37% 的美国人从当地电视台获取新闻资讯。假设每次的样本量都为 1 200。

a. 为 2016 年和 2017 年从当地电视台获得新闻资讯的美国人所占比例之差构建 95% 置信区间。

b. 根据你的置信区间，你认为从当地电视台获得新闻资讯的美国人的所占的比例有变化吗？解释一下原因。

7.83 抗恶心药

昂丹司琼（Ondansetron，Zofran）是一些孕妇用来治疗恶心的药物。有人担心这会对孕妇产生不利影响。Pasternak 等人在 2013 年对丹麦妇女进行了一项观察性研究，对 1 849 名接触昂丹司琼的妇女和 7 376 名未接触昂丹司琼的妇女进行分析后发现，有 2.1% 的接触昂丹司琼的妇女和 5.8% 的未接触昂丹司琼的妇女在怀孕 7 至 22 周流产。

a. 接触昂丹司琼的流产率是否如人们所担心的那样高？

b. 如果想构建置信区间，哪些条件不满足？

7.84 学前教育：只有女孩

佩里学前教育项目是由密歇根州伊普西兰蒂的 David Weikart 在 20 世纪 60 年代早期实施的。在这个项目中，123 名非洲裔美国儿童被随机分为两组：一组在佩里学前班就读，另一组没有。后续研究持续了几十年。一个研究问题是，学前教育是否对高中毕业有影响。该表显示了学生是否高中毕业，只包括女孩（Schweinhart et al.，2005）

	接受过学前教育	未接受过学前教育
高中毕业	21	8
高中未毕业	4	17

a. 计算两组高中毕业所占的百分比，并进行比较。这是否表明学前教育与较高的毕业率有关？

b. 如果我们想构造两总体比例之差的置信区间，哪些条件不满足？

本章回顾练习

7.85 有机食品

根据盖洛普民意调查，45% 的美国人在购物时积极寻找有机食品。假设随机抽取 500 名美国人作为样本，并记录下积极寻求有机食品的人的比例。

a. 我们预计样本中积极寻找有机食品

的人的比例是多少？

b. 标准误差是多少？

c. 用你对 a 和 b 中的回答来完成这个句子：我们预计 ____% 的美国人在购物时积极寻找有机食品，误差为 ____%。

d. 如果样本中在购物时积极寻找有机食品的人占 55%，会令人惊讶吗？为什么会或为什么不会？

e. 将样本量减少至 100 对标准误差有什么影响？

7.86 大学入学率（女性）

根据美国劳动统计局的数据，美国 71.9% 的年轻女性在高中毕业后直接进入大学。假设随机抽取 200 名女高中毕业生作为研究对象，得出女高中毕业生的入学比例。

a. 我们应该预计样本中女高中毕业生入学的比例的值是多少？

b. 标准误差是多少？

c. 如果只有 68% 的被调查者进入大学，这会令人惊讶吗？为什么会？为什么不会？

d. 将样本量增加到 500 对标准误差有什么影响？

7.87 环境满意度

2018 年，盖洛普报告称，52% 的美国人对美国的环境质量不满意。这是基于 95% 的置信区间，误差范围为 4 个百分点推断出的。假设满足构造置信区间的条件。

a. 写出并解释 2018 年对美国环境质量不满意的人口比例的置信区间。

b. 如果样本量更大，样本比例保持不变，所得的区间会比 a 中所得的区间宽还是窄?

c. 如果置信水平是 90% 而不是 95%,并且样本比例保持不变,那么这个区间会比 a 中得到的区间更宽还是更窄?

d. 2018 年,美国人口约为 3.27 亿。如果总人口是这个数字的一半,这会改变这个问题中建立的置信区间吗?换言之,如果满足构造置信区间的条件,总体规模对区间宽度有影响吗?

7.88 技术焦虑

美国东北大学 2018 年进行的一项调查显示,受教育程度低于学士学位的在职成年人中,28% 担心自己会因新技术或自动化而在工作中被淘汰。这是基于 95% 的置信区间,误差范围为 3 个百分点得出的结论。

a. 写出受教育程度低于学士学位的成年人担心因新技术或自动化而失业的比例的置信区间。

b. 如果样本量更小,样本比例保持不变,所得的区间会比 a 中所得的区间宽还是窄?

c. 如果置信水平是 99% 而不是 95%,并且样本比例保持不变,那么这个区间会比 a 中得到的区间宽还是窄?

d. 2018 年,美国人口约为 3.27 亿。如果人口增加 5 000 万人,这将对这个问题中获得的置信区间产生什么影响(如果有的话)?

7.89 抽样比例

一项关于某一提案的民意调查表示,我们有 95% 的把握认为支持该提案的选民的人口比例在 40% 至 48%。计算支持该提案的人所占的样本比例。

7.90 抽样比例

一项关于某一提案的民意调查表示,我们有 99% 的把握认为支持该提案的选民的人口比例在 52% 至 62%。计算支持该提案的人所占的样本比例。

7.91 误差范围

一项关于某项提案的民意调查表示,我们有 95% 的把握认为支持该提案的选民的人口比例在 40% 至 48%。计算误差范围。

7.92 误差范围

一项关于某项提案的民意调查表示,我们有 99% 的把握认为支持该提案的选民的人口比例在 52% 至 62%。计算误差范围。

7.93 梦的色彩

根据 20 世纪 40 年代的研究,29% 的人做彩色梦。假设这仍然是真的,在随机抽取的 200 个人中(每个人的情况都相互独立),计算有大于等于 50% 的人做彩色梦的概率。先检查是否满足使用中心极限定理的条件。

7.94 洗手

伊格纳兹·塞梅尔维斯(Ignaz Semmelweiss)(1818—1865)是第一个鼓励其他医生在接触病人之前用消毒剂洗手的医生。在这一步骤执行之前,塞梅尔维斯医生所在的医院大约感染率为 10%。之后,下降到 1% 左右。假设感染的人占比为 10%,样本量为 200,计算样本比例小于等于 1% 的概率。首先检查应用中心极限定理所需的条件是否满足。

7.95 统计意义上的势均力敌

在 2016 年美国总统大选前的初选中，*Business Insider* 报道称，伯尼·桑德斯和希拉里·克林顿在佛蒙特州初选前的民调中处于"统计意义上的平局"。克林顿在民调中以 43% 对 35% 领先桑德斯，误差范围为 5.2%。向不熟悉误差范围和置信区间的人解释这意味着什么。

7.96 教育债券

假定聘请了一名政治顾问来确定教育债券在地方选举中是否可能通过。顾问随机抽取了 250 名选民，发现样本中有 52% 的人支持通过债券。为支持债券的选民所占的比例构造一个 95% 置信区间。假设构造的条件满足。根据置信区间，顾问是否会预测债券会通过？为什么会或为什么不会？

7.97 对行政部门的信任度

对政府行政部门的信任度下降了吗？盖洛普在 2008 年和 2017 年分别对美国成年人进行了民意调查，询问他们是否信任政府的行政部门。结果见下表。

	2008	2017
是	623	460
否	399	562
合计	1 022	1 022

a. 计算并比较 2008 年和 2017 年样本中信任行政部门者的比例。

b. 构造总体比例差异的 95% 置信区间。

假设满足使用置信区间的条件。从置信区间来看，美国成年人中信任行政部门的人的比例有没有变化？解释一下原因。

7.98 对立法部门的信任度

对政府立法部门的信任度是否下降？盖洛普在 2008 年和 2017 年分别对美国成年人进行了民意调查，询问了他们是否信任政府的立法部门。结果见下表。

	2008	2017
是	399	358
否	623	664
合计	1 022	1 022

a. 计算并比较 2008 年和 2017 年样本中信任立法部门者的比例。

b. 构造总体比例差异的 95% 置信区间。

假设满足使用置信区间的条件。从置信区间来看，美国成年人中信任立法部门的人的比例有没有变化？解释一下原因。

*7.99 选民调查：样本量

一家民意调查机构希望确定获得不超过 3 个百分点（0.03）的误差范围所需的样本量。假设民意调查的结果使用的是 95% 的置信水平。他们应该取多大的样本？见式（7.3）。

*7.100 样本量之比

计算误差范围为 3 个百分点所需的样本量，然后找到误差范围为 1.5 个百分点的样本量，这两种情况，均使用 95% 的置信水平。计算出大样本与小样本的比率。为了把误差减少到一半，你需要用什么来乘以样本量？

7.101 评价抽样是否合理

Marco 对 P 号提案在下次选举中是否能通过很感兴趣。他去了大学图书馆，对 100 名学生进行了民意调查。58%的人支持 P 提案，Marco 认为它会通过。解释一下他的方法有什么问题。

7.102 评价抽样是否合理

　　Maria 反对死刑，想知道她所在州的大多数选民是否支持死刑。她去参加一个教堂野餐，征求那里每个人的意见。因为他们中的大多数人反对死刑，所以她得出结论，在她所在的州将会投反对死刑的票。解释 Maria 的方法有什么问题。

7.103 随机抽样？

　　假如你在校园问你遇到的人他们带了多少把钥匙，你这么做是随机抽样吗？解释一下原因。

7.104 有偏样本？

　　假如你想知道你所在学校学生的平均体重。你计算了橄榄球队成员样本的平均体重。这种方法是有偏的吗？如果是的话，样本均值比全体学生的真实平均值大还是小。解释一下原因。

7.105 偏差？

　　假设从 123 名女性中随机抽取 4 名，平均身高只有 60 in（5 in）。操作可能有偏差。还有什么原因能导致这样一个小的均值？

7.106 偏差？

　　从 123 张照片中选出的四名女性样本平均身高为 71 in。而 123 名女性的总体的平均身高为 64.6 in。这是抽样操作有偏差的证据吗？解释一下原因。

7.107 样本量公式（第 1 部分）

　　根据式（7.2），95% 置信区间的

误差范围的估计值为 $m = 2\sqrt{\dfrac{\hat{p}(1-\hat{p})}{n}}$，其中 n 是所需样本量，$\hat{p}$ 是样本比例。因为我们不知道 $\hat{p}$ 的值，所以我们使用 $\hat{p}$ 的保守估计值 0.50。将公式中的 $\hat{p}$ 替换为 0.50 并简化。

7.108 样本量公式（第 2 部分）

　　使用练习 7.107 中的结果，通过四个步骤求 n：（1）等式两边除以 2；（2）等式两边平方；（3）交叉相乘；（4）求解 n。

练习指导

7.41 驾照（例 8）

　　根据《华盛顿邮报》2017 年的一篇文章，72% 的高中生拥有驾照。假设我们随机抽取 100 名高中生，计算持有驾照的学生比例。

　　问题： 求出样本中超过 75% 的高中生有驾照的概率。首先验证是否满足使用样本比例中心极限定理的条件。

第 1 步　总体比例

　　样本比例为 0.75。总体比例是多少？

第 2 步　检查假设

　　因为我们需要一个近似的概率，所以可以用中心极限定理。要用比例的中心极限定理，我们必须检查假设。

a. 随机抽样：是。

b. 样本量：如果随机抽取 100 名高中生作为样本，预计他们中平均有多少人会有驾照？计算 n 乘以 p。同时计算预计有多少人没有驾照，n 乘以（$1-p$）。说明两者是否都大于 10。

c. 假设总体大小至少是样本量的 10 倍，即至少 1 000。

第 3 步　计算

部分标准化过程如下。完成它，展示计算过程中所有的数字。首先找到标准误差：

$$SE = \sqrt{\frac{p(1-p)}{n}} = \sqrt{\frac{0.72 \times 0.28}{?}}$$

然后标准化：

$$z = \frac{\hat{p} - p}{SE} = \frac{0.75 - 0.72}{?} = ? \text{标准单位}$$

在正态分布曲线中找到 z 值 0.59 右侧的区域，计算大于 0.67 的近似概率。在下图的基础上，绘制一条曲线并进行标记。

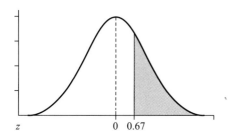

第 4 步　解释

解释为什么附图中的尾部区域代表正确的概率。

第 5 步　回答问题

计算图中阴影区域的面积。

g7.77 佩里学前教育和高中毕业

佩里学前教育项目于 20 世纪 60 年代初，由 David Weikart 在密歇根州伊普西兰蒂创建。在这个项目中，123 名非洲裔美国儿童被随机分为两组：一组在佩里学前班就读，另一组没有。后续研究进行了几十年。一个研究问题是，学前教育是否对高中毕业有影响。该表显示了学生是否从普通高中毕业，并将数据分成了男孩和女孩（Schweinhart et al. 2005）。

	接受过学前教育	未接受过学前教育
高中毕业	37	29
高中未毕业	20	35

问题：构造比例之差的 95% 置信区间，并进行解释。解答步骤如下：

第 1 步　计算百分比

接受过学前教育的孩子中高中毕业的占 37/57，即 64.9%。看看那些没有接受过学前教育的孩子，高中毕业率是多少？

第 2 步　比较

在这个样本中，接受过学前教育的孩子比未接受过学前教育的孩子高中毕业的可能性大还是小？

第 3 步　验证条件

虽然我们没有对儿童进行随机抽样，但我们进行了随机分组，两组是独立的。

我们必须验证样本量是否足够大。

$$n_1 \hat{p}_1 = 57 \times 0.649 = 37$$
$$n_1(1 - \hat{p}_1) = 57 \times 0.351 = 20$$
$$n_2 \hat{p}_2 = 64 \times 0.453 = ??$$
$$n_2 \hat{p}_2 = ??$$

如你所见，因为我们使用的是 $\hat{p}$ 的估计值，所以对于我们的期望值，我们只能得到表中的数字。通过后面的两个计算，得到 29 和 35。因为所有这些数字都大于 10，所以我们可以继续。

第 4 步　计算置信区间

请参考 TI-84 的输出结果，并填写本句中的空格：

我有 95% 的把握，毕业比例之差（接受过学前教育组的比率减去未接受过学前教育组的比率）介于 ____ 和 ____ 之间。计算结果四舍五入到小数点后三位。

TI-84 的输出结果

第 5 步　得出结论

请指出下列哪项陈述是正确的？

a. 区间没有覆盖 0，这表明比例相同是合理的。

b. 区间没有覆盖 0，这表明比例相同是不合理的。

c. 区间覆盖 0，表明比例相同是合理的。

d. 区间覆盖 0，表明比例相同是不合理的。

第 6 步　类推

我们能从这个数据集中类推到更大的总体吗？

为什么？

第 7 步　确定因果关系

我们能从这组数据中得出学前教育造成了这种差异的结论吗？为什么？

技术提示

[377]

关于生成随机数，请参考第 5 章的技术提示。

例 A　用正态技术计算单个比例的概率

美国政府 2007 年的一项调查显示，87% 的美国年轻人拥有高中文凭。如果你

随机抽取 2 000 名美国年轻人作为样本，88% 或以上的样本获得高中文凭的近似概率是多少？为了借用第 6 章中的例题有关"正态分布"的步骤，我们只需要计算均值和标准误差（标准差）。总体均值是 0.87。标准误差是

$$SE = \sqrt{\frac{p(1-p)}{n}} = \sqrt{\frac{0.87 \times 1 - 0.87}{2\,000}}$$

$$= \sqrt{\frac{0.113\,1}{2\,000}} = 0.007\,52$$

下面可以继续第 6 章技术提示中"例 A：正态分布"的步骤了（可用 TI-84、Minitab、Excel 或 StatCrunch）。TI-84 的输出结果如图 7a 所示，StatCrunch 的输出结果如图 7b 所示。

因此概率约为 9%。

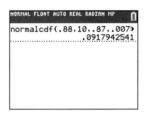

图 7a　TI-84 输出结果：正态分布

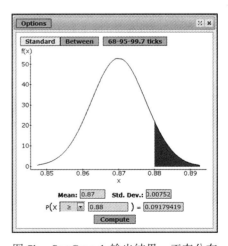

图 7b　StatCrunch 输出结果：正态分布

例 B 计算单个比例的置信区间

已知一枚硬币抛掷 50 次出现了 22 次正面朝上，请计算总体中出现正面朝上的比例的 95% 置信区间。

例 C 计算两个比例（之差）的置信区间

通过使用佩里学前教育项目的结果，请计算两个总体比例之差的 95% 置信区间。已知该项目报告称，抽样调查的接受过学前教育的 57 名儿童中有 37 人高中毕业，而抽样调查的没有接受过学前教育的 64 名儿童中有 29 人高中毕业。

例 D 运用模拟的方法展示样本大小对估计量的影响

请对 1 000 人进行抽样模拟，其中包括 250 名爱猫者和 750 名爱狗者，以展示样本大小对总体比例的估计量——样本比例的影响。

TI-84

单个比例的置信区间

1. 按 STAT，选择 Tests，A：1-PropZInt。
2. 输入 x：22；n：50；C-level，.95。
3. 当 Calculate 突出显示时，按 ENTER。

图 7c 显示 95% 置信区间为（0.302, 0.578）。

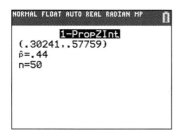

图 7c　TI-84 单个比例的置信区间的输出结果

两个比例（之差）的置信区间

1. 按 STAT，选择 Tests，B：2- prozint。
2. 输入 x1：37；n1：57；x2：29；

n2：64；C-Level：.95。
3. 当 Calculate 突出显示时，按下 Enter。
4. 页面将输出 95% 置信区间为（0.022 15, 0.369 85）。

Minitab

单个比例的置信区间

1. Stat > Basic Statistics > 1 Proportion。
2. 选择 Summarized data，输入：Number of events，22；Number of trials，50。
3. 单击 Options，在 Method 框中选择 Normal approximation。
4. 在 Confidence level 框中，如果你想要一个与 95% 不同的置信水平，请更改它。
5. 单击 OK。

输出的相关结果为

95% CI

（0.302 411, 0.577 589）

两个比例（之差）的置信区间

1. Stat > Basic Statistics > 2 Proportions。
2. 选择 Summarized data，输入：Sample 1, Number of events, 37, Number of trials, 57；Sample 2, Number of events, 29, Number of trials, 64。单击 OK。
3. 输出结果显示 95% 置信区间为（0.022 148 3，0.369 847）。

Excel

免费版本的 XLSTAT 没有这些功能。

单个比例的置信区间

1. 单击 XLSTAT, Parametric tests, Tests for one proportion。
2. 参见图 7d。输入：Frequency, 22；

Sample size，50；Test Proportion，0.5。选中 Frequency 和 z test，不用选择 Continuity correction。单击 Options，选 Wald，单击 OK。最后再次单击 OK。

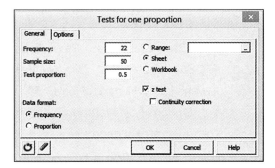

图 7d　XLSTAT 计算单个比例的置信区间的输入结果

（如果你想要一个 95% 以外的置信水平，你可以单击 Options 并改变显著性水平。对于 99% 的置信水平，你可以使用 1。对于 90% 的置信水平，你可以使用 10。）

输出的相关结果为

比例的 95% 置信区间（Wald）：

（0.302，0.578）

两个比例（之差）的置信区间

1. 单击 XLSTAT，Parametric tests，Test for two proportions。

2. 输入：Frequency 1：37；Sample size 1：57；Frequency 2：29；Sample size 2：64。

3. 保留其他选中的选项，并单击 OK。

4. 输出的相关结果为

比例差值的 95% 置信区间：

（0.022，0.370）

StatCrunch

单个比例的置信区间

1. Stat > Proportion Stats > One Sample > With Summary。

2. 输入：# of successes，22；# of observations，50。

3. 选择 Confidence interval for p 选项。

4. 保留默认的 Level: 0.95，以确保置信水平为 95%。对于 Method，保留默认的 Standard-Wald。

5. 单击"Compute!"。

输出的相关结果如下所示。"L. Limit"为置信下限，"U. Limit"为置信上限。

L.Limit	U.Limit
0.30241108	0.5775889

两个比例（之差）的置信区间

1. Stat > Proportion Statistics > Two Sample > With Summary。

2. 输入：Sample 1：# of successes：37；# of observations：57；Sample 2：# of successes：29；# of observations：64。

3. 选 Confidence interval for P1–P2，保持 Level 为 0.95，然后单击"Compute!"。

4. 输出结果为：L. Limit（置信区间下限）0.022 148 349，U. Limit（置信区间上限）0.369 847 27。

模拟抽样

1. 首先需要输入总体数据。这可以手工完成，也可以从数据文件中加载。如果手动输入，你可以"强制执行"，即在标记为 var1 的第一列的前 250 行中输入 Cat，然后在剩下的 750 行中输入 Dog。但是如果你想更仔细的话，选 Data > Compute > Expression，然后输入表达式 conc

at(rep（"Cat"，250），rep（"Dog"，750)) 会更快。最后将列标签更改为 Lover。点击"Compute!"。

2. 这一步，你要先从总体 Lover 中生成 1 000 个样本量为 5 的样本，然后在被标记为 Cfive 的新列中计算并列出每个样本中爱猫者的数量。具体步骤为：Data > Sample. Select columns: Lover。然后输入 Sample size: 5, Number of samples: 1000。之后选 Compute statistic for each sample。现在要小心了！先输入 Expression: sum（"Sample(Lover)"="Cat"）。然后输入 Column name: Cfive。最后单击"Compute!"。

3. 这一步，你需要计算每个样本中爱猫者的比例，然后将这 1 000 个样本比例列在一个标签名为 p(n=5) 的新列中。具体步骤为：Data > Compute > Expression。先输入 Expression: Cfive/5，再输入 Column label: p(n = 5)，最后单击"Compute!"。

4. 为了计算 1 000 个样本量为 10 的样本比例，并将 1 000 个样本比例生成一个新列。请重复步骤 2，但是需要将输入进行一些替换：Sample size: 10, Column name: Cten, Expression: Cten/10。然后重复步骤 3，同样，将输入替换为 Column label: p(n = 10)。

5. 为了计算 1 000 个样本量为 100 的样本比例，并将 1 000 个样本比例生成一个新列。依次重复步骤 2 和步骤 3，但是需要将输入进行一些替换：Sample size: 100, Column name: Chundred, Expression: Chundred/100，以及 Column label: p(n = 100)。

6. 现在将结果用图表的形式表示。具体步骤为：Graph > Histogram。然后选择 p(n = 5)、p(n = 10) 以及 p(n = 100)。注意在单击 p(n = 5)、p(n = 10) 和 p(n = 100) 时要按住 Ctrl 键。然后向下滚动并选择 Horizontal lines 以及 Use same X-axis。将 Rows per page 设置为 3。单击"Compute!"。你的输出结果应该类似于图 7e。

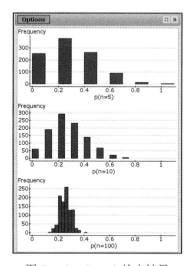

图 7e StatCrunch 输出结果

第8章 总体比例的假设检验

提要

在很多情况下，出于科学或商业的目的，我们需要对总体参数的真值进行估计。诚然，我们可能无法保证估计的准确性。假设检验是一种用于估计总体参数的统计推断方法。

在科学研究、工商管理和日常生活中，决策的制定往往仅能依赖于有限的信息。例如，一家营销公司想要确定哪张海报可以为一部即将上映的电影吸引最多的观众。该公司无法对全国所有人进行调查，以了解哪张海报最能引起人们的观影兴趣，他们仅能根据一小部分人的意见做出决定。再比如说，一位教育心理学家想知道接受音乐培训的孩子是否比其他孩子更富有创造力。测试结果显示，音乐培训确实能够提升孩子的创造力，但这种提升是否只是一种偶然现象？与小时候未曾观看暴力影片的人相比，小时候观看过暴力影片的人在日后表现出更为严重的暴力行为倾向。这样的差异是一种偶然，还是另有原因？

假设检验是一种统计推断方法。在第7章中，我们利用置信区间来估计参数，并给出了估计结果的误差范围。在本章中，我们将学习如何基于样本信息估计总体参数。如果能够掌握有关总体的全部信息，那么我们可以确定参数真值的大小。但是，仅通过观察总体中的样本，参数真值的估计将变得更加困难，出错在所难免。正如第7章不确定性的度量一样，我们需要在假设检验时度量出现错误的概率。在本章中，我们将继续学习总体比例的估计问题。下一章将介绍如何计算置信区间以及如何对总体均值进行假设检验。

案例分析

搪塞问题

政客在辩论或是采访中会对难以回答的问题采取搪塞的态度，你是否对此感到失望？他们搪塞问题的做法通常是回答另一个更简单的问题。研究人员发现，人们并不总是善于发现别人在搪塞，对待说话人的态度、所处的环境等因素都会影响人们对搪塞问题的感知。为了帮助观众观察到政治辩论中的搪塞现象，一些电视台将问题的字幕呈现在屏幕底部。这种做法真的可以提高人们观察搪塞现象的能力吗？

一些研究人员雇佣演员扮演政客，拍摄了一则正式辩论的视频。在这段视频中，一位"政客"被问及有关医疗保健的问题，但他通过回答有关非法药物的问题而搪塞了这个提问。研究人员随机招募了一些受试者来观看这则视频。在一半的受试者观看的视频中，屏幕底部给出了医疗保健问题的字幕；而另一半人则看不到字幕。在观看字幕视频的受试者中，88%的人注意到了搪塞的现象。而在没有字幕的组中，仅有39%的人注意到政客的搪塞（Rogers and Norton，2011）。

两组之差达到了49%。这种差异是否因为字幕的出现改变了我们对搪塞现象的感知？或者这种差异仅仅是出于偶然？毕竟，研究人员随机分配受试者到两个组中——无字幕视频组和无字幕视频组，所以其中存在偶然因素。换句话说，是否存在这样的可能：即使字幕根本没有效果，我们也会看到高达49个百分点的差异？

在本章，我们将告诉你如何判断这种差异是真实存在的，还是纯属偶然。本章最后的案例分析回顾将揭晓研究人员对于这一问题的判断，以及判断的依据。

8.1 假设检验的基本要素

382

通常，橄榄球和网球比赛的裁判以抛硬币的方式决定开球方。之所以用抛硬币——把硬币抛向空中的方法——来决定，是因为人们认为抛硬币的结果是公平的。这里的"公平"是指硬币正面朝上或反面朝上的可能性相等，因此双方获胜的概率也是相等的。

但是如果我们（在坚硬的平面上）旋转硬币，而不是向空中抛硬币，结果会怎么样呢？我们认为，硬币"正面"是凸起的，一面凸起一面凹陷的非对称性会导致硬币两面朝上的概率不相等。换句话说，我们认为旋转硬币是不公平的。有些人——可能是大多数人——会觉得这种说法是不可理解的，并坚持认为这是错误的。

为了验证这个说法，假设现在我们把一枚硬币旋转20次并得到20次正面朝上。你会有什么反应？我们可以打赌，你一定会大吃一惊。因为根据你的个人经验，旋转20次"均匀"硬币并得到20次正面朝上的情况是非常罕见的。因为你并不认为旋转硬币和抛硬币的结果有什么不同，你预期会得到10次正面朝上，但20次旋转的结果都是正面朝上。这是令人惊讶的事情，你可能会认为我们是对的——旋转硬币的做法是不公平的。

如果你的思考过程确实如此，那么你就完成了一次非正式的**假设检验**（hypothesis test）。当测量结果存在变异性时，假设检验能够帮助我们在两种结果中进行选择。本章将带领你学习如何进行正式的假设检验。"正式"的假设检验基于特定的术语以及四个明确的步骤。然而，我们希望你能明白，"正式"的假设检验与你在刚刚的思考过程中应用的常识判断没有太大的区别。

正式的假设检验遵循数据周期，包含以下四步：

- 第一步，提出一个统计问题，把问题表述成一对假设，两个假设的论断相互矛盾。在这种情况下，我们关于"旋转硬币是否公平"的问题变成了这样一对假设：旋转硬币是公平的（中立主张，我们对此持怀疑态度），以及旋转硬币的做法是不公平的。
- 第二步，准备步骤，在这个步骤中检查现有的数据或收集新数据。确定数据的使用方法，并确保有足够的数据，使出错的可能性达到最小。

- 第三步，通过将数据与期望值进行比较来分析数据。当你看到 20 次旋转中出现正面的样本比例是 1.0（20 次旋转中出现 20 次正面），你会在心里把它和你之前的想法——样本比例接近 0.5——进行比较。事实上，如果旋转硬币的做法是公平的，你甚至可以计算得到这种极端结果的概率。（一枚均匀硬币出现 20 次正面或 0 次正面的概率大约是 0.000 002，大约 100 万分之 2。这就是为什么当 20 次旋转都是正面时，你会感到惊讶，因为你原本期待的结果是各占 50%。）

- 第四步，也是最后一步，通过陈述一个结论，为上述分析作解释：相信这个论断，还是发现没有足够的证据来支持这个论断？如果我们确实在 20 次旋转中得到 20 次正面，我们愿意得出这样的结论，认为旋转硬币的做法是不公平的。

刚刚的例子存在一个极端的结果：100% 正面朝上。但是中间的结果如何呢？如果 20 次旋转硬币有 7 次正面朝上（0.35）呢？这个结果小于 0.5，但它是否小到我们会认为旋转硬币是不公平的呢？假设检验能够帮助我们在诸如此类的中间情况下做出决定。

在继续学习下面的内容之前，请拿出一枚硬币，旋转 20 次，记录正面朝上的次数。我们将用这个"实验"来说明假设检验的基本概念。假设有 7 次正面朝上，我们将在接下来的讨论中使用这个结果。

首先我们将介绍一些重要的概念，这些概念是假设检验的必备要素：假设、最小化犯错、检验统计量和惊喜。在 8.2 节，我们将展示如何将这些要素组合成假设检验的四个步骤。8.3 节将介绍一些计算细节，以及如何更好地解释假设检验的结果。最后一部分内容是关于如何扩展假设检验的使用模板，从而实现两个总体比例的比较。

🔄 **回顾**

数据周期

第 1 章介绍的数据周期，包括统计调查的四个阶段：提出问题、考察数据、分析数据和解释结果。

🏷 **贴士**

便士

事实上，旋转硬币的结果确实是有偏的。但据我们所知，这仅限于某些硬币。如果你能找到一枚 1962 年的 1 便士硬币，并旋转它 50 次，你可能会做出拒绝原假设的决定。

8.1.1 核心要素：一对假设

在假设检验中，我们将统计问题转换为假设：关于总体参数的命题。必须把对于现实的论断转述为关于总体参数的命题。

例如，在旋转硬币的例子中，关于旋转硬币是否公平的问题实际上是对于现实情况的一个论断：旋转硬币是不公平的。我们现在必须用一个参数来重述这一论断。

这里的参数是指硬币正面朝上的概率。假设概率是 p，对于一枚均匀硬币来说，$p=0.5$。如果硬币不均匀，那么 p 不等于 0.5，$p \neq 0.5$。这些是关于总体参数 p，也就是正面朝上概率的命题。

"旋转硬币是公平的"，你可能对这一说法不会感到奇怪。这样的假设被称为**原假设**（null hypothesis）。在这个例子中，原假设是 $p=0.5$。

另一方面，我们希望说服世界为真的假设被称为**备择假设**（alternative hypothesis）。此处为 $p \neq 0.5$。

就像你刚才看到的这一组一样，假设总会成对出现。

原假设，我们写作 H_0（简单地称作"原假设"），是描述现状的中立命题，是对总体参数的怀疑性论断。原假设通常代表"没有变化""没有影响"或"没有差异"。在本书中，原假设总是包含一个"="号。

备择假设 H_a 是我们想要研究的假设。它是关于参数值的命题，我们想要证明它是正确的。

在旋转硬币的实验中，我们把假设写成

$$H_0 : p = 0.5$$
$$H_a : p \neq 0.5$$

我们强调，在正式的假设检验中，假设总是关于总体参数的命题。在这个例子中，总体由硬币的无穷次旋转组成，而 p 表示正面朝上的概率。

KEY POINT 重点

假设是关于总体参数的命题，而非关于样本统计量的命题。

贴士

假设的定义

韦氏在线词典对"假设"的定义是"为引出和检验逻辑或实证结果而提出的一种试探性主张"。

回顾

统计量和参数

在第 7 章中学习过，$\hat{p}$ 是统计量，代表样本中成功的比例；而 p 是参数，代表总体中成功的比例。

例 1　婚姻

从历史上看，大约 70% 的美国成年人是已婚人士。一位社会学家想要了解美国的结婚率是否有所下降。他对美国成年人进行随机抽样，并记录他们是否结婚。

问题：

a. 用文字表述原假设和备择假设。

384

b. 用 p 表示美国全部已婚成年人的比例，根据这个总体参数表述原假设和备择假设。

解答： 备择假设是社会学家想要做出的判断，原假设是对事物没有改变的论断。

a. 原假设：现在已婚成年人比例和过去一样。备择假设：现在已婚成年人的比例比过去低。

b. 因为历史比例是 $p=0.70$，我们有

$$H_0: \ p = 0.70$$
$$H_a: \ p < 0.70$$

试做： 练习 8.3。

例 1 中的备选假设使用的是"小于"号，而不是我们在旋转硬币实验中使用的"不等于"号。这是因为备择假设必须反映关于现实世界的论断，在这个例子中，社会学家想要证明已婚成年人的比例较以前有所下降，因此，他认为已婚成年人的比例低于 0.70 的历史值。这种假设被称为**单侧假设**（one-sided hypothesis）。在旋转硬币的实验中，我们只想证明旋转硬币的结果是不公平的；我们不关心它是偏向正面还是偏向反面。带有"不等于"号的假设被称为**双侧假设**（two-sided hypothesis）。

基本假设有三种类型，见表 8.1。

表 8.1　假设检验的三对假设

双侧假设	单侧假设（左）	单侧假设（右）
$H_0: p = p_0$	$H_0: p = p_0$	$H_0: p = p_0$
$H_a: p \neq p_0$	$H_a: p < p_0$	$H_a: p > p_0$

例 2　互联网广告

一家互联网零售企业试图决定是否向一家搜索引擎公司付费以实现广告业务的升级。过去，有 15% 的顾客通过点击广告访问该公司网页购买了商品（这被称为"点击率"）。如果这家企业决定向搜索引擎公司购买精品广告业务，该企业的广告会更显眼。

这家搜索引擎公司提供了一个实验：某一天，随机抽取的顾客将会在更显眼的位置看到这家零售企业的广告，零售企业可以判断广告是否提高了点击率。零售企业同意了实验，实验结束后，有 17% 的顾客购买了商品。

一位营销主管写下了以下假设：

$$H_0: \hat{p} = 0.15$$
$$H_a: \hat{p} = 0.17$$

其中 $\hat{p}$ 代表从该网站购买商品的顾客样本比例。

问题： 这些假设的表述有什么错误吗？请重新表述正确的假设。

解答： 首先，这些假设是关于样本比例 $\hat{p}$ 的。已知有 17% 的顾客样本进行了购物，所以没有必要对其做出假设。我们不知道的是，在所有点击广告的人群中有多少人会进行购物。假设应该用 p 表示，即购物人群的总体比例。

第二个问题是关于备择假设，该公司想要回答的并非是否有 17% 的顾客会购物，而是购物顾客的比例是否会比过去有所增加。

正确的假设是：

$$H_0: p = 0.15$$
$$H_a: p > 0.15$$

其中 p 代表在所有点击广告的顾客中购物的比例。

试做： 练习 8.9。

假设检验就像刑事审判。在刑事审判中，有两种假设摆在陪审团面前：被告是无罪的，或者是有罪的。然而，这些假设被赋予的权重并不相同。陪审团假定被告无罪，直到有压倒性的证据表明被告有罪。（在美国，被告只有在"排除一切合理怀疑"的情况下才被判有罪。）

假设检验遵循同样的原则。统计学家扮演的检察官角色希望证明被告有罪，统计学家或研究者希望证实的假设则发挥了检察官的有罪指控作用。而原假设是一种中立的、无争议的陈述（例如被告的无罪声明）。就像审判过程中，我们要求陪审团相信被告是无罪的，除非有压倒性的证据反对这一观点。我们也在一开始就相信原假设是正确的，但是，一旦我们对证据进行检验，并看到压倒性反驳这一观点的证据，我们可能会拒绝原假设。

贴士

p 可以代表比例，也可以代表概率

参数 p 有两种含义。例如，在描述一个城市中的选民组成时，我们可以说 $p = 0.54$ 是共和党人，此时 p 是一个比例。但是如果我们随机选择一个选民，我们可以说选中共和党人的概率是 $p = 0.54$。

KEY POINT 重点

原假设总能在怀疑中获得优势，并在整个假设检验过程中被假定为真的。有且只有在最后的判定中发现该假设下观察到的结果极不寻常的情况下，我们才会拒绝原假设。

386

假设检验中最重要步骤是选择假设。其实，假设检验中只有两个步骤是计算机无法完成的，这就是其中一个步骤。（另一个步骤是确保概率计算有效所需的条件得到满足。此外，计算机无法对结果做出解释，因为这需要你来完成。）

8.1.2　另一个要素：犯错

犯错是假设检验过程中不可避免的一部分，关键在于不要经常犯错。

我们可能会犯的一个错误是在原假设成立时拒绝它。例如，即使是一枚均匀硬币，在 20 次抛掷中可能也会有 20 次是正面朝上。如果这种情况发生，我们可能会得出结论称硬币是不均匀的，但实际上它确实是均匀的。我们不能防止这种错误的发生，但我们可以尽量使这种错误不要经常发生。

显著性水平（significance level）是一类特殊的概率：它是在原假设是正确的情况下错

误地拒绝原假设的概率。显著性水平是非常重要的概率，因此它有自己的符号，希腊小写字母 α。

在旋转硬币的实验中，显著性水平表示在旋转硬币是公平的情况下，得出"旋转硬币是不公平的"结论的概率。在刑事审判的场景下，显著性水平是指嫌疑人实际上是无辜的情况下，结论认为其有罪的概率。

例3 网络广告的显著性水平

在例2中，一家互联网零售企业给出了一对关于 p 的假设，p 是点击广告并从该公司购买产品的客户比例。回想一下，过去购买该产品的客户比例是 0.15，而公司希望这个比例有所增加。我们打算以 5% 的显著性水平对这些假设进行检验。换句话说，$\alpha=0.05$。

$$H_0: p = 0.15$$
$$H_a: p > 0.15$$

问题：用文字描述显著性水平。

解答：显著性水平是当事实为真时，拒绝 H_0 的概率。在这个例子中，这意味着公司在购买其产品的顾客比例仍为 0.15 的事实下，得出购买其产品的顾客比例大于 0.15 的概率是 5%。

试做：练习 8.11。

自然地，因为我们不想犯太多的错误，我们想要一个较低的显著性水平。显著性水平应该多低？大多数研究人员和统计学家使用 0.05 的显著性水平。在某些情况下，允许更大的显著性水平是有意义的，而在另一些情况下则需要更小的显著性水平。但总之，$\alpha=0.05$ 是一个很好的起点。

> **KEY POINT 重点**
>
> 显著性水平 α，表示当原假设为真时拒绝原假设的概率。对于大部分情况，我们认为 $\alpha=0.05$ 是可以接受的小概率，但有时也可以用 0.01 和 0.10 的水平。

---

387 ## 8.1.3　增加一个要素：检验统计量

检验统计量（test statistic）帮助我们将真实情况与原假设进行比较，将观察结果与原假设认为的结果进行比较。

例如，在旋转硬币的实验中，我们在 20 次旋转硬币中获得了 7 次正面朝上，也就是说，正面朝上的比例是 0.35。而原假设认为，其中应该有一半是正面朝上，正面朝上的比例应该是 0.5。检验统计量告诉我们，0.35 的观测值离原假设值 0.5 有多远。

为了进行比较，我们使用**单比例 z 检验统计量**（one-proportion z-test statistic）。

单比例 z 检验统计量

$$z = \frac{\hat{p} - p_0}{SE}, \quad \text{其中} SE = \sqrt{\frac{p_0(1 - p_0)}{n}} \tag{8.1}$$

符号 p_0 表示原假设认定为真的 p 值。例如，在旋转硬币的例子中，p_0 是 0.5。你将在本书中看到的大多数其他检验统计量的结构与式（8.1）相同：

$$\frac{观测值 - 原假设值}{z}$$

在旋转硬币的例子中，因为我们在 20 次旋转中观测到正面朝上的比例是 0.35，所以检验统计量的观测值是：

$$z = \frac{0.35 - 0.50}{\sqrt{\dfrac{0.50 \times (1 - 0.50)}{20}}} = -\frac{0.15}{\sqrt{0.012\ 5}} = -\frac{0.15}{0.111\ 8} = -1.34$$

回顾

标准误差

根据第 7 章的内容，样本比例的标准误差为 $SE = \sqrt{\dfrac{p(1-p)}{n}}$。

式（8.1）使用符号 p_0 来提醒我们使用原假设认为正确的值。

z 统计量的用途是什么？

z 检验统计量与第 3 章介绍的 z 分数有相同的结构和用途。通过从观测值中减去原假设的预期值 $(\hat{p} - p_0)$，我们知道实际样本值与预期值之间的距离有多远。正值表示结果大于预期值，负值表示结果小于预期值。

如果检验统计量的值为 0，则观测值和预期值相同，这意味着我们没有理由怀疑原假设。原假设告诉我们，检验统计量应该等于 0，或者存在一些出入。但如果值过于远离 0，那么我们应当怀疑原假设。

通过将二者的差除以标准误差，可以将这个差转换为"标准误差"单位，就知道我们的结果与预期结果之间相差多少个标准误差。旋转硬币的 z 统计量是 -1.34，这说明我们观察到正面朝上的数量比原假设认为出现正面朝上的预期值小，样本比例比原假设中 0.5 的比例小了 1.34 个标准误差。

回顾

z 分数

z 分数的结构为：$\dfrac{观测值 - 均值}{标准差}$。

KEY POINT 重点

如果原假设成立，z 统计量将接近 0。因此，z 统计量离 0 越远，原假设越不可信。

例 4 房屋所有权的检验统计量

经济学家普遍认为，2005 年是美国家庭拥有住房比例最高的一年，这个比例是 69%。这一比例在 2007 年至 2009 年的"大萧条"期间大幅下降。最近，许多经济学家想知道住房市场是否已经"恢复"，即自大萧条以来拥有住房的百分比已恢复，还是仍低于历史值 69%。皮尤研究基金会提供了一些数据，以帮助回答这个问题。基于 2016 年对 2 000 个家庭的随机抽样，他们发现 63.5% 的家庭拥有自己的住房（Fry and Brown 2016）。虽然 0.635 的样本统计值低于 2005 年的总体比例 0.69，但这一差异可能是因为 2016 年的值是基于仅 2 000 户家庭的随机样本得出的。（美国人口普查显示，美国有 1.262 亿户家庭，所以 2 000 户只占总数的一小部分。）如果我们令 p 表示 2016 年拥有住房的家庭在总体中的比例，那么我们的假设是

$$H_0: p = 0.69$$
$$H_a: p < 0.69$$

换句话说，原假设认为，美国拥有住房的家庭比例与 2005 年相同，而备择假设认为 2016 年的比例更低。

问题： 计算检验统计量的观测值，并解释该值的含义。

解答： 样本中观测到的拥有住房的家庭比例是 0.635。因此，检验统计量的观测值为

$$z = \frac{0.635 - 0.69}{\sqrt{\dfrac{0.69 \times 0.31}{2\,000}}} = -\frac{0.055}{0.013\,416\,6} = -5.32$$

结论： 检验统计量的观测值为 −5.32。注意，此处的负号表示样本比例小于原假设比例。这意味着，虽然原假设认为的比例是 0.69，但观测到的比例要小得多——比原假设认为的低 5.32 个标准误差。

试做： 练习 8.15。

⚠ 注意

假设检验中的标准误差

请记住，分母中的标准误差是使用总体比例的原假设值计算的，而非使用观测比例。

8.1.4 最后一个必不可少的要素：意想不到的结果

不，假设检验的最后一个基本要素并不是"一个意想不到的结果"，而是意想不到本身。

当意想不到的事情发生时，我们会感到惊讶。原假设是关于数据的一项命题，如果我们看到一些意想不到的情况——如果我们感到惊讶——那么我们就应该怀疑原假设，如果我们真的感到惊讶，我们就应该完全拒绝它。

图 8.1 从检验统计量的角度展示了旋转硬币实验的所有可能结果，并以黑体显示了"令

人惊讶"的结果。如果就像原假设认为的那样，旋转硬币的做法是公平的，我们可以计算每个结果的概率。旋转一枚均匀硬币 20 次，大约会有 10 次正面朝上，误差不会太大，这与检验统计量的值为 0 有关。如果原假设成立，出现 5 次或更少次正面朝上、15 次或更多次正面朝上的情况很少。（事实上，出现 0 到 5 次或 15 到 20 次正面朝上的概率——图 8.1 中黑体的结果——小于 5%。）如果我们将一个硬币旋转 20 次，并看到其中一个用黑体显示的结果，我们会感到惊讶，并可能拒绝原假设——旋转硬币是公平的做法。

我们可以利用统计学的方法度量意想不到的程度。**p 值**（p-value）报告了原假设为真的概率，从而度量我们感到惊讶程度。一个检验统计量的值将与实际观测值一样极端，甚至更极端。小的 p 值（接近 0）意味着结果确实让我们惊讶。较大的 p 值（接近于 1）意味着没有意外：结果经常发生。图 8.1 中用黑体显示结果的 p 值都很小（都小于 0.05）。

389

H$_0$ 为很少发生 --------->|<----------------------H$_0$ 为经常发生 ----------------------->|<---------- H$_0$ 为很少发生
−4.5　−4.0　−3.6　−3.1　−2.7　−2.2　　−1.8　−1.3　−0.9　−0.4　0.0　+0.5　+0.9　+1.3　+1.8　　+2.2　+2.7　+3.1　+3.6　+4.0　+4.5
0　　1　　2　　3　　4　　5　　　6　　7　　8　　9　　10　　11　　12　　13　　14　　15　　16　　17　　18　　19　　20

图 8.1　将硬币旋转 20 次的所有可能结果：检验统计量与正面朝上的次数。如果原假设为真，那么黑体数值代表的是可能会被认为是异常和意外的值。如果旋转硬币是公平的做法，那么"黑体数值"结果出现的概率将少于 5%；"白体数值"结果出现的概率超过 95%。最下面的一行显示的是正面朝上的结果，它上面的一行显示了 z 统计量。

例 5　判断 p 值

假设你把一个硬币旋转 20 次，计算正面朝上的次数。原假设是旋转硬币是公平的做法。备择假设认为旋转硬币的做法是不公平的。

问题： 在 3 次正面朝上和 9 次正面朝上这两个结果中，哪个结果的 p 值较小？为什么？（可参考表 8.1。）

解答： 如果原假设为真，正面朝上的次数大约有一半。这意味着我们期望得到 10 次正面，误差不会太大。因为 9 次正面与 10 次正面的差距要比 3 次正面与 10 次正面的差距小得多，所以 3 次正面朝上是一个更意想不到的结果，p 值也更小。通过表 8.1 我们可以看出，3 次正面朝上的检验统计值是 −3.1，这是一个更极端的结果，小于 9 次正面朝上的 p 值（z=−0.4）。

试做： 练习 8.17。

KEY POINT 重点

p 值是一个概率。在原假设为真的前提下，p 值表示重复实验得到的检验统计量与实际结果一样极端或更极端的概率。较小的 p 值表明出现了意想不到的结果，证明原假设不成立。

例 6　更少的房主

在例 4 中，我们想知道拥有住房的家庭比例是已经回升到大萧条前的水平 0.69，还是一直保持在这个水平以下。通过假设检验，我们得到检验统计量的观测值 −5.32。进而可以计算出与此相关的 p 值非常接近于 0。（在下一节中，你将学习如何计算 p 值。）

问题：请解释在此条件下 p 值的含义。如果相信原假设成立，我们应该感到惊讶吗？（原假设是 $p=0.69$，其中 p 是拥有住房的家庭比例。）

解答：p 值非常小（接近于 0），因此，如果确实有 69% 的总体拥有住房，那么得到一个像 −5.32 一样极端或更极端的检验统计量是非常不可能的。如果你相信原假设 $p=0.69$ 为真，那么你会感到惊讶，因为你观测到的现象几乎是不可能发生的。

试做：练习 8.19。

---

390 ### 8.1.5　假设检验与数据周期：提出问题

只有通过假设检验，数据才真正开始循环！备择假设实际上是一种非常形式化的统计问题。例如，一位研究人员可能会以这样一个问题开始她的研究："我想知道手写笔记的学生是否比用笔记本电脑记笔记的学生记住了更多的课程内容？"在深思熟虑和准备之后，对问题进行微调，构成下面这对假设：

H_0：用笔记本电脑做笔记的学生和手写笔记的学生在同一节课的记忆测试中获得相同的平均分。

H_a：手写笔记的学生比用笔记本电脑记笔记的学生的平均分高。

在下一节中，你将看到考察数据这一步非常重要。除非在收集数据时满足特殊条件，否则可能无法以一种我们希望的方式分析数据。如果你是自己收集数据，那么你更需要仔细收集数据以满足条件。

8.2　假设检验的四步法

你已经了解了假设检验的核心要素（假设、尽量减少犯错的可能、检验统计量和意想不到的结果），是时候学习假设检验的具体步骤了。与几乎所有的统计调查一样，假设检验的步骤基于数据周期（见图 8.2）。数据周期可以转化为四个步骤，并将这些步骤组合成一个逻辑结构。

步骤 1：假设

在提问阶段，我们需要把问题转述为一对关于总体参数的假设。

步骤 2：准备

选择一个检验统计量。仔细考察数据是否满足规定的

图 8.2　数据周期引导我们进行假设、准备、比较和解释

条件，如果无法考察数据是否符合条件，你必须对数据做出假设。

步骤3：计算并比较

在分析数据前，设定一个显著性水平并计算检验统计量的值。检验统计量将观测值与原假设值进行比较，得出 p 值来度量意想不到的程度。

步骤4：解释

决定是否拒绝原假设，以回答统计学的问题：这说明数据呈现了怎样的统计规律？

8.2.1 步骤详解

我们已经详细介绍了假设检验的第1步，但是其他步骤仍然需要一些解释。在解释这些步骤之后，我们将列举一些例子，说明这些步骤如何协同工作，从而对总体比例进行检验。

详解步骤2：检查条件以计算概率

这一步要求我们考察数据。为了进行数据分析与解释，我们需要知道当原假设为真时，检验统计量的值是否不寻常。为了得出 P 值和显著性水平（二者均为概率），我们需要知道检验统计量的概率分布。为此，我们需要检查数据是否符合一定的条件。

如果满足以下条件，且原假设为真，则单比例检验统计量的抽样分布近似为标准正态分布。具体条件如下：

1. 随机样本。样本是随机抽取的。

2. 足够大的样本量。样本量 n 需要足够大，以使样本中预期成功出现的次数大于等于10，预期失败出现的次数也大于等于10次。换句话说，$np_0 \geq 10$ 且 $n(1-p_0) \leq 10$（p_0 是原假设中所述的比例或概率）。

3. 足够大的总体。如果是不放回抽样，那么总体至少需要是样本的10倍大。（如果是放回抽样，那么任何大小的总体都可以。）

4. 独立性。每一次观测或测量都必须互不影响。

🔄 **回顾**

抽样分布

回忆第7章的内容，我们称统计量的概率分布为抽样分布。

KEY POINT 重点

> 在适当的条件下，z 统计量的抽样分布近似服从标准正态分布 $N(0,1)$。

在步骤2（准备）中，要确保这些条件成立，这一点非常重要。或者可以合理地假定它们成立，如果不是，那么我们无法得出 p 值。如果没有 p 值，就没有理由继续进行其他步骤。

例7 住房所有权：假设检验的条件检查

例4假设检验的检验统计量观测值为 -5.32。如果检验统计量的抽样分布符合标准正态分布 N（0，1），那么我们认为这是一个极其罕见的结果。该调查是基于美国 2 000 个家庭的简单随机抽样，其中拥有住房的家庭样本比例为 0.635。已知美国大约有 1.262 亿家庭。我们的假设是

$$H_0: p = 0.69$$
$$H_a: p < 0.69$$

问题：检查条件，以确保检验统计量近似服从标准正态分布。

解答：依次检查四个条件是否都满足。

1. 随机样本。已知这些家庭是随机挑选的。

2. 足够大的样本量。因为 $p_0 = 0.69$，我们预期有 2 000 × 0.69 = 1 380 次"成功"，结果大于 10 次。而剩下的 2 000 - 1 380 = 620 户家庭必然是"失败"，也超过 10 次。因此，我们的样本量足够大。

3. 足够大的总体。美国的家庭总数显然超过了 2 万户（样本量的 10 倍）。

4. 独立性。假设民意调查者对各个家庭的调查是相互独立的。

结论：以上条件都得到了验证。我们可以利用标准正态分布 N（0，10）求检验统计量的概率。

试做：练习 8.23。

详解步骤 3：p 值的计算

第 3 步得出检验统计量的观测值之后，我们接下来必须确定这个值是否"不同于"原假设。p 值可以度量这个意外程度，但是想要计算 p 值，你需要知道："p 值是在原假设为真的前提下，一个统计量与检验统计量的观测值一样极端或更极端的概率。"

回想旋转硬币的例子。我们期望正面朝上的比例是 0.50，结果只有 0.35 的比例是正面朝上。根据这些数据，我们得到检验统计量的观测值 $z = -1.34$。我们希望求出 P 值来回答这样一个问题：如果再做一次相同的实验，且旋转硬币的做法是公平的，那么我们得到和 -1.34 一样极端或更极端的检验统计量的概率是多少？

这句话的具体含义取决于三种备择假设中我们究竟使用了哪一种。

如果是双侧备择假设

$$H_a: p \neq p_0（p \text{ 的真实值大于或小于原假设中的值}）$$

那么"一样极端"或"更极端"的意思是"比观测值离 0 更远"。这意味着需要同时在 N（0，1）的两个尾部求概率。这被称为**双尾 p 值**（two-tailed p-value）。

硬币旋转的例子将有一个双尾 p 值，因为备择假设是双侧的（**$p \neq 0.5$**）。

有两种不同类型的单侧假设：

如果备择假设是

$$H_a: p < p_0（p \text{ 的真实值小于原假设中给出的值}）$$

那么"一样极端"或"更极端"的意思是"小于或等于观测值"。这对应于找到 $N(0, 1)$ 在左尾的概率,这个 p 值称为左尾 p 值。在例 1 中,为了检验结婚率是否下降,我们使用了一个左尾 p 值,因为此处的备择假设是 $H_a: p < 0.70$。

最后,如果备择假设是

$$H_a: p > p_0 (p \text{ 的真实值大于原假设中给出的值})$$

那么"一样极端"或"更极端"的意思是"大于或等于观测值"。这对应于找到 $N(0, 1)$ 在右尾的概率,这个 p 值称为右尾 p 值。例 2($H_a: p > 0.15$)和例 7($H_a: p > 0.10$)都使用了右尾 p 值。

一旦确定了备择假设的形式,我们就可以使用附录 A 中的表 2(标准正态分布表)、统计计算器或其他方式来计算。图 8.3 说明了这三种情况,检验统计量的观测值 $z=1.56$。

🔖 **贴士**

尾

许多统计学家认为"单尾假设"和"单侧假设"是通用的两个术语,"双尾假设"和"双侧假设"亦是如此。

393

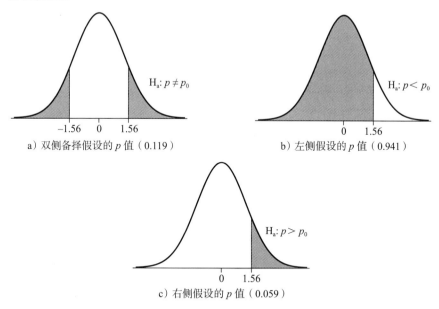

a)双侧备择假设的 p 值(0.119)   b)左侧假设的 p 值(0.941)

c)右侧假设的 p 值(0.059)

图 8.3   阴影区域表示当检验统计量的观测值 $z=1.56$ 时,三种备择假设的 p 值

例 8   旋转硬币的 p 值

我们认为旋转硬币的结果是不公平的。做出的假设是

$$H_0: p = 0.5$$
$$H_a: p \neq 0.5$$

将硬币旋转 20 次，得到 $\hat{p}=0.35$ 的样本比例，根据此结果计算检验统计量的观测值 $z=-1.34$。假设满足各条件，检验统计量的抽样分布近似服从标准正态分布。

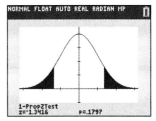

问题：计算近似 p 值，并解释它的含义。

解答：备择假设是双侧的，所以我们得出一个双尾 p 值。情况与图 8.3a 类似，但 $z=-1.34$。我们可以使用统计计算器，比如 StatCrunch 或 TI-84，或者附录 A 中的表 2。图 8.4 显示了 TI-84 的输出结果。

p 值为 0.179 7。

结论：p 值约为 0.18。这告诉我们，如果旋转硬币的结果是公平的，那么观测到和 0.35 一样极端或更极端的结果的概率约为 18%。

图 8.4 TI-84 输出结果显示原假设为真的情况下，检验统计量与 −1.34 一样极端或更极端的概率

试做：练习 8.25。

将我们在例 8 中计算的近似 p 值 0.18 与图 8.1 进行比较。可以看到 −1.34 的检验统计值落在"黑色"区域，这表明如果旋转硬币是公平的，结果并不令人惊讶。的确，18% 的 p 值是相当大的：对于公平的结果来说，这种情况发生的概率约为 1/5。

[394] 详解步骤 4：做决策

最后一步，你必须在两种假设之间做出决策，并对其做出解释。那么我们如何在这两种假设中做出选择呢？p 值度量了我们对检验结果的意外程度（或不意外的程度），但是我们应该如何利用 p 值？在什么情况下我们会发现结果如此不同寻常，以致于我们需要拒绝原假设？

用一个简单的规则：如果 p 值小于（或等于）显著性水平的值 α，则拒绝原假设；如果 p 值大于显著性水平，不拒绝原假设。对于大多数的情况，这意味着如果 α 值小于或等于 0.05，则拒绝原假设。

遵循这条规则可以确保达到我们的显著性水平。换句话说，通过遵循这个规则，当 p 值小于或等于 0.05 时，拒绝原假设，我们确保（最多）只有 5% 的可能性会错误地拒绝了原假设（H_0 为真，拒绝 H_0）。

对于旋转硬币的实验，得出的 p 值约为 0.18。如果希望达到 0.05 的显著性水平，那么我们不会拒绝"旋转硬币是公平的"的假设，因为 0.18 大于 0.05。

KEY POINT 重点

为了达到 α 的显著性水平，如果 p 值小于（或等于）α，则拒绝原假设；如果 p 值大于 α，则不拒绝原假设。

8.2.2　四步法

处理好这些细节之后，现在就可以进行假设检验了。我们将通过一个示例向你展示如何将这些步骤连接在一起。

在佛罗里达州的一次选举中，47%的注册选民进行了投票。一位研究学者行为的研究人员提出了这样一个问题：政治学家的投票率和普通民众的投票比例相同吗？为了回答这个问题，研究人员随机抽取了54名居住在佛罗里达州的政治学家，并采访了他们，以确定他们是否在这次选举中参与了投票。结果是，样本中的54位政治学家中有40位投了票，样本比例为0.74（Schwitzgebel and Rust，2010）。

我们希望通过假设检验确定政治学家参与选举投票的比例是否与普通民众的比例相同。

步骤1：假设

用文字和符号来陈述原假设和备选假设。

H_0：政治学家和民众的投票比例相同，为0.47。

H_a：政治学家和民众的投票比例不同。

$$H_0{:}p = 0.47$$
$$H_a{:}p \neq 0.47$$

参数p表示佛罗里达州政治学家在这次选举中参与投票的比例。

步骤2：准备

此时，选择正确的检验统计量并不是什么大问题，因为你只接触过一个可供选择的检验统计量：单比例z检验统计量。在8.4节，你将学习一种用于比较两个总体比例的检验统计量。稍后，你将看到用于比较均值的检验统计量。

📤 **贴士**

其他检验统计量

第9章将介绍用于检验均值的t检验统计量，第10章将介绍卡方检验统计量。

395

接下来，我们必须检查数据，以确保检验统计量的分布近似正态。要做到这一点，必须检验四个条件。

随机样本。已知数据来自54名政治学家的随机样本，这满足第一个条件。

足够大的样本量。接下来，我们必须检查54的样本量是否足够大，以产生至少10次成功和10次失败。

如果原假设成立，成功的概率是p_0=0.47。因为n= 54，

$$np_0 = 54 \times 0.47 = 25.38，大于10，且$$
$$n(1-p_0) = 54 \times (1-0.47) = 28.62，也大于10。$$

足够大的总体。第三个条件是，如果总体——所有在佛罗里达州登记投票的政治学

家——比样本量大 10 倍以上，也就是说，如果总体大于 $10 \times 54 = 540$。我们承认，我们不知道佛罗里达州有多少位政治学家。尽管无法检验这个条件，但我们可以假定它是正确的。（请记住，我们只需要在不放回抽样时检验这个条件。）

独立性。最后一个条件是检验观测结果相互独立。我们假设，由于研究人员是随机抽选的政治学家样本，因而他们的回答是相互独立的。

以上条件得到了验证，如果原假设（政治学家投票的比例为 0.47）成立，则单比例 z 检验统计量的抽样分布为 $N(0, 1)$。

步骤 3：计算并比较

在继续进行下面的步骤之前，需要选择一个显著性水平，取 $\alpha=0.05$ 的标准值。这意味着，如果政治学家的投票率和佛罗里达州其他人的投票率是一致的，那么我们就有 5% 的可能会错误地得出他们的投票率不一致的结论。

现在，我们已经准备好借助软件来完成步骤 3。例如，图 8.5 显示了 StatCrunch 进行假设检验时所需的输入数据。

首先，输入观测到的成功次数和样本量（#of observations）。然后，进入假设环节，为原假设选择正确的值（0.47），为备择假设（双侧）选择正确的形式。其他统计软件也和上述操作非常相似。

软件将计算检验统计量的观测值和 p 值。在查看结果之前，让我们先看看计算过程。

计算检验统计量的观测值。请记住，我们的检验统计量将比较数据反映的统计量的值（$\hat{p}$）与原假设认为应该观测到的值（p_0）。

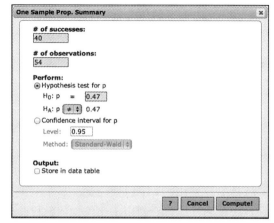

图 8.5　用 StatCrunch 执行假设检验的过程与许多统计软件类似，必须输入数据和正确的假设。（如果提供了原始数据，StatCrunch 也会直接计算成功的次数）

这位研究人员报告说，在他抽样调查的 54 名政治科学家中，有 40 人投了票。因此，样本比例为 $\hat{p}$ =40/54=0.740 7（四舍五入后）。从标准误差来看，0.740 7 和 0.47 之间有多远？为了回答这个问题，我们计算了标准误差：

$$SE = \sqrt{\frac{p_0(1-p_0)}{n}} = \sqrt{\frac{0.47 \times (1-0.47)}{54}} = 0.067\ 918\ 8$$

检验统计量的观测值为

$$z = \frac{\hat{p} - p_0}{SE} = \frac{0.740\ 741 - 0.47}{0.067\ 918\ 8} = 3.99$$

我们看到，观测到的比例高于原假设认为的值略小于 4 个标准误差。

计算 p 值。因为备择假设是双侧的（$p \neq 0.47$），所以我们会得到一个双尾 p 值。借助附录 A 中的表 2 或统计计算器，得到 p 值约为 0.000 06。该计算如图 8.6 所示。

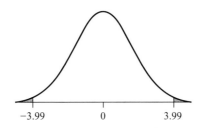

图 8.6　p 值为阴影区域。这个值来自一个双尾检验，其中 z 为 3.99。阴影区稍稍扩大了一点，以便观察

StatCrunch 的输出结果证实了我们的计算结果，如图 8.7 所示。

注意，对于非常小的 p 值，StatCrunch 的输出结果不会给出精确的值，而是简单地说明这个值非常小。当 p 值小于 0.000 1 时，StatCrunch 就会这样做。但是，为了与其他软件保持一致，在本书中，我们将在 p 值小于 0.001 时执行此操作。

Options × ×

Hypothesis test results:
p : Proportion of successes
$H_0 : p = 0.47$
$H_A : p \neq 0.47$

Proportion	Count	Total	Sample Prop.	Std. Err.	Z-Stat	P-value
p	40	54	0.74074074	0.067918797	3.9862417	<0.0001

图 8.7　StatCrunch 输出结果显示检验统计值为 3.986，且 p 值小于 0.000 1

步骤 4：解释

因为 p 值小于显著性水平 0.05，我们拒绝原假设。我们得出的结论是，政治学家的投票比例与其他人的比例不同。

通常，我们用统计软件进行假设检验。例 9 和例 10 展示了用统计软件 StatCrunch 进行假设检验的过程，其他软件的操作步骤与之类似。

397

例 9　男性健康（1）

健康专家通常关注人们的生活方式以及生活方式对健康的影响。一组医学研究人员从以往研究中了解到，在过去，年龄在 45 岁到 59 岁之间的所有男性中，约有 39% 的人经常运动。有规律的活动对健康有好处，研究人员担心这个比例会随着时间的推移而下降。出于这个原因，他们对这个年龄段的 1 927 名男性中进行不放回的随机抽样，并对他们进行了采访。样本中的 680 人表示他们会定期运动（Elwood et al. 2013）。

问题：经常运动的男性比例下降了吗？要回答这个统计问题，首先要进行假设检验的前两个步骤。图 8.8 显示了统计软件所需的输入条件。请说明如何填写图 8.8 中所示的必填项。显著性水平为 5%。

解答：令 p 表示该年龄段经常运动的

图 8.8　为了进行假设检验，大多数统计软件都需要输入必要的统计信息

男性比例。

步骤 1：假设

过去，总体比例 p 为 0.39。研究人员想知道这个比例是否下降了，这意味我们需要一个左侧备选假设。因此，

$$H_0: p = 0.39$$

398 $$H_a: p < 0.39$$

步骤 2：准备

我们将进行单比例 z 检验。

现在，检查以下条件是否得到满足：

随机样本。已知样本是随机选取的。

足够大的样本量。$p_0 = 0.39$。因此，我们期望有 1 927 × 0.39 = 752 次成功，这大于 10 次。因为（1−0.39）× 1 927 会得到更大的预期失败数，所以预期失败数也会大于 10。这说明我们的样本量足够大。

足够大的总体。如果是不放回抽样，需要一个大的总体。这个年龄段的男性人口肯定大于 10 × 1 927。

独立性。只要是随机抽样，且独立采访每一名男性，那么这个条件成立。

用 StatCrunch 计算检验统计量和 p 值所需输入的信息如图 8.9 所示。其他统计软件也需要输入类似的信息。

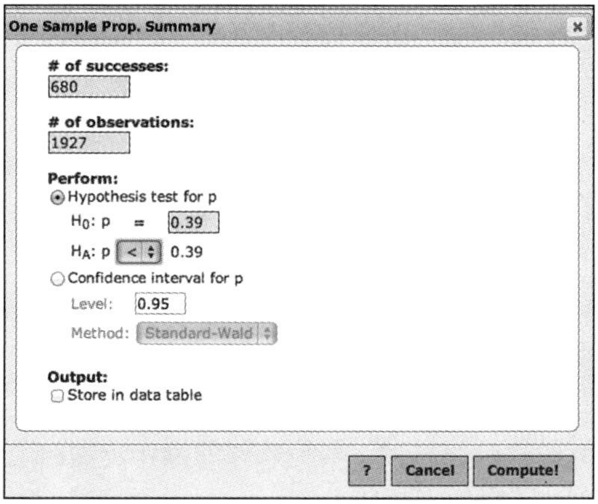

图 8.9 用 StatCrunch 输入所需的信息进行假设检验：这个年龄段经常运动的男性比例下降了

试做： 练习 8.29。

例 10 男性健康（2）

利用图 8.10 的输出结果，执行假设检验的步骤 3 和步骤 4，来检验 45 至 59 岁经常活动的男性比例是否较 0.39 下降了。显著性水平为 5%。

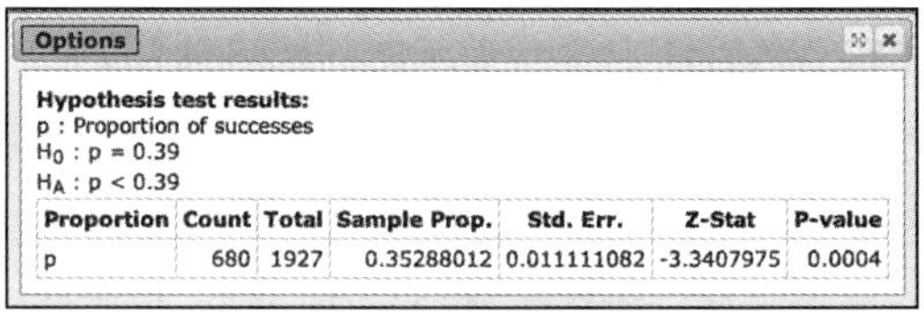

Proportion	Count	Total	Sample Prop.	Std. Err.	Z-Stat	P-value
p	680	1927	0.35288012	0.011111082	-3.3407975	0.0004

图 8.10 StatCrunch 的输出结果旨在检验定期运动的男性比例是否较历史水平有所下降

解答：

399 **步骤 3：计算并比较**

首先我们注意到，显著性水平 $\alpha=0.05$。检验统计量的观测值是 −3.34，因此样本比例的观测值比 0.39 低 3.34 个标准误差。p 值为 0.000 4，非常小。

步骤 4：解释

p 值小于 0.05，拒绝原假设。我们得出的结论是，2009 年这个年龄段的男性中经常运动的比例比 1979 年要小。

试做：练习 8.31。

 贴士

较小的 p 值

当 p 值较小（如 0.000 1）时，许多软件会四舍五入并报告 $p < 0.001$（或其他一些较小的值）。我们将在本书中遵循这一做法。

摘要

单比例 z 检验

什么是单比例 z 检验？对两个假设中总体比例的真值进行选择的检验。检验统计量为 $z = \dfrac{\hat{p} - p_0}{SE}$，其中 $SE = \sqrt{\dfrac{p_0(1-p_0)}{n}}$。

单比例 z 检验的用途是什么？由于总体参数的估计是不确定的，假设检验为我们提供了一种在弃真概率已知的情况下进行决策的方法。

单比例 z 检验如何进行假设检验？检验统计量 z 将样本比例与假设总体比例进行比较。检验统计量的值越大往往表示原假设不可信。

如何利用单比例 z 检验？当提出关于单总体比例的假设时。数据必须来自一个独立的、随机的样本，并且样本量必须足够大。

8.3   假设检验：详细说明

本节我们将介绍一些非常重要的概念，以帮助你恰当地进行假设检验并解释结果。

8.3.1   检验统计量的值：极端情况

对很多人而言，较小的 p 值意味着拒绝原假设，这似乎有些奇怪。但重要的是我们需要认识到，一个较小的 p 值意味着我们的检验统计量是极端的。一个极端的检验统计量意味着发生了一些不寻常的事情，也就是意想不到的事情。

图 8.11 说明了 p 值取决于硬币旋转实验的观测结果。每个图代表不同结果的 p 值，每种情况下硬币旋转 20 次。所有情况下的原假设都是 $p=0.5$，备择假设是正面朝上的概率不等于 0.5，是双侧假设。

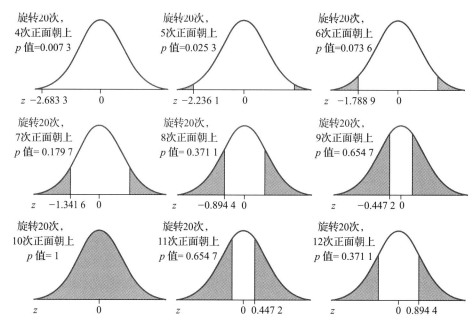

图 8.11 假设旋转硬币的做法是公平的，每幅图都显示了旋转一枚硬币 20 次，不同正面朝上次数对应的 p 值（阴影）。注意，正面朝上次数越接近 10 次（共 20 次旋转），检验统计量的值越接近 0，p 值越大。同样，当正面朝上的次数离 10 越远时，检验统计量的值越远离 0，p 值变小

⚠️ **注意**

p，p_0 和 $\hat{p}$！

　　p 表示总体比例，p_0 是原假设下总体比例的值，$\hat{p}$ 是样本比例。p 值是原假设为真时，检验统计量与实际观测值相同或更极端的概率。

　　请注意，正面朝上的次数越接近 10，z 值越接近 0，p 值越大。还要注意，11 次正面朝上的 p 值与 9 次正面朝上的 p 值相同，12 次正面朝上的 p 值与 8 次正面朝上的 p 值相同。这是因为备择假设是双侧的而正态分布是对称的。

例 11 旋转硬币的 p 值

　　两个学生分别基于双侧备择假设进行了旋转硬币的实验。两个学生都旋转硬币 20 次，他们的测试数据如下：

$$实验 1：z=1.98$$
$$实验 2：z=-2.02$$

　　问题：哪个检验统计量的 p 值更小，为什么？

　　解答：如果原假设是正确的，那么检验统计量的值应该接近于 0。远离 0 的值更令人意想不到，因而 p 值更小。因为 -2.02 与 0 的距离比 1.98 与 0 的距离远，所以 -2.02 正态曲

线下的面积比 1.98 小。因此，−2.02 的 *p* 值较小。

　　试做：练习 8.43。

8.3.2　*z* 统计量抽样分布：条件不满足的解决方案

　　如果不满足 *z* 统计量抽样分布的条件，则我们无法通过正态曲线（使用附录 A 中的表 2 或软件）计算 *p* 值。然而，通常存在其他解决方法。

样本量太小

　　正态分布只是 *z* 统计量真实分布的近似。如果样本量足够大，那么近似的效果就很好。如果样本量太小，那么近似的效果可能不太好，也可以使用其他检验统计量。

样本不是随机选择的

　　如果样本不是随机选择的，就无法根据样本推断总体。话虽如此，但医学研究中的随机样本相对较少。

　　例如，医学研究人员不能随机抽取患有某种疾病的人，他们只能依靠招募医院里的病人。大学里的心理学家经常对学生的心理状况进行研究，尤其是研究那些愿意为了一小笔钱提交一份报告或为赢得奖品而参加抽奖的学生。他们无法从所有他们想要研究的总体中随机抽取样本，然后让他们来校园参加实验。

　　这些便利样本对于本书中使用的统计软件而言是存在问题的——实际上，对于任何统计软件都是如此。有时候，我们可以通过假设样本是随机的，或者至少可以代表总体，来解决这个问题。然而，我们无法保证根据上述假设得出的结论是有效的或合理的。例如，在美国，越来越多的人认识到，医学研究中没有充分考虑女性个体，这种不平衡可能会对女性治疗产生负面影响。证据表明，男性和女性在许多疾病症状方面有所差异（Kim et al. 2010）。

　　然而，在许多情况下，研究人员并没有兴趣将其推广到更大的总体中。例如，在随机对照实验中，重点通常是了解某种治疗方案——可能是一种新的安眠药——是否对所有人都有效。如果没有失眠患者的随机样本，通过随机将患者分为实验组和安慰剂组，研究人员可以判断药物对失眠患者是否有效。此外，还需要设置其他实验组，以确定结果是否可以复制。但这项研究至少是一个令人鼓舞的开端，因为它告诉研究人员，这种疗法对一些患者有效。在 8.4 节，你将学习与此相关的一个案例。

⚠ 注意

因果关系

　　在第 1 章中你学习过，只有当我们进行的是一项随机对照实验，该实验包含安慰剂（或对照）治疗，且是双盲实验，我们才能够认为处理变量和响应变量之间存在因果关系。

8.3.3　平衡两类错误

　　假设检验的核心要素之一是犯某种类型错误的概率。这种错误发生在原假设为真而我们拒绝原假设时。犯这类错误的概率称为显著性水平。在假设检验的步骤 2 中，我们将这个概率设置一个较小的值，通常为 5%。

如果我们需要为犯这类错误设置一个很小的概率，为什么不选择一个更小的概率呢？为什么不设置为 0 呢？

原因在于一种平衡。错误拒绝原假设的概率越小，犯另一类错误的概率就越大。另一类错误是原假设非真却没有拒绝原假设。例如，我们可能会得出结论，即没有理由认为旋转硬币是不公平的，但事实上，它是不公平的。这类错误的代价很高，我们可能因此错失重要的发现。例如，医学研究人员可能无法认识到一种新疗法的有效性，进而导致对许多患者都无法应用这种疗法。

为了理解这种平衡，让我们回到刑事司法的例子。正如陪审团奉行的准则，原假设是被告是无辜的。第一类错误发生在我们判定一个无辜者有罪时（错误地拒绝原假设）。犯这类错误的概率就是显著性水平。第二类错误发生在我们释放一个有罪的人（没有拒绝原假设，即使它是错误的）。

我们可以通过一个简单的规则使显著性水平（判定一个无辜的人有罪的概率）为 0，释放每个被告。如果每个人都获得自由，那么就不可能给一个无辜的人定罪，因为我们不会给任何人定罪。但是现在释放一个罪犯的概率是 100%，因为每个罪犯都会被释放。

当然，我们可以通过简单地给每个人都定罪，从而降低释放有罪的人的概率为 0%。但现在显著性水平也上升到了 100%，因为每一个无辜的人都会被定罪。

如果我们想降低这两种错误的概率，只有一个办法：增加样本量。增加样本量可以提高检验的精度，这样我们就不会经常犯错。

KEY POINT 重点

我们不能让显著性水平任意地小，因为这样做会增加错误地拒绝原假设的概率。

表 8.2 显示了这两种类型的错误。

表 8.2 两种类型的错误。如果原假设成立，我们可能会拒绝它。如果原假设不成立，我们也可能不拒绝它

事实	拒绝 H_0	不拒绝 H_0
H_0 为真	错（这样做的概率称为显著性水平）	对
H_0 为伪	对	错

例 12 描述错误

在 8.2 节中，我们考虑了政治学家的投票比例是否与公众相同。我们的假设是

$$H_0: p = 0.47$$
$$H_a: p \neq 0.47$$

p 是佛罗里达州所有政治学家投票的比例。

问题：描述在进行假设检验时我们可能会犯的两种错误。你的描述应该基于这个问题的背景。将显著性水平设置为 5% 意味着什么？

解答：第一类错误是当原假设成立时拒绝它。在这个问题的背景下，这意味着我们得出的结论是政治学家投票的比例与公众不同，尽管他们实际上与公众有相同的投票率。第二类错误是当原假设为假时，我们却没有拒绝它。在这个问题的背景下，这意味着我们得出的结论是政治学家的投票率和公众投票率之间没有差别，尽管实际上确实存在差别。5% 的显著性水平意味着，我们只有 5% 的可能性会错误地得出结论，认为政治学家与公众不同，而事实上并非如此。

试做：练习 8.45。

8.3.4　统计显著性与实际意义

当研究者拒绝原假设时，称结果为"统计显著"。这意味着一个参数的估计值与该参数的原假设值之间的差异是如此之大，以至于不能用偶然来解释。然而，仅仅因为一个差异具有统计显著性并不意味着它是有用的或有意义的。

一个具有实际意义的结果，在统计上是显著的。例如，假设某种癌症的患病比例是千万分之一。然而，一项统计分析发现，那些每天打电话的人患这种癌症的风险更大，而且风险翻倍。因此，使用手机可能比不使用手机更危险，但如果风险从千万分之二变为千万分之一，你真的会停止使用手机吗？一个很小的风险改变需要一个很大的习惯改变。大多数人会得出结论，风险的差异在统计上是显著的，但在实际中并没有意义。

> **KEY POINT 重点**
>
> 统计显著的发现并不一定意味着具有实际意义。

8.3.5　不要改变假设

一名研究人员开展了一项研究，看咖啡因是否会影响我们的注意力。大量的实验对象在没有摄入任何咖啡因的情况下完成实验任务。完成这项任务需要一定的注意力，他记录了完成的时长。随后，他要求受试者在喝了一剂咖啡因后完成同样的任务，并再次记录了完成任务的时长。他想要了解，受试者在摄入咖啡因比没有摄入咖啡因时完成任务时间更长的比例。

他并不确定咖啡因的作用到底是什么。一方面，咖啡因可能会帮助人们集中注意力，在这种情况下，只有一小部分人需要更长时间来完成任务。另一方面，它可能会使人们紧张不安，从而使大部分人需要更长的时间来完成任务。如果咖啡因没有效果，可能有一半人会用同样或更多的时间，另一半人会用同样或更少的时间。

这名研究人员选择显著性水平 $\alpha = 0.05$ 来检验这组假设：

$$H_0 : p = 0.50$$
$$H_a : p \neq 0.50$$

参数 p 表示摄入咖啡因比不摄入咖啡因花更长时间完成任务的受试者比例。备择假设是双侧的，因为他不知道效果会是什么——咖啡因是会提高还是削弱注意力。

他收集数据得到的 z 统计量是 -1.81。p 值为 0.07——这会导致道德困境！（图 8.12 说明了这个 p 值。）如果要发表这篇论文，研究者需要一个小于或等于 0.05 的 p 值，因为没有人愿意听到一个无关紧要的结果。

然而，这个研究者突然想到，如果他有一个不同的备择假设，他的 p 值将是不同的。具体来说，如果他使用了

$$H_a : p < 0.50$$

那么 p 值就会是左侧尾部下方的面积。在这种情况下，他的 p 值将是 0.035，他将拒绝原假设。研究人员想做的事情就像小孩子在比赛中做的那样：中途改变规则，这样他们就能赢。就像电影里说的："你得和带你来的女孩 / 男孩跳舞。"你不能通过改变假设以适应数据。通过改变假设，你将把检验的真实显著性水平提高到"宣称的"显著性水平 5% 以上。

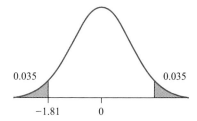

图 8.12　阴影区域表示，在双侧假设检验中，检验统计量 $z=-1.81$ 的 p 值为 0.070

8.3.6　假设检验的逻辑

当谈到"证明"这件事时，统计学家和科学家都会相当敏感。他们经常用比较委婉的词，如"我们的数据表明……"或"我们的数据与理论一致……"。原因之一是在数学和科学圈子里，"证明"这个词有非常精确和明确的含义。

如果一件事被证明了，那么它就是绝对的、肯定的、毫无疑问且真实的。然而，在现实生活中，尤其是在统计学和科学中（我们认为这是现实生活的一部分），你永远不可能完全确定。事实上，正如你所看到的，犯错误是假设检验过程的一部分。我们设计的程序会减少错误的发生，但我们知道它们会发生。因此，我们应该避免说——例如，我们已经证明喝咖啡会改变完成某项任务所需的时间。

同样，当 p 值大于 0.05 时，你说"接受"原假设也是不恰当的（甚至可能是不礼貌的！）。相反，我们说"不拒绝 H_0"。这是因为有几个因素可能会干扰对原假设真伪的判断。

一种可能是因为样本量太小，无法检验出原假设是错的。基本上，基于小样本的检验统计量的变异性非常大，以至于我们无法观测到原假设值和真实值之间相对较小的差异。对于更大的样本量而言，抽样变异性更小，也许我们会观测到真正的总体比例是不同于原假设的。

在硬币旋转实验中，将硬币旋转 20 次，出现 7 次正面朝上，p 值为 0.18。我们不拒绝

404

原假设——旋转硬币是公平的，因此得出结论，没有证据表明旋转硬币是不公平的。我们能不能说得更清楚一点？我们可以说旋转硬币是公平的吗？

不能。例如，我们的样本量可能太小了。尽管样本量足够大，满足中心极限定理的适用条件，我们可以得到 p 值的近似值，但仍然会由于抽样变异性太大，使我们无法判断旋转硬币正面朝上的概率是否不等于 0.50。

> **KEY POINT 重点**
>
> 不要说用数据"证明"了什么，而要说它"展示"了或它"表明"了。同样，不要说"接受原假设"，而要说"不能拒绝原假设"，或者"未能拒绝原假设"，或者"没有足够的证据拒绝原假设"。

405

例 13 发现缺陷

美国的公共图书馆是濒危"物种"吗？在过去的几年里，假设有大约 49% 的美国人去过图书馆。（事实上，这个百分比更高，但我们用这个值来说明一个观点。）假设某个图书馆员职业协会想知道到馆率是否在下降。他们研究了皮尤研究中心在 2013 年进行的一项调查，在随机抽样调查中，只有 48% 的人在 2012 年去过图书馆（皮尤研究中心，2012 年）。图书馆员决定使用严格的显著性水平 $\alpha=0.01$。他们进行假设检验，结果如图 8.13 所示。在此基础上，他们发布了一份新闻稿说："我们已经证明，图书馆的到馆率没有下降。"

问题：这个专业协会犯了什么错误？你会怎么纠正他们？

解答：专业协会的结论是，他们已经证明到馆人数没有下降。然而，他们并没有证明原假设是正确的。充其量，他们没

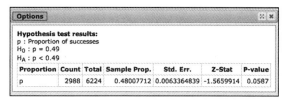

图 8.13　图书馆员假设检验的 StatCrunch 输出结果

有找到足够的证据来否定它，但这与他们说已经找到证据来证明它是正确的是非常不同的。

该协会应该得出结论，用 1% 的显著性水平，没有足够的证据得出图书馆会员减少的结论。

试做：练习 8.49。

8.3.7　置信区间与假设检验

置信区间和假设检验密切相关，尽管它们被用于回答（稍微）不同的问题。置信区间用于回答"这个参数的值是多少？"例如，假设将一枚硬币旋转 20 次，得到 7 次正面朝上。正面朝上概率的 95% 置信区间是 0.14 到 0.56，如图 8.14 所示。这告诉我们，根据数据，我们非常确信正面朝上的真实概率在 14% 到 56% 之间。

假设检验回答了一个稍微不同的问题："数据是与一个特定值参数相一致的，还是参数

可能是另一回事？"这些假设检验有点模糊：我们不是在问它的值是什么，我们只是想知道是这一回事还是另一回事。例如，对于旋转硬币，我们会问："数据是否与旋转硬币一致？ $p=0.50$？旋转硬币不是公平的吗？"

尽管它们用于回答不同的问题，但二者非常相似，你可以经常使用置信区间来得出与使用双侧备择假设进行假设检验得出的结论相同的类型。在大多数情况下，做一个显著性水平 α（百分点）的双侧备择假设检验，会与用置信水平（$1-\alpha$）找到置信区间时得出相同的结论，在用置信水平时，未被置信区间捕捉到值的原假设会被拒绝。表 8.3 显示了置信水平和显著性水平之间的这种关系。

表 8.3　假设检验的置信水平和显著性水平之间的关系。由于计算标准误差的方法不同，假设检验的结论可能与我们从置信区间得出的结论不同，这种情况很少发生

置信水平 =($1-\alpha$)	备择假设	显著性水平 α= 置信水平 $-\alpha$
90%	双侧（ $\neq$ ）	10%
95%	双侧（ $\neq$ ）	5%
99%	双侧（ $\neq$ ）	1%

例如，如果我们希望测试旋转硬币的显著性水平 $\alpha=0.05$ 是否公平，旋转 20 次后样本比例是 0.35，然后我们找到（$1-\alpha$）=1-0.05=0.95，或 95%，以及基于这个结果的置信区间。置信区间为 0.14 ~ 0.56，如图 8.14 所示。因为这个区间包含 0.5，所以我们不会拒绝旋转硬币是公平的原假设。

回顾

比例置信区间

在 7.4 节，你已经学习了如何计算总体比例的置信区间。

如果希望在 10% 的显著性水平下进行检验，我们将得到 90% 的置信区间，结果是 0.17 到 0.53，如图 8.15 中的 StatCrunch 输出所示。同样，这个区间包含原假设值 0.50，所以我们不拒绝原假设。

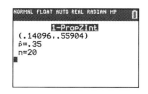

图 8.14　TI-84 输出的 20 次旋转硬币 7 次正面朝上的置信区间

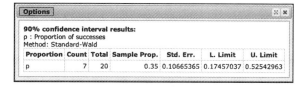

图 8.15　StatCrunch 输出的旋转硬币正面朝上比例的 90% 置信区间

贴士

罕见的差异

用置信区间和假设检验计算会得出不同的结论，这是有可能的，虽然非常罕见，因为

标准误差是用稍微不同的总体比例 p 值计算的。置信区间用样本比例（$\hat{p}$）估计 p，而假设检验用的是原假设宣称的值 p_0。

KEY POINT 重点

　　置信区间回答了这样一个问题："参数的值是多少？"假设检验是对两种不同的宣称值进行判断。

8.4　比较两个总体的比例

　　现在，你已经了解了如何对单个总体比例进行假设检验。只需很少的改变，这个过程就可以适应更有趣的情况：比较两个总体的比例。

　　以 7.5 节介绍的关于胚胎干细胞研究的民意调查为例。这项医学研究在治疗几种重大疾病方面显示出了巨大的希望，但由于它违背了许多人的宗教信仰，因此存在争议。随着时间的推移，皮尤宗教与公共生活论坛（Pew Forum on Religion & Public Life）对美国人对干细胞研究的支持程度进行了调查。2002 年，43% 的美国人表示支持干细胞研究（皮尤论坛 2008 年）。后来，在 2009 年，58% 的人支持这项研究（皮尤论坛 2009 年）。我们能得出所有美国人的支持率都发生了变化这样的结论吗？或者这个差异是由于抽样过程中的随机变化？

407

　　这个问题涉及两个总体。一个总体由 2009 年所有美国人组成，另一个总体由 2002 年所有美国人组成。每个总体都有一个支持干细胞研究的真实比例，但在每种情况下，我们都不知道这个真实值。相反，从两个总体中各取一个随机样本，我们必须从这两个随机样本中估计两个比例。

　　为了比较两种总体的比例，需要对我们的"要素"做出以下改变。

8.4.1　更改要素：假设

　　因为现在有两个总体比例要考虑，我们需要一些新的符号。令 p_1 表示 2009 年支持干细胞研究的美国人的比例，让 p_2 代表 2002 年支持干细胞研究的美国人的比例。

　　我们不关心 p_1 和 p_2 的实际数值，就像对待单个总体比例一样，我们只关心它们之间的关系。假设保守的、维持现状的、不值得关注的比例是相同的。换句话说，支持干细胞研究的比例没有变化。我们把它写成

$$H_0{:}p_1 = p_2$$

　　换句话说，原假设是说 2009 年支持干细胞研究的美国人的比例与 2002 年相同。

　　备择假设是支持干细胞研究的美国人的比例发生了变化。如果是这样，这两个比例就不再相等了。

$$H_a{:}p_1 \neq p_2$$

单侧假设也是可能的。我们的研究问题可能会变成,"对干细胞研究的支持减少了吗?"如果这是我们的问题,那么会使用

$$H_a: p_1 < p_2$$

如果我们想回答问题"对干细胞研究的支持增加了吗?"我们本来可以用这种方法:

$$H_a: p_1 > p_2$$

这些选项产生了三对假设,见表 8.4。你选择与你的研究希望回答的问题相对应的一对。注意,原假设总是 $p_1 = p_2$,因为中立的立场总是两个比例是相同的。

表 8.4　两比例假设检验的可能假设

假设	符号	用文字表述
双侧	$H_0: p_1 = p_2$	两个总体比例不同
	$H_a: p_1 \neq p_2$	
单侧(左)	$H_0: p_1 = p_2$	总体 1 比例小于总体 2 比例
	$H_a: p_1 < p_2$	
单侧(右)	$H_0: p_1 = p_2$	总体 1 比例大于总体 2 比例
	$H_a: p_1 > p_2$	

[408]

8.4.2　更改要素:检验统计量

我们关心的是 p_1 和 p_2 有什么不同,检验统计量是基于样本比例与两个总体比例的差。我们将使用的检验统计量具有与单个样本 z 统计量相同的结构:

$$z = \frac{\text{估计值} - \text{零值}}{SE}$$

不过,**两比例 z 检验**(two-proportion z-test)的估计值是 $\hat{p}_1 - \hat{p}_2$,因为我们估计的是差 $p_1 - p_2$。这里 $\hat{p}_1$ 和 $\hat{p}_2$ 是不同样本的样本比例。在我们的案例中,$\hat{p}_1$ 是 2009 年被调查人的样本比例(报道为 0.58),$\hat{p}_2$ 是 2002 年被调查人的样本比例(报道为 0.43)。

备择值是 0,因为原假设说这些比例相同,所以 $p_1 - p_2 = 0$。

标准误差 SE,比单样本情况更复杂,因为原假设不再告诉我们总体比例的值。它只告诉我们两个总体的值相同。因此,当我们估计这个单个值时,我们把两个样本放在一起。式(8.2)告诉了你怎么做。

◤ 贴士

发现差异

当谈论两个量之间的"差异"时,意思是"它们之间的距离有多远?"我们用一个减去另一个来回答这个问题。

没有差异

如果两个量相等,它们的差是 0。

两比例 z 检验统计量

$$z = \frac{\hat{p}_1 - \hat{p}_2 - 0}{SE} \tag{8.2}$$

其中

$$SE = \sqrt{\hat{p}(1-\hat{p})\left(\frac{1}{n_1} + \frac{1}{n_2}\right)}$$

$n_1 = $ 样本1中的样本量

$n_2 = $ 样本2中的样本量

$$\hat{p} = \frac{\text{样本1中的成功数} + \text{样本2中的成功数}}{n_1 + n_2}$$

$$\hat{p}_1 = \text{样本1中的成功比例} = \frac{\text{样本1中的成功数}}{n_1}$$

$$\hat{p}_2 = \text{样本2中的成功比例} = \frac{\text{样本2中的成功数}}{n_2}$$

式（8.2）可能是迄今为止我们展示过的最复杂的公式。和往常一样，用软件来进行检验比用公式更为重要。不过，这个公式确实有助于我们理解为什么检验统计量是有用的。

！注意

通常，把哪个总体记为"1"和"2"并不重要，一旦做出了选择，必须一以贯之。

例 14　共同点?

共和党和民主党之间的分歧似乎已经严重到没有共同点。皮尤研究组织（2018 年）询问一些共和党人和民主党人，他们是否认为"共和党人和民主党人在重大议题上的合作对国家非常重要"。随机抽取了 2 577 名民主党人和 1 978 名共和党人，询问他们是否同意这一说法。表 8.5 总结了这些数据。

表 8.5　皮尤研究中心的数据

	民主党人	共和党人	合计
同意	2 036	1 524	3 560
不同意	541	454	995
合计	2 577	1 978	4 555

问题：找出检验统计量的观测值来检验假设

$$H_0: p_1 = p_2$$

$$H_a: p_1 \neq p_2$$

p_1 代表民主党人同意的比例，p_2 代表共和党人同意的比例。

解答： 我们必须把各式组合在一起，组成检验统计量：

$$\hat{p}_1 = \frac{2\ 036}{2\ 577} = 0.79$$

$$\hat{p}_2 = \frac{1\ 524}{1\ 978} = 0.77$$

$$\hat{p} = \frac{2\ 036 + 1\ 524}{2\ 577 + 1\ 978} = \frac{3\ 560}{4\ 555} = 0.782(\text{样本比例汇总估计}),$$

$$SE = \sqrt{0.782 \times (1 - 0.782) \times \left(\frac{1}{2\ 577} + \frac{1}{1\ 978}\right)} = 0.012\ 3$$

现在各式汇总后我们得到：

$$z = \frac{0.79 - 0.77}{0.012\ 3} = 1.63$$

试做： 练习 8.65。

⟳ **回顾**

双侧表

双侧表，例如像例 14 中用来汇总数据的表，在第 1 章中首次提出。

🗡 **贴士**

z 的符号

在两比例检验中，z 是正的还是负的取决于你把哪个总体称为 1。"重要"的是要注意哪个比例减去哪个比例！

8.4.3 更改要素：检查条件

我们需要检查的两样本比例检验的条件与单样本检验的条件相似，但有一些额外的问题需要考虑：

1. **大样本：** 两个样本量必须足够大。因为我们不知道 p_1 和 p_2 的值，我们必须用一个估计值。原假设表示这两个比例相同，因此我们使用混合样本比例 $\hat{p}$ 来检验这个条件。不要使用 $\hat{p}_1$ 或 $\hat{p}_2$。这意味着我们需要

 a. $n_1\hat{p} \geq 10$ 和 $n_1(1 - \hat{p}) \geq 10$

 b. $n_2\hat{p} \geq 10$ 和 $n_2(1 - \hat{p}) \geq 10$

2. **随机抽样：** 抽样从适当的总体中随机抽取。在实践中，这种情况通常是不可能检查的，除非数据收集时我们在场。如果我们没有被明确告知样本是随机抽取的，我们可能不得不假设条件满足。

3. **独立样本：** 样本之间相互独立。例如，如果我们正在比较的两个样本中都有相同的个体，那么这种情况就违背了独立性。

4. 样本内独立：每组样本内的观测结果必须相互独立。

如果这四个条件成立，那么，如果原假设成立，z 服从 $N（0，1）$ 分布。

例15　通行权

加州大学伯克利分校的心理学家对开"高档"车的人的行为是否与开其他车的人不同很感兴趣。州法律要求汽车完全停下来，不能进入有行人的人行横道。研究人员让一个"帮凶"走进加州一条繁忙街道上的人行横道。研究人员仔细记录了司机是否非法进入人行横道，阻挡了行人"帮凶"。他们还用 1 到 5 之间的数字来评定汽车的档次，1 表示"低"，5 表示"高"（如劳斯莱斯）。一辆车只有在前后没有车的情况下才会被记录。这有助于确保观测结果是独立的。（例如，如果一辆车停了下来，后面的车更有可能停下来。）虽然实际的研究使用了先进的统计模型来控制潜在的混杂因素，但我们可以通过将汽车分为两组来进行简单的分析。研究人员观测了 33 辆"低档"车（等级 1 或 2）和 119 辆"高档"车（等级 3 或更高）。在低档车中，有 8 辆车没有停下来。在高档车中，45 辆没有停车（Piff et al. 2012）。

问题： 计算并陈述两组没有停车的车辆的比例。执行一个四步假设检验来检验高档车更有可能阻挡行人的假设，显著性水平取 0.10。对于这个问题，假设车辆是从通过这个十字路口的所有车辆的总体中随机抽取的样本。

解答： 低档车阻挡行人的比例为 8÷33=0.242。高档车阻挡行人的比例为 45÷119 = 0.378。

一如既往，我们的假设是关于总体的。我们看到的只有 33 辆低档车和 119 辆高档车，但我们把这些假设为所有可能通过这个人行横道的低档车和高档车的一个总体的代表。

设 p_1 代表当行人进入人行横道时不停车的低档车的比例，p_2 代表所有不停车的高档车的比例。

步骤1：假设

原假设是中立的，它表明这两组汽车是相同的：

$$H_0: p_1 = p_2$$

备择假设是，高档汽车更经常阻挡行人：

$$H_a: p_1 < p_2$$

步骤2：准备

我们比较的是两个总体比例，所以检验统计量是两比例 z 统计量。我们必须核查是否满足用正态分布作为近似的抽样分布的条件。

1. 两个样本都足够大吗？

我们得到

$$\hat{p} = \frac{8+45}{33+119} = 0.348\,68$$

第一个样本：$n_1 \times 0.348\,68 = 33 \times 0.348\,68 = 11.5$，大于 10，$33 \times (1 - 0.348\,68) = 21.5$，也大于 10。

第二个样本：$n_2 \times 0.348\,68 = 119 \times 0.348\,68 = 41.5$ 和 $119 \times (1 - 0.348\,68) = 77.5$，均大于 10。

2. 样本是从它们各自的总体中随机抽取的吗？

坦率地说，可能不是（但我们希望它们具有代表性）。然而，问题陈述允许我们做出这个假设并继续下去。

3. 这些样本是相互独立的吗？

是的，没有理由假设低档车的行为会影响高档车，或者反过来。

4. 每组样本内的观测结果是否独立？

是的，研究人员通过只记录没有跟随其他车辆的车来确保这一点。

检查了这四个条件之后，我们可以进入第 3 步。

步骤 3：计算并比较

取显著性水平 $\alpha = 0.10$。我们必须找到式（8.2）的各项，将 p_1 定义为低档车阻挡行人的比例。

因此，设 $\hat{p}_1$ 为样本中低档车阻挡行人的比例。本组样本量 $n_1 = 33$。前面我们计算得到

$$\hat{p}_1 = \frac{8}{33} = 0.242\,4$$

高档车的样本比例为

$$\hat{p}_2 = \frac{45}{119} = 0.378\,2$$

为了计算标准误差，我们需要用样本比例 $\hat{p}$，忽略汽车属于两个不同组的事实。早些时候，我们得到 $\hat{p} = 0.348\,68$。标准误差是

$$SE = \sqrt{0.348\,68 \times (1 - 0.348\,68)\left(\frac{1}{33} + \frac{1}{119}\right)} = 0.093\,8$$

把它们放在一起就可以了：

$$z = \frac{0.242\,4 - 0.378\,2}{0.093\,8} = -1.45$$

既然我们知道了观测值，我们就必须度量意想不到的程度。原假设认为两个总体比例相同而样本比例的不同只是偶然。p 值度量的是在总体比例相同的情况下，得到一样极端或更极端结果的概率。

p 值的计算方法与单比例 z 检验相同。我们的备择假设是一个左侧假设，因此需要得到一个小于观测值的概率（见图 8.16）。

图 8.17 提供了 StatCrunch 得出的 z 值和 p 值：

$$p \text{ 值} = 0.074$$

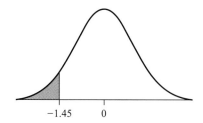

图 8.16　阴影区域表示检验统计值为 −1.45 左侧的概率

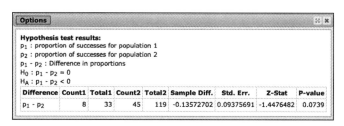

图 8.17　StatCrunch 输出结果显示了两比例 z 检验统计量的观测值 −1.45 和 p 值 0.073 9

步骤 4：解释

p 值小于我们声明的显著性水平 0.10，因此我们拒绝原假设。我们的结论是，高档车更有可能阻挡行人。

请注意，因为这是一项观测性研究，我们不能得出因果关系的结论，这意味着我们不能得出开一辆高档车会让人不那么关心行人的结论。此外，我们的样本并不是从更大的总体中随机抽取的，所以结果可能会因地区的不同而有所不同。p 值较高，如果我们取 0.05 的显著性水平，我们不会拒绝原假设。最初的研究人员使用了更复杂的方法，使他们能够控制潜在的混杂因素，并让他们看到在五种情况下，阻挡行人的比例是如何变化的。通过这些更精确的方法，他们得到了更小的 p 值。

试做：练习 8.69。

正如本节开头所解释的那样，为了比较人们对干细胞研究态度的变化，皮尤基金会的研究人员在 2002 年调查了 1 500 名美国人，在 2009 年又调查了相同数量的新样本。2002 年，43% 的美国人支持干细胞研究，2009 年这一比例上升到 58%。我们之前问过，这种变化是否可以用偶然变化来解释，因为随机样本中包含的人是有偶然因素的。

为了回答这个问题，我们可以进行假设检验，其中原假设是 2002 年和 2009 年支持干细胞研究的美国人总体比例相同。备择选择是它们是不同的。经过计算，检验统计量为 $z=8.22$。你不需要表格或计算器就能知道相关的 p 值一定非常小，因为我们很少看到正态分布中的值小于 −3 或大于 +3。所以我们可以得出结论，这种变化不是偶然的，在这段时间里，支持度确实发生了变化。

摘要

两比例 z 检验

什么是两比例 z 检验？一种假设检验。

两比例 z 检验的用途什么？用于比较两个总体比例。原假设总是相同的比例，它给了我们拒绝或不拒绝假设的方法。

两比例 z 检验是如何比较两个总体比例的？检验统计量 z 比较样本比例与值 0 之间的差异（原假设认为差异应该是 0）：

$$z = \frac{\hat{p}_1 - \hat{p}_2 - 0}{SE}, \quad 其中 SE = \sqrt{\hat{p}(1-\hat{p})\left(\frac{1}{n_1} + \frac{1}{n_2}\right)}$$

远离 0 的 z 值会使原假设不可信。

如何利用两比例 z 检验？当比较两个比例时，每个比例来自不同的总体。数据必须来自两个独立的随机样本，而且每个样本必须足够大。则可以用 $N(0, 1)$ 计算观测到的检验统计量的 p 值。

413

案例分析回顾

搪塞问题

在政治辩论中，候选人有时会通过回答不相关的问题来搪塞一些提问。用字幕在电视屏幕的底部呈现提问，能让观众更容易注意到候选人的搪塞现象吗？两名研究人员将观众随机分为两组，两组人都观看同一场辩论，其中一名候选人搪塞了提问。其中一组，提问以字幕形式呈现在屏幕上。在这一组中，88% 的观众注意到了搪塞现象。另一组没看到任何显示的观众中，只有 39% 的人注意到了搪塞现象。88%−39%=49% 的差距是偶然的吗？或者这是否表明，当我们被提醒时，我们可以成为更好的搪塞现象的发现者？

为了找到答案，研究人员进行了假设检验。数据汇总见表 8.6 和图 8.18。

我们进行了一个两比例 z 检验，看看有字幕是否提高了人们发现搪塞现象的能力。我们取 0.05 的显著性水平。假设让 p_1 代表在辩论中有字幕时注意到搪塞现象的人的比例，让 p_2 代表在没有字幕时注意到搪塞现象的人

表 8.6　有字幕和发现搪塞现象之间的关系

	有字幕	无字幕	合计
发现	63	28	91
未发现	9	43	52
合计	72	71	143

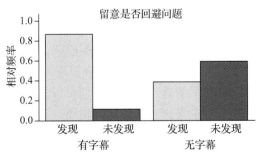

图 8.18　发现搪塞和观众是否在电视上看到提问字幕之间的关系

的比例。那么我们的假设是

　　H_0: $p_1 = p_2$（两组中相同比例的人会发现搪塞现象。）

　　H_a: $p_1 > p_2$（用字幕呈现问题时，更大比例的人会发现搪塞现象。）

　　快速检查表明，样本量足够大，其他必要条件也成立。用软件计算的 z 统计量（见图 8.19）为 5.97。从经验法则得知，p 值将非常小，因为 z 统计量几乎不会离 0 那么远。如果计算 p 值，我们会发现如果原假设成立，那么得到 5.97 以上检验统计量的概率是 0.000 000 001。

　　在 p 值如此小的情况下，我们拒绝原假设，并得出结论，将提问显示在屏幕上确实有助于观众注意到"候选人"是否在回避问题。

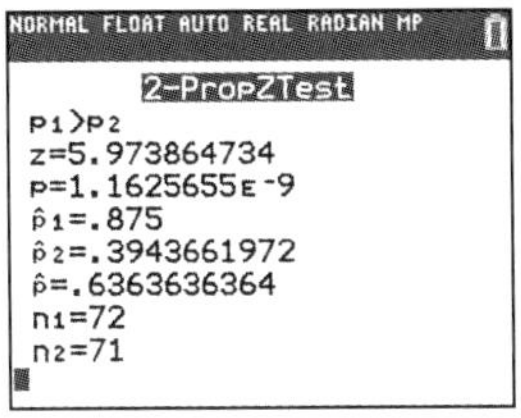

图 8.19　双侧备择假设两样本 z 检验的 TI-84 输出结果。p 值为 0.000 000 001 16

数据项目：日期数据

414

1. 概述

　　许多数据集包含了有关观测日期的信息。日期是一种有趣的值，因为它既不像数值变量，也不像分类变量，所以经常需要特殊的工具来处理日期数据。

　　数据：rain.csv。

2. 目标

　　学习识别日期格式并根据日期创建有用的新变量。会使用数据迁移——排序来检查数据集的结构。

3. 日期：数据迁移

　　加州洛杉矶一年的降雨量是多少？这个问题对许多加州人来说意义重大，因为像美国西部和西南部的许多州一样，加州容易受到干旱的影响。接下来你将看到，回答该问题并不像乍看上去那么简单。实际上，要想回答这个问题需要很多数据迁移，但在本章中，我们只考虑至关重要的第一步。

　　降雨量可以在由联邦政府维护的"数据收集所"——data.gov 中获取。降雨量是用雨量计测量的，雨量计是一种带有刻度的标准化的管子。世界各地的气象站都有雨量计，每天他们都要查看降雨量是多少。美国有数以千计的气象站，洛杉矶大都会区就有 70 个。

　　项目：rain.csv 数据集是由美国国家海洋和大气管理局（NOAA）通过 https://www.ncdc 自主创建的。在这个网站，你可以获取美国不同时期和几乎各个地区的气候数据。rain.csv 是个很大的数据集，有超过 54 000 个观测值。当你第一次查看数据时，你不能很好地了解数据结构。例如，大约前 45 个的观测值都来自同一个名为"Pasadena 2.0 SE, CA US"的气象站，我们可以知道该站的纬度、经度和海拔。(海拔单位：m，225 m 相当于 735 ft。)然而，我们不知道数据集的前几行是否包括其他气象站，如果包括，有多少个。

我们还看到一个日期变量。例如，我们看到的第一个日期是 2016 年 2 月 1 日，写作"2016-02-01"。我们还注意到，当我们向下阅读这一列时，每向下一行日期增加一天，这表明我们有降雨量的日数据。但我们还不知道这个数据集包括哪些年份。

日期比数字或类别稍微难处理一些。原因之一是我们可以用许多不同的方式来表示同一个特定的日期。我们可以写作 " Feb 1, 2016" 或 "02-01-16" 或 "2/1/16"。计算机把这样的日期看作字母、符号和数字的有趣组合，因此许多计算机程序一开始会认为日期是类别值。大多数软件，比如 StatCrunch，不能计算日期的平均值或标准差。

所以回答一个简单的问题，比如"我的数据中代表了哪些年份"，会是一个挑战。

出于以上原因，处理日期的第一步通常是创建新的变量来提取我们想要的信息。**Data > Compute > Expression** 命令可以允许创建新的变量（参见第 4 章的数据项目）。单击 Build，你将看到一个如图 8.20 所示的对话框。

415

图 8.20 所显示的表达式将创建一个新变量，其值为观测值被记录的年份。

这个功能要求你提供日期的格式。字符串 " yyyy-MM-dd" 告诉了 StatCrunch 日期格式，该格式的含义为，年在前面，用四位数字表示，接下来是一个连字线，然后是月，用两位数字表示，再然后是另一个连字线，最后是日，用两位数字表示。相反，如果我们的日期为 "2/1/16"，我们可以用 " m/d/yy" 表示格式。完整的格式列表详见 StatCrunch 的帮助部分：https://www.statcrunch.com/app/helpContent.php。

一旦单击 Okay，将会出现命名变量的选项（参见图 8.21）。将变量命名为 " Year"，然后单击 "Compute!"，将会出现一个新列，该列给出了每一个观测年份。

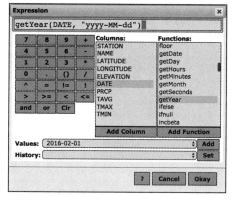

图 8.20

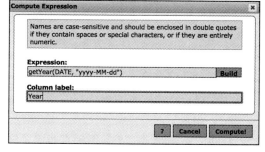

图 8.21

作业：根据变量 Date 创建了新列之后，我们将使用 Sort 功能来研究数据。通过变量排序，我们可以学到很多。

1. 请绘制一个变量 Year 的频率表，并回答这个问题："数据集中代表了哪些年份？"

2. 第一个和最后一个日期是什么？要想查看第一个日期，请选择 Data > Sort 并按照图 8.22 所示的对话框进行填写。选择所有要排序的列非常重要。

对数据进行排序是快速查看数据集极端值的一种常见的方法。如何使用 Sort 功能来确定哪一个日期是最后一个日期？通过在 Sort Columns 对话框中选择 Add Sort by Column（图 8.23），StatCrunch 允许对多列进行排序。那么请问如何使用 Sort 功能来确定 Woodland Hills Pierce College 所在地的最大降雨量？

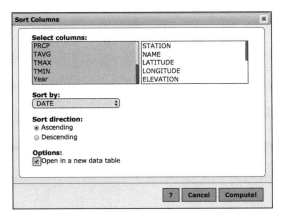 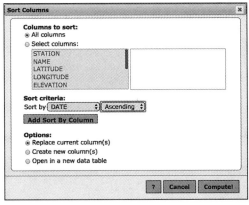

图 8.22   图 8.23

注意，现在你已经按日期对数据进行了排序，你可以看到数据集中包含了多个气象站。那么请问共包含了多少个气象站？

3. 使用 getDay(x, format) 函数为一周中的每一天创建一个列。（结果将会有值 1,2,…,7，其中 1 代表星期天，7 代表星期六。）使用 getMonth(x, format) 为月份创建一个列。请创建图表来回答以下问题：一周中哪一天的观测值最多？哪个月的观测值最多？

416

本章回顾

关键术语（页码为边注页码）

假设检验，382

原假设，H_0，383

备择假设，H_a，383

单侧假设，384

双侧假设，384

显著性水平，α，386

检验统计量，387

单比例 z 检验统计量，387

p 值，388

双尾 p 值，392

两比例 z 检验，408

学习目标

学完本章并完成布置的作业后，你应该学会：

- 知道如何检验关于总体比例的假设和关于两个总体比例比较的假设；
- 理解 p 值的含义以及用法；
- 理解显著性水平的含义及其用法；
- 知道计算 p 值和显著性水平所需的条件。

小结

假设检验按照以下四步进行：

步骤 1：假设；

步骤 2：准备；

步骤 3：计算并比较；

步骤 4：解释。

步骤 1 是最重要的，因为它是所有步骤的基础。假设总是关于参数的陈述。备择假设是研究人员希望让公众相信的假设。原假设是存疑的和中立的假设。假设检验的每一步都是在原假设成立的前提下进行的。本书中的所有检验，原假设总是包含一个等号（=），而备择假设可以包含大于号（＞）、小于号（＜）或不等于号（≠）。

步骤 2 要求你确定要做的检验类型。在本章中，这意味着要么检验单个总体比例（单比例 z 检验），要么比较两个总体比例（两比例 z 检验）。同时，你还必须检查使用标准正态分布作为抽样分布的必要条件是否全部满足。

步骤 3 是将统计量的观测值与原假设进行比较。该步骤通常由软件来处理，通过软件可以计算一个检验统计量的值以及 p 值。注意只有满足步骤 2 中的条件时，这些值才有效。

步骤 4 要求你比较 p 值与显著性水平，其中，p 值度量的是原假设为真时我们对结果的惊讶程度，显著性水平为错误地拒绝原假设的概率。如果 p 值小于（或等于）显著性水平，那么你必须拒绝原假设。

对于单比例 z 检验，

$$z = \frac{\hat{p} - p_0}{SE}, \ \text{其中} \ SE = \sqrt{\frac{p_0(1 - p_0)}{n}} \tag{8.1}$$

p_0 是总体比例

$\hat{p}$ 为样本比例，x/n

n 为样本量

对于两比例 z 检验，

$$z = \frac{\hat{p}_1 - \hat{p}_2 - 0}{SE} \tag{8.2}$$

其中

$$SE = \sqrt{\hat{p}(1-\hat{p})\left(\frac{1}{n_1}+\frac{1}{n_2}\right)}$$

$$\hat{p} = \frac{两个样本中成功的总次数}{n_1 + n_2}$$

$\hat{p}_1$ 为第一个样本中成功的比例，$\hat{p}_2$ 为第二个样本中成功的比例。

计算 p 值取决于你用的备择假设。图 8.24 从左到右分别显示了一个双尾 p 值、一个单尾（右尾）p 值和一个单尾（左尾）p 值。

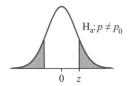 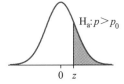 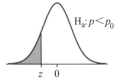

图 8.24　三种不同备择假设可能的 p 值表示，阴影区域的面积代表 p 值

417

参考文献

Einstein-PE Investigators. 2012. Oral rivaroxaban for the treatment of symtomatic pulmonary embolism. *New England Journal of Medicine*, vol. 336 (April 5): 12.87–12.97.

Elwood, P., et al. 2013. Healthy lifestyles reduce the incidence of chronic diseases and dementia: Evidence from the Caerphilly Cohort Study. *PLoS ONE*, vol. 8: e81877. doi:10.137/journal.pone.0081877.

Feder, L., and Dugan, L. 2002. A test of the efficacy of court-mandated counseling for domestic violence offenders: The Broward Experiment. *Justice Quarterly*, vol. 19: 343–375.

Fry, R., and Brown, A. 2016. In a recovering market, home ownership rates are down sharply for blacks, young adults. Pew Research Center, December. www.pewresearch.org.

Furman, R., et al. 2014. Idelalisib and rituximab in relapsed chronic lymphocytic leukemia. *New England Journal of Medicine,* January 22. doi:10.1056/NEJMoa1315226.

Kim, A., et al. 2010. Sex bias in trials and treatments must end. *Nature*, June 10, 2010.

Leschied, A., and Cunningham, A. 2002. *Seeking effective interventions for serious young offenders: Interim results of a four-year randomized study of multisystemic therapy in Ontario, Canada*. London, Canada: London Family Court Clinic.

Pew Forum. 2008. Declining majority of Americans favor embryonic stem cell research. http://www.pewforum.org/2008/07/17/ declining-majority-of-americans-favor-embryonic-stem-cell-research/.

Pew Forum. 2009. Support for health care overhaul, but it's not 1993: Stable views of stem cell research. The Pew Forum on Religion & Public Life Issues. http://www.people-press.org/2009/03/19/ support-for-health-care-overhaul-but-its-not-1993/.

Pew Research Center. 2013. How Americans value public libraries in their communities. http://libraries.pewinternet.org/2013/12/11/ libraries-in-communities/.

Pew Research Center. 2018. The public the political system and American democracy, April 26. http://www.people-press.org/2018/04/26/ the-public-the-political-system-and-american-democracy/.

Piff, P., et al. 2012. Higher social class predicts increased unethical behavior. *Proceedings of the National Academy of Sciences*, vol. 109 (11): 4086–4091.

Rogers, T., and Norton, M. 2011. The artful dodger: Answering the wrong question the right way. *Journal of Experimental Psychology: Applied*, vol. 17 (2): 139–147.

Schwitzgebel, E., and Rust, J. 2010. Do ethicists and political philosophers vote more often than other professors? *Review of Philosophy and Psychology*, vol. 1, 189–199.

Shankaran, S., et al. 2012. Childhood outcomes after hypothermia for neonatal encephalopathy. *New England Journal of Medicine*, vol. 366: 2085–2092.

练习

8.1 节

8.1 从给出的答案中选一个。原假设总是关于 _____（样本统计量或总体参数）的陈述。

8.2 在每个括号中选一个答案。在统计推断中，对 _____（样本或总体）进行测量，对 _____（样本或总体）进行推断。

TRY **8.3** 素食主义者（例1）

　　2016 年，哈里斯民意调查估计，3.3% 的美国成年人是素食者。一位营养学家认为这一比例已经上升，他将随机抽取美国成年人的样本，记录他们是否是素食主义者。用文字和符号写出原假设和备择假设。

8.4 嵌入式导师

　　一位大学化学教师认为用嵌入式导师（在常规课堂讨论时与学生在一起的导师）将提高化学入门课程的及格率。化学入门课程的及格率为 62%。教师将在化学入门课中全程用嵌入式导师，并记录课程及格学生的百分比。用文字和符号写出原假设和备择假设。使用符号 p 表示用嵌入式导师的化学入门课程的及格率。

8.5 青少年司机

　　根据密歇根大学 2015 年的一项民意调查，美国 71.5% 的高中生拥有驾照。一位社会学家认为这一比例已经下降。社会学家调查了 500 名随机挑选的高中生，发现其中 350 人有驾照。

a. 选择正确的原假设。

i. $p = 0.715$

ii. $p = 0.70$

iii. $\hat{p} = 0.715$

iv. $\hat{p} = 0.70$

b. 选择正确的备择假设。

i. $p > 0.715$

ii. $p < 0.715$

iii. $\hat{p} < 6\ 0.715$

iv. $p \neq 0.715$

c. 在此上下文中，符号 p 表示什么（从下面的选项中选择一个）

i. 全美高中生中有驾照的比例。

ii. 社会学家随机抽样的高中生中有驾照的比例。

8.6 水

一个朋友接受测试，看他是否能分辨瓶装水和自来水。总共进行了 30 次试验（其中一半用瓶装水，一半用自来水），他辨认正确了 18 次。

a. 选择正确的原假设。

i. $\hat{p} = 0.50$

ii. $\hat{p} = 0.60$

iii. $p = 0.50$

iv. $p = 0.60$

b. 选择正确的备择假设。

i. $\hat{p} \neq 0.50$

ii. $\hat{p} = 0.875$

iii. $p > 0.50$

iv. $p \neq 0.875$

8.7 流感疫苗

2016 年，美国疾病预防控制中心估计流感疫苗对乙型流感病毒的有效率为 73%。但是一位免疫学家怀疑目前的流感疫苗抵抗这种病毒的效果较差。选择一对正确的假设，使得免疫学家可以用它来检验这一说法。

i. $H_0 : p > 0.73$ $H_a : p < 0.73$

ii. $H_0 : p = 0.73$ $H_a : p < 0.73$

iii. $H_0 : p = 0.73$ $H_a : p > 0.73$

iv. $H_0 : p = 0.73$ $H_a : p \neq 0.73$

8.8 法学院毕业生就业

全国法律就业协会估计，2015 年，86.7% 的法学院毕业生找到了工作。一位经济学家认为，目前法学院毕业生的就业率与 2015 年的就业率不同。选择一对正确的假设，使得经济学家可以用来检验这一说法。

i. $H_0 : p \neq 0.867$ $H_a : p = 0.867$

ii. $H_0 : p = 0.867$ $H_a : p > 0.867$

iii. $H_0 : p = 0.867$ $H_a : p < 0.867$

iv. $H_0 : p = 0.867$ $H_a : p \neq 0.867$

TRY 8.9 苏打水订单（例 2）

一家休闲餐厅的经理指出，15% 的顾客在用餐时订购苏打水。为了增加苏打水的销量，这家餐厅在为期两周的时间里为每次订购苏打水的人提供免费的续杯服务。在这段试行期内，17% 的顾客在用餐时点了苏打水。为了测试促销活动是否成功地增加了苏打水订单，经理提出了以下假设：$H_0 : p=0.15$ 和 $H_a : \hat{p} =0.17$，其中 $\hat{p}$ 表示促销期间随餐订购苏打水的客户比例。这些假设写得对吗？根据需要纠正错误。

8.10 混合坚果

一罐混合果仁的标签上写着混合果仁中含有 40% 的花生。一位消费者打开一罐坚果，发现这罐含有 50 颗坚果的混合坚果中，有 22 颗花生，所以他认为花生在混合物中的比例与 40% 不同。这位消费者写下这些假设：$H_0 : p \neq 0.40$ 和 $H_a : p=0.44$，其中 p 表示该公司所有混合坚果罐头中花生的比例。这些假设写得对吗？根据需要纠正错误。

TRY 8.11 流感疫苗（例 3）

一位免疫学家正在验证目前的流感疫苗对流感病毒的有效性不到 73% 的假设。免疫学家使用的是 1% 的显著性水平和这些假设：$H_0 : p=0.73$ 和

H_a:$p < 0.73$。解释 1% 显著性水平在此背景下的含义。

8.12 法学院毕业生就业

就业经济学家正在检验一个假设，即法学院毕业生的就业率并非 86.7%。经济学家用的是 5% 的显著性水平和这些假设：H_0:$p = 0.867$ 和 H_a:$p \neq 0.867$。解释 5% 显著性水平在此背景中的含义。

8.13 学生贷款

根据皮尤研究中心 2017 年的一份报告，37% 的 18 岁至 29 岁成年人有学生贷款债务。假设在这一年龄组的随机抽样中，120 人中有 48 人有学生贷款债务。

a. 给出原假设和备择假设，检验学生贷款比例是不是 37%。

b. 报告下图给出的检验统计量的值 (z)。

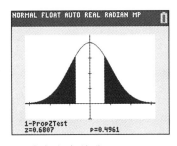

8.14 混合动力汽车销售

根据绿色汽车报告，2017 年加州销售的汽车中有 4.4% 是混合动力汽车。假设从最近在加州销售的汽车中随机抽取 500 辆，其中 18 辆是混合动力汽车。

a. 写下原假设和备择假设来检验混合动力汽车在加州的销量是否已经下降。

b. 报告下图给出的检验统计量的值 (z)。

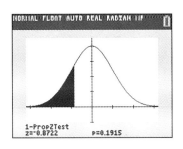

TRY 8.15 素食主义者（例 4）

2016 年，哈里斯民意测验估计 3.3% 的美国成年人是素食主义者。一位营养学家认为这一比例已经上升。营养学家抽取了 150 名美国成年人作为样本，发现其中 11 人是素食主义者。

a. 素食主义者的样本比例 $\hat{p}$ 是多少？

b. 素食主义者的总体比例 p_0 是多少？

c. 计算检验统计量的值。在此背景下解释其含义。

8.16 嵌入式导师

大学化学教师认为使用嵌入式导师将提高化学入门课程的及格率。化学入门课及格率为 62%。在一个学期里，有 200 名学生在嵌入式导师的指导下学习化学入门课程。在这 200 名学生中，有 140 人通过了这门课程。

a. 通过化学入门课的学生的样本比例 $\hat{p}$ 是多少？

b. 如果原假设成立，通过化学入门的学生比例 p_0 是多少？

c. 计算检验统计量的值。在此背景下解释其含义。

TRY 8.17 可口可乐与百事可乐（例 5）

假设你正在测试某人是否能区分可口可乐和百事可乐，做了 20 次试验，其中一半用可口可乐，一半用百事可乐。原假设是这个人在猜测，并不能区分出来。

a. 在原假设成立的情况下，你认为这个人能猜对多少？

b. 假设 A 从 20 次试验中猜对 13 次，B 从 20 次试验中猜对 18 次。谁会有一个更小的 p 值，为什么？

8.18 圣路易斯陪审团

圣路易斯县 24% 是非裔美国人。假设在你面前的是圣路易斯县的陪审团，每个陪审团有 200 名成员。原假设是一个非裔美国人被选入陪审团的概率是 24%。

a. 如果原假设成立，那么在一个由 200 人组成的陪审团中，你预计会有多少非裔美国人？

b. 假设 A 陪审团 200 个人中非裔美国人有 40 个，B 候选陪审团 200 个人中非裔美国有 26 个。哪个 p 值较小？为什么？

8.19 素食主义者（例 6）

在习题 8.15 中，一名营养学家对美国成年人中素食主义者的比例是否增加十分感兴趣。她进行了假设检验，发现检验统计量的值为 2.77。我们可以计算出与此相关的 p 值是 0.002 8，非常接近于 0。在此背景下解释 p 值的含义。基于这一结果，这名营养学家是否应该相信这个原假设是正确的？

8.20 嵌入式导师

在习题 8.16 中，一位大学化学教师认为使用嵌入式导师将提高化学入门课程的及格率。这位教师进行了假设检验，发现检验统计量的值

为 2.33。与该检验统计量相关的 p 值为 0.009 9。在此背景下解释 p 值的含义。基于这个结果，是否应该相信及格率有所提高？

8.21 再入院

再入院是指患者出院后在一定时间内再次入院。美国肺炎患者的再入院率为 17%。一家医院很想知道本院的肺炎再入院率是否低于全国的百分比。经过研究发现，在两个月内接受肺炎治疗的 70 名患者中，有 11 名再次入院。

a. 样本中再入院的肺炎患者占比 $\hat{p}$ 是多少？

b. 写出原假设和备择假设。

c. 计算出检验统计量的值并在此背景中解释其含义。

d. 与该检验统计量相关的 p 值为 0.39。在此背景下解释 p 值的含义。基于这一结果，p 值是否表明应怀疑原假设？

*8.22 猜测

现有 20 道多项选择测试题，其中每个问题有 5 个选项。假设一个学生只是通过猜测选择答案，并且希望得到高分。老师进行假设检验以确定学生是否只是在猜测选择答案。原假设为 $p = 0.20$，其中 p 是选中正确答案的概率。

a. 以下哪项描述了可能产生的 z 检验统计量的值？解释你的选择。

i. z 检验统计量将接近于 0。

ii. z 检验统计量将远离 0。

b. 以下哪项描述了可能产生的 p 值？解释你的选择。

i. p 值将很小。

ii. p 值不会很小。

8.2 节

TRY 8.23 做梦（例 7）

2003 年发表在 *Perceptual and Motor Skills* 杂志上的一项关于做梦的研究发现，在 113 人的随机样本中，92 人报告说做的梦是彩色的。然而，报告说在 20 世纪 40 年代做的梦是彩色的人的比例是 0.29（Schwitzgebel 2003）。假设研究人员想知道做彩色梦的人的比例是否自 20 世纪 40 年代以来发生了变化，请检查是否符合使用单比例 z 检验的条件。

8.24 年龄歧视

美国人口普查结果显示，加州硅谷地区约 30% 的人年龄在 40 岁至 65 岁之间。然而，在一个工人下岗前就职的位于硅谷的公司里，2 100 名员工中只有 2% 的人年龄在 40 岁到 65 岁之间。律师们可能会辩称，如果公司不分年龄雇佣员工，年龄分布将与他们从周围人群中随机雇佣人员的情况相同。请检查此题否满足使用单比例 z 检验的条件。

TRY 8.25 自动驾驶汽车（例 8）

美国东北大学 / 盖洛普对 461 名 18 岁至 35 岁的美国年轻人进行了一项民意调查，有 152 人表示，他们乘坐自动驾驶汽车会感到舒适。假设我们用显著性水平 0.05 来检验这个年龄段超过 30% 的美国人乘坐自动驾驶汽车会感到舒适的假设。以下哪一个图与备择假设 $p>0.30$ 匹配。报告并解释正确的 p 值。

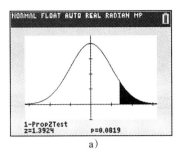

a)

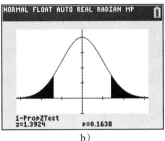

b)

8.26 糖尿病

盖洛普民意调查结果显示，11.55% 的美国成年人患有糖尿病。假设一位研究人员想知道她所在地区的糖尿病发病率是否高于全国发病率。她调查了她所在地区的 150 名成年人，发现其中 21 人患有糖尿病。

a. 如果该地区的糖尿病发病率与全国其他地区相同，我们可以预计会有多少人患有糖尿病？

b. 假设你用 0.05 的显著性水平来检验这个地区的糖尿病发病率高于全国发病率的假设。选择正确的图并解释 p 值。

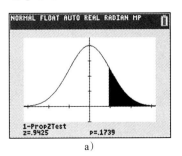

a)

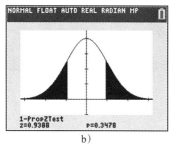

b)

8.27 可口可乐与百事可乐

现有一项看一个人是否能分辨出可口可乐和百事可乐的味觉测试。在试验中，被测试者要判断自己是在喝可口可乐还是在喝百事可乐。在每种情况下，都要进行 20 次独立的随机试验（一半用百事可乐，一半用可口可乐）。在 20 次试验中，有一人判断正确 13 次。以下哪图支持这个人可以分辨二者不同的假设？解释你的选择。

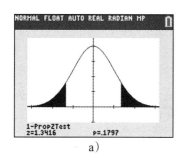

a)

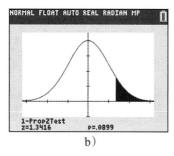

b)

8.28 安全带

假设我们正在测试人们对于安全带的使用率是否与以前的 88% 有所

不同。假设在随机抽取的 500 人中，有 450 人会系好安全带。以下哪个图中的 p 值能够支持使用安全带的比例发生变化的假设？请解释你的选择。

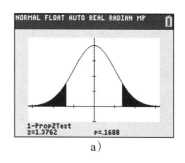

a)

420

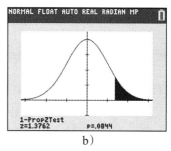

b)

TRY 8.29 锻炼（例 9）

Timex 在 *Shape* 杂志上发布的一项在 2018 年的调查显示，73% 的美国人每周锻炼一次或多次。营养学家对这个百分比是否有所增加很感兴趣。随机抽取 200 名美国人，发现其中有 160 人每周锻炼一次或多次。进行假设检验的前两个步骤，以确定比例是否增加。请说明如何将 p_0，x 和 n 输入 TI 计算器中。

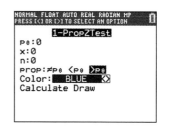

8.30 度假

2017 年美国汽车协会（AAA）的一项调查显示，35% 的美国人计划过家庭度假（一次离家 50 mile 以上的度假，包括两个或两个以上的直系亲属）。假设最近一项对 300 名美国人的调查发现，有 115 人计划过家庭度假。对此进行假设检验的前两个步骤，以确定计划过家庭度假的美国人的比例是否发生了变化。请阐明你将如何填写图中所示的 "# of successes" "# of observation" 和 "H_0" 项需要的数据。

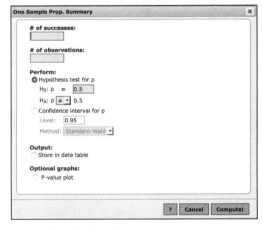

TRY **8.31 锻炼（例 10）**

Timex 在 *Shape* 杂志上发布的一项在 2018 年的调查显示，73% 的美国人每周锻炼一次或多次。营养学家对这个百分比是否增加很感兴趣。因此随机抽取了 200 名美国人，发现有 160 人每周锻炼一次或多次。习题 8.29 只要求写出检验的前两个步骤所需的内容。请利用提供的结果进行假设检验的步骤 3 和步骤 4，该检验将用于检验每周锻炼一次或多次的美国

人的比例是否有所增加。显著性水平为 0.05。

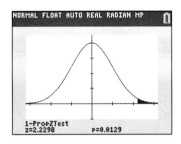

8.32 度假

2017 年美国汽车协会的一项调查显示，35% 的美国人计划过家庭度假（离家 50 mile 以上的度假，包括两个或两个以上的直系亲属）。假设最近一项对 300 名美国人的调查发现，有 115 人计划过家庭度假。在习题 8.30 中，你进行了假设检验的前两个步骤，以检验计划过家庭度假的人的比例是否发生了变化。使用提供的结果进行假设检验的步骤 3 和步骤 4。显著性水平为 0.05。

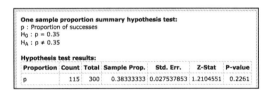

8.33 p 值

下面每个图形，阴影的面积是否可以表示 p 值。解释为什么可以或者为什么不可以。如果可以，说明面积是否能代表单侧或双侧假设检验的 p 值。

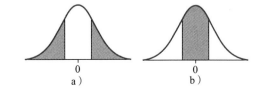

8.34 *p* 值

下面每个图形，说明阴影区域是否可以表示 *p* 值。解释为什么可以或者为什么不可以。如果可以，说明面积是否能代表单侧或双侧假设检验的 *p* 值。

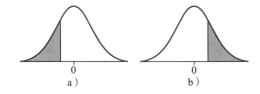

g**8.35** Facebook 新闻

2018 年进行的一项盖洛普民意测验随机抽取了 3 635 名 Facebook 用户，结果发现有 2 472 名用户对世界新闻大事的了解主要是通过 Facebook。2013 年所做的研究发现，只有 47% 的 Facebook 用户报告说他们在 Facebook 上获得了有关世界大事的新闻。请参阅本章习题指导。

a. 这个样本是否证明，自 2013 年以来，在 Facebook 上获得世界新闻的 Facebook 用户比例发生了变化？请进行假设检验，用 0.05 的显著性水平。

b. 进行假设检验之后，人们可能会问的另一个问题是：2018 年，在所有 Facebook 用户中，有多大比例的用户对世界新闻大事的了解主要通过 Facebook。使用样本数据构建总体比例的 90% 置信区间。你的置信区间是否能支持你的假设检验结论？

8.36 观看奥运赛事

2018 年一项盖洛普民意测验随机选取了 2 228 名美国成年人进行调查研究，结果发现 39% 的人计划观看至少"相当数量"的 2018 年冬奥会比赛项目。2014 年，46% 的美国成年人表示计划观看至少"相当数量"的冬奥会比赛项目。

a. 这个样本是否证明计划观看 2018 年冬奥会的美国成年人比例低于计划在 2014 年观看冬奥会的美国成年人？用 0.05 的显著性水平进行检验。

b. 进行假设检验之后，人们可能会问的另一个问题是，在所有美国成年人中，有多大比例的人计划观看至少"相当数量"的 2018 年冬奥会比赛项目。使用样本数据构建总体比例的 90% 置信区间。你的置信区间是否能支持你的假设检验结论？

8.37 全球变暖

历史上（大约从 2001 年到 2014 年），57% 的美国人认为全球变暖是人类活动造成的。2017 年 3 月，盖洛普对 1 018 名美国人进行了随机抽样调查，结果发现有 692 人认为全球变暖是由人类活动造成的。

a. 美国人认为全球变暖是由人类活动引起的样本比例是多少？

b. 请检验假设，全球变暖是由人类活动引起的美国人比例已经不再等于历史值 57% 的。用 0.01 的显著性水平。

c. 选择正确的解释：

i. 2017 年，认为全球变暖是由人类活动引起的美国人比例与 57% 没有显著差别。

ii. 2017 年，认为全球变暖是由人类活动引起的美国人比例不再等于历史值 57%。

422

8.38 飞机失事

有消息称，50% 的飞机失事至少部分是由于飞行员失误造成的（http://www.planecrashinfo.com）。假设在随机抽取的 100 起不同的飞机事故中，有 62 起是由于飞行员失误造成的（至少是部分原因）。

a. 检验由飞行员失误导致的飞机事故比例不为 0.50 的原假设。显著性水平为 0.05。

b. 选择正确的解释：

i. 飞行员失误导致的飞机失事率与 50% 没有显著差异。

ii. 由于飞行员失误导致的飞机失事率与 50% 有显著差异。

8.39 淡水鱼中的汞含量

一些专家认为，在美国所有淡水鱼中有 20% 汞含量很高，不适合食用。假设一个鱼市场检测了 250 条鱼，其中有 60 条鱼的汞含量达到了危险水平。检验这个样本不是来自有 20% 危险食用鱼总体的假设。显著性水平为 0.05。评价一下你的结论：危险鱼的比例肯定是 20% 吗？解释一下原因。

8.40 Twitter

假设一项民意调查显示，在随机挑选的 400 名 Twitter 用户中，有 220 人认为 Twitter 应该采取更多措施来减少网站上的仇恨和辱骂性的内容。检验一个假设，即大多数（超过 50%）的 Twitter 用户认为网站应该做更多的工作来减少网站上的仇恨和辱骂性内容。用 0.01 的显著性水平。

8.41 莫尔斯的 t 比例

莫尔斯认为，19 世纪英语中使用 t 的百分比为 9%。从一份时事报纸随机抽取 600 个字母，其中有 48 个 t。用 0.10 的显著性水平，检验时事报纸中 t 的比例为 0.09 的假设。

8.42 莫尔斯的 a 比例

莫尔斯认为，19 世纪英语中使用 a 的百分比为 8%。从一份时事报纸随机抽取 600 个字母，其中有 60 个 a。用 0.10 的显著性水平，检验时事报纸中 a 所占比例为 0.09 的假设。

8.3 节

TRY **8.43 p 值（例 11）**

研究人员使用双侧备择假设进行假设检验。以下哪个 z 对应的 p 值最小？解释一下你这么选的原因。

i. $z = 0.50$

ii. $z = 1.00$

iii. $z = 2.00$

iv. $z = 3.00$

8.44 抛硬币

进行一项将硬币抛掷 30 次的测试，以测试硬币是否是均匀的。原假设是硬币是均匀的。备择假设是硬币不均匀。附图中的两张图一张代表 30 次抛掷得到 16 次正面朝上对应的 p 值，另一个代表 30 次投掷得到 18 次正面朝上对应的 p 值。下面的图分别代表哪种情况，你怎么知道的？

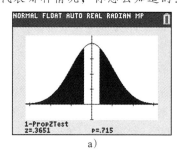

a）

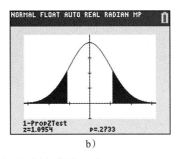

b)

TRY 8.45 年轻选民（例 12）

布鲁金斯学会（Brookings Institution）的数据显示，在 2016 年的选举中，18 岁至 29 岁的有资格的选民中有 50% 参加了投票。假设我们对这个年龄段在 2018 年选举中进行投票的选民占比是否更高感兴趣。简述我们在进行假设检验时可能犯的两种错误。

8.46 吐司分辨错误

假设你正在测试某人是否能分辨黄油和人造黄油。你可以随机选许多一口大小的吐司片，其中一半是黄油吐司，一半是人造黄油吐司。品尝者被蒙上了眼睛。原假设是，品尝者只是猜测，正确率应该是 50%。当原假设为真而你却拒绝了原假设时，这通常被称为第一类错误。第二类错误是当原假设为假，你却接受了它。阐述第一类错误和第二类错误。

8.47 黑石论在审判中的错误

威廉·黑石爵士（Sir William Blackstone, 1723—1780）写了一些在普通法方面有影响力的书。他这样说："所有关于重罪推定的证据都应该谨慎地承认。因为法律认为，放走十个有罪的人比惩罚一个无辜的人要好。"记住，刑事审判中的原假设是被告无罪。说明这些错误（黑字体）中的哪一种是第一类错误（当原假设为真时拒绝原假设），哪一种是第二类错误。

8.48 α

为显著性水平确定一个较小的值，是为了防范第一类错误（当原假设为真时拒绝原假设）还是在防范第二类错误？

TRY 8.49 超能力（例 13）

美国人最想要什么超能力？马里斯特民意调查发现，过去几年里，10% 的美国人选择隐身作为最想要的超能力。假设这代表了所有美国人的观点。一群未来主义者研究了最近的 2018 年马里斯特民意调查结果，发现 12% 的被调查者选择隐身作为他们想要的超能力。未来主义者用 0.01 的显著性水平进行假设检验，结果见 StatCrunch 输出。基于这一点，他们能否得出结论，在所有美国人中，选择隐身作为超能力的比例仍然是 10%？如果不能，根据这些样本数据，什么结论是合适的？

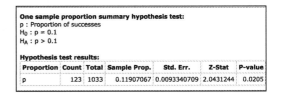

8.50 缺陷

对错测试的原假设是学生在猜答案，猜对答案的比例是 0.50。有个学生做一个五道题的对错测试，答对了五分之四。她说，这表明她知道该怎么做，因为单比例 z 检验的单侧 p 值是 0.090，且她用的显著性水平是 0.10。她的方法有什么问题？

8.51 哪种方法？

　　一个新提案的支持者想知道这个提案是否有可能通过。假设进行了一次民意调查，随机抽取的 1 000 人中有 580 人支持这一提案。支持者应该使用假设检验还是应该使用置信区间来回答这个问题？解释一下原因。如果是假设检验，说明原假设和备择假设并构造出检验统计量、计算出 p 值和得出结论。如果应该构造置信区间，找到 95% 的置信区间。假设满足这两种情况所需要的必要条件。

8.52 哪种方法？

　　一个新提案的支持者想知道支持该法案的人口百分比。假设进行了一次民意调查，随机抽取的 1 000 人中有 580 人支持这一提案。支持者应该使用假设检验还是置信区间来回答这个问题？解释一下原因。如果是假设检验，写出原假设和备择假设并构造出检验统计量、计算出 p 值和得出结论。用 5% 的显著性水平。如果构造置信区间是合适的，找到大约 95% 的置信区间。假设满足这两种情况所需要的必要条件。

*8.53 经济激励的有效性

　　一名心理学家对为学生提供经济激励是否可以提高他们的电子游戏技能感兴趣。她收集数据并进行假设检验，以检验在有经济激励的情况下，学生玩电子游戏达到最高水平的概率是否比没有激励的情况下更大。她的原假设是，无论是否有经济激励，达到这一水平的概率是相同的。备择假设是有经济激励达到最高水平的可能性更大。她通过假设检验得到的 p 值为 0.003。以下哪项是对 p 值的最佳解释？

i. p 值是指在这种情况下，经济激励无效的概率。

ii. p 值是假设经济激励无效的情况下得到这个结果的概率。

iii. p 值是假设经济激励无效的情况下，得到与所获得结果一样极端或更极端的结果的概率。

iv. p 值是假设经济激励有效的情况下，得到这个结果的概率。

v. p 值是假设在经济激励是有效的情况下，获得与所获得结果一样极端或更极端的结果的概率。

8.54 根据研究结果的正负提出单侧备择假设，从而得到显著差异。这是可以接受的做法吗？解释一下原因。

8.55 如果我们拒绝了原假设，我们能说已经证明原假设是错误的吗？为什么能？为什么不能？

8.56 如果我们不拒绝原假设，那么说我们接受原假设是否有效？为什么是？为什么不是？

8.57 当一个人因谋杀罪受审时，陪审团被要求假定被告无罪。这个无罪假定是一个原假设的例子，还是一个备择假设的例子？

8.58 在刑事法庭上，当被告被判"无罪"时，法庭是否能够确定被告无罪？解释一下原因。

*8.59 关节炎

　　一个杂志广告声称戴上磁化手镯可以减轻关节炎患者的关节疼痛。一位医学研究人员对 233 名关节炎患者进行了测试，他们被随机分为佩戴磁化手镯组和佩戴安慰剂手镯组。研究人员记录了 6 周后各组报告关节炎疼痛缓解的比例。在分析了数据之后，他没有拒绝原假设。以下哪项是对他的发现的有效解释？可能有多个正确答案。

a. 磁化手镯对减轻关节炎疼痛无效。

b. 没有足够的证据表明磁化手镯对减轻关节炎疼痛有效。

c. 磁化手镯在减轻关节炎疼痛方面的效果与安慰剂手镯完全相同。

d. 磁化手镯和安慰剂手镯在减轻关节炎疼痛方面没有统计学上的显著差异。

*8.60 无碳水化合物饮食

　　一份减肥食谱声称可以通过从饮食中消除碳水化合物（面包和淀粉）来达到减肥的目的。为了验证这一说法，研究人员将超重的受试者随机分为两组。两组摄入的热量相同，但其中一组几乎不吃碳水化合物，而另一组的膳食中含有碳水化合物。两个月后，研究人员检验了无碳水化合物饮食比普通饮食更好的说法。他们记录了每一组中体重下降超过初始体重 5% 的人的比例。然后他们宣布他们没有拒绝原假设。以下哪项是对研究者发现的有效解释？

a. 无碳水化合物饮食和有碳水化合物饮食对于减肥的有效性没有显著差异。

b. 无碳水化合物饮食和碳水化合物饮食对于减肥同样有效。

c. 研究人员没有足够的证据得出结论，无碳水化合物饮食对减肥更有效。

d. 无碳水化合物饮食的减肥效果不如含碳水化合物的饮食。

8.4 节

8.61 在所有其他因素相同的情况下，将两个样本比例进行双侧备择假设检验，样本比例接近与相距较远，哪种情况下你会得到较小的 p 值？解释一下原因。

8.62 在所有其他因素相同的情况下，将两个样本比例进行双侧备择假设检验，较大的样本量和较小的样本量，哪种情况下你会得到一个更小的 p 值？解释一下原因。

g8.63 HIV-1 的治疗

　　《柳叶刀》2018 年报道了一项研究，Molina 等人进行了一项治疗 HIV-1 患者的研究。这项研究是一项随机、对照、双盲研究，比较了利托那韦增强达芦那韦（RBD）——目前用于治疗 HIV-1 的药物——与新开发的多拉韦林的药物疗效。382 例患者服用利托那韦增强达芦那韦，其中 306 例病情有改善。在 382 名服用多拉韦林的受试者中，321 名病情得到改善。请参阅本章的练习指导。

a. 找出各组中病情得到改善的受试者的样本百分比。

b. 进行假设检验，以检验是否在目前治疗中病情改善的患者（利托那韦增强达芦那韦）比例与用新药物（多拉韦林）使病情改善的患者比例不同。用 0.01 的显著性水平。基于这项研究，你认为多拉韦林可能是比利托那韦增强达芦那韦更有效的治疗 HIV-1 的选择吗？为什么是？为什么不是？

424

8.64 艾滋病患者戒烟

《柳叶刀》杂志 2018 年报道了一项研究，Mercie 等人调查了伐尼克兰对艾滋病毒感染者戒烟的有效性和安全性。这项研究是一项随机、双盲、安慰剂对照试验。在 123 名接受伐尼克兰治疗的受试者中，有 18 人在整个 48 周的研究期间戒了烟。在分配给安慰剂组的 124 名受试者中，有 8 人在整个研究期间戒了烟。

a. 找出各组中在整个研究期间戒烟的受试者的样本百分比。

b. 确定伐尼克兰是否能有效地减少 HIV 患者的吸烟率。注意，这意味着我们应该测试伐尼克兰组在整个研究期间戒烟的比例是否明显大于安慰剂组。显著性水平为 0.05。

TRY 8.65 阅读（例 14）

皮尤研究中心的研究人员查阅了 2015 年和 2018 年的两个随机抽样调查样本。两个样本中的人都被问到："你去年读过纸质图书吗？"结果见下表。

读过纸质图书	2015	2018	合计
是	1 201	1 341	2 542
否	705	661	1 366
合计	1 906	2 002	

a. 计算并比较这两组样本中阅读过纸质图书的人占样本总数的比例。

b. 计算出样本比例的估计值。

c. 阅读过纸质图书的人的比例增加了吗？计算出检验统计量的观测值，以检验假设 $H_0: p_{2015} = p_{2018}$ 和 $H_a: p_{2015} < p_{2018}$，假设满足使用两比例 z 检验的条件。

8.66 有声读物

皮尤研究中心公布了两个随机样本的调查结果。两个样本都被问到，"你去年听过有声读物吗？"结果见下表。

听过有声读物	2015	2018	合计
是	229	360	589
否	1 677	1 642	3 319
合计	1 906	2 002	

a. 计算并比较两组中听过有声读物的人的样本比例。

b. 与 2015 年相比，2018 年听过有声读物的人的比例是否更大？检验 2018 年听过有声读物的人的比例高于 2015 年的假设。用 0.05 的显著性水平。

8.67 新闻自由

盖洛普在 2016 年和 2017 年对大学生进行了民意测验，调查他们认为当今国内《第一修正案》对新闻自由的保障是安全的还是受到威胁的。2016 年，3 072 名受访学生中有 2 489 人表示，新闻自由是有保障的或非常有保障的。2017 年，接受调查的 2 014 名学生中有 1 808 人有这种感觉。

a. 确定自 2016 年以来，认为国内新闻自由有保障或非常有保障的大学生比例是否发生了变化。显著性水平为 0.05。

b. 利用样本数据构建一个 95% 的置信区间，用于计算 2016 年和 2017 年感到新闻自由有保障或非常有保障的大学生比例差异。你的置信区间将如何与你的假设检验结论相对应？

8.68 宗教自由

盖洛普在 2016 年和 2017 年对大学生进行了民意测验,调查他们认为当今国内《第一修正案》对宗教自由的保障是安全的还是受到威胁的。2016 年,3 072 名受访学生中有 2 089 人表示宗教自由是有保障的或非常有保障的。2017 年,3 014 名学生中有 1 929 人有这种感觉。

a. 确定自 2016 年以来,认为国内宗教自由有保障或非常有保障的大学生比例是否发生了变化。显著性水平为 0.05。

b. 利用样本数据构建 2016 年和 2017 年认为国内宗教自由有保障或非常有保障的大学生比例差异的 95% 置信区间。你的置信区间如何与你的假设检验结论相对应?

8.69 环境质量(例 15)

盖洛普在 2016 年和 2018 年随机抽取美国人作为民意测验样本,询问他们对环境质量是否满意。2016 年,543 人对环境质量表示满意,440 人不满意。2018 年,满意的有 461 人,不满意有 532 人。确定对环境质量满意的美国人的比例是否下降。用 0.05 的显著性水平。

8.70 护理责任

2017 年,皮尤研究中心对照顾家人的做法和态度进行了调查。要求被调查者完成这句话:"当一个家庭成员有严重的健康问题时,照顾者的责任……",选择"主要由女性承担""主要由男性承担"或"男性和女性平等承担"。每个回答的百分比如下表所示。对于这些年龄组,回答只分为表中所示的两类。假设每个年龄组的样本量为 1 200。

年龄组	女性承担	男性和女性平等承担
30 ~ 49	60%	40%
50 ~ 64	62%	38%

我们是否可以得出结论,认为主要照料责任落在女性身上的 30 岁至 49 岁和 50 岁至 64 岁的人的比例有所不同?显著性水平为 0.05。

本章回顾练习

425

8.71 选择一种检验并指出总体

以下各题,请说明单比例 z 检验与两比例 z 检验用哪个合适,并指出总体是什么。

a. 一家投票机构随机抽取加州的选民作为样本,以确定一项投票提议是否会获得通过。

b. 一名研究人员随机抽取沿海各州居民和非沿海各州居民,询问他们是否赞成增加海上石油钻探。研究人员想确定这两个地区支持近海钻探的居民比例是否存在差异。

8.72 选择一种检验并指出总体

以下各题,请说明单比例 z 检验与两比例 z 检验用哪个合适,并指出总体是什么。

a. 一位研究人员随机抽取西部各州和南部各州的选民作为样本,以确定这些地区支持死刑的选民比例是否存在差异。

b. 一位社会学家随机抽取选民作为样本,以确定自 2015 年以来对死刑的支持率是否发生了变化。

8.73 选择一种检验并给出假设

给出每个测试的原假设和备择假设，并说明单比例 z 检验与两比例 z 检验用哪个合适。

a. 测试一个人看他是否能区分自来水和瓶装水。随机给他 20 小口水（一半是自来水，一半是瓶装水），记录他辨别正确的比例来检验假设。

b. 在你的大学随机抽取一个由学生组成的样本，让他们闭着眼睛单脚站立，然后比较擅长运动者和非擅长运动者，确定谁能站立至少 10 s。

8.74 选择一种检验并指出总体

在下列情况下，选择适当的检验是单比例 z 检验还是两比例 z 检验，指出每种情况下的总体是什么。

a. 一位研究人员随机抽取了 4 岁儿童作为样本，以找出女孩还是男孩更可能认识字母表。

b. 一家民调机构随机抽取所有美国成年选民作为样本，看看是否有超过 50% 的人赞赏现任美国总统的表现。

c. 一位研究人员想知道一种新型心脏病药物是否比一种旧药物更能降低心脏病发作的概率。

d. 一位民意调查者在怀俄明州进行了一项关于家庭教育的民意调查，以了解男性的支持率是否等于女性的支持率。

e. 研究人员对一个人进行研究，看他是否能比仅仅凭运气更好地预测掷硬币的结果。

8.75 水的味道测试

一个声称他能分辨自来水和瓶装水的学生被蒙住眼睛测试了 20 次。在每次试验中，随机选择自来水或瓶装水给学生喝，学生必须正确识别水的类型。这个实验的设计让学生把每种类型的水呷饮 10 口。他在 20 次中识别对了 13 次。能在 0.05 的显著性水平上认为该学生可以区分自来水和瓶装水吗？解释一下原因。

8.76 黄油味道测试

测试一个学生以确定她是否能区分黄油和人造黄油。让她蒙着眼睛，吃一小口随机选择的涂有黄油或人造黄油的土司。这个实验的设计可以让她吃 15 口黄油土司和 15 口人造黄油土司。她在 30 次试验中答对了 20 次。能在 0.05 的显著性水平下认为她可以区分黄油和人造黄油吗？解释一下原因。

*8.77 均匀硬币？

一项为了看一枚硬币是否均匀的研究，研究所使用的备择假设是双侧的，得到的 z 值是 2。如果样本量足够大并且其他条件也满足，则使用经验法则得到近似的 p 值。

*8.78 均匀硬币？

一项为了看一枚硬币是否均匀的研究，研究所使用的备择假设是双侧的，得到的 z 值是 1。如果样本量足够大并且其他条件也满足，则使用经验法则得到近似的 p 值。

8.79 ESP

一位研究超感知觉（ESP）的研究人员测试了 300 名学生，要求每个学生预测大量掷硬币的结果。对于每个学生，用 5% 的显著性水平进行假设检验。如果 p 值小于或等于 0.05，研究者就得出结论认为学生有超感知觉。如果 300 名学生中没有一人有超感知觉，那么你希望研究者得出结论认为有多少人有超感知觉？解释一下原因。

8.80 抛掷硬币

假设你测试了 50 枚硬币，每枚硬币抛掷多次。对于每一枚硬币，你将执行显著性水平为 0.05 的假设检验以确定硬币是否均匀。如果没有一枚硬币是不均匀的，在 50 枚硬币中，你希望有多少枚表现为不均匀？

8.81 学生年龄

一所社区学院根据所有学生的入学记录，报告说，2010 年确定为女性的学生人数比例为 54%，而 2018 年确定为女性的学生比例为 52%。利用这些信息进行一个假设检验来确定这所学院中女生比例是否下降是否合适？解释一下原因。

8.82 味道测试

测试一个学生看他是否能分辨出两种不同牌子的可乐。他得到了 20 份可乐样品，并正确识别了其中 12 份。既然他答对了 60%，那么单凭这个样本，我们能断定他能正确区分两种品牌的可乐吗？

8.83 Facebook

皮尤研究中心对社交媒体使用情况进行民意调查。2012 年，66% 的受访者表示使用了 Facebook。2018 年，76% 的人表示使用了 Facebook。

a. 假设两次民意调查都以 100 为样本量。做一个检验，看看 2012 年和 2018 年使用 Facebook 的人数比例

是否有显著差异，用 0.01 的显著性水平。

b. 重复这个问题，现在假设样本量都是 1 500。（2018 年实际调查了 1 785 人。）

c. 简述不同样本量对 p 值和结论的影响。

8.84 电视

皮尤研究中心进行了一项社交媒体调查，询问电视观众是否很难不看电视。2002 年，38% 的受访者回答是。2018 年，31% 的受访者表示不看电视非常困难。

a. 假设两次民意测验都使用 200 作为样本量。做一个检验看看 2002 年和 2018 年报告说很难不看电视的人的比例是否有显著差异，用 0.05 的显著性水平。

b. 重复这个问题，现在假设样本量都是 2 000。（2018 年的实际样本量为 2 002。）

c. 简述不同样本量对 p 值和结论的影响。

8.85 总统大选

皮尤研究中心报告称，在 2016 年总统大选中，53% 的男性选民投了特朗普，41% 的男性选民投了克林顿。在所有女性选民中，42% 的人投了特朗普，54% 的人投了克林顿。做一个两比例 z 检验来确定投票给特朗普的男、女比例是否有显著差异合适吗（假设我们知道投票的男、女人数）？解释一下原因。

8.86 教育程度

根据美国人口普查局 2016 年的一份报告，60.1% 的女性和 57.6% 的男性完成了一定程度的大学教育或更高教育。做一个两比例 z 检验来确定

426

完成一定程度的大学或更高教育的男、女比例是否不同可以吗（假设我们知道男女的总数）？为什么可以？为什么不可以？

8.87 个体经营

根据美国劳工统计局的数据，10.1% 的美国人是个体经营者。一位研究人员想确定某个地区的自主创业就业率是否不同。她从该地区随机抽取了 500 名在职居民，发现其中 62 人是个体户。

a. 检验这一地区个体经营者比例与 10.1% 不同的假设。用 0.05 的显著性水平。

b. 在进行假设检验之后，人们可能会问的另一个问题是，这个地区有多少在职者是个体经营者？利用样本数据，找出样本抽取地区个体经营者比例的 95% 置信区间。这个置信区间如何与假设检验的结论对应？

8.88 助学贷款

根据美国大学入学及成功协会（Institute for College Access and Success）2016 年的一份报告，66% 的公立高校毕业生获得了助学贷款。一所公立大学随机抽样调查了 400 名毕业生，发现 62% 的毕业生有助学贷款。

a. 检验这所大学的获得贷款的毕业生比例与全国比例不同的假设。显著性水平为 0.05。

b. 在进行假设检验之后，人们可能会问的另一个问题是，这所大学的毕业生中有多少比例的人有助学贷款？利用样本数据，构建这所大学毕业生中有助学贷款的人的比例的 95% 置信区间。这个置信区间如何与假设检验结论相对应？

8.89 枪支管制

Quinnipiac 于 2018 年 2 月 20 日进行的一项民意调查发现，1 249 名受访者中有 824 人支持更严格的枪支管制法。一周后的 2018 年 2 月 28 日，美国国家公共广播电台（National Public Radio）进行了一项调查，发现 1 005 人中有 754 人支持更严格的枪支管制法。

a. 计算出两个样本中的支持更严格的枪支管制法的人占的比例并进行比较。

b. 检验支持更严格的枪支管制法的人占的总体的比例在 0.05 的显著性水平上不相等的假设。

c. 在进行假设检验之后，人们可能会问的另一个问题是，这两种比例之间的差异是多少？计算两个比例之差的 95% 置信区间并进行解释。置信区间如何与假设检验结论相对应？

8.90 同性婚姻

盖洛普在 2017 年进行的一项民意调查发现，1 011 人中有 648 人支持同性婚姻。同年，NBC 新闻/《华尔街日报》的一项民意调查对 1 200 人进行了调查，发现 720 人支持同性婚姻。

a. 计算出两个样本中的支持同性婚姻的人的比例并进行比较。

b. 检验总体比例在 0.05 的显著性水平上不相等的假设。

*8.91 三振出局法

加州备受争议的"三振出局法"要求法官判处任何被判三项重罪的人

终身监禁。支持者认为，这降低了犯罪率，既因为这是一个强大的威慑，又因为职业罪犯被从街头清除。反对者认为（与其他惩罚相比）这对无期徒刑的人没有任何损失，监狱系统内的暴力行为因此增多。为了验证反对者的说法，研究人员检查了加州狱政局20世纪90年代中期以来的数据。"三振出局：是"是指此人犯了三项或三项以上的重罪，可能将要服无期徒刑。"三振出局：否"是指此人所犯的罪行不超过两项。"不当行为"包括严重犯罪（如袭击一名官员）和轻微犯罪（如未被起诉）。"无不当行为"是指罪犯在监狱中没有犯任何罪行。

a. 比较这些样本中不当行为的比例。哪一个比例更高，三振出局的人的不当行为比例高还是没有三振出局的人的不当行为比例高？解释一下。

b. 把这当作一个随机的样本来对待，并确定那些三振出局的人是否比那些没有的人有更多的不当行为。用0.05的显著性水平。

有无不当行为	三振出局	
	是	否
不当行为	163	974
无不当行为	571	2 214
合计	734	3 188

8.92 心血管疾病和痛风

痛风患者患心血管疾病的风险也会增加。2018年White等人在《新英格兰医学杂志》（*The New England Journal of Medicine*）上发表的一项

双盲研究，对患有心血管疾病和痛风的患者随机分配服用两种药物中的一种：非布司他或别嘌呤醇，记录各组发生不良心血管事件的患者人数，数据见下表。检验假设：这两种药物导致心血管不良事件发生的比例不同。用0.01的显著性水平。

药物	不良心血管事件	
	是	否
非布司他	335	2 767
别嘌呤醇	321	2 766

8.93 环境

2015年盖洛普民意调查显示，52%的美国人对环境质量感到满意。2018年，一项针对1 024名美国人的调查发现，461人对环境质量感到满意。这项调查是否证明美国人对环境质量的满意度有所下降？用0.05的显著性水平。

8.94 克隆

羊多莉是世界上第一只被克隆的哺乳动物，1997年被介绍给公众。皮尤研究中心在多莉首次亮相后不久进行的一项民意调查显示，63%的美国人反对克隆动物。皮尤研究中心在多莉死后20年进行的一项民意调查显示，60%的受访者反对克隆动物。假设这是基于1 100名美国人的随机抽样。这项调查是否表明反对克隆动物的声音自1997年以来有所下降？显著性水平为0.05。

8.95 一位朋友声称他能预测扑克牌（一副标准牌52张）的花色。这种牌有四种花色，每种花色牌数相等。参数 p 是成功的概率，原假设是这位朋友只是

靠猜测。

a. 哪一个是正确的原假设?

i. $p=1/4$

ii. $p=1/13$

iii. $p >1/4$

iv. $p >1/13$

b. 哪种假设最符合朋友的说法?(这是备择假设)

i. $p=1/4$

ii. $p=1/13$

iii. $p > 1/4$

iv. $p > 1/13$

8.96 一位朋友声称他能预测一个六面骰子落地后哪面朝上。参数 p 是成功的可能性,原假设是这位朋友只是靠猜测。

a. 选择正确的原假设。

i. $p=1/6$

ii. $p >1/6$

iii. $p<1/6$

iv. $p>1/2$

b. 哪种假设最符合这位朋友的说法?

(这是备择假设)

i. $p=1/6$

ii. $p >1/6$

iii. $p<1/6$

iv. $p>1/2$

8.97 支持无党派人士的选票

一位政治家根据经验判断且声称,50% 的宾夕法尼亚州选民在过去的选举中投票给一位无党派候选人。假设你在宾夕法尼亚州随机挑选 20 人进行调查,其中 12 人表示投票给一位无党派候选人。原假设是,在宾夕法尼亚州,投票给无党派候选人的选民的总比例是 50%。你应该构造什

么样的检验统计量的值?

8.98 支持无党派人士的选票

请参阅习题 8.97。假设宾夕法尼亚州 20 个选民中有 14 个投票给无党派候选人。原假设是投票给无党派候选人的总体比例为 0.50。你应该报告什么样的检验统计量的值?

8.99 开车时发短信

一位青少年的母亲听说,25% 青少年在开车时使用手机发短信。她认为这一比例太高了,她想验证一个假设,即只有不到 25% 的青少年在开车时发过短信。她的备择假设是,开车时发短信的青少年比例不到 25%。

H_0: $p = 0.25$

H_a: $p < 0.25$

她对 40 名随机挑选的青少年进行了调查,其中 5 人表示开车时发过短信,这一比例为 0.125。p 值为 0.034。根据上下文解释 p 值的含义。

*8.100 真假检验

一位老师想做真假检验以确保她的学生比单纯靠猜题的学生做得更好,所以她提出了一个假设来检验这一点。她的原假设是一个学生在考试中会有 50% 的正确率。备择假设是,学生不是在猜测,从长远来看正确率应该在 50% 以上。

H_0: $p = 0.50$

H_a: $p > 0.50$

一个学生在 50 个问题中答对 30 个,或者说 60% 是正确的。p 值为 0.079。根据上下文解释 p 值的含义。

8.101 ESP

假设一个朋友说他能预测抛硬

币的结果是正面朝上还是反面朝上。你来测试他，20 次中他有 10 次正确。你认为他能预测抛硬币的结果（或有作弊的方法）吗？或者这是偶然发生的？解释而不做任何计算。

8.102 还是 ESP

假设一个朋友说他能预测抛硬币的结果是正面朝上还是反面朝上。你来测试他，20 次他均答对了。你认为他能预测抛硬币的结果（或有作弊的方法）吗？或者这是偶然发生的？解释而不做任何计算。

8.103 洗手能拯救生命吗？

19 世纪中期，在一家死亡率为 9.9% 的诊所里伊格纳兹·塞梅尔维斯医生决定让医生每次接诊后用强力消毒剂洗手。塞梅尔维斯想验证一个假设，即加上洗手这一环节后死亡率会下降。他应该使用什么样的原假设和备择假设？用文字和符号表示。解释所有符号的含义。

8.104 Opioid 危机

假设你想验证一个说法，即大多数美国选民对政府应对 Opioid 危机的反应感到满意。请用文字和符号写出原假设和备择假设。

8.105 猜对错

一个关于对错的测试有 50 个问题。假设及格是答对 35 个题或更多。检验一个学生是否知道一半以上答案，而不仅仅是靠猜测。假设学生在 50 个题中答对了 35 个。显著性水平为 0.05。下面给出了假设检验程序的步骤 1 和步骤 2。请写出步骤 3 和步骤 4，并确保写出清晰的结论。

步骤 1：H_0:p=0.50 H_a:p >0.50

步骤 2：选择单比例 z 检验。样本量足够大，因为 np_0 为 50×0.5=25 且 $n(1-p_0) = 50 \times 0.50$=25，都大于 10。假设样本是随机的抽取的，$\alpha$=0.05。

8.106 猜多项选择题

有 50 道多项选择题，每道题有四个可能的选项。对于每个问题，四个选项中只有一个是正确的。35 分或以上分数及格。

a. 一个人猜对一道选择题的概率是多少？

b. 用 0.05 的显著性水平来检验不仅仅是靠猜一个人在 50 分中得到 35 分的假设。下面给出了假设检验过程的步骤 1 和步骤 2。完成步骤 3 和步骤 4。

步骤 1：H_0:$p = 0.25$

H_a:$p > 0.25$

步骤 2：选择单比例 z 检验。n 乘以 p 等于 50，再乘以 0.25，也就是 12.5。这大于 10，50 乘以 0.75 也大于 10。假设这是一个随机样本。

练习指导

g8.35 Facebook 新闻

2018 年，一项盖洛普民意调查对 3 635 名随机选择的 Facebook 用户进行了研究，结果发现 2 472 名用户对世界大事的了解主要是靠 Facebook 新闻。2013 年所做的研究发现，只有 47% 的 Facebook 用户报告说他们对世界大事的了解主要是靠 Facebook 新闻。

问题： 这个样本是否证明，自
2013 年以来，在 Facebook 上获得世
界新闻的用户比例发生了变化？进行
假设检验，用 0.05 的显著性水平。

第 1 步 假设

H_0：2013 年，从 Facebook 获
得世界大事新闻的总体比例为 0.47，
$p=$ _____ H_a：$p=$ _____

第 2 步 准备

选择单比例 z 检验。

随机独立样本：是

样本量：$np_0=3\,635 \times 0.47 \approx 1\,708$，
大于 10；$n(1-p_0) \approx$ _____，大
于 _____。

总体是 3 635 的 10 倍多。

第 3 步 计算并比较

$$\alpha = 0.05 \quad \hat{p} = \underline{\qquad}$$

$$SE = \sqrt{\frac{p_0(1-p_0)}{n}}$$

$$= \sqrt{\frac{0.47 \times \underline{\quad}}{3\,635}}$$

$$z = \frac{\hat{p} - p_0}{SE} = \frac{0.680\,1 - \underline{\quad}}{\underline{\qquad}}$$

$$= \underline{\qquad}$$

用小数点保留三位报告你的 p 值。

请用附图核对你的答案。不要担
心最后的数字是否有点不同（这可能
是由四舍五入造成的）。

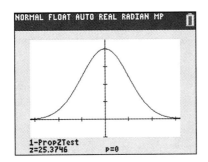

```
NORMAL FLOAT AUTO REAL RADIAN MP
              1-PropZTest
z=25.3746            p=0
```

第 4 步 解释

拒绝 H_0（如果 p 值小于等于 0.05）
或不拒绝 H_0，并选择以下结论之一：
i. 这一比例与 47% 没有显著差异。（有
   显著差异是指 p 值小于或等于 0.05。）
ii. 这一比例与 47% 有显著差异。

8.63 HIV-1 的治疗

Molina 等人报告了一项治疗 HIV-1
的研究。这项研究是一项随机、对照、
双盲研究，比较了目前用于治疗 HIV-1
的药物利托那韦增强达芦那韦（RBD）
与新开发的多拉韦林的药物的疗效。
382 例受试者服用 RBD，306 例有明显
疗效。在 382 例服用多拉韦林的受试
者中，321 例取得了明显疗效。

a. 计算各组中取得明显疗效的受试者
   的样本百分比。

b. 进行假设检验，以检验是否在目前
   治疗中获得明显疗效的患者（利托
   那韦增强达芦那韦）的比例与用新
   疗法（多拉韦林）获得明显疗效的
   患者的比例不同。用 0.01 的显著性
   水平。基于这项研究，你认为多拉
   韦林可能是比利托那韦增强达芦那
   韦更有效的治疗 HIV-1 的选择吗？
   为什么是？为什么不是？

问题： 计算并比较各组中有明显
疗效的受试者的样本百分比，然后进
行假设检验，以确定总体比例是否不
同。患者中使用利托那韦增强达芦那
韦（RBD）有明显疗效的人所占的百
分比 (rbd) $= \frac{306}{382} = 0.801$，患者中使
用多拉韦林有明显疗效的人所占的百
分比 (dor) $= \frac{321}{382} = 0.840$。

第1步　假设

p_{rbd} 表示服用利托那韦增强达芦那韦获得明显疗效的患者的比例，p_{dor} 表示服用多拉韦林有明显疗效的患者比例。

H_0：_____

H_a：$p_{rbd} \neq p_{dor}$

第2步　准备

选择两比例 z 检验。虽然我们没有随机样本，但可以将患者随机分配给两个独立组。有明显疗效的患者总比例为

$$\hat{p} = \frac{306+321}{382+382} = \frac{627}{764} = 0.820\ 7$$

我们必须检查以下乘积，确保没有小于 10：

$$n_1 \hat{p} = 382 \times 0.820\ 7 = 313.5$$

$$n_1(1-\hat{p}) = \_\_\_\_ \times 0.179\ 3 = \_\_\_\_$$

注意，在本题中，由于 $n_1 = n_2$，我们不必对 n_2 重复这些计算，因为得到的结果是相同的。

第3步　计算并比较

$\alpha = 0.05$

如图所示：

$z = $ _____

p 值 = _____

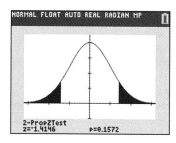

第4步　解释

拒绝或不拒绝原假设，选择 i 或 ii。

i. 没有证据表明这两种治疗获得明显疗效的患者比例存在差异。

ii. 两种治疗获得明显疗效的患者比例有显著差异。

技术提示

软件操作指导

这里的所有统计软件都将共用下列示例。

例 A　做一个单比例 z 检验来决定是否拒绝以下假设：如果一枚硬币的 30 次抛掷中出现 10 次正面朝上，则该硬币为均匀的。计算 z 和 p 值。

例 B　做一个两比例 z 检验：计算检验统计量的观测值，检验 2002 年到 2007 年支持干细胞研究的人数比例是否发生变化的 p 值。在这两年，研究人员抽样调查了 1 500 人，2002 年有 645 人表示支持，2007 年有 765 人表示支持。

TI-84

单比例 z 检验

1. 按 STAT，选 TESTS，然后选 5：1-PropZTest。

2. 参见图 8a。

输入：p_0，.5；x，10；n，30；

保持默认的 $\neq p_0$；

向下滚动到 Calculate 然后按 ENTER。

你应该看到如图 8b 的页面。如果选择 Draw 而不是 Calculate，可以看到正态曲线的阴影，如图 8.3 所示。

图 8a　单比例 z 检验的 TI-84 输入结果

图 8b 单比例 z 检验的 TI-84 输出结果

两比例 z 检验

1. 按 STAT，选 TESTS，然后选 6：2-PropZTest。

2. 参见图 8c。

输入：x1，645；n1，1500；x2，765；n2，1500；

保留默认的 p1 ≠ p2；

向下滚动 Calculate（或 Draw）并按 ENTER。

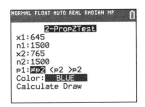

图 8c 两比例 z 检验的 TI-84 输入框

你应该会看到如图 8d 所示的输出框。

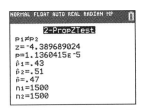

图 8d 两比例 z 检验的 TI-84 输出结果

小心！请注意第一眼看上去大于 1 的 p 值。在图 8d 中，p 值为 1.1 乘以 10 的负五次方（1.1×10^{-5}）或 0.000 011。

Minitab

单比例 z 检验

1. Stat > Basic Statistics > 1-Proportion。

2. 参见图 8e。选 Summarized data。

输入 number of events，10；Number of trials，30；勾选 Perform hypothesis test；并且输入 hypothesized proportion，.5。

3. 点击 Options，对于 Method，要么选 Exact，要么选 Normal approximation。（如果你想把备择假设改为单侧假设，也可以通过 Options 来实现。）最后单击 OK。

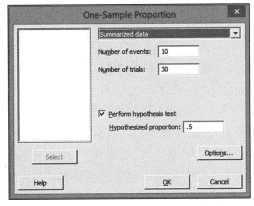

图 8e 单比例 z 检验的 Minitab 输入框

你应该得到如图 8f 所示的输出结果。注意，输出中还包含了比例的 95% 置信区间（95% CI）。

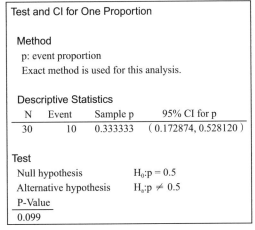

图 8f 单比例 z 检验的 Minitab 输出结果

两比例 *z* 检验

1. Stat > Basic Statistics > 2 Proportions。

2. 参见图 8g。

选 Summarized data。输入 Sample 1 Number of events：645，Number of trials：1500 ；Sample 2 Number of events：765，Number of trials：1500。

3. 单击 OK。

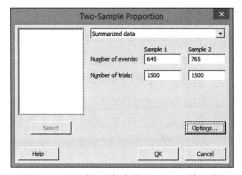

图 8g 两比例 *z* 检验的 Minitab 输入框

你的输出结果应该类似于图 8h。注意，输出结果中包括比例差值的 95% 置信区间，*z* 统计量的观测值以及基于正态近似的 *p* 值。除此之外，基于二项分布的精确 *p* 值也包括在内。

Test and CI for Two Proportions

Method
P_1: proportion where Sample 1 = Event
P_2: proportion where Sample 2 = Event
Difference:p_1 - p_2

Descriptive Statistics

Sample	N	Event	Sample P
Sample 1	1500	645	0.430000
Sample 2	1500	765	0.510000

Estimation for Difference

	95% CI for
Difference	Difference
-0.08	(-0.115605, -0.044395)

CI based on normal approximation

图 8h 两比例 *z* 检验以及置信区间的
Minitab 输出结果

Test

Null hypothesis	H_0:p_1 - p_2 = 0	
Alternative hypothesis	H_1:p_1 - p_2 ≠ 0	
Method	Z-Value	P-Value
Normal approximation	-4.40	0.000
Fisher's exact		0.000

图 8h 两比例 *z* 检验以及置信区间的
Minitab 输出结果（续）

Excel

单比例 *z* 检验

1. XLSTAT > Parametric tests > Tests for one proportion。

2. 参见图 8i。

输入：Frequency，10；Sample size，30 ；Test proportion，.5。取消勾选 continuity correction。（如果想要一个单侧假设，也可以通过单击 Options 来实现。）单击 OK。

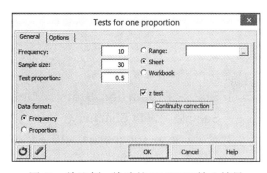

图 8i 单比例 *z* 检验的 XLSTAT 输入结果 432

当输出结果出现时，你可能需要更改列宽才能查看答案。单击 Home，然后在 Cells 组中单击 Format 和 AutoFit Column Width。相关输出如下所示。

Difference	-0.167
z (Observed value)	-1.826
p-value (Two-tailed)	0.068

两比例 *z* 检验

1. XLSTAT > Parametric tests > Tests

for two proportions。

2. 参见图 8j。

输入：Frequency 1，645；Sample size 1，1500；Frequency 2，765；Sample size 2，1500。（如果想要一个单侧备择假设，可以通过单击 Options 来实现。）单击 OK。

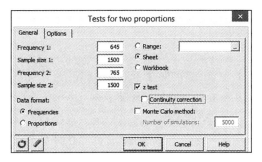

图 8j　两比例 z 检验的 XLSTAT 输入结果

相关输出结果如下所示。

Difference	−0.080
z (Observed value)	−4.404
p-value (Two-tailed)	<0.000 1

StatCrunch

单比例 z 检验和置信区间

1. Stat > Proportion Stats > One Sample > With Summary。

2. 输入：# of successes，10；# of observations，30。

选 Hypothesis Test 或 Confidence interval 选项。

  a. 保留默认的假设检验选项。输入：H_0：p=，0.5。并保留默认的 Alternative 2-tailed，H_a:P ≠ 0.5。

  b. 对于置信区间，保留 Level，0.95（默认值）。对于 Method，保留 Standard-Wald 的默认值。

3. 单击"Compute！"。

图 8k 显示了假设检验的输出结果。

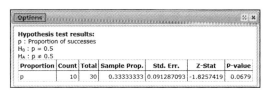

Proportion	Count	Total	Sample Prop.	Std. Err.	Z-Stat	P-value
p	10	30	0.33333333	0.091287093	-1.8257419	0.0679

图 8k　单比例 z 检验的 StatCrunch 输出结果

两比例 z 检验

1. Stat > Proportion Stats > Two Sample > With Summary。

2. 参见图 8l。

  输入：Sample 1:# of successes，645；# of observations，1500；

  Sample 2:# of successes，765；# of observations，1500。

3. 你或许想改变默认的双侧备择假设（或想要一个置信区间）。如果不想的话，单击 Compute！。

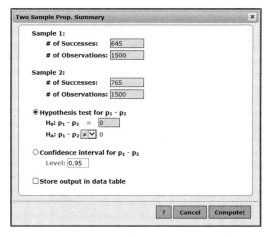

图 8l　两比例 z 检验的 StatCrunch 输入框

图 8m 显示了 StatCrunch 的输出结果。

Difference	Count1	Total1	Count2	Total2	Sample Diff.	Std. Err.	Z-Stat	P-value
$p_1 - p_2$	645	1500	765	1500	-0.08	0.018224526	-4.389689	<0.0001

图 8m　两比例 z 检验的 StatCrunch 输出结果

第9章 推断总体均值

提要

样本均值可以用来估计总体均值。学习置信区间的构造方法、理解假设检验的基本原理，需要借助样本均值的估计准度、精度及其概率分布。为了比较两个均值的大小，除了需要计算两个样本均值的差值，我们还要考虑这一差值的准度、精度以及概率分布。

啤酒酿造是一项复杂的工艺。啤酒有四种主要成分：麦芽、啤酒花、酵母和水。这四种成分必须在精准的温度条件下以精确的数量相混合。19世纪末，爱尔兰都柏林的吉尼斯酿酒厂掌握了一定的啤酒酿造经验，并开始雇佣最优秀、最聪明的理科专业的毕业生来帮助完善酿造过程。1899年，23岁的威廉·西利·戈塞特（William Sealy Gosset，1876—1937）是这些受雇毕业生中的一员，他的专业是化学和数学。戈塞特的工作之一是测量一小份啤酒样本中的酵母含量，并根据这个样本估计啤酒的平均酵母含量。如果酵母含量过高或过低，那么一定是哪里出了问题，从而需要修正酿造过程。

当然，不确定性也是一种可能的原因。假设某一样本中的平均酵母含量过高或过低，这是否表明工厂所有啤酒的平均酵母数都出了问题？还是说这只是一个偶然的情况？根据当时的统计理论，如果样本量足够大，我们可以给出这个问题的答案。但对于戈塞特而言，收集大样本的资金成本和时间成本都太高了。他只能根据一个小样本做出推断。戈塞特解决了这个问题，他的方法（被称为 t 检验）是现代统计学中应用最广泛的方法之一。

估计一个或多个总体均值仍然是科学和公共政策领域的重要任务。如何比较不同癫痫病药物的疗效？不同城市的通勤时长有何差异？当我们坐着和躺着的时候，我们的嗅觉是否不同？要回答这些问题，我们需要对总体均值进行准确的估计，而这些估计需要基于来自小样本的可靠数据。

在第7章和第8章中，你学习了两种重要的统计推断方法——置信区间和假设检验，并进行了总体比例的统计推断。在本章中，我们同样使用这两种方法来推断总体均值。我们从单个总体均值的统计推断开始，进而学习如何推断两个总体均值的差值。

案例分析

你看起来生病了！你真的生病了吗？

你是否有过这样的经历：当你看到一个走在路上的陌生人时，心里会想，"哦！他得了流感。"也许是因为他表现出了明显的流感症状，比如打喷嚏或咳嗽。但也许你说不出为什么，只是感觉他生病了而已。远离生病的人是避免自己被传染的一种策略。我们能仅仅通过观察一个人就判断出他是否生病了吗？

来自瑞典的研究人员决定寻找这一问题的答案。他们为一些健康的人和一些生病的人拍摄照片。研究人员给原本健康的人注射了一种细菌——脂多糖（LPS），这种细菌会在短期内引起感冒或流感症状，注射前为这些人拍摄一张照片，注射两小时后再为他们拍摄一张照片。随后向 60 名评分人员展示了这些照片，评分人员并不知道照片上的人处于健康状态还是患病状态。（为了避免评分人员相互比较，研究人员随机地向他们展示这些照片，照片的展示顺序不固定。）评分人员给照片上这个人的病情评分，评分范围在 1 到 7 分之间，7分表示病情最严重（Axelsson et al. 2018）。

研究人员得出结论认为，与安慰剂相比，注射脂多糖让人的病情看起来更重，均值之差的置信区间为 0.41 到 0.55，病情等级的评分范围为 1 到 7 分。他们还得出结论，这一处理的影响是显著的，$p < 0.001$。

本章将带你学习如何在随机实验中使用置信区间来估计总体特征和影响效应。此外，你还会看到，在一项研究中同时使用置信区间和假设检验也是可行的。在本章的最后，我们将回顾案例分析，看看是否能够更好地理解上述结论。

9.1　随机样本的样本均值

根据第 7 章介绍的内容，我们通过从总体中收集随机样本来估计总体参数，即利用收集的数据来计算一个统计量，用以估计参数。无论是用统计量 $\hat{p}$ 来估计参数 p，还是用统计量 $\bar{x}$ 来估计参数 μ，我们都需要知道统计量离参数有多远。

类比第 7 章中的做法，你可以通过样本均值的三个特征：准度、精度和概率分布，来衡量参数估计的效果，从而做出更好的决策。

表 9.1 给出了一些常用的统计量以及估计的参数。（该表最初出现在表 7.2 中。）

本章使用了第 7 章和第 8 章中介绍的大量专业术语，在关键术语再次出现时，我们会及时提醒你。为了可视化基于随机抽样数据的样本均值，我们使用时下较为熟悉的模拟方法。出于模拟的目的，我们需要将总体均值作为已知条件，因而模拟的过程显得有些不自然。在进行模拟后，我们将考虑现实世界中——也就是总体参数未知时——应采取的做法。

表 9.1　常用统计量及其对应的参数

统计量（基于数据）		参数（典型未知）	
样本均值	$\bar{x}$	总体均值	μ
样本标准差	s	总体标准差	σ
样本方差	s^2	总体方差	σ^2
样本比例	$\hat{p}$	总体比例	p

9.1.1　样本均值的准度与精度

样本均值之所以是总体均值的有用估计值，是因为样本均值是准确的，尤其在足够大的样本量下，是非常精确的。如果你还记得，估计值的准度是由**偏差**（bias）度量的，而精度是由标准误差度量的。在模拟中，你将看到以下结果：

1. 样本均值是总体均值的无偏估计。也就是说，一般而言，样本均值等于总体均值。

2. 样本均值的**精度**（precision）取决于总体的变异性。我们收集的观测值越多，样本均值就越精确。

在模拟中，我们将 2013 年至 2016 年洛杉矶消防部门接收到的所有紧急呼叫作为总体，考察响应时间，也就是从接到紧急呼叫到第一辆急救车到达现场所花的时间。为了简单起见，仅保留少于 1 小时（60 分钟）的响应时间。（请记住，某些事件在很长一段时间内出现多次紧急呼叫的情况也经常发生。）图 9.1 显示了总体分布图，其中有 150 多万次紧急呼叫。总体呈右偏分布，平均响应时间是 6.3min，标准差是 2.8min。

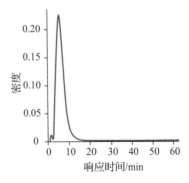

图 9.1　洛杉矶消防局响应时间的
　　　　总体分布，均值是 6.3min，
　　　　标准差是 2.8min

　数据迁移：数据来源于 https://data.lacity.org，经过数据整理和筛选，我们只保留少于 60 分钟且为正值的响应时间。并且，对于每一个紧急事件，数据集中只包含了第一辆急救车到场的时间。响应时间是"呼叫时刻"与"到场时刻"的差值。该数据文件过于庞大，因此我们仅提供了一个简化版本。

数据文件：lafdsmall.csv。

总体参数用符号表示为

$$\mu = 6.29\text{min}$$

$$\sigma = 2.8\text{min}$$

436

假设我们从这个数据集中随机抽取 50 行数据，你最终会得到 50 个响应时间。这 50 个数的均值是多少呢？会不会在总体均值 6.3min 的上下 1min 以内？或在其上下 30s 内？比总体均值高 2min 或低 2min 是不寻常的情况吗？（也就是说，响应时间小于 4.3min 或大于 8.3min 是否不寻常？）

我们将进行模拟，从这个数据集中随机抽取 50 个观测值，并计算平均响应时间，然后多次重复这一过程。（具体的重复次数并不重要。）我们对两个问题感兴趣。（1）模拟中样本均值的典型值是多少？如果是 6.3——也就是等于总体均值，这说明样本均值是无偏的。（2）如果估计量是无偏的，那么它离 6.3 有多远？也就是说，样本均值分布的离散程度是怎样的？这有助于我们度量样本均值估计总体均值的精度。

例如，第一个样本的平均响应时间是 5.9min。我们在图 9.2a 中绘制了这个样本均值，以及其他样本均值。图 9.2 显示，样本均值分布比总体分布密集得多。事实上，它太密集了，以至于有点看不清楚，所以我们在图 9.2b 中扩大了比例，这样我们可以看到更多关于这一分布的细节。三角形指示了样本均值分布的均值所在的位置。

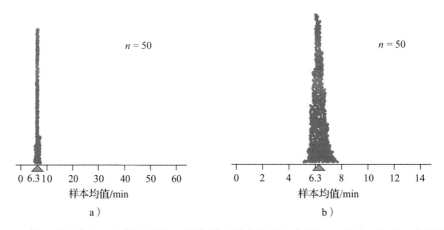

图 9.2　每一个点代表一个样本均值，所有样本均值的分布如图 9.1 所示。注意，在原始的
　　　　 x 轴比例尺 a）中所示的分布是非常密集的。b）在一定程度上扩大了比例，因此我
　　　　 们可以更好地了解样本均值分布的形状和离散程度

437　　图 9.2 近似描绘了均值的**抽样分布**（sampling distribution）。回想前面所学的内容，抽样分布是统计量的概率分布，在这里，统计量是样本均值。抽样分布可以认为是所有可能样本均值的分布，这些样本都是从总体中反复随机选取的，且样本量一定。

　　当抽样分布的均值与总体均值相同时，我们称该统计量为**无偏估计量**（unbiased estimator）。这里的样本均值似乎就是总体均值的无偏估计量，根据图 9.2，抽样分布的均值和总体均值都在 6.3min 左右。

　　抽样分布的标准偏差也就是**标准误差**（standard error）。标准误差反映了统计量在不同样本之间的差异程度，从而能够度量估计量的精度。对于样本均值，其标准误差小于总体标准差。我们可以通过对比图 9.1 所示的总体分布和图 9.2 所示的分布看出这一点，图 9.2 所示是样本均值的近似抽样分布。你将在后续的内容中学习如何计算标准误差。

　　如果增大样本量，抽样分布的中心和离散程度会如何变化呢？让我们重新开始模拟。这次，我们抽取大小为 100 个紧急呼叫的随机样本——样本量是上一次的两倍——并计算均值，多次重复这一过程。图 9.3 显示了此次模拟的抽样分布，同时也给出了样本量分别为 400 和 900 个紧急呼叫的模拟结果，且 x 轴的比例都相同。需要注意的是，随着样本量的增大，抽样分布的离散程度减小。

🔄 **回顾**

抽样分布

　　第 7 章介绍了样本比例的抽样分布。同理，当我们从总体中随机抽取样本时，均值的抽样分布给出了这些样本均值的概率分布，它是所有可能样本均值的分布。

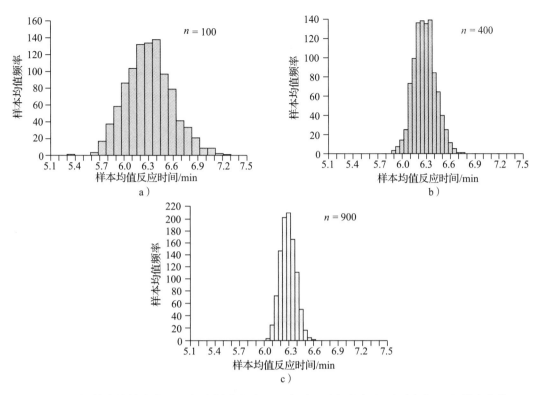

图 9.3　a）样本均值直方图。每个样本包含 100 个随机选择的紧急呼叫事件。b）样本均值
　　　　直方图，每个样本包含 400 个随机选择的紧急呼叫事件。c）样本均值直方图，每
　　　　个样本包含 900 个随机选择的紧急呼叫事件。样本量越大，抽样分布越密集，标准
　　　　误差越小

9.1.2　模拟的结果

　　抽样分布总是以总体均值为中心，我们通过模拟证明了样本均值是总体均值的无偏估　　438
计值。我们只在单个总体分布中看到过这种情况，但实际上，任何总体分布都是如此。

　　我们已经证明了，在样本量较大时，抽样分布的标准差——样本均值的标准误差——
是较小的。这对任何总体分布都适用。

　　更精确地说，如果符号 μ 代表总体均值，σ 代表总体标准差，那么

　　1. 抽样分布的均值也是 μ（这告诉我们，样本均值是总体均值的无偏估计量）。

　　2. 标准误差是 $\dfrac{\sigma}{\sqrt{n}}$（这告诉我们，标准误差依赖于总体分布，大样本的标准误差较小）。

回顾

随机样本的样本比例

将样本均值的性质与第 7 章中给出的样本比例的性质进行比较。样本比例也是一个无

偏估计量（用于估计总体比例 p）。它的标准误差为 $\sqrt{\dfrac{p(1-p)}{n}}$。

> **KEY POINT 重点**
>
> 对于任何总体而言，随机抽样的样本均值是总体均值的无偏估计量。样本均值的标准误差为 $\dfrac{\sigma}{\sqrt{n}}$，所以大样本的样本均值估计精度更高。

例 1　iTunes 乐库统计量

一名学生的 iTunes 乐库中有大量的歌曲。歌曲的平均时长为 243s，标准差为 93s，歌曲时长的分布是右偏的。他在数字音乐播放器中创建了一个包含 25 首歌曲的播放列表，这些歌曲都是他随机从乐库中选取的。

问题：

a. 平均时长 243s 是一个参数还是一个统计量？请解释你的答案。

b. 预期播放列表中歌曲的平均时长是多少？

c. 样本歌曲平均时长的标准误差是多少？

解答：

a. 平均时长 243s 是一个参数，因为它是由乐库中所有歌曲组成的总体均值。

b. 样本歌曲的平均时长不是一个确定的值，但它通常与总体均值相同，即 243s。

c. 标准误差是 $\dfrac{\sigma}{\sqrt{n}} = \dfrac{93}{\sqrt{25}} = \dfrac{93}{5} = 18.6\text{s}$。

试做：练习 9.9。

9.2　样本均值的中心极限定理

在我们从洛杉矶消防局数据集中随机抽取紧急呼叫的模拟中，你可能已经注意到一个令人惊讶的事实：尽管总体分布是右偏的，有些不寻常，但样本均值的分布是对称的。你的眼睛没有欺骗你。实际上，样本均值分布非常接近正态分布。

这并非偶然。无论总体分布如何，均值的抽样分布总是接近正态分布。到底有多"接近"正态分布？这取决于样本量。对于小样本而言，均值的抽样分布看起来可能不太像正态分布。但是对于大样本而言——在很多情况下，25 个或更多的观测值就可以了——就非常接近正态分布了。这是中心极限定理的结论。这个重要的数学定理告诉我们，只要样本量足够大，我们就可以用正态分布对均值进行统计推断，而不需要考虑样本来自哪个总体。

中心极限定理表明，无论总体服从什么分布，如果选择的样本满足以下条件，那么样本均值的分布近似服从正态分布。该分布的均值等于总体均值。该分布的标准差（也称为标准误差)等于总体标准差除以样本量的平方根。根据经验,样本量为 25 或 25 以上即可视为"大样本"。

在决定是否可以应用中心极限定理分析数据时,需要考虑三个条件:

条件 1:随机抽样和独立性。每一个观测值都是随机从总体中收集的,观测值彼此独立。既可以是放回抽样,也可以是不放回抽样。

条件 2:大样本。总体服从正态分布,或样本量很大。

条件 3:大总体。如果是不放回抽样(就像在一个简单的随机样本中所做的那样),那么总体必须至少是样本大小的 10 倍。

这些条件都很重要。首先考虑随机样本和独立性。如果满足这个条件,则样本均值是无偏的。换句话说,抽样分布的均值将是 μ,等于总体均值。根据条件 1,我们可以对抽样分布的中心做出判断。

如果同时满足随机样本、独立性以及大总体条件,则标准误差为 $\sigma/\sqrt{n}$。也就是说,抽样分布的标准差等于总体标准差除以样本量的平方根。根据条件 1 和 3,我们可以对抽样分布的离散程度做出判断。

如果这三个条件都成立,我们就可以近似地判断出分布的形状。对于大样本而言,抽样分布近似服从正态分布。只有同时满足这三个条件,我们才能判断抽样分布的形状。

🔁 回顾

样本比例的中心极限定理

根据第 7 章,中心极限定理适用于样本比例。在本章,你会发现它也适用于样本均值。

> **KEY POINT 重点**
>
> $\bar{x}$ 的抽样分布近似为 $N\left(\mu, \dfrac{\sigma}{\sqrt{n}}\right)$,其中 μ 是总体均值,σ 是总体的标准差。样本量 n 越大,近似越好。如果总体服从正态分布,那么无论样本量是多少,抽样分布都服从正态分布。

例 2　描述抽样分布

洛杉矶消防部门所有紧急呼叫响应时长的总体分布是右偏的。假设我们从总体中随机抽取一定数量的样本,计算并记录该样本的平均响应时长。然后我们重复抽样成千上万次。总体均值是 6.3min,标准差是 2.8min。 440

问题:

a. 当样本量为 9h,请描述抽样分布的形状、中心和离散程度。

b. 如果样本量为 81,请描述抽样分布。

解答:

a. 样本量为 9 对于中心极限定理来说太小了,无法发挥作用。总体分布是右偏的。因为样本均值是总体均值的无偏估计值,所以抽样分布的中心是 6.3min。抽样分布的离散程度由标准误差度量：

$$\frac{\sigma}{\sqrt{n}} = \frac{2.8}{\sqrt{9}} = \frac{2.8}{3} = 0.93 \text{min}$$

b. 样本量足够大，抽样分布非常接近正态分布。平均响应时长仍然是 6.3min，但离散程度变小了：

$$\frac{\sigma}{\sqrt{n}} = \frac{2.8}{\sqrt{9}} = \frac{2.8}{3} = 0.93 \text{min}$$

试做： 练习 9.11。

在例 2 中，总体分布不服从正态分布。然而，中心极限定理的美妙之处在于，只要满足这三个条件，我们就可以判断出抽样分布的形状。现在我们进行更深入的研究。

9.2.1 样本均值分布的可视化

图 9.4 显示了 2014—2015 学年美国所有两年制大学的州内学费的分布情况（Integrated Postsecondary Education Data System IPEDS, U. S. Dept. of Education）。注意，这个分布看起来一点也不像正态分布。它是右偏且多峰的。（峰位于 1000 美元左右，这主要归因于加州两年制大学的学费。）

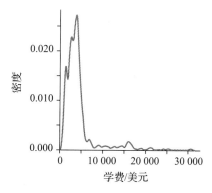

图 9.4　2014—2015 学年美国所有两年制大学州内学费的总体分布

 数据迁移： IPEDS 网站提供一个工具，以 ".csv" 格式下载美国所有高等教育机构的各类数据。我们借助便于识别的变量名称来整理数据，仅保留两年制大学的数据，并删除"行政单位"和"营利单位"。

数据文件： twoyears.csv。

这个分布代表了总体的分布，因为它包括了所有两年制大学。总体均值——所有两年制大学的"典型"学费——是 4 274 美元。

利用这个分布，我们现在展示一次模拟的结果。首先，随机选取 30 所大学作为样本，分布如图 9.5 所示。计算并记录样本中 30 所大学的平均学费，例如，图 9.5 所示样本的样本均值约为 3 425 美元。

我们重复这一过程（也就是说，从所有大

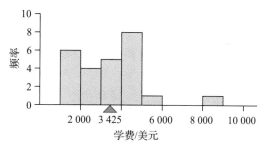

图 9.5　从总体中选取 30 所大学的样本分布，样本均值为 3 425 美元

学中再随机抽样 30 所大学，并记录样本的平均学费）200 次。这样一来，我们有 200 个样本平均学费，每个样本有 30 所大学。图 9.6a 显示了这个分布。图 9.6b 显示了抽样 90 所大学而非 30 所大学的样本平均学费分布。总体分布（见图 9.4）、一个样本的分布（见图 9.5）、样本量为 30 的抽样分布（见图 9.6a）和样本量为 90 的抽样分布（见图 9.6b）之间存在什么差异？

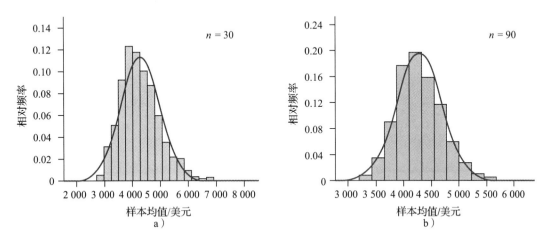

图 9.6　a）样本均值分布，每个样本均值基于 n=30 所大学学费的样本量，这些样本都是从
图 9.4 所示的总体中随机选取的。这是 n=30 时 $\bar{x}$ 的抽样分布，叠加了一条正态曲
线。b）n=90 时 $\bar{x}$ 的近似抽样分布

图 9.6a 和 9.6b 中的抽样分布都给出了 $\bar{x}$ 的值和相对频率，但它们的样本大小不同。我们看到，即使总体分布有一个不寻常的形状（见图 9.4），$\bar{x}$ 的抽样分布仍是对称且单峰的。虽然在 n=30 时，叠加的正态曲线与直方图不太匹配，但在 n=90 时，二者相当匹配。经验法则通常不会失效，而这个例子恰恰是很少出现的情况。虽然样本量大于 25，但这个例子中的抽样分布并不完全服从正态分布。（但它非常接近正态分布！）

这正是中心极限定理预测的结果。如果样本量足够大，在进行随机抽样时，可以用正态分布来求 $\bar{x}$ 值的近似概率。

多大的样本量才算足够大？与第 7 章中所讨论样本比例不同，我们不能针对样本量的大小设置一个具体的界限。对于本书中几乎所有的例子而言（尽管在现实生活中并不总是如此），25 已经是足够大的样本量了。

🔄 回顾

样本分布与抽样分布

请记住，这是两个不同的概念。第 3 章所讲的样本分布是单个数据样本的分布（见图 9.5）。而抽样分布是一个估计量或统计量——例如样本均值——的概率分布（见图 9.6a 和图 9.6b）。

9.2.2 中心极限定理的应用

在总体中进行随机抽样，我们可以应用中心极限定理计算样本均值的近似概率。即使无法计算单个概率，例 3 向我们演示了如何求解样本均值的概率。

例 3 脉率不正常

美国的一项大型研究发现，成年女性的平均静息脉率约为每分钟 74 下（即 74bpm），总体标准差为每分钟 13 下。已知静息脉率呈右偏分布。

问题：

a. 从总体中随机抽取 36 名女性。样本的平均脉率低于 71 bpm 或高于 77 bpm 的近似概率是多少？（换句话说，距离总体均值 74 bpm 大于 3 bpm 的概率是多少？）

b. 随机选出一位单身成年女性，是否可以计算其静息脉率距离 74 bpm 大于 3 bpm 的概率？

解答： a. 即便总体分布不是正态分布，但由于 36 名女性的样本量相对较大，样本均值近似服从正态分布（尽管不是完全正态）。

该正态分布的均值将与总体均值相同：$\mu = 74$ bpm。该分布的标准差为标准误差

$$SE = \frac{\sigma}{\sqrt{n}} = \frac{13}{\sqrt{36}} = \frac{13}{6} = 2.167$$

利用正态表来查找概率，需要将 71 bpm 和 77 bpm 转换为标准单位。首先，我们将 71 bmp 转换为标准单位：

$$z = \frac{\bar{x} - \mu}{SE} = \frac{71 - 74}{2.167} = \frac{-3}{2.167} = -1.38$$

同样，我们将 77 bmp 转换为 +1.38 标准单位。样本平均脉率与总体平均脉率的距离大于 1.38 个标准误差的概率约为 17%，图 9.7 显示了这一概率对应的区域。

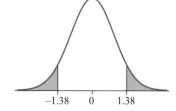

结论：

a. 样本中 36 位成年女性的平均脉率距离 74 bpm 大于 3 bpm 的概率约为 17%。

图 9.7 z 分数 -1.38 和 1.38 两侧，位于正态曲线下方的面积

b. 由于我们不知道静息脉率的概率分布，因此无法计算一位单身女性静息脉率距离 74 bpm 大于 3 bpm 的概率。我们只知道分布是"右偏的"，并没有足够的信息来求解此概率。

试做： 练习 9.13。

9.2.3 分布的类型

到目前为止，我们已经介绍了很多类型的分布，自然地，你可能会对如此多的分布类型感到困惑，但重要的是你要正确地认识每一种分布。总体分布是总体值的分布。图 9.4

（两年制大学学费）是总体分布的一个例子，它显示了所有两年制大学的分布情况。图9.1（所有紧急呼叫的响应时长）是总体分布的另一个例子。对于某些总体，我们并不了解其分布。有时我们假设（或已知）它是正态的，有时我们知道它是偏态分布，有时我们甚至对总体分布一无所知。

我们从总体中随机抽取 n 个观测值，可以把这些数据做成直方图。那么这个直方图向我们展示的是样本分布。如果样本量很大，并且是随机抽样，那么样本可以代表总体，并且样本的分布看起来与总体分布相似（但不是相同！）。图9.5是一个样本量为 $n = 30$ 的两年制大学样本分布。

抽样分布更为抽象。如果我们进行随机抽样，并计算样本均值（样本分布的中心）然后重复很多很多次，我们就能够描绘出抽样分布的形状。图9.6a 和 9.6b 基于两年制大学学费数据的样本，近似描绘了均值的抽样分布。注意，它们都近似服从正态分布，与总体或样本的分布不同。

！ 注意

中心极限定理不是普遍适用的

中心极限定理并不适用于所有的统计数据。例如，它不适用于样本中位数。无论样本量有多大，都不能用正态分布求样本中位数的概率。它也不适用于样本标准差。

例4 识别分布的类型

图9.8 显示了三种分布。一个是总体分布。另外两个是从总体中随机抽样，得到样本均值的（近似）抽样分布。其中一个分布的样本量为10，另一个分布的样本量为25。

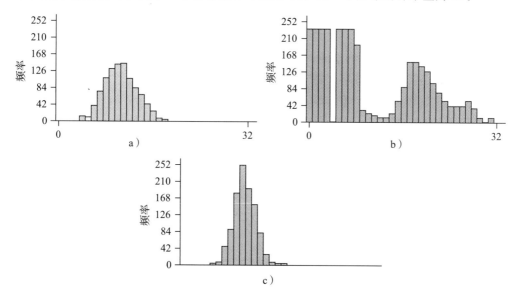

图9.8 三种分布，规模都一样。一个是总体分布，其他两个是总体均值的抽样分布

问题：哪张图（a、b 或 c）是总体分布，也就是 $n = 10$ 的均值的抽样分布？$n - 25$ 的呢？

解答：中心极限定理告诉我们，均值的抽样分布近似服从正态分布。这意味着图 9.8b 不是抽样分布，所以它一定是总体分布。我们知道，对于更大的样本，样本均值更精确，因为图 9.8a 的标准误差更大（更宽），它表示的是 $n = 10$ 的均值的抽样分布。也就是说，图 9.8c 表示的是 $n = 25$ 的均值的抽样分布。

试做：练习 9.15。

444

 摘要

样本均值（$\bar{x}$）

什么是样本均值？样本数据的算术平均数。

样本均值的用途是什么？用于估计总体均值 μ。均值可以度量一个总体的"典型"值。

样本均值如何估计总体均值？如果是随机样本，那么样本均值是无偏统计量。只要样本量足够大，我们可以让估计量的精度达到我们想要的水平。

如何利用样本均值？如果样本量足够大（或者总体服从正态分布），我们可以在任意给定区间使用正态分布求出样本均值取某值的概率，借此还可以了解估计的偏差。

9.2.4　t 分布

均值的假设检验和置信区间都基于 t 统计量：

$$t = \frac{\bar{x} - \mu}{SE_{\text{est}}}, \quad \text{其中} SE_{\text{est}} = \frac{s}{\sqrt{n}}$$

t 统计量非常类似于样本均值的 z 分数。分子是样本均值减去总体均值。然后我们不除以标准误差，而是除以标准误差的估计值。

为什么我们使用的是估计值 $s/\sqrt{n}$，而不是实际的标准误差 $\sigma/\sqrt{n}$？因为在现实生活中，我们几乎无法获取 σ——也就是总体标准差的值。因此，我们需要用一个估计值——样本标准差 s——来代替它。

回顾

样本标准差

在第 3 章我们给出了样本标准差的公式：

$$s = \sqrt{\frac{\sum (x - \bar{x})^2}{n-1}}$$

如果我们知道总体标准差，那么我们可以在检验统计量中使用实际的标准误差。在这种情况下，该统计量被称为 z 统计量，因为它是一个 z 分数：

$$z = \frac{\bar{x} - \mu}{\left(\dfrac{\sigma}{\sqrt{n}}\right)}$$

如果样本量足够大，则 z 统计量近似服从正态分布，其与第 8 章的式（8.1）给出的 z 统计量完全相同。

然而，我们很少使用 z 统计量，通常使用 t 统计量。t 统计量不服从正态分布。其中一个原因是，每个样本的分母都会变化。因此，t 统计量比 z 统计量更具变异性（z 统计量的分母在相同大小的样本中是相同的）。相反，如果满足中心极限定理的三个条件，则 t 统计量服从一种分布——t **分布**（t-distribution）。这是戈塞特在吉尼斯啤酒厂的伟大发现。当样本量很小时，即使总体服从正态分布，正态分布也无法实现很好的拟合结果。戈塞特和他的合作者罗纳德·费希尔（Ronald Fisher）发现了一种新的分布，称之为 t 分布。当 σ 未知时，t 分布是一个比正态分布更好的模型。

t 分布与 N（0，1）分布有许多共同的特征。两者都是对称的、单峰的，符合"钟形"。然而，t 分布的尾部较厚。这意味着，相比于标准正态分布，我们更有可能在 t 分布中看到极端值（远离 0 的值）。

t 分布的形状仅取决于一个参数，称为**自由度**（degree of freedom，df）。自由度的取值（通常）是一个整数：1，2，3，等等。如果自由度很小，那么 t 分布有很厚的尾部。自由度越大，尾部就越薄。最终，当自由度无限大时，t 分布与 N（0，1）分布完全相同。

图 9.9 给出了自由度分别为 1，10 和 40 的 t 分布。每张图中都给出了 t 分布以及一条正态曲线，这样你就可以对二者进行比较。（我们将 t 分布与正态分布进行比较，一是因为你已经非常熟悉正态分布了，二是因为二者非常相似。）t 分布是在两个尾部"更高"的分布。注意，当自由度达到 40 时（见图 9.9c），t 分布和 N（0，1）分布非常相似，无法区分（至少在这样的尺度上）。

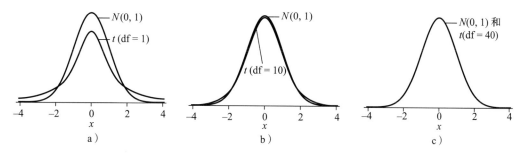

图 9.9　a）自由度为 1 的 t 分布，以及一个 N（0，1）分布。t 分布有更厚的尾部。b）自由度为 10，t 分布的尾部仅比正态分布稍微厚一点。c）自由度为 40，我们在视觉上无法区分两个分布。

> ☒ **贴士**
>
> **自由度**
>
> 自由度与样本量有关：一般情况下，样本量越大，自由度越大。估计单个总体均值时，自由度等于样本量减 1。

$$df = n - 1$$

9.3　总体均值的置信区间估计

你要通勤去上班吗？通勤需要多长时间？在你所在的州，这也是其他人的通勤时长吗？哪个州的通勤时长最长？这些问题的答案不仅与我们这些每天通勤的人息息相关，而且对商业领袖和政治家也至关重要，他们常常需要考虑生活质量与经营成本。美国会定期调查全国各地的通勤时长。2012 年，马里兰州的平均通勤时长最长，为 31.9min。南达科他州最低，为 16.7min。

这并不是总体均值，而是对各州全体居民平均通勤时长的估计。事实上，我们只能通过询问全体居民来了解真正的平均通勤时长，但是这显然太费时了，不可能经常采取这样的做法。因此，美国人口普查局随机抽取美国居民样本来估算平均通勤时长。

本节我们将介绍总体均值的两种估计方法。置信区间用于估计参数真值，而假设检验用于对参数值的假设进行检验。这与我们在第 7 章（置信区间）和第 8 章（假设检验）中介绍的估计总体比例的方法相同，本节我们将改进它们以适用于总体均值的估计。

置信区间（confidence interval）是一种用于估计均值并度量不确定性的方法。置信区间可以为我们提供一系列可信估计值，用以估计未知的总体均值。例如，所有南达科他州居民平均通勤时长的可信值范围是 16.3min 到 17.1min。

并不是所有的置信区间都有同样的效果，因此，一个置信区间的"表现"是用**置信水平**（confidence level）来衡量的。

置信水平越高，置信区间的表现就越好。南达科他州平均通勤时长的置信水平是 90%，这意味着我们可以确信该置信区间包含真实的总体均值。

有时，你只知道样本均值和样本标准差。在这些情况下，你可以使用计算器来计算置信区间。然而，如果你可以获得实际数据，你最好使用统计软件进行计算。我们将向你展示如何应对这两种情况。

无论哪种情况，你都需要判断一个置信区间是否正确，并需要对置信区间进行解释。因此，在演示计算过程之前，我们首先要介绍一些基本要点。

置信区间适用于哪些情况？

置信区间适用于回答这样一些统计问题："这一大群事物或人的典型值是什么？估计值离真值有多远？"当你根据随机样本估计总体参数时，你应该给出一个置信区间。例如，根据随机抽取的 30 个成年人来判断，所有健康成年人的典型体温是多少？根据对马里兰州居民的随机抽样调查，所有马里兰州居民的典型通勤时长是多少？置信区间适用于回答诸如此类的问题，因为它向我们传达了估计的不确定性，并提供了可信值的范围。

如果估计中没有不确定性，则不适合使用置信区间。如果你的"样本"实际上是整个总体，情况就会是这样。例如，没有必要为统计考试的班级平均分求解置信区间。这个例子中，你的班级就是总体，所有的分数都是已知的。因此，总体均值是已知的，没有必要估计它。

条件检验

为了计算正确的置信水平，这些条件必须满足：

条件 1：随机抽样和独立性。数据必须是随机收集的，并且每个观测值相互独立。

条件 2：大样本。总体服从正态分布，或样本量相当大（至少 25）。

条件 3：大总体。如果是不放回抽样，那么总体必须至少是样本的 10 倍。

如果这些条件不成立，那么我们就无法度量置信区间的"表现"，置信水平可能是错误的。这意味着，我们可以声称 95% 的置信水平，而实际置信水平远比 95% 低。

检验第一个条件，你必须了解数据的收集方式。这并不总是可行的，所以你不必检验这些条件，只需简单地假设它们是成立的。如果它们不成立，那么你得到的置信区间也是无效的。

独立性要求，即对样本中一个对象的测量不会影响任何其他对象。从本质上讲，即使已知任何一个观测值，我们也无从了解其他观测值。如果我们随机抽取几个学校并获取所有学生的数学成绩，就无法满足独立性条件。我们认为，同一所学校的学生可能存在相似的成绩，因此每个学生的数学成绩不可能是独立的。

第二个条件来自中心极限定理。如果总体分布是正态分布（或非常接近正态分布），那么我们大可不必担心这个条件是否满足。如果总体非正态，则需要足够大的样本量，从而样本均值的抽样分布近似服从正态分布。在很多实际应用中，25 的样本量已经足够大了，但是对于极端的偏态分布，你可能需要更大的样本量。

在这一章中，除非另有说明，我们将假设总体足够大，以满足第三个条件。

例 5 大学学费在上涨吗？

在许多城市和州中，降低大学学费越来越困难。2011—2012 学年，美国两年制大学的平均学费为 3 831 美元。这是否随着时间的推移而增加？三年后，在 2014—2015 学年，一些研究人员随机抽样了美国 35 所两年制大学，发现 2014—2015 学年的平均学费为 4 173 美元，标准差为 2 589.80 美元。图 9.10 中 Minitab 的输出结果显示，2014—2015 年两年制大学平均学费的 90% 置信区间为 3 433 至 4 914 美元。

问题：

a. 本例中的总体是什么？ 4 173 美元是参数还是统计量？

b. 验证是否满足有效置信区间的条件。

One-Sample T				
N	Mean	StDev	SE Mean	90% CI
35	4173.3	2589.8	437.8	(3433.1, 4913.6)

图 9.10 Minitab 输出的 2014—2015 年美国所有两年制大学州内平均学费的 90% 置信区间

解答：

a. 总体由 2014—2015 学年所有两年制大学学费（州内居民）组成。（美国有 1 000 多所两年制大学。）4 173 美元这个数字是 35 所大学样本的均值。因为它是一个样本均值（而不是总体均值），所以它是一个统计量。

b. 第一个条件是观测值相互独立的随机样本。已知样本是随机选取的，所以我们假设第一个条件成立。

独立性也成立，因为任何一所学校的学费信息都不能告诉我们样本中其他学校的情况。第二个条件要求总体近似服从正态分布，或样本量大于等于 25。我们不知道总体的分布情况，但由于样本量足够大（大于 25），这个条件是满足的。

试做： 练习 9.17。

解释置信区间

为了理解置信区间，你必须知道如何解释置信区间和置信水平。

置信区间可以解释为总体参数可信值的范围。换句话说，就总体均值而言，我们可以确信，总体均值的真实值将落在置信区间的范围内。例如，美国人口普查估计，南达科他州居民平均通勤时长为 16.3 min 到 17.1 min，置信水平为 90%。对此，我们的解释为：可以相当确信，所有南达科他州居民的平均通勤时长在 16.3 min 至 17.1 min 之间。的确，这有可能是错的，总体均值可能小于 16.3 min，也可能大于 17.1 min。然而，你会惊讶地发现情况确实如此，我们可以非常确信总体均值位于这个区间内。

> **KEY POINT 重点**
>
> 置信区间可以解释为总体参数可信值的范围。

例 6 大学学费的变化证据

根据 35 所两年制大学的随机样本，2014—2015 学年两年制大学平均学费的 90% 置信区间为 3 433 至 4 914 美元。当我们检查 2011—2012 学年所有两年制大学的数据时，我们了解到当年的总体平均学费是 3 831 美元。

问题： 2014—2015 学年平均学费的置信区间是否证明了平均学费自 2011—2012 学年以来发生了变化？

解答： 答案是否定的。尽管基于这 35 所大学的随机样本，我们无法确定 2014—2015 学年的总体平均学费，但我们非常有信心认为，它在 3 433 美元到 4 914 美元之间。这个区间包括

3 831 美元，也就是 2011—2012 学年的总体均值，因此没有证据表明平均学费发生了变化。

试做：练习 9.19。

用置信水平衡量

置信水平——平均通勤时长和平均学费区间的置信水平均为 90%——告诉我们用于度量置信区间的方法。90% 的置信水平表示，美国人口普查局使用的方法适用于 90% 的样本。换句话说，如果我们获取很多相同大小的通勤者样本，并对每个样本计算一个 90% 的置信区间，那么这些区间中的 90% 将包含总体均值。

置信水平并没有告诉我们区间 16.3 到 17.1 是否包含总体均值。"90%"只是告诉我们产生这个区间的方法是一个很好的方法。

假设你决定在网上购买一部新手机。你可以从几家制造商中进行选择，每家制造商的评级依据是产品的性能水平。一家制造商的产品性能水平为 90%，这意味着它生产的手机有 90% 是性能好的，有 10% 是存在缺陷的。其他一些制造商的水平较低：80%、60% 甚至更低。你从哪家制造商购买手机？你选择从 90% 水平的商家购买，因为你可以非常自信地认为它生产的手机性能很好。当然，一旦你购买了手机，置信水平就没有多大用处了。这时，手机性能的优劣就与 90% 没有关系了。

置信水平亦是如此。我们更想要获得 90% 或更高置信水平的置信区间，因为这样我们就知道这是一个好的估计过程，从而对自己做出的任何决定或得出的结论都有信心。但置信水平并不能告诉我们一个置信区间是好是坏。事实上，除非有一天我们能获取总体的全部信息，否则我们永远不会知道这一点。

📧 **贴士**

出错

美国人口普查局为所有 50 个州的平均通勤时长构造了置信水平 90% 的置信区间，因此我们可以预期这些区间中有 5 个（大约 10%）是错误的。

> **KEY POINT** **重点**
>
> 置信水平是对置信区间构造方法的度量。置信水平意味着，如果我们从相同的总体中随机选取许多相同大小的样本，并为每一个随机样本构造置信区间，则置信水平表示这些置信区间的"合格"比例——包含总体参数的置信区间比例。

图 9.11 说明了如何理解置信水平的含义。在所有票房超过 1 亿美元的美国电影中（考虑了通货膨胀的影响；http://www.thenumbers.com/），我们选取大小为 30 部电影的随机样本（有放回抽样），并计算了样本的平均收益（以百万美元计）。由于样本是随机的，每个样本的样本均值不同。我们还计算了每个样本的 95% 置信区间。重复这个过程 100 次，并绘制置信区间的图。图 9.11a 显示了前 10 个随机样本的结果。10 个区间中有 9 个是"好"区

间——区间包含 1.72 亿美元的真实总体均值。图 9.10b 显示了我们收集 100 个不同的 95% 置信区间。在置信水平 95% 的置信区间中，95% 是好的置信区间，5% 是差的置信区间。事实上，有 6 个置信区间不包含总体均值（用线端加点表示）。

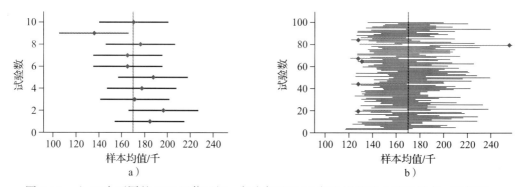

图 9.11 a）10 个不同的 95% 置信区间，每个都基于 30 部电影的独立随机样本。我们用一条竖线表示总体均值 1.72 亿美元。10 个置信区间中有 9 个是好的，因为它们包含了总体均值。b）100 个置信区间，每个都基于 30 部电影的随机样本。因为我们使用的是 95% 置信水平，所以 95% 的区间都是好的。事实上，100 个中有 94 个是好的。线端加点的置信区间是不包含总体均值的"坏"区间

⚠ 注意

置信水平不是概率

置信水平——如 90%——不是概率。我们有 90% 的信心认为均值在 21.1 到 21.3 分钟之间，并不意味着均值有 90% 的概率在这两个值之间。在或不在，并不是概率问题。

例 7 iPad 电池

苹果公司宣称，iPad 电池续航时间为 10 h。一个消费者团体希望检验这一说法。随机抽取 5 台 iPad，在相同的条件下运行，研究小组发现，iPad 电池平均寿命的 95% 置信区间为 9.5 h 至 12.5 h。以下陈述之一是对置信水平的正确解释，另一个是对置信区间的正确解释。

（i）我们非常有信心认为，所有 iPad 电池的平均续航时间在 9.5 h 至 12.5 h 之间。

（ii）在大约 95% 的样本中，置信区间将包含所有 iPad 电池的平均寿命。

问题：哪一个陈述是置信区间的合理解释？哪一个陈述是对置信水平的合理解释？

解答：（i）解释了置信区间（9.5，12.5）。（ii）告诉我们 95% 置信水平的含义。

试做：练习 9.23。

🔄 回顾

置信区间的结构

式（7.2）给出了总体比例置信区间的结构。不同的统计量，误差范围不同，但结构是相同的。

计算置信区间

在计算置信区间时，你将面临两种情况。在第一种情况下，你只有样本的汇总统计量：样本均值、标准差和样本量。在这种情况下，通常可以使用计算器计算置信区间，尽管电脑的计算结果更准确。在第二种情况下，你将获得实际数据。在这种情况下，你必须使用电脑。在这两种情况下，为了理解如何解释置信区间，了解公式的一般结构是非常重要的。

均值的置信区间与比例的置信区间具有相同的基本结构：

$$\text{估计值} \pm \text{误差范围}$$

和第 7 章一样，误差范围的结构是

$$\text{误差范围} = (\text{乘数}) \times SE$$

451

标准误差（SE）为 $SE = \dfrac{\sigma}{\sqrt{n}}$。因为我们通常不知道总体的标准差，因此不知道标准误差，我们用 SE 的估计代替 SE。在结构上，这与你学过的比例公式相似，但在细节上略有不同。

单样本 t 区间

$$\bar{x} \pm m \tag{9.1}$$

其中

$$m = t * SE_{est}, SE_{est} = \frac{s}{\sqrt{n}}$$

乘数 $t*$ 是一个常数，用于微调误差范围，使其具有我们想要的置信水平。这个乘数通过自由度为 $n-1$ 的 t 分布计算而得。（自由度决定了 t 分布的形状。）SE_{est} 是估计的标准误差。

计算均值的置信区间，首先需要选择置信水平。随后，你需要原始数据或者这四条信息：

1. 样本均值 $\bar{x}$，需要根据数据计算。

2. 样本标准差 s，需要根据数据计算。

3. 样本量 n，从数据中可以得到。

4. 乘数 $t*$，需要在表格中查找（或使用统计软件），它由置信水平和样本量 n 决定。$t*$ 的值告诉我们误差范围相对于标准误差的大小。例如，如果 $t*$ 是 2，那么我们的误差范围是两个标准误差宽。

均值的置信区间结构与比例的置信区间结构相同：估计值加或减误差范围。一个区别是，对于比例，误差范围的乘数仅取决于我们期望的置信水平。如果我们想要一个 95% 置信水平，我们总是用 1.96 作为 $z*$ 的乘数（有时我们四舍五入到 2）；如果我们想要一个 90% 置信水平，我们总是用 1.64 作为 $z*$。然而，对于均值，乘数也取决于样本量。

这是因为当我们为一个比例构造置信区间时，我们的置信水平是由正态分布决定的。但当我们处理均值时，置信水平由基于自由度为 $n-1$ 的 t 分布决定。可以在附录 A 的表 4 中找到正确的值，也可以使用统计软件。在表 4 中，每一行代表不同自由度的 $t*$ 的可能值。列包含给定置信水平的 $t*$ 值。例如，对于 95% 置信水平和 $n = 30$ 的样本量，我们使用 $t* =$

2.045。在表格中，我们通过查找 df = $n-1$ =30-1 = 29 的行和 95% 置信水平的列来查找 t^*。表 9.2 摘自附录 A 中的表。

例 8 展示了如何使用表 4 来查找乘数，如果没有统计计算器，你可以运用这种方法。

例 8   求乘数 t^*

一项测试 iPad 电池寿命的研究报告称，在随机抽取的 30 台 iPad 中，电池平均寿命为 9.7 h，标准差为 1.2 h。原始数据并未公开。

问题：利用附录 A 中的表 9.2，求出 $n = 30$ 时 90% 置信区间的 t^*。

解答：我们根据样本量计算自由度：

$$df = n-1 = 30-1 = 29$$

因此，我们从表 9.2 中发现，$t^* = 1.699$（下划线显示）。

试做：练习 9.25。

表 9.2 t 的临界值

自由度	置信水平			
	90%	95%	98%	99%
28	1.701	2.048	2.467	2.763
29	1.699	2.045	2.462	2.756
30	1.697	2.042	2.457	2.750
34	1.691	2.032	2.441	2.728

最好使用软件来查找乘数，因为大多数表只显示了自由度至多为 35 或 40 的乘数。对于 95% 的置信水平，如果没有使用软件，并且样本量大于 40，通常使用 $t^* = 1.96$ 是稳妥的，这与我们用于样本比例置信区间的乘数相同（置信水平 95%）。如果我们用计算机计算，精确值是 2.02，但是这距离 1.96 只有 0.06 个单位，所以结果可能不会受到很大的影响。

例 9 说明了当只提供汇总统计量时，如何使用统计软件来计算置信区间。

🔄 **回顾**

为什么不是 100%？

在第 7 章中已经学习过，95% 置信水平之所以流行的一个原因是，只要将置信水平提高到 95% 以上，误差范围就会更大。

例 9   比萨尺寸

澳大利亚比萨连锁店鹰男孩（Eagle Boys）公布了比萨尺寸的数据，以说服公众相信比萨物有所值。该店随机抽样了 125 个比萨，发现其平均直径为 11.5 in，标准差为 0.25 in。图 9.12a 显示了 StatCrunch 使用统计量计算置信区间的截图。结果如图 9.12b 所示（Dunn 2012）。

问题：对于 StatCrunch 中的每个字段，请给出计算所有比萨平均直径的 95% 置信区间所需的值或设置项。计算置信区间，并解释含义。

解答：

样本均值：11.5

样本标准差：0.25

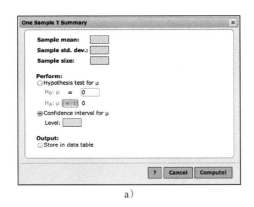

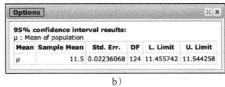

图 9.12　a）当只有汇总统计量时，用于计算总体均值置信区间的 StatCrunch 字段。b）计
　　　　算结果

样本量：125

μ 的置信区间水平：0.95

平均比萨直径的 95% 置信水平是 11.46 到 11.54 英寸。我们有 95% 的信心认为，这家公司生产的所有比萨的平均直径在 11.46 in 到 11.54 in 之间。

试做：练习 9.27。

例 10 显示，为了获得更高的置信水平，我们需要更大的误差范围。这个较大的误差范围意味着置信区间更宽，从而导致我们的估计不那么精确。

例 10　大学学费

随机抽取的 35 所两年制大学 2014—2015 学年的平均学费为 4 173 美元（州内学生），标准差为 2 590 美元。

问题：计算 2014—2015 学年所有两年制大学州内平均学费的 90% 置信区间和 95% 置信区间，并解释含义。请首先检验前提条件是否满足。

解答：这一次，我们将展示如何使用公式来计算置信区间，如果你没有统计计算器或统计软件，你只能选择使用公式。

样本是随机选取的，并且样本量大于 25，因此条件成立。

已知置信水平、标准差和样本均值。式（9.1）给出了置信区间的形式：

$$\bar{x} \pm m$$

下一步是计算误差范围：

$$m = t * SE_{est}$$

首先我们计算估计的标准误差：

$$SE_{est} = \frac{2\,590}{\sqrt{35}} = 437.789\,9$$

我们从表 9.2 中找到了合适的 $t*$ 值：

$$t* = 1.691（90\% \text{ 置信水平}）$$
$$t* = 2.032（95\% \text{ 置信水平}）$$

对于 90% 置信区间，

$$\overline{x} \pm t* SE_{\text{est}} \text{即}$$
$$4\,173 \pm（1.691 \times 437.789\,9）$$
$$\text{也就是 } 4\,173 \pm 740.302\,7$$
$$\text{下限：} 4\,173 - 740.302\,7 = 3\,432.70$$
$$\text{上限：} 4\,173 + 740.302\,7 = 4\,913.30$$

2014—2015 学年所有两年制大学平均学费的 90% 置信区间是（3 433 美元，4 913 美元）。

454 对于 95% 置信区间，

$$\overline{x} \pm t* SE_{\text{est}} \text{即}$$
$$4\,173 \pm（2.032 \times 437.789\,9）$$
$$\text{也就是 } 4\,173 \pm 889.589\,0$$
$$\text{下限：} 4\,173 - 889.589\,0 = 3\,283.410\,9$$
$$\text{上限：} 4\,173 + 889.589\,0 = 5\,062.589\,0$$

结论：90% 置信区间是（3 433 美元，4 913 美元）。95% 置信区间是（3 283 美元，5 063 美元），更宽。我们有 90% 的信心认为，所有两年制大学的平均学费在 3 433 美元至 4 913 美元之间。我们有 95% 的信心认为，所有两年制大学的平均学费在 3 283 美元到 5 063 美元之间。

试做：练习 9.29。

Tech 如果你可以访问原始数据（而不只是汇总统计量，如例 10 所示），那么最好使用电脑来计算置信区间。图 9.13a 显示了 StatCrunch 计算 2014—2015 学年两年制大学平均学费的 95% 置信区间所需的信息（回想一下，这是样本量为 35 所两年制大学的随机样本）。图 9.13b 的输出结果显示了估计均值（4 173.342 9 美元）、标准误差（437.758 42 美元）、自由度（34）、置信区间的下限（3 283.710 7 美元）和上限（5 062.975 美元）。

置信区间的报告与读取

置信区间的报告形式有两种。专业统计人员倾向于报告（下边界，上边界）。这是目前为止我们在本章中采取的做法。因此，在例 10 中，我们报告了 2014—2015 年两年制大学学费均值的 95% 置信区间为（3 283 美元，5 063 美元）。

然而，在媒体和一些学术出版物中，你也会看到将置信区间报告为

估计 ± 误差范围

对于两年制大学学费，我们计算的误差范围为 889.589 0 美元，置信水平为 95%。因此，我

们也可以将置信区间报告为

$$4\,173 \pm 890\ \text{美元}$$

这种形式也是合理的，它显示了我们对均值（4 173 美元）以及不确定性的估计（均值可能会偏低 890 美元或偏高 890 美元）。

你应该掌握以上这两种形式，并选择你认为最恰当的形式报告置信区间。

理解置信区间

如第 7 章和例 10 所示，置信区间越大，置信水平越高。假设总体均值是一个网球，置信区间是一个网球拍。哪一个会让你在击球时更有信心：用（小的）乒乓球球拍还是用（大的）网球球拍？更大的网球拍会填满更多的空间，因而你应该对击球感到更有信心。使用更宽的置信区间会让我们与真实总体均值"连接"的置信水平更高。

然而，更宽的置信区间并不总是可取的，因为这意味着我们的估计精度较低。例如，我们可以为两年制大学的平均学费设一个 100% 的置信区间：零美元到无穷大美元。但是这个置信区间非常不精确，毫无用处。95% 的置信区间的置信水平低于 100%，但它的估计更精确。

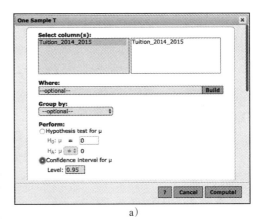

a)

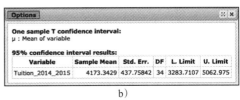

b)

图 9.13　a）StatCrunch 的输入框和 b）2014—2015 学年两年制大学州内平均学费 95% 置信区间的输出结果

误差范围取决于标准误差，而标准误差又取决于样本量，因此我们可以通过收集更多的数据使置信区间更加精确。较大的样本量产生较小的标准误差，这意味着在相同置信水平上有更小的误差范围。

例 11　对扩招的信心

IPEDS 网站提供了许多关于美国学院和大学的数据。我们从这个数据集中随机抽取 35 所两年制大学作为样本，计算出美国所有两年制大学的平均招生总数的两个置信区间。两个区间基于相同的样本，但有不同的置信水平。其中一个置信区间是 4 948 名学生到 16 170 名学生，另一个是 3 815 名学生到 17 303 名学生。（IPEDS 是综合高等教育数据系统的缩写。）

问题：

a. 哪个置信区间的置信水平更高，为什么？

b. 取一个更大的样本对区间宽度的影响是什么？

解答：

a. 区间（3 815，17 303）具有较高的置信水平，因为它是较宽的区间。这个区间的宽度为 17 303−3 815 = 13 488 名学生，另一个区间的宽度为 11 222 名学生，前者比后者宽。

b. 样本越大，估计量的标准误差就会越小。这意味着误差范围会更小，所以两个置信区间都会更窄。

试做：练习 9.31。

9.4　均值假设检验

我们在第 8 章中学习了有关假设检验的基础知识。这里，你可以运用相同的四步法进行总体均值的假设检验。这四个步骤是：

步骤 1：假设

将统计问题描述为一个关于总体参数的假设。

步骤 2：准备

选择一个检验统计量并考察数据：是否满足了允许对所选检验统计量进行推断的必要条件？如果要继续接下来的步骤，请说明必须做出的任何假设。

步骤 3：计算并比较

分析数据，说明显著性水平，计算检验统计量的观测值，求解 p 值。将检验统计量的观测值与原假设声明的总体参数值进行比较。

步骤 4：解释

根据是否拒绝原假设，回答统计问题。数据背后的现实意义是什么？

作为均值假设检验的一个例子，考虑本书一位作者的这项"研究"。麦当劳广告宣称其冰淇淋甜筒的平均重量是 3.2 oz（$\mu = 3.2$）。发售冰淇淋的机器由人工服务人员启动和停止，所以我们可能会预料到重量上的一些变化。有些冰淇淋球可能稍微重一些，有些则稍微轻一些。如果我们称一称某家麦当劳所有冰淇淋甜筒的重量，其均值是否如该公司声称的那样等于 3.2 oz？

本书其中一名作者收集了 5 个冰淇淋甜筒样本（都是以科学研究的名义），并在食物秤上称了重量。重量是（oz）：

$$4.2，3.6，3.9，3.4，3.3$$

我们汇总数据得到：

$$\bar{x} = 3.68 \text{ oz}，s = 0.370 \text{ 1 oz}$$

这些观测值是否支持平均重量是 3.2 oz 的说法呢？均值不同于 3.2 oz？我们将应用假设检验的四步法来回答这些问题。

步骤 1：假设

我们提出的统计问题是：冰淇淋甜筒总体的平均重量是否与广告中宣称的重量不同？一如既往，我们用一对假设重述这一问题。在这种情况下，总体包括所有已经、将要或可以从某家麦当劳购买的冰淇淋甜筒。在本章中，我们做出的都是关于总体均值的假设。

原假设是现状，即麦当劳的宣称重量。一个甜筒的重量可能比 3.2 oz 多一点，也可能 [457] 少一点，但在观测大量的甜筒后，我们会发现麦当劳是对的，平均重量是 3.2 oz。

我们将原假设表述为

$$H_0: \mu = 3.2$$

回想我们曾经学过的内容，原假设总是包含一个等号。

另一方面，备择假设认为，平均重量不同于 3.2 oz：

$$H_a: \mu \neq 3.2$$

这是一个双侧假设的例子。如果样本均值非常大（即大于总体均值 3.2）或非常小（即小于总体均值 3.2）我们将拒绝原假设。你将在本章后面看到关于单侧假设的内容。

KEY POINT 重点

假设是关于总体参数的陈述。在本章，你需要对参数 μ——总体均值——做出假设。

步骤 2：准备

单样本 t 检验在结构上与单比例检验非常相似，并且基于 9.2 节中介绍的 t 统计量——考虑到该检验的名称，这并不奇怪。原理并不复杂：将样本均值的观测值 $\bar{x}$ 与原假设的值 μ_0 进行比较。

单样本 t 检验的检验统计量

$$t = \frac{\bar{x} - \mu_0}{SE_{est}}, \text{其中} SE_{est} = \frac{s}{\sqrt{n}} \tag{9.2}$$

如果条件不变，则检验统计量服从 $df = n - 1$ 的 t 分布。

这个检验统计量之所以有效，是因为它比较了原假设中正确的参数值 μ_0 和数据中实际观测值的估计值。如果估计值接近于原假设值，则 t 统计量接近于 0。但如果估计值远低于原假设值，那么 t 统计量就远低于 0。t 离 0 越远，原假设越差。

任何人都可以做决定，但只有统计学家才能度量这个决定对或错的概率。为此，我们需要知道检验统计量的抽样分布。

在以下条件下，抽样分布服从 t 分布：

条件 1：随机样本和独立性。必须是从总体中随机抽样，观测值必须相互独立。

条件 2：大样本。总体分布必须是正态分布，或者样本量必须很大。对于大多数情况，样本量 25 已经足够大了。

现在我们把这个方法应用到冰淇淋甜筒的问题上。用于检验冰淇淋甜筒平均重量的总体有些抽象，因为麦当劳正在不断生产冰淇淋甜筒。然而，如果一些甜筒的重量略大于 3.2 oz，一些略小于 3.2 oz，那么这个重量分布应该是对称的，类似于正态分布。

因为总体分布是正态分布，所以样本量 $n = 5$ 不是问题。

458

回顾

z 检验

对比第 8 章中的单比例 z 检验统计量，z 统计量具有非常相似的结构：

$$z = \frac{\hat{p} - p_0}{SE}$$

我们在称重时很小心，反复校准秤，因而冰淇淋甜筒的重量是相互独立的。每个甜筒是在不同的日期收集的。尽管由于它们是在不同日期和不同时段收集的，我们假设这是一个随机抽样，但严格地说，这些甜筒并不是随机选取的。（如果我们的假设错了，结论可能也会大错特错！）

步骤 3：计算并比较

第一步是设定显著性水平 α，正如我们在第 8 章中讨论的那样。显著性水平度量了检验的实施质量。显著性水平就是当原假设为真时，错误地拒绝原假设的概率。在这里，显著性水平代表"我们认为麦当劳甜筒的平均重量不是 3.2 oz，而实际上它们的平均重量是 3.2 oz"的概率。我们选择 $\alpha = 0.05$。

根据样本数据，检验统计量应该服从自由度为 $n - 1$ 的 t 分布。因此，我们继续进行必要的计算，将观测到的样本均值与总体均值的假设值进行比较。

为了求 t 统计量的观测值，需要求出样本均值和样本标准差。这些值是前面给出的，但是你也可以很容易地根据样本数据将它们计算出来。

$$SE_{est} = \frac{0.370\,1}{\sqrt{5}} = 0.165\,5$$

$$t = \frac{3.68 - 3.2}{0.165\,5} = \frac{0.48}{0.165\,5} = 2.90$$

观测到的样本均值是 2.90，几乎比原假设预期的值高出 3 个标准误差。

贴士

α 的值是多少？

在大多数情况下，使用 0.05 的显著性水平是一个很好的选择，许多科学杂志都推荐使用这个水平。0.01 和 0.10 也是常用的显著性水平。

> **KEY POINT 重点**
>
> t 统计量测量我们的观测均值 $\bar{x}$ 与假设值 μ_0 之间的距离（多少个标准误差）。t 值远离 0 往往表示原假设不可信。

根据原假设，一个值有多不寻常？p 值表示，在均值是 3.2 oz 的情况下，t 统计量如我们观测到的一样极端或更极端的概率。

因为备择假设要求 t 统计量的值要远大于或远小于 0，所以我们必须求出 t 分布两尾部的概率。p 值显示在图 9.14 尾部的小阴影处。样本量是 $n = 5$，自由度是 $n-1=5-1=4$。

p 值等于 0.044 1 表明，如果一个典型的甜筒确实重 3.2 oz，我们的观测结果有些不寻常。我们应该对此感到惊讶。

步骤 4：解释

最后一步是将 p 值与显著性水平进行比较，决定是否拒绝原假设。如果我们遵循 p 值小于或等于显著性水平时拒绝原假设的规则，那么错误拒绝原假设的概率是 α 的值。

p 值（0.044 1）小于我们选择的显著性水平（0.05），所以应该拒绝原假设，并得出结论认为，在这家麦当劳，甜筒的平均重量不等于 3.2 oz。

从大众的角度看，这个结果是有道理的。如果均值真的是 3.2 oz，大约一半的顾客买到的甜筒会低

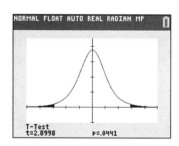

图 9.14　2.90 以上和 −2.90 以下的尾部区域显示为两侧的小阴影区域。p 值是 0.044 1，表示如果 $\mu = 3.2$，一个检验统计量大于 2.90 或小于 −2.90 的概率。图中的分布是自由度为 4 的 t 分布

于这个重量。通过设置比广告中稍高的平均重量，麦当劳的顾客自然会认为他们买到的比宣传的更多。

🔄 回顾

p 值

我们曾在第 8 章中讲过，p 值是原假设成立时，检验统计量如观测到的一样极端或更极端的概率。（所谓的"极端"取决于备择假设。）p 值度量了我们对结果的惊讶程度。

单侧备择假设与双侧备择假设

冰淇淋甜筒检验的备择假设是双侧的。正如你在第 8 章中学到的，备择假设也可能是单侧的。备择假设的确切形式取决于所研究的问题。反过来，备择假设的形式告诉我们如何计算 p 值。双侧假设需要计算双尾 p 值，而单侧假设需要计算单尾 p 值。

对于单样本 t 检验，你总是会使用以下三对假设中的一对：

双侧	单侧（左）	单侧（右）
H_0: $\mu = \mu_0$	H_0: $\mu = \mu_0$	H_0: $\mu = \mu_0$
H_a: $\mu \neq \mu_0$	H_a: $\mu < \mu_0$	H_a: $\mu > \mu_0$

根据你研究的问题选择其中一对假设。在冰淇淋甜筒的例子中，我们想知道甜筒平均重量是否与广告中宣传的重量不同，因此使用了一个双侧备择假设。如果想知道平均重量是否小于 3.2 oz，我们会使用单侧（左）假设。

备选假设决定了如何计算 p 值。图 9.15 展示了如何计算每个备择假设的 p 值，t 统计量的值 $t = 2.1$，样本量 $n = 30$。

注意，p 值是一个"极端"概率，它总是尾巴的概率（即使尾巴非常大，如图 9.15b）。

🔄 **回顾**

"和……一样极端或比……更极端"是什么意思？

关于 p 值如何依赖于备择假设的详细讨论，详见第 8 章。

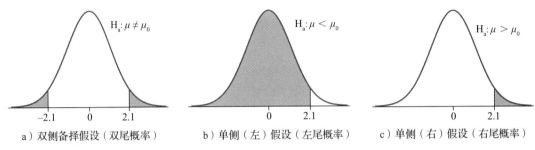

a）双侧备择假设（双尾概率）　b）单侧（左）假设（左尾概率）　c）单侧（右）假设（右尾概率）

图 9.15　自由度为 $n-1 = 29$ 的 t 分布。当 $t=2.1$ 时每个图中的阴影区域表示 p 值

例 12　大学学费

在例 5 中，我们想知道两年制大学的平均学费自 2011—2012 学年以来是否有所增长。2011—2012 学年，所有两年制大学的平均学费（州内学费）为 3 831 美元。现在用假设检验来检验同样的问题，我们随机抽样了 35 所两年制大学 2014—2015 学年学费。图 9.16a 显示了该样本的汇总统计量，图 9.16b 显示了样本的分布情况。

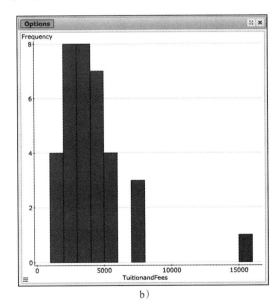

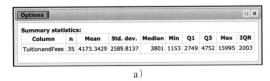

Summary statistics:

Column	n	Mean	Std. dev.	Median	Min	Q1	Q3	Max	IQR
TuitionandFees	35	4173.3429	2589.8137	3801	1153	2749	4752	15995	2003

a）

图 9.16　35 所两年制大学学费汇总统计量。a）这 35 所大学的样本平均学费为 4 173 美元，标准差为 2 590 美元。b）样本的分布有点右偏

问题：进行假设检验，即两年制大学的平均学费自 2011—2012 学年以来增加了。

解答：首先要注意，如果我们有 2014—2015 学年所有两年制大学的数据（就像我们有 2011—2012 学年的数据一样），我们不需要做假设检验。我们可以简单地计算出总体均值，看看它是否大于 2011—2012 学年的总体均值。但因为我们只有所有两年制学院的样本，我们将使用假设检验。

步骤 1：假设

μ 代表 2014—2015 学年所有两年制大学的平均学费。我们需要将 2014—2015 学年的总体均值与 2011—2012 学年的总体均值 3 831 美元进行比较。

$$H_0: \mu = 3\,831$$
$$H_a: \mu > 3\,831$$

原假设表示均值与 2011—2012 学年相同。备择假设认为现在的均值比当时高。这不同于冰淇淋甜筒的例子，在那个例子中，我们只想知道甜筒的平均重量是否为 3.2 oz。这里我们关心的是大小，新的均值是否大于旧的均值？

步骤 2：准备

我们需要检查条件，看看 t 统计量是否服从 t 分布（是否至少近似地服从）。

条件 1：随机样本和独立性。从所有两年制学院的总体中进行随机抽样，抽样过程确保了观测值相互独立。

条件 2：大样本。样本的分布不一定是正态的（尽管它与正态的差别不是太大）。但由于样本量大于 25，抽样分布近似为自由度为 $n-1=34$ 的 t 分布。

步骤 3：计算并比较

我们将用 5% 的显著性水平进行检验。最好用统计软件进行计算，StatCrunch 的输出结果如图 9.17a 所示。我们将说明如何在这种情况下应用式（9.2）。

$$SE_{est} = \frac{2\,589.813\,7}{\sqrt{35}} = 437.758\,4$$

$$t = \frac{\overline{x} - \mu_0}{SE_{est}} = \frac{4\,173.342\,9 - 3831}{437.758\,4} = \frac{342.342\,9}{437.758\,4} = 0.782\,0$$

也就是说，观测到的均值只比原假设成立时高 0.78 个标准差。

备择假设只关心观测值是否大于预期，因此我们的 p 值是一个右尾概率。（请记住，我们使用的是单侧假设。）利用统计软件，我们发现 p 值为 0.231 98，如图 9.17b 所示。

步骤 4：解释

p 值大于 0.05，因此我们得出结论，该样本没有提供 2014—2015 学年平均学费高于前些年的证据。

试做：练习 9.37。

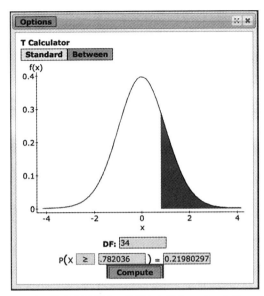

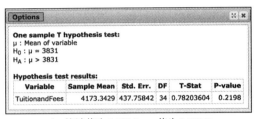

a) t 统计值为 0.782 0，p 值为 0.219 8

b) p 值是右尾概率，采用自由度为 34 的 t 分布

图 9.17　使用 StatCrunch 执行计算过程，我们能够将原假设值 3 831 与观测到的样本均值进行比较

 摘要

单样本 t 检验

什么是单样本 t 检验？ $t = \dfrac{\overline{x} - \mu_0}{SE_{est}}$，其中 $SE_{est} = \dfrac{s}{\sqrt{n}}$。

单样本 t 检验的用途什么？检验关于单个总体均值的假设。

单样本 t 检验如何检验关于单个总体均值的假设？如果均值的估计值与原假设值不同，检验统计量将远离 0。因此，t 统计量的值出乎意料地远离 0（两个方向），质疑原假设。

如何利用单样本 t 检验？当提出关于单个总体均值的值时，将检验统计量的观测值与自由度为 n−1 的 t 分布进行比较，以计算 p 值。如果 p 值很小，你应该对结果感到惊讶，并拒绝原假设。

462

9.5　两个总体均值的比较

　　书面阅读是否比在电脑屏幕上阅读更有利于人们对于内容的理解？男性比女性花在洗衣上的时间更少吗？如果是的话，少多少？我们可以通过比较两个总体的均值，在一定程度上回答上述问题。虽然我们可以构建各自的置信区间来估计每个均值，但是我们也可以通过关注两个均值之间的差异来实现更精确的估计。

在 7.5 节，为了找出两个比例的差异，我们要用一个比例减去另一个比例。在检验均值差异时也是如此。例如，我们可以用美国人每天花在锻炼上的平均时间减去他们花在看电视上的平均时间。根据相减结果，我们知道：

如果结果是正数，第一个均值大于第二个均值。

如果结果是负数，第一个均值小于第二个均值。

如果结果是 0，则两个均值相等。

在比较两个总体时，重要的是要注意从总体中选取的是两个**独立样本**（independent sample），还是实际上是一个相关（配对）样本。在**配对（相关）样本**（paired dependent sample）中，如果知道一个样本中的值，那么也会对另一个样本有所了解。在这种情况下，得到的信息比两个样本独立时更少。我们通过一些例子帮助你了解哪些是独立样本，哪些是配对（相关）样本。

通常，当样本的实验对象或受试者被测量了两次（例如常见的"前后"比较），或者当实验对象是相关的（例如，如果你正在比较双胞胎兄弟姐妹，或配偶），再或者当研究人员有意地匹配具有类似特点实验对象时，会出现相关样本。

！注意

配对（相关）样本与独立样本

配对样本的一个迹象是，一组的每个观测值都与另一组的一个特定观测值相匹配。在这种情况下，这两组将具有相同的样本量（假设不存在缺失观测值）。

例 13　独立样本还是相关样本？

以下描述的是四项研究：

a. 向随机抽取的受试者询问前一天看电视的时长和锻炼的时长。研究人员想知道这两种活动的平均时长有多大不同。

b. 测量男性和女性的嗅觉。研究人员想知道男性和女性的嗅觉能力是否有典型差异。

c. 研究人员将超重的人随机分配到两种饮食法中：Weight Watchers 和 Atkins。研究人员想知道 Weight Watchers 的平均减肥效果是否与 Atkins 减肥法不同。

d. 比较丈夫和妻子受教育的年数，观察平均受教育年限是否不同。

问题：对于每一项研究，说明它是包含两个独立样本还是配对（即相关）样本。

解答：

a. 这项研究包含了每个人的两次测量结果。第一个总体是由看电视的人组成的，第二个总体是由同样的人组成的。因此它们是配对（相关）样本。

b. 这两个总体，一个由男性组成，另一个由女性组成。只要这些人没有血缘关系，我们就无法根据男性的测量信息得到任何关于女性的信息。因此它们是独立样本。

c. 这两个总体分别是采用 Weight Watchers 饮食法的人和采用 Atkins 饮食法的人。我们已知两个样本是由不同的人组成，受试者被随机分配到其中一种饮食法。因此这些是独立样本。

d. 两个总体是相互匹配的。一个丈夫与一个妻子配对，所以是配对样本（或相关样本）。

试做： 练习 9.53。

正如你将看到的，对于配对样本的分析方法不同于独立样本。配对数据被转换成"差异"得分：我们只需在每对数据中用一个值减去另一个值。当只有一个变量时，我们可以使用 9.3 节和 9.4 节介绍的单样本分析方法。

9.5.1 利用置信区间估计均值之差（独立样本）

普林斯顿大学和加州大学洛杉矶分校的研究人员想知道学生记笔记的最佳方式是什么。手写（笔和纸）更好，还是用电脑更好（Mueller & Oppenheimer 2014）？这里，我们简化了研究者的更加深入的分析。

研究人员随机安排学生志愿者观看讲课视频，手写（Longhand）或用笔记本电脑（Laptop）记笔记。对学生在课程结束后进行了测试，图 9.18 中的箱线图显示了测试分数的汇总统计数据，该测试考察了学生对课程的概念理解。

手写组的平均得分为 0.28，笔记本组为 −0.15。分数越高说明对概念理解能力越强。

这是否证明了手写笔记对概念理解更好，如果是的话，有多好？

为了保证特定的置信水平（例如 95%），必须具备以下条件：

条件 1：*随机样本和独立性*。两个样本都是从总体中随机抽取的，或者说学生是被随机分配到两个组中的一个，每个观测值都独立于其他任何观测值。

条件 2：*独立样本*。两个样本是相互独立的（不是配对的）。

条件 3：*大样本*。总体近似服从正态分布，或者说每个样本的样本量都大于等于 25。（在特殊情况下，你可能需要更大的样本量。）

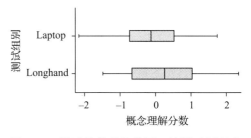

图 9.18　测试分数的箱线图，该测试用以考察学生对课程的概念理解。一组用笔记本电脑做笔记，另一组手写笔记。分数范围为 −3 到 3 分，分数越高，说明对概念理解能力越强

🔄 **回顾**

箱线图

在 3.5 节中我们学过，箱线图中的中线代表中位数，并且箱线图包含了中间 50% 的值。

如果这些条件成立，我们可以通过以下步骤来计算 95% 置信水平的置信区间。

当数据来自独立样本时，比较两个均值的置信区间公式与前面的结构相同：

$$（估计）\pm 误差范围$$

即

$$（差的估计值）\pm t^*（SE_{差的估计值}）$$

我们用

$$（第一个样本均值）-（第二个样本均值）$$

来估算差异。

哪个样本是"第一个"哪个是"第二个"并不重要，只要能分清即可。

该估计量的标准误差取决于两个样本的样本量和两个样本的标准差：

$$SE_{est} = \sqrt{\frac{s_1^2}{n_1} + \frac{s_2^2}{n_2}}$$

我们可以把它们放到一个置信区间：

两样本 t 区间

$$(\bar{x}_1 - \bar{x}_2) \pm t^* \sqrt{\frac{s_1^2}{n_1} + \frac{s_2^2}{n_2}} \qquad （9.3）$$

乘数 t^* 基于一个近似的 t 分布。如果不使用计算机，你可以保守地计算 t^* 乘数的自由度为 n_1-1 和 n_2-1 中的较小值，但计算机提供的值更精确。

手工选择 t^* 的值（t 的临界值）来获得你想要的置信水平，并不是一件简单的事。因为涉及一些较为高等的数学，抽样分布不是 t 分布而是近似 t 分布。更糟糕的是，为了使近似正确，需要使用一个相当复杂的公式来求自由度。如果你必须手动进行这些计算，我们建议采用"快速和简单"（但也是稳健和保守的）方法来代替。对于 t^*，使用自由度为 n_1-1 和 n_2-1 中较小的 t 分布。也就是说，用两个样本中较小的减去 1。对于 95% 置信水平，如果两个样本都包含 40 个或更多的观测值，则可以使用 1.96 作为乘数。

9.5.2　两个均值之差的置信区间

最重要的是要看这个区间是否包含 0。如果没有，那么我们就有证据表明两个总体均值是不同的。在这种情况下，检查区间内是否都是正数。如果是这样，我们就确信第一个总体均值大于第二个总体均值。如果区间中包含的都是负数，则第一个均值小于第二个均值。（记住，做减法的时候你要确定哪个总体是第一个，哪个总体是第二个。）

例如，在概念理解测试中，用手写笔记的学生的平均得分是否与用笔记本电脑做笔记的学生不同？让我们使用手写组作为第一组，笔记本组作为第二组。在验证条件满足后，两组得分均值差的 95% 置信区间为 0.05 至 0.80。因为这个区间不包括 0，我们相信两组的平均分数是不同的。而且由于区间包含的都是正数，我们确信，手写组（第一组）比笔记本组（第二组）做得更好。

你还应该注意两种方法之间的差异有多大或有多小。如果区间包含 0，那么这一点尤其重要。在这种情况下，置信区间将同时包含负数和正数。

例 14 展示了如何计算和解释两个均值之差的置信区间。

例 14 睡眠

美国人在节假日和周末比工作日睡得更多吗？美国劳工统计局（Bureau of Labor Statistics）进行了一项"时间使用"调查，随机选择一些人记录他们在一年中随机一天所做的每一项活动。例如，你可能在 4 月 18 日星期二参与调查，而其他人将在 12 月 5 日星期日参与调查。

 数据迁移："美国人时间使用调查"（https://www.bls.gov/tus/）的数据是根据在几天内随机抽样采访美国人而得出的。数据显示了人们花在各种活动上的时间。我们使用日期变量创建了一个新的变量来区分节假日、周末和工作日。

数据文件：atus.csv。

因为有两组不同的人报告他们的睡眠时长——一组只报告周末和假日，另一组只报告工作日——这些数据是两个独立样本。下面是汇总统计量。

工作日：$\bar{x}$ = 499.7 min（约 8.3 h），s = 126.9 min，n = 6 007

周末 / 假期：$\bar{x}$ = 555.9 min（约 9.3 h），s = 140.9 min，n = 6 436

箱线图如图 9.19 所示。

问题：检验必要的条件是否成立，确保我们的 95% 置信水平确实为 95%。计算周末和假日睡眠时长与工作日睡眠时长的平均差的 95% 置信区间。解释置信区间的含义。

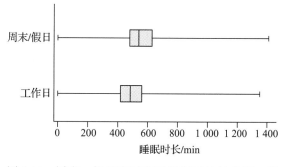

图 9.19　周末、假日和工作日睡眠时长的分配。周末和假日的睡眠时长的样本中位数略高

解答：已知受试者是随机挑选的，而且他们的睡眠时长是相互独立的。这个问题解释了样本本身是相互独立的（因为每个样本中出现的是不同的人）。箱线图表明分布大致对称，尽管通常很难通过箱线图确定分布形状。但是样本量足够大，我们无须担心，可以进行检验。

当我们手头有原始数据时，最好的方法（对于这么大的样本来说，也是唯一的方法）是使用电脑。图 9.20a 显示了 StatCrunch 计算置信区间所需的输入信息。输出结果如图 9.20b 所示。

95% 置信区间为 51.5 min 至 60.9 min。我们有 95% 的信心认为，周末和假日的睡眠时长和工作日的睡眠时长的平均差在 51.5 min 到 60.9 min 之间。这个区间内都是正数，所以我们相信人们通常在周末和假日比在工作日睡得时间更长。差可能小至 51.5 min，大至 60.9 min。一般来说，当人们不用上班或上学时，他们似乎倾向于晚睡 1h 左右。

466

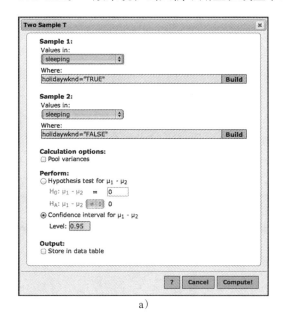

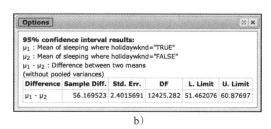

Tech

a)　　　　　　　　　　　　b)

图 9.20　StatCrunch 的输入信息 a）和输出结果 b）周末和假日与工作日睡眠时长的平均差。请注意"Pool variances"选项应该是未选中的

注意自由度是小数：12 425.282。统计软件使用一个相当复杂的公式来近似自由度。如果你是手工完成此操作，我们建议你使用更简单的方法，即用最小的样本量减 1，如下文所示。尽管对于如此大的样本量来说，差异很小。

试做：练习 9.55。

如果没有原始数据，仅有汇总统计量，那么我们可以用计算器计算周末和假日平均睡眠时长与工作日平均睡眠时长差的置信区间。

在例 14 中，如何计算平均睡眠时长差的置信区间？首先，必须找到乘数 t^*。两组的样本量都很大。我们的经验法则是用两个样本量中较小的数减去 1 作为自由度的近似值。较小的样本量为 6 007，因此我们将 6 006 作为自由度。因为样本量远大于 40，所以我们用 1.96 作为 t^* 的保守近似。（如果自由度大于 40，对于正态分布而言：95% 置信水平的 t^* 为 1.96，90% 置信水平的 t^* 为 1.64。）

周末和假日组作为样本 1，工作日组作为样本 2。

估算差值：555.9 − 499.7 = 56.2 min

$$m = t * \sqrt{\frac{s_1^2}{n_1} + \frac{s_2^2}{n_2}} = \sqrt{\frac{140.9^2}{6\,436} + \frac{126.9^2}{6\,007}} = t * 2.401\,137$$

用 $t* = 1.96$，我们得到 $\mu = 1.96 \times 2.401\,137 = 4.706\,229$ min。

因此，95% 置信区间为

$$56.2 \pm 4.706\,229，约（51.5，60.9）\text{min}$$

这与软件的计算结果非常接近。

[467] 9.5.3 两个均值的假设检验

比较两个独立样本均值的假设检验，与第 8 章中介绍的步骤相同。现在比较的是均值而不是比例，因此细节略有变化，我们通过比较周末和工作日睡眠时长来展示解题步骤。在例 14 中，你构造了两个均值之差的置信区间。这里我们用假设检验来解决同样的问题。

在例 14 中，我们使用箱线图来研究睡眠时长分布的形状。这里，我们使用直方图（见图 9.21），它展示了更详细的分布信息。两个分布的离散程度大致相同，直方图都近似对称。

我们把周末和假日睡觉的人称为"总体 1"，把工作日睡觉的人称为"总体 2"。符号 μ_1 代表所有美国人在周末和假日的平均睡眠时长，μ_2 代表所有美国人在工作日的平均睡眠时长。

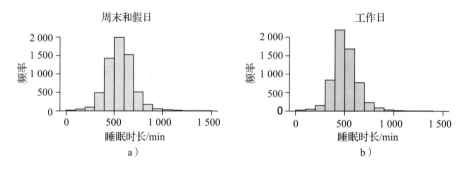

图 9.21 在 a）周末和假日以及 b）工作日的睡眠时长

步骤 1：假设

$H_0: \mu_1 = \mu_2$（周末和假日的典型睡眠时长与工作日相同）

$H_a: \mu_1 \neq \mu_2$（周末和假日的典型睡眠时长与工作日不同）

步骤 2：准备

两个均值的检验条件与一个均值的检验条件相差不大，与两个均值之差置信区间的检验条件相同。

条件 1：随机样本以及观测值相互独立。从两个总体中随机抽样，产生两个样本，或者所有的研究对象被随机分配到两个组。一个样本内的观测值是相互独立的，这意味着一个观测值的信息与该样本内其他观测值无关。

条件 2：独立样本。样本是相互独立的。一个样本值的信息并不能告诉我们关于另一个样本值的任何信息。

条件 3：大样本。两个总体都近似服从正态分布，或者说两个样本量都大于等于 25。（在极端情况下，可能需要更大的样本量。）

条件 1 成立，因为我们已知这些人是由研究人员随机而独立挑选出来的。两个组由不同的人组成，所以条件 2 成立。样本的分布看起来相当对称，但由于样本量非常大（每组超过 6 000 人），所以条件 3 也成立。

步骤 3：计算并比较

首先，我们选择一个显著性水平。通常使用 $\alpha=0.05$，在本例中也是如此。用于假设检验的统计量基于样本均值之差。基本上，检验统计量度量的是样本均值之差的观测值与总体均值之差的假设值间的距离。是的，你猜对了：距离是用标准误差来度量的。

$$t = \frac{样本均值之差 - 原假设均值之差}{SE_{est}}$$

在原假设中差为 0，因此使用检验统计量变得更加容易。

样本均值之差：$\bar{x}_1 - \bar{x}_2 = 555.9 - 499.7 = 56.2$（例 14 给出的汇总统计量）

$$SE_{est} = \sqrt{\frac{s_1^2}{n_1} + \frac{s_2^2}{n_2}} = \sqrt{\frac{140.9^2}{6\ 436} + \frac{126.9^2}{6\ 007}} = 2.401\ 137$$

两样本 t 检验

$$t = \frac{56.2}{2.401\ 137} = 23.4$$

$$t = \frac{\bar{x}_1 - \bar{x}_2 - 0}{SE_{est}}，其中 SE_{est} = \sqrt{\frac{s_1^2}{n_1} + \frac{s_2^2}{n_2}} \tag{9.4}$$

如果所有条件都满足，检验统计量近似服从 t 分布，保守估计自由度为 n_1-1 和 n_2-1 中的较小值。

贴士

两个均值的原假设

从数学上讲，如果原假设中均值之差不是 0，我们可以很容易地调整检验统计量。但在科学、商业和法律等领域，原假设中的值是 0。

如果美国人的平均睡眠时长没有差异，那么样本均值应该几乎相等，它们的差应该接近于 0。t 统计量告诉我们均值之差与原假设值之间相距 23.4 个标准误差。

直观上，你应该知道这个 t 统计量非常大，因此对原假设产生了很大的怀疑。但让我们来看看这有多令人惊讶。我们需要知道检验统计量 t 的抽样分布，因为如果原假设为真，我们通过计算 t 统计量如我们观测到的一样极端或更极端的概率度量我们的惊讶程度。换句话说，我们需要计算 p 值。

如果第 2 步中列出的条件保持不变，那么 t 近似服从 t 分布，自由度为 n_1-1 和 n_2-1 中的较小值。通过调整自由度，叫以近似得到更好的结果，但是在大多数情况下，"手工"调整过程太复杂了。因此，建议使用统计软件进行两样本假设检验，你将获得更准确的 p 值。

最小的样本量是 6 007，所以保守估计自由度是 6 007-1=6 006。

备择假设是双侧的，它要求实际差值大于 0 或者小于 0，我们使用 t 分布下的双尾面积。图 9.22 显示了使用统计计算器进行计算的结果。正如你可能已经猜到的，23.4 的值太极端了，以至于这个区域小到看不见。

p 值接近于 0。

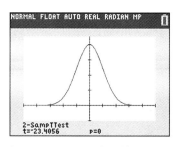

图 9.22　TI-84 的输出结果表明，p 值接近于 0。当原假设为真时，t 统计量与 0 相距 23.4 个标准误差，这是非常不可能的

步骤 4：解释

再次，我们将 p 值与显著性水平进行比较。如果 p 值小于或等于 α，我们拒绝原假设。在本例中，p 值接近于 0，因此肯定要比 0.05 小得多。如果人们确实倾向于在周末和工作日睡同样多的时间，那么这个结果是非常令人惊讶的。事实上，这几乎不可能。因此，我们拒绝原假设，并得出结论：人们在周末和假日的睡眠时长确实与工作日不同。

前面的分析仅用了汇总统计数据。如果你有原始数据，那么你应该用计算机软件进行分析，从而得到更准确的值，并且能够节省大量时间。图 9.23 显示了 StatCrunch 检验周末和假日的平均睡眠时长是否与工作日的平均睡眠时长不同的输出结果。

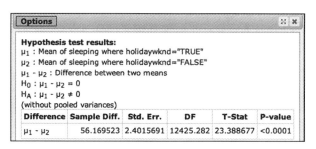

图 9.23　使用 StatCrunch 检验人们在周末和假日的睡眠时长是否与工作日不同

⚠️ **注意**

不要"接受"！

回忆第 8 章，我们不"接受"原假设。有可能是因为样本量太小（导致检验的效果不好），无法检验到真正存在的差异。相反，我们说没有足够的证据支持我们拒绝原假设。

合并

一些软件和教科书也提供了 t 检验的另一个形式，称为"合并两样本 t 检验"。我们已经给出了未合并的形式（你可以在 StatCrunch 的输出中看到" without pooled variances"）。

未合并的两样本 t 检验比其他形式更受欢迎，因为合并的形式只在特定情况下才有效（当两个总体标准差相等时）。只要满足检验条件，未合并的形式能很好地适用几乎所有情况。

! **注意**

不要合并

用统计软件进行两样本 t 检验时，务必确保它使用的是未合并样本，这需要你在软件中进行相关的设置。在很多情况下，未合并样本比合并样本的估计更准确。

470

 摘要

两样本 t 检验（独立样本）

什么是两样本 t 检验？它是检验两个独立样本估计的均值是否不同的方法。使用的检验统计量为

$$t = \frac{\overline{x}_1 - \overline{x}_2 - 0}{SE_{est}}, \text{其中} SE_{est} = \sqrt{\frac{s_1^2}{n_1} + \frac{s_2^2}{n_2}}$$

两样本 t 检验的用途是什么？关于是否拒绝两个均值相等的原假设，两样本 t 检验可以帮助我们做出决定，并告诉我们出错的概率。

两样本 t 检验如何检验两个均值是否不同？将样本均值之差的观测值与 0——总体均值相等时我们期望的值——进行比较。

如何利用两样本 t 检验？检验统计量的观测值可以与 t 分布相比较。

假设：选择方向

到目前为止，在我们提出的假设中，通常是一个均值在等号左侧，一个均值在等号右侧，例如这样：$H_0: \mu_1 = \mu_2$。但你也会看到写成差的假设：$H_0: \mu_1 - \mu_2 = 0$。这两个假设表达的意思是一样的，因为如果均值相等，那么它们的差等于 0。

和你看到的其他假设检验一样，备择假设的形式也有三种。你可以做出如下选择：

双侧	单侧（左）	单侧（右）
$H_0: \mu = \mu_0$	$H_0: \mu = \mu_0$	$H_0: \mu = \mu_0$
$H_a: \mu \neq \mu_0$	$H_a: \mu < \mu_0$	$H_a: \mu > \mu_0$

例 15　阅读电子文本

人们越来越多地倾向于在电脑屏幕或其他电子阅读器上进行阅读。我们在电脑屏幕上阅读和在普通纸张上阅读有什么不同吗？挪威的研究人员进行了一项研究，以确定（高中年龄的）青少年阅读电脑屏幕上 PDF 文件和阅读纸质文件的效果是否不同。具体而言，他们检验了学生在这两种情况下的阅读理解是否不同。

为了进行这项研究，研究人员将 72 名十年级的学生随机分为两组，称之为"电子组"

和"纸质组",并要求所有学生阅读两篇长度大致相同的文章。"电子组"的学生在电脑屏幕上阅读文本,"纸质组"的学生阅读纸质文本。经过格式化调整,这些文本在电脑屏幕上和纸上的成像相同。阅读后,所有学生参加相同的阅读理解测试(Mangen et al. 2013)。

图 9.24 为两组学生的阅读理解成绩汇总统计,图 9.25 为两组学生成绩的直方图。阅读纸质文本的学生成绩更高,这表明该样本中的学生对他们所阅读的内容有更高的理解水平。

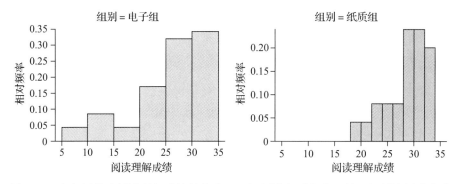

Summary statistics for ReadingComprehension: Group by: Condition			
Condition	n	Mean	Std. dev.
electronic	47	25.404255	7.2491666
paper	25	28.2	4.0104031

图 9.24　StatCrunch 生成的汇总统计数据

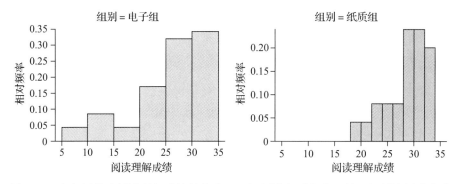

图 9.25　十年级学生阅读理解成绩的分布。一组阅读电子文本,另一组阅读纸质文本

问题:通过假设检验的四步法来检验阅读纸质文本的学生与阅读电子文本的学生是否有不同的理解水平。用 5% 的显著性水平。如果一个必要的条件(在步骤 2 中)不成立,请解释这会导致怎样的结果,并说明为了继续进行检验还必须做出什么假设。在步骤 3 你可以参考图 9.26,该图显示了 StatCrunch 假设检验的输出结果。

解答:

步骤 1:假设

令 μ_1 代表所有可能阅读纸质文本的挪威十年级学生的阅读理解平均成绩,令 μ_2 代表所有可能阅读电子文本的挪威十年级学生的阅读理解平均成绩。

$$H_0: \mu = \mu_0$$
$$H_a: \mu \neq \mu_0$$

(也可以写作 $H_0: \mu_1 - \mu_2 = 0$,$H_a: \mu_1 - \mu_2 \neq 0$。)

步骤 2:准备

我们没有随机抽取十年级的挪威学生,这意味着我们不能将结果推广到挪威这个年龄段的所有学生。然而,由于使用了随机分配,所以如果我们发现一个统计上的显著差异,便可以将其归因于阅读方式的不同,而非(可能不明的)混杂因素的影响。我们已知不同的组内的学生不同,因此第二种情况成立。最后,虽然分布是左偏的,但样本量很大,所以我们可以使用 t 分布。(但请注意,纸质组的样本量刚好足够大,$n = 25$。p 值可能比预想的更准确。)

步骤 3：计算并比较

用 5% 的显著性水平。参考图 9.26，t 统计量的值是 2.11。这表示，均值之差的观测高于原假设的预期值 2.1 个标准误差。p 值等于 0.038 8。

Difference	Sample Diff.	Std. Err.	DF	T-Stat	P-value
$\mu_1 - \mu_2$	2.7957447	1.3271877	69.844774	2.1065179	0.0388

图 9.26 从统计软件中摘录的统计信息，用以检验阅读纸质文本的学生（第一组）与阅读电子文本（第二组）的学生阅读理解平均水平是否不同

步骤 4：解释

因为 p 值 0.038 8 小于 0.05 的显著性水平，我们拒绝原假设。对于这些学生来说，阅读纸质文本与在电脑屏幕上阅读电子文本的阅读理解水平是不同的。

试做： 练习 9.57。

研究人员自己所做的分析与我们在这里展示的有所不同。他们的分析充分考虑了我们忽略的其他因素，而我们之所以忽略这些因素，是为了专注于学习假设检验。研究人员的结论是，相较于阅读电子文本的学生而言，阅读纸质文本的学生的阅读理解水平更高。

9.5.4 两个均值的置信区间：相关样本

通过计算每一对数据的差，我们把配对样本转换成一个样本。例如，研究人员想知道我们坐着和躺着时对气味的敏感度是否不同（Lundström et al. 2006）。他们设计了一种度量人嗅觉能力的方法，然后他们对受试者进行了两次测量：一次是在他们躺着的时候，一次是在他们坐着的时候。

如果嗅觉敏感度有变化的话，会有多少变化呢？回答这个问题的一种方法是为嗅觉得分的平均差设置一个置信区间。这些数据不同于你看到的两个独立样本的例子，因为即使这是两个组——躺着和坐着，但每个样本中的人实际上都被测量了两次。因此，它们是相关样本，或称其为配对样本。

当处理配对样本时，我们的方法是将原始数据从两个变量（躺着和坐着，或者第一组和第二组，按照你喜欢的分类方式。）转换成包含第一组和第二组得分差的单个变量。和之前一样，哪个是第一组、哪个是第二组并不重要，只要我们始终能够区分开两个组就可以。完成后，我们有单个样本的不同分数，然后用式（9.1）计算单样本置信区间。

在该研究中，我们通过将每个人躺着时的嗅觉得分减去坐着时的得分创建一个差变量。原始数据的前几行如表 9.3a 所示。

我们创建了一个新变量，记为"差"，并将其定义为坐着和躺着时嗅觉能力的差。我们在表 9.3b 中添加了这个新变量。

472

473

表 9.3a　前四个人坐着和躺着时的嗅觉能力

受试者编号	性别	坐着	躺着
1	女	13.5	13.25
2	女	13.5	13
3	女	12.75	11.5
4	男	12.5	12.5

表 9.3b　坐着和躺着时嗅觉能力的差

受试者编号	性别	坐着	躺着	差
1	女	13.5	13.25	0.25
2	女	13.5	13	0.50
3	女	12.75	11.5	1.25
4	男	12.5	12.5	0

以下是关于变量"坐着""躺着"和"差"的汇总统计数据：

变量	观测值	样本均值	样本标准差
坐着	36	11.47	3.26
躺着	36	10.60	3.06
差	36	0.87	2.39

在验证必要条件成立（事实上确实成立）后，用式（9.1）计算均值之差的 95% 置信区间。因为有 36 个观测值，$t*$ 的自由度是 $36-1 = 35$。附录 A 中的表格显示 $t* = 2.03$。

因此，嗅觉得分平均差的 95% 置信区间为

$$\bar{x} \pm t* \frac{s}{\sqrt{n}}$$

$$即 \ 0.87 \pm 2.03 \frac{2.39}{\sqrt{35}}$$

结果（四舍五入后）为（0.05，1.69）。

因为这些值都是正数，所以我们得出结论，第一组（坐着）的均值高于第二组（躺着）的均值。因此我们确信，坐着的嗅觉灵敏度比躺着高。这个差异可能非常小，小到 0.05 个单位，也可能大到 1.7 个单位。

许多统计软件允许我们选择" paired two-sample"来计算配对样本中两均值的置信区间。例 16 展示了如何使用统计软件来计算配对样本两均值之差的置信区间。

例 16　节食

想要减肥的美国人可以选择许多不同的饮食方法。在一项研究中（Dansinger et al. 2005），研究人员比较了四种不同饮食法的结果。然而，在这个例子中，我们只看了总体数据的一小部分，即随机分配到 Weight Watchers 饮食法的 40 名受试者。这些受试者被测量了两次：在研究之初和研究开始两个月后。数据包括两个变量：0 个月时的体重（kg）和 2 个月时的体重。我们的问题是，一般人通过 2 个月的 Weight Watchers 减肥计划会减掉多少体重？

图 9.27 显示了这些数据的两个不同的 90% 置信区间。图 9.27a 表示将数据视为独立样本的置信区间，图 9.27b 表示将数据视为配对样本的置信区间。注意，这些数据并非来源于随机抽样，但受试者是随机分配到样本中的。

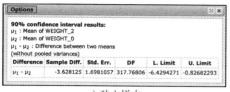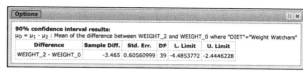

a）独立样本　　　　　　　　　　　　　　b）配对样本

图 9.27　StatCrunch 输出结果显示了 90% 的置信区间

问题：判断哪个是正确的置信区间并解释原因。

474

解答：因为两个样本中的受试者相同（每个受试者都被测量了两次），所以数据是配对样本。因此，图 9.27b 显示了正确的结果。

体重平均差值的 90% 置信区间为 -4.5 kg 至 -2.4 kg。区间只包含负数，这意味着第二次测量（2 个月时）的平均体重小于第一次测量（0 个月时）的平均体重。因此，我们确信，研究对象的典型体重减轻了多达 4.5 kg 或至少减轻了 2.4 kg。

试做：练习 9.67。

9.5.5　两个均值的假设检验：相关样本

在例 16 中，我们问了一个关于数量的问题：Weight Watchers 减肥法的典型减肥者减掉了多少？相较于"多少？"的问题，研究人员有时对"有什么变化？"的问题更感兴趣。

诸如此类的问题可以通过配对数据的假设检验来回答。在这里，为构造配对数据的置信区间，我们将两个变量转换为一个差变量，做出关于两组差的假设，而非单个组的假设。

为了说明这一点，我们考察另一组减肥者的数据。一个称为 The Zone 的饮食法承诺，在减肥时，你不会感到饥饿。该饮食法要求你摄入 30% 的蛋白质、30% 的脂肪和 40% 的碳水化合物，同时还限制你吃饭和吃零食的时间。该饮食法有助于减肥吗？

换句话说，我们的原假设是，在实施 The Zone 饮食法 2 个月后，节食后的平均体重与节食前的平均体重相同。我们的备择假设是，2 个月后平均体重下降（即单侧假设）。

研究人员将受试者随机分配到四种饮食法的其中一组，这里我们仅考虑 The Zone 饮食法的受试者。每个受试者在节食 0 个月和 2 个月时测量体重。因为两组中的受试者相同，所以数据是配对的。我们不再将 0 个月和 2 个月的体重作为单独的变量，而是计算体重的变化，并将该变量命名为"差"。对于每一个受试者，

$$差 = 2 \text{ 个月时的体重} - 0 \text{ 个月时的体重}$$

我们的假设现在只有一个均值，即差的均值：

$$H_0: \mu_{差} = 0 \text{（或 } \mu_{2\text{个月}} = \mu_{0\text{个月}}\text{）}$$
$$H_a: \mu_{差} < 0 \text{（或 } \mu_{2\text{个月}} < \mu_{0\text{个月}}\text{）}$$

我们的检验统计量与单样本 t 检验相同：

$$t = \frac{\overline{x}_{差} - 0}{SE_{差}}, \ 其中 SE_{差} = \frac{S_{差}}{\sqrt{n}}$$

通过求差的均值，得到 $\overline{x} = -3.795 \ \text{kg}$。

通过求得差变量的标准差 $s = 3.590 \ 3 \ \text{kg}$，进而求得 $s_{差}$。

我们有 40 个受试者，因此

$$SE = \frac{3.590 \ 3}{\sqrt{40}} = 0.567 \ 7$$

从而

$$t = \frac{-3.795}{0.567 \ 7} = -6.685$$

为了计算 p 值，我们使用自由度为 $n-1$ 的 t 分布（假设单样本 t 检验的条件仍成立），其中 n 是数据对的数量。因为有 40 对，每个受试者一对，所以自由度为 39。备择假设是单侧假设（左侧），计算 -6.685 左侧的面积。检验统计量显示，均值差比原假设期望的值低 6.685 个标准误差，因此我们认为 p 值非常小。

事实上，-6.685 左边的面积太小，以至于无法在图 9.28 的统计计算器中显示。但是计算器确实验证了 p 值接近于 0。

由于 p 值非常小，因此我们拒绝原假设，并得出结论，认为 The Zone 饮食法确实有助于受试者减肥。

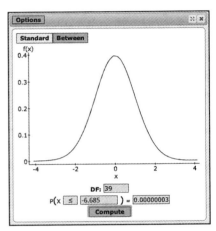

图 9.28 StatCrunch 统计计算器的输出结果，显示了自由度为 39 的 t 分布，低于 -6.685 的概率非常小

例 17 大学学费上涨

在之前的内容中，我们通过比较某一学年的样本与过去的总体平均水平，对两年制大学的学费是否增加进行了检验。但是，如果以大学为样本，把目前的学费和以前的学费对比一下，我们就可以得到一个更准确的答案：平均而言，学费是否上涨了？为了回答这个问题，我们随机抽取了 35 所大学，将其 2011—2012 学年的学费与 2014—2015 学年的学费进行了比较。（请注意，该样本不同于例 5 和例 6 中使用的随机样本。）

前几行数据如下：

机构名称	2011—2012 学费	2014—2015 学费
Mohawk Valley Community College	4 010	4 415
George C Wallace State Community College–Hanceville	4 080	4 260
College of the Redwoods	888	1 182

汇总统计数据显示，2014—2015 学年样本均值较高。

学费	样本量	样本均值	样本标准差
2011–2012	35	4 742.74	4 970.37
2014–2015	35	5 380.23	5 512.00

有时，像这样的配对研究可以帮助我们更深入地了解数据的变化。与例 5 中的单样本设计相比，配对数据的抽样变异性更低。

配对 t 检验的检验统计量观测值为 5.9，对应的 p 值小于 0.000 1。（在配对 t 检验中，我们使用最近的学年作为第一组，因此对一所大学而言，差为正数意味着该学校在 2014—2015 学年收取的学费比 2011—2012 学年更高。）

问题： 以 5% 的显著性水平进行假设检验，回答从 2011—2012 学年到 2014—2015 学年学费是否上涨了的问题。

解答：

步骤 1：假设

为了将问题重新表述为一对假设，我们令 μ_1 代表所有两年制大学在 2014—2015 学年的平均学费，μ_2 代表所有两年制大学在 2011—2012 学年的平均学费。然后

$$H_0: \mu_{差} = 0，\ 其中\ \mu_{差} = \mu_1 - \mu_2$$
$$H_a: \mu_{差} > 0$$

步骤 2：准备

这是一个随机样本，满足了随机样本的条件。两组中的大学是相同的，所以我们拥有配对数据。数据对（大学）的个数大于 25，满足大样本条件。我们可以继续接下来的步骤。

步骤 3：计算并比较

用 5% 的显著性水平。我们已知：$t = 5.9$。p 值非常小。

步骤 4：解释

由于 p 值小于显著性水平，我们拒绝原假设，并得出结论，平均而言，两年制大学的学费上涨了。

试做： 练习 9.69。

 摘要

配对 t 检验（相依样本）

什么是配对 t 检验？一种判断两个相依（配对）样本是否具有不同均值的方法。每一对都被转换成一个差。检验统计量与单样本 t 检验相同，只是原假设中的值为 0：

$$t = \frac{\bar{x}_{差} - 0}{SE_{差}}$$

配对 t 检验的用途是什么？在一定显著性水平下帮助我们判断样本均值是否不同。

477

> 配对 t 检验如何检验样本均值之差？检验统计量比较了平均差 $\bar{x}_{差}$ 和原假设期望的平均差 0。检验统计量远离 0，表明原假设不可信。
>
> 如何利用配对 t 检验？如果检验条件都成立，检验统计量的观测值可与自由度为 $n-1$ 的 t 分布相比较。

9.6 均值分析方法总览

我们希望你能注意到，本章的内容有很多重复的地方。两个均值的假设检验和单个均值的假设检验很相似，配对数据的假设检验是单样本 t 检验的特例。此外，假设检验使用的计算方法几乎与置信区间相同，它们施加的条件也相同，只是排列方式略有不同。

所有的检验统计量（对于单比例、单个均值、两个均值或两个比例）都有这样的结构：

$$检验统计量 = \frac{估计值 - 原假设值}{SE}$$

所有的置信区间都有这样的形式：

$$估计值 \pm （乘数） SE_{EST}$$

并不是所有置信区间都具有这种结构，但大多数置信区间都具有这种结构。

在所有假设检验中，p 值的计算方法都是相同的，尽管不同的情况需要使用不同的分布。我们需要根据备择假设决定需要计算双尾还是单尾 p 值，这一点需要特别注意。

9.6.1 不接受原假设

如果 p 值大于显著性水平，那么我们不拒绝原假设。但这并不意味着我们"接受"它。换句话说，这并不意味着我们认为原假设是正确的。

在例 14 和接下来的讨论中，我们得出结论，人们在周末和假日往往比工作日睡得时间更长——平均大约多一个小时。我们是在随机抽取超过 1.2 万人的基础上得出这个结论的。如果从每组中随机抽取 30 个人，我们考虑会发生什么情况。

下面的汇总统计数据基于一个随机样本，样本中的 30 人报告了自己在工作日的睡眠时间，另外 30 人报告了自己在周末和假日的睡眠时长。

工作日：$\bar{x} = 532$ min，$s = 138$ min

周末和假日：$\bar{x} = 585$ min，$s = 155$ min

如果检验周末和假日的平均睡眠时长不同这一假设，我们的计算结果将与之前有所不同。现在我们的检验统计量是 $t = 1.40$，p 值等于 0.167。如果我们相信总体的平均睡眠时长是一样的，那么这里的 t 值对我们来说就不奇怪了，所以我们不拒绝原假设。

虽然我们不拒绝原假设，但我们并不一定相信原假设是正确的。睡眠时长的差确实相当大：超过两个小时。当样本量很小时，我们不太可能判断出两个总体均值是否真的不同，因为我们的检验统计量存在很大的变异性。

这就是为什么我们从不"接受"原假设的原因之一。样本量越大，我们的检验统计量就会更精确，而且如果总体均值确实不同，我们就有更好的机会正确地拒绝原假设。事实上，当用 6 000 多人的样本进行检假设验时，我们发现结果是不同的。

9.6.2　置信区间和假设检验

如果备择假设是双侧的，则可以使用置信区间来代替假设检验，它们之间的等价关系见表 9.4。事实上，这两个方法总是会得出相同的结论：

方法 1：进行显著性水平为 α 的双侧假设检验。

方法 2：计算（$1-\alpha$）× 100% 的置信区间（使用前面给出的方法）。如果原假设的值没有出现在区间中，则拒绝原假设。

表 9.4　置信区间与双侧备择假设检验之间的等价关系

显著性水平	等值 α（双侧）
99%	0.01
95%	0.05
90%	0.10

> **KEY POINT 重点**
>
> 95% 的置信区间等价于一个具有 0.05 显著性水平的双侧备择假设。表 9.4 显示了一些其他等价关系，仅适用于双侧备择假设。

例 18　老年人的钙含量

图 9.29 中的箱线图显示了一项研究结果，该研究旨在确定老年男性和老年女性（均大于 65 岁）的钙含量是否存在显著差异。钙与骨骼的质量有关，钙含量低的人更容易骨折。研究人员进行了假设检验，观察男性和女性的平均钙含量是否相同。图 9.30 显示了分析结果。钙含量（变量 cammol）的单位为 mmol/L。

问题：

a. 假设进行 t 检验和计算置信区间所需的所有条件都成立，根据这个输出结果，研究人员会得出怎样的结论？用 0.05 的显著性水平。

b. 假设研究人员计算出两个均值之差的置信区间，这个区间是否包括 0？如果不包括，它包含的都是负数还是正数？请做出解释。

解答：

a. p 值等于 0.000 2，小于 0.05，因此研究者应拒绝原假设，认为男性和女性钙含量不同。

b. 我们拒绝了原假设，因而置信区间不包含 0。如果置信区间包含 0，那么 0 就是均值之差，而我们的假设检验得出的结论认为 0 是不可信的。从输出结果来看，两个均值的

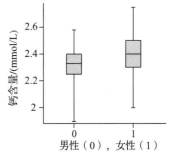

图 9.29　男性和女性钙含量的箱线图

估计差值为 0.075 7。这个值是正数，而且区间不能包括 0，所以区间内的所有值都必须是正数，表明女性的平均钙含量高于男性。

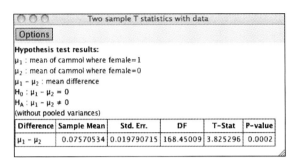

图 9.30　检验男性和女性的平均钙含量是否不同 StatCrunch 的输出结果。估计的差值等于女性的均值减去男性的均值

试做：练习 9.75。

480 ### 9.6.3　选择假设检验还是置信区间

如果既可以用置信区间或也可以用假设检验，我们该如何选择呢？首先，请记住，只有当备择假设是双侧假设时，这两种方法才会产生相同的结果，所以只有在双侧备择假设的情况下，你才需要做出选择。

这两种方法回答的问题略有不同。置信区间回答了以下问题：估计值是多少？在这个估计中你有多少不确定性？假设检验的目的是回答这个问题：参数值是这样还是那样？

在很多情况下，置信区间比假设检验提供了更多的信息。它不仅告诉我们是否应该拒绝原假设，还告诉我们总体真值的合理范围。然而，假设检验只是告诉我们是否拒绝。（尽管它确实给出了 p 值，帮助我们理解如果原假设为真，我们的结果是多么不寻常。）

例如，在假设检验"人们在周末和假日与工作日的睡眠时长是否不同"中，我们拒绝了原假设，得出的结论是，平均而言，人们在周末和假日与工作日的睡眠时长是不同的。这就是我们用假设检验得出的结论。我们不能以同样的显著水平说，他们是在周末还是工作日睡得更多，我们也不能解释到底多多少。然而，根据 95% 的置信区间是 51 min 到 61 min，我们知道，一般而言，人们在周末和假日比在工作日多睡一个小时。（因为第一组是"周末和假日"，正数意味着这个均值大于"工作日"的均值。）置信区间提供的信息比假设检验多得多，因此越来越多的学术期刊要求研究人员用置信区间来代替或支撑假设检验。

案例分析回顾

你看起来生病了！你真的生病了吗？

我们能仅通过观察就判断出一个人是否生病了吗？研究人员向受试者展示了志愿者的

照片，其中一些志愿者是健康的，另一些志愿者生病了。根据照片中的人看起来有多健康，受试者对照片进行评分。为了分析数据，研究人员在复杂的实验设计中使用一些先进的统计方法。然而，我们可以简化研究设计以应用本章介绍的方法，从而更好地理解研究发现。

研究人员实际上考虑了度量健康状况和外表表现的一系列指标。这里，我们只关注其中一个：照片中人的病情等级。回想一下，研究人员给评分者看的照片中既包括健康人，也包括生病的人。为了简化数据，我们计算了每个评分者给予"健康"图片和"生病"图片的平均病情等级。（当然，评分者并不知道哪些人是健康的，哪些人生病了。）

图 9.31 中的箱线图显示，评分者通常认为生病的人看起来不如健康的人健康。但是这个箱线图隐藏了一个重要的数据特性。数据是配对的，因为每个评分者需要为两组照片评分。

为了更准确地捕捉数据特征，我们计算了每个评分者的评分差，方法是将他们给健康人的评分减去他们给病人的评分。结果为正数，表明他们倾向于认为病人的照片看起来比健康人的照片更不健康。负数意味着他们倾向于认为病人的照片看起来比健康人的照片更健康。

图 9.32 显示了评分差的样本分布。我们注意到，很少有评分者的评分差为负数。平均差为 0.48，标准差为 0.36。

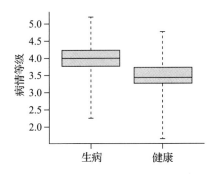

图 9.31　尽管存在一部分重叠，但病人照片的病情等级得分往往更高

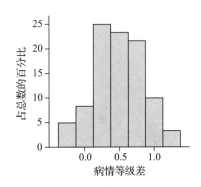

图 9.32　评分的分布相当对称，以 0.48 为中心，这表明，平均而言，评分者可以区分健康人的照片和病人的照片

平均差为正数可能是偶然现象。由于向评分者展示照片的顺序是随机的，可以想象，如果排序改变了，结果可能会不一样。为了检验这个假设，我们进行了配对 t 检验，比较原假设平均差为 0 与备择假设平均差为正数。检验统计量的值为 10.245，p 值接近于 0，因此我们拒绝原假设，并得出结论，评分者确实认为病人看上去比健康人虚弱。

95% 的置信区间证实了这一说法。置信区间为（0.39，0.58），区间内的值都是正数，平均差大于零，从而再次验证了结论，这些评分者真的能够辨别出病人照片和健康人照片之间的区别。由于研究人员用了更精确的统计分析方法，因此这与本章开头所示的区间并不完全相符，但是基本结论是相同的。

数据项目：堆栈数据

1. 概述

在第 1 章关于数据结构的内容中，我们讨论的第一件事是堆栈数据和非堆栈数据的区别。你倾向于哪种数据结构通常取决于你的软件，因为软件一般有非常明确的偏好！例如，大多数计算器更喜欢非堆栈数据。在本项目中，我们将探究"堆栈和拆分"数据迁移，这允许数据在堆栈和未堆栈之间进行转换。

数据：smellsense.csv 以及 smellsenseSitting.csv。

2. 目标

会将堆栈数据集转换为非堆栈数据集，反之亦然。

3. 项目

我们采用的数据来自某项研究，该研究试图确定我们的嗅觉是否会因性别和身体姿势的不同而有所区别（*sitting up vs. lying down*, Lundstrom et al. 2006）。下表为来自文件 smellsenseSitting.csv 的数据，利用该数据我们可以比较男性和女性坐着（sitting up）的情况。（研究细节不重要，但有一点很重要，那就是数值越大，嗅觉就越强。）

Row	man Sitting Up	woman Sitting Up
1	12.5	13.5
2	9.25	13.5
3	5	12.75
4	8.75	12.5
5	12.75	14
6	9	12.75
7	7.5	13.75
8	10	10
9	4.5	12.25
10	12.75	13.5
11	13.5	12.75
12	15.5	13
13	15.5	12.5
14	7.5	9
15	16.75	3.75
16	13	14.75
17	8.25	7.75
18	13	15.75
19		

非堆栈格式的优点是我们可以快速查看男性和女性变量值的数据，并且可以看到男性数和女性数相等（18）。缺点是这种格式"隐藏"了实际有两个变量。一个变量是度量他们嗅觉的数值变量，另一个变量是度量他们性别的分类变量。其实还有另一个隐藏的变量，这个变量记录了他们是坐着还是躺着的时候进行的测量。该变量在作业中会有更多的介绍！

项目：我们想用这些数据来回答一个统计问题："男性和女性坐着时的嗅觉是否不同？"如果你使用的软件能够计算两个均值差值的置信区间，或者进行必要的假设检验，那么你可能会满足于使用非堆栈数据。然而，许多软件需要使用堆栈数据。

幸运的是，使用堆栈数据非常简单。选 **Data > Arrange > Stack** 并选两个列。注意，一定要勾选"Open in a new data table"。具体如下图所示。

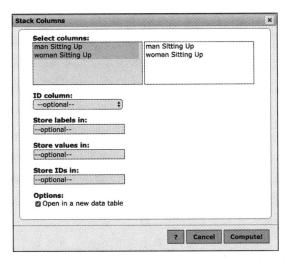

作业：通过完成作业可以观察堆栈和拆分数据能做什么和不能做什么。　483

1. 注意，StatCrunch 没有为新堆栈变量命名。那么如何使用 Stack 对话框为它们指定名称呢？

2. 现在用 Data>Arrange>Split 来解除数据堆栈。请问在"Select column"部分中需要什么类型变量：数值型还是分类型？"Split by"部分呢？

3. smellsense.csv 文件中包含了一个更完整的堆栈数据集。请尝试将此数据集转换为非堆栈的。请问会丢失什么信息？（这种丢失正是我们在本书中更喜欢使用堆栈数据的原因。）

本章回顾　484

关键术语（页码为边注页码）

回顾以下术语，我们曾在第 7 章和第 8 章介绍过这些术语。

第 7 章：统计量，估计量，偏差，精度，抽样分布，标准误差，置信区间，置信水平，误差范围

第 8 章：原假设，备择假设，显著性水平，检验统计量，p 值，单侧假设，双侧假设

偏差，435　　　　　　　　　　　　t 分布，445

精度，435　　　　　　　　　　　　自由度（df），445

抽样分布，437　　　　　　　　　　置信区间，446

无偏估计量，437　　　　　　　　　置信水平，446

标准误差，437　　　　　　　　　　独立样本，462

中心极限定理（CLT），439　　　　　配对（相关）样本，462

t 统计量，444

学习目标

学完本章并完成布置的作业后，你应该学会：

- 理解样本均值的中心极限定理何时适用，并知道如何用它来计算样本均值的近似概率；
- 知道如何检验关于总体均值的假设以及关于两个总体均值比较的假设；
- 理解如何计算、解释和使用单个总体均值和两个总体均值差值的置信区间；
- 理解 p 值的含义和显著性水平；
- 理解如何使用置信区间对单个总体均值或两个总体均值差值进行双侧假设检验。

小结

样本均值为我们提供了总体均值的无偏估计，前提是观测值是从总体中随机抽取的，且相互独立。该估计量的精度是由标准误差（抽样分布的标准差）度量的，精度会随着样本量的增加而提高。如果总体分布是正态的，那么抽样分布也是正态的。否则，根据中心极限定理，抽样分布会近似正态分布，尽管对于小样本量，这种近似可能很糟糕。如果总体分布不是正态的，我们建议使用大于等于 25 的样本量。

虽然我们没有深入研究（相当复杂的）数学问题，但我们度量置信水平（它告诉我们置信区间的表现如何）、p 值和显著性水平 (α) 的能力取决于中心极限定理。如果使用中心极限定理的条件不满足，那么报告值可能是错误的。

置信区间用于提供参数估计，以及度量估计的不确定性。本章的置信区间与第 7 章中比例的置信区间差别不大，均为以下形式：

估计值 ± 误差范围

不同之处在于，在进行分析之前，你必须确定你使用的两个样本是独立的还是配对的。

均值和比例的置信区间的另一个区别是前者误差范围的乘数基于 t 分布，而不是正态分布。

到这里，你已经学了几种不同的假设检验，包括单样本比例和两样本比例的 z 检验、单样本均值和两个独立样本均值的 t 检验，以及两个相关样本均值的 t 检验。（你可能会发现两个独立样本均值的 t 检验有合并和非合并版本，但你应该使用非合并版本。）另外，了解为你想要分析的数据选择哪种检验非常重要。

假设检验遵循第 8 章描述的结构，并且就像置信区间一样，你必须确定你用的是独立样本还是配对样本。基于独立样本的两均值检验是基于均值之差。原假设（几乎）总是均值差为 0。备择假设取决于研究的问题。

为了计算两均值检验的 p 值，需要使用 t 分布。要使用 t 分布，必须知道自由度（df），这取决于你是进行单均值检验（df $= n-1$），独立样本的两均值检验（使用电脑计算 df，如果手动计算，用 n_1-1 和 n_2-1 中较小的 df），还是配对样本的两均值检验（df 为配对样本数减 1）。

公式

样本是从每个总体中随机选择的，并且相互独立。总体分布要为正态分布，否则，每个样本的样本量必须大于等于 25。

单样本均值的置信区间

$$\bar{x} \pm m \tag{9.1}$$

其中，$m = t * SE_{est}, SE_{est} = \dfrac{s}{\sqrt{n}}$。

乘数 $t*$ 是一个常数，用于调整误差范围，进而得到我们想要的置信水平。它是由具有 $n-1$ 个自由度的 t 分布决定的。SE_{est} 是估计的标准误差。

$$\textbf{配对样本：} \quad \bar{x}_{差} \pm m，\quad 其中，\quad m = t * SE_{est}, \quad SE_{est} = \frac{S_{差}}{\sqrt{n}}$$

（$\bar{x}_{差}$ 为差的均值，$S_{差}$ 为差的标准差，n 为配对样本的数量。）

单样本均值的 t 检验

$$t = \frac{\bar{x} - \mu_0}{SE_{est}} \tag{9.2}$$

其中，$SE_{est} = \dfrac{s}{\sqrt{n}}$，如果条件成立，$t$ 服从自由度为 $n-1$ 的 t 分布。

$$\textbf{配对样本：} \quad t = \frac{\bar{x}_{差} - 0}{SE_{差}}，\quad 其中，\quad SE_{差} = \frac{S_{差}}{\sqrt{n}}$$

（$\bar{x}_{差}$ 为差值的均值，$S_{差}$ 为差值的标准差，n 为配对样本的数量。）

如果条件成立，t 服从自由度为 $n-1$ 的 t 分布（其中 n 为配对样本的数量）。

两样本的置信区间

$$(\bar{x}_1 - \bar{x}_2) \pm t * \sqrt{\frac{s_1^2}{n_1} + \frac{s_2^2}{n_2}} \tag{9.3}$$

如果条件成立，$t*$ 基于 t 分布。如果不能使用计算机，则保守估计自由度为 $n_1 - 1$ 和 $n_2 - 1$ 中的较小值。

两样本 t 检验（非合并的）

$$t = \frac{\bar{x}_1 - \bar{x}_2 - 0}{SE_{est}}，其中 SE_{est} = \sqrt{\frac{s_1^2}{n_1} + \frac{s_2^2}{n_2}} \tag{9.4}$$

如果条件成立，t 近似服从 t 分布。如果不能使用计算机，则保守估计自由度为 $n_1 - 1$ 和 $n_2 - 1$ 中的较小值。（不要使用合并的版本。）

参考文献

Axelsson, J., T. Sundelin, M.J. Olsson, K. Sorjonen, C. Axelsson, J. Lasselin, and M. Lekander. 2018. Identification of acutely sick people and facial cues of sickness. *Proc. R. Soc. B*, vol. 285: 20172430. http://dx.doi.org/ 10.1098/rspb.2017.2430.

Bureau of Labor Statistics. American Time Use Survey. http://www.bls.gov /tus/ (accessed

January 2014).

Dansinger, M., J. Gleason, J. Griffith, H. Selker, and E. Schaefer. 2005. Comparison of the Atkins, Ornish, Weight Watchers, and Zone diets for weight loss and heart disease risk reduction: A randomized trial. *Journal of the American Medical Association*, vol. 293(1): 43–53.

Dunn, P. 2012. Assessing claims made by a pizza chain. *Journal of Statistics Education*, vol. 20(1). http://www.amstat.org/publications/jse/v20n1/ dunn.pdf.

Integrated Postsecondary Data System. http://nces.ed.gov/ipeds/ (accessed December 2013).

Lundström, J., J. Boyle, and M. Jones-Gotman. 2006. Sit up and smell the roses better: Olfactory sensitivity to phenyl ethyl alcohol is dependent on body position. *Chemical Senses*, vol. 31(3): 249–252. doi:10.1093 /chemse/bjj025.

Mangen, A., B. Walgermo, and K. Bronnick. 2013. Reading linear texts on paper versus computer screens: Effects on reading comprehension. *International Journal of Educational Research*, vol. 58: 61–68. http:// dx.doi.org/10.1016/j.ijer.2012.12.002.

Meador, K. J., et al. 2009. Cognitive function at 3 years of age after fetal exposure to antiepileptic drugs. *New England Journal of Medicine*, vol. 360(16): 1597–1605.

Mueller, P., and D. Oppenheimer. 2014. The pen is mightier than the keyboard: advantages of longhand over laptop note taking. *Psychological Science*, vol. 25(6): 1159–1168. doi:10.1177/0956797614524581.

National Health and Nutrition Examination Survey (NHANES). Centers for Disease Control and Prevention (CDC). National Center for Health Statistics (NCHS). National Health and Nutrition Examination Survey Data. Hyattsville, MD: U.S. Department of Health and Human Services, Centers for Disease Control and Prevention, 2003–2004.

练习

9.1 节

9.1 年龄

一项针对一所小型学院所有学生的研究显示，这所学校的学生平均年龄为 20.7 岁，标准差为 2.5 岁。

a. 这些数字是统计量还是参数？解释一下原因。

b. 用适当的符号（如 $\bar{x}$，μ，σ 或 s）表示这两个数字。

9.2 学分

一项对一所大型大学 100 名全日制学生的随机调查显示，这些学生一学期所修平均学分为 15.2，标准差为 1.5。

a. 这些数字是统计量还是参数？解释一下原因。

b. 用适当的符号（如 $\bar{x}$，μ，σ 或 s）表示这两个数字。

9.3 考试成绩

某项考试的成绩分布为 $N(80,5)$，这意味着考试成绩服从均值为 80、标准差为 5 的正态分布。

a. 绘制或用软件绘制该分布的曲线，

并在 *x* 轴上标出均值、均值加上或减去一个标准差、均值加上或减去两个标准差以及均值加上或减去三个标准差所对应的值所在的位置。

b. 请计算随机抽取的分数大于 90 的概率。对正态曲线下的区域进行着色处理，使其位置和面积对应该事件的概率。

9.4　考试成绩

某项考试的分数分布为 *N*（100，10），这意味着考试分数服从均值为 100、标准差为 10 的正态分布。

a. 绘制或用软件绘制该分布的曲线，并在 *x* 轴上标出均值、均值加上或减去一个标准差、均值加上或减去两个标准差以及均值加上或减去三个标准差所对应的值所在的位置。

b. 请计算随机抽取的分数在 90 至 110 之间的概率。对正态曲线下的区域进行着色处理，使其位置和面积对应该事件的概率。

9.5　淋浴

home-water-works.org 数据显示，美国人平均淋浴时长为 8.2 min。假设这是正确的，并假设标准差为 2 min。

a. 你认为淋浴时长分布的形状是正态的，右偏的还是左偏的？解释一下原因。

b. 假设我们随机抽样调查 100 人，记录他们最近一次淋浴的时长。我们计算他们淋浴时长的均值并记录。重复此抽样过程 500 次。这些样本均值服从什么样的分布？

c. 参考 b 部分。这些样本均值所服从的分布的均值和标准差是多少？

9.6　智能手机

ComScore.com 2017 年的一份报告称，美国成年人每天平均花在智能手机上的时长是 2.85 h。假设这是正确的，并假设标准差为 1.4 h。

a. 假设随机抽取了 150 名美国成年人进行调查，问他们每天花多长时间在智能手机上。记录样本的均值。然后我们重复这个过程，进行 1 000 次调查，每次调查均抽取 150 名美国成年人，并记录样本均值。这些样本均值服从什么样的分布？

b. 参见 a 部分。这些样本均值分布的均值和标准差是多少？

9.7　退休收入

在一年里，美国人口普查局曾多次随机抽取样本进行调查。美国社区调查就是由人口普查局进行的一项调查。最近的一次这样的调查是基于家庭的随机大样本（几千个），他们估计美国的平均退休收入为每年 21 201 美元。假设我们要对这个样本的所有退休收入做一个直方图。直方图反映的是总体分布、样本分布还是样本的均值分布？

9.8　受雇时长

一家大公司的人力资源经理从公司数据库中随机抽取 50 名员工。她计算他们的平均受雇时长。她记录下这个值，然后重复这个抽样过程：她再随机抽取 50 个名字，计算平均就业时长。在做了 1 000 次这个抽样之后，她绘制了一个平均受雇时长的直方图。这个直方图展示的是总体分布、样本分布还是样本均值分布？

TRY **9.9** 驾驶（例 1）

怀俄明州的司机每年比其他州的司机行驶更多的里程。怀俄明州每名持证驾驶人每年行动的里程为 22 306 mile。假设标准差为 5 500 mile。随机选取怀俄明州 200 名持证驾驶人，计算出样本中的司机的年平均行驶里程数。（来源：*2017 World Almanac and Book of Facts*。）

a. 预计样本均值是多少？

b. 样本标准误差是多少？

9.10 驾驶

阿拉斯加的司机每年比其他州的司机行驶更少的里程。在阿拉斯加，每名持证驾驶人每年行驶的里程为 9 134 mile。假设标准差为 3 200 mile。在阿拉斯加随机抽取 100 名持证驾驶人，并计算出样本中的司机的年平均行驶里程数。（来源：*2017 World Almanac and Book of Facts*。）

a. 预计样本均值是多少？

b. 样本的标准误差是多少？

9.2 节

TRY **9.11** 婴儿体重（例 2）

一些资料显示，足月新生儿的体重均值为 7 lb，标准差为 0.6 lb，呈正态分布。

a. 一个新生儿体重与均值相差 0.6 lb 以内（即 6.4 lb 到 7.6 lb 之间）或在均值的一个标准差之内的概率是多少？

b. 四个婴儿体重的均值与该均值相差 0.6 磅以内（即在 6.4 lb 到 7.6 lb 之间）的概率是多少？

c. 阐述 a 和 b 的区别。

9.12 婴儿的体重

一些资料称，足月新生儿的平均体重为 7 lb，标准差为 0.6 lb，且呈正态分布。在给定输出结果中，阴影区域（报告为 p=）表示均值大于 7.6 或小于 6.4 的概率。其中一个输出结果的样本量为 4，另一个样本量为 9。

a. 下面两个图分别对应哪个样本，你是怎么判断的？

b. 这些图形是分别绘制的。如果它们有相同的横轴，一个会比另一个高且窄。请问分别对应的是哪个样本，为什么？

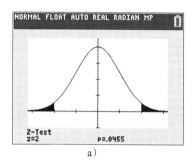

a)

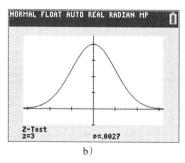

b)

TRY **9.13** 马里兰州人均收入（例 3）

Money 杂志 2018 年的一篇文章称，马里兰州是美国人均收入最高的州之一，平均收入为 75 847 美元。假设标准差是 32 000 美元，收入的分布是右偏的。随机抽取 100 名马里兰州居民。

a. 样本量是否足够大到可以对均值使用中心极限定理？解释一下原因。

b. 抽样分布的均值和标准误差是多少？

c. 样本均值偏离总体均值 3 200 美元以上的概率是多少？

9.14 堪萨斯州人均收入

Money 杂志 2018 年的一篇文章称，堪萨斯州的平均收入为 53 906 美元。假设标准差是 3 000 美元，收入分布是右偏的。重复对 400 名堪萨斯州居民进行随机抽样，计算每个样本的平均收入。

a. 总体分布是右偏的。样本均值的分布是否是正态的？为什么？

b. 计算并解释样本均值为 53 606 美元所对应的 z 分数。

c. 发现一个样本的均值为 54 500 美元是否不正常？为什么？

TRY 9.15 CLT 形状（例 4）

下面三张图中，一张是一个样本的直方图（来自偏态分布的总体），一张是重复抽取的样本量为 5 的随机样本的均值的分布，一张是重复抽取的样本量为 25 的随机样本的均值的分布，所有样本都来自同一总体。三张图分别对应哪种情况，你是怎样判断的？

a)

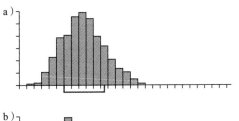

b)

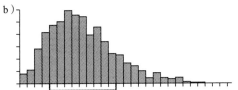

c)

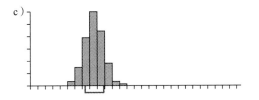

9.16 二手货车成本

下面有一张直方图显示了 2018 年在距离加州圣莱安德罗 100 mile 范围内，所有二手丰田塞纳货车的销售成本分布。其他三张图显示了从该总体中随机抽取的样本的均值分布，样本量分别为 2 辆货车、5 辆货车和 15 辆货车。每张样本均值的图都是多次重复抽样的结果。下面几张图分别对应哪种情况，为什么？

a)

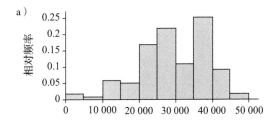

b)

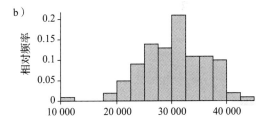

487

c)

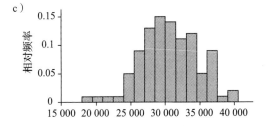

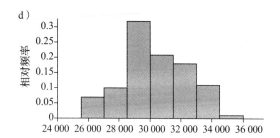
d)

TRY 9.17 二手货车的车龄（例 5）

所有的 118 辆待售二手丰田货车的平均车龄（见练习 9.16）为 3.1 年，标准差为 2.7 年。车龄分布是右偏的。一名学生进行了一个统计项目，从这个数据集中随机选择了 35 辆货车，发现样本中的二手货车平均车龄为 2.7 年，标准差为 2.1 年。

a. 求出下面的值：$\mu=?$ $\sigma=?$ $\bar{x}=?$ $s=?$

b. a 部分列出的值中哪些是参数？哪些是统计值？

c. 满足使用中心极限定理的条件吗？每个样本的样本量为 35，则均值的抽样分布满足什么样的近似分布？

9.18 学生年龄

一所小型学院共有 2 550 名学生，所有学生的平均年龄是 22.8 岁，标准差是 3.2 岁，呈右偏分布。随机抽取 4 名学生的年龄，均值为 23.2，标准差为 2.4 岁。

a. $\mu=?$ $\sigma=?$ $\bar{x}=?$ $s=?$

b. μ 是参数还是统计量？满足使用中心极限定理的条件吗？每个样本的样本量为 4，则均值的抽样分布满足什么样的近似分布？形状是右偏的、对称的还是左偏的？

488 **9.3 节**

TRY 9.19 医学院本科生的平均绩点（例 6）

从美国 10 所医学院随机抽取本科生，并记录他们的平均绩点（GPA）。这些学生的平均绩点为 3.75，标准差为 0.06。本科绩点分布为正态分布。（来源：Accepted.com。）

a. 判断下列关于置信区间的陈述是否正确。用正确的陈述填空。对陈述不正确的选项解释其不正确的原因。

i. 我们有 95% 的把握样本均值在____和____之间。

ii. 我们有 95% 的信心认为总体均值在____到____之间。

iii. 总体均值在____和____之间的概率为 95%。

b. 基于你得到的置信区间，你认为总体的平均绩点是 3.80 吗？为什么不是或者为什么是？

9.20 医学院录取率

随机抽取美国 15 所医学院的录取率。平均录取率为 5.77，标准差为 0.56。假设录取率的分布是正态的。（来源：Accepted.com。）

a. 判断下列关于置信区间的陈述是否正确。用正确的陈述填空。对陈述不正确的选项解释其不正确的原因。

i. 我们有 95% 的把握样本均值在____至____之间。

ii. 我们有 95% 的信心认为总体均值在____到____之间。

iii. 总体均值在____和____之间的概率为 95%。

b. 基于你得到的置信区间，你认为医学院的平均录取率是 6.5 吗？解释一下原因。

9.21 橘子

一名统计学教师随机抽取了四袋橘子，每袋的重量都标注的是 10 lb，他分别称了每袋橘子的重量，分别是 10.2，10.5，10.3 和 10.3（单位：lb）。假设重量的分布是正态的。构造每袋橘子平均重量的 95% 置信区间。使用你所学的方法进行计算。

a. 判断以下三个陈述中的每一个陈述是不是对置信区间的正确解释，并为正确的选项填空。

i. 我有 95% 的把握总体均值在____至____之间。

ii. 我有 95% 的可能性所有的区间都在____至____之间。

iii. 我有 95% 的把握样本均值在____至____之间。

b. 区间包含 10 lb 吗？有足够的把握拒绝总体平均重量为 10 lb 的原假设吗？解释你的答案。

9.22 胡萝卜

随机选择四袋胡萝卜，每袋标记的重量为 20 lb，分别对其进行称重，重量分别是 20.5，19.8，20.8 和 20.0（单位：lb）。假设重量的分布是正态的。构造所有袋装胡萝卜平均重量的 95% 置信区间。使用你所学的方法进行计算。

a. 确定以下三个陈述中的每一个陈述是不是对置信区间的正确解释，并选择正确的陈述填空。

i. 基于相同样本量的所有样本的均值有 95% 将在____至____之间。

ii. 我们有 95% 的信心认为，总体均值在____至____之间。

iii. 我们有 95% 的信心认为，上、下限是____和____。

b. 你能拒绝总体均值为 20 lb 的假设吗？解释一下原因。

TRY 9.23 私立高校学费（例 7）

随机选取 25 所私立高校作为样本。私立大学州内平均学费的 95% 置信区间为（22 501，32 664）。下列哪项是对置信水平的正确解释？（来源：*Chronicle of Higher Education*。）

a. 私立大学的州内平均学费有 95% 的可能性在 22 501 美元到 32 664 美元之间。

b. 在 25 所私立大学约 95% 的样本中，其所构造的置信区间将包含总体的州内平均学费。

9.24 随机数

如果你从一个随机数表中选取其中的 40 行作为样本，发现位数为奇数的数字占比的置信区间包含 50% 的有 37 个。能用 37/40 估计置信区间或置信水平吗？

9.25 t^*（例 8）

研究人员从总体中收集 27 个测量值作为一个样本，希望找到一个 95% 置信区间。t^* 应该使用什么值？（回想一下，对于单样本 t 区间 df $= n-1$。）

df	C-level		
	90%	95%	99%
24	1.711	2.064	2.797
25	1.708	2.060	2.787
26	1.706	2.056	2.779
27	1.703	2.056	2.771
28	1.701	2.048	2.763

df	C-level		
	90%	95%	99%
28	1.701	2.048	2.763

（续）

df	C-level		
	90%	95%	99%
29	1.699	2.045	2.756
30	1.697	2.042	2.750
34	1.691	2.032	2.728

9.26 _t*_

研究人员从总体中收集 25 个样本的测量值，以此构造 99% 置信区间。

a. _t*_ 应该取什么值？（回想一下，单样本 _t_ 区间 df = _n_ – 1。）使用练习 9.25 中给出的表格回答问题。

b. 为什么这个问题的答案比练习 9.25 的答案大？

TRY **9.27** 十二年级学生身高（例 9）

随机抽取 30 名十二年级学生作为样本。样本平均身高是 170.7 cm，标准差是 11.5 cm。（来源：AMSTAT Census at School。）

489

a. 说明如何填写下图中的空白处来完成 Minitab Express 的计算。

b. 使用 Minitab Express 提供的输出结果，用严谨的统计术语报告置信区间。

9.28 饮料

一家快餐连锁店出售名为 HUGE 的饮料。对 25 杯饮料样本称重，得出它们的均值是 36.3 oz，标准差是 1.5 oz。

a. 说明你将如何填写下面的数字来用 TI-84 进行计算。

b. 用严谨的统计术语报告置信区间。

TI-84 Input

TI-84 Output

TRY **9.29** 男性脉率（例 10）

一个有 25 名男性的随机样本显示，男性静息脉率平均每分钟 72 次，标准差为 13 次。

a. 构造男性总体平均脉率的 95% 置信区间，并用一句话报告该置信区间。你可以参考练习 9.25 给出的表格。

b. 找到 99% 的置信区间。

c. 哪个置信区间更宽，为什么？

9.30 到校所需时间

随机抽取 50 名十二年级的学生，询问他们到学校需要多长时间。样本均值是 16.2 min，样本标准差是 12.3 min。（来源：AMSTAT Census at School。）

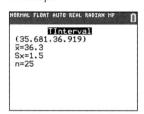

1-Sample t

Descriptive Statistics

N	Mean	StDev	SE Mean	95% CI for μ
30	170.700	11.500	2.100	(166.406, 174.994)

μ:mean of Sample

a. 构造所有十二年级学生上学所需的平均时间的 95% 置信区间。

b. 基于此样本数据的 90% 置信区间会比 95% 置信区间宽还是窄？解释一下原因。通过构造一个 90% 置信区间来检验你的答案，并将这个区间的宽度与 a 部分的 95% 置信区间的宽度进行比较。

TRY 9.31 RBIs（例 11）

随机抽取 2017 年美国职业棒球大联盟赛季的 25 名棒球运动员作为样本，使用样本数据构造总体均值的两个置信区间。一个置信区间是（22.0，42.8）。另一个置信区间是（19.9，44.0）。（来源：mlb.com。）

a. 一个是 95% 置信区间，一个是 90% 置信区间。解释一下你怎么判断哪一个是 90% 的置信区间哪一个是 95% 的置信区间？

b. 如果使用更大的样本量，例如，40 而不是 25，这将如何影响区间的宽度？解释一下。

9.32 RBIs

在练习 9.31 中，同样的数据有两个置信区间，一个是 95% 的置信区间，一个是 90% 的置信区间。

a. 99% 的置信区间是什么样的？它的宽度是窄于前两者、宽于前两者，还是介于两者之间？解释一下原因。

b. 如果我们想用 99% 的置信水平并得到更小的宽度，应该如何改变我们的样本？

9.33 置信区间的变化

说明下列每一项改变是否会使置信区间变宽或变窄。（假定其他条件不变。）

a. 从 90% 置信水平到 99% 置信水平。

b. 样本量从 30 变为 200。

c. 标准差从 20 lb 到 25 lb。

9.34 置信区间的变化

说明下列每一项改变是否会使置信区间变宽或变窄。（假定其他条件不变。）

a. 从 95% 置信水平变为 90% 置信水平。

b. 样本量从 30 变为 20。

c. 标准差从 3 in 变为 2.5 in。

9.35 土豆

随机独立选择四袋标重为 20 lb 的土豆，称其重量分别为 21.0，21.5，20.5 和 21.2 lb。假设分布服从正态分布。

a. 构造所有袋装土豆平均重量的 95% 置信区间。

b. 置信区间是否覆盖 20.0 lb？有足够的证据否定平均重量为 20 lb 吗？

9.36 番茄

490

随机独立选择四袋标重为 5 lb 的番茄，称其重量分别为 5.1，5.0，5.3 和 5.1 lb。假设分布服从正态分布。

a. 构造所有袋装番茄平均重量的 95% 置信区间。

b. 置信区间是否覆盖 5 lb？有足够的证据否定平均重量为 5 lb 吗？

9.4 节

TRY g 9.37 人体温度（例 12）

对健康人进行随机独立抽样并检测他们的体温（℉）如下：

98.5，98.2，99.0，96.3，98.3，98.7，97.2，99.1，98.7，97.2

该样本量为 10。进行一项假设检验，检验总体体温均值是不是 98.6 ℉，用 0.05 的显著性水平。参阅本章练习指导。

9.38 反应距离

磁盘和网站上的数据显示了随机抽取的 40 名大学生的反应距离，以厘米为单位。距离越小反应越快。

a. 做一个反映样本分布状况的图，并描述其形状。

b. 构造、报告和解释总体均值的 95% 置信区间。

c. 假设一位教授说总体均值是 10 cm。使用四步法检验总体均值为 10 cm 的假设，显著性水平为 0.05。

9.39 土豆

用练习 9.35 中的数据。

a. 如果你使用四步法和双侧备择假设，在 0.05 的显著性水平下，你是否能够拒绝总体均值是 20 lb 的假设？为什么？置信区间报告如下：我有 95% 的信心总体均值在 20.4 到 21.7 lb 之间。

b. 现在用四步法检验总体均值不是 20 lb 的假设。用 0.05 的显著性水平。

c. 选择以下结论之一：

i. 我们不能拒绝总体均值为 20 lb 的假设。

ii. 我们可以拒绝总体均值为 20 lb 的假设。

iii. 总体均值是 21.05 lb。

9.40 番茄

用练习 9.36 中的数据。

a. 如果你用四步法和双侧备择假设，在 0.05 的显著性水平下，你是否能够拒绝总体均值是 5 磅的假设？为什么可以或为什么不可以？置信区间报告如下：我有 95% 的信心总体均值在 4.9 lb 到 5.3 lb 之间。

b. 现在用四步法检验总体均值不是 5 lb 的假设。用 0.05 的显著性水平。

9.41 胆固醇

美国卫生部建议健康的人体内总胆固醇含量的测量值应该是 200mg / dL 或更少。从 NHANES 研究报告中随机和独立抽取的 50 人的记录作为样本，Minitab 输出的结果如下：

One-Sample T
Test of μ = 200 vs > 200

N	Mean	StDev	SE Mean	T	P
50	208.26	40.67	5.75	1.44	0.079

用 0.05 的显著性水平检验总体平均胆固醇含量超过 200 的假设。假设其他条件均满足。

9.42 BMI

身体质量指数（BMI）超过 25 被认为是不健康的。从 NHANES 研究报告中随机独立抽取 50 人进行分析。Minitab 给出的结果如下：

One-Sample T
Test of μ = 25 vs > 25

N	Mean	StDev	SE Mean	T	P
50	27.874	6.783	0.959	3.00	0.002

用 0.05 的显著性水平检验总体 BMI 均值大于 25 的假设。假设其他条件满足。

9.43 男孩身高

在美国，3 岁男孩的总体平均身高是 38 in（http://www.kidsgrowth.com）。假设随机抽取 15 个非美国 3 岁男孩作为样本，样本均值是 37.2 in，标准差是 3 in。这些男孩是独立抽样得到的。假设总体的身高呈正态分布。

a. 确定非美国男孩平均身高水平与美国男孩平均身高水平是否有显著差异。用 0.05 的显著性水平。

b. 现在假设样本中有 30 个男孩而不是 15 个，重复这个检验。

c. 解释为什么 a 部分和 b 部分的 t 值和 p 值不同。

9.44 女孩身高

在美国，10 岁女孩的平均身高是 54.5 in。假设随机抽取 15 个 10 岁巴西女孩作为样本，样本平均身高是 53.2 in，标准差是 2.5 in。假设总体身高是正态分布的。（来源：cdc.gov。）

a. 确定巴西 10 岁女孩的平均身高是否与美国 10 岁女孩的平均身高有显著不同。用 0.05 的显著性水平。

b. 现在假设样本中有 40 个女孩而不是 15 个。重复上述检验。

c. 解释为什么 a 部分和 b 部分的 t 值和 p 值不一样。

9.45 泄气的橄榄球与爱国者队

在 2015 年的 AFC 锦标赛上，有人指责新英格兰爱国者队对球进行了放气，以此获得优势。这些球应该膨胀到 12.5 lb/in^2 到 13.5 lb/in^2。测量值为 11.50，10.85，11.15，10.70，11.10，11.60，11.85，11.10，10.95，10.50 和 10.90（lb/in^2，psi）。（来源：http://online.wsj.com/public/resources/documents/Deflategate.pdf。）

a. 用 0.05 的显著性水平检验总体均值小于 12.5psi 的假设。明确陈述爱国者队的球是否瘪了。假设满足假设检验的条件。

b. 用上述数据为爱国者队橄榄球的平均 psi 构造一个 95% 的置信区间。这个置信区间能否支持 a 部分的结论？

9.46 泄气的橄榄球与小马队

在 2015 年的 AFC 锦标赛上，有人指责新英格兰爱国者队给他们的球放气以获得优势。爱国者队在锦标赛中的对手是印第安纳波利斯小马队。对小马队的球进行了测量。橄榄球应膨胀到 12.5 ～ 13.5（psi）之间。测量值是 12.70，12.75，12.50，12.55，12.35，12.30，12.95 和 12.15 psi。（来源：http：//online.wsj.com/public/resources/documents/ Deflategate.pdf。）

a. 用 0.05 的显著性水平检验总体均值小于 12.5 psi 的假设。说明小马队的球是否瘪了。假设满足使用假设检验的条件。

b. 用这些数据为小马队橄榄球的平均 psi 构造一个 95% 的置信区间。这个置信区间能否支持 a 部分的结论？

9.47 电影票价格

Deadline.com 的数据显示，2018 年的电影票平均价格为 8.97 美元。在旧金山湾区随机抽取 25 张电影票进行调查，样本均值为 12.27 美元，标准差为 3.36 美元。

a. 有证据证明旧金山湾区的电影票价格与全国平均水平不同吗？用 0.05 的显著性水平。

b. 为旧金山湾区的电影票价格构造一个 95% 置信区间。这个置信区间能否支持 a 部分的结论？

9.48 百老汇票价

Statista.com 的数据显示，2017 年百老汇演出的平均票价是 109.21 美元。对 2018 年百老汇演出票价进行随机抽样，样本量为 25，样本均值为 114.7 美元，标准差为 43.3 美元。

a. 是否有证据表明百老汇的票价与 2017 年的票价不同？用 0.05 的显著性水平。

b. 构造一个百老汇票价的 95% 置信区间。这个置信区间能否支持 a 部分的结论？

9.49 Atkins 饮食差异

10 个人进行了一个月的 Atkins 减肥法。减重的磅数是 3，8，10，0，4，6，6，4，2，和 −2，其中负值表示增重。用 0.05 的显著性水平检验平均减重大于 0 的假设。假设总体分布是正态分布。

9.50 脉率差值

以下数字为随机抽取的 12 人在跑步前后脉率（每分钟跳动次数）的差值。

24，12，14，12，16，10，0，4，13，42，4，16

正值意味着脉率上升了。用 0.05 的显著性水平检验脉率的平均差值大于 0 的假设。假设总体分布是正态分布。

9.51 学生年龄

假设 200 名统计学专业的学生每人随机抽取 50 名本校学生（放回抽样），记录学生的年龄。然后每个学生使用他的数据计算出该学院所有学生平均年龄的 95% 置信区间。200 个区间中有多少个区间能包括真实的总体平均年龄，有多少个区间不能包括真实的总体平均年龄？通过展示计算过程来解释。

9.52 总统就职年龄

前六任总统就职年龄的 95% 置信区间为（56.2，59.5）。解释置信区间的含义，或说明为什么它没有意义。

9.5 节

TRY 9.53 独立或配对（例 13）

说明下面每种情况是独立还是配对（相关）样本。

a. 一位研究人员想知道人们在短暂的冥想后脉率是否会下降。她随机收集了一些人在冥想前的脉率，然后收集他们在冥想后的脉率。

b. 一位研究人员想知道拥有终身职位的教授是否比没有终身职位的教授有更少的办公时间。她观察终身教授和非终身教授们门上张贴的办公时间。

9.54 独立或配对

说明下面每种情况是独立还是配对（相关）样本。

a. 一位研究人员想比较两家杂货店的食品价格。她在商店 A 购买了 20 件商品，并求出这些商品价格的均值和标准差。然后，她在商店 B 购买了 20 件商品，再次求出这些商品价格的均值和标准差。

b. 一个学生想比较两家书店的教科书价格。她有一个教科书清单，并在这两家书店分别找教科书的价格。

9.55 电视机的置信区间（例 14）

Minitab 输出结果显示了两所不同社区学院的学生家庭电视机平均数量的两样本 t 区间。每个人都是随机选择的且独立于其他人。其中一所学校在一个富裕的社区（MC），另一所在一个不太富裕的社区（OC）。

Two-Sample T: CI

Sample	N	Mean	StDev	SE Mean
OCTVs	30	3.70	1.49	0.27
MCTVs	30	3.33	1.49	0.27

Difference = $\mu(1) - \mu(2)$
Estimate for difference: 0.370
95% CI for difference: (-0.400, 1.140)

a. 能否对两种均值的差值构造置信区间？

b. 用清晰正确的句子说明这个置信区间。

c. 区间是否包含 0？解释一下这说明了什么。

9.56 脉率及性别的置信区间

利用 NHANES 的数据，我们观测了近 800 人的脉率，看看男性和女性是否有相同的总体均值。NHANES 数据是随机和独立的。Minitab 输出结果如下。

Two-Sample T: CI

Sample	N	Mean	StDev	SE Mean
Women	384	76.3	12.8	0.65
Men	372	72.1	13.0	0.67

Difference = $\mu(1) - \mu(2)$
Estimate for difference: 4.200
95% CI for difference: (2.357, 6.043)

a. 能否对两种均值的差值构造置信区间？

b. 用清晰正确的句子说明这个置信区间。

c. 区间是否包含 0？解释一下这说明了什么。

TRY g 9.57 电视（例 15）

该表显示了对随机选取的两所不同社区学院的学生家庭拥有电视机数量进行两样本 t 检验时的 Minitab 输出结果。每个个体都是随机选择的，独立于其他个体，这些学生不是成对或成组被选择的。其中一所学校在一个富裕的社区（MC），另一所（OC）

在一个不太富裕的社区（OC）。用 0.05 的显著性水平检验总体均值不相同的假设。参见本章的练习指导。

Two-Sample T-Test and CI: OCTV, MCTV
Two-sample T for OCTV cs MCTV

	N	Mean	StDev	SE Mean
OCTV	30	3.70	1.49	0.27
MCTV	30	3.33	1.49	0.27

Difference = $\mu(OCTV) - \mu(MCTV)$
Estimate for difference: 0.367
95% CI for difference: (-0.404, 1.138)
T-Test of difference = 0 (vs ≠): T-Value = 0.95
P-Value = 0.345

9.58 脉率

利用 NHANES 的数据，我们观察了近 800 人的脉率，看看是男性还是女性倾向于有更高的脉率。参考 Minitab 提供的输出结果。

a. 报告样本均值，并说明哪一组的样本平均脉率较高。

b. 用 Minitab 输出结果检验男性和女性的脉率不相等的假设，用 0.05 的显著性水平。样本量足够大，所以满足使用正态分布的条件。

Two-Sample T-Test and CI: Pulse, Sex
Two-sample T for Pulse

Sex	N	Mean	StDev	SE Mean
Female	384	76.3	12.8	0.65
Male	372	72.1	13.0	0.67

Difference = $\mu(Female) - \mu(Male)$
Estimate for difference: 4.248
95% CI for difference: (2.406, 6.090)
T-Test of difference = 0 (vs ≠): T-Value = 4.53
P-Value = 0.000
DF = 752

9.59 甘油三酯

甘油三酯是体内脂肪的一种形式。利用 NHANES 的数据，我们观察男性的甘油三酯水平是否高于女性。

a. 报告样本均值，并说明哪一组样本的平均甘油三酯水平较高。参考下面图 a 中的 Minitab 输出结果。

b. 进行假设检验，确定男性的平均甘油三酯水平是否高于女性。参考图 a 中提供的 Minitab 输出结果。提供了三种不同的备择假设的输出结果，见图 b、图 c、图 d，你必须选择并解释最合适的输出结果。用 0.05 的显著性水平。

a)

```
Two-Sample T-Test and CI:
Triglycerides, Gender

Two-sample T for Triglycerides

Gender   N    Mean   StDev   SE Mean
Female   44   84.4   40.2    6.1
Male     48   139.5  85.3    12


Difference = μ(Female) − μ(Male)
Estimate for difference: −55.1
95% CI for difference: (−82.5, −27.7)
```

b)

```
B: T-Test of difference = 0 (vs <):
                         T-Value = −4.02
                         P-Value = 0.000
```

c)

```
C: T-Test of difference = 0 (vs >):
                         T-Value = −4.02
                         P-Value = 1.000
```

d)

```
D: T-Test of difference = 0 (vs ≠):
                         T-Value = −4.02
                         P-Value = 0.000
```

9.60 收缩压

当测量血压时，数值较大的是收缩压。利用 NHANES 的数据，我们观察男性和女性的收缩压水平是否不同。

a. 报告两组样本均值，并说明哪一组样本平均收缩压较高。参考图 a 中的 Minitab 输出结果。

b. 参考图 a 中的 Minitab 输出结果，以 0.05 的显著性水平检验男女平均收缩压不相等的假设。虽然总体的血压分布是右偏的，但样本量足够大，我们可以使用 t 检验。从图 b、图 c 和图 d 中选择你的检验所需的 t 值和 p 值，并解释原因。

a)

```
Two-sample T for BPSys

Gender   N     Mean    StDev   SE Mean
Female   404   116.8   22.7    1.1
Male     410   118.7   18.0    0.89


Difference = μ(Female) − μ(Male)
Estimate for difference: −1.93
95% CI for difference: (−4.75, 0.89)
```

b)

```
B: T-Test of difference = 0 (vs ≠):
                         T-Value = −1.34
                         P-Value = 0.180
```

c)

```
C: T-Test of difference = 0 (vs >): T-Value
= −1.34  P-Value = 0.910
```

d)

```
D: T-Test of difference = 0 (vs <): T-Value
= −1.34    P-Value = 0.090
```

9.61 甘油三酯

报告并解释男性和女性体内平均甘油三酯水平差的 95% 置信区间（参考练习 9.59 中的 Minitab 输出结果）。这是否支持男性和女性体内平均甘油三酯水平不同的假设？解释一下原因。

9.62 血压

报告并解释男女平均收缩压差的 95% 置信区间（参考练习 9.60 中的 Minitab 输出结果）。这是否支持男性和女性平均收缩压不同的假设？解释一下原因。

9.63 棒球运动员薪金

从 1985 年到 2015 年职业棒球运动员的薪金中随机抽 40 个样本。球员联盟（American 或 National）也有记录。薪金（以十万美元为单位）和联盟如表所示。检验不同联盟球员的平均薪金存在差异的假设。假设分布是满足正态分布的特性，可以使用 t 检验。用 0.05 的显著性水平。（来源为 StatCrunch 的 All MLB Salaries。所有者：StatCrunch featured。）

薪金	联盟	薪金	联盟
275	American	1 600	National
3 400	National	5 000	American
5 725	National	385	National
1 500	American	400	American
558.3	National	380	National
320	American	175	American
1 791.7	National	400	American
1 200	American	900	American
1 500	National	62.5	American
3 400	National	3 200	American
240	National	2 500	National
481	National	316.5	American
5 050	American	4 175	American
491.7	American	500	National
1 750	American	1 500	American

9.64 大学生运动员体重

分别从男大学生棒球运动员和足球运动员中进行抽样获得两个随机样本并称重。下表显示未堆栈的体重（单位：lb）。两个数据集的分布表明总体分布是近似服从正态分布的，用 0.05 的显著性水平，确定均值的差异是否显著。

棒球运动员	足球运动员	棒球运动员	足球运动员
190	165	186	156
200	190	210	168
187	185	198	173
182	187	180	158
192	183	182	150
205	189	193	172
185	170	200	180
177	182	195	184
207	172	182	174
225	180	193	190
230	167	190	156
195	190	186	163
169	185		

9.65 棒球运动员工资

在练习 9.63 中，用显著性水平为 0.05 的双尾检验，你不能拒绝两个联盟的平均工资相同的原假设。

a. 如果你找到均值差的 95% 置信区间，它会覆盖 0 吗？解释一下原因。

b. 使用练习 9.63 中的数据，找到总体均值差的 95% 置信区间，并解释其含义。

*9.66 大学生运动员体重

在练习 9.64 中，用显著性水平为 0.05 的双尾检验，结论是拒绝足球运动员和棒球运动员的平均体重相等的原假设。

a. 如果构造均值之差的 95% 置信区间，它会覆盖 0 吗？解释一下原因。

b. 如果构造一个 90% 的置信区间，它会覆盖 0 吗？解释一下原因。

c. 现在回到练习 9.64。构造均值之差的 95% 置信区间，并解释其结果。

TRY **9.67** 教科书价格：UCSB 对 CSUN（例 16）

统计学专业的学生 Ricky Hernandez 和 Elizabeth Alamillo 获得了加州大学圣巴巴拉分校（UCSB）的一组教科书样本的价格。然后，他们获得了加州州立大学北岭分校（CSUN）相同科目（相同水平）教科书的价格。假设均值之差的分布是正态的，并假设抽样是随机的。数据在本书的网站上。

a. 首先找到两个样本均值并进行比较。

b. 检验总体均值不同的假设，用 0.05 的显著性水平。

494 **9.68** 教科书的价格：OC 对 CSUN

对两所学校的教科书进行随机抽样，这些教科书是可比（匹配）的。我们正在比较 OC（奥克斯纳德社区学院）和 CSUN（加州州立大学北岭分校）的教科书价格。假设价格之差的总体分布近似为正态分布。每本教科书都单独定价。

a. 比较样本均值。

b. 确定所有教科书的平均价格是否有显著差异。用 0.05 的显著性水平。

TRYg **9.69** 女生受惊吓前后的脉率（例 17）

在由一位本书作者讲授的统计学课上，学生们测量了受惊吓前后的脉率。而这个吓人事件是让老师尖叫着从教室的一边跑到另一边。在尖叫之前和之后分别测量女性的脉率（每分钟的心跳次数），如下表所示。把这当成是社区大学女生的随机样本。用 0.05 的显著性水平来检验大学女生受惊吓后的平均脉率更高的假设。参见本章的练习指导。

女性		女性	
之前脉率	之后脉率	之前脉率	之后脉率
64	68	84	88
100	112	80	80
80	84	68	92
60	68	60	76
92	104	68	72
80	92	68	80
68	72		

9.70 男性在受惊吓前后的脉率

按照练习 9.69 的说明，但用的是课堂上男性的数据。用 0.05 的显著性水平来检验一个假设，即大学男生在受惊吓后的平均脉率更高。

男性		男性	
之前脉率	之后脉率	之前脉率	之后脉率
50	64	64	68
84	72	88	100
96	88	84	80
80	72	76	80
80	88		

9.71 有机食品

一名学生比较了 Target 和 Whole Foods 两家商店的有机食品价格。每家商店中的相对应物品都表注了价格。前三项如图 a 所示。（来源：StatCrunch Organic food price comparison fall 2011。所有者：kerrypaulson。）为适当的检验选择正确的输出结果（图 b 或图 c），解释为什么选择该输出结果。然后用显著性水平 0.05 检验总体均值不相等的假设。

食品	Target	Whole
Bananas/1 lb	0.79	0.99
Grape tomatoes/1 lb	4.49	3.99
Russet potato/5 lb	4.49	4.99

a）

Paired T-Test and CI: Target, Whole
```
Paired T for Target - Whole

               N      Mean     StDev    SE Mean
Target         30     2.879    1.197    0.219
Whole          30     3.144    1.367    0.250
Difference     30    -0.265    1.152    0.210

95% CI for mean difference: (-0.695, 0.165)
T-Test of mean difference = 0 (vs ≠ 0):  T-Value = -1.26
                                         P-Value = 0.217
```
b)

Two-Sample T-Test and CI: Target, Whole
```
Two-sample T for Target vs Whole

               N      Mean     StDev    SE Mean
Target         30     2.88     1.20     0.22
Whole          30     3.14     1.37     0.25

Difference = (Target) - μ(Whole)
Estimate for difference: -0.265
95% CI for difference: (-0.930, 0.399)
T-Test of difference = 0 (vs ≠ 0):  T-Value = -0.80
                                    P-Value = 0.427
```
c)

9.72 体温

对 65 名男性和 65 名女性的体温进行了比较。给出了假设检验的结果。假设使用 t 检验的条件是满足的。（来源：Body Temperature，通过访问 StatCrunch 获得。所有者：StatCrunch featured。）

a. 为什么使用两样本 t 检验而不是配对 t 检验？

b. 哪个样本均值更大？你怎么知道？

c. 写出假设检验的结论。

Two sample T hypothesis test:
μ_1 : Mean of Body Temp where Gender="Female"
μ_2 : Mean of Body Temp where Gender="Male"
$\mu_1 - \mu_2$: Difference between two means
$H_0 : \mu_1 - \mu_2 = 0$
$H_A : \mu_1 - \mu_2 \neq 0$
(without pooled variances)

Hypothesis test results:

Difference	Sample Diff.	Std. Err.	DF	T-Stat	P-value
$\mu_1 - \mu_2$	0.28923077	0.12655395	127.5103	2.2854345	0.0239

9.73 Ale 啤酒与 IPA 啤酒

我们收集了 Ale 啤酒和 IPA 啤酒中热量值的数据，汇总如下表。（来源：efficientdrinker.com。）

a. 样本数据是否提供证据表明 Ale 啤酒和 IPA 啤酒的热量值存在差异？假设用 t 检验的条件是满足的。假设检验用 0.05 的显著性水平。

b. 如果检验是为了确定 IPA 啤酒的均值是否显著大于 Ale 啤酒的均值，那么这将如何改变备择假设和 p 值？检验这个假设，并写出检验的结论。

495

类别	Ale	IPA
数量	43	12
样本均值	173.7	230.8
样本标准差	24.8	75.9

9.74 冲浪者

冲浪者和统计学学生 Rex Robinson 和 Sandy Hudson 收集了过去一个月 30 个长板（L）和 30 个短板（S）冲浪者冲浪的天数数据。把这些数据当作两个独立的随机样本。检验所有长板运动员的平均冲浪天数大于所有短板运动员的平均冲浪天数（因为长板可以在许多不同的冲浪条件下外出）的假设。用 0.05 的显著性水平。

长板：4，9，8，4，8，8，7，9，6，7，10，12，12，10，14，12，15，13，10，11，19，19，14，11，16，19，20，22，20，22

短板：6，4，4，6，8，8，7，9，4，7，8，5，9，8，4，15，12，10，11，12，12，11，14，10，11，13，15，10，20，20

TRY 9.75 男性自我报告的身高（例 18）

在奥克斯纳德学院随机抽取了一

组学生，让他们自己报告了他们自认为的身高，单位是 in。然后学生不穿鞋互相测量身高，以 cm 为单位。数据均来源于男性。假设 t 检验的条件保持不变。

a. 用 in 乘以 2.54 将 in 换算为 cm。求均值差的 95% 置信区间，单位是 cm。它捕获 0 了吗？这说明了什么？

b. 执行 t 检验来检验均值不相同的假设。用 0.05 的显著性水平，并阐述所有四个步骤。

9.76 外出就餐

统计学专业的学生 Jacqueline Loya 问一些有工作的学生，他们在过去一周外出就餐的次数是多少。25 名学生有兼职工作，25 名学生有全职工作。进行假设检验，以确定全职学生每周外出就餐的平均次数是否大于兼职学生。用 0.05 的显著性水平。假设满足使用两样本 t 检验的条件。

全职：5，3，4，4，4，2，1，5，6，5，6，3，3，2，4，5，2，3，7，5，5，1，4，6，7

兼职：1，1，5，1，4，2，2，3，3，2，3，2，4，2，1，2，3，2，1，3，3，2，4，2，1

练习 9.77 和练习 9.78 给出的数据集见本书网站。假设数据集来自随机样本，分布是正态分布。

9.77 心率

随机抽取男性和女性的心率数据。这些数据见本书网站。用这些数据来回答以下问题。这些数据最初发表在 *Journal of Statistics Education* 的在线数据存档中，并通过 StatCrunch

进行访问。

a. 构造男女平均心率差的 95% 置信区间。根据你的置信区间，女性和男性的平均心率有显著差异吗？解释一下原因。

b. 用 0.05 的显著性水平，检验男女平均心率有显著性差异的假设。

9.78 自动驾驶汽车

一项对男性和女性进行的研究，询问他们关于自动驾驶汽车还有多久（以年计）能够被普遍使用。从该调查中随机抽取了一个样本。这些数据可以在本书的网站上找到。（来源为 StatCrunch Survey: Responses to Self-driving Cars。所有者：scsurvey。）

a. 构造男性和女性认为的时长的差异的 95% 置信区间。

b. 用 0.05 的显著性水平，检验男女预测的平均时长有显著性差异的假设。

本章回顾练习

9.79 女性身高

假设女性身高近似服从正态分布，均值为 65 in，标准差为 2.5 in。下列哪一个问题可以根据需要用样本均值的中心极限定理来回答？如果能用，请回答。如果这个问题不能用中心极限定理回答，解释为什么不能。

a. 随机抽取的女性，求其身高小于 63 in 的概率。

b. 如果随机抽取 5 名女性，求样本的平均身高小于 63 in 的概率。

c. 如果随机抽取 30 名女性，求样本的平均身高小于 63 in 的概率。

9.80 淋浴

home-water-works.org 网站的数据显示，美国人的平均淋浴时长为 8.2 min。假设淋浴时长的标准差为 2 min，淋浴时长的分布是右偏的。

下列哪一个问题可以根据需要用样本均值的中心极限定理来回答？如果能，请回答。如果不能，解释为什么中心极限定理不能用。

a. 随机选择一次淋浴时长，求出该时长超过 9 min 的概率。

b. 如果随机选择 5 次淋浴时长，找出样本的平均时长超过 9 min 的概率。

c. 如果随机选择 50 次淋浴时长，找出样本的平均时长超过 9 min 的概率。

9.81 每种情况选择一种检验方法：单样本 t 检验、两样本 t 检验、配对 t 检验和不检验。

　　a. 研究人员在从社区学院转到四年制大学学习的学生中随机抽样，并询问他们的平均成绩。我们的目标是确定进入四年制大学学习的学生的平均 GPA 是否与全校学生的总体平均 GPA 有显著差异。

　　b. 学生观察随机抽样的终身教授和随机抽样的非终身教授的办公时间。

　　c. 一名研究人员到一家大型连锁超市的停车场，观察那里的每个人是男还是女，以及他们离开前是否把购物车放回到正确的位置（是或否）。

9.82 对每种情况选择 t 检验：单样本 t 检验、两样本 t 检验、配对 t 检验和不检验。

　　a. 随机抽取汽车经销商作为样本。首先观察，一名学生穿着旧衣服走过每个经销商的场地上，销售人员需

要多长时间（几秒钟）才去接近该学生。再观察，这名学生衣着光鲜地去同样的地点，销售人员需要多长时间才去接近他。

　　b. 幼儿园的研究人员随机抽取 4 岁儿童的样本，确定他们是否知道字母（是或否），并记录性别。

　　c. 一名研究人员在深夜随机拨打一所大学的办公电话，读取拨通到接听电话的时长，并记录性别。

9.83 甜筒的三种检验

　　麦当劳的商品说明书上称，它的甜筒重 3.18 oz。假设随机抽取四个甜筒作为一个样本，重量分别是 4.2，4.4，3.9 和 4.4 oz。假设总体分布为正态分布，对以下三部分进行报告，要求报告备择假设、t 值、p 值和结论。这三种情况的原假设都是总体均值为 3.18 oz。

　　a. 检验总体均值不是 3.18 oz 的假设。

　　b. 检验总体均值小于 3.18 oz 的假设。

　　c. 检验总体均值大于 3.18 oz 的假设。

9.84 炸薯条

　　一家快餐连锁店的广告称，一份中号薯条重 135 g。一名记者随机抽取了 10 份中号薯条，并称了每一份的重量。重量（g）分别是：111，124，125，156，127，134，135，136，139，141。假设总体分布为正态分布。（来源：soranews24.com。）

　　a. 检验假设，即中份量薯条的总体均值不等于 135 g。用 0.05 的显著性水平。

　　b. 构造总体均值的 95% 置信区间。这里的置信区间怎样与 a 部分的结

论相对应？你认为消费者在份量上被误导了吗？解释一下原因。

9.85 脑容量

研究者获得了 20 名女性和 20 名男性的脑容量的数据，这些数据都来自随机样本。并在表格中报告（在 MRI 中显示了几十万像素）。在 0.05 的显著性水平上检验男性脑容量比女性更大的假设。[来源为 Willerman, L., Schultz, R., Rutledge, J. N., and Bigler, E., "In vivo brain size and intelligence", *Intelligence*, vd 15 (1991): 223-228。]

脑容量（10 万像素）		脑容量（10 万像素）	
女性	男性	女性	男性
8.2	10.0	8.1	9.1
9.5	10.4	7.9	9.6
9.3	9.7	8.3	9.4
9.9	9.0	8.0	10.6
8.5	9.6	7.9	9.5
8.3	10.8	8.7	10.0
8.6	9.2	8.6	8.8
8.8	9.5	8.3	9.5
8.7	8.9	9.5	9.3
8.5	8.9	8.9	9.4

9.86 减少污染

一组要求十二年级学生在 0 到 1 000 对减少污染的重要性进行评分的随机抽样。回答按性别记录。下图给出了假设检验的结果。假设满足使用两样本 t 检验的条件。

a. 哪一组的均值更高，你是怎么知道的？

b. 用 0.05 的显著性水平检验男性和女性的平均评分不同的假设。

Two sample T hypothesis test:
μ_1 : Mean of Importance_reducing_pollution where Gender="Male"
μ_2 : Mean of Importance_reducing_pollution where Gender="Female"
$\mu_1 - \mu_2$: Difference between two means
H_0 : $\mu_1 - \mu_2 = 0$
H_A : $\mu_1 - \mu_2 \neq 0$
(without pooled variances)

Hypothesis test results:

Difference	Sample Diff.	Std. Err.	DF	T-Stat	P-value
$\mu_1 - \mu_2$	-46.652174	65.836748	93.638114	-0.70860386	0.4803

9.87 喝咖啡前后的心率

Elena Lucin 是一名统计学专业的学生，她在表格中收集了一些数据，其中展示的是喝咖啡前 15 分钟和喝咖啡后 15 分钟的心率（每分钟的心跳次数）。用你在本章学到的知识进行一个完整的分析。用 5% 的显著性水平来检验咖啡是否会加快心率。每个人都喝了相同剂量的咖啡，你可以假设满足使用 t 检验的条件。

之前	之后	之前	之后
90	92	74	78
84	88	72	82
102	102	72	76
84	96	92	96
74	96	86	88
88	100	90	92
80	84	80	74
68	68		

*9.88 考试成绩

下面报告了一所大学日间和晚间上统计学课学生的期末考试成绩。这些班级由同一位老师任教、使用相同的学习材料，并且进行相似的考试。使用图形和数值汇总统计量，写一个关于这两组学生成绩差异的简短描述。然后进行假设检验，确定日间上课和晚间上课学生的平均成绩是否有显著差异。假设使用 t 检验的条件成立。选择你的显著性水平。

497

日间上课学生成绩：100，100，93，76，86，72.5，82，63，59.5，53，79.5，67，48，42.5，39

晚间上课学生成绩：100，98，95，91.5，104.5，94，86，84.5，73，92.5，86.5，73.5，87，72.5，82，68.5，64.5，90.75，66.5

9.89 看电视的时长

随机抽取五年级男生和五年级女生并获得他们每周看电视的时长。每个学生在周一至周五记录自己的看电视的时长。假设学生是独立的，例如，兄弟姐妹中没有两个观看同样的节目。数据可在本书的网站上获得。

用图形和数值汇总统计量写出男生和女生的看电视时长有什么不同。然后进行假设检验，确定男生和女生看电视的平均时长是否不同。评估 t 检验的条件是否满足，并陈述所有为了进行 t 检验你必须做出的假设。

9.90 反应距离

随机抽取 40 名大学生的反应距离作为样本，以厘米为单位。距离越短，反应越快。每个学生都试着用惯用手和非惯用手抓住米尺。实验对象都是从惯用手开始的。这些数据可以在本书的网站上找到。

检查汇总统计量，并解释我们可以从中了解到什么。然后做一个适当的检验，看看惯用手的平均反应距离是否更短。用 0.05 的显著性水平。

9.91 Ale 啤酒与 IPA 啤酒

从 Ale 啤酒和 IPA 啤酒的随机样本中收集了热量值数据，并汇总在表格中。假设满足使用 t 检验的条件。（来源：efficientdrinker.com。）

Summary statistics for Calories Where: Type = "L" or Type = "A" Group by: Type											
Type ♦	n ♦	Mean ♦	Variance ♦	Std. dev. ♦	Std. err. ♦	Median ♦	Range ♦	Min♦	Max♦	Q1 ♦	Q3 ♦
A	43	173.72093	614.49169	24.788943	3.7802784	165	106	125	231	158	190
L	20	143.9	1248.9368	35.340301	7.9023314	150	136	64	200	119	172

a. 如果想用假设检验来确定 Ale 啤酒和 IPA 啤酒的热量值是否有差异，我们应该使用配对 t 检验还是两样本 t 检验？解释一下原因。

b. 构建 Ale 啤酒和 IPA 啤酒平均热量值差异的 95% 置信区间。假设总体近似为正态分布。根据你的置信区间，Ale 啤酒和 IPA 啤酒的平均热量值有区别吗？解释一下。

9.92 冰球和棒球运动员体重

数据收集了职业冰球运动员和职业棒球运动员的体重，这些运动员都是随机抽取的。（来源：NHL.com，MLB.com。）

Summary statistics:											
Column ♦	n ♦	Mean ♦	Variance ♦	Std. dev. ♦	Std. err. ♦	Median ♦	Range ♦	Min♦	Max♦	Q1 ♦	Q3 ♦
Hockey	40	185.675	231.60962	15.218726	2.4062918	186.6	67	149	216	176.5	196
Baseball	26	206.92308	582.87385	24.14278	4.7347888	210	85	155	240	185	225

a. 通过使用这些描述性统计值，是否可以使用两样本 t 检验来确定职业冰球和棒球运动员的平均体重是否存在差异？如果能，用 0.05 的显著性水平进行检验。如果不能，根据所提供的信息解释为什么不能进行检验。

b. 为职业冰球和棒球运动员的平均体重的差构造一个 95% 的置信区间。根据你的置信区间，这两项运动的运动员体重有区别吗？解释一下原因。

9.93 食品杂货配送

表格显示了亚马逊（Amazon）和沃尔玛（Walmart）这两家在线食品杂货配送服务商的相同食品杂货对应的价格。假设抽样是随机的，总体是正态的。

商品	亚马逊	沃尔玛
Strawberry（basket）	2.5	2.98
Avocado（large）	0.99	0.78
Nutella	3	3.58
Honeynut Cheerios	3	3.64
Cage-free eggs	2.49	2.98
Butter	3.49	3.24
Bread	3.49	3.42
Tortillas	2.29	2.28
Quaker Oats	3.79	3.98
Pretzel Sticks	3	2.98
Frozen Pizza	3.69	3.5
Chips Ahoy	2.5	2.56

a. 有了这些数据，是否可以用两样本 t 检验或配对 t 检验来检验两家服务商的平均价格不同这一假设？解释一下。

b. 用适当的方法检验假设。用 0.05 的显著性水平。

9.94 父母

下表显示了随机样本中的学生及其同性别家长的身高（in）。检验假设学生的身高均值大于家长的均值，在 0.05 的显著性水平下。假设数据服从正态分布。

a. 用合适的配对 t 检验。

b. 用两样本 t 检验，即使它不合适。

c. 比较结果。两个 t 值的分子都是样本均值之差，也就是 1.12 in。如果分子是相同的，那么是什么导致 t 值不同呢？

身高		身高	
学生	家长	学生	家长
70	65	63	62
71	71	65	65
61	60	73	70
63	65	68	64
65	67	72	70
68	66	71	69
70	72	68	65
63	63	69	68
65	64		

*9.95 为什么样本标准差中有 $n-1$ ？

为什么计算 s 时要除以 $n-1$，而不是 n ？

$$s^2 = \frac{\sum (x - \bar{x})^2}{n-1}$$

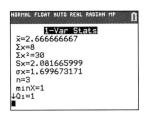

T1-84　输出结果

原因是除以 $n-1$，s^2 就是总体方差 σ^2 的无偏估计量。

我们想证明 s^2 是 σ^2 的无偏估计量。关于这一点的数学证明超出了统计学入门课程的范围，但我们可以用一个例子来证明这一点。

首先，我们用一个非常小的总体，它只包含这三个数字：1、2 和 5。你可以确定这个总体的总体标准差 σ 为 1.699 673（或约 1.70），如 TI-84 输出结果所示。总体方差 $\sigma^2 = 2.888\ 889$（约为 2.89）。

然后从总体中取出大小为 2 的所有可能的样本，并求出每个样本的样本方差 s^2。这个过程在下表列出了一部分。对这些样本方差（s^2）取均值，得到的值大约为 2.888 89。通过这样做，就证明了 s^2 是 σ^2 的无偏估计量。

样本	s	s^2
1, 1	0	0
1, 2	0.707 1	0.5
1, 5	2.828 4	8.0
2, 1		
2, 2		
2, 5		
5, 1		
5, 2		
5, 5		

通过填写上表来推进你的计算，并写出 s^2 的均值。

9.96 篮球运动员

下表显示了 2017—2018 年圣克拉拉大学篮球队所有篮球运动员的身高（in）。解释为什么用这些数据做 t 检验是不合适的。

中场和后卫	83	75	73	73	74	71	73	82
前锋	83	78	80	76	78	77		

*__9.97__ 构造两组体温数据（℉），一组为男性，一组为女性，两组的样本均值是不同的，但假设检验显示总体均值是相同的。每一组应该有三个数字。

9.98 为 3 对或以上双胞胎（6 人或以上）构造身高数据。让每对双胞胎在身高上相似，但不完全相同。把双胞胎中较矮的一方身高记录在表 A 中，较高的记录在表 B 中。创建数据，使得两样本 t 检验不会显示每对中较矮者的平均高度和每对中较高者的平均高度有显著差异，但是配对 t 检验检验出有显著差异。（提示：让其中一对非常高，一对非常矮，另一对取中间值。）报告检验的所有数据以及 t 值和 p 值。解释为什么配对 t 检验显示有差异，而两样本 t 检验显示没有差异。

练习指导

g9.37 人体温度（例 12）

10 名健康的人的独立随机样本体温（℉）如下：

98.5，98.2，99.0，96.3，98.3，98.7，97.2，99.1，98.7，97.2

单样本 t 检验的 Minitab 输出结果如下：

```
One-Sample T: Sample of 10
Test of mu = 98.6 vs not = 98.6

Variable   N    Mean    StDev  SE Mean      95% CI          T      P
sam10     10  98.1200  0.9187  0.2905  (97.4628, 98.7772)  -1.65  0.133
```

问题：用 0.05 的显著性水平检验总体均值不是 98.6 的假设。写出给定的步骤，填空。

第 1 步 假设

H$_0$: μ=98.6

H$_a$: _____

第 2 步 准备

茎叶图没有过度偏斜，表明总体的分布也近似为正态分布。（直方图也可以。）对收集的数据进行解释，并说明要使用的检验。说明显著性水平。

```
96  3
97  22
98  23577
99  01
```

第 3 步 计算并比较

$t =$ _____

p 值 = _____

第 4 步 解释

拒绝或不拒绝 H$_0$，并选择解释 i、ii 或 iii：

i. 我们不能在 0.05 的显著性水平上拒绝 98.6 作为这些数据的总体均值。

ii. 根据这些数据在 0.05 显著性水平上，总体均值肯定是 98.6。

iii. 我们可以在这些数据的基础上，在 0.05 的显著性水平上拒绝原假设即总体均值不是 98.6。

g 9.57 电视（例 15）

Minitab 输出结果显示了对两所不同社区学院的学生抽取的随机样本家庭拥有电视机数量的两样本 t 检验。每个人都是独立于其他人随机选择的，这些学生不是成对或分组选出来的。一所学校在一个富裕的社区（MC），另一所学校在一个不那么富裕的社区（OC）。

问题：用 0.05 的显著性水平完成以下步骤，以检验两个社区每户家庭拥有电视机的平均数量不同的假设。

```
Two-Sample T-Test and CI: OCTV, MCTV

        N    Mean    StDev    SE Mean
OCTV    30   3.70    1.49     0.27
MCTV    30   3.33    1.49     0.27

Differen ce = mu OCTV - mu MCTV
Estimate for diffe rence: 0.367
95% CI for difference: (-0.404, 1.138)
T-Test of diff erence = 0 (vs not =): T-Value = 0.95  P-Value = 0.345
```

第 1 步 假设

μ_{oc} 为不那么富裕的社区学生家庭拥有电视机的总体平均数量（OC），μ_{mc} 为较富裕的社区学生家庭拥有电视机的总体平均数量（MC）。

H$_0$: μ_{oc}=μ_{mc}

H$_a$: _____

第 2 步 准备

选择一个合适的 t 检验。由于样本量为 30，因此满足 t 检验的正态性条件。说明其他条件，并指出它们是否成立，并说明将用的显著性水平。

第 3 步 计算并比较

$t =$ _____

p 值 = _____

第 4 步 解释

拒绝或不拒绝原假设。然后选择正确的解释：

i. 在 5% 的显著性水平下，我们不能拒绝这样的假设，即较富裕的社区所有学生的家庭拥有电视机的平均数量与不那么富裕的社区所有学生的家庭拥有电视机的平均数量相同。

ii. 在 5% 的显著性水平下，我们得出结论，较富裕的社区所有学生的家庭拥有电视机的平均数量与不那么富裕的社区所有学生的家庭拥有电视机的平均数量不同。

置信区间

报告 Minitab 给出的均值差的置信区间，并说明它是否包含 0，以及这表明什么。

g9.69 女生受惊吓前后的脉率（例 17）

在本书其中一位作者讲授的统计学课上，学生在受到惊吓之前和之后分别测量自己的脉率。可怕的事情是让老师尖叫着从教室的一边跑到另一边。在尖叫之前和之后分别获得了女生的脉率（每分钟的心跳次数），并在表格中列出。把这当成是社区大学女生的随机样本。

女生		女生	
之前脉率	之后脉率	之前脉率	之后脉率
64	68	84	88
100	112	80	80
80	84	68	92
60	68	60	76
92	104	68	72
80	92	68	80
68	72		

问题：用 0.05 的显著性水平，通过下面的步骤来检验大学女生受惊吓后脉率的均值更高的假设。

第 1 步　假设

μ 是每分钟的平均搏动次数。

$H_0: \mu_{before} = \mu_{after}$

$H_a: \mu_{before}$ _____ μ_{after}

第 2 步　准备

选择一个检验：是配对 t 检验还是两样本 t 检验？为什么？假设样本是随机的，而且差的分布是充分正态的。说明一下显著性水平。

第 3 步　计算并比较

$t =$ _____

p 值 = _____

第 4 步　解释

拒绝或不拒绝 H_0。写一个含有显著性的句子。报告尖叫前样本平均脉率和尖叫后平均脉率。

技术提示

软件操作指导

由于不同软件的算法、精度和舍入的限制，结果可能会有细微的差异。这些差异可能是显而易见的，特别是涉及 t 分布的 p 值的计算。建议将使用的软件与 p 值一同报告，特别是对于两样本 t 检验。

例 A　单样本 t 检验和置信区间

麦当劳出售一种甜筒冰淇淋，说明书上称这些甜筒重量为 3.2 oz。随机抽取了 5 个甜筒，重量分别为 4.2、3.6、3.9、3.4 和 3.3 oz。请检验总体均值为 3.2 oz 的假设。并且报告 t 值和 p 值。另外，请计算总体均值的 95% 置信区间。

例 B　两样本 t 检验和置信区间

以下为男女随机样本的平均绩点。

男性：3.0、2.8、3.5

女性：2.2、3.9、3.0

请进行一个两样本 t 检验并决定你是否可以拒绝总体均值相等的假设。并计算 t 值和 p 值。另外，请计算均值差值的 95% 置信区间。

例 C　配对 t 检验

下表为三个随机选择的人在运动前和

运动后的脉率（每分钟的心跳次数）。请判断是否可以拒绝总体均值变化为 0 的假设（换句话说，两个总体均值相等）。并计算 t 值和 p 值。

参与者	之前	之后
A	60	75
B	72	80
C	80	92

TI-84

单样本 t 检验

1. 按 STAT，选 EDIT，将数据输入 L1（列表一）。

2. 按 STAT，选 TESTS，然后选 2：T-Test。

3. 注意这一段话，但无须进行操作：如果列表中没有数据，且你想要输入汇总统计数据，比如 $\bar{x}$，s 和 n，可以把光标放在 Stats 处，按 ENTER 并输入所需的数字。

4. 参见图 9a。因为用的是原始数据，所以直接将光标放在 Data 上并按 ENTER。

输入：μ_0：3.2；List：L1；Freq：1；将光标移到 $\neq \mu_0$ 处，按 ENTER；向下滚动到 Calculate 并按 ENTER。

图 9a　单样本 t 检验的 TI-84 输入框

输出结果应该如图 9b 所示。

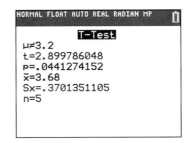

图 9b　单样本 t 检验的 TI-84 输出结果

单样本 t 检验的置信区间

1. 按 STAT，选 TESTS，然后选 8：TInterval。

2. 因为用的是原始数据，所以选 Data。（但是如果有汇总统计数据，需要选 Stats。）接下来请选择正确的 List（选 L1，按 2nd 以及 1）以及 C-Level，此处为 0.95。保留默认的 Freq：1，向下滚动到 Calculate 按 ENTER。

报告的甜筒重量（oz）均值的 95% 的置信区间是（3.220 4，4.139 6）。

两样本 t 检验

1. 按 STAT，选 EDIT，将数据（平均绩点）输入两个单独的列表中（非堆栈）。男性的平均绩点输入列表 L1，女性的平均绩点输入到列表 L2。

2. 按 STAT，选 TESTS，然后选 4：2-Samp TTest。

3. 对于 Inpt，请选 Data，因为我们将原始数据输入列表。（如果有汇总统计数据，需要选择 Stats 并输入所需的数字。）

4. 在选择选项时，需要确保选择包含数据的列表。保持 Freqs 为 1，选 $\neq \mu_0$ 作为备择假设，然后选 Pooled No（默认的），向下滚动到 Calculate 按

ENTER。

应该会得到如图 9c 所示的输出结果。左边的箭头表示可以向下滚动以查看更多输出结果。

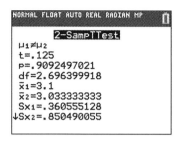

图 9c　两样本 t 检验的 TI-84 输出结果

两样本 t 检验的置信区间

1. 将数据输入两个列表后，按 **STAT**，选 **TESTS**，然后选 **0：2-SampTInt**。

2. 因为有原始数据，所以选 **Data**。（如果有汇总统计数据，需要选 **Stats**。）确保选择包含数据的列表。请保持默认的 **Freq1：1**，**Freq2：1** 和 **Pooled No**，确保 **C-Level** 是 0.95。向下滚动到 **Calculate** 按 **ENTER**。

如果男性数据对应 **L1**，女性数据对应 **L2**，那么平均绩点的置信区间将为（-1.744，1.877 4）。

配对 t 检验

1. 在如图 9d 的 **L1** 和 **L2** 中输入例 C 中提供的数据。

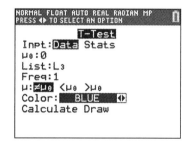

图 9d　利用 TI-84 计算差值

2. 参见图 9d。用箭头将光标移动到 **L3** 的顶部，这样光标就处于标签区域。然后按 **2ND L1-2ND L2**。对于负号，用加号按钮上面的按钮。然后按 **ENTER** 键，会在列表 **L3** 看到所有的差值。

3. 按 **STAT**，选 **TESTS**，然后选 **2：T-Test**。

4. 参见图 9e。对于 Inpt 选 **Data**。请确保 μ_0 为 0，因为要检验均值的差值是否为 0。同时，如果差值位于列表 **L3**，也要确保选择了 **L3**。向下滚动到 **Calculate** 按 **ENTER**。

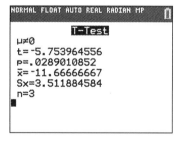

图 9e　配对 t 检验的 TI-84 输入框

输出结果应该如图 9f 所示。

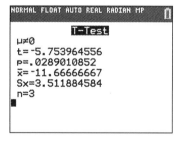

图 9f　配对 t 检验的 TI-84 输出结果

Minitab

单样本 t 检验和置信区间

1. 在 **C1**（第 1 列）中输入甜筒的重量。 501

2. **Stat > Basic Statistics > 1-Sample t**。

3. 参见图 9g。点击 **One or more samples…**

下面的空白框。左侧将显示包含数据的列表。双击 **C1** 以选择它。勾选 **Perform hypothesis test**，并输入 **3.2** 作为 Hypothesized mean。（如果想要进行单侧检验或使用 95% 以外的置信水平，可以使用 **Options**。）

4. 单击 **OK**。

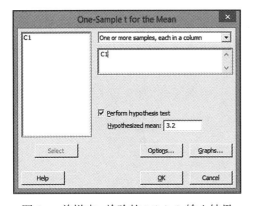

图 9g　单样本 t 检验的 Minitab 输入结果

[502]

输出结果如图 9h 所示。

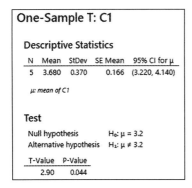

图 9h　单样本 t 检验和置信区间 Minitab 输出结果

请注意，Minitab 输出结果（见图 9h）包含了平均重量的 95% 置信区间（3.22，4.14）以及 t 检验。

两样本 t 检验和置信区间

请在第一列中输入平均绩点的堆栈数据。

第二列为指定组的分类变量：男性或女性。

1. 通过磁盘上传数据或按以下步骤操作：第一列中输入平均绩点数据。在第二列中输入对应的 **m** 或 **f**。（也可以在第二列输入完整的单词或编码，但必须为数据集确定一种规范，并坚持规范的用法。例如，如果在一个数据集中使用了一次 F，在其他情况下就不应使用 f。）列标题分别为 **GPA** 和 **Gender**。

2. **Stat > Basic Statistics > 2-Sample t**。

3. 参见图 9i。因为我们有堆栈数据，选 **Both samples are in one column**。单击顶部 Samples 右侧的小框以激活该框。双击 **GPA**，然后再双击 **Gender**，将其放入 **Sample IDs** 框中。如果想进行单侧检验或使用 95% 以外的置信水平，可以单击 **Options**。

（如果有非堆栈数据，那么可以选 **Each sample is in its own column**，然后选择两列数据。）

4. 单击 **OK**。

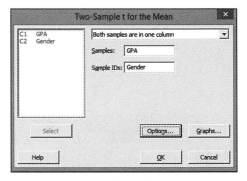

图 9i　两样本 t 检验和置信区间的 Minitab 输入结果

输出结果如图 9j 所示。注意，输出结果中包括了置信区间。

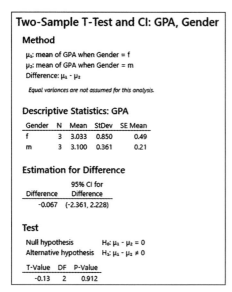

图 9j　两样本 t 检验和置信区间的
　　　　Minitab 输出结果

配对 t 检验和置信区间

1. 请在两列中分别输入数据（脉率）。
　将第一列标记为 **Before**，第二列标
　记为 **After**。

2. **Stat > Basic Statistics > Paired t**。

3. 单击 **Sample 1** 右侧的小框来激活该
　框。双击 **Before**，然后双击 **After**，
　将其放入 **Sample 2** 框中。（如果想要
　进行单侧检验或使用 95% 以外的置
　信水平，可以单击 **Options**。）

4. 单击 **OK**。

图 9k 显示了输出结果。

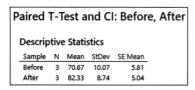

图 9k　配对 t 检验和置信区间的 Minitab
　　　　输出结果

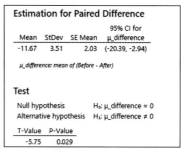

图 9k　配对 t 检验和置信区间的 Minitab
　　　　输出结果（续）　　　　　

Excel

最后我们将进行单样本 t 检验，因为该
检验的处理方式比较特别。

两样本 t 检验

1. 在两列中并排输入平均绩点。

2. 单击 **Data** 以及 **Data Analysis**，向下
　滚动到 **t-Test：Two-Sample Assuming
　Unequal Variances**，然后双击。

3. 参见图 9l。对于 **Variable 1 Range**，
　选一列数据（不包括标签）。对于
　Variable 2 Range，选另一列数
　据。你可以在 **Hypothesized Mean
　Difference** 处不输入任何值，因为
　默认值为 0，而这正是你想要的。

4. 单击 **OK**。

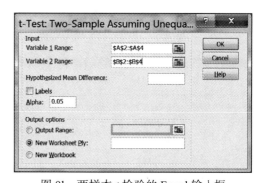

图 9l　两样本 t 检验的 Excel 输入框

如果要查看所有的输出结果，你可能需

要单击 Home，Format（在 Cells 组中）和 AutoFit Column Width。

图 9m 显示了输出的相关结果。

df	3
t Stat	0.125
P(T<=t) one-tail	0.45421
t Critical one-tail	2.35336
P(T<=t) two-tail	0.90843
t Critical two-tail	3.18245

图 9m 两样本 t 检验的 Excel 输出的部分结果

注意：对于单侧备择假设，Excel 总是报告双侧假设 p 值的一半。只有检验统计量的值与备择假设的方向一致时才是正确的 p 值。（换句话说，如果备择假设是 ">"，那么检验统计量必须是正的；如果备择假设是 "<"，则检验统计量必须为负的。）如果方向不一致，要计算正确的 p 值，请用 1 减去报告的单尾 p 值。

在我们的示例中，如果备选假设是小于（<），正确的 p 值将是 $1-0.454\,2 = 0.545\,8$，因为计算的检验统计量是正的（0.125）。

配对 t 检验

1. 将数据输入两列中。

2. 依次单击 Data，Data Analysis 以及 t-Test：Paired Two Sample for Means，遵循与两样本 t 检验相同的步骤。

单样本 t 检验

1. 你需要用一种窍门强制 Excel 执行该检验。在 A 列输入甜筒的重量，在 B 列输入 0，使各列的长度相等，如图 9n 所示。

A	B
4.2	0
3.6	0
3.9	0
3.4	0
3.3	0

图 9n 单样本 t 检验的 Excel 数据输入框

2. 请依次单击 Data，Data Analysis 和 t-Test：Paired Two Sample for Means。

3. 参见图 9o。选择两组数据后，需要把假设的均值输入 Hypothesized Mean Difference 中。在本例中，这个数值为 3.2。（如果在 B 列中输入 3.2，在 Hypothesized Mean Difference 处，就要输入 0。）

4. 单击 OK。

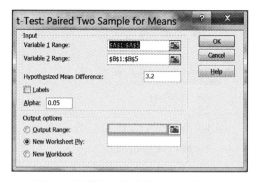

图 9o 单样本 t 检验的 Excel 输入框

图 9p 显示了 Excel 输出的部分结果。

Hypothesized Mean Difference	3.2
df	4
t Stat	2.89979
P(T<=t) one-tail	0.02206
t Critical one-tail	2.13185
P(T<=t) two-tail	0.04413
t Critical two-tail	2.77645

图 9p 单样本 t 检验 Excel 输出的部分结果

同样，图 9p 中报告的单侧备择假设的 p 值与备择假设——平均重量大于（>）3.2 盎司一致，因为检验统计量为正的。

StatCrunch

单样本 t 检验

1. 在第一列输入甜筒的重量。

2. Stat > T Stats > One Sample > With Data。

（如果有汇总统计数据，那么在 One Sample 后，应该选择 With Summary。）

3. 参见图 9q。单击包含数据的 var1 列。在 "H₀：μ" 右边输入 3.2。对于 "H_A：μ"，保留默认的不等于，然后单击 "Compute!"。

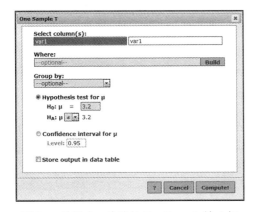

图 9q　单样本 t 检验的 StatCrunch 输入框

你将得到如图 9r 所示的输出结果。

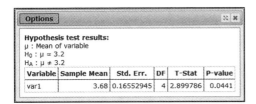

图 9r　单样本 t 检验的 StatCrunch 输出结果

单样本置信区间

返回并执行与单样本 t 检验相同的步骤，当进行第 3 步时，请勾选 Confidence interval for μ。如果需要，你可以将置信水平从默认的 0.95 更改为其他值。具体参见图 9q。

两样本 t 检验

把平均绩点的堆栈数据都输入同一列。第二列将包含指定组的分类变量：男性或女性。

1. 通过磁盘上传数据或按照以下步骤进行：在第 1 列（var1）中输入平均绩点。在第 2 列（var2）中输入 m 或者 f。（也可以在第二列输入完整的单词或编码。）接下来在这两列的顶部加上标签：将 var1 改为 GPA，var2 改为 Gender。

2. Stat > T Stats > Two Sample > With Data。

3. 参见图 9s。对于 "Sample 1：" 的 "Values in：" 选 GPA，对于 Where：输入 Gender=m。对于 "Sample 2：" 的 "Values in：" 选 GPA，对于 Where：输入 Gender=f。最后，取消勾选 Pool variances。（如果有非堆栈数据，你应该为这两个样本选两个列表，但是不需要在 Where：中输入内容。）

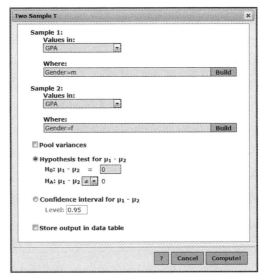

图 9s　两样本 t 检验的 StatCrunch 输入框（堆栈数据）

4. 单击 "Compute!"。

图 9t 显示了输出结果。

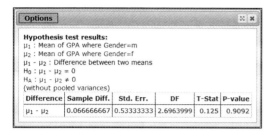

图 9t 两样本 t 检验的 StatCrunch 输出结果

两样本置信区间

1. 返回并执行之前的前三个步骤。

2. 选中 "Confidence interval for $\mu_1 - \mu_2$"。

3. 单击 "Compute!"。

配对 t 检验

1. 在第 1 列中输入之前（Before）的脉率，在第 2 列中输入之后（After）的脉率。不需要修改列标题。

2. Stat > T Stats > Paired。

3. 选这两列。忽略 "Where:" 和 "Group by:" 框。

4. 单击 "Compute!"。

图 9u 显示了输出结果。

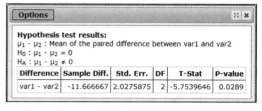

图 9u 配对 t 检验的 StatCrunch 输出结果

第10章 分类变量研究与科研文献阅读

提要

通常，我们运用双向表描述分类变量的分布。通过比较理论频数与实际频数，我们可以推断出分类变量的分布。

经过前几章的学习，我们对于统计检验有了更加深入的了解。统计检验用于比较两种不同的观点：一种观点认为，如果两个样本的均值不相等，可能是因为它们来自不同的总体；另一种观点认为，由于存在随机性，因此样本均值不相等只是一种偶然。例如，如果一个人小时候观看暴力影视节目，在成年以后，他就更有可能对伴侣表现出攻击性。当然，这也许只是一种偶然现象。再比如说，改变互联网搜索页面的广告位置，网民对广告的点击量可能会增加。同理，点击量的增加也可能只是出于偶然，也就是说，重复进行这项实验，我们也许会得到完全不同的结果。

本章试图回答一个我们之前也曾遇到过的问题：事件的结果是偶然的，还是确有其他原因？在第8章中，问题的对象是单样本比例和两样本比例。现在，我们问题的对象为具有多个类别的分类变量。例如，我们可以比较两个分类变量：采用不同油量（"无油""中等油量"和"最大油量"）制作出的爆米花口味（"好"和"坏"）。我们也可以只研究一个分类变量，例如：每个年龄段中猪流感患者的比例，是否与该年龄段在人口中的占比一致？如果是，这表明猪流感对所有年龄段的影响是相同的。

本章不仅介绍了分类变量的分析方法，还对如何阅读学术文献给出了一些建议。截至目前，你所掌握的统计知识足以支持你批判性地解读学术期刊、晚间新闻、博客以及报纸上刊载的研究发现。尽管很少有人会采用实验的方法验证这些研究发现，但我们仍需要了解如何评估它们的真实性，因为很多研究——特别是医学研究——直接影响着我们的生活。

案例分析

制作味道更好的爆米花

假设今晚你准备看一部电影，并制作一些爆米花在观影时食用。爆米花的味道受很多因素的影响：例如品牌、耗用的油量，以及制作时长。Kukuyeva 等（2008）研究了爆米花制作效果的影响因素。根据实验设定，如果一个袋子里超过一半的玉米粒在 75 秒内被爆开，那么就代表这一袋爆米花制作"成功"了；如果少于一半，那就代表制作"失败"了。研究人员将 36 袋玉米粒随机分配到无油、中等油量（1/2 茶匙）和最大量油（1 茶匙）三个组中，每个袋子中装有 50 颗玉米粒。附表中的实验结果显示，用太多油的效果好像并不好。这只是一个偶然的结果吗？换句话说，如果其他研究人员以同样的方式做这个实验，他们是否也会发现，用最大油量"成功"制作爆米花的数量如此之少？

结果	油量		
	无油	中等油量	最大油量
失败	23	22	33
成功	13	14	3

这是一个偶然的结果吗？——我们在前面探讨过这一问题。本案例中的两个变量分别是"油量"（无油、中等油量、最大油量）和"结果"（成功和失败）。油量和结果都是分类变量。在这一章中，我们将进行"油量"影响"结果"的假设检验。

[507] 10.1 分类变量的假设检验：基本要素

参照数值变量的研究方法，我们在分析分类变量时也需要解决一些相似的统计问题：典型结果是什么？两个变量是否相关？

分析过程也基本一致。例如，假设检验遵循第 8 章和第 9 章中介绍的四步法。我们关心的问题依然是实际的观测值与概率模型下的期望值是否一致。但是，分类变量假设检验的基本要素是理论频数、卡方统计量以及卡方分布，这与之前略有不同。

为了给接下来的内容提供一个实际情景，我们考虑一枚特殊的六面骰子，并试图回答这样一个统计学问题：这枚骰子是"均匀的"吗？换句话说，掷出这枚骰子，其每一面朝上的可能性都相等吗？考虑到骰子的对称性，我们可能会给出肯定的答案。然而，这需要以完全精确的制造过程为前提。其实，我们购买的骰子的确存在一些细微的缺陷，因此其每一面朝上的可能性并不相同。

我们从最喜欢的棋盘游戏中取出一枚骰子，然后检验这枚骰子是否均匀。原假设认为，骰子是均匀的，每一面朝上的可能性是相等的。备择假设认为，某几面朝上的可能性更大。为了检验这枚骰子是否均匀，我们掷了 60 次，并记录每一次正面朝上的点数。

在给出结果之前，让我们先思考这样一个问题：如果骰子是均匀的，也就是在一个理想化的情境中，结果会是怎样的？如果我们掷一枚理想化的均匀骰子无限次，结果应该类似于图 10.1 的均匀分布，因为每一面朝上的可能性是相等的。

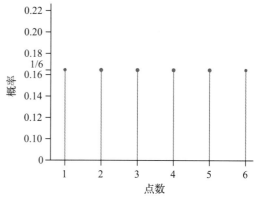

图 10.1 理想化均匀骰子的概率分布，每个结果都是等概率的（概率为 1/6）

🏷️ **贴士**

原始数据

原始数据是这样的："三点""两点""六点""两点"……有 60 个结果。

与理想化的结果相比，实际结果是怎样的？表 10.1 汇总了原始数据。

表 10.1　六面骰子的实际结果

结果	一点	二点	三点	四点	五点	六点
频率	12	8	10	11	9	10

图 10.2 显示了掷 60 次骰子的实际结果。

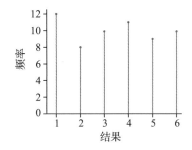

图 10.2　掷 60 次骰子的实际结果。与图 10.1 相比，它的分布没有那么均匀。这是一种偶
然的结果，还是因为骰子非均匀？

从图中可以比从表格中更清楚地看到，我们并没有得到一个完美的均匀分布。现在的
问题是，图 10.1 中这些偏离"完美"模型的现象是由于骰子非均匀，还是仅仅出于偶然。

KEY POINT　重点

比较实际结果和预期结果，这是一种基本的分析方法。

为了回答这个问题，我们将实际结果与我们期望得到的结果——理想化的骰子每一面
朝上的可能性都相同——进行比较。为了比较实际结果与期望结果，我们将使用一个统计
量，即卡方统计量，以度量现实与期望之间的差异。接下来，我们将学习通过卡方统计量
的抽样分布计算 p 值，并根据 p 值判断是否应该拒绝原假设。

你应该对这种方法的基本原理感觉很熟悉。这与其他所有假设检验遵循的原则都是一
样的。当然，有些细节是不同的，但方法是相同的。

10.1.1　数据

回忆一下，分类变量的取值是类别，而不是数字。我们可以认为，掷骰子的结果是一
个分类变量，尤其是当我们不关心骰子上的数字时。

如同本章案例分析中的做法，在分析两个分类变量时，我们通常需要用到**列联表**

（contingency table）。列联表也称为**双向表**（two-way table），该表汇总了每种结果出现的频率。表中显示了很多数字，因而会给人一种数值变量的印象。但重要的是，我们要记住，这些数字只是对变量值出现频率的汇总，变量的取值是类别。

例如，在综合社会调查（GSS）中，调查人员询问受访者："总有一些人的想法被其他人认为是坏的或危险的。如果一个人想在你的社区发表演讲，他应该被允许吗？"这些受访者还被问及他们的收入，收入分为四个水平：0 至 2 万美元，2 万美元至 4 万美元，4 万美元至 7 万美元，以及 7 万美元以上。表 10.2 展示了实际数据的前四行。我们将边界值归入低收入区间，因此收入为 4 万美元的人属于收入水平 2 万至 4 万美元的区间。

表中显示了另一个变量观测值 ID，用于跟踪观测值的存储顺序。

如表 10.3 所示，该双向表展示了两个变量之间的关系。

表 10.2 原始数据的前四行（基于实际数据集），给出了受访者的收入水平

观测值 ID	反应	收入水平（千美元）
1	允许	20 ～ 40
2	允许	20 ～ 40
3	不允许	70 及以上
4	允许	0 ～ 20
…	…	…

表 10.3 "是否允许演讲"与"收入"之间的关系（资料来源：GSS 2012-2014，http://www .teachingwithdata.org。）

反应	收入			
	0 ～ 20	20 ～ 40	40 ～ 70	70 以上
允许	248	311	223	229
不允许	100	105	55	21

10.1.2 理论频数

理论频数（expected count）是指，如果原假设为真，我们将在每个单元格中看到的观测值个数。稍后，我们将进行完整的假设检验，学习如何更精确地计算理论频数。

例如，我们掷骰子 60 次，表 10.1 展示了朝上点数出现的频数。如果骰子是均匀的，那么每一面朝上的概率都相等，因此每个类别的理论频数相同。

当掷骰子 60 次时，每个类别的理论频数是 10。因为每个类别的概率是 1/6，所以我们预计每个类别的频数是总次数的 1/6：1/6 × 60 = 10。表 10.4 将这些理论频数与我们的实际频数进行了比较。

📐 **贴士**

期望

理论频数实际上是一个长期平均值。当我们"期望"一个单元格中有 10 个观测值时，我们的意思是，如果原假设为真并且我们多次重复这项实验，那么，平均而言，这个单元格中的观测值个数为 10。

表 10.4 掷一枚均匀骰子 60 次，理论频数（上）和观测频数（下）

结果	一点	两点	三点	四点	五点	六点
理论频数	10	10	10	10	10	10
观测频数	12	8	10	11	9	10

看电视和暴力行为之间的关系，是一个稍微复杂一点（但仍然相当典型）的例子。研究人员调查了儿童看电视的习惯，比较了看暴力节目较多的儿童和不看暴力节目的儿童。许多年后，他们采访了当年调查的儿童（现在是成年人），询问他们个人生活中的暴力行为问题（Husemann et al.，2003）。表 10.5 给出了结果。

表 10.5 观看暴力节目和日后施虐行为的双向表

	高电视暴力	低电视暴力	合计
是，有施虐行为	25	57	82
否，无施虐行为	41	206	247
合计	66	263	329

有两个分类变量：电视暴力（"高"或"低"）和施虐行为（"是"或"否"）。（研究对象被问及他们是否推或抓过他们的伴侣。）我们想知道这些变量是否相关。原假设认为它们不相关，这些变量是独立的。换句话说，你看到的任何关联都纯粹是偶然的。 510

如果这些变量彼此不相关，理论频数应该等于多少？也就是说，如果原假设成立，上表应该是怎样的？有两种方法可以回答这个问题，并且可以得到相同的答案。接下来，我们依次演示这两种方法。

从施虐行为变量入手

我们注意，在整个样本中，有 82/329（占比 0.249 240，约 24.92%）的受访者表示，他们对伴侣进行过施虐行为。如果施虐行为与看电视无关，也就是说，如果这两个变量之间没有关系，那么我们应该可以期望，对于那些频繁观看暴力节目的人和较少观看暴力节目的人而言，存在施虐行为的比例是相同的。

所以，考虑 66 个在儿童时期观看较多暴力节目的人，我们预计他们中有 24.92% 曾虐待过他们的伴侣。也就是说有（$0.249\ 240 \times 66$）= 16.449 8 人。考虑 263 个较少观看暴力节目的人，我们期望他们中有 24.92%，即 $0.249\ 240 \times 263 = 65.550\ 1$ 人曾经虐待过他们的伴侣。

我们可以用类似的推理来计算其他的理论频数。我们知道，如果有占比 0.249 240 的人虐待过自己的伴侣，那么占比 $1-0.249\ 240 = 0.750\ 760$ 的人没有过这种行为。无论观看暴力节目的程度如何，这一比例应该是相同的。因此，我们期望：

在"没有施虐行为和高电视暴力"组中，$0.750\ 760 \times 66 = 49.550\ 2$

在"没有施虐行为和低电视暴力"组中，$0.750\ 760 \times 263 = 197.449\ 9$

（我们在这些中间步骤中不进行四舍五入处理，以便理论频数的答案尽可能准确。）

表 10.6 中汇总了这些结果，括号中显示了理论频数。我们将实际频数与理论频数放在同一个表中，便于进行比较。请注意，为了方便表示，我们四舍五入到两位小数。

表 10.6 电视暴力和日后的施虐行为：理论频数（在括号内）与实际频数

	高电视暴力	低电视暴力	合计
是，有施虐行为	25 (16.45)	25 (16.45)	82
否，无施虐行为	41 (49.55)	41 (49.55)	247
合计	66	66	329

82 和 247 是总行数，66 和 263 是总列数，329 是总频数。我们可以为每个单元格生成一个理论频数公式。但很少使用这个公式，原因有两点。首先，你可以并且应该始终像我们在这里所做的那样计算理论频数。其次，大多数软件会自动计算结果。

$$一个单元格中的理论频数 = \frac{行数 \times 列数}{总频数} \tag{10.1}$$

[511] **从"电视暴力"变量入手**

另一种计算理论频数的方法是从"电视暴力"变量开始，而非"施虐行为"变量。我们看到，有 66/329 = 0.200 608 或 20.06% 的人观看较多暴力节目，其余（263/329 = 0.799 392）或 79.94% 的人较少观看暴力节目。

如果这些变量之间没有关系，那么对于这 82 个有施虐行为的人，我们期望他们中有 20.06% 属于高电视暴力类别，其余的属于低电视暴力类别。

此外，在 247 个没有施虐行为的人中，我们预期 20.06% 的人属于高电视暴力类别。

在施虐者中，预期属于高电视暴力类别的人数为 0.200 608 × 82 = 16.45。在非施虐人群中，预期属于高电视暴力类别的人数为 0.200 608 × 247 = 49.55。

可以看到，无论从哪个变量入手，都将得到相同的结果。

贴士

理论频数并非整数

每个类别的理论频数都不是整数，你不感到疑惑吗？如果从理想化模型的角度来考虑，你可能就不会感到奇怪了。这些理论频数就像平均值一样。即使平均每个家庭有 2.4 个孩子，我们也很清楚，现实中没有一个家庭有 0.4 个孩子。2.4 这个数字是对所有家庭的描述。我们认为，有 16.45 名（在这一组中）观看较多暴力节目的人在成年后会有施虐行为，这也是一种类似的理想化模型。

例 1 性别与对同性婚姻的看法

男性和女性对同性婚姻的看法不同吗？ 2014 年，综合社会调查（GSS）随机抽取了 1 690 名美国成年人，记录了他们的性别以及他们对"同性恋应该有结婚权利"这一说法的认同程度。表 10.7 汇总了调查结果。

 数据迁移：这些数据来自综合社会调查，这是一项对美国人的各种观点进行的长期调查。该调查的网站提供了一个 Data Explorer 界面，你只需创建一个免费账户，就可以选择并下载感兴趣的变量。但是，这些数据不是以逗号分隔的简单文件形式呈现的，你需要用到软件 R、SPSS、Excel 或 SAS。就像我们在本例中所做的那样，你可能需要对下载的数据进行处理。有时，调查结果用数字编码，我们需要将其重述为文字，从而达到解释数据含义的目的。

数据文件：gaymarriagefull.csv 文件包含了这个问题的调查结果，以及 2016 年之前的两项调查结果。

表 10.7　2014 年综合社会调查的调查结果

观点	女性	男性	合计
完全同意	261	271	532
同意	184	239	423
中立	76	109	185
不同意	90	133	223
强烈反对	130	197	327
合计	741	949	1 690

问题：假设性别和观点两个变量不相关，请分别计算持完全同意观点的男性和女性的理论频数。

解答：我们首先考虑性别。样本中的男性百分比为（949/1 690）×100% = 56.153 9%。因此，女性比例为 100%−56.153 9% = 43.846 2%。如果性别和观点不相关，那么我们应该看到完全同意的人中约 56% 是男性，而完全同意的人中约 44% 是女性。换句话说：

结论：持完全同意观点的男性理论频数 = 532 × 0.561 539 = 298.738 7 或约 298.7。

持完全同意观点的女性理论频数：532 × 0.438 462 = 233.261 5 或约 233.3。

试做：练习 10.9 c、10.9 d。

10.1.3　卡方统计量

让我们再次回到掷骰子的例子，理论频数与实际频数的关系表如表 10.8 所示。

我们注意到，"一点"比预期多了两个。另一方面，我们看到"二点"比预期少了两个，"三点"和"六点"的数量完全符合预期。

表 10.8　掷 60 次骰子

结果	一点	二点	三点	四点	五点	六点
理论频数（E）	10	10	10	10	10	10
观测频数（O）	12	8	10	11	9	10

这些差异是大还是小？如果很小，那么我们可以认为，实际频数与理论频数之间的偏差只是偶然。但如果很大，这就说明我们的骰子可能不是均匀的。

卡方统计量（chi-square statistic）度量了理论频数与实际观测频数之间的差异。该统计量如式（10.2）所示。

$$X^2 = \sum_{\text{单元格}} \frac{(O-E)^2}{E} \tag{10.2}$$

式中，O 是每个单元格中的观测频数；E 是每个单元格中的理论频数；Σ 表示加总每个单元格的结果。

为什么我们要使用这样一个统计量？ $O−E$ 是每个单元格中观测频数与理论频数的差。为了测量观测值和理论值之间的总偏差量，我们很容易地想到，可以将每个类别的差相加。

512

但这是行不通的，因为总频数是一定的。如果我们把这些差值相加，总是 0。

在表 10.9 中可以看到，观测频数与理论频数之间的差相加等于 0。我们添加了一行，用于表示二者的差值。注意这些差的和是 0：$2-2+0+1-1+0=0$。事实上，它们的和总是零，因此，我们不能简单地通过求平均值来度量期望值和观测值之间的差异，因为平均值恒为 0。

表 10.9　掷 60 次骰子，用观测频数减去理论频数

结果	一点	二点	三点	四点	五点	六点
理论频数	10	10	10	10	10	10
观测频数	12	8	10	11	9	10
观测频数—理论频数	2	−2	0	1	−1	0

卡方统计量需要计算频数差的平方，一个原因是，通过对差进行平方，我们总是可以得到一个正值，因为负数的平方是正数：

$$2^2+(-2)^2+0^2+1^2+(-1)^2+0^2=4+4+0+1+1+0=10$$

为什么要除以理论频数？原因在于，如果理论频数为 1 000，那么理论频数和实际频数相差 2 是很小的差异。但如果理论频数为 5，那么相差 2 是很大的差异。通过除以理论频数，我们控制了理论频数的大小。因此，在每一个单元格中，我们需要计算差的平方占理论频数的比例是多少。

[513]　运用这个公式来检验骰子是否均匀，我们可以得到 $X^2=1.0$。我们还必须确定这个值是否与原假设——骰子是均匀的——相符。请你继续学习下面的内容。

例 2　儿童时期观看暴力节目与成年后的施虐行为

表 10.10 汇总了一项研究的数据，该研究意在调查儿童时期观看暴力节目与日后对配偶的攻击性行为是否存在关联。表格显示了实际频数和理论频数（在括号中）。

表 10.10　观看暴力节目与日后施虐行为之间的关系（理论频数在括号中）

	高电视暴力	低电视暴力	合计
是，有施虐行为	25 (16.45)	57 (65.55)	82
否，无施虐行为	41 (49.55)	206 (197.45)	247
合计	66	263	329

问题：计算卡方统计量，度量观测频数和理论频数之间的差异，研究观看暴力节目和未来行为之间的关系。

解答：用式（10.2），并从表 10.10 中提取 O 和 E 的值。

$$X^2=\sum\frac{(O-E)^2}{E}=\frac{(25-16.45)^2}{16.45}+\frac{(57-65.55)^2}{65.55}+\frac{(41-49.55)^2}{49.55}+\frac{(206-197.45)^2}{197.45}$$
$$=7.404\ 7$$

结论: $X^2 = 7.40$

稍后我们会检验这个值的大小。

试做: 练习 10.9 e。

如你所料,对于包含许多单元格的双向表,过多的计算很快就会令人厌烦。幸运的是,科技拯救了我们。只要给出双向表中总结的数据或如表 10.2 所示的原始数据,大多数统计软件可以自动为你计算卡方统计量,一些软件甚至可以一并显示理论频数与观测频数。图 10.3 显示了电视暴力研究中的 StatCrunch 输出结果。

如果理论频数与观测频数完全相同,卡方统计量会发生怎样的变化? 在检验骰子是否均匀的实验中,我们掷了 60 次骰子。每个类别的理论频数等于 10。如果 (每个单元格中的) 观测频数恰好等于 10,那么我们的观测结果将完全符合我们的期望。在这种情况下,卡方统计量等于 0,因为每个单元格中

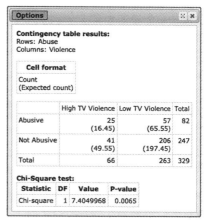

图 10.3　电视暴力和施虐行为的 StatCrunch 输出结果。理论频数低于观测值

(观测值 − 理论值)² = $(10-10)^2 = 0$

因此,当理论频数和实际频数完全相同时,卡方统计量的值为 0。

即使原假设为真,实际观测频数也会由于偶然的因素而与理论值略有不同。当这种情况发生时,卡方统计量将是一个比较小的值。

如果现实与原假设差异很大,那么我们的观测频数应该与理论频数有很大的不同。当这种情况发生时,卡方统计量的值将会非常大。

那么,关键就在于确定卡方统计量的哪些值是 "大的"。值越大,原假设就越不可信。为了确定一个观测值是否很大,我们需要知道当原假设为真时它的概率分布。

KEY POINT　重点

　　若数据符合原假设,则卡方统计量的值较小。因此,如果卡方统计量的值较大,会使我们对原假设产生怀疑。

10.1.4　计算卡方统计量的 p 值

我们想知道一枚骰子是否均匀。如果是均匀的,那么实际频数与理论频数的差值应该很小,卡方统计量的值也应该很小。我们发现 $X^2 = 1.0$。对于一个均匀的骰子来说,1.0 是

一个很小的值，还是很大的值？

我们想知道，孩子看电视的习惯是否与成年后的暴力行为有关。如果不相关，那么表 10.10 中的观测频数应该接近理论频数，卡方统计量应该很小。我们发现 $X^2 = 7.40$。这是一个很小还是很大的值？

p 值是在原假设成立的前提下，X^2 大于或等于观测值的概率。如果骰子是均匀的，那么 p 值就是卡方统计量大于或等于 1.0 的概率。如果暴力和观看行为之间不相关，那么 p 值就是卡方统计量大于或等于 7.40 的概率。要计算这个概率，我们需要知道 X^2 的抽样分布。

如果样本量足够大，那么存在一个概率分布可以很好地近似抽样分布。不出所料，这个分布被称为**卡方分布**（chi-square distribution）。卡方分布通常用小写希腊字母 chi（χ）的平方表示，即 χ^2。

与正态分布和 t 分布不同，χ^2 分布中的值非负。它也不同于你看到的其他抽样分布，它（通常）不是对称的，而是右偏的。

如同 t 分布，卡方分布的形状取决于**自由度**（degree of freedom）。自由度越小，卡方分布的偏度就越大。图 10.4 显示了几个不同自由度的卡方分布。有时，我们用 χ^2_{df} 表示自由度。

例如，χ^{2}_{6} 表示自由度为 6 的卡方分布，如图 10.4b 所示。

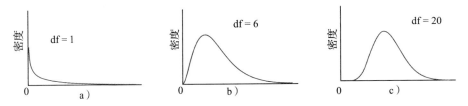

图 10.4 自由度分别为 a) df = 1，b) df = 6，c) df = 20 的卡方分布。注意，随着自由度（df）的增加，分布的形状变得更加对称。卡方分布不可能有负值，最小的可能值是 0

❗ 注意

符号

我们用符号 X^2 表示卡方统计量，用符号 χ^2 表示卡方分布。不要混淆二者。它们一个是基于数据的统计量；另一个描述了该统计量取值的（近似）概率。

不同统计检验的自由度是不同的，但它通常取决于双向表中的类别数量。

卡方分布 χ^2 只是统计量 X^2 抽样分布的近似值。如果所有理论频数都大于等于 5，那么近似的效果通常很好。

> **KEY POINT 重点**
>
> 只有当样本量较大时，卡方分布才能很好地近似卡方统计量的抽样分布。在很多情形下，如果每个理论频数都大于等于 5，这说明样本量已经足够大了。

在本节的开始，我们比较了理想化的骰子和真实的骰子，并思考卡方统计量的值是大还是小。现在我们回想一下，$X^2 = 1.0$。正如你将在 10.2 节中看到的，在这个问题中，df = 5。图 10.5 显示，1.0 不是一个很大的值。具体而言，卡方分布中约 96% 在 1.0 以上。因此，我们观测到的结果与我们对一个均匀骰子的期望十分接近，进而不应得出骰子非均匀的结论。

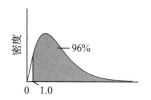

图 10.5　自由度等于 5 的卡方分布。阴影区域是数值 1.0 以上的区域。这表明 1.0 对于这个分布来说并不是一个很大的值，大多数值都大于 1.0

贴士

自由度（df）

卡方分布的自由度取决于类别的数量，而不是观测值的数量。例如，当掷一个六面骰子时，可能的结果有六种类别。

在例 1 中，我们计算了如果男性和女性的支持程度相同，我们预计会有多少男性和多少女性"完全同意"同性婚姻。卡方统计量比较了在男性和女性支持程度相同的情况下，支持者的理论比例与实际观测到的比例，它的值等于 9.793，自由度为 4。图 10.6 显示，在这种情况下，我们也可以使用统计计算器来计算 p 值。在这里，如果男性和女性对同性婚姻的支持程度相同，9.793 是一个相对较大的值。这说明，我们的观测结果与原假设相距甚远，所以可以得出结论，男性和女性对同性婚姻的支持程度是不同的。

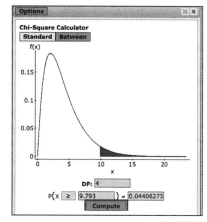

图 10.6　StatCrunch 显示，卡方统计值大于等于 9.793（当自由度为 4 时）的概率是 0.044 或约 4.4%

10.2　分类变量之间的相关性：卡方检验

确定两个分类变量是否相关的检验有两种。使用哪一种检验，取决于数据的收集方式。

通常，我们使用双向表汇总两个分类变量，部分原因是它有助于我们判断这些变量之间是否存在关联。在我们学习如何应用双向表（或汇总数据）时，不应忽视双向表数据的收集方法。我们可以以两种方式收集数据。

第一种方法是从不同的总体中收集两个或更多不同的、独立的样本，并记录每一个对象的类别。例如，我们可以随机抽取一组男性和一组女性，然后询问他们在多大程度上同意同性婚姻：完全同意、同意、中立、不同意或强烈反对。现在，我们有一个分类响应变量：观点。我们还有另一个分类变量：性别，它用于追踪对象来源于哪个总体。因此，我

[517] 们有两个样本，一个是分类响应变量，一个是分类分组变量。

第二种方法是只收集一个样本。对于这个样本中的对象，我们记录两个分类响应变量。例如，我们可能会收集一个大样本，记录人们的婚姻状况（单身、已婚、离婚或丧偶）和教育水平（高中、大学、研究生）。在这个样本中，我们得到了两个分类变量：婚姻状况和教育水平。

无论采取哪一种数据收集方法，我们的目的都是判断这两个分类变量是相关的还是不相关的。然而，由于数据收集方法不同，检验变量之间关系的方式也不同。这是一个坏消息。好消息是，两种方法都能够达到我们的目的。计算结果表明，无论我们使用哪种方法收集数据，我们都可以使用相同的卡方统计量和卡方分布来检验变量之间的关系。

这两个方法有不同的名称。如果我们基于两个样本对分组变量和分类响应变量之间的关联进行检验（第一种方法），则称之为**同质性**（homogeneity）检验。如果我们基于一个样本（第二种方法）进行检验，则该检验称为**独立性**（independence）检验。两种不同的数据收集方法，两种不同的名称——但是，幸运的是，检验的方法是相同的！在数据周期中，数据分析阶段对于正确实施假设检验具有重要意义。当然，验证检验的条件是否满足也很重要。

📨 **贴士**

同质性

英文 homogeneity 这个词源于 homogeneous，它的意思是"相同的、相似的种类或性质"。

> **KEY POINT 重点**
>
> 确定两个分类变量是否相关的检验有两种。对于两个或多个样本和一个类别响应变量，我们使用同质性检验。对于一个样本和两个分类响应变量，我们使用独立性检验。

例 3 独立性检验还是同质性检验？

也许你上过一两个网络课程？你认为网络课程有多大的价值？皮尤基金会调查了两个不同的群体：普通美国公众和大学校长。约 29% 的公众表示，网络课程"与线下课程具有相同价值"。相比之下，超过一半的大学校长认为，网络课程和线下课程具有相同的价值。研究人员进行了假设检验，以确定 Online Course Value 变量（被调查者是否同意网络课程等同于线下课程）与 President 变量（被调查者是否为学院或大学的校长）是相关的。

问题：这是独立性检验还是同质性检验？

解答：皮尤基金会选取了两组截然不同的人作为样本：校长和公众。President 变量告诉我们一个人属于哪一组，且只有 Online Course Value 一个响应变量。

结论：这是一个同质性检验。

试做：练习 10.15。

例 4　独立性检验还是同质性检验？

影评人的观点与大众的观点一致吗？即使你可能认为，这个问题的答案明显是否定的，但我们也可以通过分析数据来回答这个问题。我们从烂番茄（Rotten Tomatoes）网站上随机选取了 200 部电影作为样本。

烂番茄跟踪电影评论，并总结出对每部电影的普遍看法。影评人的观点（从最好到最坏）依次为"Certified Fresh""Fresh""Rotten"。大众观点分为"Upright"（好评）或"Spilled"（差评）。因此，对于样本中的每一部电影，我们都有两个变量：Critics' Opinion 和 Audience Opinion。

问题： 如果我们检验 Critics' Opinion 和 Audience Opinion 之间是否存在关联，这是同质性检验还是独立性检验？

结论： 本例仅有一个样本，由大约 200 部电影组成。每部电影都有两种影评：影评人的观点和大众的观点。因此这是一个独立性检验。

试做： 练习 10.17。

10.2.1　独立性检验与同质性检验

同样，这些检验都遵循假设检验的四步法。我们将给出一个概述，然后利用一个示例展示具体的过程。

步骤 1：假设

假设总是由原假设和备择假设组成。

H_0：两个变量不相关（变量是独立的）。

H_a：两个变量相关（变量不是独立的）。

尽管假设总是由一个原假设和一个备择假设组成，但你应该根据具体的问题来描述假设。例如，电影评级中的原假设是，影评人的观点和大众的观点不相关，备择假设是二者相关。

步骤 2：准备

无论你是在检验独立性还是同质性，都应该使用卡方统计量来比较频数，我们再次给出卡方统计量的计算公式，即式（10.2）。

$$X^2 = \sum_{\text{单元格}} \frac{(O-E)^2}{E}$$

如果满足下列条件，那么这个统计量近似服从自由度为

$$df = (\text{行数} - 1)(\text{列数} - 1)$$

的卡方分布，条件：

1. 随机样本。所有样本均通过随机抽样采集。

2. 独立样本和观测。所有的样本都是相互独立的。样本中的观测值也相互独立。

3. 大样本。每个单元格中的理论频数必须大于等于 5。

注意，在独立性检验中，总是只有一个样本。但是同质性检验可能包含多个独立的样本。

步骤 3：计算并比较

首先，给出一个显著性水平。我们最好借助软件来完成其余的工作。p 值是在原假设成立的情况下，卡方统计量大于或等于其观测值的概率。换句话说，p 值就是在两个变量不相关的前提下，检验统计量大于等于其观测值的概率。因此，一个小的 p 值意味着一个大的检验统计量，这使我们对变量不相关的假设产生了怀疑。借助统计软件，我们发现影评数据的卡方统计量为 69.8。p 值小于 0.001。

步骤 4：解释

如果 p 值小于或等于显著性水平，我们拒绝原假设，并得出结论，认为变量是相关的。因为影评数据的 p 值很小，我们拒绝原假设并得出结论，影评人的观点和大众的观点是相关的。你可能喜欢看本书网站上提供的数据，看看这种相关是负向的（影评人倾向于反对大众的观点）还是正向的（影评人和大众的观点一致）。

例 5　确定程度与气候变化？

很多美国人——也许是所有的美国人——对"是否正在发生气候变化"持有自己的观点。但人们所持观点的确定程度也不同。

研究人员对于人们如何看待气候变化这一问题具有强烈的兴趣，他们随机抽取了近 2 000 名美国成年人，询问他们对各种气候问题的看法，包括他们对气候变化的看法（"气候变化正在发生"和"气候变化没有发生"）以及他们对此观点的确定程度（"非常确定""完全不确定""有点确定""很确定"）。（Bloodhart 2015）

问题：这是一个同质性检验还是独立性检验？对观点的确定程度是否与实际观点相关？

解答：因为本例中有一个样本、两个响应变量，所以这是独立性检验。

步骤 1：假设

我们可以用以下假设来重述这个统计问题：

H_0：在所有美国居民中，对气候变化的确定程度与观点本身无关。

H_a：对气候变化观点的确定程度取决于观点。

步骤 2：准备

分析数据，我们可以从输出结果中看出，所有理论频数都大于等于 5。（最小的理论频数为 16.58。）这意味着卡方分布将为 p 值提供一个很好的近似。图 10.7 显示了该随机样本的实际频数、原假设为真时的理论频数，以及卡方统计量的值和 p 值。

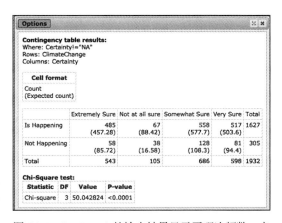

图 10.7　StatCrunch 的输出结果显示了理论频数、卡方统计量和 p 值的汇总表，以检验关于气候变化的观点是否与观点的确定程度有关

步骤 3：计算并比较

我们用 0.05 的显著性水平。

卡方统计量是 $X^2 = 50.04$（四舍五入到两位小数）。卡方分布的自由度为 3，p 值小于 0.000 1。

步骤 4：解释

p 值小于 0.05 的显著性水平，因此我们拒绝原假设。

结论：人们关于气候变化的观点和对观点的确定程度相关。

试做：练习 10.21。

📌 **贴士**

随机分配

将受试者随机分配到实验组，将产生不同的独立样本。因此，如果其他条件也能够满足，我们可以用同质性检验对此进行分析。

例 6 饥饿的猴子

过去的研究表明，喂食较少的老鼠寿命更长、更健康。近期，研究人员进行了一项限制猕猴摄入热量（更少的食物）的研究。人们认为猴子和人类有很多相似之处，这也是这项研究如此有趣的一个原因。

76 只成年猕猴被随机分为两组。一半猴子（38 只）被分配到热量限制组。连续三个月，它们的食物每月减少约 10%。

在 38 只正常饮食的猕猴中，有 14 只在这篇文章发表之前死于年龄原因。在 38 只热量限制的猕猴中，只有 5 只死于与年龄原因（Colman et al. 2009）。我们用因年龄而死亡的数量来度量衰老。

问题：因为这是一项随机研究，我们可以将"饮食与衰老有关"设置为一个因果假设。因此，我们检验"饮食的不同导致衰老差异"的假设。这是同质性检验还是独立性检验？ Minitab 的输出结果如图 10.8 所示。

解答：有两个样本（限制热量摄入的猴子和不限制热量摄入的猴子）和一个结果变量：猴子是否死于年龄原因。

因此，这是一个同质性检验。

步骤 1：假设

H_0：对于这些猴子，饮食中的热量与衰老无关。

H_a：对于这些猴子，饮食中的热量会导致衰老的差异。

我们没有进行随机抽样，所以我们的结果不能推广到

Tabulated Statistics: Died, Diet

Rows: Died   Columns: Diet

Died	Normal	Restricted	All
Yes	14	5	19
	9.500	9.500	
No	24	33	57
	28.500	28.500	
All	38	38	76

Cell Contents
Count
Expected count

Chi-Square Test

	Chi-Square	DF	P-Value
Pearson	5.684	1	0.017

图 10.8 Minitab 的输出结果显示了 76 只猴子的饮食（正常或高热量）和死亡（是否死于年龄原因）情况

这群猴子之外。但是由于我们随机分配一部分猴子作为实验组，因此可以得出结论，猴子衰老的差异是由饮食差异造成的。

步骤 2：准备

因为我们希望使用卡方检验，我们必须确认理论频数都大于等于 5。如图 10.8 所示。

步骤 3：计算并比较

图 10.8 中 Minitab 的输出结果显示，卡方值为 5.68，p 值为 0.017。

步骤 4：解释

因为 p 值小于 0.05，我们可以拒绝原假设。

结论： 改变这些猴子饮食中的热量可以使它们活得更长。

试做： 练习 10.27。

这项研究包含的其他信息也表明，限制饮食的猴子通常比正常饮食的猴子更健康。

🔁 **回顾**

比较两个比例

在 8.4 节，你学习了使用 z 检验根据来自独立样本的数据检验两个总体比例是否相同。在猴子的饮食实验中，你既可以使用 z 检验，也可以使用卡方检验，它们的效果相同。

10.2.2 随机抽样与随机分配

现在你已经看到了两种不同的随机化方法。随机抽样是指从总体中随机选择样本对象，这在很多调查中都是如此。只有随机抽取样本，我们才能将统计规律推广到总体，因为这是确保样本代表总体的唯一方法。例 5 是基于随机抽样的研究。例 5 的结论认为，关于气候变化的观点和对观点的确定程度是相关的，这是一个关于总体的结论。因为样本是随机抽取的，所以我们相信，在总体中这两个变量也是相关的。

另一方面，在例 6 中，研究人员没有进行随机抽样。然而，这些猴子被随机分配到实验组（低热量饮食）或对照组（正常饮食）。因为这些猴子不是随机挑选的，我们无法从统计学的角度将研究发现推广到总体。（可能存在一种生物学上的论点或假设，认为对一组猴子有效的饮食对其他任何一组猴子也适用。但作为统计学家，我们没有数据支持这一假设。）然而，研究人员之所以进行这项研究，是因为他们对其中的因果关系很感兴趣：改变猴子饮食中的热量会改变它们的健康和寿命吗？

因为研究人员控制了不同猴子的饮食方式，所以这是一个对照实验。研究人员使用了随机分配，拒绝了饮食和健康不相关的原假设，因此我们可以得出结论，认为热量限制确实影响了猴子的健康。

请你注意数据的收集方式。如果是随机抽样，我们就可以将结果推广到总体。如果采取将受试者随机分配到实验组的方式，那么我们就可以得出因果关系的结论。

回顾

数据的收集

在对照实验中，实验者决定将哪些受试者分配到实验组。

相比之下，观察性研究是指受试者根据行为或先天特征（如性别）将自己归入实验组。我们不能基于一项观察性研究得出因果关系结论。

522

摘要

独立性与同质性卡方检验

什么是卡方检验？一种检验两个分类变量是否相关的方法。

卡方检验的用途是什么？使用卡方统计量，我们将每个结果类别的观测频数与变量不相关时的理论频数进行比较。如果观测频数与理论频数相差太大，那么我们就有理由质疑分类变量不相关的假设。

卡方检验是如何检验两个分类变量是否相关的？如果样本量足够大，且假设检验的基本条件得到满足，那么卡方统计量近似服从 $df = (行数 - 1) \times (列数 - 1)$ 的卡方分布。在卡方分布中，p 值是指卡方统计量大于或等于其观测值的概率。

如何利用卡方检验？比较两个分类变量的分布。

10.2.3 比例检验

在两个类别变量都恰好有两个类别的特殊情况下，使用双边备择假设，同质性检验等同于两个比例的 z 检验。我们通过下面的分析对此进行说明。

2009 年发表的一项关于潜在艾滋病疫苗的里程碑研究中，美国陆军和泰国卫生部的研究人员随机分配了大约 8 200 名志愿者接种抗艾滋病疫苗，另外 8 200 名志愿者接种安慰剂。（为了便于理解，我们将数字四舍五入。）研究人员向两组志愿者介绍了艾滋病的预防措施，并承诺如果他们感染了艾滋病，将获得终生治疗。在接种疫苗的人中，有 51 人在研究结束时（三年后）患上了艾滋病。接种安慰剂的人中，74 人患了艾滋病（http://www.hivresearch.org）。我们将展示检验接种疫苗和感染艾滋病之间是否存在联系的两种方法。数据汇总见表 10.11。

用本章的方法，因为有两个样本（疫苗和安慰剂）和一个结果变量（艾滋病），所以这是一个同质性检验。虽然我们不能将其推广到更大的人群中（因为志愿者不是随机选择的），但我们可以得出一个因果关系的结论，即艾滋病的感染率是否与疫苗有关，因为这是一项对照、随机实验。

首先我们假设两个变量不相关，并计算理论频数。

表 10.11　艾滋病疫苗实验的数据汇总

	已接种疫苗	未接种疫苗	合计
感染艾滋病	51	74	125
未感染艾滋病	8 149	8 126	16 275
合计	8 200	8 200	16 400

因为感染艾滋病的比例是 125/16 400 = 0.007 622，如果艾滋病的感染率与疫苗无关，那么我们应该看到两组中感染艾滋病的比例是相同的。如果疫苗组中感染艾滋病的比例为 0.007 622，那么我们期望疫苗组中有 8 200 × 0.007 622 = 62.5 人感染艾滋病。

523 两组人数相同，因此我们预计安慰剂组的艾滋病患者人数与疫苗组相同。这意味着在两组中，我们预计有 8 200−62.5 = 8 137.5 人没有感染艾滋病。

结果见表 10.12 所示，观测频数右侧的括号中显示了理论频数。

表 10.12 括号中显示了假设两个变量不相关的理论频数

	已接种疫苗	未接种疫苗	合计
感染艾滋病	51 (62.5)	74 (62.5)	125
未感染艾滋病	8 149 (8 137.5)	8 126 (8 137.5)	16 275
合计	8 200	8 200	16 400

注意，所有理论频数都大于等于 5。

不难计算，卡方统计量为：

$$X^2 = \sum \frac{(观测频数 - 理论频数)^2}{理论频数}$$

$$= \frac{(51-65.5)^2}{62.5} + \frac{(74-65.5)^2}{62.5} + \frac{(8\,149 - 8\,137.5)^2}{8\,137.5} + \frac{(8\,126 - 8\,137.5)^2}{8\,137.5} = 4.26$$

对应卡方分布的自由度为

$$(行数 -1)(列数 -1) = (2-1)(2-1) = 1 \times 1 = 1$$

p 值如图 10.9 所示。它是自由度为 1 的卡方分布下方位于 4.26 右侧的面积。p 值是 0.039。因此，我们拒绝原假设，并得出结论，接种疫苗和感染艾滋病是相关的。艾滋病感染数的差异是由疫苗造成的。

该结论只能表明两个变量是相关的，这是令人失望的一点。尽管这是有意义的结论，但我们真正想知道的是，两个变量是如何相关的。接种疫苗是否减少了感染艾滋病的人数？这才是研究人员想研究的问题。他们不仅仅想知道二者是否相关，还希望明确关联的方向。

卡方检验的一个缺点在于只能揭示两个变量是否相关，而不能揭示它们是如何相关的。幸运的是，当两个分类变量都只有两个类别时，我们可以采用两比例 z 检验。

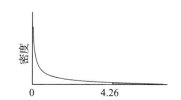

图 10.9 卡方分布下方位于 4.26 右侧的面积，代表检验艾滋病疫苗与感染艾滋病是否相关的 p 值。该分布是自由度为 1 的卡方分布。p 值是 0.039

通过两比例 z 检验，我们可以检验相关性的方向：疫苗是否提高了艾滋病感染率。我们借助图 10.10（显示了 StatCrunch 的输入和输出结果），用两比例 z 检验来检验这个假设。

524 我们将 p_1 定义为接种疫苗后患上艾滋病的人数比例，p_2 定义为接受安慰剂后患上艾滋病的人数比例。

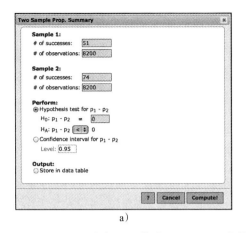

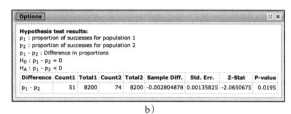

a) b)

图 10.10　我们可以借助 StatCrunch 来执行两比例 z 检验。输入 a) 部分所示的信息，b) 部
　　　　分显示了输出结果

步骤 1：假设

H_0: $p_1-p_2 = 0$（或 $p_1 = p_2$）

H_a: $p_1-p_2 < 0$（或 $p_1 < p_2$）

换句话说，我们的原假设是，疫苗组和安慰剂组中艾滋病患者的比例是相同的。备择假设
是，疫苗组中艾滋病患者的比例更低。

步骤 2：准备

满足两样本比例检验的条件。（我们留给你去验证，但需要注意，由于采取随机分配的
方法——将疫苗随机分配给一些受试者，将安慰剂随机分配给另一些受试者，两个样本相
互独立。）

步骤 3：计算并比较

z 统计量的观测值为 -2.07，p 值为 0.019 5。

步骤 4：解释

根据 p 值，我们拒绝原假设，并得出结论，接种疫苗的人比不接种疫苗的人感染艾滋
病的可能性更低。因为这是一项随机对照实验，我们可以得出这样的结论：疫苗降低了人
们感染艾滋病的可能性。

注意，如果将 p 值翻倍，也就是说，如果用双侧备择假设，我们将得到 $2 \times 0.019\ 458 =$
0.039，这正是卡方检验的结果。

尽管医学研究人员对这项研究感到非常兴奋——就在几年前，人们还认为研制出艾滋
病疫苗是不可能的事情——但他们也告诫人们，这种疫苗只降低了大约 30% 的感染风险。
很多医学专家认为，只有将风险降低至少 60% 的疫苗才有用。这项研究也存在一些争议：
一些人认为，一部分理应出现在实验中的受试者在最初被剔除了（因为先前的医疗条件）。
如果这些受试者被包括在内，那么从统计学的角度来讲，疫苗将不再有效。

525

KEY POINT 重点

对于一个 2×2 的频数列联表，双侧备择假设的两比例 z 检验等价于同质性检验。

什么时候用两比例 z 检验，什么时候用同质性检验？如果用单侧备择假设，那么你应该选择 z 检验。然而，如果用双侧备择假设，那么选择哪种检验就无关紧要了。

10.3 阅读学术文献

这本书的目的之一是带你学习统计学的很多基本概念，使你能够批判性地解读已发表的研究结果，尤其是医学文献——它们记录了许多对我们的生活有重大影响的研究发现。当我们依赖大众媒体来解读这些研究发现时，我们经常得到相互矛盾的信息。然而，你现在已经掌握了足够的统计学知识，在一些指导性原则下，你通常有能力对研究结果做出解读。

在讲解如何评价一项学术研究之前，我们给出一些总体的指导性原则：

1. 注意随机性的使用方法。随机抽样用于获得一个有代表性的样本，这样我们就可以将结论推广到更大的总体中。随机分配用以检验因果关系，从而我们就可以得出结论，实验处理对特定的受试者样本确实有效（或无效）。医学研究普遍采用随机分配的方法，而不使用随机抽样。这意味着实验结果不一定适用于总体。表 10.13 总结了这些可能性。

表 10.13 四种不同的研究设计和推论

	随机抽样	未随机抽样
随机分配	你可以得出因果关系的结论，也可以得出整个总体都受到类似影响的结论	可以得出因果关系的结论，但不知道每个样本是否会做出类似的应答
未随机分配	你可以得出总体中的变量间存在关联的结论，但不能得出它是一种因果关系的结论	可以得出样本间而非整个总体中存在关联的结论，而不能得出其中存在因果关系的结论

2. 不要仅仅依赖于任何一篇论文的结论。研究成果总是一点一点向前推进的。即使一项研究的结论非常宏大且富有价值，它也只能向我们展示真实世界的一小部分。例如，《洛杉矶时报》报道，根据一些已发表的研究，许多人认为维生素 D 有助于预防癌症、心血管疾病、抑郁症和其他疾病。但一些医学专家认为，这些观点仅仅来源于一些基础研究。他们认为，关于维生素 D 有效性的医学结论其实是相当复杂的（Healy 2010）。

526

3. 独特的结论需要独特的证据来支持。这条建议是詹姆斯·兰迪（James Randi, The Amazing）——一位魔术师兼怀疑论者——最崇尚的智慧。如果有人说他做了一件被认为是不可能的事，在你看到一些非常有说服力的证据之前，请不要相信它。

4. 对于统计或数学模型得出的结论，要格外注意。统计建模往往需要提出很多假设，由此产生的一个结果是，只有在特定的情况下，这些结论可能才是正确的。此外，一些研究本质上是"如果"研究："我们研究的是，如果这些假设成立，那么将会发生什么。"然而，请你一定注意，有些假设可能是不现实的，甚至是不可能成立的。

5. 阅读同行评审的期刊。**同行评审**（peer review）意味着论文要经过同一领域的两三个（有时是更多）资深研究人员的审阅。如果这些审稿人认为论文的研究方法不合理，或者在论文中发现了太多错误，他们可以拒绝这篇论文的发表。他们也可以要求作者修改并重新提交论文。许多已发表的论文都经过了数轮的评审。但是，请注意，并非所有同行评审的期刊都有相同的质量。高水平的期刊掌握了更多的资源，其审稿人更细心、知识更渊博，能够在论文中审查出极其细微的纰漏。并且，它们通常会设立编辑委员会以促进同行评审的规范化，而非局限于少数人的评审意见。

我们更深入地解释一下第一个原则。有些学生不太理解随机抽样和随机分配的区别。避免混淆的一种方法是忽略"随机"这个词，只需要理解抽样和分配的区别。

通常，我们会从一个更大的群体中抽取一些人或物参与研究或调查。这个较大的群体就是我们所说的总体。随机抽样的意思是，抽取的过程是随机的。如果研究人员声称他们进行了抽样，那么你就可以判断，他们在研究中没有使用整个总体，而是从总体中抽取了样本。尽管大多数医学研究都基于一定的样本，但它们并没有采用随机抽样的方法。例如，对急诊室的病人进行随机抽样，并保证这些病人都愿意飞赴明尼阿波利斯市的一家诊所接受实验性治疗，这实在是一件非常困难的事。

图 10.11 显示了从 50 人的总体中随机抽取 10 人的样本。加框的数字表示被选中的人。

在对照实验中，我们需要把一部分样本分配到实验组中。例如，在 10 个人的样本中（编号为 03, 06, 17, 19, 21, 22, 25, 30, 31 和 33），5 人将服用阿司匹林，5 人将服用安慰剂。为了保证随机性，我们可以使用计算机或计算器随机选择一半的数字，然后把被选中的人分配到阿司匹林组，让其余的人服用安慰剂。或者，如果我们想要采取一种技术含量更低的方法，我们可以把这十个数字写在纸条上，放在一个盒子里，把纸条混合均匀，然后随机选取其中的一半。被选中的人将被分配到阿司匹林组。例如，如果我们选择数字 3、21、22、25 和 33，那么我们的分配结果将是

```
00 01 02 03 04 05 06 07 08 09
10 11 12 13 14 15 16 17 18 19
20 21 22 23 24 25 26 27 28 29
30 31 32 33 34 35 36 37 38 39
40 41 42 43 44 45 46 47 48 49
```

图 10.11　每个数字代表一个人。加框的数字代表被随机选取到样本中的人

阿司匹林组：3, 21, 22, 25, 33

安慰剂组：6, 17, 19, 30, 31

请注意，这个随机分配涉及了样本中的每一个人。将前 5 个数字对应的样本分配到阿司匹林组，将其余的 5 个人分配给另一组（安慰剂组）。

例 7　增加小费

餐厅服务员是否触碰了顾客，会影响他赚到的小费吗？一位社会学家想要研究这一问题。下面是这位社会学家可能会用到的两种研究方案。阅读下文，然后回答问题。

方案 A：这位社会学家在他的城市选择了四家大型餐厅，并让这些餐厅的所有服务员

同意参与他的研究。在未来几周的某几个晚上，这位社会学家会造访各家餐厅，记录下所有服务员触碰顾客后背或肩膀的次数。他还记录了每个服务员赚到的小费总额。他发现，平均而言，触碰顾客的服务员能得到更多的小费。

　　方案 B：这位社会学家在他的城市选择了四家大型餐厅，并让这些餐厅的所有服务员同意参加他的研究。在每一家餐厅，一半的服务员被随机分配到"触碰"组和，另一半被分配到"不触碰"组，并要求"触碰"组的服务员在用餐期间轻触每位顾客的背部或肩膀两到三次，"不触碰"组的服务员完全不要触碰顾客。最后，这位社会学家发现，"触碰"组的服务员平均获得的小费比"不触碰"组的服务员多。

　　问题：根据每一个研究方案，我们是否可以将结果推广到更大的总体中？这位社会学家是否可以得出因果关系结论？

　　解答：对于方案 A，服务员（或餐厅）不是从一个较大的总体中随机选择的，所以我们不能将结论推广到样本之外。这是一项观察性研究：服务员自己选择是"触碰者"还是"不触碰者"。因为没有使用随机分配，所以我们不能断定小费的差异是由触碰造成的。一个可能的混淆因素在于餐厅本身，它可能鼓励服务员触碰顾客。或者，这里的顾客可能比其他餐厅的顾客更愿意慷慨地支付小费。

　　对于方案 B，我们也不能将结论推广到更大的总体中。但这个方案使用了随机分配的方法。这位社会学家选取了一些餐厅，进而控制了餐厅的环境。由于使用了随机分配，我们可以得出结论，触碰导致了小费的增加。

　　试做：练习 10.37。

10.3.1　阅读摘要

　　摘要（abstract）是位于科研论文开头的一个段落，用于介绍基本的研究发现。如果你用谷歌学术（Google Scholar）搜索科研论文，点击一个链接，会看到这篇论文的摘要。通常，你可以免费阅读论文的摘要。（通常需要订阅期刊，或者在订阅了期刊的线上图书馆，才能阅读论文的全文。）此外，在很多期刊的网站上，一篇论文的全文可能没有开放，但你仍可以阅读论文的摘要。

　　例如，一篇发表在《新英格兰医学杂志》（*The New England Journal of Medicine*）上的文章（Poordad et al. 2011）报道了一种治疗慢性丙型肝炎病毒（HCV）的新疗法。目前，标准疗法——聚乙二醇干扰素利巴韦林——的成功率相对较低。患者获得"持续病毒学应答"，代表成功治疗 HCV。在持续病毒学应答中，病毒不会从体内清除，而是在很长一段时间内无法检测到。研究人员在标准疗法中加入一种名为 boceprevir 的新型药物，寄希望于这将使很大一部分患者获得持续病毒学应答。这篇论文的摘要节选如下：

　　方法：我们进行了一项双盲实验，将既往未经治疗的 HCV 基因 1 型患者随机分配到三个组中。在所有的三个组中，聚乙二醇干扰素 α-2b 和利巴韦林给药 4 周（前导阶段）。

随后，组1（对照组）给予安慰剂联合聚乙二醇干扰素－利巴韦林治疗44周；组2接受 boceprevir 联合聚乙二醇干扰素－利巴韦林治疗24周，而那些在8周至24周之间检测到 HCV RNA 水平的患者接受安慰剂联合聚乙二醇干扰素－利巴韦林治疗20周；组3给予 boceprevir 联合聚乙二醇干扰素－利巴韦林治疗44周。区分各组中的非黑人患者与黑人患者，分别进行分析。

结果： 共938例非黑人患者和159例黑人患者接受治疗。在非黑人患者中，组1的311例患者中有125例（40%）获得了持续病毒学应答，组2的316例患者中有211例（67%）获得了持续病毒学应答（$P<0.001$），组3中311例患者中有213例（68%）获得了持续病毒学应答（$P<0.001$）。在黑人患者中，组1的52名患者中有12名（23%）获得了持续病毒学应答，组2的52名患者中有22名（42%）获得了持续病毒学应答（$P=0.04$），组3的55名患者中有29名（53%）获得了持续病毒学应答（$P=0.004$）。在组2中，总共44%的患者接受了聚乙二醇干扰素－利巴韦林治疗28周。由于出现贫血的症状，我们减少了13%的对照组患者和21%的 boceprevir 接受者的剂量，分别有1%和2%的人停药。

结论： 与仅使用标准疗法相比，在使用聚乙二醇干扰素－利巴韦林的标准疗法中加入 boceprevir，显著增加了既往未经治疗的慢性 HCV 基因1型成人患者的持续病毒学应答率。接受 boceprevir 治疗24周和44周的患者，持续病毒学应答率相似。［由 Schering-Plough 公司（该公司现在更名为 Merck）资助；SPRINT-2 ClinicalTrials.gov，编号 NCT00705432。］

注意，在这篇论文中，p 值的表示方式与本书中的表示方式不同。$P=0.004$ 也就是 p 值 $=0.004$。不同的出版物中，p 值的表示方式略有不同。

为了帮助你解读这一篇以及其他类似的摘要，请回答以下问题：

1. 这些研究人员试图回答的研究问题是什么？
2. 他们的研究结论是什么？
3. 他们用什么方法收集数据？
4. 数据的收集方法是否支持得出的结论？
5. 这些结论适用于哪些人群？
6. 其他文章中也有类似的结果吗？这些结果与其他研究人员的意见一致吗？

尽管外行人很难回答第六个问题，但这个问题非常重要。科学研究是一项困难的活动，部分原因在于自然界中存在大量多样性。由于没有采用随机抽样，存在样本选择偏差或者研究人员的操作失误等原因，研究结论往往无法推广到所有人群。因此，除非一项研究与当前公认的理论相一致，并得到了其他研究的支持，否则你不应轻信某一项研究的结论。综上所述，在基于某些研究结论制定决策或改变生活方式之前，请你务必重视相关知识的积累。

让我们一起根据摘要的内容回答这些问题。

1. 这些研究人员试图回答的研究问题是什么？在标准疗法中加入 boceprevir 是否会提升丙型肝炎患者获得持续病毒学应答的比例？

2. 他们的研究结论是什么？是的，该药物改善了患者的应答。研究人员报告，与只接受标准疗法的患者相比，采用 boceprevir 联合标准疗法的患者获得持续病毒学应答的比率增加。

3. 他们用什么方法收集数据？患者被随机分配到三个治疗组中。分配的过程是双盲的。患者在 24 周和 44 周后进行检查，以确定他们是否获得了持续病毒学应答。

4. 数据的收集方法是否支持得出的结论？研究人员将受试者随机分配到治疗组中，因此我们可以得出一个因果结论，认为持续病毒学应答率的差异是由于在标准疗法的基础上增加了 boceprevir。此外，由于实验效果非常显著，因而不能用偶然来解释。请注意形如 $P<0.001$ 的 p 值表示方法。例如，我们知道组 2（非黑人）的持续病毒学应答率比安慰剂组（组 1，非黑人）更高，p 值小于 0.001。

5. 这些结论适用于哪些人群？该样本不是随机选择的，所以虽然我们可以得出治疗有效的结论，但我们并不清楚是否会在其他样本或其他所有丙型肝炎患者中看到相同的效果。众所周知，非裔美国人和非非裔美国人对标准疗法的应答不同，因此研究人员将这两组患者进行了区分。

6. 其他文章中也有类似的结果吗？这些结果与其他研究人员的意见一致吗？我们无法根据摘要的内容回答这一问题。

请注意，即使你可能说不清自己运用了哪些统计方法（我们所做的就是阅读文章本身），但我们仍然对这项研究的可靠性有所判断。我们知道，丙型肝炎标准疗法的成功率（非黑人组 40%，黑人组 23%）低于 boceprevir 联合治疗的成功率（非黑人组 24 周后为 67%，44 周后 68%；黑人组 24 周后为 42%，44 周后为 53%）。我们能够判断，这种差异不是一种偶然结果。并且，由于实验采用了随机分配的方法，我们能够得出结论，boceprevir 是导致患者持续病毒学应答率差异的原因。

例 8　脑力游戏

请阅读下面的摘要，这篇论文研究了"脑力游戏"对美国老年人认知能力的影响（Rebok et al. 2014）。

目的： 研究认知训练对认知能力和日常行为能力的影响，研究时间为 10 年。**设计：** 对一项单盲的随机对照试验［独居老年人认知能力培训（ACTIVE）］进行 10 年随访，包括三个干预组和一个非接触对照。**参与者：** 独立生活的 2 832 名志愿者（平均基准年龄 73.6 岁，其中包括 26% 的非裔美国人）。**干预：** 十次记忆、推理或处理速度的训练；在初始训练后 11 个月和 35 个月进行 4 次强化训练。**测量：** 客观测试认知能力，自我报告基于日常表现的行为能力测量。**结果：** 干预组的参与者表示，在工具性日常生活活动（IADL）中遇到的困难较少。在平均年龄为 82 岁时，也就是 10 年后，干预组中大约 60% 的参与者（$P<0.05$）以及对照组中 50% 的参与者表示，他们的工具性日常生活活动能力处于或高于基准水平。推理和处理速度干预依然能够改善认知能力，但记忆训练不再奏效。后续的强

化训练能够持久促进推理干预对推理能力的改善、处理速度干预对处理速度的改善。**结论：**与对照组相比，独居老年人认知能力培训干预组的工具性日常生活活动能力下降较少。经过 10 年的训练，老年人的推理能力和处理速度得到了改善，但记忆力没有改善。

问题：以前一页的六个问题为指导，写一个简短的段落描述这项研究。

解答：这项研究试图经过 10 年的追踪调查，确定认知训练（摘要中没有给出明确的定义）是否能改善老年人的推理能力、处理速度和记忆力等认知功能。研究人员随机将受试者分配到三种不同训练项目组或未接受训练的对照组。他们的结论是，事实上，这种训练确实提高了老年人的推理能力和处理信息的速度，但没有提高记忆力。他们还发现，接受过认知训练的人在工具性日常生活活动方面的困难更少。比较对照组与接受认知训练组的工具性日常生活活动评分，p 值小于 0.05，因此在 5% 的显著性水平下，我们能够确信这种差异不是偶然造成的。研究人员采用了随机分配的方法，认为干预组和对照组之间的差异是由认知训练造成的，这是合理的结论。因为不是随机抽样，所以研究结果只适用于这 2 832 名参与者。所有参与者都比一般总体的年龄大（研究开始时他们的平均年龄为 73.6 岁）。我们不知道其他研究是否重现了这些研究结果，摘要没有体现这一点。

试做：练习 10.51。

10.3.2　注意事项

托尔斯泰的小说《安娜·卡列尼娜》开篇这样写道："幸福的家庭都是相似的，不幸的家庭各有各的不幸。"不假思索地套用这位伟大的俄国小说家的话，我们可以这样理解：成就一项高水平研究的途径屈指可数，而对于那些低水平的研究而言，其质量不高的原因却不胜枚举。我们已经给出了一些建议，以帮助你识别一项好的研究。但你也应该注意到，差的研究往往具有一些警示意义的信号与特征。

数据疏浚

通常，我们运用假设检验来检验一些基于理论的预测。例如，那些写下自己焦虑情绪的学生在考试中发挥得更好，所以与那些没有写下焦虑情绪的学生相比，他们的平均成绩应该更高。接下来，我们收集数据，然后进行假设检验，以确定该预测是否正确。**数据疏浚**（data dredging）是指在观察数据后再陈述假设。数据疏浚使我们更有可能错误地拒绝原假设。即使原假设成立，数据有时也会因为偶然的因素而显示出乎意料的结果。如果我们首先观察检验统计量，再决定做出怎样的假设，我们就操纵了假设检验的过程，使之有利于备择假设。

这种情况类似于在赛马开始后下注。应该在比赛开始前下注，这样大家获胜的概率就相等了。人们用一匹马获胜的赔率来估计其获胜的概率。但如果等到赛马开始后再下注，你就比其他人更有机会准确预测哪匹马会赢。通过"窥探"数据来下注，获胜的概率就不同于其他人了。

531

理论应该以数据为基础，但正确的步骤是利用数据来制定理论，然后在独立研究中收集额外数据来检验该理论。如果收集额外数据的成本太高，一种常见的方法是将数据集随机分成两个（或更多）部分，然后将第二部分数据"锁起来"，禁止研究人员查看。然后，研究人员可以尽可能多地分析第一部分数据，并利用这些数据集来提出假设。在他们提出假设之后，他们可以在第二个"封闭的"数据集上检验这些假设。另一种方法是使用这些数据来提出假设，然后再去收集更多的数据。

发表偏倚

大多数科学和医学期刊更喜欢发表"正向"研究发现。正向的发现意味着拒绝原假设（研究人员通过检验得出结论，认为实验处理是有效的）。一些期刊喜欢这类发现，因为这些发现通常会推动科学的发展。然而，假设一家制药公司生产了一种声称可以治疗抑郁症的新型药物，但这种药不起作用。如果很多研究人员对这种药物感兴趣，他们做了 5% 显著性水平的统计检验，那么他们中有 5% 的人会得出结论说这种药物有效，即使我们知道事实并非如此。因此，即使绝大多数研究人员得出了相反的结论，但如果一份期刊倾向于发表正向研究发现，那么我们可能只会读到支持该药物有效的研究。

正是因为有可能存在**发表偏倚**（publication bias），期刊才需要在做出刊发决定之前，考虑针对同一种药物做多项不同研究。近年来出现了一种新的、但有些争议的统计分析方法——荟萃分析，在一定程度上是为了帮助解决这些问题。**元分析**（meta-analysis）考虑了所有检验特定治疗的研究，并试图调和不同的结论，试图确定是否有诸如发表偏倚的其他因素，影响了报告的研究结果。

心理学家进行了元分析，并得出结论，暴力电子游戏与儿童的暴力行为没有关联，尽管一些研究得出了相反的结论（Ferguson and Kilburn，2010）。心理学家认为，那些发现电子游戏中的暴力与现实生活中的暴力存在关联的论文更有可能被发表；相反，对于那些没有发现这种关联的研究，被发表的可能性就更小。虽然无法化解研究争议，但这样的分析还是指出了发表偏倚的潜在风险。

利润动机

当前，很多统计研究都是由企业或行业团体资助的，它们希望证明自己的产品可以改善人们的生活。通常，研究人员需要向期刊披露他们自己是否从正在研究的药物或产品中获利，但这并不能告诉我们谁才是一项研究的赞助方。期刊没有理由仅仅因为一项研究是由公司、企业或其他一些具有既得利益的组织出资而拒绝该研究的结论。你应该学会评估研究方法，并判断这些方法是否合理。

但是，你应该明白，资助研究的公司有时会影响研究结果的发表。例如，制药公司资助一些研究人员来检验一种新药。如果研究人员发现药物不起作用，制药公司可能会决定不公开这一事实。这种药物也有可能只对一小部分人有效。如果是这种情况，公司可能会宣传药物是有效的，但没有提到它只对一小部分人有效。

例如，2007 年的一项研究认为，玩"积极的"电子游戏（如 Wii）比玩"消极的"游戏更健康，并发现儿童玩积极的游戏会消耗更多的热量（Neale，2007）。该研究还表明，体育运动比玩任何电子游戏都更有益于健康，但研究人员仍然得出结论："尽管如此，新一代电脑游戏刺激了积极的活动行为。鉴于目前儿童超重和肥胖的普遍情况，应该鼓励这种积极的行为。"一份新闻稿指出，这项研究是由任天堂英国（Nintendo UK）的"营销部门"Cake资助的，该公司生产游戏机 Wii。这并不意味着这项研究的结论是错误的（与玩消极的游戏相比，儿童玩积极的游戏会消耗更多的热量），但它可能在引导儿童玩电子游戏，尽管玩积极的电子游戏远不如运动的减肥效果好。

媒体

媒体——报纸、杂志、电视节目和广播——也是受利润驱动的。一个好的记者要努力抓住问题的核心。然而，科学和医学研究的发现是复杂的，当复杂的思想被浓缩成易于理解的新闻片段时（特别是为了取悦那些为报纸和杂志付费的人），真相有时就被歪曲了。

一些媒体喜欢用引人注目的标题，但这些标题并不总是能抓住一项研究的核心要义。最常见的问题是，标题往往暗示了一种因果关系，聪明的统计学学生很快就会意识到这样的结论没有数据支持。统计学家乔纳森·穆勒（Jonathan Mueller）开设了一个关于此类标题的网站。举几个例子："研究表明进食大量的糖果可能导致暴力""吃糙米可以降低糖尿病的风险"等。这些标题都暗示了因果关系：吃糖果会让你变得暴力，糙米含量高的饮食可以防止你患糖尿病。但你现在应该明白了，只有在对照实验中，我们才能得出这样的结论。即便如此，我们也必须对研究结论的可靠性保持警惕。理想情况下，可以通过阅读新闻文章来了解你需要知道的内容。但事实并非总是如此。我们通常需要借助一些信息来判断一项研究的结论是否可靠，而新闻报道并不会给出这些信息。

临床显著性与统计显著性

一项实验或研究的结果如果大到足以对人们的健康或生活方式产生真正的影响，就被认为具有**临床显著性**（clinical significance）。有时，研究人员会发现一种治疗在统计学上是显著的（意思是结果不是由于偶然），但样本太小而没有意义（所以它没有临床显著性）。大样本的研究具有很大的统计效力，因此，即使是实验组之间非常小的差异，也能够被发现。但这并不意味着这样的差异一定是重要的。例如，一种药物可能确实能够降低胆固醇水平，但不足以对某人的健康产生真正的影响。或者，玩 Wii 可以燃烧更多的热量，但可能不足以作为一种锻炼身体的方式。我们用"临床显著"形容那些产生实际效果的治疗方法。有时，有统计显著性的结果并不具有临床显著性。

想象一下，有一种罕见的疾病，其发病率千万分之一。一项对照实验发现，一种新药"显著"降低了患此病的风险，具体而言，它将患病风险降低了一半。这里的"显著"是指，患病风险的降低在统计学上是显著的。但是，考虑到这种疾病已经非常罕见了，还值得借助药物把患病风险从千万分之一降低至两千万分之一吗？特别是，如果该药物非常昂贵或有副作用，那么大多数人可能会认为，这种药物治疗在临床上没有显著意义。

案例分析回顾

制作味道更好的爆米花

为了制作出味道更好的爆米花，实验人员设计了一项随机对照研究，以观测不同条件下制作效果。这里感兴趣的是制作过程使用的油量对爆米花制作效果的影响。本章开头的案例分析汇总了实验的结果。结果显示，按照制作成功的标准，使用最大油量的制作效果并不好。

油量会影响爆米花的制作效果吗？为了检验这一点，我们使用本章的方法进行同质性检验，我们有三个独立的样本（无油、中等油量、最大油量）和一个分类响应变量（结果：成功或失败）。我们将爆米花随机分配到这三个组中。每组分配 36 袋爆米花，每袋 50 粒。

假设：

H_0：爆米花的制作效果和使用的油量相互独立。

H_a：油量会影响爆米花的制作效果。

图 10.12 中的 StatCrunch 输出界面中显示了实验结果（和一些原始数据）。如图所示，理论频数都大于 5，因此我们的样本量足够大，使得卡方分布（自由度等于 2）能够很好地近似 p 值。

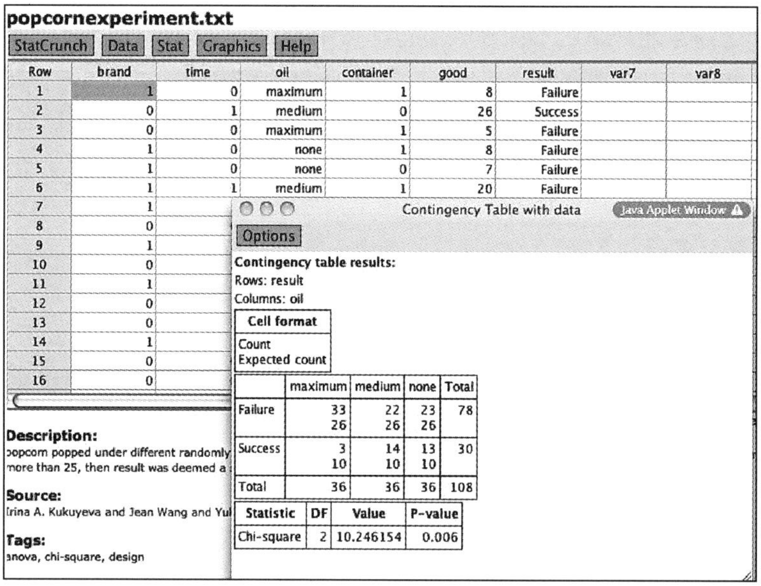

图 10.12 StatCrunch 输出结果。前面的窗口显示分析结果，后面的窗口显示原始数据。表中的理论频数显示在观测值下方

从输出结果中可以看出，检验统计量的值为 10.25，p 值为 0.006。p 值很小。很明显，它肯定小于 0.05，所以在 5% 显著性水平下，拒绝原假设。我们得出的结论是，油量对爆米花的制作效果有影响。（我们用 75 s 后成功爆出爆米花的玉米粒数来衡量爆米花的制作效果，如果你也认同这一标准的话，那么你应该认可该结论的合理性。）

数据项目：小处着眼

534

1. 概述

在开启一项新的数据调查时，你可能会感到不知所措。在这里，我们提供的建议是：小处着眼。

数据：sampleofcrime.csv。

2. 目标

通过提出一些关于数据子集的问题，学习如何分析大型数据集。

3. 放大

当面对庞大而复杂的数据集时，你可能会觉得你必须解决所有的事情并且使用所有的变量。这种认知是错误的！最好的方法是将问题分解成一个个小的、可解决的"块"，然后分别处理它们。

例如，当处理一个大型犯罪数据集时，假设你最初的统计问题是"2010 年以来洛杉矶的犯罪数增加了吗？"一种方法是只计算每年的犯罪数，并以此为基础绘制一个图表。但这样处理有些简单。有些犯罪活动会以不同的方式发生变化，这似乎是合理的。例如，也许当入室盗窃数减少时，汽车盗窃数会增加。或者城市的某些地区以不同的方式发生变化。

项目：一旦你确定了研究问题，下一步就是缩小你的关注范围。考虑所有的观测值和只关注你感兴趣的子集，哪种方法更好？例如，你需要考虑所有的年份、城市所有的地区、所有类型的犯罪活动吗？请针对你感兴趣的领域写一个统计问题，然后确定你无须使用哪些信息。

作业：犯罪数据集相当大。在开始之前，请执行 StatCrunch 的 Data 菜单下 Validate 命令。该命令可以提供每个变量的概述，包括变量类型是数值型的还是非数值型的。如果你想知道变量名的含义（应该知道），请参考下表。

利用这个数据集，写一到两个统计问题并回答这些问题，请在你的报告中提供必要的数值和图形汇总统计数据。

注意，在缩小关注范围时，你可能会发现重新编码数据或创建子集对于分析很有帮助。例如，如果你想调查入室盗窃行为，那么你可能想通过重新编码将几种入室盗窃行为进行合并。一旦这样操作，就可以构造一个只包含入室盗窃报告的数据子集。

535

变量名	描述	类型	数据类型	API 字段
Report ID	逮捕身份证明	纯文本	文本	rpt_id
Arrest Date	MM/DD/YYYY	日期	浮点时间戳	arst_date
Time	24 小时制的军事时间	纯文本	文本	time

（续）

变量名	描述	类型	数据类型	API 字段
Area ID	洛杉矶警察局（LAPD）在其部门内有 21 个社区警务站，被称为"地理区域"。这些地理区域从 1 到 21 依次编号	纯文本	文本	area
Area Name	这 21 个地理区域或巡逻分区还被赋予一个名称，该名称参考了一个地标或周边社区。例如，77 街分区位于南百老汇和 77 街的交汇处，为洛杉矶南部的社区提供服务	纯文本	文本	area_desc
Reporting District	一个四位数字的代码，代表了地理区域内的一个子区域。所有逮捕记录都参考其所在的"RD"进行统计比较。你可以在 LA City GeoHub 网站上查找 LAPD 的"Reporting District"，网址为 http://geohub.lacity.org/datasets/c4f83909b81d4786aa8ba8a74a4b4db1_4	纯文本	文本	rd
Age	双字符数字	纯文本	文本	age
Sex Code	F—女性；M—男性	纯文本	文本	sex_cd
Descent Code	族裔代码：A—其他亚洲人；B—黑人；C—中国人；D—柬埔寨人；F—菲律宾人；G—关岛人；H—西班牙裔、拉丁裔、墨西哥裔；I—美国人、印第安人、阿拉斯加土著人；J—日本人；K—韩国人；L—老挝人；O—其他；P—太平洋岛民；S—萨摩亚人；U—夏威夷人；V—越南人；W—白人；X—未知；Z—亚裔印度人。	纯文本	文本	descent_cd
Charge Group Code	逮捕罪名类别	纯文本	文本	chrg_grp_cd
Charge Group Description	定义提供的 Charge Group Code	纯文本	文本	grp_description
Arrest Type Code	一种代码，该代码用于表明此人被逮捕的罪名类型。D—依赖罪；F—重罪；I—违规；M—轻罪；O—其他	纯文本	文本	arst_typ_cd
Charge	此人被逮捕的罪行	纯文本	文本	charge
Charge Description	定义所提供的指控	纯文本	文本	chrg_desc
Address	犯罪事件的街道地址取整到最近的百位街区，以保护个人隐私	纯文本	文本	location
Cross Street	取整后街道地址的交叉街道	纯文本	文本	crsst
Location	该犯罪事件发生的地址。为保护隐私，实际地址被省略。XY 坐标反映了最近的 100 个街区	地址	地址	location_1

本章回顾

关键术语（页码为边注页码）

列联表（双向表），508
理论频数，509
卡方统计量，512
卡方分布，515

自由度，515
同质性，517
独立性，517
同行评审，526

摘要，527

数据疏浚，531

发表偏倚，531

元分析，531

临床显著性，532

学习目标

学完本章并完成布置的作业后，你应该学会：

- 区分同质性检验和独立性检验；
- 理解什么时候使用卡方统计量检验两个分类变量是否相关，并知道如何执行检验和解释结果；
- 理解如何使用随机分配来进行因果推断，并理解如何使用随机抽样来对大总体进行归纳；
- 准备好运用收集和分析数据的知识来批判性地评价科学文献中的摘要。

小结

我们提出了两种可以在分析分类变量时进行检验的假设。虽然同质性检验在概念上和独立性检验不同，但它们在计算上是完全相同的。这两种检验都试图确定两个分类变量是否相关。唯一的区别是研究数据的收集方式。当研究人员收集两个或更多的独立样本并测量一个分类响应变量时，他们进行的是同质性检验。相反，当他们收集一个样本并测量两个分类响应变量时，他们进行的是独立性检验。

两种检验都依赖卡方统计量。对于双向汇总表的每个单元格，我们将观测到的频数与原假设为真时我们期望的频数进行比较。如果卡方统计量很大，这意味着这两个频数不一致，拒绝原假设。

近似 p 值是通过使用卡方分布计算观测到的卡方统计量右侧的面积来计算的。因此，你需要知道卡方分布的自由度，这取决于你使用的是哪种检验。

公式

理论频数

$$\text{一个单元格中的理论频数} = \frac{\text{行数} \times \text{列数}}{\text{总频数}} \tag{10.1}$$

卡方统计量

$$X^2 = \sum_{\text{单元格}} \frac{(O-E)^2}{E} \tag{10.2}$$

同质性和独立性检验

假设

H_0：变量是独立的。

H_a：变量是相关的。

条件（同质性）

1. 随机样本。两个或多个随机抽样的样本。

2. 独立样本和观测值。样本是相互独立的。每个样本内的观测值也是相互独立的。

3. 大样本。汇总表的每个单元格中理论频数至少为 5。

条件（独立性）

1. 随机样本。一个随机抽取的样本。

2. 独立观测值。观测值是相互独立的。

3. 大样本。汇总表的每个单元格中理论频数至少为 5。

抽样分布

如果条件成立，抽样分布服从卡方分布，自由度 =（行数 −1）×（列数 −1）。

许多研究问题可以分为两类：一类是关于因果关系的问题，另一类是关于变量间相关关系的问题。因果性问题只能通过对照实验来回答，而相关性问题通过观测性的研究就可以回答。

解释科学研究的结论会比较复杂，因为研究过程中很多事情都可能出错。请记住，非凡的结果需要非凡的证据，你应该相信经过重复进行（重复，得出相同结论）的研究，而不是没有重复进行的研究。

[537] ## 参考文献

Bloodhart, B., et. al. 2015. Local climate experts: The influence of local TV weather information on climate change perceptions. *PLoS ONE*, vol. 10(11): e0141526. doi:10.1371/journal. pone.0141526.

Cho, J., et al. 2015. Complementary relationships between traditional media and health apps among American college students. *Journal of American College Health*, vol. 63(4): 248–257. doi:10.1080/07448481.215.1015025.

Colman, R. J., et al. 2009. Caloric restriction delays disease onset and mortality in Rhesus monkeys. *Science*, vol. 325: 201.

Gaudino, M., et al. 2018. Radial-artery or saphenous-vein grafts in coronaryartery bypass surgery. *The New England Journal of Medicine*, vol. 378: 2069–2077. doi:10.1056/ NEJMoa1716026.

Huang, Y., et al. 2017. Drinking tea improves the performance of divergent creativity. *Food Quality and Preference*, vol. 66: 29–35. https://doi.org/10. 1016.j.foodqual.2017.12.014.

Hurst, Y., and Fukuda, H. 2018. Effects of changes in eating speed on obesity in patients with diabetes: A secondary analysis of longitudinal health check-up data. *BMJ Open*, vol. 8(1). http://dx.doi.org/10.1136/ bmjopen-2017–019589.

Husemann, L. R., Moise-Titus, J., Podolski, C, and Eron, L. D. 2003. Longitudinal relations between children's exposure to TV violence and their aggressive and violent behavior in young adulthood: 1977–1992. *Developmental Psychology*, vol. 39(2): 201–221.

Jones, P. M., et al. 2018. Association between handover of anesthesia care and adverse postoperative outcomes among patients undergoing major surgery. *JAMA*, vol. 319: 143–153. doi:10.1001/jama.2017.20040.

Kappos, L., et al. 2018. Siponimod versus placebo in secondary progressive multiple sclerosis (EXPAND): A double-blind, randomised, phase 3 study. *The Lancet*, vol. 391(10127): P1263– P1273. https://doi. org/10.1016/S0140-6736(18)30475-6.

Kukuyeva, I. A., Wang, J., and Yaglovskaya, Y. 2008. Popcorn popping yield: An investigation presented at the Joint Statistics Meetings.

Mubanga, M., et al. 2017. Dog ownership and the risk of cardiovascular disease and death— a nationwide cohort study. *Scientific Reports*, vol. 7, article number 15821. doi:10.1038/s41598-017-16118-6.

Neale, T., 2007. Even active video games not good enough for kids' fitness. MedPage Today, http://www.medpagetoday.com.

Poordad, F., et al. 2011. Boceprevir for untreated chronic HCV genotype 1 infection. *The New England Journal of Medicine*, vol. 364(13): 1195–1206, http://www.nejm.org/doi/pdf/10.1056/NEJMoa1010494.

Rebok, G. W., et al. 2014. Ten-year effects of the advanced cognitive training for independent and vital elderly cognitive training trial on cognition and everyday functioning in older adults. *Journal of the American Geriatrics Society*, vol. 62: 16–24.

Ritter, S. M., and Ferguson, S. 2017. Happy creativity: Listening to happy music facilitates divergent thinking. *PLOS One*, September 6. https://doi.org/10.1371/journal.pone.0182210.

Schweinhart, L. J., et al. 2005. *Lifetime effects: The High/Scope Perry Preschool Study through age 40*. Monographs of the High/Scope Educational Research Foundation, 14. Ypsilanti, MI: High/Scope Press.

Sheehan, W. J., et al. 2016. Acetaminophen versus ibuprofen in young children with mild persistent asthma. *The New England Journal of Medicine*, vol. 375: 619–630. doi:10.156/NEMJoa1515990.

Sprigg, N., et al. 2018. Tranexamic acid for hyperacute primary IntraCerebral Haemorrhage (TICH-2): An international randomised, placebocontrolled, phase 3 superiority trial. *The Lancet*, published ahead of print, May 16, 2018. https//doi.org/10.1016/S0140-6736(18)31033-X.

Taylor, J. H., et al. 2018. Ketamine for social anxiety disorder: A randomized, placebo-controlled crossover study. *Neuropsychopharmacology*, vol. 43: 325–33.

Tedeschi, S. K., et al. 2017. Relationship between fish consumption and disease activity in rheumatoid arthritis. *Arthritis Care & Research*, vol. 70(3): 327–332. https://doi.org/10.1002/acr.23295.

Tohlahunase, M., et al. 2017. Impact of yoga and meditation on cellular aging in apparently healthy individuals: Open single-arm exploratory study. *Oxidative Medicine and Cellular Longevity 2017*, article ID 7928981. doi:10.1155/2017/7928981.

Trembley, R. E., et al. 1996. From childhood physical aggression to adolescent maladjustment: The Montreal prevention experiment. In *Preventing childhood disorders, substance use and delinquency*, edited by R. D. Peters and R. J. McMahon, 269–298. Thousand Oaks, CA: Sage Publications.

Wakefield, A. J., et al. 1998. Ileal–lymphoid-nodular hyperplasia, non-specific colitis, and pervasive developmental disorder in children. *Lancet*, vol. 351: 637–641.

Wang, X., et al. 2017. Partner phubbing and depression among married Chinese adults: The roles of relationship satisfaction and relationship length. *Personality and Individual Differences*, vol. 110: 12–17. doi:10.1016/j.paid.2017.01.014. doi:10.1056/NEMJoa1804355.

White, R. E., and Carlson, S. M. 2015. What would Batman do? Self-distancing improves executive function in young children. *Developmental Science*, vol. 19(3): 419–426. doi:10.1111/desc.12314.

练习

10.1 节

10.1 检验

a. 在第 8 章中，你学习了一些比例检验。比例检验是用于分类数据还是数值数据？

b. 在本章中，你学习了使用卡方检验。这些检验适用于分类数据还是数值数据？

10.2 在第 9 章中，你学习了一些均值检验。均值检验是否适用于数值数据和分类数据？

10.3 犯罪与性别

一名统计学专业的学生在加州文图拉县进行了一项研究，以 15 岁以下的缓刑罪犯为研究对象，来了解犯罪类型（暴力或非暴力）与性别之间是否存在关联。暴力犯罪涉及殴打或打架等身体接触；非暴力犯罪包括故意破坏、抢劫和言语攻击。原始数据见下表，V 代表暴力，n 代表非暴力，b 代表男孩，g 代表女孩。

性别	是否暴力	性别	是否暴力	性别	是否暴力
b	n	b	n	g	n
b	n	b	n	g	n
b	n	b	n	g	n
b	n	b	n	g	v
b	n	b	v	g	v
b	n	b	v	g	v
b	n	b	v	g	v
b	n	b	v	g	v
b	n	b	v	g	v
b	n	b	v	g	v
b	n	b	v	g	v
b	n	b	v	g	v
b	n	b	v	g	v
b	n	b	v	g	v
b	n	b	v	g	v
b	n	g	n		

创建一个列联表来汇总这些数据。请注意，从原始数据中可以看

出，这两个变量是分类变量。如果是手动操作，请创建一个两行两列的表格。列标签表示"男孩"和"女孩"（在顶部）。行标签为"暴力"和"非暴力"。从一个大表格开始，每次观测都在相应单元格中记一次频数，然后进行汇总。

10.4 红色汽车和停车标志

该表显示了学生调查的 22 辆汽车的结果的原始数据，以及它们是否完全停在停车标志处。在"颜色"列，"红"表示汽车是红色的，"否"表示汽车不是红色的。在"停车"列，"停车"表示车完全停在停车标志处，"否"表示车没有完全停在停车标志处。

创建一个列联表来汇总这些数据。列（顶部）使用"红"和"否"，行使用"停车"和"否"。（我们为你提供了表格的情况介绍，以便你检验答案。）

这两个变量是分类变量还是数值变量？

颜色	停车	颜色	停车
红	停车	否	否
红	停车	红	停车
红	否	红	否
红	否	否	否
红	否	否	停车
否	否	否	停车
否	停车	否	停车
否	停车	红	停车
否	否	红	停车
红	停车	红	否
红	否	红	否

10.5 下表总结了学生进行的一项研究结果，该研究旨在确定人文学科学生的平均

绩点（GPA）是否高于理科学生。辨别这两个变量，并说明它们是数值变量还是分类变量。如果是数值变量，请说明它们是连续的还是离散的。

	GPA 均值
理科	3.4
人文学科	3.5

10.6 手指的长度

有一种理论认为相对手指长度取决于睾酮水平。表格展示了一项观察性研究的结果总结，这项研究的目的是确定无名指比食指更长这种情况是更适用于男性还是女性。辨别这两个变量，并说明它们是数值变量还是分类变量。如果是数值变量，说明它们是连续的还是离散的。

	男性	女性
无名指更长	23	13
无名指不长	4	14

10.7 加州学生贷款

2017 年的一份报告称，加州 53% 的大学毕业生有学生贷款。假设在加州随机抽 120 名大学毕业生，其中 72 人有大学贷款。（来源：Lendedu.com。）

a. 样本中有学生贷款的大学毕业生的频数是多少？

b. 样本中有学生贷款的大学毕业生的比例是多少？

c. 如果 53% 是真实比例，那么样本中有学生贷款的大学毕业生的理论频数是多少？不需要进行四舍五入。

10.8 伊利诺伊州学生贷款

2017 年的一份报告称，伊利诺

伊州 64% 的大学毕业生有学生贷款。假设在伊利诺伊州随机抽取 80 名大学毕业生，其中 48 人有学生贷款。（来源：Lendedu.com。）

a. 样本中有学生贷款的大学毕业生的频数是多少？

b. 样本中有学生贷款的大学毕业生的观测比例是多少？

c. 如果 64% 是真实比例，那么样本中有学生贷款的大学毕业生的理论频数是多少？不需要进行四舍五入。

TRY 10.9 吃早餐习惯（例 1 和例 2）

2015 年，Nanney 等在《美国大学健康杂志》上发表的一项研究提到，随机抽取了一些社区大学的学生，询问他们是否每周吃早餐三次或更多。表中是按性别报告的数据。

每周至少吃三次早餐	女性	男性
是	206	94
否	92	49

a. 计算行、列和总计，并制作一个表格展示出这些值。

b. 计算出每周至少吃三次早餐的学生占总数的百分比。四舍五入到小数点后一位。

c. 计算出每个性别每周至少吃三次早餐的预期人数。根据需要四舍五入到小数点后两位。

d. 计算出每个性别每周至少不吃早餐三次的预期人数。根据需要四舍五入到小数点后两位。

e. 计算卡方统计量的值。

10.10 吃快餐习惯

在练习 10.8 中引用的研究中，研究人员还询问了学生是否每周至少买一到两次快餐。表中是按性别报告的数据。

每周至少买一至两次快餐	女性	男性
是	138	85
否	160	58

a. 计算出行、列和总计，并制作一个表格展示出这些值。

b. 计算出每周至少购买一到两次快餐的学生占总数的百分比。四舍五入到小数点后一位。

c. 计算出每个性别每周至少购买一到两次快餐的预期人数。根据需要四舍五入到小数点后两位。

d. 计算出每个性别每周不购买一到两次快餐的预期人数。根据需要四舍五入到小数点后两位。

e. 计算卡方统计量的值。

10.11 木乃伊中的冠心病患者

MedicalNewsToday.com 网站的数据显示，死于冠心病的美国人占美国死亡总人数的 40% 左右。很多人认为这是由于时代发展而产生的因素造成的，比如高热量的快餐和缺乏锻炼。然而，2009 年 11 月发表在《美国医学协会杂志》（www.medicalnewstoday.com）上的一项研究研究了埃及国家文物博物馆的 16 具木乃伊。他们对这些木乃伊进行了检查，其中 9 具有动脉硬化，这似乎表明动脉硬化并不是一个新问题。

a. 计算木乃伊中患有动脉疾病的理论频数（假设发病率与现代相同）。然后计算没有动脉疾病的木乃伊的理论频数（剩余木乃伊数量）。

b. 计算这些木乃伊患病分布情况的

10.12 开车时发短信

从 2015 年对高中青少年的风险行为进行的调查结果中得到，有 41.5% 的高中生称他们在开汽车或驾驶其他类型交通工具时发过短信或电子邮件。假设你随机抽取 80 名高中生，询问他们是否在开车时发短信或电子邮件。假设 38 人有上述情况，42 人没有上述情况。计算卡方统计量的值，以检验 41.5% 的高中生有过这种行为的假设。

10.13 小提琴

在 18 世纪，一个由同名的人制作的斯特拉迪瓦里小提琴价值数百万美元。它们因其独特而饱满的声音而受到音乐爱好者的珍视。2009 年 9 月，一群专家参加了一次小提琴盲测，其中就有一把斯特拉迪瓦里小提琴。还有另外四种小提琴（现代乐器）是用特殊处理过的木头制成的。当要求在听过所有 5 把小提琴发出的声音后选出斯特拉迪瓦里小提琴时，有 39 人能正确选出，113 人没有正确选出。

a. 如果这组人只是靠猜测选择，那么 152 人中有多少人会猜对？有多少人会猜错？

b. 计算卡方统计量的值，并展示计算每一步的计算过程。

10.14 抛硬币

假设你抛硬币 100 次，得到 58 次正面朝上和 42 次反面朝上。手动计算卡方统计量的值，展示你的检验步骤，假设硬币是均匀的。

10.2 节

TRY **10.15 政党和正确的方向**（例 3）

假设一个民意调查组织进行随机调查，调查这些人是民主党人、共和党人还是其他情况，问他们认为国家的发展方向是正确的还是错误的。如果我们想检验党派归属和对这个问题的回答是否相关，这是同质性检验还是独立性检验？解释你为什么这么认为。

10.16 抗生素或安慰剂

大量进行过手术的患者术后会出现感染，有时后果会很严重。研究人员将一些需要进行手术的患者进行随机分配，一组在手术后接受简单的抗生素软膏治疗，一组患者接受安慰剂治疗，而最后一组患者只接受肥皂清洗。如果我们想检验治疗和患者术后是否感染之间的联系，这是同质性检验还是独立性检验？解释一下原因。（来源：Hospitals Could Stop Infections by Tackling Bacteria Patients Bring In, Study Finds, *New York Times*, January 6, 2010.）

TRY **10.17 相关教育**（例 4）

2018 年的一项盖洛普民意测验对大学毕业生进行调查，询问他们是否认为他们在大学里学习的课程与他们的工作和日常生活相关。还按其研究领域对受访者进行了分类。如果我们想检验对问题的回答和被调查者的研究领域之间是否存在关联，我们应该做一个独立性检验还是同质性检验？

10.18 糖尿病治疗

Zhu 等 2018 年发表在《柳叶刀》（*The Lancet*）上的一项研究中涉及研究人员进行的一项实验，以确定药物 dorzagliatin 治疗 II 型糖尿病患者的有效性和安全性。在这项双盲研究中，患者被随机分配到两个治疗组（药物或安慰剂），并在 12 周后比较两组的血糖水平。如果我们检验不同的治疗是否与葡萄糖水平相关，我们是在做同质性检验还是独立性检验？

10.19 健身

该表展示了美国 18 到 44 岁的男性和女性中达到有氧健身指南要求的人的百分比。给出卡方检验不适用于这些数据的两个原因。（来源：2017 *World Almanac and Book of Facts*。）

符合健身指南的百分比		
年份	男	女
2005	50.0	43.1
2010	59.0	48.5
2014	60.8	52.7

10.20 食品安全

该表报告了食品安全、低食品安全和非常低食品安全家庭占所有美国家庭的比例。这些数据是按居住地区报告的。请给出为什么不适宜用卡方检验来确定食品安全与居住地区之间是否存在关联的理由。（来源：2017 *World Almanac and Book of Facts*。）

	食品安全	低食品安全	非常低食品安全
大都市区	87.8	7.3	4.9
大都市区之外	84.6	9.3	6.1

g TRY **10.21** 健身 App 的使用情况和性别（例 5）

2015 年发表在《美国大学健康杂志》（*Journal of American College Health*）上的一项研究指出，Cho 等人调查了大学生对锻炼和健身情况监测类 App 的使用情况。表中汇总了调查数据。检验健身 App 的使用情况与性别有关的假设。使用 0.05 显著性水平。参见本章的练习指导。

使用情况	男性	女性
是	84	268
否	9	57

10.22 节食 App 的使用情况和性别

在练习 10.21 引用的研究中，研究人员还收集了监测饮食和热量摄入的 App 使用情况的数据。表中汇总了调查数据。检验饮食应用程序的使用情况与性别有关的假设。使用 0.05 显著性水平。

使用情况	男性	女性
是	43	241
否	50	84

10.23 人类乳头瘤病毒疫苗接种率

一种预防感染人类乳头瘤病毒（HPV）的疫苗面世。美国疾病控制与预防中心（Centers for Disease Control and Prevention）建议所有年轻女孩接种两剂疫苗。2015 年发表在《美国大学健康杂志》上的一项研究指出，Lee 等研究了亚裔美国人、太平洋岛民（AAPI）女性和非拉丁裔白种人女性的疫苗接种率。数据如表中所示。检验疫苗接种率和种族相关的假设。使用 0.05 显著性水平。

完成 HPV 疫苗接种	AAPI	白种人
是	136	1 170
否	216	759

10.24 HPV 疫苗知识普及率

在练习 10.23 中提到的研究中，研究人员还询问了受访者是否听说过 HPV 疫苗。数据如表中所示。检验了解疫苗知识与种族有关的假设。使用 0.05 显著性水平。

听说过 HPV 疫苗	AAPI	白种人
是	248	1 737
否	103	193

10.25 性别与婚姻幸福感

该表展示了性别与婚姻是否幸福的列联表结果，数据来源于一项综合社会调查。

婚姻幸福感 × 被调查者的
性别交叉统计表频数结果

		调查对象性别		合计
		男性	女性	
婚姻幸福感	非常幸福	278	311	589
	比较幸福	128	154	282
	不太幸福	4	22	26
合计		410	487	897

a. 如果我们进行一个检验来确定这些变量是否相关，这是独立性检验、同质性检验还是拟合优度检验？

b. 用显著性水平为 0.05 的卡方检验，检验性别与婚姻幸福是否相关。

c. 这是否表明女性和男性往往有不同的幸福水平，或者他们在婚姻中的幸福率大致相等？

10.26 微笑与年龄无关吗？

研究人员在商场和餐馆等公共场所随机挑选了一些人观测他们十秒，看他们在这段时间内是否会微笑。表格显示了不同年龄组的观测结果。

	年龄组				
	0～10	11～20	21～40	41～60	61+
微笑	1 131	1 748	1 608	937	522
未微笑	1 187	2 020	3 038	2 124	1 509

（来源：M. S. Chapell，Frequency of Public Smiling over the Life Span，*Perceptual and Motor Skills* 85[1997]：1326。）

a. 计算每个年龄组微笑的人所占百分比，并比较这些百分比。

b. 将此作为一个随机样本，用 0.05 的显著性水平检验微笑和年龄是否相关。对结果进行简要解释。

TRY 10.27 学前教育和高中毕业率（例 6）

佩里学前教育项目是由戴维·韦卡特于 20 世纪 60 年代早期在密歇根州的伊普西兰蒂实施的。123 名非洲裔美国儿童被随机分配到两组：一组受过佩里学前教育，另一组没有。后续研究进行了几十年，以回答学前教育是否会影响高中毕业这一问题。这个表格显示了学生是否从普通高中毕业。获得 GED 的学生被视为没有高中毕业。这张表包括了最初 123 名非洲裔美国儿童中的 121 人。这是一个同质性检验，因为学生被随机分成两个不同的样本。（Schweinhart et al.，2005）

[541]

	受过学前教育	未受过学前教育
高中毕业	37	29
高中未毕业	20	35

a. 受过学前教育儿童的高中毕业率为 37/57，即 64.9%。计算出未受过学前教育的学生的高中毕业率，并将两者进行比较。比较一下两个比率。

b. 受过学前教育和高中毕业是相关的吗？使用 0.05 的显著性水平。

10.28 女性的学前教育和高中毕业率

```
Chi-Square Test: Preschool, No Preschool:
Girls
Expected counts are printed below observed counts

                              No
            Preschool   Preschool   Total

Grad          21            8        29
            14.50        14.50

No Grad        4           17        21
            10.50        10.50

Total         25           25        50

Chi-Sq = 13.875, DF = 1, P-Value = 0.000
```

	受过学前教育	未受过学前教育
高中毕业	21	8
高中未毕业	4	17

a. 计算受过学前教育的女性的高中毕业率，并与未受过学前教育的女性的高中毕业率进行比较。

b. 检验受过学前教育和高中毕业率相关的假设，使用 0.05 的显著性水平。

10.29 男性的学前教育和高中毕业率

	受过学前教育	未受过学前教育
高中毕业	16	21
高中未毕业	16	18

a. 计算受过学前教育的男性的高中毕业率，并与未受过学前教育的男性的高中毕业率进行比较。

b. 检验学前教育和高中毕业相关的假设，用 0.05 的显著性水平。

c. 练习 10.28 展示了学前教育和高中毕业率之间的联系，但在这项研究中，只有女性。基于这组数据，就受过学前教育是否有利于孩子未来的学业成功写一两句话，给那些有学龄前儿童的父母提出你的建议。

10.30 同性婚姻

2018 年的一项盖洛普民意调查询问受访者是否支持同性婚姻。调查结果按受访者的党派进行分类，随后是 StatCrunch 输出结果。

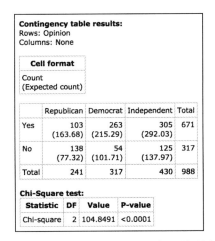

a. 计算出各政党中支持同性婚姻的人所占百分比。根据需要四舍五入到小数点后一位。

b. 用 0.05 的显著性水平检验是否支持同性婚姻和所属政党无关的假设。

c. 这是否表明各政党在支持同性婚姻方面存在显著差异？

10.31 止疼剂

2018 年，皮尤研究中心在千禧一代和 X 一代中随机抽样，询问他们是否支持止疼剂合法化。调查结果显示，70% 的千禧一代和 66% 的 X 一代支持止疼剂合法化。

a. 用这些结果填写下面的列联表，列联表中要包含每个类别的人数。假设每组的样本量为 200。

b. 用 0.05 的显著性水平进行止疼剂合法化支持与代际无关的假设检验。

c. 这是否表明这几代人在支持止疼剂合法化方面存在显著差异？

代际	支持止疼剂合法化	
	是	否
千禧一代		
X 一代		
合计		

10.32 止疼剂

在练习 10.31 中提到皮尤研究中心于 2018 年进行的民调也报告了不同政党的人对止疼剂合法化的回应。调查结果显示，45% 的共和党人和 69% 的民主党人支持止疼剂合法化。

a. 用这些结果填写下面的列联表，列联表中要包含每个类别的人数。假设每组的样本量为 200。

b. 用 0.05 的显著性水平对这两组进行是否支持大止疼剂法化与所属党派无关的假设检验。

c. 这是否表明这些政党在支持大止疼剂法化方面存在显著差异？

政党	支持止疼剂合法化	
	是	否
共和党人		
民主党人		

10.33 脑出血治疗

2018 年发表于《柳叶刀》的一篇文章提到，Sprigg 等通过一项随机、安慰剂对照试验研究了氨甲环酸治疗脑出血患者的效果。1 161 例接受氨甲环酸治疗的患者中，383 例在 2 天后出现不良反应。在 1 164 名服用安慰剂的受试者中，419 人在 2 天后出现了不良反应。

a. 计算出各组发生不良反应的百分比。根据需要四舍五入到小数点后一位。

b. 建立一个顶部按有疗法分类（药物和安慰剂）的列联表。

c. 用 0.05 的显著性水平检验疗法和不良反应相关的假设。

10.34 多发性硬化症治疗

2018 年发表在《柳叶刀》上的一篇文章提到，Kappos 等使用双盲、随机、对照研究，研究了药物西尼莫德（siponimod）治疗续发型多发性硬化症（SPMS）患者的效果。在 1 099 名服用该药的患者中，198 人出现了严重的不良反应。在 546 名服用安慰剂的患者中，82 人出现了严重的不良反应。

a. 计算各组中发生严重不良反应的人所占的百分比。

b. 建立一个顶部按治疗方案分类（药物和安慰剂）的列联表。

c. 用 0.05 的显著性水平检验治疗方法和严重不良反应相关的假设。

542

10.35 政党归属和受教育程度

皮尤研究中心 2018 年的一项民意调查记录了受访者的政治派别和

受教育程度。下表列出了数据的摘要。用 0.05 的显著性水平检验政党归属和教育程度相关的假设。

教育程度	政党归属	
	民主党人	共和党人
高中或以下	144	150
大学未毕业	132	126
大学毕业	135	98
硕士学位	95	47

10.36 政党归属和世代

皮尤研究中心 2018 年的一项民意调查记录了受访者的政治派别和年龄。假设样本大小为 200，千禧一代和 X 一代的所属结果汇总如下表。使用 0.05 的显著性水平检验政党归属和所属世代相关的假设。

代际	政党归属	
	民主党人	共和党人
千禧一代	118	64
X 一代	98	86

10.3 节

TRY **10.37 进食速度快和肥胖**（例 7）

2018 年由赫斯特和福田（Hurst and Fukuda）发表在《英国医学杂志》（*BMJ Open*）上的一项研究提到，研究人员调查了日本 59 717 名患有 II 型糖尿病的人，要求他们对自己的进食速度进行评级，级别分为慢、正常或快。研究人员发现，那些将自己的进食速度评为"慢"或"正常"的人比那些将自己的进食速度评为"快"的人更不容易发胖。

a. 从这项研究中，我们能得出进食速度快会导致肥胖的结论吗？为

什么可以？为什么不可以？

b. 这种联系可以推广到所有 II 型糖尿病患者上吗？为什么可以？为什么不可以？

10.38 尼古丁贴片

假设现开发并检验一种新的尼古丁贴片来帮助人们戒烟。吸烟者自愿参加研究，并被随机分配尼古丁贴片或安慰剂贴片。假设使用尼古丁贴片的人中有更大比例的人能够戒烟。

a. 能否推广到一个大群体？为什么可以？为什么不可以？

b. 我们能推断出因果关系吗？为什么可以？为什么不可以？

10.39 病房

当病人入院时，他们有时会被分配到只有一张床的单间，有时被分配到有一个室友的双人间（有些保险公司只会为不太贵的双人房买单）。一名研究人员对房间类型对住院时间的影响感兴趣。假设我们的样本中不包括治疗过程中必须住单人间的患者。

假设在入院时，被分配到双人间的病人的名字被放在一个列表上，并进行系统随机抽样，每十个被分配到双人间的病人中就有一个是实验的一部分。对于每个参与者，都进行抛硬币分配房间：如果硬币正面朝上，他得到一间双人间；如果硬币反面朝上，他得到一间单间。然后实验者观测病人在医院住了多少天，比较两组住院天数。实验进行了两个月。假设那些住在单间的

人平均少住了一天，假设差异是显著的。

a. 这个实验的结论能推广到其他人身上吗？如果可以，你可以将结论应用到谁身上，你这样做的理由是什么？

b. 你能从这项研究中推断出因果关系吗？为什么可以？为什么不可以？

10.40 参观校园

采用系统抽样法，从大学学生名册中随机抽取 50 名大一学生（共 1 000 名一年级学生）。其中一半的学生和一个大二学生一起参观校园，一半的学生和一个老师一起参观。导游由学生自己掷硬币随机决定。假设那些由学生做导游的人比那些由教师做导游的人对他们的参观经历评价更高。

a. 你能将此结论推广到这个学校其他一年级学生身上吗？解释一下原因。

b. 你能从这项研究中推断出因果关系吗？解释一下原因。

10.41 静脉输液

危重病人在医院经常接受静脉输液，要么输平衡晶体液，要么输生理盐水。2018 年发表在《新英格兰医学杂志》（*The New England Journal of Medicine*）上的一项研究提到，研究人员调查了这些方法哪些能带来更好的临床结果。阅读本研究的摘要节选并回答以下问题（Semmler et al.2018）。

方法：一项实用的、随机的、多交叉的试验是在一个学术中心的五个重症监护病房中进行的，我们分配 15 802 名成年人接受生理盐水或平衡晶体液输液。主要后果是 30 天内发生重大肾脏不良反应，包括任何原因导致的死亡、新的肾脏替代疗法或持续性肾脏功能障碍。

结果：在输平衡晶体液组的 7 942 例患者中，1 139 例（14.3%）患者发生了严重的肾脏不良反应，而在输生理盐水组的 7 860 例患者中，1 211 例（15.4%）患者发生了严重的肾脏不良反应（$p = 0.04$）。

a. 确定处理变量。

b. 本研究的响应变量是 30 天内发生的重大肾脏不良反应，两组病人的肾脏不良反应的发生率是否有显著差异？解释一下原因。假设显著性水平为 0.05。

c. 基于本研究，你是否认为某一种类型的静脉输液可能优于另一种？解释一下原因。

10.42 扑热息痛与哮喘

经常使用扑热息痛会导致儿童产生哮喘相关的并发症吗？发表在《新英格兰医学杂志》上的一项研究摘要节选如下（Sheehan et al. 2016）。阅读并回答下面的问题。

方法：在一项随机、双盲、平行组试验中，我们招募了 300 名患有轻度持续性哮喘的儿童（年龄 12 ～ 59 个月），在 48 周的疗程中，当需要缓解发烧或疼痛时，给他们服用扑热息痛或布洛芬。主要后果是哮喘发作导致进行全身糖皮质激素治疗的次数。

543

结果：哮喘发作的次数在两组之间没有显著差异，对扑热息痛组平均每个参与者 0.81 次，布洛芬组平均每个参与者 0.87 次（$p = 0.67$）。

a. 确定处理变量和响应变量。

b. 这是对照实验还是观测研究？

c. p 值是否能支持研究结论？

d. 这项研究采用的是随机抽样、随机分配，还是两者都采用了？

10.43 Phubbing 和关系满意度

Phubbing 是一种过度关注自己的手机或其他移动设备而忽略同伴的做法。研究人员（Wang et al. 2017）在 2017 年发表于《个性与个体差异》（*Personality and Individual Differences*）杂志上的一项研究中得出结论："研究结果表明，过度关注自己的手机或其他移动设备而忽略同伴的做法对关系满意度有负向影响，关系满意度对抑郁有负向影响。"这个结论有可能是观测研究的结果还是对照实验的结果？我们能从这项研究中得出过度关注自己的手机或其他移动设备而忽略同伴的做法会导致关系满意度下降的结论吗？解释一下原因。

10.44 养狗与心血管疾病

研究人员（Mubanga et al. 2017）在 2017 年发表于《科学报告》（*Scientific Reports*）上的一项研究中得出结论，"在单人家庭中，养狗的人患心血管疾病的风险较低，在普通人群中，养狗的人心血管疾病率和全因死亡率较低。"这个结论有可能是观测研究的结果还是对照实验的结果？从这项研究中，我们能得出养狗会减少心血管疾病的结论吗？解释一下原因。

10.45 瑜伽与细胞衰老

2017 年的一项研究探讨了以瑜伽和冥想为基础的生活方式干预（YMLI）对健康个体细胞衰老的影响（Tohlahunase et al.2017）。96 名健康个体参加了为期 12 周的 YMLI 课程，包括瑜伽姿势、呼吸练习和冥想。学员以小组形式上课，为期两周，每周五天。在最初的两周之后，参与者在家里独自完成这个项目。通过记日记和电话联系来监测参与情况。12 周后，研究人员发现参与者的细胞衰老和寿命的生物指标有了显著改善。这项研究是否表明 YMLI 改善了细胞衰老的生物指标并使人寿命延长？解释一下原因。

10.46 吃鱼和关节炎

2017 年发表在《哈佛健康博客》（Harvard Health Blog）上的一项研究调查了 176 名类风湿性关节炎患者的鱼类摄入量与疾病活动性之间的关系（Tedeschi et al. 2017）。通过问卷调查来评估鱼类的食用频率。研究人员发现，每周至少吃两次鱼的参与者的疾病活动性明显低于（换句话说，与该疾病相关的炎症更少）每月几乎不吃鱼或少于一次鱼的参与者。这项研究是否表明吃鱼会降低类风湿性关节炎患者的疾病活动性？解释一下原因。

10.47 瑜伽研究课题设计

参见练习 10.45。你如何调查这

项研究中提到的以瑜伽和冥想为基础的生活方式干预（YMLI）是否会改善细胞生物指标的结论？制定一项假设有 200 名健康个体参与的研究课题设计。

10.48 吃鱼研究课题设计

参考练习 10.46。如何调查每周至少吃两次鱼是否会降低类风湿性关节炎患者的疾病活动性这一结论？制定一项假设有 100 名类风湿性关节炎患者参与研究的课题设计。

10.49 音乐与发散思维

研究人员调查了音乐对创造力的影响（Ritter and Ferguson 2017），这项研究 2017 年发表在 PLOS.org 上。研究对象是通过一所大学的在线研究参与系统招募来的。我们选择了四首不同情感基调的音乐：平静、快乐、悲伤和焦虑。受试者被随机分配到听这四首曲子中的一首或不听音乐组（静默）。在听了 15 秒的音乐（或静默）后，研究人员给他们分配了一项任务，以评估他们的创造力和发散性思维。阅读研究摘要，并回答以下问题。

结果：我们的主要假设是，与静默的对照情形相比，听快乐的音乐有助于发散思维。采用独立样本 t 检验，比较听快乐的音乐和静默情形下对总体发散性思维（ODT）的影响。快乐音乐组（均值 =93.87，方差 =32.02）与静默组（均值 =76.10，方差 =32.62）ODT 有显著性差异，$t(57)=2.110$，$p=0.039$。结果表明，听快乐的音乐可以提高整体发散思维。

a. 确定处理变量和响应变量。

b. 这是对照实验还是观测研究？解释一下原因。

c. 你能得出听快乐的音乐可以提高发散性思维这样的结论吗？为什么可以或为什么不可以？

10.50 茶和发散性创造力

研究人员调查了饮茶对发散性创造力的影响（Huang et al. 2017），这项研究 2017 年发表在《食品质量与偏好》（*Food Quality and Preference*）杂志上。研究人员从校园公告板系统中招募研究对象，并给他们少量补贴。在实验的准备阶段，研究人员随机分配给受试者茶或水，并要求受试者填写了一份背景调查问卷，因此他们不知道饮料是这项研究的关键组成部分。然后，受试者被要求在有限的时间内用一组积木尽可能搭出一个最"有吸引力"的建筑。然后独立的观测者为每个建筑的创造力评分。阅读研究结果节选并回答以下问题。

结果：一般线性模型分析显示，在性别和消耗量控制后，饮茶组建筑的创造力得分（均值 = 6.54，方差 = 0.92）显著高于饮水组（均值 = 6.03，方差 = 0.94）（$p = 0.023$）。

a. 确定处理变量和响应变量。

b. 这是对照实验还是观测研究？解释一下原因。

c. 你能得出饮茶可以提高创造力的结论吗？为什么可以或为什么不可以？

练习 10.51 和练习 10.52

回顾练习 10.51 和练习 10.52，根据研究摘要，回答以下问题以评估该研究：

a. 研究者试图回答的什么研究问题？

b. 他们对这个研究问题的回答是什么？

c. 他们收集数据的方法是什么？

d. 结论是否适合用于收集数据的方法？

e. 这些结论适用于什么总体？

f. 研究结果是否在其他文章中得到了证实？

g TRY **10.51** 氯胺酮和社交恐惧症（例 8）

国家心理健康研究所的报告提到，社交恐惧症（SAD）是一种心理健康障碍，影响着多达 7% 的美国人。由于许多 SAD 患者用可用的治疗方法症状得不到充分缓解，研究人员调查了氯胺酮对 SAD 患者的治疗情况（Taylor et al. 2018）。阅读以下研究摘要，并用所给的问题来评估研究。参见本章的练习指导。

方法：采用双盲、随机、安慰剂对照交叉试验，对 18 例成人社交恐惧症患者进行研究，比较静脉注射氯胺酮和安慰剂对社交恐惧症症状的影响。氯胺酮和安慰剂按随机顺序注射，两次注射之间有 28 天的洗脱期。注射后 3 小时评估焦虑分，并 14 天后随访。结果为 Liebowitz 社交焦虑量表（LSAS）的盲评和视觉模拟评分（VAS-焦虑）焦虑的自我报告。

结果：在 LSAS 中我们发现，与安慰剂相比，氯胺酮能显著降低焦虑（$p = 0.01$），但 VAS-焦虑中的结果并非如此（$p = 0.95$）。试验中，与安慰剂相比，参与者在输注氯胺

酮后的前 2 周更有可能出现治疗应答，在 LSAS 检验中（33.33% 响应氯胺酮对比 0% 响应安慰剂，$p = 0.025$）和 VAS 中（88.89% 响应氯胺酮对比 52.94% 响应安慰剂，$p = 0.034$）都是如此。

结论：本试验为氯胺酮可能有效减少焦虑提供了初步证据。

10.52 养狗与心血管疾病风险

一些研究人员认为，狗可以为身体活动提供社会支持和动力，从而有利于降低主人患心血管疾病的风险（Mubanga et al. 2017）。本研究的目的是调查瑞典人群中养狗与心血管疾病发病率的关系。阅读以下研究摘要，并用给定的问题评估研究。

方法：年龄在 40～80 岁的所有瑞典居民（$n = 3\,987\,937$）在 2001 年 1 月 1 日都有资格参加这项研究。选择这个年龄范围是为了排除患心血管疾病风险较低的年轻人和养狗概率较低的老年人。所有瑞典居民都在公共卫生保健系统的覆盖范围内，所有的医院就诊都在国家患者登记册中登记。我们从死亡原因登记册中获得死亡数据，从国家患者登记册中获得突发疾病数据。我们用住院和门诊主要诊断和潜在的死亡原因来定义四种突发疾病：（1）急性心肌梗死，（2）心脏衰竭，（3）缺血性中风，（4）出血性中风。任何这些诊断的发生都被认为是复合心脑血管疾病（CVD）的结果……以下两种方式中的任何一个都被定义为拥有狗的所有权，一个是

患者的养狗权在注册有效期内，另一个是其伴侣的养狗权在注册有效期内（瑞典所有狗都需要这样做）。

结果：养狗与急性心肌梗死、缺血性中风、心脏衰竭和复合心血管疾病的风险呈负相关。养狗与心血管病死亡率和全因死亡率呈负相关。

结论：在单人家庭中，养狗者的心血管疾病发病风险往往较低，在一般人群中养狗者患心血管疾病的风险和全因死亡率也较低。我们的观察性研究不能为养狗对心血管疾病或死亡率的因果关系提供证据。尽管我们在敏感性分析中充分考虑了潜在的混杂因素，但我们没有掌握的个人特征仍有可能影响是否选择养狗，还会影响养狗的品种和患心血管疾病的风险程度。

本章回顾练习

*10.53 佩里学前教育与被捕

在练习 10.27 到 10.29 讨论的佩里学前教育项目发现受过学前教育的 58 名学生中有 8 人在 40 岁前至少有过一次因犯重罪被捕，65 名没有受过学前教育的学生中有 31 人至少有过一次因犯重罪被捕（Schweinhart et al. 2005）。

a. 运用描述统计的方法比较这些百分比。通过这种比较你发现了什么？

b. 根据数据创建一个列联表，并用 0.05 的显著性水平对其进行卡方检验。检验是否受过学前教育与是否被捕有关的假设。

c. 做两总体比例 z 检验。我们的备择假设应该是学前教育降低了被捕的概率。

d. 两总体比例 z 检验与卡方检验相比有什么优势？

*10.54 父母培训与儿童犯罪行为

在加拿大蒙特利尔，有一项实验是针对那些被认为青少年时期犯罪风险较高的孩子的父母进行的（Tremblay et al. 1996）。一些父母被随机分配接受培训，而另一些则没有。43 名儿童的父母被随机分配到父母培训组，这些儿童中有 6 人在 15 岁时被捕。123 名父母不在培训组的孩子中，有 37 人在 15 岁之前被捕。

a. 计算并比较两组儿童在 15 岁前被捕的百分比。这在研究人员的意料之中吗？

b. 根据数据创建一个列联表，并检验处理方案是否与被捕有关。用 0.05 的显著性水平。

c. 做一个双比例 z 检验，检验父母培训是否降低了犯罪的发生率。用 0.05 的显著性水平。

d. 解释卡方检验和双比例 z 检验结果的差异。

e. 你能得出这种对父母进行培训会使孩子更好地成长的结论吗？为什么可以或为什么不可以？

10.55 现役军人人口统计

2017 年，皮尤研究中心发布了一份关于美国军队人口统计的报告。下表显示了现役美国军人的族裔分类和美国人的族裔分类。是否可以使用表格中的数据进行卡方拟合优

545

度检验，以确定军队的族裔分布是否与美国人的族裔分布一致？如果可以，就进行检验。如果不可以，解释为什么这样做是不合适的。

族裔	现役军人（%）	美国人口（%）
White	60	61
Black	17	12
Hispanic	12	18
Asian	4	6
Other	7	3

10.56 汽车销量

下表显示了 2001 年至 2018 年美国每月平均销售的车辆数量（单位：百万辆）数据。对这组数据使用卡方检验，检验汽车销量在一年中的各个月基本相同的假设是否合适？如果合适，做分析。如果不合适，请解释为什么这样做是不合适的。（来源：www.fred.stlouisfed.org。）

月份	每月平均销售数量
一月	15.7
二月	15.7
三月	15.8
四月	15.8
五月	15.8
六月	15.7
七月	16.1
八月	16.1
九月	15.8
十月	15.9
十一月	15.9
十二月	15.9

10.57 工作场所发生的骚扰

2017 年美国国家公共广播电台（NPR）和美国玛莉斯特学院（Marist）联合开展的一项民调中随机抽取了一些美国人，询问他们是否在工作场所亲身经历过性骚扰。结果如下表所示。

	工作场所亲身经历过性骚扰	
	是	否
男	120	380
女	182	337

a. 计算出每组中个人在工作场所经历过性骚扰的百分比。

b. 在 0.05 的显著性水平上检验工作场所性骚扰经历与性别相关的假设。

10.58 瑞典的心肺复苏术

瑞典有 300 万人接受过心肺复苏术培训，占总人口的 30% 以上。数据集总结如下：2015 年，Hasselqvist-Ax 等在《新英格兰医学杂志》上发表的一项研究指出了路人及时实施心肺复苏（Cardio Pulmonary Resuscitation，CPR）与院外心脏骤停病例的积极结果之间的关系。研究人员收集了患者是否从路人那里接受过心肺复苏术以及患者是否存活的数据。结果如下表所示。

	接受过 CPR	未接受过 CPR
存活	1 629	595
死亡	13 883	14 274

a. 计算两组的存活率并进行比较。

b. 用 0.05 的显著性水平检验路人心肺复苏术与存活无关的假设。

10.59 蝙蝠侠会怎么做？

研究人员发现，与当前情况的心理距离有助于自我控制，使得个人能够从更远的视角超越情况的紧迫性。执行功能指的是抑制和工作记忆等高层次的调节过程。在一项发表在《发展科学》杂志上的研究中，研究人员调查了学龄前儿童心理距离和执行功能之间的关系（White and Carlson 2015）。阅读以下研究摘要。

方法：3 岁（$n = 48$）和 5 岁（$n = 48$）的儿童被随机分配四种自我距离控制方法中的一种，并要求执行若干评估执行功能（EF）的任务。这四组分别是：（1）自我沉浸，在这种情况下，孩子们被告知要把注意力集中在他们的想法以及当任务变得困难时他们的感受上；（2）第三人称，在这种情况下，孩子们被告知当任务变得困难时，要用自己的名字跟自己说话；（3）榜样，孩子们被要求假装自己是另一个非常擅长这项任务的人，比如蝙蝠侠、探险家朵拉、建造者鲍勃或长发公主，在完成这项任务前，孩子们穿上服装道具；（4）对照组，在执行任务前，孩子们不接受有关自我距离的指导。

结果：5 岁的儿童可以通过第三人称自我对话的方式在执行功能任务中采取自我距离的视角，也可以从其他榜样的视角（如蝙蝠侠）中获益。3 岁的孩子并没有随着与自我的距离的增大表现出更高的执行功能。

结论：目前的研究显示，在一个很酷的执行功能任务的背景下，自我距离能够促进儿童的反思和目标导向的行动。儿童通过心理上超越环境来提高执行功能的能力，强调了表征能力在自我控制发展中的重要作用。

10.60 自闭症和 MMR 疫苗

英国医学杂志《柳叶刀》上的一篇文章声称，自闭症是由麻疹、腮腺炎和风疹（MMR）疫苗引起的（Wakefield et al. 1998）。这种疫苗通常在儿童一岁左右接种两次，然后在四岁左右再接种一次。这篇文章报道了一项对 12 名自闭症儿童的研究，这些儿童在患上自闭症前不久都接种了疫苗。这篇文章后来被《柳叶刀》撤回，因为该研究课题的设计不足以得出该结论。

请列举该研究的潜在缺陷，解释为什么《柳叶刀》认为该结论不合理。

10.61 麻醉护理和术后不良结果

在一些手术中，会发生将病人的护理工作从一个麻醉师转交给另一个麻醉师的情况。我们开展了一项研究，以确定这种护理的转移是否会增加不良后果的风险（Jones et al. 2018）。阅读以下发表在 *JAMA* 上的研究摘要，并回答以下问题。

方法：采用人群为基础的回顾性队列研究，对接受手术时间至少为 2 小时、住院时间至少为 1 晚的成人患者进行研究。主要观测指标为术后 30 天内全因死亡、再入院或严重术后并发症。

结果：共 5 941 例患者在手术期间有完全移交麻醉护理的情况。其中 2 614 例患者发生了重大后果

（死亡、再住院或严重术后并发症）。共 307 125 例患者在手术期间没有完全移交麻醉护理。其中，重大后果发生在 89 066 例患者中。完全移交对术后不良后果的风险增加有显著意义 [（95% CI，4.5% ~ 9.1%）；$p < 0.001$]；全因死亡 [（95% CI，0.5% ~ 2%）；$p = 0.002$] 和严重并发症 [（95% CI，3.6% ~ 7.9%）；$p < 0.001$]，但对手术后 30 天内再次住院的患者无显著影响 [（95% CI，$-0.3\% \sim 2.7\%$）；$p = 0.11$]。

a. 比较各组发生不良后果（死亡、再入院或严重术后并发症）的百分比。基于这个摘要，你能拒绝不良结果的比率没有差异的原假设吗？

b. 如果你是医院管理人员，你会建议限制手术期间麻醉护理的完全移交吗？为什么？

c. 除手术后 30 天内再次住院这种情况，两组的术后不良后果存在差异。置信区间和 p 值是如何支持这一结论的？

547

10.62 冠状动脉搭桥术

一项发表在《新英格兰医学杂志》上的研究对冠状动脉搭桥术中桡动脉移植和隐静脉移植的结果进行了比较（Gaudino et al. 2018）。阅读这篇研究摘要，并回答下面的问题。

方法：我们进行了随机对照试验的患者水平联合分析，比较桡动脉移植和隐静脉移植在冠状动脉搭桥术（CABG）中的作用。确定了六项试验。主要后果为死亡、心肌梗死或重复血运重建的综合结果。

结果：共纳入 1 036 例患者进入分析（534 名患者接受桡动脉移植，502 名患者接受隐静脉移植）。平均（标准差）随访时间为 60 ± 30 个月，桡动脉移植的不良事件发生率显著低于隐静脉移植（95% CI，0.49 ~ 0.90；$p = 0.01$）。与使用隐静脉移植相比，使用桡动脉移植名义上与较低的心肌梗死发生率相关（95% CI，0.53 ~ 0.99；$p = 0.04$）且重复血运重建的发生率更低（95% CI，0.40 ~ 0.63；$p < 0.001$），但没有降低死亡事件的发生率（95% CI，0.59 ~ 1.41；$p = 0.68$）。

a. 哪种移植方法积极的结果更多？解释一下原因。

b. 有一个不良后果，两种方法之间并没有显著的差异。这是哪一个后果？p 值如何印证这个结论的？

练习指导

g 10.21 健身 App 的使用情况和性别（例 5）

2015 年发表在《美国大学健康杂志》上的一项研究指出，Cho 等调查了大学生对监测他们锻炼和健身情况 App 的使用情况，数据报告在表中。

使用情况	男性	女性
是	84	268
否	9	57

问题： 检验健身 App 的使用与性别有关的假设。用 0.05 显著性水平。这些步骤将指导你完成整个过程。我们提供了 StatCrunch 输出结果。

第 1 步　假设

H_0：健身 App 的使用和性别是独立的（没有关联）。

H_a：?

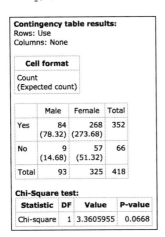

Contingency table results:
Rows: Use
Columns: None

Cell format

Count
(Expected count)

	Male	Female	Total
Yes	84 (78.32)	268 (273.68)	352
No	9 (14.68)	57 (51.32)	66
Total	93	325	418

Chi-Square test:

Statistic	DF	Value	P-value
Chi-square	1	3.3605955	0.0668

第 2 步　准备

我们选择对独立性进行卡方检验，因为数据来自一个随机样本，且将样本以两种方式进行分类。计算了每个单元格的理论频数，这些频数显示在括号中的 StatCrunch 输出结果中。检查每个理论频数是否大于 5。

第 3 步　计算并比较

报告显著性水平。请参考给出的输出。

$$\chi^2 = \underline{\hspace{3cm}}$$

$$p\text{ 值} = \underline{\hspace{3cm}}$$

第 4 步　解释

拒绝或不拒绝原假设，并说明这意味着什么。

g 10.51 氯胺酮与社交恐惧症（例 8）

美国国家心理健康研究所的报告提到，社交恐惧症（SAD）是一种心理健康障碍，影响着多达 7% 的美国人口。由于许多 SAD 患者用可用的治疗方法症状得不到充分缓解，研究人员调查了氯胺酮对 SAD 患者的治疗情况（Taylor et al. 2018）。阅读以下研究摘要并回答问题。

方法：采用双盲、随机、安慰剂对照交叉试验，对 18 例成人社交恐惧症患者进行研究，比较静脉注射氯胺酮和安慰剂对社交恐惧症症状的影响。氯胺酮和安慰剂按随机顺序注射，两次注射之间有 28 天的洗脱期。注射后 3 小时评估焦虑分，并随访 14 天。结果为 Liebowitz 社交焦虑量表（LSAS）的盲评和视觉模拟评分（VAS- 焦虑）焦虑的自我报告。

结果：在 LSAS 试验中我们发现，与安慰剂相比，氯胺酮能显著降低焦虑（$p = 0.01$），但 VAS- 焦虑的结果并非如此（$p = 0.95$）。试验中，与安慰剂相比，参与者在注射氯胺酮后的前 2 周更有可能出现治疗应答，在 LSAS 检验中（33.33% 响应氯胺酮对比 0% 响应安慰剂，$p = 0.025$）和 VAS 中（88.89% 响应氯胺酮对比 52.94% 响应安慰剂，$p = 0.034$）都是如此。

结论：本试验为氯胺酮可能有效减少焦虑提供了初步证据。

第 1 步

这些研究人员试图回答的研究问题是什么？

第 2 步

他们的研究结论是什么？

第 3 步

他们用什么方法收集数据？（对

照实验或观测研究）

第 4 步

收集数据的方法是否能够支持得出的结论？

第 5 步

这些结论适用于哪些总体？

第 6 步

其他文章中也有类似的结果吗？这些结果与其他研究人员的意见一致吗？

[548] # 技术提示

软件操作指导

例（双向表的卡方检验）：佩里学前教育和高中毕业

20 世纪 60 年代，研究人员进行了一项实验：一群孩子被随机分配到接受学前教育组或不接受学前教育组。经过多年研究之后，他们是否高中毕业。如表 A 所示。

我们将进行双向表的卡方检验，以检验这些因素是否独立。对于 Minitab 和 StatCrunch，我们还展示了费希尔精确检验（Fisher's Exact Test）。

表 A　学前教育和高中毕业情况双向汇总表

	受过学前教育	未受过学前教育
高中毕业	37	29
高中未毕业	20	35

关于数据的讨论

很多软件的设置都是为了可以让你使用汇总表（如表 A）或包含原始数据的电子表格。表 B 显示了原始数据电子表格开头部分的一些数据，有 121 个孩子代表有 121 行数据。

表 B　一些原始数据

受过学前教育	高中毕业
是	否
是	是
否	是
否	是
是	是
否	否

TI-84

双向表的卡方检验

不必将原始数据输入列表中。你可以用一个矩阵（表格），并且必须以汇总数据的形式输入，如表 A。

1. 按 2ND 和 MATRIX（或 MATRX）。
2. 当 1：突出显示时，请向下滚动到 EDIT 并按 ENTER。
3. 参见图 10a。输入表格规格。因为表格有两行两列，所以按 2，ENTER，2，ENTER。（第一个数字是行数，第二个数字是列数。）

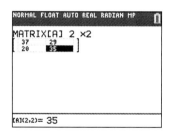

图 10a　双向表的 TI-84 输入框

4. 如图 10a 所示，输入表格中的 4 个数字。输入每个数字后按 ENTER。
5. 按下 STAT，然后向下滚动到 TESTS。
6. 向下（或向上）滚动到 C：χ^2-Test 并按 ENTER。
7. 将 Observed 保留为 A，Expected 保留为 B。向下滚动到 Calculate 并

按下 ENTER。你应该会得到如图 10b 所示的输出结果。

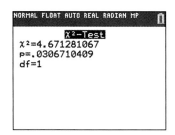

图 10b　卡方检验的 TI-84 输出结果

8. 要想查看理论频数，点击 **2ND, MATRIX**，滚动到 **EDIT**，再向下滚动到 **2： [B]**，然后按 **ENTER**。你可能需要向右滚动才能看到一些数字。它们将按照观测值表格的顺序排列。检查这些数字，找出所需的最小值 5。

Minitab

双向表的卡方检验

对于 Minitab，你用的数据可以是表格摘要（如表 A 所示），也可以是原始数据（如表 B 所示）。

表格摘要

1. 输入数据摘要，以及可选的行标签和列标签，如下图所示。

↓	C1-T	C2	C3
		Preschool	No Preschool
1	GradHS	37	29
2	NoGradHS	20	35

2. **Stat > Tables > Cross Tabulation and Chi-Square**。

3. 参见图 10c。选 **Summarized data in a two-way table**。对于 **Columns containing the table：**，选择两个列（双击它们）。对于 **Rows：** 选择 **C1**。

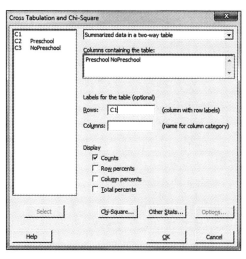

图 10c　双向表的 Minitab 输入结果

4. 单击 **Chi-Square . . .**，选 **Chi-Square test** 和 **Expected cell counts**；单击 **OK**。单击 **Other Stats . . .** 并且选择 **Fisher's exact test**；单击 **OK**。最后再次单击 **OK**。

图 10d 显示了输出结果。

549

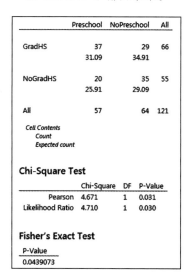

图 10d　双向表的 Minitab 输出结果

原始数据

1. 确保原始数据在列表中。参考表 B。

2. Stat > Tables > Cross Tabulation and Chi-square。
3. 选 Raw data（categorical variables）。
550 对于 Rows，点击 C1；对于 Columns，单击 C2（反之亦然）。
4. 执行上面的第 4 步。

Excel

双向表的卡方检验

表格摘要

1. 在两个（或更多）列中键入数据摘要，如图 10e 中的列 A 和 B 所示。

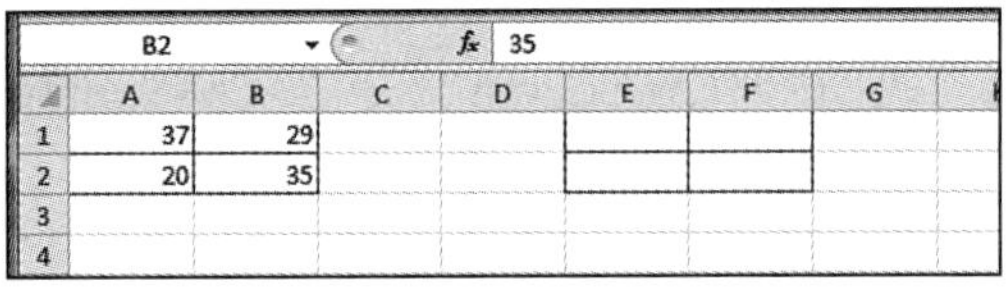

B2 fx 35

	A	B	C	D	E	F	G
1	37	29					
2	20	35					
3							
4							

图 10e 双向表的 Excel 输入结果

2. 要想得到行总数 66（即 37 + 29），单击 29 右边的单元格 C1，然后单击 f_x，双击 SUM，然后单击 OK。该方法也可以计算其他行的行总数。最后保存行总数。你的汇总表应该类似于图 10f 中的列 A、列 B 和列 C。
3. 要获得第一个理论频数 31.090 91，请单击单元格 E1。然后输入 = 并单击表格中的 66，输入 *（表示乘法），单击 57，输入 /（表示除法），单击 121，然后按 Enter。图 10f 顶部的公示栏显示了计算理论频数 25.909 的输入结果。对于每个理论频数，你都应该从希望填充的单元格开始，然后依次单击行总数，*（表示乘法），列总数，/（表示除法）和总数，然后按 Enter。

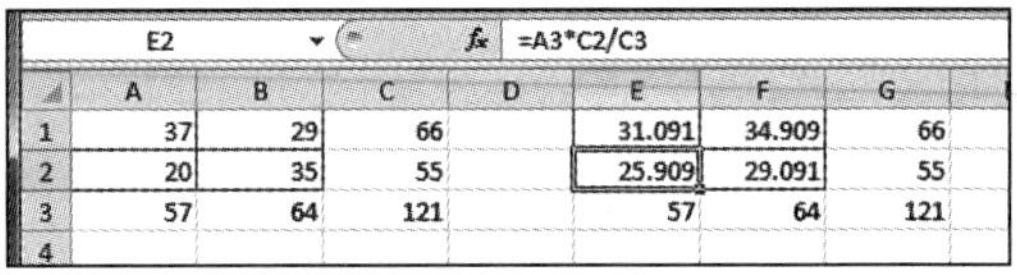

E2 fx =A3*C2/C3

	A	B	C	D	E	F	G
1	37	29	66		31.091	34.909	66
2	20	35	55		25.909	29.091	55
3	57	64	121		57	64	121
4							

图 10f Excel，包括总数和理论频数

4. 单击一个空单元格 J1，然后单击 f_x。
5. 选择类别：Statistical 或 All。
6. 选 CHISQ.TEST。对于 Actual_range，突出显示包含观测频数的单元格，即 A1：B2；不包括行总数和列总数或总数。对于 Expected range，突出显示包含理论频数的单元格，即 E1：F2。

你将得到 p 值（0.030 671）。单击 OK，它将显示在工作表的活动单元格中。

前面的 Excel 操作步骤会给出 p 值，但不会给出卡方值。如果你需要卡方值，继续进行下面的操作步骤。

7. 单击一个空单元格 J2，然后单击 f_x。
8. 选择类别：Statistical 或 All。
9. 选择 CHISQ.INV.RT(表示反向，右尾)。
10. 对于 Probability，单击显示 p 值 0.030 671 的单元格 J1。对于 Deg_freedom，输入自由度（df）。对于双向表，df =（行数 −1）(列数 −1)。对于例 A, df 为 1。单击 OK。你会得到卡方值 4.67。

原始数据

1. 输入原始数据，包括列标签。参考表 B。
2. Insert > PivotTable。
3. 在 Create PivotTable 对话框中，对于 Table/Range，单击列标题 A 并拖动到列标题 B。条目将读取为 $A：$B。对于 Existing Worksheet Location，单

击单元格 E3。单击 OK。

4. 参见图 10g 中 Excel 的 PivotTable Fields。选择 Preschool 和 Graduate HS；两者都将出现在下面的 Rows 框中，将 Preschool 标签从 Rows 框中拖到 Columns 框中。现在回到上面的框中，将 Graduate HS 拖到 ∑ Values 框中。

图 10g 双向表的 Excel 输入结果

5. 回到上面表格摘要部分的第 3 步，但是要根据需要使用新的单元格位置。

StatCrunch

双向表的卡方检验

表格摘要

1. 输入数据摘要，如图 10h 所示。请注意，你可以用列标签（Preschool 或 NoPreschool），也可以用行标签（GradHS 或 NoGrad）。

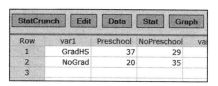

图 10h 双向表的 StatCrunch 输入框

2. Stat > Tables > Contingency > With Summary。

3. 参见图 10i。选择包含汇总频数的列（选择第二列时按住键盘上的 Ctrl 键），然后选包含 Row 标签的列，这里是 var1。

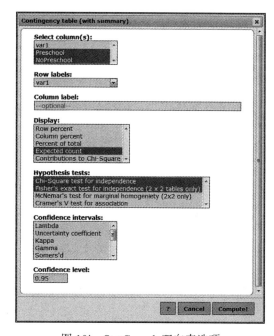

图 10i StatCrunch 双向表选项

551

4. 对于 Display，选择 Expected Count。如果还需要进行费舍尔精确检验，按住键盘上的 Ctrl 键，同时选 "Fisher's exact test for independence(2 × 2 tables only)"。

5. 单击 "Compute!"。

图 10j 显示了输出结果。

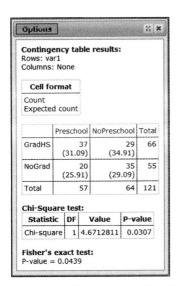

图 10j　双向表的 StatCrunch 输出结果

原始数据

1. 确保列表中有原始数据，参考表 B。

2. Stat > Tables > Contingency > With Data。

3. 同时选择两个列。

4. 选 Expected Count。

附　　录

附录 A　表

表 1　随机数

行						
01	21033	32522	19305	90633	80873	19167
02	17516	69328	88389	19770	33197	27336
03	26427	40650	70251	84413	30896	21490
04	45506	44716	02498	15327	79149	28409
05	55185	74834	81172	89281	48134	71185
06	87964	43751	80971	50613	81441	30505
07	09106	73117	57952	04393	93402	50753
08	88797	07440	69213	33593	42134	24168
09	34685	46775	32139	22787	28783	39481
10	07104	43091	14311	69671	01536	02673
11	27583	01866	58250	38103	35825	94513
12	60801	04439	58621	09840	35119	60372
13	62708	04888	37221	49537	96024	24004
14	21169	14082	65865	29690	00280	35738
15	13893	00626	11773	14897	37119	29729
16	19872	41310	65041	61105	31028	80297
17	29331	36997	05601	09785	18100	44164
18	76846	74048	08496	22599	29379	11114
19	11848	80809	25818	38857	23811	80902
20	85757	33963	93076	39950	29658	07530
21	71141	00618	48403	46083	40368	33990
22	47371	36443	41894	62134	86876	18548
23	46633	10669	95848	69055	49044	75595
24	79118	21098	63279	26834	43443	38267
25	91874	87217	11503	47925	13289	42106
26	85337	08882	68429	61767	18930	37688
27	88513	05437	22776	17562	03820	44785
28	31498	85304	22393	21634	34560	77404
29	93074	27086	62559	86590	18420	33290

（续）

行						
30	9 0 5 4 9	5 3 0 9 4	7 6 2 8 2	5 3 1 0 5	4 5 5 3 1	9 0 0 6 1
31	1 1 3 7 3	9 6 8 7 1	3 8 1 5 7	9 8 3 6 8	3 9 5 3 6	0 8 0 7 9
32	5 2 0 2 2	5 9 0 9 3	3 0 6 4 7	3 3 2 4 1	1 6 0 2 7	7 0 3 3 6
33	1 4 7 0 9	9 3 2 2 0	8 9 5 4 7	9 5 3 2 0	3 9 1 3 4	0 7 6 4 6
34	5 7 5 8 4	2 8 1 1 4	9 1 1 6 8	1 6 3 2 0	8 1 6 0 9	6 0 8 0 7
35	3 1 8 6 7	8 5 8 7 2	9 1 4 3 0	4 5 5 5 4	2 1 5 6 7	1 5 0 8 2
36	0 7 0 3 3	7 5 2 5 0	3 4 5 4 6	7 5 2 9 8	3 3 8 9 3	6 4 4 8 7
37	0 2 7 7 9	7 2 6 4 5	3 2 6 9 9	8 6 0 0 9	7 3 7 2 9	4 4 2 0 6
38	2 4 5 1 2	0 1 1 1 6	4 9 8 2 6	5 0 8 8 2	4 4 0 8 6	8 7 7 5 7
39	5 2 4 6 3	3 0 1 6 4	8 0 0 7 3	5 5 9 1 7	6 0 9 9 5	3 8 6 5 5
40	8 2 5 8 8	5 9 2 6 7	1 3 5 7 0	5 6 4 3 4	6 6 4 1 3	9 9 5 1 8
41	2 0 9 9 9	0 5 0 3 9	8 7 8 3 5	6 3 0 1 0	8 2 9 8 0	6 6 1 9 3
42	0 9 0 8 4	9 8 9 4 8	0 9 5 4 1	8 0 6 2 3	1 5 9 1 5	7 1 0 4 2

A-2

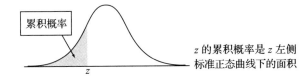

累积概率

z 的累积概率是 z 左侧标准正态曲线下的面积

表 2　标准正态累积概率

z	.00		z	.00	.01	.02	.03	.04	.05	.06	.07	.08	.09
−5.0	.000000287		−3.4	.0003	.0003	.0003	.0003	.0003	.0003	.0003	.0003	.0003	.0002
−4.5	.00000340		−3.3	.0005	.0005	.0005	.0004	.0004	.0004	.0004	.0004	.0004	.0003
−4.0	.0000317		−3.2	.0007	.0007	.0006	.0006	.0006	.0006	.0006	.0005	.0005	.0005
−3.5	.000233		−3.1	.0010	.0009	.0009	.0009	.0008	.0008	.0008	.0008	.0007	.0007
			−3.0	.0013	.0013	.0013	.0012	.0012	.0011	.0011	.0011	.0010	.0010
			−2.9	.0019	.0018	.0018	.0017	.0016	.0016	.0015	.0015	.0014	.0014
			−2.8	.0026	.0025	.0024	.0023	.0023	.0022	.0021	.0021	.0020	.0019
			−2.7	.0035	.0034	.0033	.0032	.0031	.0030	.0029	.0028	.0027	.0026
			−2.6	.0047	.0045	.0044	.0043	.0041	.0040	.0039	.0038	.0037	.0036
			−2.5	.0062	.0060	.0059	.0057	.0055	.0054	.0052	.0051	.0049	.0048
			−2.4	.0082	.0080	.0078	.0075	.0073	.0071	.0069	.0068	.0066	.0064
			−2.3	.0107	.0104	.0102	.0099	.0096	.0094	.0091	.0089	.0087	.0084
			−2.2	.0139	.0136	.0132	.0129	.0125	.0122	.0119	.0116	.0113	.0110
			−2.1	.0179	.0174	.0170	.0166	.0162	.0158	.0154	.0150	.0146	.0143
			−2.0	.0228	.0222	.0217	.0212	.0207	.0202	.0197	.0192	.0188	.0183
			−1.9	.0287	.0281	.0274	.0268	.0262	.0256	.0250	.0244	.0239	.0233
			−1.8	.0359	.0351	.0344	.0336	.0329	.0322	.0314	.0307	.0301	.0294
			−1.7	.0446	.0436	.0427	.0418	.0409	.0401	.0392	.0384	.0375	.0367

（续）

A-3

z	.00	.01	.02	.03	.04	.05	.06	.07	.08	.09
−1.6	.0548	.0537	.0526	.0516	.0505	.0495	.0485	.0475	.0465	.0455
−1.5	.0668	.0655	.0643	.0630	.0618	.0606	.0594	.0582	.0571	.0559
−1.4	.0808	.0793	.0778	.0764	.0749	.0735	.0721	.0708	.0694	.0681
−1.3	.0968	.0951	.0934	.0918	.0901	.0885	.0869	.0853	.0838	.0823
−1.2	.1151	.1131	.1112	.1093	.1075	.1056	.1038	.1020	.1003	.0985
−1.1	.1357	.1335	.1314	.1292	.1271	.1251	.1230	.1210	.1190	.1170
−1.0	.1587	.1562	.1539	.1515	.1492	.1469	.1446	.1423	.1401	.1379
−0.9	.1841	.1814	.1788	.1762	.1736	.1711	.1685	.1660	.1635	.1611
−0.8	.2119	.2090	.2061	.2033	.2005	.1977	.1949	.1922	.1894	.1867
−0.7	.2420	.2389	.2358	.2327	.2296	.2266	.2236	.2206	.2177	.2148
−0.6	.2743	.2709	.2676	.2643	.2611	.2578	.2546	.2514	.2483	.2451
−0.5	.3085	.3050	.3015	.2981	.2946	.2912	.2877	.2843	.2810	.2776
−0.4	.3446	.3409	.3372	.3336	.3300	.3264	.3228	.3192	.3156	.3121
−0.3	.3821	.3783	.3745	.3707	.3669	.3632	.3594	.3557	.3520	.3483
−0.2	.4207	.4168	.4129	.4090	.4052	.4013	.3974	.3936	.3897	.3859
−0.1	.4602	.4562	.4522	.4483	.4443	.4404	.4364	.4325	.4286	.4247
−0.0	.5000	.4960	.4920	.4880	.4840	.4801	.4761	.4721	.4681	.4641
0.0	.5000	.5040	.5080	.5120	.5160	.5199	.5239	.5279	.5319	.5359
0.1	.5398	.5438	.5478	.5517	.5557	.5596	.5636	.5675	.5714	.5753
0.2	.5793	.5832	.5871	.5910	.5948	.5987	.6026	.6064	.6103	.6141
0.3	.6179	.6217	.6255	.6293	.6331	.6368	.6406	.6443	.6480	.6517
0.4	.6554	.6591	.6628	.6664	.6700	.6736	.6772	.6808	.6844	.6879
0.5	.6915	.6950	.6985	.7019	.7054	.7088	.7123	.7157	.7190	.7224
0.6	.7257	.7291	.7324	.7357	.7389	.7422	.7454	.7486	.7517	.7549
0.7	.7580	.7611	.7642	.7673	.7704	.7734	.7764	.7794	.7823	.7852
0.8	.7881	.7910	.7939	.7967	.7995	.8023	.8051	.8078	.8106	.8133
0.9	.8159	.8186	.8212	.8238	.8264	.8289	.8315	.8340	.8365	.8389
1.0	.8413	.8438	.8461	.8485	.8508	.8531	.8554	.8577	.8599	.8621
1.1	.8643	.8665	.8686	.8708	.8729	.8749	.8770	.8790	.8810	.8830
1.2	.8849	.8869	.8888	.8907	.8925	.8944	.8962	.8980	.8997	.9015
1.3	.9032	.9049	.9066	.9082	.9099	.9115	.9131	.9147	.9162	.9177
1.4	.9192	.9207	.9222	.9236	.9251	.9265	.9279	.9292	.9306	.9319
1.5	.9332	.9345	.9357	.9370	.9382	.9394	.9406	.9418	.9429	.9441
1.6	.9452	.9463	.9474	.9484	.9495	.9505	.9515	.9525	.9535	.9545

（续）

z	.00	.01	.02	.03	.04	.05	.06	.07	.08	.09
1.7	.9554	.9564	.9573	.9582	.9591	.9599	.9608	.9616	.9625	.9633
1.8	.9641	.9649	.9656	.9664	.9671	.9678	.9686	.9693	.9699	.9706
1.9	.9713	.9719	.9726	.9732	.9738	.9744	.9750	.9756	.9761	.9767
2.0	.9772	.9778	.9783	.9788	.9793	.9798	.9803	.9808	.9812	.9817
2.1	.9821	.9826	.9830	.9834	.9838	.9842	.9846	.9850	.9854	.9857
2.2	.9861	.9864	.9868	.9871	.9875	.9878	.9881	.9884	.9887	.9890
2.3	.9893	.9896	.9898	.9901	.9904	.9906	.9909	.9911	.9913	.9916
2.4	.9918	.9920	.9922	.9925	.9927	.9929	.9931	.9932	.9934	.9936
2.5	.9938	.9940	.9941	.9943	.9945	.9946	.9948	.9949	.9951	.9952
2.6	.9953	.9955	.9956	.9957	.9959	.9960	.9961	.9962	.9963	.9964
2.7	.9965	.9966	.9967	.9968	.9969	.9970	.9971	.9972	.9973	.9974
2.8	.9974	.9975	.9976	.9977	.9977	.9978	.9979	.9979	.9980	.9981
2.9	.9981	.9982	.9982	.9983	.9984	.9984	.9985	.9985	.9986	.9986
3.0	.9987	.9987	.9987	.9988	.9988	.9989	.9989	.9989	.9990	.9990
3.1	.9990	.9991	.9991	.9991	.9992	.9992	.9992	.9992	.9993	.9993
3.2	.9993	.9993	.9994	.9994	.9994	.9994	.9994	.9995	.9995	.9995
3.3	.9995	.9995	.9995	.9996	.9996	.9996	.9996	.9996	.9996	.9997
3.4	.9997	.9997	.9997	.9997	.9997	.9997	.9997	.9997	.9997	.9998

z	.00
3.5	.999767
4.0	.9999683
4.5	.9999966
5.0	.999999713

A-4

表3 二项概率

n	x	p													x
		.01	.05	.10	.20	.30	.40	.50	.60	.70	.80	.90	.95	.99	
2	0	.980	.902	.810	.640	.490	.360	.250	.160	.090	.040	.010	.002	0+	0
	1	.020	.095	.180	.320	.420	.480	.500	.480	.420	.320	.180	.095	.020	1.
	2	0+	.002	.010	.040	.090	.160	.250	.360	.490	.640	.810	.902	.980	2
3	0	.970	.857	.729	.512	.343	.216	.125	.064	.027	.008	.001	0+	0+	0
	1	.029	.135	.243	.384	.441	.432	.375	.288	.189	.096	.027	.007	0+	1
	2	0+	.007	.027	.096	.189	.288	.375	.432	.441	.384	.243	.135	.029	2
	3	0+	0+	.001	.008	.027	.064	.125	.216	.343	.512	.729	.857	.970	3
4	0	.961	.815	.656	.410	.240	.130	.062	.026	.008	.002	0+	0+	0+	0
	1	.039	.171	.292	.410	.412	.346	.250	.154	.076	.026	.004	0+	0+	1
	2	.001	.014	.049	.154	.265	.346	.375	.346	.265	.154	.049	.014	.001	2
	3	0+	0+	.004	.026	.076	.154	.250	.346	.412	.410	.292	.171	.039	3
	4	0+	0+	0+	.002	.008	.026	.062	.130	.240	.410	.656	.815	.961	4
5	0	.951	.774	.590	.328	.168	.078	.031	.010	.002	0+	0+	0+	0+	0

注意：0+ 表示小于 0.0005 的正概率。

（续）

n	x	.01	.05	.10	.20	.30	.40	.50	.60	.70	.80	.90	.95	.99	x
	1	.048	.204	.328	.410	.360	.259	.156	.077	.028	.006	0+	0+	0+	1
	2	.001	.021	.073	.205	.309	.346	.312	.230	.132	.051	.008	.001	0+	2
	3	0+	.001	.008	.051	.132	.230	.312	.346	.309	.205	.073	.021	.001	3
	4	0+	0+	0+	.006	.028	.077	.156	.259	.360	.410	.328	.204	.048	4
	5	0+	0+	0+	0+	.002	.010	.031	.078	.168	.328	.590	.774	.951	5
6	0	.941	.735	.531	.262	.118	.047	.016	.004	.001	0+	0+	0+	0+	0
	1	.057	.232	.354	.393	.303	.187	.094	.037	.010	.002	0+	0+	0+	1
	2	.001	.031	.098	.246	.324	.311	.234	.138	.060	.015	.001	0+	0+	2
	3	0+	.002	.015	.082	.185	.276	.312	.276	.185	.082	.015	.002	0+	3
	4	0+	0+	.001	.015	.060	.138	.234	.311	.324	.246	.098	.031	.001	4
	5	0+	0+	0+	.002	.010	.037	.094	.187	.303	.393	.354	.232	.057	5
	6	0+	0+	0+	0+	.001	.004	.016	.047	.118	.262	.531	.735	.941	6
7	0	.932	.698	.478	.210	.082	.028	.008	.002	0+	0+	0+	0+	0+	0
	1	.066	.257	.372	.367	.247	.131	.055	.017	.004	0+	0+	0+	0+	1
	2	.002	.041	.124	.275	.318	.261	.164	.077	.025	.004	0+	0+	0+	2
	3	0+	.004	.023	.115	.227	.290	.273	.194	.097	.029	.003	0+	0+	3
	4	0+	0+	.003	.029	.097	.194	.273	.290	.227	.115	.023	.004	0+	4
	5	0+	0+	0+	.004	.025	.077	.164	.261	.318	.275	.124	.041	.002	5
	6	0+	0+	0+	0+	.004	.017	.055	.131	.247	.367	.372	.257	.066	6
	7	0+	0+	0+	0+	0+	.002	.008	.028	.082	.210	.478	.698	.932	7
8	0	.923	.663	.430	.168	.058	.017	.004	.001	0+	0+	0+	0+	0+	0
	1	.075	.279	.383	.336	.198	.090	.031	.008	.001	0+	0+	0+	0+	1
	2	.003	.051	.149	.294	.296	.209	.109	.041	.010	.001	0+	0+	0+	2
	3	0+	.005	.033	.147	.254	.279	.219	.124	.047	.009	0+	0+	0+	3
	4	0+	0+	.005	.046	.136	.232	.273	.232	.136	.046	.005	0+	0+	4
	5	0+	0+	0+	.009	.047	.124	.219	.279	.254	.147	.033	.005	0+	5
	6	0+	0+	0+	.001	.010	.041	.109	.209	.296	.294	.149	.051	.003	6
	7	0+	0+	0+	0+	.001	.008	.031	.090	.198	.336	.383	.279	.075	7
	8	0+	0+	0+	0+	0+	.001	.004	.017	.058	.168	.430	.663	.923	8
9	0	.914	.630	.387	.134	.040	.010	.002	0+	0+	0+	0+	0+	0+	0
	1	.083	.299	.387	.302	.156	.060	.018	.004	0+	0+	0+	0+	0+	1
	2	.003	.063	.172	.302	.267	.161	.070	.021	.004	0 +	0+	0+	0+	2
	3	0+	.008	.045	.176	.267	.251	.164	.074	.021	.003	0+	0+	0+	3
	4	0+	.001	.007	.066	.172	.251	.246	.167	.074	.017	.001	0+	0+	4
	5	0+	0+	.001	.017	.074	.167	.246	.251	.172	.066	.007	.001	0+	5
	6	0+	0+	0+	.003	.021	.074	.164	.251	.267	.176	.045	.008	0+	6
	7	0+	0+	0+	0+	.004	.021	.070	.161	.267	.302	.172	.063	.003	7
	8	0+	0+	0+	0+	0+	.004	.018	.060	.156	.302	.387	.299	.083	8
	9	0+	0+	0+	0+	0+	0+	.002	.010	.040	.134	.387	.630	.914	9
10	0	.904	.599	.349	.107	.028	.006	.001	0+	0+	0+	0+	0+	0+	0
	1	.091	.315	.387	.268	.121	.040	.010	.002	0+	0+	0+	0+	0+	1

A-5

（续）

n	x	.01	.05	.10	.20	.30	.40	.50	.60	.70	.80	.90	.95	.99	x
	2	.004	.075	.194	.302	.233	.121	.044	.011	.001	0+	0+	0+	0+	2
	3	0+	.010	.057	.201	.267	.215	.117	.042	.009	.001	0+	0+	0+	3
	4	0+	.001	.011	.088	.200	.251	.205	.111	.037	.006	0+	0+	0+	4
	5	0+	0+	.001	.026	.103	.201	.246	.201	.103	.026	.001	0+	0+	5
	6	0+	0+	0+	.006	.037	.111	.205	.251	.200	.088	.011	.001	0+	6
	7	0+	0+	0+	.001	.009	.042	.117	.215	.267	.201	.057	.010	0+	7
	8	0+	0+	0+	0+	.001	.011	.044	.121	.233	.302	.194	.075	.004	8
	9	0+	0+	0+	0+	0+	.002	.010	.040	.121	.268	.387	.315	.091	9
	10	0+	0+	0+	0+	0+	0+	.001	.006	.028	.107	.349	.599	.904	10
11	0	.895	.569	.314	.086	.020	.004	0+	0+	0+	0+	0+	0+	0+	0
	1	.099	.329	.384	.236	.093	.027	.005	.001	0+	0+	0+	0+	0+	1
	2	.005	.087	.213	.295	.200	.089	.027	.005	.001	0+	0+	0+	0+	2
	3	0+	.014	.071	.221	.257	.177	.081	.023	.004	0+	0+	0+	0+	3
	4	0+	.001	.016	.111	.220	.236	.161	.070	.017	.002	0+	0+	0+	4
	5	0+	0+	.002	.039	.132	.221	.226	.147	.057	.010	0+	0+	0+	5
	6	0+	0+	0+	.010	.057	.147	.226	.221	.132	.039	.002	0+	0+	6
	7	0+	0+	0+	.002	.017	.070	.161	.236	.220	.111	.016	.001	0+	7
	8	0+	0+	0+	0+	.004	.023	.081	.177	.257	.221	.071	.014	0+	8
	9	0+	0+	0+	0+	.001	.005	.027	.089	.200	.295	.213	.087	.005	9
	10	0+	0+	0+	0+	0+	.001	.005	.027	.093	.236	.384	.329	.099	10
	11	0+	0+	0+	0+	0+	0+	0+	.004	.020	.086	.314	.569	.895	11
12	0	.886	.540	.282	.069	.014	.002	0+	0+	0+	0+	0+	0+	0+	0
	1	.107	.341	.377	.206	.071	.017	.003	0+	0+	0+	0+	0+	0+	1
	2	.006	.099	.230	.283	.168	.064	.016	.002	0+	0+	0+	0+	0+	2
	3	0+	.017	.085	.236	.240	.142	.054	.012	.001	0+	0+	0+	0+	3
	4	0+	.002	.021	.133	.231	.213	.121	.042	.008	.001	0+	0+	0+	4
	5	0+	0+	.004	.053	.158	.227	.193	.101	.029	.003	0+	0+	0+	5
	6	0+	0+	0+	.016	.079	.177	.226	.177	.079	.016	0+	0+	0+	6
	7	0+	0+	0+	.003	.029	.101	.193	.227	.158	.053	.004	0+	0+	7
	8	0+	0+	0+	.001	.008	.042	.121	.213	.231	.133	.021	.002	0+	8
	9	0+	0+	0+	0+	.001	.012	.054	.142	.240	.236	.085	.017	0+	9
	10	0+	0+	0+	0+	0+	.002	.016	.064	.168	.283	.230	.099	.006	10
	11	0+	0+	0+	0+	0+	0+	.003	.017	.071	.206	.377	.341	.107	11
	12	0+	0+	0+	0+	0+	0+	0+	.002	.014	.069	.282	.540	.886	12
13	0	.878	.513	.254	.055	.010	.001	0+	0+	0+	0+	0+	0+	0+	0
	1	.115	.351	.367	.179	.054	.011	.002	0+	0+	0+	0+	0+	0+	1
	2	.007	.111	.245	.268	.139	.045	.010	.001	0+	0+	0+	0+	0+	2
	3	0+	.021	.100	.246	.218	.111	.035	.006	.001	0+	0+	0+	0+	3
	4	0+	.003	.028	.154	.234	.184	.087	.024	.003	0+	0+	0+	0+	4
	5	0+	0+	.006	.069	.180	.221	.157	.066	.014	.001	0+	0+	0+	5

（续）

n	x	.01	.05	.10	.20	.30	.40	.50	.60	.70	.80	.90	.95	.99	x
	6	0+	0+	.001	.023	.103	.197	.209	.131	.044	.006	0+	0+	0+	6
	7	0+	0+	0+	.006	.044	.131	.209	.197	.103	.023	.001	0+	0+	7
	8	0+	0+	0+	.001	.014	.066	.157	.221	.180	.069	.006	0+	0+	8
	9	0+	0+	0+	0+	.003	.024	.087	.184	.234	.154	.028	.003	0+	9
	10	0+	0+	0+	0+	.001	.006	.035	.111	.218	.246	.100	.021	0+	10
	11	0+	0+	0+	0+	0+	.001	.010	.045	.139	.268	.245	.111	.007	11
	12	0+	0+	0+	0+	0+	0+	.002	.011	.054	.179	.367	.351	.115	12
	13	0+	0+	0+	0+	0+	0+	0+	.001	.010	.055	.254	.513	.878	13
14	0	.869	.488	.229	.044	.007	.001	0+	0+	0+	0+	0+	0+	0+	0
	1	.123	.359	.356	.154	.041	.007	.001	0+	0+	0+	0+	0+	0+	1
	2	.008	.123	.257	.250	.113	.032	.006	.001	0+	0+	0+	0+	0+	2
	3	0+	.026	.114	.250	.194	.085	.022	.003	0+	0+	0+	0+	0+	3
	4	0+	.004	.035	.172	.229	.155	.061	.014	.001	0+	0+	0+	0+	4
	5	0+	0+	.008	.086	.196	.207	.122	.041	.007	0+	0+	0+	0+	5
	6	0+	0+	.001	.032	.126	.207	.183	.092	.023	.002	0+	0+	0+	6
	7	0+	0+	0+	.009	.062	.157	.209	.157	.062	.009	0+	0+	0+	7
	8	0+	0+	0+	.002	.023	.092	.183	.207	.126	.032	.001	0+	0+	8
	9	0+	0+	0+	0+	.007	.041	.122	.207	.196	.086	.008	0+	0+	9
	10	0+	0+	0+	0+	.001	.014	.061	.155	.229	.172	.035	.004	0+	10
	11	0+	0+	0+	0+	0+	.003	.022	.085	.194	.250	.114	.026	0+	11
	12	0+	0+	0+	0+	0+	.001	.006	.032	.113	.250	.257	.123	.008	12
	13	0+	0+	0+	0+	0+	0+	.001	.007	.041	.154	.356	.359	.123	13
	14	0+	0+	0+	0+	0+	0+	0+	.001	.007	.044	.229	.488	.869	14
15	0	.860	.463	.206	.035	.005	0+	0+	0+	0+	0+	0+	0+	0+	0
	1	.130	.366	.343	.132	.031	.005	0+	0+	0+	0+	0+	0+	0+	1
	2	.009	.135	.267	.231	.092	.022	.003	0+	0+	0+	0+	0+	0+	2
	3	0+	.031	.129	.250	.170	.063	.014	.002	0+	0+	0+	0+	0+	3
	4	0+	.005	.043	.188	.219	.127	.042	.007	.001	0+	0+	0+	0+	4
	5	0+	.001	.010	.103	.206	.186	.092	.024	.003	0+	0+	0+	0+	5
	6	0+	0+	.002	.043	.147	.207	.153	.061	.012	.001	0+	0+	0+	6
	7	0+	0+	0+	.014	.081	.177	.196	.118	.035	.003	0+	0+	0+	7
	8	0+	0+	0+	.003	.035	.118	.196	.177	.081	.014	0+	0+	0+	8
	9	0+	0+	0+	.001	.012	.061	.153	.207	.147	.043	.002	0+	0+	9
	10	0+	0+	0+	0+	.003	.024	.092	.186	.206	.103	.010	.001	0+	10
	11	0+	0+	0+	0+	.001	.007	.042	.127	.219	.188	.043	.005	0+	11
	12	0+	0+	0+	0+	0+	.002	.014	.063	.170	.250	.129	.031	0+	12
	13	0+	0+	0+	0+	0+	0+	.003	.022	.092	.231	.267	.135	.009	13
	14	0+	0+	0+	0+	0+	0+	0+	.005	.031	.132	.343	.366	.130	14
	15	0+	0+	0+	0+	0+	0+	0+	0+	.005	.035	.206	.463	.860	15

A-6

右尾概率

表 4　t 分布临界值

	置信水平					
	80%	90%	95%	98%	99%	99.8%
	右尾概率					
df	$t_{.100}$	$t_{.050}$	$t_{.025}$	$t_{.010}$	$t_{.005}$	$t_{.001}$
1	3.078	6.314	12.706	31.821	63.656	318.289
2	1.886	2.920	4.303	6.965	9.925	22.328
3	1.638	2.353	3.182	4.541	5.841	10.214
4	1.533	2.132	2.776	3.747	4.604	7.173
5	1.476	2.015	2.571	3.365	4.032	5.894
6	1.440	1.943	2.447	3.143	3.707	5.208
7	1.415	1.895	2.365	2.998	3.499	4.785
8	1.397	1.860	2.306	2.896	3.355	4.501
9	1.383	1.833	2.262	2.821	3.250	4.297
10	1.372	1.812	2.228	2.764	3.169	4.144
11	1.363	1.796	2.201	2.718	3.106	4.025
12	1.356	1.782	2.179	2.681	3.055	3.930
13	1.350	1.771	2.160	2.650	3.012	3.852
14	1.345	1.761	2.145	2.624	2.977	3.787
15	1.341	1.753	2.131	2.602	2.947	3.733
16	1.337	1.746	2.120	2.583	2.921	3.686
17	1.333	1.740	2.110	2.567	2.898	3.646
18	1.330	1.734	2.101	2.552	2.878	3.611
19	1.328	1.729	2.093	2.539	2.861	3.579
20	1.325	1.725	2.086	2.528	2.845	3.552
21	1.323	1.721	2.080	2.518	2.831	3.527
22	1.321	1.717	2.074	2.508	2.819	3.505
23	1.319	1.714	2.069	2.500	2.807	3.485
24	1.318	1.711	2.064	2.492	2.797	3.467
25	1.316	1.708	2.060	2.485	2.787	3.450
26	1.315	1.706	2.056	2.479	2.779	3.435
27	1.314	1.703	2.052	2.473	2.771	3.421
28	1.313	1.701	2.048	2.467	2.763	3.408
29	1.311	1.699	2.045	2.462	2.756	3.396
30	1.310	1.697	2.042	2.457	2.750	3.385
40	1.303	1.684	2.021	2.423	2.704	3.307
50	1.299	1.676	2.009	2.403	2.678	3.261
60	1.296	1.671	2.000	2.390	2.660	3.232
80	1.292	1.664	1.990	2.374	2.639	3.195
100	1.290	1.660	1.984	2.364	2.626	3.174
∞	1.282	1.645	1.960	2.326	2.576	3.091

A-7

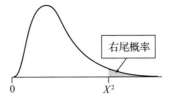

表 5　各种右尾概率的卡方分布

df	右尾概率						
	0.250	0.100	0.050	0.025	0.010	0.005	0.001
1	1.32	2.71	3.84	5.02	6.63	7.88	10.83
2	2.77	4.61	5.99	7.38	9.21	10.60	13.82
3	4.11	6.25	7.81	9.35	11.34	12.84	16.27
4	5.39	7.78	9.49	11.14	13.28	14.86	18.47
5	6.63	9.24	11.07	12.83	15.09	16.75	20.52
6	7.84	10.64	12.59	14.45	16.81	18.55	22.46
7	9.04	12.02	14.07	16.01	18.48	20.28	24.32
8	10.22	13.36	15.51	17.53	20.09	21.96	26.12
9	11.39	14.68	16.92	19.02	21.67	23.59	27.88
10	12.55	15.99	18.31	20.48	23.21	25.19	29.59
11	13.70	17.28	19.68	21.92	24.72	26.76	31.26
12	14.85	18.55	21.03	23.34	26.22	28.30	32.91
13	15.98	19.81	22.36	24.74	27.69	29.82	34.53
14	17.12	21.06	23.68	26.12	29.14	31.32	36.12
15	18.25	22.31	25.00	27.49	30.58	32.80	37.70
16	19.37	23.54	26.30	28.85	32.00	34.27	39.25
17	20.49	24.77	27.59	30.19	33.41	35.72	40.79
18	21.60	25.99	28.87	31.53	34.81	37.16	42.31
19	22.72	27.20	30.14	32.85	36.19	38.58	43.82
20	23.83	28.41	31.41	34.17	37.57	40.00	45.32
25	29.34	34.38	37.65	40.65	44.31	46.93	52.62
30	34.80	40.26	43.77	46.98	50.89	53.67	59.70
40	45.62	51.80	55.76	59.34	63.69	66.77	73.40
50	56.33	63.17	67.50	71.42	76.15	79.49	86.66
60	66.98	74.40	79.08	83.30	88.38	91.95	99.61
70	77.58	85.53	90.53	95.02	100.43	104.21	112.32
80	88.13	96.58	101.88	106.63	112.33	116.32	124.84
90	98.65	107.57	113.15	118.14	124.12	128.30	137.21
100	109.14	118.50	124.34	129.56	135.81	140.17	149.45

A-8

附录 B 奇数号练习答案

第 1 章

1.2 节

1.1 8 个。

1.3 a. 分类变量。b. 数值变量。c. 数值变量。

1.5 答案不唯一,例如 Facebook 的好友数量、脚的长度等。请勿抄袭答案。

1.7 0 表示男性,1 表示女性。总和表示该数据集中女性的总数。

1.9 "性别"取值 1 表示女性,0 表示男性。因此,全部数字相加,将得到女性的总数。

1.11 a. 堆栈。b. 1 表示男性,0 表示女性。

c.

男性	女性
1 916	9 802
183	153
836	1 221
95	
512	

1.13 a. 按照堆栈格式组织编写数据

热量 /cal	甜零食
90	1
310	1
500	1
500	1
600	1
90	1
150	0
600	0
500	0
550	0

你也可以将第二列的标题更改为"咸零食",则此列中的 1 将变为 0,0

将变为 1。

b. 按照非堆栈格式组织编写数据

甜零食	咸零食
90	150
310	600
500	500
500	550
600	
90	

1.3 节

1.15 可以。利用"已修学分"变量和"居住状况"变量。

1.17 不能。表中没有关于每周学习小时数的数据。

1.19 a. 可以。利用日期变量。

b. 不能。因为没有温度数据。

c. 可以。使用伤害是否致命变量以及鲨鱼种类变量。

d. 可以。利用地点变量。

1.4 节

1.21 a. 33/40 = 82.5%。

b. 32/45 = 71.1%。

c. 33/65 = 50.8%。

d. 250 人中的 82.5%,也就是 206 名男性。

1.23 a. 男生占班级总人数的 15/38,即 39.5%。

b. 0.641 (234) = 149.994,因此这个班有 150 名男生。

c. 0.40 (x) = 20,20/0.4 = 50 人。

1.25 女性 6 人,比例为 6/11,百分比为 54.5%。

1.27 a 和 b。

	男性	女性	合计
住宿	3	4	7
通勤	2	2	4
合计	5	6	11

c. 4/6 = 66.7%。

d. 4/7 = 57.1%。

e. 7/11 = 63.6%。

f. 70 人中的 66.7%，即 47 人。

1.29 127 244。

1.31

州名	入狱人数	入狱人数排名	人口总数	人口总数（千）	每千人入狱数	入狱率排名
California	136 088	1	39 144 818	39 145	3.48	4
New York	52 518	2	19 795 791	19 796	2.65	5
Illinois	48 278	3	12 859 995	12 860	3.75	3
Louisiana	30 030	4	4 670 724	4 671	6.43	1
Mississippi	18 793	5	2 992 333	2 992	6.28	2

加州（California）的监狱人口数最多。路易斯安那州（Louisiana）的入狱率最高。这两个问题的答案不相同的原因是两个州的人口数不同。

1.33

年份	未享受医疗保险（%）
1990	13.9
2000	13.1
2015	9.4

自 1990 年以来，不享受医疗保险的人口百分比一直在下降。

1.35

年份	老年人口（%）
2020	16.4
2030	19.6
2040	21.4
2050	22.1

预计 65 岁以上人口百分比将增加。

1.37 我们不知道这两个班级中女生的比例。之所以上午 8 点上课的女生人数较多，可能只是因为 8 点上课的学生总数更多。原因有可能是 8 点上课的教室能够容纳更多的学生，例如这个教室是一个大型的演讲厅。

1.5 节

1.39 观察性研究。

1.41 对照实验。

1.43 对照实验。

1.45 轶事证据是从个别事件中获得的证据。我们无法通过轶事证据得出因果关系的结论。

1.47 这是一项观察性研究，我们无法断定课后辅导是否提高了考试成绩。可能的混淆变量有（答案不唯一）：1. 参加课后辅导说明这些学生的学习积极性更高，而这种学习的积极性是导致成绩提高的原因；2. 参加课后辅导说明这些学生拥有更多的学习时间，而更多的学习时间是导致成绩提高的原因。

1.49 a. 该研究的样本量不大（40），是一项对照实验，并使用了随机分配。但这不是一项双盲实验，研究人员知道每个受试者所在的组。

b. 由于该研究的样本量较小，因此我们无法得出结论认为在学习的同时进行体育锻炼会带来更好的学习效果。

1.51 a. 这是一项对照实验。研究人员随机分配受试者到实验组或对照组。

b. 是的。该实验的样本量很大，遵循了对照、随机和双盲的原则，并使用了安慰剂。

1.53 否。这不是一项对照实验。受试者没有随机分配到实验组和对照组，也没有使用安慰剂。

1.55 a. 饮食干预组：11/33 = 33.3%；社会对照支持组：3/34 = 8.8%。

　　 b. 对照实验。研究人员将受试者随机分配到实验组和对照组。

　　 c. 虽然这项研究采用了随机分配原则，但样本量太小（共 67 人），并且在实验设计中没有采用盲法。症状缓解的差异可能说明饮食对抑郁症的治疗有积极的影响，这需要进一步的研究。

1.57 不能。因为这是一项观察性实验。

本章回顾练习

1.59 a. 61/98 = 62.2%。

　　 b. 37/82 = 45.1%。

　　 c. 是的。因为这是一项采用随机分配原则的对照实验。实施限制吸烟措施的家庭占比存在差异，这表明干预可能是有效的。

1.61 a. "性别"（分类变量）和 "罚单"（分类变量）。

　　 b.

	男	女
是	6	5
否	4	10

　　 c. 男生 60%，女生 5/15 = 33.3%；男生中收到超速罚单的百分比高于女生。

1.63 答案不唯一，请勿抄袭答案。随机将患有骨质疏松症的妇女分为两个组，通过掷硬币的方式确定每个人的分组：硬币正面朝上则服用维生素 D，反面朝上则服用安慰剂（反之亦然）。确保每一名受试者以及任何与她们接触的人都不知道她们服用的是维生素 D 还是安慰剂（"双盲"）。在给定的年限（例如三年）内，观察哪些妇女出现了骨折，哪些妇女没有骨折。比较实验组骨折妇女所占的百分比与安慰剂组骨折妇女所占的百分比。

1.65 a. 处理变量是正念瑜伽干预措施。响应变量是饮酒情况。

　　 b. 对照实验（受试者被随机分配到实验组和对照组）。

　　 c. 不能，因为该研究使用的样本量太小。但是，实验组和对照组的结果存在差异，这说明还需要进一步研究正念瑜伽对于减少饮酒的作用。

1.67 否。缺少对照组，并且没有将受试者随机分配到实验组或对照组。

1.69 a. LD：8%；LL：28%；在每天光照 24 小时的小鼠中，出现肿瘤的比例更大。

　　 b. 这是一项对照实验。该实验采用了随机分配原则。

　　 c. 能，我们可以得出因果关系的结论。由于该实验是一个对照实验，通过随机分配可以剔除潜在的混淆变量。

第 2 章

2.1 节和 2.2 节

2.1 a. 4 人。 b. 4/125 = 3.2%。

2.3 纵轴上的数值依次为 0，0.04，0.08，0.12，0.16 和 0.20。

2.5 是的，因为只有约 7% 的大学生脉率高于 90 次 /min。本题的回答方式不唯一，但必须提到只有约 7% 的大学生脉率高于 90 次 /min。

2.7 a. 两种谷物的中心值相似（约 110 cal 路里）。离散程度不同。

b. 制造商 K 的谷物热量值的变异性更大。

2.9 大致呈钟形。最小值是 0，均值将是一个可能低于 9 的数字，由于一些学生的睡眠时间很长（长达 12h ？），因此分布呈现出右偏的特征。

2.11 双峰分布的原因是男性的身高和女性的身高往往存在差异，因此臂展也不同。

2.13 每分钟约 75 次。

2.15 两组 BMI 的分布都是右偏的。男性 BMI 的分布是双峰的（并不明显）。男性和女性的典型值非常接近，男性的典型值似乎只比女性的典型值大一点。女性的 BMI 更加分散。

2.17 a. 多峰分布，每个教育水平都有一个峰：12 年（高中）、14 年（大专）、16 年（学士学位）和 18 年（可能的硕士学位）。它也是左偏的，最小值是 0。

b. 估计：$300 + 50 + 100 + 40 + 50$，约 500 至 600 人拥有学士学位或更高学位。

c. 介于 25%（即 500/2018）到 30%（即 600/2018）之间，与 27% 非常接近。

2.19 Ford 汽车每月的费用较高（中心接近 250 美元，而 BMW 为 225 美元），变异性也更大。

2.21 1. B。2. A。3. C。

2.23 1. B。2. A。3. C。

2.25 本题的答案可以是一对点图或一对直方图。一个图用于展示曲棍球运动员的体重，另一个用于展示足球运动员体重。曲棍球运动员往往比足球运动员更重（典型的曲棍球运动员体重约 202lb，而典型的足球运动员体重约 170lb）。足球运动员体重数据的离散程度更大，因而变异性更大。提出的统计问题（答案不唯一）：曲棍球运动员比足球运动员重吗？哪种类型的运动员的体重变异性更大？

A-11

2.27 这些大学教科书的价格通常是多少？绘制如下直方图。

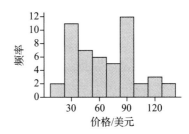

直方图是双峰的，峰的位置在 30 美元左右和 90 美元左右。

2.29 参见直方图。数据的分布是右偏的。典型值约为 12 年（10 到 15 年之间），有三个异常值：亚洲象（40 岁）、非洲象（35 岁）和河马（41 岁）。人类（75 岁）位于非常靠右的位置，比其他哺乳动物的寿命更长。

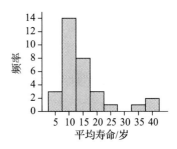

2.31 两个图形都是多峰和右偏的。如图所示，民主党对应的典型值更高，中心值大约在 35% 或 40% 左右，而共和党对应的中心值接近 20% 到 30%。

此外，认为税率应该达到 50% 或更高的民主党人士比例要高得多。民主党对应的分布更加分散，这是由于在民主党中，支持更低或更高税率的人占有更大的比例。

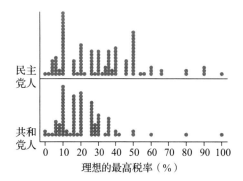

2.33 （答案不唯一）这些法学院一年的学费通常是多少钱？数据的分布是左偏的，左端的异常值约为 20 000 美元（Brigham Young University）。中心约为 45 000 美元。数据从 2 万美元到 5.5 万美元不等。

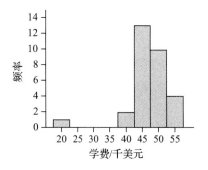

2.35 12oz 的啤酒通常含有多少卡热量？通过直方图可以看出，数据呈现双峰分布，峰的位置在 110cal 和 150cal 左右。（如果直方的数目较少（即每一个直方都更宽），则可能不会出现双峰。）左端的异常值大约是 70cal。数据的范围从低于 80 到高于 200cal。

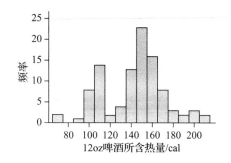

2.3 节和 2.4 节

2.37 不能。"错改对"占比最大，这表明更改初始的答案往往是正确的选择。

2.39 在变异性最小的条形图中，大多数儿童都喜欢某一种口味（如巧克力）。在变异性最大的条形图中，三种口味的偏好大致相等，其中 1/3 选香草，1/3 选巧克力，1/3 选草莓。

2.41 a. "所有时间"是最常见的回答。
b. 差异约为 10%。条形图。

2.43 a. 40 ～ 59 岁。
b. 20 ～ 39 岁和 60 岁以上人群的女性肥胖率略高。40 ～ 59 岁年龄组的男性肥胖率较高。

2.45 条形图或饼图。Chrome 的市场份额最高。

2.47 这是一个直方图。图中的 Garage 为数值变量。但是，我们希望将其视为分类变量。条形图或饼图更适合展示这组数据的分布。

2.49 睡眠时长是一个数值变量。直方图或点图可以更好地展示数据的分布。由于睡眠时长的可能取值非常多，饼图被划分为了一个个"切片"，不易于观察数据分布的特征。

2.51 成年后继续演奏音乐的人，在青少年时期的练习时间往往更长。我们可以看到，成年后继续演奏音乐的人，分布中心大约是 2h 或 2.5h；而那些成年后没有坚持的人，分布的中心只有大约 1h 或 1.5h。我们还可以绘制一对直方图或一对点图来展示数据。

本章回顾练习

2.53 睡眠时长是数值变量，因此可以使用一对直方图或点图比较数据的分布，一个用于展示男生的睡眠时长，一个用于展示女生的睡眠时长。统计问题是：男生和女生相比，谁的平均睡眠时间更长？

2.55 a. 发病率较高的疾病是心脏病（Heart Disease）、中风（Stroke）、肺栓塞（Pulmonary Embolism）和乳腺癌（Breast Cancer）。发病率较低的疾病是子宫内膜癌（Endometrial Cancer）、结直肠癌（Colorectal Cancer）和髋部骨折（Hip Fracture）。

   b. 比较发病率比仅仅比较发病数更有意义，避免两组之间的人数差异带来的影响。

2.57 纵轴的起点不是零，因此夸大了两种疗法的效果差异。可以重新绘制一个纵轴以零为起点的条形图。

2.59 两个直方图的形状大致呈钟形，对称分布；1980—2005 年的温度更高，但两组温度数据的离散程度相似。这与全球变暖理论相一致。差值为 57.9 − 56.7 = 1.2，仅略高于 1℉。

2.61 a. 相较于 2010 年，2016 年支持核能的比例有所减小。

   b. 共和党人对核能的看法变化最大。

   c. 绘制并排条形图（2010 年共和党与 2016 年共和党相邻）。

2.63 可绘制的点图不唯一。练习 2.63 的点图呈现偏态分布，而练习 2.64 的点图对称。

2.65 可绘制的图表不唯一。直方图和点图都是可以的。没有摄像头的组，数据大致呈现对称分布。有摄像头的组，数据的分布是右偏的。两者都是单峰的。在有摄像头的路口，通过黄灯的汽车数量往往较少。在没有摄像头的路口，通过黄灯的汽车数量具有更大的变异性。

A-12

2.67 两个分布都是右偏的。男生的典型驾驶速度（略高于 100mile/h）略高于女生的典型驾驶速度（接近 90mile/h）。男生驾驶速度的离散度更大，主要是因为男生驾驶速度有一个 200mile/h 的异常值。

2.69 右偏分布。

2.71 a. 最高的条形图是"错改对"，这表明这样的做法是更好的。

   b. "错改对"占比最大，因此更改答案往往会得到更高的成绩。

2.73 a. Facebook（只有约 5% 的人用，频率低于每周一次）。

   b. LinkedIn（每天只有约 20% 的人用）。

   c. Facebook（约 75% 的人每天都用）。

2.75 a. 直方图或点图。

   b. 并排条形图，在每个地区分别展示男性和女性的频率。

第 3 章

使用不同的统计软件计算出的 IQR 可能有差异。

3.1 节

3.1 c。

3.3 平均锻炼时长约为 4h 至 6h。

3.5 a. 楼层数的均值为 118.6 层。

　　 b. 楼层数的标准差为 26.0。

　　 c. 迪拜。

3.7 a. 河流长度的均值为 2 230.8mile。

　　 b. 标准差为 957.4mile。密西西比河 - 密苏里红岩河（Mississippi-Missouri-Red Rock River）对标准差的影响最大，因为它离均值最远。

　　 c. 均值将减小，标准差将增加。新的均值：1 992.3mile，新的标准差：1 036.5mile。

3.9 a. 20 世纪前五届奥运会获胜用时的均值为 22.02s；标准差为 0.40s。

　　 b. 21 世纪前五届奥运会获胜用时的均值为 19.66s；标准差为 0.35s。

　　 c. 21 世纪前五届奥运会的获胜用时更少，同时获胜用时的差异也更小。

3.11 a. 共有 185 人接受了调查。

　　 b. 通过比较均值可以发现，男性认为应该在婚礼上花更多的钱。通过比较标准差可以发现，男性的回答结果差异更大。

3.13 a. 长板冲浪者的均值为 12.4d，高于短板冲浪者的均值（9.8d）。因此，长板冲浪者的冲浪天数通常更多。

　　 b. 长板运动员标准差（5.2d）大于短板运动员的标准差（4.2d）。因此，长板冲浪者在冲浪天数上的差异更大。

3.15 圣何塞的典型气温更高；丹佛的气温变化更大。

3.17 a. 20.3lb 至 40.1lb。b. 比均值少一个标准差。

3.19 a. 均值为 3.66 美元，代表亚马逊网站售卖橙汁（59oz 至 64oz）的典型价格。

　　 b. 标准差为 0.51 美元。这表示大多数 59oz 至 64oz 的橙汁价格都介于 3.66 美元，上下在 51 美分以内浮动。

3.21 100 米比赛的标准差更小，因为所有运动员都会在几秒钟内到达终点线。在马拉松比赛中，经过如此长距离的路程后，运动员到达终点时间会有较大的差异。

3.23 南卡罗来纳州：均值为 19.81 万美元；标准差为 6.80 万美元。田纳西州：均值为 21.58 万美元；标准差为 7.51 万美元。田纳西州的房屋通常比南卡罗来纳州的房屋更昂贵，价格差异更大。

3.25 a. 男性的均值为 10.5，女性的均值为 4.7，这表明男性饮酒量通常大于女性饮酒量（平均多喝六杯）。

　　 b. 男性的标准差为 11.8，女性的标准差为 4.8，这表明男性的饮酒量差异更大。

　　 c. 男性的均值现在是 8.6，女性的均值仍然是 4.7。因此，除去异常值后男性的均值仍然大于女性的均值，但影响的幅度不大。

　　 d. 如果没有两个异常值，标准差会更小。这是因为这两个异常值离均值最远，对标准差影响很大。

3.27 如果所有的数据值都相同（数据值之间不存在差异），则标准差为零。

3.2 节

3.29 a. 68%。b. (16 + 34 + 27)/120 = 64%。估计值非常接近 68%。c. 在 555 和 819 之间。

3.31 a. 约 95%。b. 约 68%。c. 否，因为它与均值的距离不超过 2 个标准差。

3.33 a. −2。b. 67in。

3.35 智商低于 80 更异常，因为 80 与均值相差 1.33 个标准差，而 110 与均值只相差 0.67 个标准差。

3.37 a. $z = \dfrac{2\,500 - 3\,462}{500} = \dfrac{-962}{500} = -1.92$。

b. $z = \dfrac{2\,500 - 2\,622}{500} = \dfrac{-122}{500} = -0.24$。

c. 提前一个月出生的婴儿出生体重为 2 500g 更常见（z 分数接近 0）。换句话说，在提前一个月出生的婴儿中，低出生体重婴儿的比例更高。这是合乎常理的，因为婴儿在怀孕期间体重会增加，而提前一个月出生的婴儿增加体重的时间更少。

3.39 a. 75in。b. 64.5in。

3.3 节

3.41 均值和中位数用于度量数据分布的中心。对于明显的偏态分布或具有异常值的数据，首选中位数。如果数据的分布比较对称，则首选均值，但中位数也可以作为度量值。

3.43

363	384	389	408	423		434	471	520	602	677
		Q1			中位数			Q3		

a. 4.285 亿美元；排名前 10 的漫威电影中，约有一半的票房收入超过 4.285 亿美元。

b. Q1 = 3.89 亿美元，Q3 = 5.2 亿美元；IQR = 520 美元 − 389 美元 = 1.31 亿美元。这是排名前 10 的漫威电影票房收入的四分位距。

c. 全距 = 6.77 美元 − 3.63 美元 = 3.14 亿美元。IQR 更适合，因为全距仅依赖于两个观测值，它的取值很容易受到极值的影响。

3.45 中位数为 4.71 亿美元。排名前 7 的漫威电影中，约有 50% 的电影票房收入超过 4.71 亿美元。

3.47 a. 25%。b. 75%。c. 50%。

d. IQR = 152.3。这组数据的四分位距是 1.523 亿 Btu。

3.4 节

3.49 a. 异常值是指与数据集中的主要数据差异比较大的观测值。在直方图中，异常值与其他直方之间相隔一定的距离。如果它们是由于数据错误而产生的，则应将其剔除。如果不是，则需要进行对数据进行两次分析：一次不剔除异常值，一次剔除异常值。

b. 中位数的抵抗力更大。这意味着在剔除异常值的影响后，中位数的变化小于均值。

3.51 校正后，均值发生改变，但中位数不变。中位数不受极端值的影响，但均值会受影响。

3.53 a. 分布是右偏的。

b. 应用中位数和四分位距来描述分布。

3.55 a. 分布是右偏的。b. 中位数。c. 四分位距。d. 民主党参议员任职典型值是 9 年，而共和党参议员任职典型值是 6 年。民主党参议员的任职年数差异大，IQR 为 12 年，而共和党参议员任职年数的 IQR 为 10 年。

3.57 a. 中位数为 48。这意味着美国南部 50% 的州有超过 48 名死刑犯。

b. Q1 = 32，Q3 = 152，IQR = 120。

c. 均值为 90.8。

d. 均值受比较大的值的影响，例如得

克萨斯州（243 人）和佛罗里达州（374 人）。

e. 中位数不受异常值的影响。

3.59 由于西部地区的数据分布是左偏的，因此使用中位数和 IQR 来比较两个地区的 CPI。西部的 CPI 高于中西部（西部的中位数为 244.6，中西部的中位数为 222.8）。西部 CPI 的变异性更大（西部的 IQR 为 18.6；中西部的 IQR 为 7.3）。西部地区有一个潜在的低异常值。

3.61 a. 根据直方图的平衡点，均值约为 80mm。b. 83.0mm。c. 这是一个近似值，因为我们在计算时用的是每一个直方左侧的数据值。

3.5 节

3.63 a. 南部、西部、东北部、中西部。

b. 东北部、南部、中西部、西部。

c. 南部和东北部各有一个州的贫困率很低。

d. 东北地区的贫困率变异性最小（IQR 最小）。

e. IQR，由于它不受异常值的影响，并且适用于非对称分布数据变异性的度量。

3.65 a. NFL 的票价最高，票价差异最大（中位数最高，IQR 最大）。MLB 的票价最低。

b. NHL 门票往往比 NBA 票价贵（中位数更高）。这两项赛事都有一些异常高昂的门票，NHL 票价的变异性更大（IQR 更大）。

3.67 a. 直方图 1 中的数据分布是左偏的，直方图 2 的数据分布大致呈钟形且对称（偏态不明显），直方图 3 是右偏的。

b. 直方图 1 对应箱线图 C，直方图 2 对应箱线图 B。直方图 3 对应箱线图 A。直方图左侧的长尾对应箱线图中靠下的观测值，在直方图中，较小的数字位于左侧，而在此类箱线图中位于底部。

3.69 最大值（756）大于上限值 $[237 + 1.5 \times (237 - 63) = 498]$，应该被视为潜在异常值。最小值（1）大于下限值。

3.71 应将须的端点绘制在上限值和下限值。如果数据集中没有潜在异常值，则绘制至最大值和最小值。由于这组数据都大于下限值，因此将左侧的须绘制至最小值。由于最大值（128.016）大于上限值 $[33.223 + 1.5 \times (33.223 - 8.526) = 70.3]$，因此将右侧的须绘制至上限值（70.3）。

3.73 IQR 为 $90 - 78 = 12$。$1.5 \times 12 = 18$，因此任何低于 $78 - 18 = 60$ 的成绩都是潜在异常值。我们可以看到，至少有一个潜在异常值（最低分数为 40），但我们不知道在 40 到 60 之间有多少其他潜在异常值。因此，我们无法判断将左侧的须绘制到哪个点。

本章回顾练习

3.75 a. 中位数为 41.05 美分 /gal。美国南部各州，有 50% 的州燃油税高于 41.05 美分 /gal。

b. 位于中间 50% 的燃油税价格，相差在 11.35 美分 /gal 的范围以内。

c. 均值为 43.6 美分 /gal。

d. 数据分布可能是右偏的。

3.77 汇总统计数据如下所示。通常，下午 5 点班级表现更好，均值和中位数都较高。此外，上午 11 点班级离散程度（反映在标准差和 IQR 中）更大，因此下午 5 点班级变异性更小。箱线图显示，两种分布都略微左偏。因此，可以比较均值和标准差或中位数和 IQR。

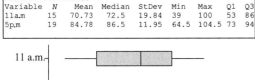

```
Minitab Statistics
Variable   N    Mean  Median  StDev   Min    Max    Q1  Q3
11a.m     15   70.73   72.5   19.84    39    100    53  86
5p.m      19   84.78   86.5   11.95   64.5  104.5   73  94
```

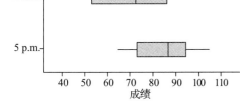

3.79 该图是双峰的，峰位于约为 65in 和 69in。因为男性往往比女性高，所以有两个峰。

3.81 分别绘制男性和女性的直方图，由于数据分布的非对称性，应该比较两组数据的中位数和 IQR。两组数据的集中趋势和离散程度相似。

3.83 a. 均值约为 1 000cal。
b. 标准差的估计值为 (2 200 – 100)/6 = 350cal。

3.85 答案不唯一。

3.87 答案不唯一。

3.89 分别绘制美国西部各州和南部各州的直方图。由于数据分布的非对称性，应比较两组数据的中位数和 IQR。西部各州往往拥有更高的学士学位人口比例，南部各州的受教育程度具有更大的变异性。

3.91 a. 由于分布略微右偏，因此应该比较中位数。
b. 橄榄球门票价格往往高于冰球门

票，价格差异也更大。（IQR：橄榄球 84 美元，冰球 67 美元。）

3.93 a. 88。b. 74。

3.95 SAT 成绩 750 分的 z 分数为 2.5，ACT 成绩 28 分的 z 分数为 1.4。SAT 成绩 750 分的 z 分数离 0 更远，因此更不寻常。

3.97 a. 分布是右偏的。
b. 由于数据分布是右偏的，因此均值将大于中位数。
c. 大部分票价将低于平均价格。

3.99 答案不唯一。例如，"十一年级和十二年级的男孩相比，谁跑得更快？""十一年级和十二年级的男孩相比，谁的用时更稳定？"

3.101 答案不唯一。可能的答案包括"由混凝土制成的建筑物和由钢制成的建筑物相比，谁通常更高？""2000年之后和 2000 年之前建造的建筑物相比，高度的变异性是否更大？"

第 4 章

4.1 节

4.1 阅读成绩是一个更好的预测指标，因为垂直方向的离散程度较小，表明它对 GPA 的预测更准确。

4.3 在 24 岁之前，线性正相关趋势。在 24 岁之后，趋势开始弯曲。

4.5 没有明显的趋势。获得的学分似乎与 GPA 无关。

4.7 正相关趋势。姐妹越多的学生往往有更多的兄弟。这种趋势是符合常理的，因为庞大的家庭中，孩子的数量很可能更多，无论是男孩还是女孩。

4.9 较弱的负相关趋势。这表明，学生的工作时间越长，看电视的时间就越少。

工作时间 70 小时的点似乎是一个异常值，因为该点与其他点相隔很远。

4.11 较弱的负相关趋势。这表明，老年人的睡眠时长往往比年轻人少一些。你也可以认为二者之间不存在趋势。

4.2 节

4.13 a. 趋势不是线性的，因此没有相关性。

b. 趋势是线性的，因此有相关性。

4.15 相关系数为正数，该图显示出正相关趋势。

4.17 a。b。c。

4.19 a。b。c。

4.21 a. $r = 0.69$。

b. $r = 0.69$；相关系数保持不变。

c. $r = 0.69$；给所有 y 值加一个常数不会更改 r 的值。

d. $r = 0.69$；相关系数保持不变。

4.23 r 的值将保持不变。

4.25 相关性为 0.904。质量评价得分高的教授往往也具有高的轻松程度评分。

4.27 健身房使用率越高，GPA 越高。

4.3 节

4.29 a. 起薪中位数是自变量，职业生涯中期工资的中位数是因变量。

b. 工资的分布通常是偏态的。因此，中位数更适合度量工资数据的集中趋势。

c. 110 000 美元至 120 000 美元之间。

d. 111 641 美元。

e. 答案不唯一。每周的工作时间、其他的教育经历、性别和职业类型都是可能影响职业生涯中期工资的因素。

4.31 a. 女性周薪的中位数约为 690 美元，而男性周薪的中位数为 850 美元。

b. 预测女性周薪的中位数 = −62.69 +

$0.887 \times 850 = 691.26$。

c. 斜率为 0.887。男性工资每增加一美元，女性工资的中位数平均增加 0.887 美元。

d. y 轴截距为 −62.69。在这种情况下是没有意义的，男性周薪的中位数（x）不能为零。

4.33 a. 预测臂展 = $16.8 + 2.25 \times$ 身高均值。

b. $b = 0.948 \times (8.10/3.41) = 2.25$。

c. $a = 159.86 − 2.25 \times 63.59 = 16.8$。

d. 臂展 = $16.8 + 2.25 \times 64 = 160.8$，约 161 厘米。

4.35 a. 预测臂展 = $6.24 + 2.515$ 身高均值（四舍五入结果可能有所不同）。

b. Minitab：斜率 = 2.51，截距 = 6.2。

StatCrunch：斜率 = 2.514 674，截距 = 6.240 833 3。

Excel：斜率 = 2.514 674，截距 = 6.240 833。

TI-84：斜率 = 2.514 673 913，截距 = 6.240 833 333。

4.37 女性的相关性更强，因为相关系数距离零更远。

4.39 a. 根据散点图，这两个变量之间没有很强的相关性。

b. 因为这些变量之间没有相关性，相关系数的值接近于零。

c. 由于这些变量之间没有相关性，我们不能使用单打获胜率预测双打获胜率。

4.41 合理解释即可。

	x	y
a.	里程表读数	汽车的价格
b.	家庭规模	每月水费
c.	健身时长	体重

4.43 a. 一个州的无烟家庭百分比越高，高中生吸烟率就越低。

b. $56.32 - 0.464 \times 70 = 23.84$，约 24%。

4.45 a. 随着驾驶员年龄的增长，汽车保险费用下降，但在 65 岁左右再次开始上涨。年轻的司机和年长的司机往往会出现更多的事故，所以他们的保险费用更高。

b. 因为数据不遵循线性趋势，所以对这些数据进行线性回归分析是不合适的。

4.47 答案参考练习指导。

1. 绘图。

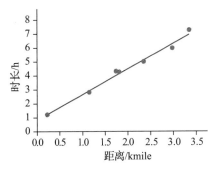

2. 建立线性模型，这些点可以拟合为一条直线。

3. 在公式中，时间以 h 为单位，距离以 kmile 为单位。

预测时间 $= 0.839\,4 + 1.838 \times$ 距离

4. 距离每增加 1kmile，平均需要增加大约 1.84h 才能到达。

5. 纵截距显示的时间可能是由于飞机滑行到跑道所需的时间、延误、较慢的初始速度以及着陆中的延误等情况。这段时间约为 0.84h（或 50min）。

6. 预测时间 $= 0.839\,4 + 1.838 \times 3 = 0.839\,4 + 5.514 = 6.35$h。预测从波士顿到西雅图的时间为 6.35h。

4.49 a. 正相关：人口越多，百万富翁就越多。

b. 请参阅散点图。

c. $r = 0.992$。

d. 人口每增加 10 万，就会增加 1.9 万个百万富翁。

e. 在人口为零的州，百万富翁的数量是没有意义的。

预测的百万富翁 $= 6.296 + 1.921 \times$ 人口数

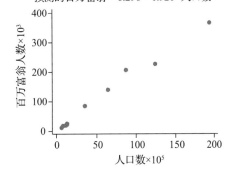

4.51 a.

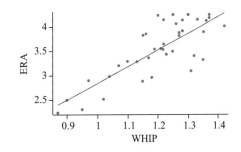

b. ERA $= -0.578 + 3.436 \times$ WHIP。

c. WHIP 每增加 1 点，ERA 平均增加 3.436 点。

d. 解释 y 轴截距是没有意义的，因为不存在 WHIP 为 0 的投手。

4.4 节

4.53 a. 强影响点就是指数据中的异常值，可能对回归线产生重大影响。当数据中存在强影响点时，在剔除和不剔除这些点的两种情况下进行回归

和相关性分析，并观察结果的差异。

b. 决定系数是相关系数的平方，它度量了回归线解释的 y 变化的百分比。

c. 外推意味着使用回归方程进行超出数据范围的预测。不应使用外推法。

4.55 年龄较大的孩子鞋码更大，学数学的年头也更长。鞋码更大并不会导致数学学习年头更长。两者都受年龄的影响。

4.57 0.67 的平方等于 0.4489，即决定系数约为 45%。体重变化的 45% 可以用回归线来解释。

4.59 历史表现不佳的部分原因可能是偶然性，如果是这样的话，均值回归意味着这些股票的未来表现应趋于接近均值。换句话说，这些股票的价格可能会增加。

4.61 a. 工作后每年的工资减少 2 099 美元，换句话说，前一年的工资平均高 2 099 美元。

b. 截距（4 255.000 美元）将是第 0 年时的工资，是没有意义的。

4.63 a. 见图表。

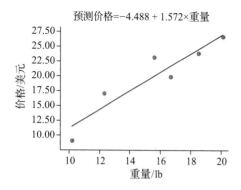

预测价格 = −4.488 + 1.572×重量

b. $r = 0.933$，正相关关系表明，较重的火鸡往往价格较高。

c. 预测价格 = −4.49 + 1.57 × 重量

d. 斜率：每增加 1lb，价格就会上涨 1.57 美元。解释截距是没有意义的，因为不可能有一只 0lb 的火鸡。

e. 相关性更改为 −0.375，并将等式更改为：

预测成本 = 26.87 − 0.553 × 重量

这意味着火鸡越重，它的成本就越低！30lb 的免费火鸡是一个强影响点，结果确实发生了改变。

f. $r^2 = 0.87$。火鸡价格变化的 87% 可以被火鸡的重量变化所解释。

4.65 a. 正相关。

b. 斜率 = 0.327；教师工资每增加 1 美元，每名学生的支出增加 0.327。

c. y 轴截距为 −5 922；解释 y 轴截距是无意义的，因为教师平均工资不可能为 0 美元。

d. 13 698 美元。

4.67 a. 相关性为负，因为趋势是向下倾斜的，斜率的符号是负的。

b. 每增加一小时的工作，成绩往往会下降 0.48 分。

c. 一个没有工作的学生预计平均会得到大约 87 分。

4.69 本垒打和三振出局之间的相关性更强（比较 $r = 0.64$ 和 $r = -0.09$）。

4.71 a. $r = 0.85$；数学成绩 = 33.03 + 0.70 × 阅读成绩；33.03 + 0.70 × 70 = 82.03。预测数学成绩为 82 分。

b. $r = 0.85$；阅读成绩 = −15.33 + 1.03 × 数学成绩；−15.33 + 1.03 × 70 = 57。预测阅读成绩为 57 分。

c. 交换因变量和自变量不会改变 r，但会改变回归模型。

4.73 答案参考练习指导。

第1步：a.斜率：$b = r\dfrac{s_y}{s_x} = 0.7 \times \dfrac{10}{10} = 0.7$。

b.截距：$a = \bar{y} - b\bar{x}$，$a = 75 - 0.7 \times 75 = 22.5$。

c.方程：预测期末成绩 = 22.5 + 0.7 × 期中成绩。

第2步：预测期末成绩 = 22.5 + 0.7 × 期中成绩 = 22.5 + 0.7 × 95 = 89。

第3步：89分低于95分，这体现了均值回归。

章节回顾练习

4.75 a.$r = 0.941$，

预测体重 = −245 + 5.80 × 身高

b.

身高 /cm	体重 /kg
60 × 2.54 = 152.4	105/2.205 = 47.619 0
66 × 2.54 = 167.64	140/2.205 = 63.492 1
72 × 2.54 = 182.88	185/2.205 = 83.900 2
70 × 2.54 = 177.8	145/2.205 = 65.759 6
63 × 2.54 = 160.02	120/2.205 = 54.421 8

c.身高和体重的相关系数为0.941。无论你使用 in 和 lb，还是 cm 和 kg 都没关系。单位的变化不会影响相关性，相关系数没有单位。

d.回归方程不同。

预测体重（lb）= −245+5.80 × 身高（in）

预测体重（kg）= −111+1.03 × 身高（cm）

4.77 a.$r = 0.86$；热量（cal）= 3.26 + 10.81 × 碳水化合物质量（g）；斜率 = 10.81；每增加1g碳水化合物与增加10.81cal热量有关；3.26 + 10.81 × 55 = 597.81cal。

b.$r = 0.79$；热量 = 198.74 + 32.75 × 糖重（g）；198.74 + 32.75 × 10 = 526.24cal。

c.虽然两者的预测都不错，但碳水化合物是一个更好的预测因子（比较

$r = 0.86$ 和 $r = 0.79$）。

4.79 a.没有身高超过 69in 的女性，因此该线应止步于69in以避免外推。

b.与女性身高相同的男性，鞋子的平均尺寸较大。

c.对于男性和女性来说，身高增加导致鞋码增加的平均增加量相同。

4.81 对经常锻炼的人而言，年龄对体重的影响较小。与不锻炼的人相比，年龄增加一岁并不会导致经常锻炼的人平均体重增加那么多。

4.83 a.

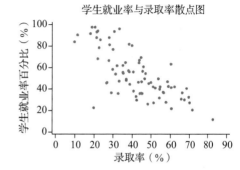

学生就业率与录取率散点图

似乎存在线性趋势。录取率较低的法学院，学生就业率也往往较低。

b.Ⅰ.就业率 = 97.59 − 1.03 × 录取率

Ⅱ.录取率每增加一个百分点，就业率平均下降1.03个百分点。

Ⅲ.解释 y 轴截距是没有意义的，因为没有一所学校的录取率为0%。

Ⅳ.$r^2 = 52\%$。就业率变异的52%可以用录取率来解释。

Ⅴ.回归方程预测，录取率为50%的学校，就业率约为32.6%。

4.85 比较散点图可以看出，与热量和碳水化合物相比，热量和脂肪之间的相关性更强。脂肪和热量的相关系数为 $r = 0.82$，而碳水化合物和热量的相关系

数为 0.39。因此，脂肪能够更好地预测热量。

4.87

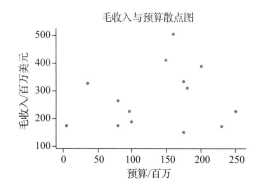

毛收入与预算散点图

散点图没有显示出线性趋势，因此不适合建立回归方程。

4.89 a. 正相关趋势表明，层数越多，建筑物往往就越高。

b. $115.4 + 12.85 \times 100 = 115.4 + 1\,285 = 1\,400.4$，即约 $1\,400$in。

c. 建筑物每多一层，高度平均增加 12.85in。

d. 由于不存在 0 层的建筑物，因此解释截距的值是没有意义的。

e. 约 71% 的高度变异可以通过高度和层数的回归模型来解释，约 29% 不能解释。

4.91 和 4.93 的答案不唯一。

4.95 正相关趋势。一般来说，如果双胞胎中一人的教育水平高于平均水平，那么另一人的教育水平也会高于平均水平。有一个双胞胎受教育 1 年，另一个人受教育 12 年，这个点是一个异常值。（还有一个双胞胎受教育 15 年，而另一人受教育 8 年，这也有点不寻常。）

4.97 似乎存在正相关趋势。随着学分的增加，学习时长往往会略有增加。

4.99 因为趋势不是线性的而是弯曲的，所以不适合建立线性回归模型。

4.101 胆固醇下降的部分原因可以用均值回归来解释。

第 5 章

5.1 节

5.1 a. 55185，74834。b. 反反正反反，反正反正正，最多连续两次正面朝上。

c. $4/10 = 40\%$。

5.3 理论概率，因为它不是基于实验的。

5.5 经验概率，因为它是基于实验的。

5.2 节

5.7 a. 七个等可能的结果是唐恩医生、吴医生、海因医生、李医生、马兰德医生、彭纳医生和福尔摩斯医生。

b. $4/7 = 57.1\%$。c. $3/7 = 42.9\%$。

d. 是的，它们是对立事件，因为事件"男医生"等同于事件"不是女医生"。

5.9 a. 0.26 可以是事件的概率。

b. -0.26 不能是概率，因为它是负数。

c. 2.6 不能是事件的概率，因为 2.6 大于 1。

d. 2.6% 可以是事件的概率。

e. 26 不能是事件的概率，因为 26 大于 1。

5.11 a. 13/52，即 1/4。b. 26/52，即 1/2。

c. 4/52，即 1/13。d. 12/52，即 3/13。

e. 4/52，即 1/13。

答案也可以是十进制或百分比形式。

5.13 a. P（猜对）$= 1/2$。b. P（猜错）$= 1/2$。

5.15 a. 16 种。

b. i. $1/16 = 6.25\%$；ii. $4/16 = 25\%$；iii. $5/16 = 31.25\%$。

5.17 在星期五、星期六或星期日出生的概率为 3/7，即 42.86%。

5.19 a. i. 250/500 = 50%；ii. 335/500 = 67%；iii. 200/500 = 40%。

b. 200/250 = 80% 的已毕业大学生休假，135/250 = 54% 的未毕业大学生休假。因此，已毕业的大学生更有可能休假。

5.21 a. 278/1028 = 27%。b. 308/1028 = 30%。c. 586/1028 = 57%。

d. "共和党人"和"民主党人"是相互排斥的，因为一个人不能同时是民主党人和共和党人。"共和党人"和"民主党人"不是互补事件，因为"非共和党人"包括民主党人和无党派人士。

5.23 a. (280 + 259 −174)/430 = 84.9%。

b. 174/430 = 40.5%。

5.25 a. i. 不相互排斥；有些人既去过墨西哥也去过加拿大。ii. 相互排斥；一个人不能同时处于单身和结婚状态。

b. 答案不唯一。

5.27 答案不唯一。毕业和未毕业是相互排斥的。回答"是"和"否"也是相互排斥的。表中的任意两行（或两列）都是一组互斥事件。

5.29 a. 骰子上偶数或大于 4 的数字是 2，4，5，6，因此概率为 4/6 = 66.7%。

b. 骰子上奇数或小于 3 的数字是 1，2，3，因此概率为 4/6 = 66.7%。

5.31 a. A 或 B：0.18 + 0.25 = 0.43。

b. A 或 B 或 C：0.18 + 0.25 + 0.37 = 0.80。

c. 低于 C：1 − 0.80 = 0.20。

5.33 由于所有回答的总和必须等于 100%，因此 100% −（42% + 23%）= 35%。

5.35 a. 17% + 15% = 32%。

b. 20% + 29% = 49%；49% × 1200 = 588 人。

5.37 a. 0.6 × 0.6 = 0.36。

b. 0.6 × 0.4 + 0.4 × 0.60 = 0.24 + 0.24 = 0.48。

c. 0.36 + 0.48 = 0.84。

d. 1 − 0.36 = 0.64。

5.39 a. 超过 8 个错误：1 − 0.48 − 0.30 = 0.22。

b. 3 个或更多错误：0.30 + 0.22 = 0.52。

c. 最多 8 个错误：0.48 + 0.30 = 0.78。

d. a 和 c 中的事件是互补的，因为"最多 8 个错误"意味着从 0 个错误到 8 个错误。"超过 8 个错误"是指 9、10 直到最多 12 个错误。这些互斥事件加在一起涵盖整个样本空间。

5.3 节

5.41 a. i. P（一直做得很好 | 女性）。

b. 34/100 = 34%。

5.43 a. 319/550 = 58%。

b. 195/500 = 39%。

c. (514 + 550 − 319) / 1050 = 745/1050 = 71%。

5.45 它们是相互关联的。身材高大的人比矮个子的人更有可能打职业篮球。换句话说，篮球运动员比不打篮球的人更有可能具有一副高大的身材。

5.47 眼睛的颜色和性别是相互独立的，眼睛的颜色不依赖于性别。

5.49 他们不是相互独立的，因为如果这个人是女性，回答"还有待提升"的概率为 57/100（即 57%），而回答"还有待提升"的总体概率是 99/200（即 49.5%），二者不相等。

5.51 答案参考练习指导。

	M	W	
右	18	42	60
左	12	28	40
	30	70	100

第 1 步：见上表。

第 2 步：60/100，即 60%

第 3 步：18/30 = 60%

第 4 步：相互独立的。在给定一个人是男性的条件下，右手大拇指在最上面的条件概率等于一个人的右手大拇指在最上面的概率（对于该数据集而言）。

5.53 a.

	地方电视	网络电视	有线电视	总计
男性	66	48	58	172
女性	82	54	56	192
总计	148	102	114	364

b. P（有线电视 | 男性）= 58/172 = 33.7%；

P（有线电视）= 114/364 = 31.3%。

由于概率不相等，因此这两个事件不是相互独立的。

5.55 a. 1/8。b. 1/8。

5.57 两个概率相等，都是 $(1/6)^5$，即 1/7 776。

5.59 a. $0.62 \times 0.62 = 38.4\%$。

b. $0.38 \times 0.38 = 14.4\%$。

c. $100\% - 14.4\% = 85.6\%$。

5.61 P（C 且阳性）= P（C）P（用巴氏涂片检测呈阳性 |C）= $0.000\ 08 \times 0.84 = 0.000\ 067$

5.4 节

5.63 a. 试验 2、3 和 4。

b. 经验概率为 3/5，即 0.6。

5.65

a. 和 b. 都是有效的方法，因为正确选项的概率是 1/3。

c. 无效，因为正确选项的概率为 3/10。

5.67 a. HHHTH HTHHT TTHTH HTTTH。

b. 模拟得到正面朝上的概率为 11/20 = 55%，接近理论概率 50%。

c. 理论概率为 50%，因此在这种情况下，模拟概率可能接近理论概率。

5.69 直方图 B 对应 10 000 次的结果，因为它的顶部非常平坦。从理论上讲，每个结果出现的次数相同，根据大数定律，大样本量的实验得到的经验概率应该最接近理论概率。

5.71 随着抛掷次数的增加，这一比例应该接近 0.5。

5.73 与汤姆和比尔相比，贝蒂和简的赌注更多（100 次），因此他们更有可能最终获得 50% 的胜利。根据大数定律，重复随机实验的次数越多，实验概率就越接近真实概率（50%）。该图显示，通过 100 次试验，胜率下降到约 50%。但是在 10 次试验中，胜率尚未稳定下来，并且会有很大的变化。

5.75 正面朝上和反面朝上都是有可能的（假设硬币是均质的），因为每次抛掷硬币的结果彼此独立，也就是说，硬币不会"追踪"它的过去。

5.77 从 0 到 5 选择一个数字的概率为 6/10，即 60%，它不等于我们想要模拟的概率（50%）。

5.79 a. 你可以使用数字 1、2、3 和 4 来表示结果，并忽略 0 和 5 至 9，但答案并不唯一。

b. 经验概率会有所不同。朝上的点数是 1 的理论概率是 1/4；请记住，骰子是四面的。

本章回顾练习

5.81 627/1 012 = 62.0%。

5.83 a. 性别和鞋子码数是相关的，因为男性的鞋码往往比女性的鞋码更大。

b. 赢输记录与拉拉队的人数无关。硬

币不"知道"有多少拉拉队员，也不会对拉拉队的人数产生影响。

5.85 a. $0.55 \times 0.43 = 23.7\%$。

b. $0.45 \times 0.57 = 25.7\%$。

c. 这个概率等于"男性认同且女性不认同"与"女性认同且男性不认同"的概率之和：

$0.55 \times 0.57 + 0.43 \times 0.45 = 50.7\%$

d. P（至少有一个认同死刑）$= 100\% - P$（不认同死刑）$= 100\% - 25.7\% = 74.3\%$。

5.87 a. $0.27 \times 0.27 = 7.3\%$。

b. 因为两人在 Facebook 上是好友，他们可能对网恋持有类似的态度。

5.89 a. $1/7 \times （1/7）= 1/49$。

b. P（A 或 B）$= P$（A）$+ P$（B）$- P$（A 且 B）$= 1/7 + 1/7 - 1/7 \times (1/7) = 7/49 + 7/49 - 1/49 = 13/49$。

5.91 a. $61\% \times 2\,500 = 1\,525$。

b. $31\% \times 2\,500 = 775$。

c. $36\% \times 2\,500 = 900$。

d. 相互排斥。被调查者只能属于这些类别中的某一类。

5.93 a. 44%。 b. $56\% \times 400 = 224$。

5.95 民主党人：$72\% \times 1\,500 = 1\,080$。共和党人：$36\% \times 1\,500 = 540$。

5.97 a. $1/4$，即 0.25。 b. $1/2$，即 0.50。

c. $1/4$，即 0.25。 d. $3/4$，即 0.75。 e. 1。

5.99 a.

	民主党人	共和党人	无党派人士	合计
是	300	153	134	587
否	100	147	66	313
合计	400	300	200	900

b. $300/900 = 33.3\%$。

c. $147/900 = 16.3\%$。

d. $147/300 = 49.0\%$。

e. $147/313 = 47\%$。

f. $700/900 = 77.8\%$。

5.101 a. $0.70 \times 0.70 = 49\%$。

b. $0.70 \times 0.30 + 0.30 \times 0.70 = 42\%$。

c. $0.30 \times 0.30 = 9\%$。

5.103 再次犯罪和性别不是相互独立的。如果是，那么男性和女性再次犯罪的概率应该相等。

5.105 答案不唯一。

5.107 规模较小的 A 医院出现这种情况的天数更多。根据大数定律，在小样本中，女孩出生比例的变异性更大。对于较大的样本量（$n = 45$），这一比例更加"稳定"，并且每天的差异较小。在该研究中，超过一半的受访者表示他们认为两家医院出现这种情况的天数相同。但我们不应这样认为。

5.109 a.

	保守派共和党人	温和派/自由派共和党人	温和派/保守派民主党人	自由派民主党人	合计
是	65	77	257	332	731
否	368	149	151	88	756
合计	433	226	408	420	1 487

b. $433/1\,487 = 29.1\%$。

c. $731/1\,487 = 49.2\%$。

5.111 $65/1\,487 = 4.4\%$。

5.113 a. $(408 + 420) / 1\,487 = 55.7\%$。

b. 这两个事件是相互排斥的，一个人不可能同时属于这两个总体。

5.115 a. $(420 + 756 - 88) / 1\,487 = 1\,088/ 1\,487 = 73.2\%$。

b. 这些事件并不相互排斥，因为一

个人可以同时属于这两个总体。

5.117 a. 332/420 = 79.0%。

b. 65/433 = 15.0%。

c. 65/731 = 8.9%。

5.119 a. 不是相互排斥的，因为一个人可以属于这两个总体。

b. 相互排斥，因为一个人不能同时属于这两个总体。

5.121 a. 试验 1 和试验 3。

b. 经验概率为 2/5，即 0.4。

5.123 a. 学生正确猜出答案的概率为 0.20（满分 5 分）。

随机选中 0 或 1 的概率为 2/10 = 1/5 = 0.20。

b.

1	1	3	7	3		9	6	8	7	1
R	R	W	W	W		W	W	W	W	R

c. 是的。有 3 个正确。

d. WWRWW WWRWW 否。这名学生只获得了 2 分。

e. RWWRW WWWWR 3 分。 是。
WRWWW WWWWW 1 分。否。

f. 在四次试验中有两次试验的结果能够通过考试。因此，经验概率为 2/4，即 0.50。

5.125 a. 随机行为是驱车遇到路口的红绿灯，此时灯的颜色是绿色或不是绿色。不停车通过路口的概率是 60%。

b. 答案不唯一。方法：让 0 到 5 的数字代表绿灯，让 6 到 9 的数字代表黄灯或红灯。（只需将 0 到 9 中的任意六个数字对应绿灯，将其他四个数字对应非绿灯就可以。）

c. 感兴趣的事件是"三次都是绿灯"。

d. 在一次试验中随机数选择三个数字。

e. 结果（将非绿灯标记为 R）。连续三个绿灯带有下划线。

275	830	186	658	250	381	033	582	594	513
G R G	R G G	G R R	R G R	<u>G G G</u>	G R G	<u>G G G</u>	G R G	G R G	<u>G G G</u>

608	010	443	958	621	098	403	511	960	372
R G R	<u>G G G</u>	<u>G G G</u>	R G R	R G G	G R R	<u>G G G</u>	<u>G G G</u>	R R G	G R G

绿灯的个数（将感兴趣的事件发生加点标记）

2 2 1 1 3̇ 2 3̇ 2 2 3̇
1 3̇ 3̇ 1 2 1 3̇ 3̇ 1 2

f. P（三次都是绿灯）的经验概率为 7/20。

第 6 章

由于四舍五入或使用的统计软件不同，得出的结果可能会略有差异。

6.1 节

6.1 a. 连续变量。b. 离散变量。

6.3 a. 连续变量。b. 连续变量。

6.5

点数	1	2	3	4	5	6
概率	0.1	0.2	0.2	0.2	0.2	0.1

该表也可以纵向绘制。

6.7

UU	UD	DU	DD
0.6 × 0.6	0.6 × 0.4	0.4 × 0.6	0.4 × 0.4
0.36	0.24	0.24	0.16

6.9 a.

0	1	2
0.16	0.48	0.36

b.

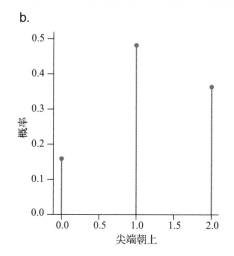

6.11 $(6 - 3) \times 0.2 = 0.6$，即 60%，并且 3 和 6 之间的区域应着色。

6.2 节

6.13 a. ii. 95%。b. i. 几乎为 1。c. iii. 68%。
　　d. iv. 50%。e. ii. 13.5%。

6.15 a. iii. 50%。b. iii. 68%。c. iii.68%。
　　d. v. 几乎为 0。e. ii. 95%。f. v. 2.5%。

6.17 b 正确。21.2%。

6.19 a. 0.870 8。b. 1 − 0.870 8 = 0.129 2。

6.21 a. 0.978 8，约 98%。b. 0.959 9，约 96%。
　　c. 0.813 6，约 81%。

6.23 a. b 和 c 都是 0.000。
　　d. 4.00 右侧的面积是三者中最大的，50.00 右侧的面积是最小的。
　　e. 位于 −10.00 左侧。

6.25 a. $z = (170 - 150) / 10 = 2$。
　　b. 根据经验法则，−2 和 2 之间的区域占 95%，因此小于 −2 和大于 2 的区域占 100% − 95% = 5%。这意味着小于 −2 的区域占 2.5%，大于 2 的区域也占 2.5%。这与成年圣伯纳德犬的体重超过 170 磅的概率相对应。
　　c. 利用统计软件计算出的结果与之相同。
　　d. 几乎所有的值都将介于均值以下 3 个标准差和均值以上 3 个标准差之间，因此几乎所有成年圣伯纳德犬的体重都在 $150 \pm 3 \times 10$，也就是 120 到 180 磅之间。

6.27 约 1.2%。

6.29 在这个年龄组中，约 69% 的男孩的脚长为 24.6cm 至 28.8cm。脚长不在这一范围内的男孩占比 100% − 69% = 31%。

6.31 a. 约 13.4%。b. 约 62.7%。c. 约 5.3%。

6.33 a. 约 72.8 %。b. 约 4.3%。c. 约 4.3%。

6.35 a. 约 33%。b. 约 15.6%。c. 720 分。

6.37 a. 约 86.7%。b. $z = (89 - 71.4) / 3.3 = 5.33$。约 0% 的男性臂展至少可达 89in。

6.39 在 2 月，约 80% 的日子最低温度为 32°F 或更低。

6.41 a. 概率：约 4.8%。
　　b. 测量值：75in。

6.43 $z = 0.43$。

6.45 a. $z = 0.56$。b. $z = -1.00$。

6.47 a. 约 7.7%。b. 281 天。c. 约 0%。

6.49 a. 第 94 百分位。b. 517 分。

6.51 62.9in。

6.53 a. 567。b. 433。c. 567 − 433 = 134。
　　d. IQR（四分位距）为 134，标准差为 100，因此四分位距较大。

6.55 a. 第 77 百分位数。b. 66in。

6.57 a. 3.5oz。b. 2.5oz。

6.3 节

6.59 满足以下四个条件。
　　　两个互补的结果：男孩或女孩。
　　　固定试验数量：3 名儿童。

每次试验成功的概率相同：生男孩的概率是 1/2。

所有试验均独立：由于没有双胞胎，每个孩子的性别都独立于其他孩子的性别。

6.61 因为每项试验有六种可能的结果（1、2、3、4、5、6）。在二项实验中，每个试验只有两个可能的结果。

6.63 没有固定数量的试验，因为他将在一分钟时间内尽可能多地罚球。

6.65 a. b（20，0.53，12）。
b. b（20，0.47，10）。

6.67 a. b（10，0.36，4）= 0.242，约 24%。
b. b（10，0.36，小于等于 4）= 0.729，约 73%。

6.69 a. b（50，0.42，小于 20）= 0.336，约 34%。
b. b（50，0.42，小于等于 24）= 0.842，约 84%。
c. b（50，0.42，大于等于 25）= 0.158，约 16%。

6.71 a. 0.387。b. 0.264。c. 0.736。

6.73 a. b（40，0.52，20）= 0.121，约 12%。
b. b（40，0.52，小于 20）= 0.340，约 34%。
c. b（40，0.52，小于等于 20）= 0.461，约 46%。
d. b（40，0.52，大于 20 小于 23）= 0.463，约 46%。

6.75 a. b（50，0.59，大于等于 25）= 0.924，约 92%。
b. b（50，0.59，大于 30）= 0.390，约 39%。
c. b（50，0.59，大于 30 小于 35）= 0.463，约 46%。

6.77 a. TT，TN，NT，NN。
b. P（TT）= 0.29 × 0.29 = 0.084 1，P（TN）= 0.29 × 0.71 = 0.205 9，P（NT）= 0.71 × 0.29 = 0.205 9，P（NN）= 0.71 × 0.71 = 0.504 1。
c. P（NN）= 0.504 1，约 50%。
d. P（TN）+ P（NT）= 0.205 9 + 0.205 9 = 0.411 8，约 41%。

6.79 a. 7.1。b. 由于 190 与均值相差 2 个标准差以上，因此会令人感到不可思议。

6.81 a. 55。b. 5。c. 45、65。d. 是的，85 是一个异常高的结果，因为它不在（c）中给出的 95% 置信区间内。

本章回顾练习

6.83 a. 离散变量。b. 连续变量。c. 连续变量。d. 离散变量。

6.85 95.2%，或约 95%。

6.87 a. 0.762 5，或约 76%。b. 约 98.6 ℉。

6.89 a. 0.683 或约 68%。b. 0.159 或约 16%。c. 0.023 或约 2%。

6.91 a. 0.106 或约 11%。b. 收缩压在 113 到 127 之间。c. 0.394 或约 39%。d. 收缩压高于 128。

6.93 a. b（200，0.44，小于 80）= 0.113，约 11%。b. b（200，0.44，大于等于 90）= 0.414，约 41%。c. b（200，0.44，在 80 和 100 之间）= 0.849，约 85%。d. b（200，0.44，小于等于 75）= 0.037，约 4%。

6.95 a. b（50，0.46，大于 25）= 0.239，约 24%。
b. b（50，0.46，小于等于 20）= 0.240，

约 24%。

   c. $50 \times 0.46 = 23$。

   d. $\sqrt{50 \times 0.46 \times (1 - 0.46)} = 3.52$；这将是令人惊讶的，因为 10 大于平均值的 3 个标准差。

6.97 a. b（500，0.67，大于 500）= 约 100%。

   b. $500 \times 0.67 = 335$。

   c. 标准差为 $\sqrt{500 \times 0.67 \times (1 - 0.67)} = 10.5$；450 是均值的 3 个标准差以上，因此，在随机选择的 500 个美国人中，有 450 多个人持有这种信念是不寻常的。

6.99 a. 3.45%。

   b. $0.034\,5 \times 0.034\,5 = 0.001\,2$。

   c. b（200，0.034 5，小于等于 7）= 0.614。

   d. $200 \times 0.034\,5 = $ 约为 7。

   e. $\sqrt{200 \times 0.034\,5 \times 0.965\,5} = 2.58$。

   f. $7 + 2 \times 2.58 = $ 约为 12，$7 - 2 \times 2.58 = $ 约为 2；约 2 至 12。

   g. 是的，45 这个数字会令人惊讶，因为它离置信区间太远了。

6.101 a. 19.7in。b. 20.5in。c. 它们是相同的。分布是对称的，因此均值正好位于中间，即第 50 百分位数的位置。

第 7 章

由于四舍五入或使用的统计软件不同，答案可能会略有差异。

7.1 节

7.1 a. 总体是美国的所有成年人。样本是接受调查的 1 021 名成年人。

   b. 参数是美国的所有成年人中支持公共场所禁烟的百分比。统计量是样本中 57% 支持公共场所禁烟的人。

7.3 a. 数字 30 000 是一个参数，它描述了 Ross 的画作数目。总体是 Ross 所有画作的集合。

   b. 10% 是一个统计量，基于 PBS 对 *Joy of Painting* 观众进行的调查。总体是看过 *Joy of Painting* 的所有 PBS 观众。

7.5 a. μ 是参数，$\bar{x}$ 是统计量。b. $\bar{x}$。

7.7 218.8 是 μ，即总体均值。217.6 是 $\bar{x}$，即样本均值。

7.9 a. 32 470 是样本均值，正确的符号是 $\bar{x}$。

   b. 28% 是样本比例，正确的符号是 $\hat{p}$。

7.11 样本是该调查的 1 207 名参与者，总体是全体美国人。16% 是对调查参与者的度量。因此，这是一个统计量，用样本比例 $\hat{p}$ 表示。

7.13 对这批电池进行抽样检测。如果全部测试，那么所有的电池都会被耗尽，不会留下任何可用的电池。

7.15 首先，将所有 10 张牌都放在一个碗里，然后从中随机抽出一张，并记下学生的名字。

   "放回"：放回第一次抽出的牌，然后抽第二次。同一个学生可能会被抽到两次。

   "不放回"：抽出第一张牌后，不放回，则抽出的第二张牌一定与第一张不同。

7.17 选择：7、3、5、2。

7.19 从 00 ~ 29 中（或 01 ~ 30）为每个学生分配一个数字，用随机数表随机抽取数字，将数字对应的学生加入样本中，跳过重复的数字，直至选出 10 名学生后停止。

7.21 原因是这项调查的答复率太低。

7.23

	带引导	无引导
支持死刑	6 + 2	13 + 5
反对死刑	9 + 8	2 + 5

　　a. 8/25 = 32%。

　　b. 18/25 = 72%。

　　c. 是的。她反对死刑，与那些没有听她引导而支持死刑的人（72%）相比，听她引导后支持死刑的人（32%）更少了。

7.2 节

7.25 a. 草图上的弹孔应全部位于靶心左侧，并且彼此靠近。如果弹孔都位于靶心左侧，那么就说明瞄准镜是有偏的，而非缺乏精确性。

　　b. 草图上应该全是靠近靶心的弹孔。

7.27 不，我们不能仅根据一个数值就判断这项调查是有偏的。偏差出现在调查的过程中，而不在于结果。如此高的均值可能只是一种偶然。统计学家评估调查方法，而非一个调查结果。

7.29 a. 16/30，或约 53.3%。

　　b. 16/30 是 $\hat{p}$，样本比例。

　　c. 误差为 16/30 减去 14/30（或 2/30），即 6.7%。

7.31 a. 72%，与总体比例相同。

　　b. $\sqrt{\dfrac{p(1-p)}{n}} = \sqrt{\dfrac{0.72 \times 0.28}{100}} = 0.045$。

　　c. 72 ± 4.5。

　　d. 标准误差将降低：$\sqrt{\dfrac{p(1-p)}{n}} = \sqrt{\dfrac{0.72 \times 0.28}{500}} = 0.02$，或 2%。

7.33 最大的样本对应最窄的图（图 C），最小的样本对应最宽的图（图 A）。增加样本量会使图形更窄。

7.35 图 A 的标准误差最大，因为它是最宽的；图 C 的标准误差最小，因为它是最窄的。

7.37 图 A 代表抛硬币正面朝上的结果，因为它的中心是 0.50。

7.39 a. 不能。样本比例将会接近总体比例（20%），但样本比例将因样本而异，标准误差为 $\sqrt{\dfrac{p(1-p)}{n}} = \sqrt{\dfrac{0.20 \times 0.80}{50}} = 0.057$，即 5.7%。

　　b. 大小为 500 的样本，样本比例更接近总体比例，因为样本大小为 500 的样本标准误小于样本大小为 50 的样本标准误差（前者为 $\sqrt{\dfrac{0.20 \times 0.80}{500}} = 0.018$，即 1.8%，后者为 5.7%）。

7.3 节

7.41 中心极限定理的条件：样本是随机的。高中毕业生人数大于 $10 \times 100 = 1\,000$，100×0.72 和 100×0.28 均大于 10。标准误差为 $\sqrt{\dfrac{p(1-p)}{n}} = \sqrt{\dfrac{0.72 \times 0.28}{100}} = 0.045$。样本分布：$N(0.72, 0.045)$。使用统计软件计算 $P(x \geqslant 0.75)$ 或计算 0.75 对应的 z 值：$z = (0.75 - 0.72) / 0.045 = 0.67$，并计算 $P(z \geqslant 0.67)$，结果为 0.252，即 25.2%。

7.43 a. 80%。

　　b. 随机抽样；总体是全体美国人，大于 $10 \times 1\,000 = 10\,000$；$1\,000 \times 0.80$ 和 $1\,000 \times 0.20$ 都大于 10。

　　c. 标准误差为 $\sqrt{\dfrac{p(1-p)}{n}} = \sqrt{\dfrac{0.80 \times (1 - 0.80)}{1\,000}} = 0.013$。

d. $0.80 \pm 2 \times 0.013$；介于 0.774 和 0.826 之间。

7.45 a. 60%。

b. 随机抽样；总体是 18 ～ 29 岁的全体美国人，大于 $10 \times 200 = 2\,000$；200×0.60 和 200×0.40 都大于 10。

c. 要确定这是否令人惊讶，需要计算 z 分数：标准误差为 $\sqrt{\dfrac{p(1-p)}{n}} = \sqrt{\dfrac{0.60 \times (1-0.60)}{200}} = 0.035$；$125/200 = 0.625$；$z = (0.625 - 0.60) / 0.035 = 0.71$；不，这不会令人感到惊讶。

d. $z = (0.74 - 0.60) / 0.035 = 4$；是的，这很令人惊讶。

7.47 a. 我们预计有这种感觉的美国人的比例约为 0.59。由于 0.55 小于此值，并且样本分布近似服从正态分布，因此出现大于 55% 的样本比例的概率将大于 50%。

b. 样本分布为正态分布，均值为 0.59，标准误差 $\sqrt{\dfrac{p(1-p)}{n}} = \sqrt{\dfrac{0.59 \times (1-0.59)}{200}} = 0.035$；$z = (0.55 - 0.59) / 0.35 = -1.14$。$z$ 分数 -1.14 右侧的面积为 0.873。

7.49 随机抽样；总体是全体美国人，大于 $10 \times 120 = 1\,200$；120×0.45 和 120×0.55 都大于 10，因此满足中心极限定理的条件。样本分布近似服从正态分布，均值为 0.45，标准误差为 $\sqrt{\dfrac{0.45 \times (1-0.45)}{120}} = 0.045$；$z = (0.50 - 0.45) / 0.045 = 1.11$。$z$ 分数 1.11 右侧的面积为 0.133。

7.51 因为样本太小，不满足中心极限定理的条件。$np = 100 \times 0.005 = 0.5 < 10$。因此我们无法计算这个概率。

7.4 节

7.53 a. 64.0% 和 70.0%。b. 能，因为置信区间仅包含大于 50% 的值。

7.55 a. $\hat{p} = 617/1\,028 = 0.60$。

b. i 随机性和相互独立性。ii 大样本：$n\hat{p} = 1\,028 \times 0.60 = 617$，$n(1-\hat{p}) = 1\,028 \times (1 - 0.60) = 411$。这两个值都大于 10。iii 庞大的总体：美国总体超过 $10 \times 1\,028 = 10\,280$。

c. 我们有 95% 的信心认为，在美国成年人中，认为枪支销售的法律应该更严格的比例在 0.570 到 0.630 之间。

d. 能，因为置信区间仅包含大于 50% 的值。

7.57 a. 我有 95% 的信心认为，投票给候选人 X 的选民比例在 53% 到 57% 之间。

b. 没有证据表明他可能会输，这是因为整个置信区间都大于 50%。

c. 纽约市的样本不能代表整个美国，因此这项调查将失去意义。

7.59 a. 标准误差为 $\sqrt{\dfrac{0.26 \times (1-0.26)}{1\,207}} = 0.013$。

b. (0.235，0.285)。

c. 0.025。

d. 不能。因为置信区间包含 0.247，所以这一比例可能没有发生变化。

7.61 a. (0.602，0.679)。我们有 99% 的信心认为，支持止疼剂合法化的美国成年人的比例在 60.2% 至 67.9% 之间。

b. (0.611，0.669)。我们有 95% 的

信心认为，支持止疼剂合法化的美国成年人的比例在 61.1% 到 66.9% 之间。

　　c. 99% 置信区间：误差范围为 0.039；95% 置信区间：误差范围为 0.029。

　　d. 90% 置信区间比 95% 或 99% 置信区间窄；90% 置信区间为（0.615，0.665），此区间比 95% 和 99% 置信区间窄。

7.63　a. $0.74 \times 1\,000 = 740$ 人。

　　b. $1\,000 \times 0.74 = 740$ 和 $1\,000 \times (1 - 0.74) = 260$。由于这两个值都大于 10，因此可以应用中心极限定理。

　　c.（0.713，0.767）。

　　d. 95% 置信区间的宽度为 0.054，即 5.4%。

　　e.（0.726，0.754）；置信区间的宽度为 0.028。

　　f. 当样本量变为 4 倍时，置信区间的宽度将减小。

7.65　a.（0.37，0.43）；我们有 95% 的信心认为，非常愿意在电视上观看冬奥会转播的美国成年人比例在 37% 至 43% 之间。

　　b. 我们预计其中至少有 95 次将包括真实的总体比例。

　　c. 这种解释是不正确的，因为置信区间是关于总体参数的区间估计。

7.67　a. 34 226 731/68 531 917，即 49.9% 的选民投票支持肯尼迪。

　　b. 不，我们已知总体比例，因此不需要构建置信区间。只有当有一个样本统计量（如样本比例）并希望估计总体时，我们才需要用到置信区间。

7.69　a. $438/1\,019 = 0.43$。

　　b.（0.40，0.46）。

　　c. 90% 置信区间将比 95% 区间窄，因为 90% 置信区间包含的样本分布较少。

　　d.（0.404，0.455）。90% 置信区间比 95% 置信区间窄。

7.71　a. $1/(0.06)^2 = 278$ 名美国人。

　　b. $1/(0.04)^2 = 625$ 名美国人。

　　c. 误差范围越小，所需的样本量越大。

7.5 节

7.73　置信区间包含 0。因此，2016 年和 2017 年美国人的幸福感比例没有显著差异。

7.75　a. 不，因为这两个百分比是样本比例，而不是总体比例。

　　b. i 随机性和相互独立性：盖洛普采用随机抽样，样本之间相互独立。ii 大样本：$\hat{p} = (582 + 828) / (1\,200 + 1\,200) = 0.565$。$1\,200 \times 0.565 = 678$；$1\,200 \times (1 - 0.565) = 522$；这两个值都大于 10。iii 庞大的总体：超过 $10 \times 1\,200 = 12\,000$ 名民主党选民。

　　c.（-0.288，-0.212）。

　　d. 置信区间不包含 0。置信区间的两个端点都是负数，因此 $p_2 > p_1$。与 2003 年相比，更大比例的民主党选民认为，2017 年 FBI 工作做得不错或出色。我们有 95% 的信心认为，总体比例的差异介于 0.212 和 0.288 之间。

7.77　1. 随机性和独立性：虽然无法获取随机抽样，但该研究采用了随机分配的原则。

2. 大样本：$n_1 \hat{p}_1 = 57 \times 0.65 = 37$，$n_1(1 - \hat{p}_1) = 57 \times 0.35 = 20$，$n_2 \hat{p}_2 = 64 \times 0.45 = 29$，$n_2(1 - \hat{p}_2) = 64 \times 0.55 = 35$；这四个值都大于 10。

3. 庞大的总体：美国有超过 10×57 名非裔美国男孩受过学前教育，超过 10×64 名非裔美国男孩没有受过学前教育。

4. 独立样本：实验组和对照组的男生之间没有关系。置信区间为（0.022，0.370）。

7.79 a. 鱼油：58/346 = 0.168，即 16.8%；安慰剂：83/349 = 0.238，即 23.8%。

b. i 随机性和独立性：虽然没有使用随机抽样，但该研究采用了随机分配的原则。ii 大样本：$\hat{p}$ = (58 + 83) / (346 + 349) = 141/695 = 0.203，即 20.3%。$346 \times 0.203 = 70$；$346 \times (1 - 0.203) = 339$；$349 \times 0.203 = 71$；$349 \times (1 - 0.203) = 278$；所有值都大于 10。iii 庞大的总体：丹麦全体儿童的数量大于 $10 \times 695 = 6\,950$。

c.（−0.130，−0.011）；由于置信区间不包含 0，因此两个总体比例存在差异。由于这两个数字都是负数，因此 $p_2 > p_1$。母亲在怀孕期间服用鱼油的儿童中，有一小部分患上了哮喘。我们有 95% 的信心认为，两个总体比例的差异介于 0.013 和 0.011 之间。

7.81 a. 男性：62.5%；女性：74.5%。

b.（−0.166，−0.073）；我有 95% 的信心认为，男性中使用转向灯的比例减去女性中使用转向灯的比例，结果在 −16.6% 到 −7.3% 之间。置信区间不包含 0，因此我们认为两个总体比例不相同。这表明女性比男性更有可能使用转向灯。

c. 男性：62.8%；女性：73.8%。置信区间：（−0.257 5，0.037 39）。我们有 95% 的信心认为，男性中使用转向灯的比例减去女性中使用转向灯的比例，结果在 −25.8% 到 3.7% 之间。置信区间包含 0，表明总体比例可能相同。

d. 在样本量更大的 b 中，误差范围更小，因此对总体比例之差的估计更精确。我们可以相信，男性和女性中使用转向灯的人口比例是不同的。而在 d 中，由于置信区间非常宽，我们无法得出这一结论。

7.83 a. 否，未服用昂丹司琼的女性流产率更高，这与人们担心的恰恰相反。

b. 不满足随机性的条件。既不是随机抽样，也没有采用随机分配。

本章回顾练习

7.85 a. 0.45。

b. 标准误差为 $\sqrt{\dfrac{0.45 \times (1 - 0.45)}{500}} = 0.022$。

c. 45% ± 2.2%。

d. z = (0.55 − 0.45) / 0.022 = 4.55；是的，这令人惊讶，因为 0.55 比均值大 4 个标准差。

e. 减小样本量会导致标准误差增大。

7.87 a. 0.52 ± 0.04 =（0.48，0.56）。

b. 如果样本量较大，则标准误差会更小。置信区间将比 a 中的区间窄。

c. 如果置信水平为 90% 而不是 95%，则置信区间将比 a 部分中的区间窄。

d. 总体的大小对置信区间的宽度没有任何影响。

7.89 样本比例为44%，因为置信区间对样本比例是对称的，样本比例在中间。

7.91 误差范围为4%。样本比例加误差范围等于置信上界，样本比例减误差范围等于置信下界。因此，置信区间的两个边界相隔2倍误差范围，8%的一半为4%。

7.93 1：随机性和独立性：题干中已经给定。

2：大样本：$np = 200 \times 0.29 = 58$，$n(1 - p) = 200 \times 0.71 = 142$，两者都大于10。

3：庞大的总体: 做梦的人超过10×200人。

$$SE = \sqrt{\frac{p(1-p)}{n}} = \sqrt{\frac{0.29 \times 0.71}{200}} = \sqrt{\frac{0.205\ 9}{200}}$$

$$= \sqrt{0.001\ 03} = 0.032\ 085\ 8$$

$$z = \frac{0.50 - 0.29}{0.032\ 085\ 8} = \frac{0.21}{0.032\ 085\ 8} = 6.54$$

z值（6.54）右侧的正态曲线围成的面积小于0.001。因此，该样本中有50%或更多人做彩色梦的概率小于0.001。

7.95 克林顿的置信区间为$0.43 \pm 0.052 = (0.378, 0.482)$。置信区间包含的值都小于50%，因此我们无法确信他会在与桑德斯的选举中获胜。

7.97 a. 2008年：$623/1\ 022 = 0.610$；2017年：$60/1\ 022 = 0.450$。

b.$(0.117, 0.202)$；置信区间不包含0，因此总体比例不同。由于这两个数字都是正数，因此$p_1 > p_2$。2008年信任行政部门的比例高于2017年。我们有95%的信心认为，总体比例的差异介于0.117和0.202之间。

7.99 $n = \dfrac{1}{m^2} = \dfrac{1}{(0.03)^2} = \dfrac{1}{0.000\ 9} = 1\ 111.11$

因此，样本量需要达到1 111或1 112，才能使得误差范围不超过3个百分点。

7.101 Marco选取了一个方便样本。学生不代表投票总体，因此该提案可能无法通过。

7.103 不，你遇到的人不是随机样本而是方便样本。

7.105 出现较小的均值可能是一种偶然的现象。

7.107 $m = 2\sqrt{\dfrac{\hat{p}(1-\hat{p})}{n}}, som = 2\sqrt{\dfrac{0.50 \times (1-0.50)}{n}}$

化简后，我们可以得到$m = 2\sqrt{\dfrac{0.25}{n}}$。

第8章

由于四舍五入或使用的统计软件不同，得出的结果可能会略有差异。

8.1 节

8.1 总体参数。

8.3 H_0：美国成年人中吃素食的比例为0.033（$p = 0.033$）。

H_a：美国成年人中吃素食的比例大于0.033（$p > 0.033$）。

8.5 a. i。b. ii。c. i。

8.7 ii。

8.9 原假设是正确的。如果用餐时点苏打水的顾客比例增加，那么促销活动就是成功的，所以备择假设应该是$p > 0.15$。

8.11 认为目前流感疫苗对流感病毒的有效率低于73%而事实并非如此的概率是0.01。

8.13 a. H_0：$p = 0.37$。H_a：$p \neq 0.37$。

b. $z = 0.680\ 7$。

8.15 a. $\hat{p} = 11\ /\ 150 = 0.073$。

b. $p_0 = 0.033$。

c. $\dfrac{\hat{p} - p_0}{\sqrt{\dfrac{p_0(1 - p_0)}{n}}} = \dfrac{0.073 - 0.033}{\sqrt{\dfrac{0.033 \times (1 - 0.033)}{150}}}$
$= 2.74$

根据检验统计量，我们认为样本比例比原假设的 0.033 大 2.74 个标准差。

8.17 a. 能正确判断出 10 个。

b. 较小的 p 值将来自人员 B。假设原假设为真，p 值反映了该事件的发生有不寻常。因此，当原假设认为猜对 10 个时，猜对 18 个比猜对 13 个更不寻常。样本比例和总体比例差异（$\hat{p} - p$）越大，p 值越小。

8.19 假设总体比例为 0.033。p 值表示，对 150 名美国成年人进行随机抽样发现有 11 名或 11 名以上素食者的概率。由于概率 0.002 8 非常小，营养学家不应该相信这个原假设是正确的。

8.21 a. $\hat{p} = 11\ /\ 70 = 0.157$。

b. $H_0: p = 0.17$；$H_a: p < 0.17$。

c. $\dfrac{\hat{p} - p_0}{\sqrt{\dfrac{p_0(1 - p_0)}{n}}} = \dfrac{0.157 - 0.17}{\sqrt{\dfrac{0.17 \times (1 - 0.17)}{70}}}$
$= -0.29$

根据检验统计量，我们认为样本比例比原假设的 0.17 小 0.29 个标准差。

d. 假设总体比例为 0.17，则在 70 名肺炎患者中至多有 11 名再次入院的概率为 0.39。由于概率不接近零，我们不应怀疑原假设的真实性。

8.2 节

8.23 满足随机抽样和独立性假定。大样

本：$np_0 = 113 \times 0.29 = 32.77 > 10$，$n(1 - p_0) = 113 \times 0.71 = 80.23 > 10$。庞大的总体：做梦的人超过 1 130 人。符合条件。

8.25 图 a 与备择假设 $p > 0.30$ 匹配，因为它是单尾的。p 值为 0.08。如果乘坐自动驾驶汽车感到舒适的美国年轻人的比例为 30%，在 461 名美国年轻人中进行随机抽样，其中有 152 或更多的人认为乘坐自动驾驶汽车舒适的概率约 8%。

8.27 图 b 是正确的，备择假设应该是单侧的，如果这个人能分辨出二者的不同，那么他应该能猜对一半以上。

8.29 步骤 1：$H_0: p = 0.73$，$H_a: p > 0.73$。
步骤 2：单比例 z 检验：$0.73 \times 200 = 146 > 10$；$0.27 \times 200 = 54 > 10$，样本随机且假设相互独立。输入：$p_0 = 0.73$；$x = 160$，$n = 200$。单侧，$>$。

8.31 步骤 3：$\alpha = 0.05$；$z = 2.23$，$p = 0.01$。
步骤 4：拒绝 H_0。报告每周锻炼一次或多次的美国人比例有所增加。

8.33 在图 a 中，阴影区域可以是 p 值，因为它只包括尾部区域；这将是一个双侧备择假设，因为两侧的尾部都是阴影。在图 b 中，阴影区域不是 p 值，因为它是两个 z 值之间的区域。

8.35 a. 步骤 1：$H_0: p = 0.47$，$H_a: p > 0.47$。
步骤 2：单比例 z 检验；$0.47 \times 3\ 635 = 1\ 708 > 10$；$0.53 \times 3\ 635 = 1\ 927 > 10$；样本随机且假设相互独立；庞大的总体：# Facebook 用户 $> 10 (3\ 635)$。
步骤 3：$\alpha = 0.05$。$z = 25.37$，p 值约等于 0。
步骤 4：拒绝 H_0。自 2013 年以来，

在 Facebook 上获取全球新闻的用户比例有所增加。

  b.（0.667，0.693）。置信区间支持假设检验的结论。它仅包含大于 0.47 的值，从而支持总体比例增加的结论。

8.37 a. 692 / 1 018 = 0.68。

  b. 步骤 1：H_0：$p = 0.57$，H_a：$p \neq 0.57$。
  步骤 2：单比例 z 检验。$0.68 \times 1 018 = 692 > 10$；$0.32 \times 1 018 = 326 > 10$；样本随机和假设相互独立；庞大的总体：#美国人 > 10（1 018）。
  步骤 3：显著性水平 = 0.01；$z = 7.07$，p 值约等于 0。
  步骤 4：拒绝 H_0。

  c. ii 是正确的：2017 年，认为全球变暖是由人类活动引起的美国人的比例发生了变化，不再等于历史水平 0.57。

8.39 步骤 1：H_0：$p = 0.20$，H_a：$p \neq 0.20$，其中 p 是危险鱼类的总体比例。
  步骤 2：单比例 z 检验，$0.2 \times 250 = 50 > 10$ 和 $0.8 \times 250 = 200 > 10$，总体较大，假设样本随机且独立。
  步骤 3：$\alpha = 0.05$，$z = 1.58$，$p = 0.114$。
  步骤 4：不拒绝 H_0。我们并不是说这个百分比是 20%。我们只是说不能拒绝 20%。（如果有一个更大的样本，我们也许能够拒绝原假设 20%。）

8.41 步骤 1：H_0：$p = 0.09$，H_a：$p \neq 0.09$，其中 p 是字母 t 在英语中的总体比例。
  步骤 2：单比例 z 检验，样本是独立的，随机的，$0.09 \times 600 = 54 > 10$ 和 $0.91 \times 600 = 546 > 10$，$\alpha = 0.10$。
  步骤 3：$z = -0.86$，$p = 0.392$。
  步骤 4：不拒绝 H_0。我们不能拒绝 9% 作为当前字母 t 的比例，因为 0.392

大于 0.10。

8.3 节

8.43 iv. $z = 3.00$。它离 0 最远，因此尾部面积最小。

8.45 第一类错误是，得出结论认为超过 50% 的合格选民在 2016 年大选中投票，而事实相反。第二类错误是，得出结论认为投票的选民百分比不超过 50%，而事实相反。

8.47 第一类错误是让无辜的人受苦（给无辜的人定罪）。第二类错误是"十个有罪的人逃脱"（让有罪的人逍遥法外）。

8.49 在显著性水平为 0.01 且 p 值为 0.02 时，我们不拒绝 H_0。但是，我们并没有证明原假设为真。这个假设检验的结论是，在 1% 的显著性水平下，没有足够的证据证明选择隐形作为超能力的美国人比例有所增加。

8.51 因为他只想知道提案是否会通过，所以选择假设检验和单比例 z 检验。他并不关心支持者所占的比例是多少。假设 p 是支持该提案的总体比例。
  H_0：$p = 0.50$，H_a：$p > 0.50$，$z = 5.06$，$p < 0.001$。拒绝 H_0，这个提案很可能会通过。

8.53 iii。

8.55 不能。不能用"证明"这个词，因为我们无法 100% 确定基于抽样得出的结论。

8.57 这是一个原假设。

8.59 b 和 d 正确。a 和 c 都"接受"原假设的主张，这样的表达是不正确的。

8.4 节

8.61 相距较远。假设标准误差相同，两个比例相距越远，z 分数的绝对值越大。

因此 z 的绝对值越大，p 值越小。

8.63 a. RBD：306 / 382 = 0.801；多拉韦林：321 / 382 = 0.840。

b. 步骤 1：H_0：$p_{\text{rbd}} = p_{\text{多拉韦林}}$。

步骤 2：两比例 z 检验。由于两个样本量相等（$n_1 = n_2$），因此对于两个样本，以下数字相同。$\hat{p} = (306 + 321) / (382 + 382) = 0.82$；$n\hat{p} = 382 \times 0.82 = 313 > 10$，$n(1 - \hat{p}) = 382 \times 0.18 = 69 > 10$；样本内部和样本之间都满足随机分配和相互独立。

步骤 3：$\alpha = 0.01$，$z = -1.41$，$p = 0.16$。

步骤 4：不拒绝 H_0。没有证据表明两种药物改善患者病情的比例存在差异。根据这项研究，没有证据表明多拉韦林是比 RBD 更有效的 HIV-1 治疗选择。

8.65 a. 2015 年：1 201 / 1 906 = 0.63；2018 年：1 341 / 2 002 = 0.67。

b. $\hat{p} = (1\,201 + 1\,341) / (1\,906 + 2\,002) = 0.65$。

c. 标准误差 = 0.015；$z_{\text{observed}} = -2.67$。

8.67 a. 步骤 1：H_0：$p_{2016} = p_{2017}$，H_a：$p_{2016} \neq p_{2017}$。

步骤 2：两比例 z 检验 $\hat{p} = (2\,489 + 1\,808) / (3\,072 + 2\,014) = 0.845$；$n_1\hat{p} = 3\,072 \times 0.845$，$n_1(1 - \hat{p}) = 3\,072 \times 0.155$，$n_2\hat{p} = 2\,014 \times 0.845$，$n_2(1 - \hat{p}) = 2\,014 \times 0.155$；所有期望频数都大于 10。样本是随机的，并假定是独立的。

步骤 3：显著性水平：0.05。$z = -8.43$；p 值约等于 0。

步骤 4：拒绝 H_0。自 2016 年以来，认为该国新闻自由有保障或非常有保障的大学生比例发生了变化。

b. $p_{2016} - p_{2017}$ 的 95% 置信区间 = $(-0.107, -0.068)$。由于置信区间不包括 0，因此总体比例明显发生了变化。从 2016 年开始，认为新闻自由有保障的大学生比例有所下降，比例在 6.8% 至 10.7% 之间。

8.69 步骤 1：H_0：$p_{2016} = p_{2018}$，

H_a：$p_{2016} > p_{2018}$。

步骤 2：两比例 z 检验。2016 年有 983 个样本，2018 年有 993 个样本。

$\hat{p} = (543 + 461) / (983 + 993) = 0.508$，$n_1\hat{p} = 983 \times 0.508$，$n_1(1 - \hat{p}) = 983 \times 0.492$，$n_2\hat{p} = 993 \times 0.508$，$n_2(1 - \hat{p}) = 998 \times 0.492$；所有理论频数都大于 10。样本是随机的，并假定是独立的。

步骤 3：显著性水平：0.05。$z = 3.91$，p 值约等于 0。

步骤 4：拒绝 H_0。对环境质量感到满意的美国人比例有所下降。

本章回顾练习

8.71 a. 单比例 z 检验。总体是加州的选民。

b. 两总体 z 检验。总体是沿海的州的居民和非沿海的州的居民。

8.73 a. p = 回答正确的总体比例。H_0：$p = 0.50$（他只是在猜测），H_a：$p > 0.50$（他不只是在猜测）。单比例 z 检验。

b. p_a 是可以平衡至少 10 秒的擅长运动者的总体比例。p_n 是可以平衡至少 10 秒的不擅长运动者的总体比例。

H_0：$p_a = p_n$

H_a：$p_a \neq p_n$

两比例 z 检验。

8.75 步骤 1：H_0：$p = 0.50$，H_a：$p > 0.50$。

步骤 2：单比例 z 检验。$20 \times 0.50 = 10$。样本是随机和独立的；庞大的总体：# 可能的样本量 > 10（20）。

步骤 3：显著性水平：0.05。$z = 1.34$，$p = 0.09$。

步骤 4：不拒绝 H_0。我们没有证据表明学生可以区分瓶装水和自来水。

8.77 0.05（因为 $1 - 0.95 = 0.05$）。

8.79 $300 \times 5\%$，即 15。

8.81 否，因为这些是学院所有学生的衡量标准，因此不需要也不宜进行推断。

8.83 a. 步骤 1：H_0：$p_{2012} = p_{2018}$，

H_a：$p_{2012} \neq p_{2018}$。

步骤 2：两比例 z 检验；$\hat{p} = (66 + 76) / (100 + 100) = 0.71$；$n\hat{p} = 100 \times 0.71$，$n(1 - \hat{p}) = 100 \times 0.29$，所有理论频数都大于 10。假设样本是随机且独立的。

步骤 3：显著性水平 $= 0.01$；$z = -1.56$，$p = 0.12$。

步骤 4：不拒绝 H_0。我们不能得出结论认为，2012 年和 2018 年 Facebook 用户的比例是不同的。

b. 步骤 1：H_0：$p_{2012} = p_{2018}$，H_a：$p_{2012} \neq p_{2018}$。

步骤 2：两比例 z 检验；$x_1 = 0.66 \times 1\,500 = 990$；$x_2 = 0.76 \times 1\,500 = 1\,140$；$\hat{p} = (990 + 1\,140) / (1\,500 + 1\,500) = 0.71$；$n\hat{p} = 100 \times 0.71$，$n(1 - \hat{p}) = 100 \times 0.29$，所有理论频数都大于 10。假设样本是随机且独立的。

步骤 3：显著性水平 $= 0.01$；$z = -6.04$，p 值约为 0。

步骤 4：拒绝 H_0。Facebook 用户的比例在 2012 年和 2018 年不同。

c. 样本量越大（证据越多），我们得到的 p 值越小，并能够拒绝 H_0。

8.85 进行这种测试是不合适的，因为数据是针对投票的整个总体。由于数据是针对总体的，因此不需要推断。

8.87 a. 步骤 1：H_0：$p = 0.101$，

H_a：$p \neq 0.101$。

步骤 2：单比例 z 检验；$np = 500 \times 0.101$，$n(1 - p) = 500 \times .899$，所有理论频数都大于 10；样本随机和假定独立；总体众多：工人人数为 710×500。

步骤 3：显著性水平：0.05；$z = 1.71$，$p = 0.09$。

步骤 4：不拒绝 H_0。我们不能得出他所在地区的自雇工人比例与 10.1% 不同的结论。

b.（0.095，0.153）。此区间支持假设检验结论，因为它包含 0.101。

8.89 a. Quinnipiac：$824 / 1\,249 = 0.66$；NPR：$754 / 1\,005 = 0.75$。

b. 步骤 1：H_0：$p_{Quin} = p_{NPR}$，

H_a：$p_{Quin} \neq p_{NPR}$。

步骤 2：两比例 z 检验；$\hat{p} = (824 + 754) / (1\,249 + 1\,005) = 0.70$，$n_1\hat{p} = 1\,249 \times 0.70$，$n_1(1 - \hat{p}) = 1\,249 \times 0.30$，$n_2\hat{p} = 1\,005 \times 0.70$，$n_2(1 - \hat{p}) = 1\,005 \times 0.30$，所有理论频数都大于 10。假设样本是随机且独立的。

步骤 3：显著性水平：0.05，$z = -4.66$，p 值约等于 0。

步骤 4：拒绝 H_0。总体比例不相等。

c.（-0.128，-0.053）。置信区间不包含 0，支持总体比例不相等的结

论。总体比例之间的差异在 5.3%
和 12.8% 之间。

8.91 a. 样本中，没有"三振出局"的人
（30.6%）的不当行为率高于"三振出
局"的人（22.2%）。这不符合预期。

b. 步骤 1：H_0：$p_{三振出局} = p_{其他}$，

　　　　　H_a：$p_{三振出局} > p_{其他}$。

步骤 2：两比例 z 检验，理论频数
（213，924，521，2 264）均大于 10，
假设随机抽样并假设满足独立性。

步骤 3：$\alpha = 0.05$。$z = -4.49$（或 4.49），
$p > 0.999$。

步骤 4：不拒绝 H_0。"三振出局"者
的不当行为率并不高于其他因犯。
（如果进行了双侧检验，则 p 值原本
是 60.001，拒绝原假设，因为"三
振出局"者的不当行为较少。）

8.93 步骤 1：H_0：$p = 0.52$，H_a：$p < 0.52$。

步骤 2：单比例 z 检验。$np = 1\,024 \times$
0.52，$n(1 - p) = 1\,024 \times 0.48$，所有
理论频数都大于 10；样本随机，假定
相互独立；庞大的总体：# Americans >
10（1 024）。

步骤 3：显著性水平：0.05，$z = -4.47$，
p 值约等于 0。

步骤 4：拒绝 H_0。美国人对环境质量
的满意度有所下降。

8.95 a. i。b. iii。

8.97 $z = 0.89$。

8.99 p 值表示，如果在开车时发短信的人
的真实比例为 0.25，那么样本量为 40
的样本比例仅为 0.034。

8.101 他没有证明 ESP；20 次中猜对 10
次，正好是 50%，这是我们可以预
测到的结果。

8.103 H_0：洗手后的死亡率仍为 9.9%，或
$p = 0.099$（p 是该诊所里患者的死
亡率）。

　　　H_a：洗手后的死亡率低于 9.9%，即
$p < 0.099$。

8.105 第 3 步：$z = 2.83$，$p = 0.002$。

第 4 步：拒绝 H_0。仅靠偶然就做好
这件事的可能性是如此之小，以至
于我们可以得出结论，学生不是仅
靠猜测做出回答。

第 9 章

由于四舍五入或使用的统计软件不同，
得出的结果可能会略有差异。

9.1 节

9.1 a. 参数，因为他们对应全体学生，而
不是样本。

b. $\mu = 20.7$，$\sigma = 2.5$。

9.3 a. 请参阅下图。

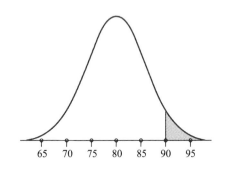

b. 2.5%。（根据经验法则，95% 的观测
值在 70 到 90 之间，其中 5% 在这个
区间以外。我们只想要右半部分，所
以答案是 5% 的一半，2.5%。）

9.5 a. 答案不唯一。如果我们认为大多数
人淋浴时间相对较短，而少数人时
间很长，我们可能会认为分布是右
偏的。有些人可能认为这是正态分

布，因为他们认为很少有人的淋浴时间很短，也很少有人会长时间淋浴。汇总统计量与正态分布不矛盾，因为99%的观测值可能位于均值的三个SD内。分布不太可能是左偏的，因为大多数人不会进行极长时间的淋浴。

b. 根据样本均值的中心极限定理，样本均值的分布将近似正态，因为样本数量大于25。

c. 样本均值将与总体均值相同（8.2min），样本均值的标准误差将为0.2。

9.7　一个样本的分布。

9.9　a. 22 306mile。b. 标准误差 = 388.9。

9.2 节

9.11　a. 根据经验法则，68%。6.4 比均值低一个标准差，7.6 比均值高一个标准差。

b. 0.3，因此均值的标准误差为 0.3。7.6 高于均值的两个标准误差，6.4 低于均值的两个标准差。根据经验法则，答案是 95%。

c. 均值分布比原始分布更高、更窄，位于中心区域的数据会更多。

9.13　a. 是的，样本量（100）大于25。

b. 均值为 75 847；标准差 = 3 200。

c. 根据经验法则，32%（如果68%的数据在均值的一个标准差内，则32%的数据超出了均值的一个标准差。）

9.15　图 b 为原始分布；它是最不服从正态的、最宽的。图 a 的样本量为5。图 c 的样本量为25；是最窄、最服从正态的。样本量越大，样本分布越窄、越服从正态。

9.17　a. $\mu = 3.1$（总体均值），$\sigma = 2.7$（总体标准差），$\bar{x} = 2.7$（样本均值），$s = 2.1$（样本标准差）。

b. $\mu = 3.1$（总体均值）和 $\sigma = 2.7$（总体标准差）是参数；$\bar{x} = 2.7$（样本均值）和 $s = 2.1$（样本标准差）是统计量。

c. 是的，样本是随机的，样本量（35）大于25；正态分布。

9.3 节

9.19　a. ii 我们有95%的信心认为，总体均值介于 3.71 和 3.79 之间。i 不正确，因为置信区间是针对总体参数的，而不是样本统计量；iii 不正确，因为置信水平不是包含总体参数的区间的概率。它是我们对于构建置信区间方法的置信度的度量。注意，答案是用统计软件得出的。如果使用 t 分布表，则置信区间为 3.61 和 3.89。

9.21　a. i 是正确的：（10.125，10.525）。ii 和 iii 不正确。

b. 否，它不会包含10。拒绝10磅的原假设，因为10不在置信区间内。

9.23　b. 是正确的解释。

a. 不正确，因为置信水平不是包含总体参数的区间的概率。它是我们对于构建置信区间方法的置信度的度量。

9.25　使用 $t^* = 2.056$。

9.27　a. 样本量 = 30，样本均值 = 170.7，样本标准差 = 11.5。

b. 我有95%的信心认为，十二年级学生的平均身高在166到175cm之间。

9.29　a. $m = t^* \dfrac{s}{\sqrt{n}} = 2.064 \dfrac{13}{\sqrt{25}} = 5.37$

　　　$72 + 5.27 = 77.37$

$72 - 5.37 = 66.63$

我有 95% 的信心认为，均值在每分钟 67 到 77 次之间。

b. $m = t^* \dfrac{s}{\sqrt{n}} = 2.797 \dfrac{13}{\sqrt{25}} = 7.27$。

c. 我有 99% 的信心认为，平均心跳在每分钟 65 到 79 次之间。99% 置信区间更宽，因为置信水平越高，t^* 的值就越大。

9.31 a.（22.0，42.8）是 90% 置信区间，因为它比（19.9，44.0）窄。

b. 如果使用较大的样本量，则置信区间会更小，因为分布的标准误差会更小。

9.33 a. 更宽。b. 更窄。c. 更宽。

9.35 a. 我有 95% 的信心认为，总体均值在 20.4 到 21.7 lb 之间。

b. 置信区间不包含 20 lb。有足够的证据否认总体均值是 20 lb。

9.4 节

9.37 答案参见练习指导。

步骤 1：H_0：$\mu = 98.6$，H_a：$\mu \neq 98.6$。

步骤 2：单样本 t 检验：随机和独立的样本，无高度偏态，$\alpha = 0.05$。

步骤 3：$t = -1.65$，$p = 0.133$。

步骤 4：不拒绝 H_0。选择 i。

9.39 a. 拒绝，因为置信区间（20.4，21.7）不包含 20 lb。

b. 步骤 1：H_0：$\mu = 20$，H_a：$\mu \neq 20$。

步骤 2：单样本 t 检验：正态、随机和独立，$\alpha = 0.05$。

步骤 3：$t = 5.00$，$p = 0.015$。

步骤 4：是的，拒绝 H_0。选择 ii。

9.41 步骤 1：H_0：$\mu = 200$，H_a：$\mu > 200$。

步骤 2：单样本 t 检验：满足条件，$\alpha = 0.05$。

步骤 3：$t = 1.44$，$p = 0.079$。

步骤 4：不拒绝 H_0。我们尚未证明均值明显超过 200。

9.43 a. 步骤 1：H_0：$\mu = 38$，H_a：$\mu \neq 38$。

步骤 2：单样本 t 检验：正态分布，随机抽样，$\alpha = 0.05$。

步骤 3：$t = -1.03$，$p = 0.319$。

步骤 4：不拒绝 H_0。非美国男孩的平均身高与 38in 没有显著差异。

b. 步骤 3：$t = -1.46$，$p = 0.155$。

步骤 4：不拒绝 H_0。非美国男孩的平均身高与 38in 没有显著差异。

c. n 较大，标准误差较小（样本分布较窄），尾部面积较小，p 值较小。

9.45 a. 步骤 1：H_0：$\mu = 12.5$，H_a：$\mu < 12.5$。

步骤 2：单样本 t 检验。假设我们有一个随机抽样，分布是正态的。

步骤 3：显著性水平：0.05；$t = -11.46$，$p < 0.001$。

步骤 4：拒绝 H_0。压力小于 12.5 psi。这表明球是放了气的。

b.（10.84，11.38）；置信区间仅包含小于 12.5 的值。

9.47 a. 步骤 1：H_0：$\mu = 8.97$，H_a：$\mu \neq 8.97$。

步骤 2：单样本 t 检验；随机，$n \geqslant 25$。

步骤 3：显著性水平：0.05；$t = 4.91$，p 值约等于 0。拒绝 H_0。

步骤 4：旧金山湾区电影票的平均价格与全国平均水平不同。

b.（10.88，13.66）；置信区间不包括 8.97，平均价格与全国平均水平不同。

9.49 步骤 1：H_0：$\mu = 0$，H_a：$\mu > 0$。

步骤 2：单样本 t 检验：正态分布，非随机抽样，$\alpha = 0.05$。

步骤 3：$t = 3.60$，$p = 0.003$。拒绝 H_0。体重显著减轻。

9.51 预期 $0.95 \times 200 = 190$ 个包含，因此 10 个不包含。

9.5 节

9.53 a. 配对样本。b. 独立样本。

9.55 a. 样本是随机的、独立的和较大的，因此满足条件。

b. 我有 95% 的信心认为，均值差（OC 减去 MC）在 -0.40 和 1.14 之间。

c. 差值的置信区间包含 0，这意味着均值可能相同。

9.57 答案参见练习指导。

步骤 1：$H_0: \mu_{oc} = \mu_{mc}$，$H_a: \mu_{oc} = \mu_{mc}$，其中 μ 是电视的总体平均数量。

步骤 2：两个样本 t 检验：大样本（$n = 30$），独立、随机，$\alpha = 0.05$。

步骤 3：$t = 0.95$，$p = 0.345$。

步骤 4：不拒绝 H_0。选择 i。置信区间：$(-0.404，1.138)$。由于差值的区间包含 0，因此我们无法拒绝电视数量均值差为 0 的假设。

9.59 a. 男性样本平均甘油三酯水平为 139.5，高于女性样本平均值 84.4。

b. 步骤 1：$H_0: \mu_{男性} = \mu_{女性}$，$H_a: \mu_{男性} > \mu_{女性}$，其中 μ 是总体平均甘油三酯水平。

步骤 2：双样本 t 检验：假设满足条件，$\alpha = 0.05$。

步骤 3：$t = 4.02$ 或 -4.02，$p < 0.001$。

步骤 4：拒绝 H_0。男性的平均甘油三酯水平明显高于女性。选择图 B 的输出结果：差值 $= \mu_{男性} - \mu_{女性}$，检验差值是否小于 0，这就是我们

想要的单侧假设。

9.61 $(-82.5，-27.7)$；没有包含 0，表明存在显著差异。此外，$\mu_{女性} - \mu_{男性}$ 为负，这表明男性的均值（甘油三酯水平）显著高于女性的均值。

9.63 步骤 1：$H_0: \mu_{\text{American}} = \mu_{\text{National}}$，$H_a: \mu_{\text{American}} \neq \mu_{\text{National}}$。

步骤 2：双样本 t 检验；满足随机和独立，正态分布。

步骤 3：显著性水平：0.05，$t = -0.25$，$p = 0.803$。不拒绝 H_0。

步骤 4：我们不能得出结论认为，两个联赛的平均工资存在差异。

9.65 a. 是的，它包含 0，我们不能得出均值不同的结论，它们可能是相同的。

b. $(-1\,423.40，1\,110.88)$；置信区间包含 0，支持假设检验得出的结论。

9.67 a. $\bar{x}_{\text{UCSB}} = 61.01$ 美元，$\bar{x}_{\text{CSUN}} = 75.55$ 美元，因此 CSUN 的样本均值更大。

b. 步骤 1：$H_a: \mu_{\text{UCSB}} - \mu_{\text{CSUN}}$，其中 μ 是总体平均书价。

步骤 2：配对 t 检验，匹配的对，假设随机和正态分布（给定）。

步骤 3：$t = -3.21$ 或 3.21，$p = 0.004$。

步骤 4：拒绝 H_0。均值不相同。

9.69 答案参考练习指导。

步骤 1：$H_0: \mu_{之前} = \mu_{之后}$，$H_a: \mu_{之前} < \mu_{之后}$，其中 μ 是总体平均脉率。

步骤 2：配对 t 检验：每个女性测量两次（重复测量），因此将第一列中的测量值与第二列中同一人的测量值配对，假设是随机和正态的，$\alpha = 0.05$。

步骤 3：$t = 4.90$ 或 -4.90，$p < 0.001$。

步骤 4：拒绝 H_0。之前的样本均值为 74.8，之后的样本均值为 83.7。女性

在听到尖叫声后脉率显著上升。

9.71 选择图 B。这些商品之所以可以配对，是因为每个商店都对相同的商品进行了定价。

步骤 1：H_0：$\mu_{target} = \mu_{wholefood}$，

H_a：$\mu_{target} \neq \mu_{wholefood}$。

步骤 2：配对 t 检验：假设随机抽样，样本量大，$\alpha = 0.05$。

步骤 3：$t = -1.26$ 或 1.26，$p = 0.217$。

步骤 4：不拒绝 H_0。均值没有显著差异。

9.73 a. 步骤 1：H_0：$\mu_{Ale} = \mu_{IPA}$，

H_a：$\mu_{Ale} \neq \mu_{IPA}$

步骤 2：双样本 t 检验；假设随机抽样，正态分布。

步骤 3：显著性水平：0.05，$t = -2.57$，$p = 0.025$。拒绝 H_0。

步骤 4：Ale 和 IPA 的平均热量含量之间存在差异。

b. 步骤 1：H_0：$\mu_{Ales} = \mu_{IPA}$，

H_a：$\mu_{Ales} < \mu_{IPA}$

步骤 2：双样本 t 检验；假设随机抽样，正态分布。

步骤 3：显著性水平：0.05；$t = -2.57$，$p = 0.013$。拒绝 H_0。

步骤 4：IPA 的平均热量含量明显大于 Ale。p 值大约是双尾检验 p 值的一半。

9.75 a. 95% 置信区间（-1.44，0.25）包含 0，因此无法拒绝均值相等的假设。

b. 步骤 1：H_0：$\mu_{测量} = \mu_{报告}$，H_a：$\mu_{测量} \neq \mu_{报告}$，其中 μ 是男性的平均身高。

步骤 2：配对 t 检验：每个人是两个数字的来源，假设 t 检验的条件成立，$\alpha = 0.05$。

步骤 3：$t = 1.50$ 或 -1.50，$p = 0.155$。

步骤 4：不拒绝 H_0。男性的平均测量身高和报告身高没有显著差异，或者没有足够的证据支持报告身高与测量身高不同的说法。

9.77 a.（-1.67，3.24）。由于置信区间包含 0，因此女性和男性的心率没有显著差异。

b. 步骤 1：H_0：$\mu_{男性} = \mu_{女性}$，

H_a：$\mu_{男性} \neq \mu_{女性}$

步骤 2：双样本 t 检验；假设随机抽样，正态分布。

步骤 3：显著性水平：0.05；$t = 0.63$，$p = 0.53$。不拒绝 H_0。

步骤 4：我们不能得出结论认为，男性和女性的平均心率有显著差异。

本章回顾练习

9.79 a. 是正态分布，所以这个问题可以回答。$N(165, 2.52)$，$p(x < 63) = 0.212$。

b. 由于总体分布是正态的，我们可以应用中心极限定理。对于大小为 5 的样本，标准差 $= 1.12$；$N(65, 1.12)$，$p(x < 63) = 0.037$。

c. 由于总体分布是正态的，我们可以应用中心极限定理。对于大小为 30 的样本，标准差 $= 0.456$。

$N(65, 0.456)$，$p(x < 63) = $ 大约 0。

9.81 a. 单样本 t 检验。

b. 双样本 t 检验。

c. 无 t 检验（两个类别变量）。

9.83 a. H_a：$\mu \neq 3.18$，$t = 3.66$，$p = 0.035$，拒绝 H_0。均值与 3.18 有显著差异。

b. H_a：$\mu < 3.18$，$t = 3.66$，$p = 0.982$，不拒绝 H_0。均值不显著小于 3.18 oz。

c. H_a：$\mu > 3.18$，$t = 3.66$，$p = 0.018$，拒绝 H_0。均值明显超过 3.18 oz。

9.85 步骤 1：H_0：$\mu_{男性} = \mu_{女性}$，

H_a：$\mu_{男性} > \mu_{女性}$。

步骤 2：双样本 t 检验：近似正态分布，随机抽样，$\alpha = 0.05$。

步骤 3：$t = 5.27$（或 -5.27），p 值为 60.001。

步骤 4：拒绝 H_0。男性脑容量的均值明显大于女性的均值。

9.87 步骤 1：H_0：$\mu_{之前} = \mu_{之后}$，H_a：$\mu_{之前} < \mu_{之后}$，其中 μ 是总体平均心率（喝咖啡前后）。

步骤 2：配对 t 检验（重复测量）：假设条件依然满足，$\alpha = 0.05$。

步骤 3：$t = 2.96$ 或 -2.96，p 值为 0.005。

步骤 4：拒绝 H_0。喝完咖啡后心率显著增加。（喝咖啡前的平均心率为 82.4，喝咖啡后的平均心率为 87.5。）

9.89 男孩看电视的平均时长数略高，二者的变异性几乎相同。$\bar{x}_{女孩} = 9.8$，$\bar{x}_{男孩} = 10.3$，$s_{女孩} = 5.4$，$s_{男孩} = 5.5$。请参阅直方图。

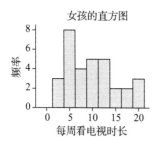

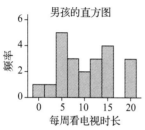

步骤 1：H_0：$\mu_{女孩} = \mu_{男孩}$，H_a：$\mu_{女孩} \neq \mu_{男孩}$，其中 μ 是总体平均观看电视小时数。

步骤 2：双样本 t 检验：随机抽样，假设 32 个女孩和 22 个男孩的样本量足够大，轻微的非正态性不是问题，$\alpha = 0.05$。

步骤 3：$t = -0.38$ 或 0.38，$p = 0.706$。

步骤 4：不拒绝 H_0。没有足够的证据可以得出结论，男孩和女孩在观看电视的典型时长上有所不同。

9.91 a. 双样本 t 检验，因为数据未配对。

b. 随机独立的样本；正态分布；$\mu_{Ale} - \mu_{IPA}$ 的 95% 置信区间：（11.88，47.76）。由于区间不包含 0，因此 Ale 啤酒和 IPA 啤酒中含有的平均热量数存在显著差异。由于置信区间中的两个数字都是正数，我们可以得出结论认为，Ale 啤酒比 IPA 啤酒含有更多的热量。

9.93 a. 配对 t 检验，因为数据是配对的（2 个价格与 1 个食品配对）。

b. 步骤 1：H_0：$\mu_{不同} = 0$，其中 $\mu_{不同} = \mu_{Amazon} - \mu_{Walmart}$，$H_a$：$\mu_{不同} = 0$。

步骤 2：配对 t 检验，随机抽样，正态总体。

步骤 3：显著性水平：0.05，$t = -1.50$，$p = 0.162$。不拒绝 H_0。我们不能得出结论认为，两种配送服务的平均价格存在差异。

9.95 下表显示了结果。表中 s^2 的平均值为 2.888 9（约 2.89），如果取平方根，则得到约 1.699 7（约 1.70），这是 TI-84 输出的 σ 的值。这表明 s^2 是 σ^2 的无偏估计量。

样本	s	s^2
1,1	0	0
1,2	0.707 1	0.5
1,5	2.828 4	8.0
2,1	0.707 1	0.5
2,2	0	0
2,5	2.121 3	4.5
5,1	2.828 4	8.0
5,2	2.121 3	4.5
5,5	0	0
		合计 26.0

$26 / 9 = 2.888\ 9$

9.97 答案不唯一。

第10章

由于四舍五入或使用的统计软件不同，得出的结果可能会略有差异。

10.1 节

10.1 a. 比例检验用于分类数据。

b. 卡方检验用于分类数据。

10.3

	男孩	女孩
暴力	10	11
非暴力	19	4

10.5 平均 GPA 是数值变量、连续变量。学科是分类变量。

10.7 a. 72。b. 72/120 = 0.6。c. 0.53（120）= 63.6。

10.9 a.

每周至少吃 3 次早餐	女性	男性	总计
是	206	94	300
否	92	49	141
总计	298	143	441

b. 300 / 441 = 68.0%。

c. 女性：$0.68 \times 298 = 202.64$，男性：$0.68 \times 143 = 97.24$。

d. 女性：$0.32 \times 298 = 95.36$，男性：$0.32 \times 143 = 45.76$；表中所示的是理论频数：

每周至少吃 3 次早餐	女性	男性	总计
是	202.64	97.24	299.88
否	95.36	45.76	141.12
总计	298	143	441

e. $X^2 = \dfrac{(206 - 202.64)^2}{202.64} + \dfrac{(94 - 97.24)^2}{97.24} + \dfrac{(92 - 95.36)^2}{95.36} + \dfrac{(49 - 45.76)^2}{45.76}$
$= 0.51$

10.11 a. 16 的 40% 是 6.4，所以患病的理论频数是 6.4，不患病的理论频数为 9.6。

b. $X^2 = \dfrac{(9 - 6.4)^2}{6.4} + \dfrac{(7 - 9.6)^2}{9.6}$
$= \dfrac{6.76}{6.4} + \dfrac{6.76}{9.6}$
$= 1.056 + 0.704 = 1.76$

10.13 a. 152 中的五分之一是 30.4（预期正确），152 的五分之四是 121.6（预期不正确）。

b. $X^2 = \dfrac{(39 - 30.4)^2}{30.4} + \dfrac{(113 - 121.6)^2}{121.6}$
$= \dfrac{73.96}{30.4} + \dfrac{73.96}{121.6}$
$= 2.433 + 0.608 = 3.04$

10.2 节

10.15 独立性检验：单一样本。

10.17 独立性检验：单一样本。

10.19 表中的数据是总体的数据，而不是样本数据，因此不需要统计推断。数据以速率（百分比）的形式给出，而不是频率（计数），我们没有足够的信息将这些百分比转换为计数。

10.21 步骤 1：H_0：健身 App 使用和性别是独立的（不相关的），H_a：健身 App

使用和性别不是独立的（相关）。

步骤 2：卡方独立性检验，所有理论频数均大于 5。

步骤 3：显著性水平：0.05，$X^2 = 3.36$，$p = 0.067$。

步骤 4：不拒绝 H_0。尚未有证据表明健身 App 使用与性别相关。

10.23 步骤 1：H_0：疫苗接种率和种族是独立的（不相关），H_a：疫苗接种率和种族不是独立的（相关）。

步骤 2：卡方独立性检验，所有理论频数均大于 5。

步骤 3：显著性水平：0.05；$X^2 = 58.96$，p 值约等于 0。

步骤 4：拒绝 H_0。疫苗接种率和种族是相关的。

10.25 a. 独立性检验：一个样本，两个变量。

b. 步骤 1：H_0：性别和婚姻幸福是独立的，H_a：性别和婚姻幸福是相关的（不独立）。

步骤 2：卡方独立性检验：一个样本，随机抽样，最小理论频数为 $11.88 > 5$，$\alpha = 0.05$。

步骤 3：$X^2 = 10.17$，$p = 0.006$。

步骤 4：拒绝 H_0。证据显示性别和婚姻幸福是相关的。

c. 男性和女性的婚姻幸福率差别很大。

10.27 a. 未受过学前教育的学生的高中毕业率 $= 29 / 64$，即 45.3%。受过学前教育的学生，高中毕业率更高。

b. 步骤 1：H_0：高中毕业和学前教育是独立的，H_a：高中毕业和学前教育不是独立的（相关的）。

步骤 2：同质性的卡方检验：随机分配，非随机抽样，最小理论频

数为 $25.91 > 5$，$\alpha = 0.05$。

步骤 3：$X^2 = 4.67$，$p = 0.031$。

步骤 4：拒绝 H_0。高中毕业和学前教育是相关的。

10.29 a. 受过学前教育的高中毕业率：50%；未受过学前教育的高中毕业率，$21 / 39 = 53.8\%$。令人惊讶的是，没有受过学前教育的男性高中毕业率略高。

b. 步骤 1：H_0：对于男性而言，高中毕业和学前教育都是独立的，H_a：对于男性而言，高中毕业和学前教育是相关的。

步骤 2：卡方同质性检验：随机分配，不是随机抽样，最小理论频数为 $15.32 > 5$，$\alpha = 0.05$。

步骤 3：$X^2 = 0.10$，$p = 0.747$。

步骤 4：不拒绝 H_0。对于男性而言，没有证据表明受学前教育与高中毕业有关。

c. 研究结果没有推广到其他男性和女性群体，但我们掌握的证据表明，尽管学前教育可能对女孩有效，但对男孩可能无效，至少在高中毕业方面是这样的。

10.31 a.

代际	支持止疼剂合法化	
	是	否
千禧一代	140	60
X 一代	132	68

b. 步骤 1：H_0：支持止疼剂合法化和代际是独立的（不相关的），H_a：支持止疼剂合法化和代际不是独立的（是相关的）。

步骤 2：卡方独立性检验，所有理

论频数均大于 5。

步骤 3：显著性水平：0.05；$X^2 = 0.74$，$p = 0.391$。

步骤 4：不拒绝 H_0。没有证据表明支持止疼剂合法化和代际是相关的。

c. 这两代人对止疼剂合法化的支持没有显著差异。

10.33 a. 药物：$383/1\ 161 = 33.0\%$，安慰剂：$419/1\ 164 = 36.0\%$。

b.

不良反应	药	安慰剂	总计
是	383	419	802
否	778	745	1 523
总计	1 161	1 164	2 325

c. 步骤 1：H_0：治疗方法和不良反应是独立的（不相关的），H_a：治疗方法和不良反应不是独立的（相关）。

步骤 2：卡方独立性检验，所有理论频数均大于 5。

步骤 3：显著性水平：0.05；$X^2 = 2.33$，$p = 0.127$。

步骤 4：不拒绝 H_0。没有证据表明治疗方法和不良反应是相关的。

10.35 步骤 1：H_0：政治派别和教育程度是独立的（不相关的），H_a：政治派别和教育程度不是独立的（是相关的）。

步骤 2：卡方独立性检验，所有理论频数均大于 5。

步骤 3：显著性水平：0.05，$X^2 = 14.70$，$p = 0.002$。

步骤 4：拒绝 H_0：政治派别和教育程度是相关的。

10.3 节

10.37 a. 不能，因为这是一项观察性研究，而不是采用随机分配的对照实验。

b. 只有当参与者代表 II 型糖尿病患者的随机抽样时，这种相关性才能推广到整个 II 型糖尿病患者群体。这项研究中的样本全部来自日本，因此不能推广到所有 II 型糖尿病患者。

10.39 a. 可以推广到该医院入院的其他人，由于采用了随机抽样，因此可以推广到随机分配至双人间的患者。

b. 是的，由于采用了随机分配，因此我们可以推断出因果关系结论。

10.41 a. 处理变量是静脉输液的类型（平衡晶体液或生理盐水）。

b. 是的。平衡晶体液 14.3% 的样本出现有肾脏严重不良反应，生理盐水 15.4% 的样本出现有肾脏严重不良反应。二者差异显著（$p = 0.04$）。

c. 是的。这个对照实验使用了随机分配，因此可以得出因果结论。静脉输液使用平衡晶体液可降低肾脏严重不良反应的发生率。

10.43 这可能是一项观察性研究的结果。因为如果得出 phubbing 对关系满意度和抑郁具有负面影响的结论，研究人员无法将受试者随机分配到"phub"或"非 phub"组中。观察性研究不能得出因果关系结论。

10.45 该研究未采用对照组和随机分配。不能得出因果关系的结论。

10.47 随机分配 100 名受试者参加 YMLI，100 名受试者在相同的时间内（每周 5 天）进行其他类型的体育活动。所有受试者都进行为期 12 周的活动。在 12 周结束时，测量两组细胞衰老和长寿的生物指标。

10.49 a. 处理变量是音乐类型；响应变量是总体发散思维（ODT）。

b. 这是一个对照实验。受试者被随机分配到其中一种处理方式。

c. 该研究使用了随机分配，但不是随机抽样。可以得出因果关系的结论，但我们不能得出这样的结论：一般情况下，每个人都会有类似的反应。

10.51 a. 氯胺酮是社交恐惧症的有效治疗方法吗？

b. 是的，氯胺酮可以有效减少社交恐惧。

c. 患者按随机顺序注射氯胺酮和安慰剂，两次注射的间隔时间为28天。在注射后3小时和14天的时间里，使用盲法评分和自我报告量表对患者的焦虑进行评价。

d. 是的，该研究可以得出这一结论。这是一个使用随机分配的对照实验，因此可以得到因果关系结论。

e. 由于研究人员没有从全体社交恐惧症患者中进行随机抽样，因此我们无法推广研究结论，该结果仅适用于样本中的这些患者。

f. 没有提及其他文章。

本章回顾练习

10.53 a. 对照组中有 31 / 65 人（47.7%）被捕，受过学前教育的人中有 8 / 58 人（13.8%）被捕。因此，那些受过学前教育的人，被捕率较低。

b.

	受过学前教育	未受过学前教育
被捕	8	31
没被捕	50	34

步骤1：H_0：受过学前教育和被捕率是独立的，Ha：受过学前教育和被捕率是相关的。

步骤2：卡方为同质性：随机分配，不是随机抽样，最小理论频数为 $18.39 > 5$，$\alpha = 0.05$。

步骤3：$X^2 = 16.27$，$p = 0.000\ 055$（或 < 0.001）。

步骤4：在 0.05 水平上，可以拒绝二者不相关的假设。但不能一概而论。我们得出的结论是，学前教育会影响被捕率。

c. 两比例 z 检验。第1步：H_0：$p_{上过} = p_{未上}$，H_a：$p_{上过} < p_{未上}$（p 是被捕率）。第2步：两比例 z 检验：最小理论频数为 $18.39 > 10$，$\alpha = 0.05$。第3步：$z = -4.03$，$p = 0.000\ 028$（或 < 0.001）。第4步：拒绝原假设，认为受过学前教育降低了逮捕率，但我们不能一概而论。

d. z 检验用于检验备择假设，即上学前班降低了以后被捕的风险。卡方检验可以检验某种相关性，但我们无法指定它是正相关还是负相关。z 检验的单侧假设的 p 值是卡方检验的双侧假设的 p 值的一半。

10.55 这是不合适的，因为数据是百分比（不是计数），并且我们无法根据题干的信息将它们转换为计数。

10.57 a. 男性：120 / 500 = 24.0%；女性：182 / 519 = 35.1%。

b. 步骤1：H_0：性别和工作场所经历性骚扰是独立的；H_a：性别和工作场所经历性骚扰不是独立的。

步骤2：卡方独立性检验；所有理

论频数均大于 5。

步骤 3：显著性水平：0.05；

$X^2 = 14.96$，$p = 0.000\,1$。

步骤 4：拒绝 H_0：性别和工作场所经历性骚扰不是独立的。

10.61 a. 移交麻醉护理：$2\,614 / 5\,941 = 44.0\%$；

不移交麻醉护理：$89\,066 / 307\,125 =$

29.0%；两组的差异在统计意义上显著（$p < 0.001$）。

b. 是的，没有完全移交麻醉护理的样本中，不良反应的百分比较低。

c. 置信区间（-0.3%，2.7%）包含 0，p 值为 0.11。我们可以得出结论认为，两组之间不存在显著差异。

推荐阅读

线性代数（原书第10版）

ISBN：978-7-111-71729-4

数学分析原理 面向计算机专业（原书第2版）

ISBN：978-7-111-71242-8

数学分析（原书第2版·典藏版）

ISBN：978-7-111-70616-8

复分析（英文版·原书第3版·典藏版）

ISBN：978-7-111-70102-6

实分析（英文版·原书第4版）

ISBN：978-7-111-64665-5

泛函分析（原书第2版·典藏版）

ISBN：978-7-111-65107-9

推荐阅读

计算贝叶斯统计导论

ISBN：978-7-111-72106-2

高维统计学：非渐近视角

ISBN：978-7-111-71676-1

最优化模型：线性代数模型、凸优化模型及应用

ISBN：978-7-111-70405-8

统计推断：面向工程和数据科学

ISBN：978-7-111-71320-3

概率与统计：面向计算机专业（原书第3版）

ISBN：978-7-111-71635-8

概率论基础教程（原书第10版）

ISBN：978-7-111-69856-2